Sara Japhet
1 Chronik

Herders Theologischer Kommentar
zum Alten Testament

Herausgegeben von

Erich Zenger

Herder Freiburg · Basel · Wien

1 Chronik

Ausgelegt von

Sara Japhet

Herder Freiburg · Basel · Wien

Aus dem Hebräischen übersetzt
von Dafna Mach

Die Deutsche Bibliothek – CIP-Einheitsaufnahme

Herders Theologischer Kommentar zum Alten Testament /
hrsg. von Erich Zenger. –
Freiburg im Breisgau ; Basel ; Wien : Herder
ISBN 3-451-26800-0

Yefet, Śārā:
1 Chronik / ausgelegt von Sara Japhet. Übers.: Dafna Mach. –
Freiburg im Breisgau ; Basel ; Wien : Herder, 2002
(Herders Theologischer Kommentar zum Alten Testament)
ISBN 3-451-26816-7

www.herder.de
Umschlaggestaltung: Finken & Bumiller, Stuttgart
Satzherstellung: SatzWeise, Föhren
Gesetzt in der Gill Sans und Aldus
Gedruckt auf umweltfreundlichem, chlorfrei gebleichtem Papier
Druck und Bindung: freiburger graphische betriebe 2002
www.fgb.de
ISBN 3-451-26816-7

Inhalt

Vorwort des Herausgebers 9

Allgemeines Literaturverzeichnis 12
1. Kommentare zu den Chronikbüchern 12
2. Synopsen 13
3. Einzelstudien 13

Einleitung

I. Name und Stellung im Kanon 26

II. Wie weit erstreckt sich das Werk des Chronisten? 27
1. Die Beziehung von Chronik zu Esra-Nehemia 28
2. Die Forschungsdiskussion über die Einheitlichkeit der Chronik 30

III. Inhalt und Aufbau 33
1. Die Einleitung: 1 Chr 1–9 33
2. Die Geschichte Israels unter David und Salomo: 1 Chr 10 – 2 Chr 9 35
3. Die Geschichte des Südreichs nach Abspaltung des Nordreichs 38

IV. Die Quellen und ihre Verwendung 39
1. Die Quellen von Chr 39
2. In Chr genannte Quellen 45

V. Der Autor und seine Zeit 50
1. Positionen der Forschung 50
2. Leitlinien für eine Entscheidung der kontroversen Frage . . . 51
3. Argumente für eine präzisere zeitliche Ansetzung 52

VI. Text und Versionen 54

VII. Literarische Gattung und Formen 58
1. Die Diskussion über die Gattung 58
2. Was ist Geschichte? 59
3. Die Vielfalt der Formen 61
4. Formale Eigentümlichkeiten der Chronik 63

VIII. Sprache und Stil 69

IX. Theologische Ausrichtung und Thematik 71
1. Positionen der Forschung 71
2. Theologische Schwerpunkte 72
3. Theologische Relevanz 77

Kommentierung

1 Chr 1,1–2,2: Von Adam bis zu den Söhnen Israels 80

1 Chr 2,3–55: Genealogien des Stammes Juda 93

1 Chr 3,1–24: Die Söhne Davids 128

1 Chr 4,1–23: Familien des Stammes Juda 128

1 Chr 4,24–43: Genealogie, Geographie und Geschichte des Stammes Simeon 141

1 Chr 5,1–26: Die Stämme jenseits des Jordan 149

1 Chr 5,27–6,66: Der Stamm Levi 162

1 Chr 7,1–40: Die Nordstämme und die Stämme im Zentrum . . 180

1 Chr 8,1–40: Der Stamm Benjamin 200

1 Chr 9,1–44: Die Bewohner von Jerusalem 210

1 Chr 10,1–14: Sauls Tod 228

1 Chr 11,1–12,41: Davids Regierungsantritt 236

1 Chr 13,1–14: Die erste Überführung der Lade 270

1 Chr 14,1–17: Festigung des Königtums Davids durch Gott . . . 280

1 Chr 15,1–29: Die zweite Überführung der Lade 286

1 Chr 16,1–43: Die große Liturgie vor der Lade 298

1 Chr 17,1–27: Natans Prophezeiung und Davids Gebet 310

1 Chr 18,1–17: Davids Kriegszüge 323

1 Chr 19,1–20,3: Davids Krieg mit den Ammonitern 331

1 Chr 20,4–8: Drei Taten von Davids Helden im Kampf mit den Philistern 340

1 Chr 21,1–22,1: Bestimmung des Ortes für den Bau des Tempels 343

1 Chr 22,2–19: Vorbereitungen Davids für den Tempelbau 358

1 Chr 23,1–32: Einteilung und Dienst der Leviten 369

1 Chr 24,1–31: Einteilung der Priester 383

1 Chr 25,1–31: Einteilung und Dienst der Sänger 396

1 Chr 26,1–32: Einteilung und Dienst der Torhüter, sowie der Schatzmeister, Beamten und Richter 407

1 Chr 27,1–34: Organisation des Volkes und der königlichen Verwaltung 422

1 Chr 28,1–29,25: Beauftragung zum Tempelbau und Thronbesteigung Salomos 434

1 Chr 29,26–30: Zusammenfassendes Urteil über Davids Königtum 461

Register der Bibelstellen 464

Vorwort des Herausgebers

Die gegen Ende des 4. Jahrhunderts verfaßten Chronikbücher, die nach masoretischem Verständnis ein einziges Buch sind und deren Aufteilung in die zwei Bücher 1 Chr und 2 Chr auf die Septuaginta zurückgeht, sind ein kunstvoll gestaltetes und theologisch reflektiertes Geschichtswerk. Es schildert die Geschichte Israels von Anfang bis »Anfang«, d.h. vom Beginn menschlicher Existenz mit Adam, dem ersten Menschen (1 Chr 1,1), über die Zerstörung des Ersten Tempels durch Nebukadnezzar bis hin zum Edikt des Perserkönigs Kyrus (2 Chr 36,22f.) als einen zukunftsweisenden Neuanfang. Insofern bildet 1/2 Chr einerseits eine umfassende Parallele zu der älteren Geschichtsdarstellung Gen-Kön, aber andererseits ist diese Geschichte gezielt so neu geschrieben, daß man sie vielleicht am besten als »korrigierende Geschichtsschreibung« charakterisieren kann: Eine gründliche Neuformulierung der alten Geschichte (»rewritten bible«) aus einer neuen Perspektive, die nach Antworten für die Gegenwart sucht. Die »moderne« Geschichtsdarstellung wollte notwendige Fakten »nachliefern«, wo diese bislang unbekannt oder unberücksichtigt waren, unzutreffende Erklärungen durch historisch plausiblere und theologisch überzeugendere ersetzen und alle verfügbaren Quellen und Wissensstoffe nutzen, um eine in Form und Sinngehalt geschlossene Darstellung der normativen »Ursprungsgeschichte« Israels zu bieten. Anders als in der durch Gen-Kön gebotenen Geschichtsschau, wo die Geschichten der Erzeltern, des Exodus und der Seßhaftwerdung im Lande als normative Epoche breit erzählt werden, wird in der Chronik die Zeit Davids und Salomos, die sie als »goldenes Zeitalter« schildert, zur normativen und formativen Epoche der Geschichte Israels, die ihrerseits nach der Sicht von Chr nicht erst mit Abraham, sondern bereits mit der Schöpfung beginnt. Das chr Geschichtsbild ist, wie nicht zuletzt der offene Schluß 2 Chr 36,22f. erkennen läßt, zukunftsorientiert, ein Zug, den nicht wenige Exegeten dahingehend mißverstanden haben, daß sie meinten, die Botschaft der Chronik sei »eschatologisch« zu verstehen. Doch hat das chr Zukunftsbild nichts mit den prophetischen Verheißungen vom »Ende der Tage« zu tun, da der Chronist weder Veränderungen in der kosmischen noch in der politischen Verfassung der Welt erwartet. Die Zukunft Israels wird dem »goldenen Zeitalter« unter David und Salomo entsprechen – freilich im Horizont der für Chr zentralen Kategorie der Gerechtigkeit

Gottes und dem dieser göttlichen Gerechtigkeit entsprechenden Verhalten Israels.

Die Chronikbücher sind auf Grund ihrer literarischen Komplexität (Neugestaltung vorgegebener Texte, Verwendung vieler Listen, Rhetorisierung der Geschichte durch Gottesreden, königliche Ansprachen, prophetische Weissagungen u. ä., Ritualisierung des Ablaufs von Ereignissen, Konzentration auf den Tempelkult) keine »leichte« Lektüre. Gerade deshalb brauchen die Chronikbücher eine Kommentierung, die sowohl ihre literarische Kunst als auch ihr theologisches Konzept herausarbeitet. Beides leistet der Chronik-Kommentar von Professorin Dr. Sara Japhet, Bibelwissenschaftlerin an der Hebräischen Universität von Jerusalem und international renommierte Chronik-Kapazität, auf hervorragende Weise.

Ich danke Frau Professor Japhet sehr herzlich dafür, daß wir nun ihren 1993 auf Englisch publizierten einbändigen Chronik-Kommentar in unserer Reihe HThKAT bringen können. Er erscheint bei uns in zwei Bänden (1 Chr, 2 Chr) und zwar in einer gegenüber der englischen Ausgabe gekürzten, aktualisierten und unserem Kommentarkonzept angepaßten Gestalt. Für die Übersetzung des Kommentars danke ich Frau Dr. Dafna Mach (Jerusalem), aber auch Frau Professor Japhet für die Bereitschaft, die Übersetzung mit Frau Mach immer wieder durchzusprechen.

Die Übersetzung des hebräischen Bibeltextes ins Deutsche habe ich selbst – auf der Grundlage der Kommentierung von Frau Professor Japhet – angefertigt. Das war keine leichte Aufgabe. Insbesondere die zahlreichen Listen mit ihrer nominalen Sprache stellten mich vor die Entscheidung, entweder dem hebräischen Original und seiner archaisierenden Sprachgestalt möglichst zu entsprechen oder den Text zu paraphrasieren (was viele Übersetzungen tun). Nach ausführlichen Diskussionen mit Frau Professor Japhet habe ich mich für die erste Alternative entschieden, auch wenn der Text dadurch schwerer lesbar wurde. Für diese Entscheidung sprach im übrigen auch die textkritische Position von Frau Japhet, den überlieferten Text der Chr möglichst beizubehalten und viel weniger Textkorrekturen vorzunehmen als dies lange Zeit »Mode« war. Textänderungen sind in der Übersetzung durch [ ] gekennzeichnet, Textstreichungen sind mit (...) angegeben. Beides wird in dem Abschnitt »Zu Text und Übersetzung« und bei der Auslegung selbst erläutert. Ein besonderes Problem der Übersetzung stellen die in Chr verwendeten Eigennamen dar. In der Regel folge ich bei ihrer Wiedergabe den sog. Loccumer Richtlinien, entsprechend dem Konzept von HThKAT. Allerdings müssen dabei, anders als dies z. B. die »Einheitsübersetzung« tut, die spezifischen Namensformen der Chronik beibehalten werden, die sich häufiger von der Namensform der anderen biblischen Bücher unterscheidet (z. B. Tilgat-Pilneser statt Tiglat-Pileser, Huram statt Hiram, Ornan statt Arauna, Jechonja statt Jojachin usw.); auch Namensvariationen in der Chronik selbst (z. B. Schalach/Schelach, Sarach/Serach usw.) habe ich nicht nivelliert, sondern dem hebräischen Text entsprechend wiedergegeben.

So hoffe ich sehr, daß die Zeit und Mühe, die ich als Herausgeber der deutschen Fassung dieses großartigen Kommentars gewidmet habe (auch die Marginalien und das Bibelstellenregister stammen von mir), vor allem den intendierten Leserinnen und Lesern dieses Kommentars zugute kommen. Zumindest mir selbst hat dieser Kommentar »die Welt« der Chronik geöffnet. Bei der Adaptation des Werks an das Konzept von HThKAT und bei der Erstellung der Druckvorlage konnte ich (einmal mehr) auf ein kompetentes Mitarbeiterinnen-Team setzen: Johanna Erzberger, Zuzana Hrašová, Christina Richter, Monika Seifert und Regina Wildgruber. Bei der Kürzung des englischen Originals hat mich Prof. Dr. Georg Steins (Osnabrück) beraten. Bei der Erstellung der bibliographischen Angaben hat mich Ora Lipschitz (Jerusalem) unterstützt. Ihnen allen danke ich sehr herzlich.

Der Band 2 Chr wird in absehbarer Zeit folgen. Seine Übersetzung ist bereits in Angriff genommen.

Münster, im Januar 2002 *Erich Zenger*

Die in diesem Kommentar verwendeten Abkürzungen folgen dem in den bereits erschienenen Kommentaren zu Micha und Tobit abgedruckten »Allgemeinen Abkürzungsverzeichnis für alle Bände des Kommentarwerkes«.

Allgemeines Literaturverzeichnis

1. Kommentare zu den Chronikbüchern

Ackroyd, P. R., I and II Chronicles, Ezra, Nehemiah: Introduction and Commentary (TBC), London 1973.

Barnes, W. E., The Books of Chronicles (Cambridge Bible), Cambridge 1899.

Becker, J., 1 Chronik (NEB 18), Würzburg 1986.

– 2 Chronik (NEB 20), Würzburg 1988.

Benzinger, I., Die Bücher der Chronik (KHC XX), Tübingen/Leipzig 1901.

Bertheau, E., Die Bücher der Chronik (KEH 15), Leipzig 1854.

Born, A. van den, Kronieken (BOT 5/1), Roermond en Maaseik 1960.

Braun, R. L., 1 Chronicles (WBC 14), Waco 1986.

Coggins, R. G., The First and Second Books of Chronicles (Cambridge Bible Commentaries), Cambridge 1976.

Curtis, E. L./Madsen, A. A., A Critical and Exegetical Commentary on the Books of Chronicles (ICC 11); Edinburgh 1910.

Dillard, R. B., 2 Chronicles (WBC 15), Waco 1987.

Elmslie, W. A. L., The Books of Chronicles (Cambridge Bible), Cambridge 1916.

– The First and Second Books of Chronicles (Interpreters Bible 3), New York/Nashville 1954, 339–548.

Galling, K., Die Bücher der Chronik, Esra, Nehemia (ATD 12), Göttingen 1954.

Goettsberger, J., Die Bücher der Chronik oder Paralipomena (HSAT IV/1), Bonn 1939.

Jones, G. H., 1 & 2 Chronicles (OTGu), Sheffield 1993.

Johnstone, W., 1 Chronicles (JSOT.S 253), Sheffield 1997.

– 2 Chronicles (JSOT.S 254), Sheffield 1997.

Keck, L. E. (Hg.), The New Interpreters Bible vol 3: Kings, Chronicles, Ezra, Nehemiah, Esther, Tobit, Judith (NIB 3), Nashville 1999.

Keil, C. F., Biblischer Commentar über die nachexilischen Geschichtsbücher: Chronik, Esra, Nehemia und Esther (KD 5), 1870 (ND Giessen 1990).

Kimhi, D., Chronicles, Rabbinic Bible (Hebräisch).

Kittel, R., Die Bücher der Chronik (HK), Göttingen 1902.

McConville, J. M., 1&2 Chronicles (DSB), Philadelphia 1984.

Michaeli, F., Les Livres des Chroniques, d'Esdras et de Néhémie (CAT XVI), Neuchâtel/Paris 1976.

Myers, J. M., I Chronicles (AncB 12), New York 1965.

– II Chronicles (AncB 13), New York 1968.

Pseudo-Rashi, Chronicles, Rabbinic Bible (Hebräisch).

Randellini, P. L., Il libro delle Chronache (La Sacra Bibbia), Turin-Rom 1966.

Rehm, M., Die Bücher der Chronik (EB), Würzburg 1979.

Rothstein, J. W./Hänel, J., Kommentar zum ersten Buch der Chronik (KAT XVIII/2), Leipzig 1927.
Roubos, K., I Kronieken (POT 12, 1), Nijkerk ²1983.
– II Kronieken (POT 12, 2), Nijkerk ² 1985.
Rudolph, W., Chronikbücher (HAT I/21), Tübingen 1955.
Saltman, A., Stephen Langton. Commentary on the Books of Chonicles, Ramat Gan 1978.
Selman, M. J., Chronicles (TOTC), Leicester 1994.
de Vries, S., 1 and 2 Chronicles (FOTL XI), Grand Rapids 1989.
Willi, T., Chronik (BK XXIV), Neukirchen-Vluyn 1991 ff.
Williamson, H. G. M., 1 and 2 Chronicles (NCeB), Grand Rapids/London 1982.

2. Synopsen

Bendavid, A., Parallels in the Bible, Jerusalem 1972.
Endres, J. C. u. a. (Hg.) Chronicles and its Synoptic Parallels in Samuel, Kings and Related Biblical Texts, Collegeville 1998.
Kegler, J./Augustin, M., Synopse zum Chronistischen Geschichtswerk (BEATAJ 1), Frankfurt ²1991.
– Deutsche Synopse zum Chronistischen Geschichtswerk (BEATAJ 33); Frankfurt 1993.
Newsome, J. D., A Synoptic Harmony of Samuel, Kings and Chronicles – With Related Passages from Psalms, Isaiah, Jeremiah and Ezra, Grand Rapids 1986.
Vannutelli, P., Libri Synoptici Veteris Testamenti, Rom 1931.

3. Einzelstudien

Abadie, P., Le fonctionnement symbolique de la figure de David dans l'oeuvre du Chroniste: Trans 7, 1994, 93–106.
Ackroyd, P. R., The Chronicler as Exegete: JSOT 2, 1977, 2–32.
– Chronicles-Ezra-Nehemiah: The Concept of Unity: ZAW 100 (supplement), 1988, 189–201.
– The Chronicler in his Age (JSOT.S 101), Sheffield 1991.
Aharoni, Y., The Land of the Bible, Philadelphia ²1979.
Albright, W. F., The Date and Personality of the Chronicler: JBL 40, 1921, 104–124.
Allen, L. C., Further Thoughts on an Old Recension of Reigns in Paralipomena: HThR 61, 1968, 483–490.
– The Greek Chronicles – The Relation of the Septuagint of I and II Chronicles to the Masoretic Text, I–II, Leiden 1974.
– Kerygmatic Units in 1 and 2 Chronicles: JSOT 41, 1988, 21–36.
Amit, Y., The Role of Prophets and Prophecy in the Teachings of Chronicles: Beth Mikra 28, 1983, 113–133 (Hebräisch).
Anbar, M., La »Reprise«: VT 38, 1988, 385–398.
Arnold, P. M., Hosea and the Sin of Gibeah: CBQ 51, 1989, 457–460.

Augustin, M., Beobachtungen zur chronistischen Umgestaltung der deuteronomistischen Königschroniken nach der Reichsteilung, in: M. Augustin/J. Kegler (Hg.), Das AT als geistige Heimat. FS H. W. Wolff (EHS.T 23/177), Frankfurt/Bern 1982, 11–50.
– The Role of Simeon in the Book of Chronicles, in: Proceedings of the Tenth World Congress of Jewish Studies, Jerusalem 1990, 137–42.
– Neue territorialgeschichtliche Aspekte zu 1 Chronik 1–9 am Beispiel der Rubeniten, in: H. M. Niemann u. a. (Hg.), Nachdenken über Israel, Bibel und Theologie. FS K. D. Schunck (BEATAJ 37), Frankfurt 1994, 299–309.
Auld, A. G., What was the Main Source of the Books of Chronicles?, in: M. P. Graham/S. L. McKenzie (Hg.), The Chronicler as Author. Studies in Text and Texture (JSOT.S 263), Sheffield 1999, 91–99.
– Joshua and 1 Chronicles, in: G. Galil/M. Weinfeld (Hg.), Studies in Historical Geography and Biblical Historiography. FS Z. Kallai (VT.S 81), Leiden 2000, 132–140.
Balentine, S. E., You Can't Pray a Lie. True and Fiction in the Prayers of Chronicles, in: M. P. Graham (Hg.), The Chronicler as Historian. FS R. B. Dillard (JSOT.S 238), Sheffield 1997, 246–267.
Barnes, W. E., The Midrashic Element in Chronicles: Exp. 4, 1896, 426–439.
Barnes, W. H., Non-Synoptic Chronological References in the Books of Chronicles, in: M. P. Graham (Hg.), The Chronicler as Historian. FS R. B. Dillard (JSOT.S 238), Sheffield 1997, 106–131.
Barthelemy, D., Critique Textuelle de l'Ancient Testament I (OBO 50/1), Fribourg/Göttingen 1982.
Baumgartner, W., Hebräisches und Aramäisches Lexikon zum Alten Testament, I–IV, Leiden 1967–1990.
Beentjes, P. C., Jerusalem in the Book of Chronicles, in: M. Poorthuis/C. Safrai (Hg.), The Centrality of Jerusalem. Historical Perspectives, Kampen 1996, 15–28.
Ben Zvi, E., The Authority of 1–2 Chronicles in the Late Second Temple Period: JSP 3, 1988, 59–88.
– A Sense of Proposition – An Aspect of the Theology of the Chronicler: SJOT 9, 1995, 37–51.
– The Chronicler as a Historian – Building Texts, in: M. P. Graham (Hg.), The Chronicler as Historian. FS R. B. Dillard (JSOT.S 238), Sheffield 1997, 132–149.
Bendavid, A., Biblical Hebrew and Mishnaic Hebrew, Tel Aviv 1971 (Hebräisch).
Bickerman, E., From Ezra to the Last of the Maccabees, New York 1962.
Blenkinsopp, J., The Sage, the Scribe, and the Scribalism in the Chronicler's Work, in: J. G. Gammie/L. G. Perdue (Hg.), The Sage in Israel and the Ancient Near East, Winona Lake 1990, 307–315.
Botterweck, J., Zur Eigenart der Chronistischen Davidsgeschichte: ThQ 136, 1956, 402–435.
Braun, R. L., Solomonic Apologetic in Chronicles: JBL 92, 1973, 503–516.
– A Reconsideration of the Chronicler's Attitude toward the North: JBL 96, 1977, 59–62.
– Chronicles, Ezra and Nehemiah: Theology and Literary History: VT.S 30, 1979, 42–64.
– 1 Chronicles 1–9 and the Reconstruction of the History of Israel: Thoughts on the Use of Genealogical Data in Chronicles in the Reconstruction of the History of Israel, in: M. P. Graham (Hg.), The Chronicler as Historian. FS R. B. Dillard (JSOT.S 238), Sheffield 1997, 92–105.
Brettler, M. Z., From the Deuteronomist(s) to the Chronicler – Continuities and Innovations, in: Proceedings of the Eleventh World Congress of Jewish Studies – Division A : The Bible, Jerusalem 1994, 83–90.

Brunet, A. M., Le Chroniste et ses Sources: RB 60, 1953, 481–508; 61, 1954, 349–386.
Busink, T. A., Der Tempel von Jerusalem von Salomo bis Herodes, Leiden 1970.
Childs, B. S., Introduction to the Old Testament as Scripture, London/Philadelphia 1979.
Cogan, M., The Chronicler's Use of Chronology as Illuminated by Neo-Assyrian Royal Inscriptions, in: J. H. Tigay (Hg.), Empirical Models for Biblical Criticism, Philadelphia 1985, 197–209.
– /*Tadmor, H.*, II Kings (AncB 11), New York 1988.
Coggins, R. J., Theology and Hermeneutics in the Book of Chronicles, in: E. Ball (Hg.), In Search of True Wisdom (JSOT.S 300), Sheffield 1999, 263–278.
Deboys, D. G., The Chronicler's Portrait of Abijah: Bib. 70, 1991, 48–62.
Dennerlein, N., Die Bedeutung Jerusalems in den Chronikbüchern (BEATAJ 46), Frankfurt 1999.
Dirksen, P. B., Kronieken in de recente literatuur: NedThT 47, 1993, 6–20.
– The Future in the Book of Chronicles, in: P. J. Harland/C. T. R. Hayward (Hg.), New Heaven and New Earth. Prophecy and the Millenium. FS A. Gelston (VT.S 77), Leiden 1999, 37–51.
Dörrfuß, E. M., Mose in den Chronikbüchern. Garant theokratischer Zukunftserwartung (BZAW 219), Berlin 1994.
Driver, S. R., An Introduction to the Literature of the Old Testament, Edinburgh 1891 ^{9}1910.
Duke, R. K., The Persuasive Appeal of the Chronicler: A Rethorical Analysis (JSOT.S 88), Sheffield 1990.
– A Model for a Theology of Biblical Historical Narratives. Proposed and Demonstrated with the Book of Chronicles, in: M. P. Graham u. a. (Hg.), History and Interpretation. FS J. H. Hayes (JSOT.S 173), Sheffield 1993, 65–77.
– A Rhetorical Approach to Appreciating the Books of Chronicles, in: M. P. Graham/S. L. McKenzie (Hg.), The Chronicler as Author. Studies in Text and Texture (JSOT.S 263), Sheffield 1999, 100–135.
Dyck, J. E., The Theocratic Ideology of the Chronicler (Biblical Interpretation Series 33), Leiden 1998.
Edelman, D., The Deuteronomist's David and the Chronicler's David, in: T. Römer (Hg.), The Future of the Deuteronomic History (BEThL 142), Leuven 2000, 67–83.
Ehrlich, A. B., Mikra Ki-Pheshuto – The Bible according to its Literal Meaning, 1899 (ND New York 1969, Hebräisch).
– Randglossen zur hebräischen Bibel, Vol. 7, Leipzig 1914 (ND 1968).
Ehrlich, E. L., Der Aufenthalt des Königs Manasse in Babylon: ThZ 21, 1965, 281–286.
Eichrodt, W., Theologie des Alten Testaments I. II. und III., Stuttgart 1933/1935/1939.
Eissfeldt, O., Einleitung in das Alte Testament, Tübingen ^{2}1956.
Eskenazi, T. C., The Chronicler and the Composition of 1 Esdras: CBQ 48, 1986, 39–61.
Fishbane, M., Biblical Interpretation in Ancient Israel, Oxford 1984.
Freedman, D. N., The Chronicler's Purpose: CBQ 23, 1961, 436–442.
Gabriel, I., Friede über Israel. Eine Untersuchung zur Friedenstheologie in Chronik I,10–II,36 (ÖBSt 1), Klosterneuburg 1990.
Galil, G., The Genealogies of the Tribe of Judah, Diss. Jerusalem 1983 (Hebräisch mit englischer Zusammenfassung).
Gese, H., Zur Geschichte der Kultsänger am zweiten Tempel, in: ders., Vom Sinai zum Zion, München 1974, 147–158.
Gesenius, W., Hebräische Grammatik, Leipzig ^{26}1896.
Goldingay, J., The Chronicler as an Theologian: BTB 5, 1975, 99–126.

Goulder, M. D., Midrash and Lection in Matthew, London 1974.
Graf, K. H., Die geschichtlichen Bücher des Alten Testaments, Leipzig 1866.
Graham, M. P., The Utilization of 1 and 2 Chronicles in the Reconstruction of Israelite History in the Nineteenth Century (SBL.DS 16), Atlanta 1990.
– u. a. (Hg.), The Chronicler as Historian. FS R. B. Dillard (JSOT.S 238), Sheffield 1997.
– /*McKenzie, S. L.* (Hg.), The Chronicler as Author. Studies in Text and Texture (JSOT.S 263), Sheffield 1999.
Grébaut, S., Les Paralipomènes livres I et II, Version Éthiopienne: PO 23/4, Paris 1932, 525–771.
Halpern, B., Sacred History and Ideology: Chronicles' Thematic Structure – Indications of an Earlier Source, in: R. E. Friedman (Hg.), The Creation of Sacred Literature, Berkeley/London 1981, 35–54.
Hanspach, A., Inspirierte Interpreten. Das Prophetenverständnis der Chronikbücher und sein Ort in der Religion (ATSAT 64), St. Ottilien 2001.
Haran, M., Studies in the Account of the Levitical Cities: JBL 80, 1961, 45–54.156–165.
– Explaining the Identical Lines at the End of Chronicles and Beginning of Ezra: Bible Review 2/3, 1986, 18–20.
Hoglund, K. G., The Chronicler as Historian. A Comparativist Perspective, in: M. P. Graham u. a. (Hg.), The Chronicler as Historian (JSOT.S 238), Sheffield 1997, 19–29.
Hurvitz, A., A Linguistic Study of the Relationship between the Priestly Source and the Book of Ezekiel, Paris 1982.
– Terms and Epithets Relating to the Jerusalem Temple Compound in the Book of Chronicles, in: D. Wright (Hg.), Pomegranates and Golden Bells: Studies in Biblical Jewish and Near Eastern Ritual, Law and Literature in Honor of Jacob Milgrom, Winona Lake 1995.
Im, T. S., Das Davidbild in den Chronikbüchern, Frankfurt/Bern/New York 1985.
Japhet, S., The Supposed Common Authorship of Chronicles and Ezra-Nehemiah Investigated Anew: VT 18, 1968, 332–372.
– The Ideology of the Book of Chronicles and its Place in Biblical Thought, Jerusalem 1977 (Hebräisch), Frankfurt/Bern/New York 1989, ^{2}1997 (Englisch).
– Conquest and Settlement in Chronicles: JBL 98, 1979, 205–218.
– Biblical Historiography in the Persian Period, in: H. Tadmor/I. Eph'al (Hg.), The World History of the Jewish People, Vol. VI, Jerusalem 1983, 176–202.215–303 (Hebräisch).
– The Historical Reliability of Chronicles: The History of the Problem and its Place in Biblical Research: JSOT 3, 1985, 83–107.
– Interchanges of Verbal Roots in Parallel Texts in Chronicles: Hebrew Studies 28, 1987, 9–50.
– Law and »The Law« in Ezra-Nehemiah, in: Proceedings of the Ninth World Congress of Jewish Studies, Panel Sessions, Jerusalem 1988, 99–115.
– The Relationship between Chronicles and Ezra-Nehemiah: VT.S XLIII,1991, 298–313.
– The Temple of the Restoration – Reality and Ideology: USQR 43, 1991, 195–251.
– The Israelite Legal and Social Reality as Reflected in Chronicles: A Case Study, in: M. Fishbane (Hg.), »Sha'arei Talmon«. Studies in the Bible, Qumran, and the Ancient Near East. FS S. Talmon, Winona Lake 1992, 79–91.
– L'historiographie post-exilique – comment et pourquoi?, in: A. de Pury u. a. (Hg.), Israel construit son histoire: L'historiographie deutéronomiste à la lumière des recherches recentes (Le Monde de la Bible 34), Geneva 1996, 123–152.
– Exile and Restoration in the Book of Chronicles, in: B. Becking u. a.(Hg.), The Crisis of Israelite Religion in Exilic and Post-Exilic Times (OTS 42), Brill/Leiden 1999, 33–44.

– Postexilic Historiography. How and Why?, in: A. de Pury u. a. (Hg.), Israel Constructs its History, 2000, 144–173.
– Art. Chronikbücher: RGG 2, [4]1999, 344–348.
Jastrow, M., A Dictionary of the Targumim, the Talmud Babli and Yerushalmi and the Midrashic Literature, New York 1950.
Jenni, E., Aus der Literatur zur chronistischen Geschichtsschreibung: ThR 45, 1980, 97–108.
Johnstone, W., Guilt and Atonement: The Theme of 1 and 2 Chronicles, in: J. D. Martin/ P. R. Davies (Hg.), A Word in Season. FS W. McKane (JSOT.S 42), Sheffield 1986, 113–138.
– Which is the Best Commentary? 11. The Chronicler's Work: Expository Times 102, 1990, 6–11.
– The Use of Leviticus in Chronicles, in: J. F. A. Sawyer (Hg.), Reading Leviticus – a Conversation with Mary Douglas (JSOT.S 227), Sheffield 1996, 243–255.
– Chronicles and Exodus. An Analogy and its Application (JSOT.S 275), Sheffield 1998.
Kalimi, I., Recurrences of Literary Historiographical Variations in the Parallel Texts between the Book of Chronicles and the Books of Samuel-Kings, Diss. Jerusalem 1989 (Hebräisch mit englischer Zusammenfassung) = ders., Zur Geschichtsschreibung des Chronisten. Literarisch-historiographische Abweichungen der Chronik von ihren Paralleltexten in den Samuel- und Königsbüchern (BZAW 226), Berlin 1995.
– The Books of Chronicles. A Classified Bibliography, Jerusalem 1990.
– Die Abfassungszeit der Chronik. Forschungsstand und Perspektiven: ZAW 105, 1993, 223–233.
– Literary-chronological proximity in the Chronicler's historiography: VT 43, 1993, 318–338.
– Was the Chronicler a Historian?, in: M. P. Graham u. a. (Hg.), The Chronicler as Historian (JSOT.S 238), Sheffield 1996, 243–255.
– History of Interpretation. The Book of Chronicles in Jewish Tradition: RB 105, 1998, 5–41.
Kartveit, M., Motive und Schichten der Landtheologie in 1 Chronik 1–9 (CBOTS 28), Stockholm 1989.
Kaufman, Y., The History of the Religion of Israel, Vol. 1–4, Tel Aviv 1952 (Hebräisch), Vol. 1–3, translated and abridged by M. Greenberg, Chicago 1960.
Kegler, J, Das Zurücktreten der Exodustradition in den Chronikbüchern, in: R. Albertz u. a. (Hg.), Schöpfung und Befreiung. FS C. Westermann, Stuttgart 1989, 54–66.
– Prophetengestalten im Deuteronomistischen Geschichtswerk und in den Chronikbüchern.
Ein Beitrag zur Kompositions- und Redaktionsgeschichte der Chronikbücher: ZAW 105, 1993, 481–497.
Kellermann, U., Anmerkungen zum Verständnis der Tora in den chronistischen Schriften: BN 42, 1988, 49–92.
Kelly, B., Retribution and Eschatology in Chronicles (JSOT.S 211), Sheffield 1996.
Kitchen, K. A., The Third Intermediate Period in Egypt, Warminster 1973.
Klein, R. W., Supplements in the Paralipomena: A Rejoinder: HThR 61, 1968, 492–495.
– Art. 1–2 Chronicles, Book of, in: ABD 1, 1992, 991–1002.
Kleinig, J. W., The Lord's Song. The Basis, Function and Significance of Choral Music in Chronicles (JSOT.S 156), Sheffield 1993.
– Recent Research in Chronicles: CRBS 2, 1994, 43–76.

Knoppers, G. N., Images of David in Early Judaism – David as Repentant Sinner in Chronicles: Bib. 76, 1995, 449–470.
– Hierodules, Priests, or Janitors? The Levites in Chronicles and the History of the Israelite Priesthood: JBL 118, 1999, 49–72.
– Treasures Won and Lost. Royal (Mis)appropriations in Kings and Chronicles, in: M. P. Graham/S. L. McKenzie (Hg.), The Chronicler as Author. Studies in Text and Texture (JSOT.S 263), Sheffield 1999, 70–90.
– Jerusalem at War in Chronicles, in: R. S. Hess/G. J. Wenham (Hg.), Zion, City of Our God, Grand Rapids 1999.
Kropat, A., Die Syntax des Autors der Chronik (BZAW 16), Berlin 1909.
Kutscher, E. Y., The Language and Linguistic Background of the Isaiah Scroll, Leiden 1974.
Le Déaut, R./Robert, J., Targum de Chroniques, Rom 1971.
Lemke, W. E., The Synoptic Problem in the Chronicler's History: HTR 58, 1965, 349–363.
Liver, J., So All Israel was Enrolled by Genealogies, in: ders. (Hg.), Studies in Bible and Judean Desert Scrolls, Jerusalem 1971, 234–248 (Hebräisch).
– The House of David, from the Fall of the Kingdom to the Fall of the Second Commonwealth and after, Jerusalem 1959.
– Chapters in the History of the Priests and Levites, Jerusalem ^{2}1987 (Hebräisch).
Loewenstamm, S. E./Blau, J., Thesaurus of the Language of the Bible I–III, Jerusalem 1957–1968 (Hebräisch und Englisch).
Marcos, N. F., The Old Latin of Chronicles between the Greek and the Hebrew, in: B. A. Taylor (Hg.), IX. Congress of the International Organisation for Septuagint and Cognate Studies – Cambridge 1995, Atlanta 1997, 126–136.
Mason, R., Some Echoes of the Preaching in the Second Temple?: ZAW 96, 1984, 23–49.
– Preaching the Tradition, Homily and Hermeneutics after the Exile, Cambridge 1990.
Mathias, D., Die Geschichte der Chronikforschung im 19. Jahrhundert, Diss. Leipzig 1977.
– »Levitische Predigt« und Deuteronomismus: ZAW 96, 1984, 23–49.
Mathys, H.-P., Chronikbücher und hellenistischer Zeitgeist, in: ders., Vom Anfang und vom Ende. Fünf alttestamentliche Studien (BEATAJ 47), Frankfurt 2000, 41–155.
– Die Ethik der Chronikbücher. Ein Entwurf, in : ders., Vom Anfang und vom Ende. Fünf alttestamentliche Studien (BEATAJ 47), Frankfurt 2000, 156–255.
Mazar, B., The Cities of the Priests and the Levites: VT.S 7, 1960, 193–205.
Mazor, L., The Origin and Evolution of the Curse upon the Builder of Jericho: Textus XIV,1988, 14–23.
McCarthy, D. J., Covenant and Law in Chronicles – Nehemiah: CBQ 4, 1982, 25–44.
McEntire, M. H., The Function of Sacrifice in Chronicles, Ezra and Nehemia, Lewiston 1993.
McKenzie, S. L., The Chronicler's Use of the Deuteronomistic History (HSM 33), Atlanta 1985.
– The Chronicler as Redactor, in: M. P. Graham/S. L. McKenzie (Hg.), The Chronicler as Author. Studies in Text and Texture (JSOT.S 263), Sheffield 1999, 70–90.
Micheel, R., Die Seher- und Prophetenüberlieferungen in der Chronik, Frankfurt/Bern 1983.
Milgrom, J., Studies in Levitical Terminology I, Berkely 1970.
Mitchell, C., The Dialogism of Chronicles, in: M. P. Graham/S. L. McKenzie (Hg.), The

Chronicler as Author. Studies in Text and Texture (JSOT.S 263), Sheffield 1999, 311–326.
Mosis, R., Untersuchungen zur Theologie des Chronistischen Geschichtswerkes (FThSt 92), Freiburg 1973.
Movers, F. C., Kritische Untersuchungen über die biblische Chronik. Ein Beitrag zur Einleitung in das Alte Testament, Bonn 1834.
Murrey, D. F., Dynasty, People, and the Future. The message of Chronicles: JSOT 58, 1993, 71–92.
– A New Look at the System of Levitical Cities, in: ders., Borders and Districts in Biblical Historiography, Jerusalem 1986, 203–236.
– Sources and Redaction in the Chronicler's Genealogies of Asher and Ephraim: JSOT 49, 1991, 105–110.
Neteler, B., Die Bücher der Chronik der Vulgata und des hebräischen Textes, Münster 1899.
Newsome, J. D., Toward a New Understanding of the Chronicler and His Purposes: JBL 94, 1975, 201–217.
Noble, J. S., The Syriac Version of the Book of Chronicles, Diss. New York 1943.
North, R., Theology of the Chronicler: JBL 82, 1963, 369–381.
– Does Archeology Prove Chronicle's Sources?, in: H. N. Bream (Hg.), Old Testament Studies in Honor of Jacob M. Myers: A Light unto My Path, Philadelphia 1974, 375–401.
Noth, M., Das System der zwölf Stämme Israels, Stuttgart 1930 (ND Darmstadt 1980).
– Überlieferungsgeschichtliche Studien, Halle 1943 (ND Darmstadt 1963).
Oeming, M., Das wahre Israel. Die »genealogische Vorhalle« 1 Chronik 1–9 (BWANT 128), Stuttgart 1990.
Payne, J. B., Validity of Numbers in Chronicles: Biblical Studies 136, 1979, 109–128.206–220.
Peltonen, K., History Debated. The Historical Reliability of Chronicles in Pre-Critical and Critical Research (2 Bde.), Helsinki 1996.
– Function, Explanation and Literary Phenomena. Aspects of Source Criticism as Theory and Method in the History of Chronicles Research, in: M. P. Graham/S. L. McKenzie (Hg.), The Chronicler as Author. Studies in Text and Texture (JSOT.S 263), Sheffield 1999, 18–69.
– A Jigsaw without a Model? The Date of Chronicles, in: L. L. Grabbe (Hg.), Did Moses Speak Attic? Jewish Historiography and Scripture in the Hellenistic Period (JSOT.S 317), Sheffield 2001, 225–271.
Peterson, D. L., Late Biblical Prophecy, Missoula 1977.
Plöger, O., Reden und Gebete im deuteronomistischen und chronistischen Geschichtswerk, in: G. Dehn/W. Schneemelcher (Hg.), Festschrift für Günther Dehn, Neukirchen 1957, 35–49 (= ders., Aus der Spätzeit des Alten Testaments, Göttingen 1971, 50–66).
Pohlmann, K. F., Zur Frage von Korrespondenzen und Divergenzen zwischen den Chronikbüchern und dem Esra/Nehemia Buch: VT.S 42, 1991, 314–330.
Polzin, R., Late Biblical Hebrew: Toward an Historical Typology of Biblical Hebrew Prose, Missoula 1976.
Rad, G. von, Das Geschichtsbild des chronistischen Werkes, Stuttgart 1930.
– Die levitische Predigt in den Büchern der Chronik, in: FS O. Procksch, Leipzig 1934, 113–124 (= Gesammelte Studien zum Alten Testament [TB 8], München ^{4}1971, 248–261).
– Der heilige Krieg im alten Israel (AThANT 20), Zürich 1951.
– Theologie des Alten Testaments, I und II, München 1957/1960, ^{10}1992/1993.

Rainey, A. F., The Chronicler and his Sources – Historical and Geographical, in: M. P. Graham (Hg.), The Chronicler as Historian. FS R. B. Dillard (JSOT.S 238), Sheffield 1997, 30–72.
Randellini, P. L., Il Libro delle Cronache del Decennio 1950–1960: RivBib 10, 1962, 136–155.
Rehm, M., Textkritische Untersuchungen zu den Parallelstellen der Samuel-Königsbücher und der Chronik, Münster 1937.
Rendsburg, G. A., The International Consistence and Historical Reliability of the Biblical Genealogies: VT 40, 1990, 185–204.
Reviv, H., The Pattern of Whole-Kingdom's Assembly in Israel: Eretz Israel 15, 1981, 308–311 (Hebräisch).
Riley, W., King and Cultus in Chronicles. Worship and the Reinterpretation of History (JSOT.S 160), Sheffield 1993.
Ruffing, A., Jahwekrieg als Weltmetapher. Studien zu Jahwekriegstexten des chronistischen Sondergutes (SBB 24), Stuttgart 1992.
Sæbø, M., Art. Chronistische Theologie/Chronistisches Geschichtswerk, in: TRE 8, 1981, 74–87.
– »Ne bis in idem«? – Theologische und kanonische Aspekte der Parallelität von Deuteronomistischem und Chronistischem Geschichtswerk, in: S. Chapman u. a. (Hg.), Biblischer Text und theologische Theoriebildung (BThSt 44), Neukirchen-Vluyn 2001, 27–51.
Schaper, J., Priester und Leviten im achämenidischen Juda. Studien zur Kult- und Sozialgeschichte Israels in persischer Zeit (FAT 31), Tübingen 2000.
Schniedewind, W. M., Prophets, Prophecy and Inspiration. A Study of Prophecy in the Book of Chronicles, Ann Arbor 1992.
– History or Homily – Toward Understanding the Chronicler's Purpose, in: Proceeding of the Eleventh World Congress of Jewish Studies – Division A: The Bible, Jerusalem 1994, 91–97.
– The Word of God in Transition. From Prophet to Exegete in the Second Temple Period (JSOT.S. 197), Sheffield 1995.
– Prophets and Prophecy in the Books of Chronicles, in: M. P. Graham (Hg.), The Chronicler as Historian. FS R. B. Dillard (JSOT.S 238), Sheffield 1997, 204–224.
– The Chronicler as an Interpreter of Scripture, in: M. P. Graham/S. L. McKenzie (Hg.), The Chronicler as Author. Studies in Text and Texture (JSOT.S 263), Sheffield 1999, 158–180.
Selman, M. J., Jerusalem in Chronicles, in: R. S. Hess u. a. (Hg.), Zion, City of Our God, Eerdmans/Grand Rapids 1999, 43–56.
Shaver, J. R., Torah and the Chronicler's History Work, Atlanta 1989.
Seeligmann, I. L., From Historical Reality to Historiosophical Concepts in the Bible: Ṕrakim II, 1969–1974, 273–313 (Hebräisch).
– Die Auffassung von der Prophetie in der deuteronomistischen und chronistischen Geschichtsschreibung: VT.S 29, 1978, 254–284.
– The Beginnings of *Midrash* in the Books of Chronicles: Tarbiz 49, 1979/80, 14–32 (Hebräisch).
Siedlecki, A., Foreigners, Warfare and Judahite Identity in Chronicles, in: M. P. Graham/S. L. McKenzie (Hg.), The Chronicler as Author. Studies in Text and Texture (JSOT.S 263), Sheffield 1999, 229–266.
Solomon, A. M., The Structure of the Chronicler's History – A Key to the Organisation of the Pentateuch: Semeia 46, 1989, 51–64.

Spottorno, M. V., The Books of Chronicles in Josephus' Jewish Antiquities, in: B. A. Taylor (Hg.), IX, Congress of the International Organisation for Septuagint and Cognate Studies – Cambridge 1995, Atlanta 1997, 381–390.
Steck, O. H., Strömungen theologischer Tradition im Alten Israel, in: ders., Wahrnehmungen Gottes im Alten Testament (TUB 70), München 1982, 291–317.
Steins, G., Die Chronik als kanonisches Abschlußphänomen. Studien zur Entstehung und Theologie von 1/2 Chronik (BBB 93), Bodenheim 1995.
– Torabindung und Kanonabschluß, in: E. Zenger (Hg.), Die Tora als Kanon für Juden und Christen (HBS 10), Freiburg 1996, 213–256.
– Zur Datierung der Chronik. Ein neuer methodischer Ansatz: ZAW 109, 1997, 84–92.
– Die Bücher der Chronik, in: E. Zenger u. a., Einleitung in das Alte Testament, Stuttgart [4]2001, 223–234.
Talshir, D., The References to Ezra and the Books of Chronicles in B. Baba Bathra 15a: VT 38, 1998, 358–360.
– A Reinvestigation of the Linguistic Relationship between Chronicles and Ezra-Nehemiah: VT 38, 1988, 165–193.
Throntveit, M., Linguistic Analysis and the Questions of Authorship in Chronicles, Ezra and Nehemiah: VT 32, 1982, 201–216.
– When Kings Speak: Royal Speech and Royal Prayer in Chronicles, Atlanta 1987.
– The Chronicler's Speeches and Historical Reconstruction, in: M. P. Graham (Hg.), The Chronicler as Historian. FS R. B. Dillard (JSOT.S 238), Sheffield 1997, 225–245.
Torrey, C. C., The composition and historical value of Ezra-Nehemiah (BZAW 2) Berlin/ New York 1896.
– The Apparatus for the Textual Criticism of Chronicles-Ezra-Nehemiah, in: R. F. Harper u. a. (Hg.), Old Testament and Semitic Studies in Memory of W. R. Harper, Harper Memorial Volume II, Chicago 1908, 55–111.
– The Chronicler as Editor and as Independent Narrator: AJSL 25, 1908/9, 157–173.188–217.
Ulrich, E. C., The Qumran Text of Samuel and Josephus (HSM 19), Harvard 1978.
Vaux, R. de, The Early History of Israel, London/Philadelphia 1978.
Verhei, A. J. C., Verbs and Numbers. A Study of the Frequency of the Hebrew Verbal Tense Forms in the Books of Samuel-Kings and Chronicles, Assen 1990.
Vries, S. de, Moses and David as Cult Founders in Chronicles: JBL 107, 1988, 619–639.
– Festival Ideology in Chronicles, in: H. T. C. Sun/K. L. Eades (Hg.), Problems in Biblical Theology. FS R. P. Knierim, Grand Rapids/Cambridge 1997, 104–124.
Wallace, H. N., What Chronicles Has to Say about Psalms, in: M. P. Graham/S. L. McKenzie (Hg.), The Chronicler as Author. Studies in Text and Texture (JSOT.S 263), Sheffield 1999, 267–291.
Watson, W. G. E., Archaic Elements in the Language of Chronicles: Bib. 53, 1972, 191–207.
Weber, D. R., Les anciennes versions latines du deuxième livre des Paralipomènes, Rom 1945.
Weinberg, J. P., Das Wesen und die Funktionelle Bestimmung der Listen in 1 Chr 1–9: ZAW 93, 1981, 91–114.
– Die Natur im Weltbild des Chronisten: VT 31, 1981, 324–345.
– Krieg und Frieden im Weltbild des Chronisten: Oriental Library Publications 16, 1985, 111–129.
– Die soziale Gruppe im Weltbild des Chronisten: ZAW 98, 1986, 72–95.
– Königtum und Königreich im Weltbild des Chronisten: Klio 69, 1987, 28–45.

– The Citizen-Temple Community (JSOT.S 151), Sheffield 1992.
– Der Chronist in seiner Mitwelt (BZAW 239), Berlin 1996.
– Der Chronist als Historiker (BEATAJ 28), Frankfurt 1996.
Welch, A. C., The Work of the Chronicler, London 1939.
Wellhausen, J., De Gentibus et Familiis Judaeis, Dissertatio Göttingen 1870.
– Der Text der Bücher Samuelis, Göttingen 1871.
– Prolegomena zur Geschichte Israels, Berlin ^{6}1905.
Welten, P., Geschichte und Geschichtsdarstellung in den Chronikbüchern (WMANT 42), Neukirchen-Vluyn 1973.
– Lade – Tempel – Jerusalem. Zur Theologie der Chronikbücher, in: A. H. J. Gunneweg/O. Kaiser (Hg.), Textgemäß. FS E. Würthwein, Göttingen 1979, 169–183.
Wette, W. M. L. de, Historisch-kritische Untersuchung über die Bücher der Chronik, in: ders., Beiträge zur Einleitung in das Alte Testament, Halle 1823 (ND Darmstadt 1971).
Wilda, G., Das Königsbild des Chronistischen Geschichtswerkes, Bonn 1954.
Willi, T., Die Chronik als Auslegung. Untersuchungen zur literarischen Gestaltung der historischen Überlieferung Israels (FRLANT 106), Göttingen 1972.
– Juda – Jehud – Israel, Studien zum Selbstverständnis des Judentums in persischer Zeit (FAT 12), Tübingen 1995.
– Leviten, Priester und Kult in vorhellenistischer Zeit. Die Chronistische Optik in ihrem geschichtlichen Kontext, in: B. Ego u. a. (Hg.), Gemeinde ohne Tempel. Zur Substituierung und Transformation des Jerusalemer Tempels und seines Kultes im Alten Testament, antiken Judentum und frühen Christentum (WUNT 118), Tübingen 1999, 75–98.
– Der Weltreichsgedanke im Frühjudentum. Israel, Menschheit und Weltherrschaft in den biblischen Chronikbüchern, in: Ch. Maier u. a. (Hg.), Exegese vor Ort. FS P. Welten, Leipzig 2001, 389–410.
Williamson, H. G. M., The Accession of Solomon in the Books of Chronicles: VT 26, 1976, 351–361.
– Eschatology in Chronicles: Tyndale Bulletin 28, 1977, 115–154.
– Israel in the Book of Chronicles, Cambridge 1977.
– The Origins of the Twenty-Four Priestly Courses: A Study of 1 Chronicles XXIII–XXVII: VT.S 30, 1979, 251–268.
– The Dynastic Oracle in the Books of Chronicles, in: Essays on the Bible and the Ancient World Vol. III, Non-Hebrew Section. FS I. L. Seeligmann, Jerusalem 1983, 305–318.
– The Temple in the Books of Chronicles, in: W. Horbury (Hg.), Templum amicitiae. FS E. Bammel (JSNT.S 48), Sheffield 1991, 15–31.
Wright, J. W., The Legacy of David in Chronicles – The Narrative Funktion of I Chronicles 23–27: JBL 110, 1991, 229–242.
– From Center to Periphery – 1 Chronicles 23–27 and the Interpretation of Chronicles in the Nineteenth Century, in: E. Ulrich u. a. (Hg.), Priests, Prophets and Scribes. FS J. Blenkinsopp (JSOT.S 149), Sheffield 1992, 20–42.
– The Fight for Peace. Narrative and History in the Battle Accounts in Chronicles, in: M. P. Graham (Hg.), The Chronicler as Historian. FS R. B. Dillard (JSOT.S 238), Sheffield 1997, 150–177.
– The Founding Father – The Structure of the Chronicler's David Narrative: JBL 117, 1998, 45–59.
– The Fabula in the Book of Chronicles, in: M. P. Graham/S. L. McKenzie, The Chronicler as Author. Studies in Text and Texture (JSOT.S 263), Sheffield 1999, 136–155.

Zalevski, S., The Revelation of God to Solomon in Gibeon: Tarbiz 42, 1972/3, 215–258 (Hebräisch).
– Solomon's Ascension to the Throne. Studies in the Books of Kings and Chronicles, Jerusalem 1981 (Hebräisch).
Zeron, A., Die Anmaßung des Königs Usia im Lichte von Jesajas Berufung: ThZ 3, 1977, 65–68.
Zimmermann, F., Chronicles as Partially Translated Book: JQR 42, 1951/2, 265–282.387–412.
Zunz, L., Die Gottesdienstlichen Vorträge der Juden, Berlin 1832.
Zwickel, W., Über das angebliche Verbrennen von Räucherwerk bei der Bestattung eines Königs: ZAW 101, 1989, 266–267.

Einleitung

I. Name und Stellung im Kanon

Traditionelle Benennung

Das Buch »Chronik« ist eines der wenigen biblischen Bücher, in deren Benennung die Gattungszugehörigkeit angedeutet ist: דברי הימים »die Ereignisse (oder: die Worte) der Tage«, d.h. Geschichtsschreibung. Bücher mit diesem Titel sind in der Bibel häufiger erwähnt, gelegentlich mit näherer Bestimmung ihres Inhalts: »das Buch der Chronik der Könige von Israel« (z.B. 1 Kön 14,19); »das Buch der Chronik der Könige von Juda« (z.B. 1 Kön 14,29); »das Buch der Chronik der Könige von Medien und Persien« (z.B. Est 10,2); »die Chronik von König David« (1 Chr 27,24). Der Name ist auch ohne nähere Bestimmung belegt Est 2,23; 6,1 (dort genauer als »das Buch der Erinnerungen, die Chronik«) und Neh 12,23. Doch wie bei allen historischen Schriften der Bibel – und vielen anderen literarischen Werken der Antike – gibt es im Buch selbst keinen Hinweis auf seinen Titel; die ältesten Belege für seinen Namen finden sich in rabbinischen Quellen: in der Mischna (Joma VI 1), im Talmud (b Megilla 13a; b Qidduschin 30a; b Baba batra 14b–15a) und im Midrasch (z.B. Leviticus rabba I 3; Rut rabba II 1). Die rabbinische Überlieferung kennt auch eine andere Bezeichnung für das Buch, nämlich ספר יוחסין »das Buch der Genealogien« (b Pessachim 62b). In seiner Vorrede zur Übersetzung von Sam und Kön bezeichnet Hieronymus das Buch als *chronicon*, bewahrt daneben aber den in der LXX vorherrschenden Titel παραλειπομενα (wörtlich: Übriggelassenes). Dies mag auf die ältere jüdische Tradition oder auf seinen eigenen Eindruck von der Art des Werkes zurückgehen. Ähnlich wirkt die Überschrift des Buches im aramäischen Targum, eine Art Konflation der beiden rabbinischen Überlieferungen: »Dies ist das Buch der Genealogien, die Worte der Tage von Alters her«. Die in den meisten modernen Bibelübersetzungen übliche Bezeichnung »Chronik« leitet sich wohl von Hieronymus her.

Andere Bezeichnungen

Die Bezeichnung der Septuaginta

Die Bezeichnung der LXX bezieht sich nicht auf die Gattung des Werkes, sondern auf die Beurteilung seines Inhalts durch die Übersetzer: παραλειπομενα, d.h. Ausgelassenes oder Überbleibsel. Diese Beurteilung des Werkes bestätigt zwar den heiligen Ursprung und Anspruch des Buches, wirft aber einen gewissen Schatten auf seinen Inhalt, was sich später in Aussagen syrischer Kirchenväter äußert, die gegen die Aufnahme des Werks in den Kanon plädieren (vgl. *T. Willi*, Die Chronik als Auslegung 1972, 13). Abgesehen von diesen späten Äußerungen ist die Kanonizität von Chr allerdings in allen Überlieferungen gut belegt. Josephus etwa spricht von dreizehn Büchern, in denen »die Propheten die Geschichte von Ereignissen ihrer eigenen Zeit niederschrieben« (contra Ap. I 40), dabei muß Chr mitgezählt sein. Die Mischna nennt Chr als eines der Bücher, aus denen dem Hohenpriester am Abend des Versöhnungstags vorgelesen wurde, um ihn am Einschlafen zu hindern (M Joma I 6); und die Bemerkungen Mt 23,35 und Lk 11,51 lassen deutlich auf einen Kanon schließen, der das Buch Chr mitumfaßte.

Stellung im Kanon

Bereits in einer talmudischen Baraita (b Baba batra 14b) erscheint Chr als das letzte Buch der hebräischen Bibel; das ist sein Platz auch in den meisten Manuskripten und Druckausgaben. Ein wichtiger Strang der biblischen Überlieferung, dokumentiert etwa durch so angesehene Textzeugen wie Codex Leningradensis B 19a und den Aleppo-Kodex (auf denen *BHK* und *BHS* basieren, sowie die Jerusalemer Bibel), stellt Chr jedoch die Hagiographen voran. Diese Anordnung ergibt sich auch aus dem massoretischen Apparat und aus Büchern, wo die Anmerkungen zu Chr an erster Stelle zu den Hagiographen stehen. Nach Aussage einer mittelalterlichen Schrift, עדת דבורים = Adath Deborim »Bienenschwarm« (1207 n. Chr.), geht diese unterschiedliche Plazierung auf die palästinische (Aleppo-Codex; Leningradensis B 19a) bzw. babylonische Tradition zurück (vgl. *C. D. Ginsburg*, Introduction to the Massoretico-Critical Edition of the Hebrew Bibel, New York ^{2}1996, 2–8). Die Herausgeber von *BHK* und *BHS* folgen zwar in allen anderen Dingen (etwa der Umstellung von Ijob und Spr oder der Reihenfolge der fünf Rollen) Codex Leningradensis B 19a, aber im Falle von Chr doch der vorherrschenden babylonischen Überlieferung (*BHS*, XI).

Ältere Quellen geben keine ausdrückliche Begründung für die Plazierung von Chr, aber beide Möglichkeiten – sowohl am Anfang als auch zum Abschluß der Hagiographen – lassen sich rechtfertigen. Als umfassende Geschichte des Volkes Israel von Adam an paßt Chr ans Ende des Kanons, der mit Gen einsetzt, während die Plazierung nach den Geschichtsbüchern einerseits und vor den Psalmen andererseits die gattungsmäßige Verwandtschaft mit den Geschichtsbüchern unterstreicht und außerdem den ausführlichen Bericht über die Einsetzung der Tempelmusik den Psalmen unmittelbar voranstellt. In LXX steht Chr unter den historischen Schriften hinter Kön; diese Reihenfolge wurde von der Vulgata übernommen und in ihrem Gefolge von vielen modernen Übersetzungen.

Zweiteilung

Chr ist ein einziges Buch und wird so unter den »24 Büchern« der Hebräischen Bibel gezählt. Die massoretischen Angaben zu Verszählung und Mitte des Buches stehen erst am Ende von 2 Chr. Die Zweiteilung wurde durch die LXX vorgenommen und in die anderen Übersetzungen übernommen. Mit dem 15. Jh. wurde sie auch in den hebräischen Bibelausgaben eingeführt.

II. Wie weit erstreckt sich das Werk des Chronisten?

Zwei im Zuge der Untersuchung von Chr viel diskutierte Punkte, an denen die eigentliche Definition hängt, was wir unter »Chronik« verstehen, sind vorab zu klären. In beiden Fällen wird die Gleichsetzung des biblischen Schriftwerks »Chronik« mit dem »Werk des Chronisten« in Frage gestellt. Im einen Fall geht es um die etwaige Ausdehnung der »chronistischen Geschichtsschreibung« auf die biblischen Bücher Esra-Neh, im anderen um die Komplexität von Chr selbst, um Fragen nach der ursprünglichen Textgestalt und nach verschiedenen Stadien der literarischen Ausformung.

1. Die Beziehung von Chronik zu Esra-Nehemia

Diskussion über die Frage: Chr und Esra-Neh vom gleichen Verfasser?

Die Auffassung, daß sowohl Chr als auch Esra-Neh von ein und demselben Autor stammen, war im rabbinischen Judentum sowie im mittelalterlichen Christentum die übliche; die Abfassung beider Werke wird auf Esra den Schreiber zurückgeführt (BT Baba batra 15a, zu John of Salisbury und Ralph Niger vgl. *A. Saltman,* Stephen Langton 1978, 23). Ein Einwand dagegen kam von *Leopold Zunz,* dem Altmeister der modernen »Wissenschaft des Judentums«, dem es zweifelhaft erschien, daß der ganze Komplex Esra-Neh von Esra verfaßt sein sollte. Um nicht allzu weit von der herkömmlichen Auffassung abzuweichen, stellte Zunz die These auf, nicht Esra habe Chr geschrieben, sondern umgekehrt: beide Werke stammten vom »Chronisten«, d.h. von dem anonymen Verfasser der Chr (*L. Zunz,* Die gottesdienstlichen Vorträge 1832, 22). Diese These von Zunz (unabhängig auch von *F. C. Movers,* Kritische Untersuchungen 1834 vorgetragen) setzte sich durch, wurde allgemein akzeptiert und häufig als unerschütterliche Tatsache behandelt. Doch selbst auf dem Höhepunkt ihrer Geltung wurde sie von manchen Forschern angefochten, und im Jahre 1968 wurde die Diskussion neu eröffnet (vgl. *S. Japhet,* The Common Authorship 1968, 332–372). Seit damals hat sich die Bibelwissenschaft mehrfach mit der Frage auseinandergesetzt. Die Haltung von Zunz ist zwar weiterhin vertreten worden, besonders von Forschern, die besonders an Esra-Neh interessiert sind (vgl. *A. H. J. Gunneweg,* Zur Interpretation der Bücher Esra-Nehemia: VT.S 32, 1981, 146–161; ders., Esra [KAT 19, 1], Gütersloh 1985, 25–28; *M. Haran,* Explaining 1986, 18–20; *J. Blenkinsopp,* Ezra-Nehemiah: a commentary, Philadelphia 1988, 47–54; *P. R. Ackroyd,* Chronicles-Ezra-Nehemiah 1988, 189–201; *K. F. Pohlmann,* Zur Frage von Korrespondenzen 1991, 314–330), aber die Betrachtung der beiden Bücher als zwei eigenständige literarische Gebilde hat doch an Boden gewonnen. Relevant ist die Frage nach der gemeinsamen oder separaten Autorschaft zwar in erster Linie für die Untersuchung von Esra-Neh, aber auch die von Chr ist davon betroffen, besonders wenn beide Werke zusammen unter dem gemeinsamen Nenner »chronistische Geschichtsschreibung« behandelt werden oder wenn chronistische Belange wie Datum, Herkunft, Entwicklung von Kulteinrichtungen, literarische Verfahren und theologisch-historische Konzeptionen nach dem Zeugnis von Esra-Neh entschieden werden. Das Problem ist sowohl von mir (*S. Japhet,* The Common Authorship 1968, 332–372; dies., The Historical Reliability 1985, 83–107; dies., The Relationship 1991, 298–313) als auch von anderen

(*H. G. M. Williamson*, Israel in the Book of Chronicles 1977, 1–70; *Williamson* 5–11; ders., Did the Author of Chronicles also Write the Books of Ezra and Nehemiah?: BibRev 3, 1987, 56–59; *T. Willi*, Die Chronik als Auslegung 1972, 37f.; *P. Welten*, Geschichte und Geschichtsdarstellung 1973, 3f.; *R. L. Braun*, Chronicles 1979, 42–64; *de Vries* 8–10; u. a.) verschiedentlich behandelt worden; um Dinge nicht unnötig zu wiederholen, fasse ich hier nur meine allgemeinen Schlüsse zusammen und verweise im übrigen auf die Einzeldiskussion.

Zwei verschiedene Werke von zwei verschiedenen Autoren

Chr und Esra-Neh stellen zwei verschiedene Werke von zwei verschiedenen Autoren dar. Sie weisen nicht nur eine Fülle von mehr oder weniger geringfügigen Unterschieden sprachlicher, stilistischer und literarischer Art auf und vertreten unterschiedliche, häufig entgegengesetzte historische und theologische Auffassungen; aufs Ganze gesehen handelt es sich um zwei verschiedene Ausprägungen biblischer Geschichtsschreibung während der persisch-hellenistischen Epoche. Was das historiographische Verfahren und die chronologische Substruktur betrifft, bildet Esra-Neh ein Experiment, einen neuen Versuch der Geschichtsschreibung in Abweichung von dem historiographischen Modell des vorangehenden deuteronomistischen Geschichtswerks (vgl. *S. Japhet*, Biblical Historiography 1983, 176–181). Was Motivation und theologischen Ausgangspunkt angeht, bildet Esra-Neh allerdings eher eine Fortsetzung des deuteronomistischen Geschichtswerks, denn beide setzen sich mit einer bedrückenden Wirklichkeit auseinander und suchen Sinn und Rechtfertigung für konkrete Notsituationen: Zerstörung und Exil einerseits, beschränkte Restauration und Verzicht auf eschatologische Hoffnungen andererseits. Dagegen ist Chr in der Form seiner Geschichtsdarstellung traditioneller als Esra-Neh und bildet literarisch in hohem Maße eine Fortsetzung der älteren biblischen Geschichtsschreibung, besonders der deuteronomistischen; die theologische Ausrichtung und das allgemeine Verständnis der Geschichte Israels jedoch weicht von denen der Vorgänger ab. Chr ist keine beschränkte Theodizee für eine bestimmte Krisensituation, sondern ein Versuch, die Grundprinzipien aufzudecken, von denen die Geschichte Israels regiert wird. »Geschichte« ist laut Chr eine Folge konkreter Äußerungen von Gottes Herrschaft über die Welt, bestimmt durch die göttlichen Attribute. Da diese in den Vorstellungen der göttlichen Vorsehung und absoluten Gerechtigkeit bestehen, prägen sie eine positive und optimistische Haltung gegenüber der menschlichen Existenz insgesamt und Israels Zukunft insbesondere. Der Chronist sieht Israels Schicksal in einer viel weiteren Perspektive, und seine Erwartung ist auf eine verheißungsvolle Zukunft gerichtet. Die stärkste Zuversicht auf die Verwirklichung dieser Zukunft wurzelt in seinem besonderen Verständnis von Geschichte als göttlicher Offenbarung.

2. Die Forschungsdiskussion über die Einheitlichkeit der Chronik

Bedeutung der Frage nach der ursprünglichen Einheit von Chr

Die Frage nach der Einheit und Ursprünglichkeit von Chr und damit nach der eigentlichen Definition von Chr ist von erheblicher Bedeutung für das Verständnis und die Beurteilung des Buches. Ganz allgemein formuliert handelt es sich um die Frage, ob Chr ganz von einem Autor verfaßt ist oder ob es aus »primären« und »sekundären« Bestandteilen besteht, die sich unterscheiden und ausmachen lassen. Das überzeugendste Argument für diese Vermutung rührt aus einem der hervorstechendsten Züge des Buches her, nämlich seiner Heterogenität, die dem Leser auf den ersten Blick auffällt. Diese Verschiedenartigkeit betrifft zahlreiche Aspekte des Werkes; sie drückt sich aus in Sprache und Stil (das klassische Idiom der Quellen an manchen Stellen, späte nachexilische Ausdrucksweise an anderen), in verschiedenen historischen Schreibweisen, Verwendung mannigfaltiger literarischer Gattungen und sogar in Differenzen und Spannungen im Bereich der berichteten Tatsachen und konkreten Details. Diese Mannigfaltigkeit und besonders die Kombination von historischen Berichten einerseits mit allerlei Listen und Aufzählungen andererseits erscheint manchen Forschern unvereinbar mit der Person eines einzigen Verfassers, weshalb sie von vornherein eine Mehrzahl von Autoren annehmen. Aus anderer Sicht wiederum haben Forscher auf die verschiedenen Quellen hingewiesen, die auf die endgültige Textgestalt von Chr eingewirkt haben. So hat etwa die Beobachtung von priesterlichen bzw. deuteronomistischen Überlieferungen und Formen in Chr zu der Annahme eines allmählichen literarischen Werdens geführt, wonach ein Originalwerk, das im Sinne einer bestimmten Schule angelegt war, nachträglich durch Einflüsse einer oder mehrerer anderer Schulen überlagert worden wäre (*Hänel-Rothstein*: Original priesterlich, später überarbeitet unter dem Einfluß des »Hexateuch«; *Welch*: Original deuteronomistisch, später überarbeitet durch einen priesterlichen Redaktor (vgl. *Rothstein/Hänel* XLIV; *A. C. Welch*, The Work of the Chronicler 1939). In der Absicht, die uneinheitliche Schreibweise des Chronisten in ein gleichförmigeres Muster zu bringen, so daß sie älteren biblisch-literarischen Erscheinungen oder einer faßbaren theologischen »Schule« näherkommt, suchte die Bibelwissenschaft durch Anwendung literarkritischer Verfahren eine Art »Ur-Chronik« zu eruieren. Dieser Versuch ist nach verschiedenen Leitlinien durchgeführt worden, jeweils im Einklang mit allgemeineren Tendenzen biblischer Wissenschaft; die einflußreicheren Vorschläge dieser Art will ich im folgenden kurz skizzieren:

Literarkritische Hypothesen

a) Unter dem Eindruck der Quellenscheidungstheorie suchte man nach (zwei bis vier) Quellen von Chr, d. h. nach vollständigen zusammenhängenden Dokumenten, jeweils von verschiedenen Autoren verfaßt. Der Chronist wurde mehr als Kompilator oder Redaktor betrachtet und nicht so sehr als Autor; außerdem rechnete man mit späteren, »nach-chronistischen« Überarbeitungen. Die markantesten Vertreter dieser Gruppe sind die Kommentare von *Kittel* und *Benzinger* (vgl. auch *Curtis/Madsen* 21–26); graphischen Ausdruck erhielt sie in Kittels Beitrag zu P. Haupts Polychrom-Bibel (*P. Haupt,* The Sacred Books of the Old Testament, Leipzig 1893).

b) Aus anderer Sicht wurden gewisse Teile von Chr, bes. die umfangreichen Listen und Geschlechtsregister als Fremdkörper im Buch betrachtet. Im Anschluß an ältere Vorschläge hat *Welch* für die Ausscheidung von 1 Chr 1–9 und 23–27 plädiert. Welch wollte dem ursprünglichen Verfasser von Chr auch jegliche priesterliche Beeinflussung absprechen und schrieb weitere Teile des Buches einer nachträglichen »priesterlichen Redaktion« zu (*A. C. Welch,* The Work of the Chronicler 1939).

c) Eine gewichtige Tendenz der biblischen Wissenschaft ist die von *M. Noth* angeregte und von *W. Rudolph* in seinem bedeutenden Kommentar ausgebaute (vgl. auch *Willi*). Im Sinne der »Überlieferungsgeschichte« betrachtete Noth Chr als ein geschlossenes Werk auf der Grundlage älterer, deuteronomistischer Quellen mit umfangreichen nachträglichen nachchronistischen Zusätzen und Umarbeitungen. Im Unterschied zur Quellenscheidung oder zur Revisionstheorie haben Noth und Rudolph nicht versucht, durchgängige sekundäre Schichten auszumachen oder gar deren Verfasser festzustellen; sie gehen vielmehr von einer konjizierten »Urchronik« aus – die dem deuteronomistischen Geschichtswerk recht nahesteht – die dann von allerlei wildwuchernden Zusätzen überlagert worden sei (*M. Noth,* Überlieferungsgeschichtliche Studien 1943, 3–27; *Rudolph* 1–5).

d) *Galling* und *Cross* haben jeder auf seine Weise versucht, der Heterogenität von Chr systematischer gerecht zu werden, indem sie für die Entstehung des Werks klar unterscheidbare Stadien annahmen. Für Galling besteht der ganze Komplex Chr + Esra-Neh aus zwei getrennten Schichten, »Chronist A« und »Chronist B«, die in literarischer Hinsicht, einschließlich Sprachgebrauch und theologischer Konzeption, nicht so sehr verschieden sind. Galling differenzierte sie nach literarkritischen Kriterien wie Wiederholung, Konflation, Kontraste, usw. Cross dagegen nahm einen noch umfassenderen literarischen Komplex in den Blick, der nicht nur Chr und Esra-Neh enthält, sondern auch 3 Esra, und beschrieb dessen Entstehung in einem Drei-Schritt: von einer »Urchronik« im 6. Jh. (die Teile des kanonischen Buches Chr sowie eine konjizierte Vorlage von 3 Esra umfaßte) über zwei weitere Chronik-Stadien im 5. und 4. Jh. bis hin zu der nicht näher definierten Epoche, in der die vorliegenden Werke entstanden: Chr und Esra-Neh als Bestandteile des Kanons, 3 Esra außerkanonisch (*F. M. Cross,* A Reconstruction 1975, 11–14).

Kritische Rückfragen

Wie schon erwähnt, gehen diese Ansätze von der unübersehbaren Heterogenität des Buches aus und operieren mit Erwägungen wie Inhalt, literarischen Gattungen, Verwendung von Quellen sowie Bestehen von geringfügigen oder erheblichen Widersprüchen zwischen verschiedenen Stellen innerhalb des Werkes. Beeinflußt sind sie allerdings auch durch weitere Faktoren wie zeitliche Ansetzung, angenommene Voraussetzungen für die Entwicklung und den Wert biblischer Literatur und Theologie, strenge Anwendung vorgefaßter methodischer Kriterien u. a. m. So ist etwa das allmähliche Gewachsensein komplexer literarischer Gebilde eine entscheidende Grundlage von *Noths* überlieferungsgeschichtlicher Methode, die von ihm auf biblische Geschichtsschreibung überhaupt angewandt wird. Sie ermöglicht ihm (und *Rudolph*) auch, Chr möglichst in die Nähe des vorangehenden deuteronomistischen Modells zu bringen, wobei die Listen – eine eher »priesterliche« Gattung – als später »Wildwuchs« gelten. Für *Welch* ist die Existenz von späten, sei es priesterlichen oder allgemein nachexilischen, Elementen in Chr unvereinbar mit seiner These, wonach Chr nach der Exilierung des Nordreichs abgefaßt wurde; sie müssen auch dann als sekundär betrachtet werden, wenn die Abfassung des Buches ins letzte Viertel des 6. Jh.s verlegt wird vor dem Hintergrund der eschatologischen Bewegung um Serubbabel (*D. N. Freedman,* The Chronicler's Purpose 1961, 436–442; *F. M. Cross,* A Reconstruction 1975, 11–14; u.a.). Letzten Endes hat wohl jeder von diesen Ansätzen seinen eigenen »Chronisten«, dem politische und theologische Anliegen zugeschrieben werden, die im vorliegenden Text von Chr nicht immer evident sind; nicht selten werden diese Versuche dem besonderen Charakter des Werks nicht gerecht, versagen bei der Definition von sekundären (oder tertiären) Elementen innerhalb des Buches oder vermögen das schließliche Zustandekommen des kanonischen Befunds nur unzulänglich zu erklären.

Position dieses Kommentars

In meinem Kommentar habe ich die bedeutenderen unter diesen Vorschlägen herangezogen, habe mir aber keinen davon zueigen machen können. Selbst die sorgfältigste Literarkritik war nicht imstande, überzeugende Harmonie unter den einzelnen Elementen herzustellen, und die neu aufgeworfenen Probleme waren nicht selten gewichtiger als die gelösten. Außerdem waren die verwendeten Argumente in meinen Augen gelegentlich recht willkürlich. Die Möglichkeit nachträglicher Erweiterung im Zuge der Überlieferung habe ich zwar nicht ausgeschlossen – zumal in den Listen, die für Veränderungen besonders anfällig sind –, aber insgesamt habe ich mich zu der Ansicht durchgerungen, daß die Annahme eines im wesentlichen von einem einzigen Autor verfaßten geschlossenen Werkes mit markanten literarischen Zügen die bessere Erklärung für Form und Anlage des Werkes bildet. Die Neigung des Autors, bestehende Texte zu verwenden, seine eigenen Auffassungen durch deren Erweiterung und Abwandlung zu artikulieren, seine Beeinflußtheit durch den Pentateuch, die deuteronomistische Geschichtsschreibung und eine Fülle älterer Quellen, ohne daß seine Eigenständigkeit dadurch beeinträchtigt würde, bilden den Nährboden für die Vielfalt des Buches. Ob dem Chronisten überhaupt an rationaler, exakter

Harmonisierung aller in Frage kommenden Einzelheiten gelegen war, scheint mir zweifelhaft.

III. Inhalt und Aufbau

Chr schildert die Geschichte Israels von Anfang bis »Anfang«, d.h. vom Beginn menschlicher Existenz mit Adam über die Zerstörung des Ersten Tempels unter Zidkija bis hin zu dem Neubeginn mit dem Edikt des Kyrus. Insofern bildet es eine umfassende Parallele zu der älteren biblischen Geschichte von Gen bis Kön – i.allg. als das deuteronomistische Geschichtswerk bezeichnet – wobei der Abschluß den Ausblick auf eine neue Epoche eröffnet. Dieses großangelegte Werk besteht aus drei Teilen, die nach Inhalt, literarischen Merkmalen und Setzung historischer und theologischer Schwerpunkte deutlich unterschieden sind: Drei Teile

1)	1 Chr 1–9:	Einleitung
2)	1 Chr 10 – 2 Chr 9:	Die Geschichte Israels unter David und Salomo
3)	2 Chr 10–36:	Die Geschichte des Südreichs nach Abspaltung der Nordstämme

1. Die Einleitung: 1 Chr 1–9

Die übliche Bezeichnung dieser Texteinheit als »Einleitung« beruht auf inhaltlichen und literarischen Erwägungen. Während der eigentliche historische Bericht mit 1 Chr 10 einsetzt, erfüllen die ersten neun Kapitel die traditionelle Aufgabe jeder Einleitung in ein Geschichtswerk: sie bieten den notwendigen ethnischen, geographischen und chronologischen Hintergrund für die folgende Geschichte, indem sie das Volk, sein Territorium und den chronologischen Ausgangspunkt beschreiben. Außerdem geht die Einleitung kurz auf die religiös-institutionelle Seite Israels ein. Ein Überblick über Kulteinrichtungen und -personal samt dessen Aufgaben (6,16–17.33–34; 9,19–34) legt den Grund für diesen Aspekt der anschließenden historischen Erzählung. Hier wird keine Folge von Abläufen geboten – wie im historischen Bericht –, sondern eher eine statische Situation gezeichnet, überwiegend durch genealogische und geographische Listen. Selbst wo in der Einleitung Ereignisse vorkommen, dienen sie nur zur Illustration und verstärken das statische Gesamtbild. Inhalt

Im allgemeinen Aufriß besteht die Einleitung aus drei Abschnitten: 1,1–2,2 ist eine genealogische Skizze von Adam bis zu den zwölf Söhnen von Jakob-Israel; 2,3–9,2 schildert das »Volk Israel« nach Stämmen gegliedert, und Kap. 9 endet mit einer Liste der Bewohner von Jerusalem (9,3–34), danach ein Anhang mit dem Stammbaum des Hauses Saul als Einführung in die historische Erzählung (9,35–44).

Aufbau von Kap. 1

Der Aufbau von Kap. 1 wiederum folgt einem klaren historiographischen Prinzip. Ausgehend von einer Darstellung der genealogischen Grundlagen, die sich in primäre und sekundäre Zweige gliedern, werden die sekundären zuerst behandelt, sozusagen erledigt, darauf folgt die Hauptlinie, die wiederum die Grundlage für die nächste genealogische Verzweigung bildet. Im Zuge dieses Auswahlverfahrens endet die Liste mit den Söhnen Israels:

A. 1,1–4 von *Adam* bis zu *Noach* und dessen Söhnen		
	5–7	Jafet
Noachs Söhne	8–16	Ham
	17–23	*Sem*
B. 1,24–28 von *Sem* bis zu *Abraham* und dessen Söhnen		
	29–21	Ismael
Abrahams Söhne	32–33	Ketura
	34a	*Isaak*
C. 1,34b von *Isaak* bis zu *Jakob-Israel*		
Isaaks Söhne	35–54	Esau
	2,1–2	*Israel*
D. 2,3 ff.	*Israel*	

Aufbau von Kap. 2–9

Die innere Struktur der Kapitel 2–8 ist durch eine besondere Anordnung der Stammeseinheiten bestimmt, indem Gruppen von Stämmen in geographischer Folge aufgeführt werden. Die erste Texteinheit beginnt im Zentrum mit Juda und greift dann auf die »Südstämme« Juda und Simeon aus (1 Chr 2,3–4,43). Dann geht die geographische Beschreibung über den Jordan zu den drei transjordanischen Stammesverbänden – Ruben, Gad und Halb-Manasse – die von Süden nach Norden präsentiert werden, dabei aber auch als eine Gruppe dargestellt (5,1–26). An diesem Punkt, ungefähr in der Mitte dieser Listen insgesamt, wird der Stamm Levi eingeführt (5,27–6,66). Darauf folgen die Nordstämme: Issachar, (Benjamin), Dan und Naftali (7,1–13), danach geht die Beschreibung zurück zu den Rahelstämmen im Zentrum, und zwar von Norden nach Süden: Manasse, Efraim und Benjamin. Dieser Abschnitt (7,14–8,40) umfaßt auch den Stamm Ascher (7,30–40); dieser wird zwar sonst zu den Nordstämmen gerechnet (Jos 19,24–31), aber hier liegt sein Erbland bei den Stämmen des Zentrums und grenzt an das Territorium des »Hauses Josef« an. Schließlich kehrt der geographische Kreis zu seinem Ausgangspunkt zurück: Nach einem allgemeinen Abschluß (9,1–2) werden die Bewohner von Jerusalem aufgeführt. Umfangmäßig nehmen die drei Hauptelemente des Südreichs den meisten Raum ein: am ausführlichsten ist Juda behandelt, danach Levi, danach Benjamin.

Überblicksweise läßt sich der Aufbau dieser Texteinheit skizzieren wie folgt:

A. 1,1–2,2 Von Adam bis zu Israel (Näheres s. o.)
B. 2,3–9,2 Israel
- a) 2,3–4,43 Südstämme
  - 2,3–4,23 Juda
  - 4,24–43 Simeon
- b) 5,1–26 Die Stämme jenseits des Jordan
  - 5,1–10 Ruben
  - 5,11–17 Gad
  - 5,23–24 Halb-Manasse
  - 5,18–22.25–26 Die drei Stämme
- c) 5,27–6,66 Levi
- d) 7,1–13 Nordstämme
  - 7,1–5 Issachar
  - 7,6–11 (Benjamin)
  - 7,12 Dan
  - 7,13 Naftali
- e) 7,14–40 Die Stämme im Zentrum
  - 7,14–19 Manasse
  - 7,20–27 Efraim
  - 7,28–29 Josefs Söhne
  - 7,30–40 Ascher
  - 8,1–40 Benjamin
- f) 9,1–2 Abschluß

C. 9,3–34 Einwohner von Jerusalem
- a) 9,3–9 Israeliten
- b) 9,10–13 Priester
- c) 9,14–34 Leviten

D. 9,35–44 Anhang: Das Haus des Saul

2. Die Geschichte Israels unter David und Salomo: 1 Chr 10 – 2 Chr 9

Inhalt

Die Regierung von David und Salomo wird als eine durchgehende Blütezeit geschildert, wo Israel den Höhepunkt seiner geistigen wie materiellen Errungenschaften erreichte. Die beiden Könige, deren Geschichte auf derselben Linie liegt, bilden einer das Gegenstück zum anderen. David begründet und initiiert, während Salomo die von seinem Vater begonnenen Projekte weiterführt und abschließt.

Struktur

Der Bericht über David und Salomo ist aus kleineren Texteinheiten mit je eigenem Thema zusammengesetzt. Im Zusammenhang mit dieser Thematik im großen wie im kleinen enthält jede Einheit weitere Elemente, je nach den dem Chronisten zur Verfügung stehenden Quellen. So besteht Davids Geschichte aus vier Untereinheiten, Salomos aus drei: a) 1 Chr 10–12: David wird König über ganz Israel; b) 1 Chr 13–17: David will den Dienst JHWHs in Jerusalem etablieren; c) 1 Chr 18–20: Davids Kriege; d) 1 Chr 21–29: Davids Maßnahmen zur inneren Organisation und Festigung seines Reiches: Vorbereitungen zum Tempelbau, administrative Durchorganisation des Staates, Sicherung der Thronfolge; e) 2 Chr 1: Salomo als König über ganz Israel bestätigt; f) 2 Chr 2–7: Bau und Einweihung des Tempels; g) 2 Chr 8–9: Salomos Unternehmungen und Leistungen.

Davids Geschichte: 1 Chr 10–29

Der erste Teil von Davids Geschichte beginnt mit Sauls Tod (1 Chr 10), der als Hintergrund für die folgende Erzählung dient, so daß Davids Königtum die unmittelbare Fortsetzung bildet. Davids Regierungsantritt (Kap. 11–12) enthält zusätzlich zu den Krönungsfeierlichkeiten die Eroberung Jerusalems und eine ausführliche Liste von Davids Anhängern. Im zweiten Teil geht es um Davids erste Versuche, den Dienst JHWHs in Jerusalem zu etablieren. Diese verlaufen in zwei Etappen: die Überführung der Lade von Kirjat-Jearim nach Jerusalem, worauf die Errichtung des Kultes sowohl im Zelt der Lade in Jerusalem als auch im Höhenheiligtum zu Gibeon folgt (Kap. 13.15–16), und die ersten Schritte in Richtung auf den Tempelbau in Form seiner Anfrage durch Natan. Die Erbauung des Tempels wird David zwar nicht gewährt, sondern seinem Sohn Salomo vorbehalten, aber der Bestand seiner Dynastie wird »auf ewig« garantiert (Kap. 17). In diesen Kontext sind weitere Elemente aus 2 Sam 5 eingebracht; sie füllen sozusagen die Lücke zwischen dem ersten und dem zweiten Transfer der Lade (Kap. 14). In Kap. 18–20 werden Davids militärische Unternehmungen systematisch geschildert, und im letzten Abschnitt – Kap. 21–29, besonders lang und komplex – geht es um Davids innenpolitische Tätigkeit, in erster Linie um drei miteinander zusammenhängende Bereiche: den Bau des Tempels, die Festigung und Organisation seines Königtums und die Thronfolge. Dieser Teil beginnt mit der Volkszählung, die mit der Wahl des Ortes endet, wo der Tempel erbaut werden soll (21,1–22,1), und geht weiter mit Davids Vorbereitungen und seinem Vermächtnis an Salomo und das Volk (22,2–19). Darauf folgt das Verwaltungssystem des Reiches, zunächst das Kultpersonal (Kap. 23–26), dann das Volk und die zentrale Regierung (Kap. 27). Dieser Abschnitt endet mit der öffentlichen Feier zum Beginn des Tempelbaus und zu Salomos Thronbesteigung (28,1–29,25): dies schließt mit einem knappen chronistischen Resümee von Davids Regierung (29,29–30).

Salomos Geschichte: 2 Chr 1–9

Salomos Geschichte besteht aus drei klar gegliederten Einheiten. Sie beginnt mit der Bestätigung und Festigung seiner Regierung durch die göttliche Offenbarung in Gibeon (2 Chr 1), geht dann direkt weiter zu Salomos Ausführung des väterlichen Vermächtnisses, nämlich der Erbauung des Tempels (Kap. 2–7). Das Bauvorhaben wird Schritt für Schritt verfolgt: angefangen mit den Vorbereitungen, über die Korrespondenz mit Hiram (Kap. 2), die Erbauung und Ausstattung des Hauses (3, 1–5, 1) bis zur Einweihung (5, 2–7, 22). Die letzte Einheit ist ein systematisches Verzeichnis von Salomos sämtlichen säkularen (d.i. militärischen, politischen und wirtschaftlichen) Maßnahmen sowie die abschließenden Schritte zur Einrichtung des Tempeldienstes (8, 1–9, 28) mit einem kurzen chronistischen Abschluß (9, 29–31).

Im Aufriß sieht dieser Teil ungefähr folgendermaßen aus:

1 Chr 10–29: David

A. 10–12 David wird König über Israel
- a) 10 — Sauls Tod
- b) 11, 1–12, 41 — Davids Regierungsantritt
  - 11, 1–3 — Thronbesteigung
  - 11, 4–9 — Eroberung Jerusalems
  - 11, 10–12, 38 — Davids Anhänger
  - 12, 39–41 — Feierlichkeiten

B. 13–16 Etablierung des Gottesdienstes in Jerusalem
- a) 13 — Erste Überführung der Lade
- b) 14 — [Zwischenspiel]
- c) 15–16 — Zweite Überführung der Lade
- d) 17 — Davids Wunsch den Tempel zu erbauen/ Dynastieverheißung

C. 18–20 Davids Kriegszüge

D. 21–29 Davids innenpolitische Maßnahmen
- a) 21, 1–22, 1 — Ort des Tempels bestimmt
- b) 22, 2–19 — Vorbereitungen und Vermächtnis
- c) 23–26 — Organisation des Kultpersonals
  - 23, 1–32 — Leviten
  - (24, 20–30) — Priester
  - 24, 1–19.31 — Sänger
  - 25, 1–31 — Torhüter
  - 26, 1–19 — Schatzmeister
  - 26, 20–28 — Richter und Beamte
  - 26, 29–32
- d) 27, 1–34 — Organisation des Volkes
  - 27, 1–15 — Abteilungen
  - 27, 16–24 — Häupter der Stämme
  - 27, 25–34 — Verwalter und Ratgeber

e) 28, 1–29, 25	Feierlicher Einsatz des Tempelbaus und Salomos Krönung	
	28, 1–10	Davids Rede
	28, 11–21	Übergabe des Tempelplans
	29, 1–9	Spenden für den Bau
	29, 10–20	Lobpreis Gottes
	29, 21–25	Salomo wird zum König gekrönt
f) 29, 26–30	Abschluß von Davids Regierung	

2 Chr 1–9: Salomo

E. Bestätigung von Salomos Königtum

a) 1, 1–13	Salomos Reise nach Gibeon	
b) 1, 14–17	Salomos Reichtum und Würde	

F. 2–7 Erbauung und Einweihung des Tempels

a) 2, 1–5, 1	Bau des Tempels	
	2, 1.16–17	Beschaffung der Bauarbeiter
	2, 2–15	Korrespondenz mit Huram
	3, 1–5, 1	Erbauung und Ausstattung des Tempels
b) 5, 2–7, 22	Einweihung des Tempels	
	5, 2–6, 2	Feierliche Überführung der Lade
	6, 3–11.12–41	Salomos Reden
	7, 1–3	Einweihung des Tempels durch göttliches Feuer
	7, 4–10	Opferdarbringung und Feiern für die Bevölkerung
	7, 11–22	Gottes Offenbarung an Salomo

G. 8–9 Salomos Unternehmung und Leistungen

a) 8, 1–18	Verschiedenes
b) 9, 1–12	Der Besuch der Königin von Saba
c) 9, 13–28	Salomos Reichtum
d) 9, 29–31	Abschluß von Salomos Regierung

3. Die Geschichte des Südreichs nach Abspaltung des Nordreichs

Inhalt und Aufbau

Die Geschichte der Könige von Juda ist auch aus kleineren Texteinheiten zusammengesetzt, in der Regel für jeden König eine. Voran steht wie im vorigen Teil eine Einleitung, die den Hintergrund skizziert: den Abfall der Nordstämme (2 Chr 10, 1–11, 4). Darauf folgt die Geschichte der einzelnen

Könige in chronologischer Folge. Die markantesten Könige, denen am meisten Text gewidmet ist, sind Asa, Joschafat, Hiskija und Joschija:

a) 10,1–11,4	Abfall der Nordstämme
b) 11,5–12,16	Rehabeam
c) 13,1–14,1a	Abija
d) 14,1b–16,14	Asa
e) 17,1–21,1	Joschafat
f) 21,2–20	Joram
g) 22,1–9	Ahasja
h) 22,10–24,27	Joasch
i) 25,1–26,2	Amazja
j) 26,3–23	Usija
k) 27	Jotam
l) 28	Ahas
m) 29–32	Hiskija
n) 33,1–20	Manasse
o) 33,21–25	Amon
p) 34–35	Joschija
q) 36,1–21	Die letzten Könige von Juda
r) 36,22–23	Das Edikt des Kyrus

IV. Die Quellen und ihre Verwendung

Die Frage nach den »Quellen« ist aus zwei verschiedenen Richtungen anzugehen: zum einen die Beobachtungen aus dem Text selbst, zum anderen die ausdrücklichen Hinweise des Verfassers. Die Beziehung zwischen beiden ist gesondert zu untersuchen.

1. Die Quellen von Chr

Hauptquelle: Die Bibel

Wie jedes historische Werk ist Chr von Quellen abhängig, wie bereits aus einer oberflächlichen Lektüre des Buches erhellt. Die Untersuchung der Quellen und ihrer Verwendung ist in hohem Maße dadurch beeinflußt – wahrscheinlich sogar bestimmt –, daß eine Hauptquelle des Chronisten dem Leser vorliegt und zwar in der Bibel selbst. Eine Synopse von Chr gegenüber den biblischen Quellen erlaubt die graphische Darstellung von Texten, die der Chronist aus biblischen Schriften übernommen hat; daraus sind auch Leitlinien für die Stoffwahl und Bearbeitung der in das neue Werk zu integrierenden Elemente zu entnehmen. Aufgrund der so gewonnenen Erkenntnisse lassen sich die nicht-parallelen Stellen angehen, ausgehend von der grundlegenden Frage, ob der Chronist dafür außerbiblische Quellen herangezogen hat oder freischaffend vorging. Annahme von außerbiblischen Quellen führt weiter zu Fragen nach Charakter und Zuverlässigkeit dieser Quellen sowie zur Art ihrer Verwendung. Hat der Chronist sie ebenso eingesetzt wie biblische Quellen oder anders?

Biblische Hauptquellen

Unter den biblischen Schriften sind die Hauptquellen des Chronisten die ihm vorangehenden historischen Werke: der Pentateuch, die Geschichtsbücher und Esra-Neh. Diese dienten ihm nicht nur zur Entnahme von Stellen, wörtlich oder überarbeitet, sondern auch als Grundlage und Bezugsrahmen für seine eigene Arbeit. Was die übrigen biblischen Schriften betrifft, so ist zwar ein gewisser Einfluß der Propheten in chr Ansichten und Vorstellungen zu beobachten, und einige Zitate prophetischer Rede sind wörtlich oder nahezu wörtlich in seine eigenen rhetorischen Gebilde eingegangen, aber aus den prophetischen Schriften sind keine umfangreichen Stücke übernommen, einschließlich der Klagelieder, die sich in 2 Chr 36 niedergeschlagen haben. Zusätzlich zu den historischen Werken sind nur einige Psalmen wörtlich zitiert (1 Chr 16,8–36; 2 Chr 6,41). Zahlreiche Synopsen sind angefertigt worden (so etwa *J. Kegler/M. Augustin,* Synopse ²1991), um die Entlehnungen des Chronisten herauszustellen und zu untersuchen; auch in vielen Kommentaren und verschiedenen Monographien stehen solche zur Debatte. In meiner Auslegung sind sie jeweils ausführlich behandelt.

Arbeitsweise des Chronisten

Die Art und Weise, wie der Chronist mit solchen Übernahmen aus anderen biblischen Schriften umgeht, wechselt je nach seiner eigenen Zielsetzung, historiographischen Methode und theologischen Ausrichtung. Manche zitiert er (nahezu) wortgetreu; andere verwendet er als Grundtext und bereichert sie um zusätzliches Material, so daß ein reichhaltigeres Bild entsteht, andere wiederum bringt er in stark gekürzter und komprimierter Form. Manchmal wird auf ältere Traditionen nur angespielt; eine einzige Bemerkung oder ein bloßes Adjektiv kann den Inhalt eines ganzen vorangegangenen Abschnitts wiedergeben. Bei seiner Verwendung älteren biblischen Materials legt der Chronist verschiedene Grade der Zustimmung an den Tag, von uneingeschränkter Übernahme von Wortlaut und Aussage des älteren Textes über vereinzelte Abweichungen bis hin zu pauschaler Ablehnung und Widerlegung. Eine sorgfältige Untersuchung der Arbeitsweise des Chronisten läßt seine differenzierte Haltung gegenüber diesen Quellen zutage treten, wobei sich eine interessante Kombination von Abhängigkeit und Freiheit abzeichnet: auf der einen Seite hält er grundsätzlich an seiner Textvorlage fest und zwar auf allen Ebenen des literarischen Ausdrucks, auf der anderen Seite ist er sehr geschickt im Weglassen, Hinzufügen, Verändern, so daß ein Text entsteht, der von der Vorlage nicht nur abweicht, sondern ihr gelegentlich geradezu widerspricht. Der markanteste Zug bei der Neufassung der synoptischen Partien durch den Chronisten ist wohl die Ableitung seines eigenen Werks aus einem Kern älterer traditioneller Texte, wobei er sich ein beträchtliches Maß an Freiheit bewahrt.

Einige allgemeine Verfahrensweisen bei der Heranziehung von biblischen Quellen durch den Chronisten lassen sich beobachten:

Umgang mit dem Pentateuch

a) Die Wahl von Stoff aus dem Pentateuch ist durch strenge Prinzipien geleitet. Wie in seinem Einleitungskapitel (1 Chr 1,1–2,2) zu beobachten, ist der Chronist das Buch Gen systematisch auf genealogische Angaben hin durchgegangen; er hat alle Listen, die Adam direkt mit Israel verbinden einschließlich der gesamten Nachkommenschaft von Abraham, Isaak und Jakob herausgesucht, umgestaltet und in sein eigenes Werk eingebaut. Die wenigen nicht aufgenommenen genealogischen Verzeichnisse aus Gen liegen nicht auf dieser Linie: Kain (4,17–26), Terach (11,26–32) und Nahor (22,21–24). Somit stellt das erste Kapitel die komprimierte Form dar, in die der Chronist das Buch Gen gepreßt hat. Von den anderen Teilen des Pentateuch ist nur sehr wenig wörtlich in Chr eingegangen, die Erzählungen von der Knechtschaft in Ägypten, vom Auszug und von der Wüstenwanderung sind nicht wiedergegeben, nur vereinzelte Details finden beim Chronisten Erwähnung. Die gesetzlichen Partien des Pentateuch haben in Chr einen eklektischen Niederschlag gefunden, entweder als wörtliches Zitat oder als paraphrasierende Anspielung, besonders im Zusammenhang mit dem Opferkult (vgl. *J. R. Shaver,* Torah 1989). So finden wir Anzeichen für die Überlieferung um die Lade, Beschreibungen der priesterlichen und levitischen Funktionen, Feste, Opfer, verschiedenes genealogisches Material und Erwähnungen von Personen aus dieser Zeit (so etwa Nachschon, Pinhas, Bezalel, Josua u. a.). Man kann mit Sicherheit sagen, daß das Geschichtsbild des Chronisten von Israels Frühzeit zwar recht anders aussieht als das des Pentateuch (vgl. *S. Japhet,* Conquest 1979, 205–218), daß er aber die Bücher von Ex bis Dtn als Quellenmaterial für sein eigenes Werk herangezogen hat. Was er zitiert und was er wegläßt, ist durch seinen historiographischen und theologischen Ansatz bedingt.

Das Buch Josua als Quelle

b) Von den in Frage kommenden Listen aus Jos sind nur zwei Stellen in Chr zitiert: die Städte von Simeon (Jos 19,2–8//1 Chr 4,28–33) sowie die Priester- und Levitenstädte (Jos 21,9–39//1 Chr 6,39–66). Auf das Buch Jos wird allerdings polemisch Bezug genommen, etwa auf die Städte von Manasse (1 Chr 7,29: vgl. Jos 17,11–12) und »das übrige Land« (1 Chr 13,5: vgl. Jos 13,2–5) und Anspielungen wie 1 Chr 2,7 auf Jos 7,1 ff.

Die Samuelbücher

Das Buch Ri ist in Chr so gut wie gar nicht vertreten, was mit dem nahezu völligen Schweigen des Chronisten über die Richterzeit zusammengeht. Seine historische Erzählung beginnt in 1 Chr 10 mit einer umgearbeiteten Übernahme von 1 Sam 31, aber 1 Chr 12 hat ausdrückliche Bezugnahmen auf 1 Sam 28–30 bewahrt, nämlich den Hintergrund für Sauls Tod. Von da an und weiter folgt die Geschichte des Chronisten dem Muster von Sam-

Kön; die Reihenfolge des Textes dort ist gewissenhaft beibehalten – jeweils mit Auslassungen und Zusätzen. Von den ganz seltenen Veränderungen der Abfolge fallen zwei in Davids Geschichte: 2 Sam 5 steht nach dem aus 2 Sam 6 genommenen Stoff (1 Chr 14 nach 1 Chr 13) und 2 Sam 23,8–39 wird im Zusammenhang mit Davids Regierungsantritt gebracht (1 Chr 11,11–41). Eine Übersicht über das aus 2 Sam übernommene Material ergibt ein recht klares Bild: den ganzen Anfang 2 Sam 5,1–12,31 (mit Ausnahme der Stellen über Merib-Baal und über Batseba: 2 Sam 9; 11,2–12,25) und drei Kapitel vom Ende (2 Sam 21,18–22; 23,8–39; 24) hat der Chronist verwendet. Völlig ausgelassen hat er die gesamte Thronfolge-Erzählung (2 Sam 9; 12,2–25; 13,1–20,22; 1 Kön 1–2), und ein paar Stellen am Anfang (2 Sam 1–4) und am Ende (2 Sam 20,23–26; 21,1–17; 22,1–23,7) hat er übersprungen. Das übernommene Material insgesamt mit einigen Veränderungen und Zusätzen bildet in Chr den ersten Teil der Erzählung (1 Chr 11–21). Mit 1 Chr 22 setzt die eigenständige Darstellung des Chronisten ein, eine ausführliche Schilderung der Vorbereitungen für den Tempelbau, Davids Verwaltung und Salomos Thronbesteigung. Erst ganz zum Schluß, 1 Chr 29,26–30, kehrt er zu seiner biblischen Quelle zurück; dieser Abschnitt stellt eine erweiterte Fassung von 1 Kön 2,10–12 dar.

Das Buch der Könige

Das Buch Kön bildet die wichtigste biblische Quelle des Chronisten. Seine Verwendung für die Schilderung von Salomos Regierung bzw. für die der Könige von Juda ist nicht die gleiche. Für Salomos Geschichte ist Kön die ausschließliche Quelle des Chronisten wie für keinen anderen Teil von Chr; die Reihenfolge des älteren Textes ist getreulich beibehalten mit einer Ausnahme, wo eine Erwähnung von Salomos Reichtum in die Offenbarung zu Gibeon eingebaut ist (2 Chr 1,14–17), und über weite Strecken hin ist der ältere Text genau zitiert. Der Chronist folgt auch seiner üblichen Praxis für Textkürzung: größere Stücke von Salomos Frühgeschichte und das Kapitel vom Schluß seiner Herrschaft sind nicht wiederholt (1 Kön 1,1–2,9; 2,13–3,3; 3,16–28; 4,1–20; 5,2–14; 8,54–61; 11,1–40). Doch im Unterschied zu anderen Teilen des Buches fügt der Chronist wenig eigenes Material zu dieser Erzählung hinzu; nur wenige Episoden bereichert er durch Einfügung kürzerer Stellen (insgesamt: 2 Chr 1,1–5; 2,3–6.11–13; 3,1; 4,1.9; 5,11–13; 6,12.41–42; 7,1–3.13–14; 8,3.12–15), von denen die meisten ohne weiteres als Werk des Chronisten selbst erkennbar sind. Somit handelt es sich bei der Schilderung von Salomos Regierung deutlich um eine gekürzte und umgestaltete Wiedergabe von 1 Kön 1–11.

Das Buch Kön liegt auch der chr Geschichte der Könige von Juda zugrunde. Die deuteronomistische literarische, historische und chronologische Vorgabe bildet den Rahmen, innerhalb dessen sich die eigene Erzählung des Chronisten abspielt. Das spezifisch deuteronomistische literarische Muster, nach dem die Geschichte jedes einzelnen Königs dargeboten wird, ist systematisch in Chr übertragen; in den meisten Fällen sind auch die Funktionen

»Einleitung« und »Abschluß« im chr Bericht vertreten. Der Chronist folgt den chronologischen Aussagen von Kön buchstabengetreu, er ändert die Daten nicht einmal dann, wenn sie mit seinem theologischen Ansatz kollidieren. Sein eigener Beitrag zur Chronologie besteht in wenigen Zusätzen, die jeweils ihre literarische und theologische Funktion haben; aber die deuteronomistische chronologische Grundstruktur bleibt unangetastet. Auch sämtliche Elemente dieses deuteronomistischen Rahmens sind – mit gelegentlichen Abweichungen in Detail und Ausdruck – beibehalten, mit Ausnahme der systematischen Tilgung der Synchronismen. Denn bei aller Abhängigkeit des Chronisten von seiner Quelle stimmt sein Geschichtsbild nicht mit dem deuteronomistischen überein. In Chr liegt keine synchronistische Geschichte zweier Reiche vor, sondern ein Bericht über das eine legitime Königreich, nämlich Juda. Für den Chronisten ist das Nordreich ein unrechtmäßiges politisches Gebilde, ein Zusammenschluß vorübergehend abgefallener aufständischer Elemente, und verdient daher keine gesonderte Darstellung. Mit Ausnahme eines einzigen Falles zu Anfang (2 Chr 13,1) läßt er sämtliche Synchronismen mit dem Nordreich weg, die Angaben zu dessen Geschichte übergeht er einfach. Trotzdem bringt der Chronist alle Stellen aus Kön, wo es um die Beziehung zwischen den beiden Reichen geht, selbst wenn er diese als negativ beurteilt (vgl. 2 Chr 19,2); er ergänzt seine Aufzeichnungen durch außerbiblische Überlieferungen (z.B. 2 Chr 28,6–15). Insofern ist das Nordreich in Chr durchaus vertreten, nur wird es – mit allem, was der Chronist in seinen Quellen vorfand – aus dem Blickwinkel von Juda geschildert.

Für die Geschichte des Südreichs hat der Chronist möglichst viel Material aus Kön übernommen, nur ein paar wenige Stellen zu den ersten Königen von Juda weggelassen (z.B. 1 Kön 14,22b–24; 15,3–6); längere Auslassungen und rigorosere Kürzungen sind erst bei den Übernahmen zu Ahas und weiter wahrzunehmen. Was der Chronist zu diesem Teil beiträgt, sind ausführliche Zusätze, die den Umfang der Erzählung auf mehr als das Doppelte erweitern. Dabei handelt es sich nicht nur um literarische Ausschmückung vorhandener Erzählungen und um vereinzelte neue Episoden, sondern um die Einführung von Themen, die im deuteronomistischen Geschichtswerk nicht vorkamen: die militärische Organisation des Reiches, Berichte über wirtschaftliche Leistungen, Angaben zur Verwaltung, eine systematische Schilderung des Tempels und seiner Einrichtungen u.a.m. Erst beim Bericht von Zerstörung und Exil am Ende der Epoche ist der deuteronomistische Text erheblich zusammengestrichen, und diese Streichung ist eindeutig durch das Geschichtsbild des Chronisten bestimmt.

Das Buch Esra-Nehemia

c) Die letzte Quelle aus den historischen Schriften der Bibel ist das Buch Esra-Neh, aus dem zwei Abschnitte angeführt sind: der Anfang vom Edikt des Kyrus (2 Chr 36,22–23//Esra 1,1–3a) und die Liste der Bewohner von Jerusalem (1 Chr 9,2–17a//Neh 11,3–19), die in Chr eine andere Funktion hat. Auch hier hat der Chronist Esra-Neh als Quelle benutzt, obwohl seine Auffassung der Geschichte Israels von der in Esra-Neh vertretenen merklich abweicht.

Weitere Quellen?

Hatte der Chronist Quellen für das Material ohne biblische Parallelen? In der Forschungsgeschichte ging die Beantwortung dieser Frage oft zusammen mit der Beurteilung von Zuverlässigkeit und Autorität des Buches (vgl. *D. Mathias*, Geschichte 1977) und erhielt dadurch einen apologetischen Anstrich. Die Verfechter der historischen Zuverlässigkeit von Chr meinten, durch die Annahme von maßgeblichen Quellen für den Großteil des chr Stoffes die an der Authentizität des Werks geäußerten Zweifel und Kritik zurückweisen zu können. Auf demselben Hintergrund wurde andererseits auch die Existenz von Quellen am vehementesten verneint. Aber die beiden Fragen gehen mit unterschiedlichen Erwägungen einher, und das Problem der chr Quellen sollte gesondert behandelt werden als eine Frage, die für jedes historische Werk von Bedeutung ist, ohne apologetische Hintergedanken und unabhängig von der Frage nach der »Zuverlässigkeit«. Letzten Endes bietet auch die Existenz von »Quellen« keine Gewähr für die Zuverlässigkeit des Buches, denn deren Alter oder Echtheit können angezweifelt werden, und selbst authentische Quellen könnten unkritisch oder anachronistisch verwendet sein. Daher ist jede dieser Fragen nach den jeweils relevanten Kriterien anzugehen.

Außerbiblische Quellen

Die literarische Untersuchung von Chr läßt keinen Zweifel daran, daß der Chronist außerbiblische Quellen verwendet hat. Dies liegt schon aufgrund seiner Haltung gegenüber dem biblischen Material nahe, wo er nicht nur Zustimmung, sondern auch Ablehnung durch seine Quellentexte selbst zum Ausdruck bringt, aber außerdem läßt es sich durch die sorgfältige Überprüfung der nicht-synoptischen Partien bestätigen. Viele Stellen weisen markante Strukturen und gemeinsame Thematik auf und sind auf gemeinsame definierbare Quellen zurückzuführen. Einige Stammesgenealogien (z.B. 1 Chr 2,25–33.42–50a) oder Aufzeichnungen von Volkszählungen (z.B. 7,1–5.6–11.30–40) sowie Partien aus der Königszeit (z.B. 1 Chr 27,25–34; 2 Chr 11,6–10.18–20; 21,2 – um nur einige der am wenigsten umstrittenen zu nennen) weisen deutliche Anzeichen für ihren Ursprung in älteren Quellen auf. Es besteht auch kein Zweifel, daß eine Hauptquelle für die nicht-parallelen Partien von Chr in späten, nachexilischen Texten bestand. Dabei geht es um die Legitimierung und Organisation des Tempelpersonals in seiner vierfachen Gliederung in Priester, Leviten, Sänger und Torhüter und um das Rotationssystem, nach dem die 24 Abteilungen zum Dienst antraten. Darunter sind die Genealogien der Oberleviten und der Obersänger zu nennen (1 Chr 6,1–32) sowie die Einteilung der Ordnungen nach 1 Chr 23–26. Nach eigener historischer Definition spät ist die Genealogie der Linie Jojachin (1 Chr 3,17–24).

Wie eng der Chronist sich seinen Quellen anschloß, läßt sich sogar dann ausmachen, wenn solche fehlten. An manchen Punkten des historischen Berichts würde der aufmerksame Leser gewisse Zusätze oder Erweiterungen im Sinne der allgemeinen Tendenz des Chronisten erwarten, aber es sind keine da. Die beste Erklärung für diese Lücken ist wohl das Fehlen von einschlägiger Information in den dem Chronisten verfügbaren Quellen.

Somit ist die Annahme von Quellen für die nicht-synoptischen Partien von Chr gesichert; sie wird nicht einmal von den heftigsten Kritikern des Buches zurückgewiesen (so etwa *J. Wellhausen,* Prolegomena 218). Was problematisch bleibt, sind Art, Ursprung und Zuverlässigkeit dieser Quellen, und die sind für jede einzelne Stelle getrennt zu untersuchen. In Ermangelung von Vergleichsmaterial mag diese häufig undankbare Aufgabe gelegentlich zu Zirkelschlüssen führen, aber je vertrauter wir mit den literarischen Verfahren, den historischen Ansichten und der theologischen Auffassung des Chronisten werden, desto sorgfältiger können wir unterscheiden und desto zuverlässiger werden unsere einschlägigen Erwägungen.

2. In Chr genannte Quellen

Ein weiterer Aspekt des chr Werks sind die ausdrücklichen Verweise des Chronisten auf schriftlich vorliegende Quellen. Nach Plazierung im Text und nach ihrer jeweiligen Überschrift lassen sich zunächst zwei Gruppen unterscheiden: Werke, die zum Schluß der Regierung dieses oder jenes Königs erscheinen und den Leser auf weitere Quellen verweisen durch die ständig wiederkehrende Formel »das Übrige der Taten des ... sind verzeichnet in ...« (z. B. 1 Chr 29,29; 2 Chr 9,29 u. ö.), und Werke außerhalb dieses Kontextes.

Erwähnung von Quellen in den Abschlußformeln

a) Sämtliche Erwähnungen von Quellen in den Abschlußformeln, mit Ausnahme der einen bei David (1 Chr 29,29), entsprechen den deuteronomistischen Bemerkungen derselben Art und dienen demselben historiographischen Zweck: Sie sollen das historische Werk stützen und bestätigen, indem sie auf dessen Quellen verweisen. Im deuteronomistischen Geschichtswerk kommen drei solche Quellen vor, jeweils konsistent dasselbe Werk für die Könige von Israel (»das Buch der Chronik der Könige von Israel«, 1 Kön 14,19 u. ö.), eines für die Könige von Juda (»das Buch der Chronik der Könige von Juda«, 1 Kön 14,29 u. ö.), und eines für Salomo (»das Buch der Taten Salomos«, 1 Kön 11,41); der Chronist ersetzt diese Bemerkungen durch weniger homogene Verweise auf achtzehn Werke mit unterschiedlichen Titeln, so etwa »das Buch der Könige von Israel und Juda« (z. B. 2 Chr 27,7); »das Buch der Könige von Juda und Israel« (z. B. 2 Chr 16,11); dasselbe Buch mit etwas abweichendem hebräischen Titel (z. B. 25,26); »das Buch der Könige von Israel« (z. B. 20,34); »die Chronik der Könige von Israel« (33,18); »Erläuterung (hebr: *Midrasch*) zum Buch der

Könige« (24,27); außerdem zwölf Schriften, deren Abfassung einem Propheten zugeschrieben wird, so etwa »die Chronik von Samuel, dem Seher« u.a.m. (1 Chr 29,29; 2 Chr 9,29; 12,15; 13,22; 20,34; 26,22; 32,32; 33,19), bei den Propheten-Autoren handelt es sich um Samuel, Natan, Gad, Ahija, Jedo, Schemaja, Iddo, Jehu, Jesaja und Hosai, von denen die meisten aus dem früheren deuteronomistischen Geschichtswerk bekannt sind. Diese beiden Gruppen von Quellen erscheinen in Chr sorgfältig getrennt; wenn ein Werk mit allgemeinem Titel eingeführt wird, ist kein Prophet erwähnt, und umgekehrt, und die Werke mit den allgemeinen Titeln stehen stets allein, nirgends nennt der Chronist zwei solche Werke als Quelle für eine Epoche. In zwei Fällen findet sich jedoch eine zweifache Zuschreibung: »die Chronik des Jehu, Sohn des Hanani, aufgezeichnet im Buch der Könige Israels« (2 Chr 20,34) und »die Vision des Propheten Jesaja, Sohn des Amoz, im Buch der Könige von Juda und Israel« (32,32). Aus diesen Titeln geht hervor, daß »die Chronik des Jehu, Sohn des Hanani« und »die Vision des Propheten Jesaja, Sohn des Amoz« keine eigenständigen Werke waren, sondern Teile einer umfassenderen Abhandlung über die Geschichte der Könige von Juda und Israel.

Weitere Hinweise auf Quellen in Chr

b) Etliche Quellen sind in Chr außerhalb von Abschlußformeln erwähnt. Manche davon sind sehr ähnlich eingeführt wie die oben betrachteten und dienen vermutlich demselben Zweck: »Und ganz Israel wurde stammbaummäßig erfaßt, und sie sind aufgeschrieben im Buch der Könige von Israel« (1 Chr 9,1), und »die sind aufgeschrieben in den Klagen« (2 Chr 35,25). In einigen Fällen ist berichtet, daß gewisse Daten aufgenommen und niedergeschrieben wurden, ohne ausdrücklichen Hinweis darauf, daß diese Niederschriften dem Chronisten als Quelle dienten. Darunter: »da kamen diejenigen, die mit Namen aufgezeichnet waren, in den Tagen Hiskijas, des Königs von Juda« (1 Chr 4,41); »alle wurden stammbaummäßig erfaßt in den Tagen Jotams, des Königs von Juda und in den Tagen Jerobeams, des Königs von Israel« (1 Chr 5,17); »da schrieb sie auf ... der Schreiber ... vor dem König« (1 Chr 24,6); und eine negative Aussage: »und die Zahl wurde nicht aufgezeichnet in der Chronik von König David« (1 Chr 27,24). Außerdem gibt es eine Reihe von Schriften, die für Maßnahmen der Könige von Juda als autoritativ geschildert werden; in erster Linie »das Buch der Lehre JHWHs durch die Hand des Mose« (2 Chr 34,14), auf das verschiedentlich Bezug genommen wird (z.B. 1 Chr 16,40; 2 Chr 25,4 u.ö.), aber auch »in dem Schriftstück Davids, des Königs von Israel, und in dem Schreiben seines Sohnes Salomo« (35,4) sowie »die Worte Davids und Asafs, des Visionärs« (29,30).

Welche Texte und Quellen sind gemeint?

Worum handelt es sich bei diesen Werken, und wie verhalten sie sich zu den Quellen des Chronisten, die sich aus der Untersuchung des Textes ergeben haben? Mit diesen Fragen hat sich die atl. Wissenschaft über Jahre eingehend befaßt (vgl. *D. Mathias*, Geschichte 1977) und eine Vielfalt von

Antworten zutage gefördert. Zusammenfassend sind etwa folgende Erwägungen anzustellen.

Kanonische Bücher

Etliche von diesen Titeln dürften sich auf kanonische Bücher beziehen, so etwa »das Buch der Lehre« auf den Pentateuch, »die Worte Davids und Asafs« auf die Psalmen und die »Klagen« wohl auf Klagelieder. Damit ist allerdings nur ein Teil der genannten Quellen abgedeckt. Was ist mit den übrigen? Auf den ersten Blick mag es scheinen, als ob mit den sechs allgemeinen Titeln sechs verschiedene Werke gemeint seien, was bei weiterer Überlegung jedoch eher zweifelhaft erscheint. Einige von diesen Werken sind nur ein einziges Mal erwähnt, und keines davon ist sonderlich verbreitet; daraus müßte man schließen, daß der Chronist von einigen dieser umfassenden Werke nur sehr wenig Gebrauch gemacht hat, und auch die verbreiteten sind nicht viel benutzt worden, da sie zum Teil nur sehr beschränkte Information vermittelten. Außerdem legt der Umstand, daß der Chronist nirgends zwei von diesen Werken zusammen erwähnt, die Vermutung nahe, daß diese Titel nicht ausschließlich gebraucht sind, sondern auswechselbar, wofür auch die weitgehende Ähnlichkeit der Titel spricht, die sich häufig nur in der Reihenfolge ihrer Elemente oder in der Gattungsangabe unterscheiden. Genau genommen weisen diese Titel deutliche Anzeichen von stilistischer Variation und terminologischer Inkonsistenz auf; sie unterscheiden sich in der Gattungsbezeichnung (»Buch«, »Chronik«, »Erläuterung«), in der Angabe des Themas (»die Könige«, »die Könige von Israel«, »die Könige von Juda und Israel«, »die Könige von Israel und Juda«) oder gar nur in der Reihenfolge gleichrangiger Elemente (»Juda und Israels« bzw. »Israel und Juda«). Der Terminus »Israel« hat unverkennbar verschiedene Bedeutungen; in Gegenüberstellung mit »Juda« (wie etwa in »das Buch der Könige von Israel und Juda«) bezeichnet er nur das Nordreich; wo er allein vorkommt (z.B. »die Chronik der Könige von Israel«), kann er sich auf das Nordreich oder auf das Volk Israel insgesamt beziehen. Da dieser Ausdruck als Quelle für die Zeit des Manasse (2 Chr 33,18) genannt wird, ist sicher letzteres der Fall. Angesichts der allgemeinen Tendenz des Chronisten zu stilistischer Mannigfaltigkeit und der Unwahrscheinlichkeit der Annahme von sechs umfangreichen Geschichtswerken, die ihm zur Verfügung gestanden hätten, hat sich die schon von der älteren Forschung (vgl. *Curtis/Madsen* 22; *Rudolph* XI; *O. Eissfeldt*, Einleitung ²1956, 661 §72; u.a.) vertretene Auffassung durchgesetzt, wonach all diese Titel sich auf ein einziges Werk beziehen – eine umfassende Geschichte Israels –, was am meisten für sich hat.

Eine umfassende Geschichte Israels

Prophetische Quellenschriften

Was die prophetischen Quellenschriften betrifft, so deutet die Aussage von Chr oberflächlich betrachtet wiederum auf mehr als zehn Werke, die dem Verfasser zur Verfügung standen, worin die Propheten die Geschichte ihrer jeweiligen Generation aufgezeichnet hätten. Auch diese Annahme wirft schwerwiegende Zweifel auf. Die Aussage des Chronisten findet keine

Bestätigung; es gibt keinen Beleg dafür, daß die Propheten als Geschichtsschreiber ihrer Zeit fungiert und die Geschichte der beiden Reiche aufgezeichnet hätten. Genauer betrachtet ist auch der chronologische Abstand zwischen dem Chronisten und vielen dieser Propheten recht erheblich; selbst wenn wir annehmen wollten, daß die Propheten Geschichtsschreiber waren, wie sollten ursprüngliche Werke etwa von Samuel, Natan oder Gad auf den Chronisten gekommen sein, ohne in der älteren Literatur Spuren hinterlassen zu haben? Bei manchen Namen bestehen weitere Schwierigkeiten: Wie hätte Samuel die Geschichte von Davids Königtum schreiben können, wo er doch vor Davids Regierungsantritt gestorben ist (vgl. die Formulierung von 1 Chr 29,29 mit 1 Sam 25,1)? Diese Bedenken können sich auf weitere Überlegungen stützen: die Aussage der zwei oben erwähnten Stellen, wo die prophetischen Schriften ausdrücklich als Teil eines allgemeinen Werks bezeichnet sind (2 Chr 20,34; 32,32); den Umstand, daß der Chronist als Quelle entweder prophetische Schriften oder allgemeine angibt, aber für keinen König beide zusammen (zu Manasse vgl. die Auslegung zu 2 Chr 33,18–19) mit Ausnahme der soeben genannten Formel; die stilistische Mannigfaltigkeit, welche die Titel kennzeichnet, insofern als sowohl die Werke als auch die Propheten mit etlichen offenbar synonymen Ausdrücken bezeichnet sind: »Chronik«, »Prophetie«, »Vision« oder »Erläuterung«; »Prophet« (נביא), »Seher« (רואה) oder »Visionär« (חוזה).

Ein einziges Werk?

Daraufhin ist der Vorschlag gemacht worden (*Curtis/Madsen* 23 f.), der Chronist habe bei der Erwähnung all dieser prophetischen Schriften an ein und dasselbe Werk gedacht, nämlich ein umfassendes Geschichtswerk mit einem allgemeinen Titel wie »die Geschichte Israels«. Die einzelnen Teile dieses Werks werden offenbar den jeweiligen Propheten zugeschrieben, ausgehend von der Voraussetzung, daß die israelitischen Propheten die Geschichtsschreiber ihrer Zeit waren – was von späteren Autoritäten ausdrücklich so gesagt wird (vgl. Josephus, Contra Apionem I 40; b Baba batra 14b–15a). Das Schreiben von Geschichte gilt demnach als zeitgleich mit den Ereignissen, inspiriert und absolut verbindlich. Letzten Endes laufen diese Überlegungen darauf hinaus, daß der Chronist bei seinen ausdrücklichen Verweisen auf Quellen in den Abschlußformeln nur ein einziges Werk im Sinn hatte, das er mit recht verschiedenen Titeln benannte; diese Vielfalt des Ausdrucks geht sowohl mit seinen literarischen Neigungen als auch mit seinem theologischen Ansatz zusammen.

Was für ein Werk war das? Drei verschiedene Antworten sind im Verlauf der Forschungsgeschichte auf diese Frage gegeben worden (vgl. den Überblick bei *D. Mathias,* Geschichte 1977). (1) Der Chronist bezieht sich auf eine nicht-kanonische »Geschichte Israels«, ein Buch, das formal und inhaltlich dem kanonischen Kön nahekommt, aber nicht damit identisch ist. Aus diesem Werk hat er das gesamte zusätzliche Material geschöpft. Über Art, Herkunft und Authentizität dieses Werks ist in der Forschung diskutiert worden (vgl. *Curtis/Madsen* 22; *O. Eissfeldt*, Einleitung ²1956, 658–660 § 72). (2) Der Chronist bezieht sich auf die kanonischen Geschichtsbücher, zu deren Bezeichnung er vermutlich aufgrund seiner literarischen Neigungen diese variablen Titel bevorzugt (so etwa *Williamson* 18). (3) Der Chronist hatte kein bestimmtes Werk im Sinn. Die Erwähnung von Quellen ist für ihn nur ein literarischer Trick (vgl. *C. C. Torrey*, The Chronicler as Editor 1909, 173); er imitiert sozusagen die echten Quellenverweise, die er in Kön vorgefunden hatte. Damit soll der Echtheitsanspruch seines Werks gestützt werden, es steht aber keine konkrete Realität dahinter (*C. C. Torrey*, The Chronicler as Editor 1909, 192–196; *R. H. Pfeiffer*, Introduction to the Old Testament, New York 1957, 804–896).

Position dieses Kommentars

Für jede dieser Möglichkeiten sind Argumente vorgebracht worden, doch keine vermag völlig zu überzeugen. Daher dürfte es das Beste sein, die beiden Ansätze zur Beantwortung der Quellenfrage getrennt zu halten und jeweils für sich zu behandeln. Selbst wenn wir einem der oben angedeuteten Extreme folgen wollen – sämtliche Quellenverweise des Chronisten seien historiographische Fiktion oder aber gemeint seien verschiedene kanonische Schriften –, läßt sich nicht leugnen, daß der Chronist außerbiblische Quellen benützt hat, das geht aus dem Text von Chr unzweifelhaft hervor. Dann läßt sich allenfalls sagen, daß die tatsächliche Verwendung von Quellen und der Verweis auf andere literarische Werke zwei Aspekte im literarischen Schaffen des Chronisten darstellen, die nicht notwendig miteinander zusammengehen.

Die tatsächlich verwendeten außerbiblischen Quellen sollen jeweils in der Auslegung eingehend erörtert werden. Dabei scheint es sich um eine Fülle von nach Gattung, Umfang und Herkunft recht verschiedenen Texten zu handeln. Einige davon wirken thematisch und formal so einheitlich, daß sie Teile von längeren Dokumenten, entweder primären Aufzeichnungen oder sekundären literarischen Bearbeitungen, gewesen sein könnten; andere dagegen wirken wie vereinzelte Textzeugen unterschiedlicher Herkunft. Aufs Ganze gesehen weisen diese außerbiblischen Materialien im Hinblick auf ihre literarische Gestaltung, historischen und theologischen Voraussetzungen keine so einheitlichen Züge auf, daß sie sich zu einem Corpus von der Art des deuteronomistischen Geschichtswerks zusammenfügen. Man könnte eher umgekehrt sagen: Der historische Ansatz und die literarische Kunst des Chronisten haben diese schriftlich und mündlich überlieferten Stücke zusammen mit biblischen Vorlagen und eigenen Schöpfungen zu einem neuen umfassenden Geschichtswerk verwoben.

V. Der Autor und seine Zeit

1. Positionen der Forschung

Ältere Auffassungen

Frühe Äußerungen über die Autorschaft von Chr betrachten Esra den Schreiber als den Verfasser: »Esra schrieb sein Buch und die Genealogien des Buches Chronik bis zu seiner eigenen Zeit ... Wer hat es dann zu Ende geführt? Nehemia, der Sohn von Hakalja« (b Baba batra 15a). Diese Auffassung, die auch von mittelalterlichen, jüdischen und christlichen, Schriftstellern vertreten wird, hat zweierlei Implikationen: zum einen die zeitlich späte Ansetzung des Buches in die letzte Phase der biblischen Epoche, zum anderen die Anerkennung seiner Kanonizität, da es als von der als »Moses redivivus« bekannten Gestalt verfaßt gilt. Allerdings blieb diese Auffassung nicht die einzige. Der mittelalterliche jüdische Exeget *R. David Kimchi* (1160–1235) wollte in Chr das in Kön erwähnte »Buch der Chronik der Könige von Juda« sehen, wodurch er es in eine wesentlich frühere Zeit verlegte und Esra nur seine Aufnahme in den Kanon (neben den Schriften der Propheten Haggai, Sacharja und Maleachi) zuschrieb (in der Einleitung zu seinem Bibelkommentar, der in den sog. Rabbiner-Bibeln [מקראות גדולות] mitabgedruckt ist). Auch einige christliche Bibelforscher haben das Buch für älter als Esra gehalten und ihn nur als Redaktor betrachtet (so etwa St. Langton, vgl. dazu *A. Saltman,* Stephen Langton 1978, 23). Die frühe Bibelkritik tendierte zu Spätansetzung von Chr. Da Esra als Letztautor sämtlicher »neun Bücher« (von Gen bis Kön) galt (vgl. *B. Spinoza,* Tractatus theologico-politicus 1690,IX, etwa in: *B. Spinoza,* Opera. Werke, hg. von G. Gawlick/F. Niewöhner, I Darmstadt 1979, 308–309), dann nur noch als der des Pentateuch bzw. der Priesterschrift (vgl. etwa *J. Wellhausen,* Prolegomena 405–408), mußte die Abfassung von Chr in einen wesentlich späteren Zeitraum verlegt werden, bis in die Zeit der Makkabäer. Detaillierter infrage gestellt wurde Esras Autorschaft von Chr durch *Zunz* (*L. Zunz,* Die gottesdienstlichen Vorträge 1832, 20f.), der in Umkehrung der traditionellen Position den »Chronisten« als den Verfasser von sowohl Chr als auch Esra-Neh ansah (dazu oben). Unter den modernen Forschern ist nur *Albright* darauf zurückgekommen, den »Chronisten« wiederum mit Esra gleichsetzen zu wollen (*W. F. Albright,* The Date 1921, 104–124).

Neuere Vorschläge

Neuere Vorschläge zu Datierung und Herkunft von Chr erstrecken sich von der ersten Hälfte des 6. Jh.s, parallel zu Ezechiel und dem deuteronomistischen Geschichtswerk (*A. C. Welch,* The Work of the Chronicler 1939, 155), bis ins 2. Jh., in die Makkabäerzeit (vgl. *B. Spinoza,* Tractatus theologico-politicus 1690, X, etwa in: *B. Spinoza,* Opera. Werke, hg. von G. Gawlick/F. Niewöhner, I Darmstadt 1979, 344–345; *A. Lods,* Israel, London 1932, 14; u.a.), d.h. über einen Zeitraum von mehr als vierhundert Jahren (eine partielle Aufzählung findet sich bei *M. Throntveit,* When Kings Speak 1987,

97). Eine Frühdatierung von Chr geht notwendig mit einer ganz speziellen Auffassung von der literarischen Genese des Werks zusammen, sie muß nämlich größere Partien davon als sekundär oder nachträgliche Redaktion betrachten. Auch eine extrem späte Datierung von Chr ist häufig durch die Auffassung des betreffenden Forschers von der Chronologie der biblischen Literatur insgesamt bestimmt (*R. H. Pfeiffer*, Introduction to the Old Testament, New York 1957, 811f.) oder, genauer gesagt, durch die literarische Einschätzung von Chr als Muster-Sammlung nach-biblischer Gattungen (*L. Zunz*, Die gottesdienstlichen Vorträge 1832, 32–36; *P. Welten*, Geschichte und Geschichtsdarstellung 1973, 199f.). Im Großen und Ganzen jedoch liegt die vorherrschende Meinung in der Mitte, d.h. viele Forscher verlegen die Abfassung von Chr ins 4. oder gegen das Ende des 4. Jh.s v. Chr. (so etwa *S. R. Driver*, An Introduction 1891, 315; *O. Eissfeldt*, Einleitung ²1956, 668 §72; *Curtis/Madsen* 6; *Rudolph* X; *Williamson* 16).

2. Leitlinien für eine Entscheidung der kontroversen Frage

Zur Beantwortung der Frage nach Datierung und Herkunft von Chr lassen sich etliche Leitlinien aufstellen:

Korrelation mit konkreten historischen Ereignissen

a) Man hat versucht, das Buch Chr mit konkreten historischen Ereignissen in Verbindung zu bringen, wodurch es in einen wohldefinierten chronologischen Rahmen einzupassen wäre. Ein relativ populärer Vorschlag der neueren Zeit will das Buch im letzten Viertel des 6. Jh.s ansiedeln in unmittelbarer Nähe der eschatologischen Erwartungen um die Person von Serubbabel (*D. N. Freedman*, The Chronicler's Purpose 1961, 436–442; *F. M. Cross*, A Reconstruction 1975, 3–18; *J. D. Newsome*, New Understanding 1975, 201–217; *R. L. Braun*, Chronicles 1979, 42–64; *M. Throntveit*, When Kings Speak 1987; u.a.) oder unmittelbar nach der Abspaltung der Samaritaner (*M. Noth*, Überlieferungsgeschichtliche Studien 1943, 174ff.; *Rudolph* VIIIf). Streng genommen finden sich jedoch keine konkreten Bezugnahmen auf reale Ereignisse der Zeit, sei es unter babylonischer, persischer oder hellenistischer Herrschaft, und nur ganz wenige lassen sich in etwa festmachen. An erster Stelle zu nennen sind hier das Edikt des Kyrus und die Liste der Bewohner von Jerusalem, beide aus Esra-Neh zitiert, und die genealogische Liste von Jojachins Nachfahren (dazu unten). Wenn in Chr auf weitere Anlässe angespielt ist (vgl. etwa *M. Noths* Deutung von 2 Chr 20: *M. Noth*, Lokalüberlieferung 1944/5), so reicht unsere Kenntnis dieses Zeitraums nicht aus, um sie aufzudecken. Daher sind Datierung und Herkunft von Chr überwiegend aufgrund allgemeiner Erwägungen zu bestimmen, ohne Unterstützung durch Verweise auf konkrete historische Ereignisse.

Sprachliche Argumente

b) Bei der Sprache von Chr handelt es sich eindeutig um spätbiblisches

Hebräisch, das gemeinsame Züge mit späten biblischen und außerbiblischen Schriften aufweist, als da sind Esra-Neh, Est, Dan usw. einerseits, die Rollen vom Toten Meer und der samaritanische Pentateuch andererseits. Innerhalb dieser Phase der hebräischen Sprachentwicklung zeichnet sich Chr durch eine eigene Diktion aus (vgl. *S. Japhet,* The Common Authorship 1968), aber innerhalb dieser Sprachstufe ist noch kein Ansatz zu einer detaillierten diachronen oder dialektmäßigen Differenzierung unternommen worden (vgl. aber *A. Bendavid,* Hebrew 1971, 60–93; *R. Polzin,* Late Hebrew 1976,

Obere Grenze

10.159). Dieser Befund setzt die obere Grenze für die Abfassung von Chr als frühestens nachexilisch fest, wohl nicht allzu früh in der nachexilischen Epoche.

Untere Grenze

c) Was die untere Grenze betrifft, so weist Chr weder sprachlich noch theologisch Anzeichen für griechisch-hellenistische Beeinflussung auf (*P. R. Ackroyd,* Chronicler 1991, 7f.; *Williamson* 16). In Anbetracht des erheblichen hellenistischen Einflusses, dem Juda vom 3. Jh. v.Chr. an ausgesetzt war (in den biblischen Texten durch Kohelet einerseits und Daniel andererseits belegt), spricht das Fehlen solcher Züge für die Abfassung von Chr vor Einsetzen der hellenistischen Welle. In diesem Zusammenhang ist allerdings noch eine andere Erscheinung zu überprüfen, nämlich das Maß an persischen Elementen, das sich in Chr findet. Was auffällt, ist die markante Abwesenheit nicht nur von ausgesprochen persischem Vokabular (etwa פתשגן »Abschrift«, vgl. Est 3,14; 4,8; 8,13; אחשדרפן »Satrap«, vgl. Est 3,12; 8,9; 9,3; Esra 8,36; תרשתא persischer Beamtentitel »Statthalter«, vgl. Esra 2,63; Neh 7,65.69 u.a.m.), sondern auch von neutraleren Ausdrücken wie פחה »Statthalter« (nur ein einziges Vorkommen in einem Paralleltext, 2 Chr 9,14//1 Kön 10,15) und מדינה »Satrapie« (vgl. Auslegung zu 1 Chr 9,2). Im gesamten Text von Chr kommen nur ganz wenige eindeutig persische Vokabeln vor (גנזך »Schatzkammer« 1 Chr 28,1, פרבר »Parpar, Platz, Halle?« 1 Chr 26,18, vermutlich auch אדרכן »Darike« [persische Goldmünze] 1 Chr 29,7). Dieses Fehlen läßt sich als bewußtes Bemühen um Vermeidung von Anachronismen verstehen oder als Polemik gegen alles Persische oder einfach als ein Anzeichen dafür, daß das Werk nicht aus der persischen

Datierung: Ende des 4. Jh.s

Epoche stammt. Letzteres würde mit weiteren Überlegungen zur Herkunft des Buches zusammengehen und auf eine Datierung ans Ende des 4. vorchristlichen Jh.s deuten.

3. Argumente für eine präzisere zeitliche Ansetzung

Bei dem Versuch, zu einer präziseren zeitlichen Ansetzung des Buches zu gelangen, sind mehrere Argumente zu bedenken:

Genealogie des Jojachin (1 Chr 3,17–24)

a) Die bekannteste Stelle ist die Genealogie des Jojachin 1 Chr 3,17–24. Da die letzten dort aufgeführten Namen früher oder allenfalls gleichzeitig mit dem Verfasser sein müssen, könnte diese Liste die obere zeitliche Grenze markieren. Leider läßt der Textbefund keine so einfache Lösung zu. Der Wortlaut der Liste ist nämlich an etlichen Punkten fehlerhaft und über die richtige Lesart ist keine Einigkeit erzielt worden. Selbst wenn wir annehmen wollen, daß die Abstammungslinie gewisse Lücken aufweist, schwankt die Zählung der Generationen nach Jojachin von sieben bis vierzehn. Bei einer durchschnittlichen Dauer von zwanzig Jahren pro Generation läge die letzte nach Jojachin genannte Generation 140 bis 280 Jahre nach ihm, also in dem Zeitraum zwischen ca. 460 und 320 v. Chr. Außerdem stößt schon die Heranziehung von Jojachins Genealogie für die Datierung von Chr bei manchen Forschern auf Widerstand (in erster Linie, aber nicht ausschließlich, bei solchen, die Chr zeitlich wesentlich früher ansetzen wollen; vgl. *Rudolph* 26), denn in ihren Augen ist diese Liste ein sekundärer Zusatz zum Text von Chr.

Kulteinrichtungen und Tempelpersonal

b) Ein Kriterium allgemeinerer Art ist die Entwicklung der Kulteinrichtungen, die Organisation des Tempelpersonals und die Aufnahme der nichtpriesterlichen Tempelbediensteten unter die Leviten. Die chr Darstellung dieser Institutionen weist ein hohes Maß an Stabilität und Schematisierung auf. Die Priester sind exakt in ein System von 24 Ordnungen eingeteilt, deren Aufbau und Namen fest etabliert sind und bis in nachbiblische Zeiten unverändert bleiben (vgl. *S. Japhet,* The Common Authorship 1968, 346). Nach dem Muster dieser Struktur werden parallele Organisationen von 24 Abteilungen für die übrigen Gruppen der Tempelbediensteten angenommen, für die Leviten, die Sänger und die Torhüter; die Künstlichkeit dieses Unternehmens ist unübersehbar (1 Chr 23; 25; 26). Aufs Ganze gesehen ist hier jedoch ein weitaus entwickelteres Stadium der kultischen Organisation zu erkennen als alles aus Esra-Neh Bekannte; dies gilt auch für die Eigenständigkeit der Sänger als gesonderte Einheit und für die Eingliederung der Torhüter in die Reihen der Leviten. Chr belegt auch eine entsprechende Gliederung der Laienbevölkerung in »Abteilungen«, eine Art Gegenstück zu den »Abteilungen« der Geistlichkeit beim regulären Tempeldienst (2 Chr 35,5.12). Auch hier wollen manche Forscher das Argument aus der Entwicklung der Kulteinrichtungen mit der Begründung zurückweisen, 1 Chr 23–27 zusammen mit den übrigen Teilen des Buches, wo von der Organisation des Kults die Rede ist, seien sekundäre Zusätze zu Chr (vgl. *A. C. Welch,* The Work of the Chronicler 1939; *M. Noth,* Überlieferungsgeschichtliche Studien 1943, 110–116; *Rudolph* 153 ff.; *T. Willi,* Die Chronik als Auslegung 1972, 194–204). *Williamson* dagegen nimmt nur eine »abschließende Schicht«, in der speziell die »Abteilungen« eingeführt seien, als sekundär an (*H. G. M. Williamson,* Origins 1979, 251–258; *Williamson* 14 f.) und macht diese literarkritische Entscheidung zur Grundlage für seine Datierung des Buches. Meine Untersuchung dieser Kapitel hat diese literarkritischen Schlüsse, von denen nicht nur 1 Chr 23–26 betroffen sind, sondern noch zahlreiche weitere größere und kleinere über das Werk verstreute

Texteinheiten, nicht bestätigt. Die Darstellung der Kulteinrichtungen durch den Chronisten bildet einen integralen Bestandteil seiner Auffassung vom Tempeldienst (vgl. *S. Japhet,* Ideology 1989, 222–234) und läßt sich nicht aus Chr herausschneiden, ohne den Charakter des Werks entscheidend zu verändern. In Ermangelung von Vergleichsmaterial lassen sich aus dem allgemeinen Bild des Kultbetriebs in Chr nur schwer genaue chronologische Schlüsse ziehen, aber da ein langwieriger und komplexer Vorgang dahintersteht, ist späte Entstehung anzunehmen, sicherlich später als Esra-Neh.

Beziehung zu anderen biblischen Schriften

c) Eine weitere allgemeine Überlegung betrifft die Stellung des Chronisten gegenüber anderen biblischen Schriften. Da er ältere Werke ausführlich zitiert und verwendet, läßt sich die dem Chronisten vorliegende »Bibliothek« ohne weiteres rekonstruieren. Darin findet sich das deuteronomistische Geschichtswerk mehr oder weniger in seiner endgültigen Form (*T. Willi,* Die Chronik als Auslegung 1972, 55; vgl. die abweichende Meinung von *S. L. McKenzie,* The Use 1985, und deren Besprechung durch *H. G. M. Williamson*: VT 37, 1987, 107–114); gleichzeitig hat der Chronist aber keine Skrupel, an markanten Punkten von den deuteronomistischen historischen und theologischen Konzeptionen abzuweichen. Dies setzt eine gewisse Distanz zwischen dem Chronisten und seinem/n deuteronomistischen Vorläufer/n voraus, d.h. das ältere Werk galt ihm als eine feste historische Größe, deren Aussage nicht unmittelbar übernommen zu werden brauchte. Außerdem deuten die Beeinflussung von Chr durch den ganzen Pentateuch einerseits, durch Sacharja und Klagelieder andererseits, sowie die beiden aus Esra-Neh (Esra 1,1–3a; Neh 11,3–19) übernommenen Stellen alle darauf, daß Chr später als letztere verfaßt sein muß, also nicht allzu früh im 4. Jh. Auch hier würden manche Forscher die Aussagekraft der beiden letztgenannten Stellen zurückweisen, da ihnen beide Zitate – sowohl das in die genealogische Einleitung aufgenommene (1 Chr 9,2–17) als auch das am Schluß des Buches (2 Chr 36,22 f.) – als sekundäre Zusätze gelten; allerdings kommt diese Argumentation einem Zirkelschluß gefährlich nahe.

Datierung: Anfang der hellenistischen Epoche

So bin ich zu einer eher späten als frühen zeitlichen Ansetzung von Chr gekommen. Ich möchte vom Ende der persischen oder noch lieber vom Anfang der hellenistischen Epoche, d.h. vom späten 4. Jh. v.Chr. als Abfassungszeit für Chr ausgehen.

VI. Text und Versionen

Bedeutung von Chr für Textkritik und Textgeschichte

Der »synoptische« Charakter von Chr – der Umstand, daß das Buch auf weite Strecken aus wörtlichen Zitaten älterer biblischer Schriften besteht – macht das Werk zu einem dankbaren Objekt der Textkritik. Wie bei anderen Aspekten hat auch die Untersuchung des Textes von Chr als Werkzeug in zwei Grundrichtungen gedient: zur Erstellung des Textes seiner biblischen Quellen, insbesondere Sam und Kön, und zur Illustration von biblischer Textüberlieferung überhaupt. Beim Vergleich zwischen Chr und den biblischen Quellen fallen die textlichen Unterschiede sogleich ins Auge. Viele davon sind durch bewußte Bearbeitung in sprachlicher, literarischer oder theologischer Hinsicht bedingt, andere dagegen sind reine, im Zuge der Überlieferung entstandene »Textvarianten«. Demnach wäre Chr der älteste »Zeuge« für den Text seiner Quellen und insofern wichtig für deren textliche Rekonstruktion (vgl. *J. Wellhausen,* Der Text 1871; *S. R. Driver,* Notes on the Hebrew Text of Samuel, Oxford ^{2}1889; *C. F. Burney,* Notes on the Hebrew Text of Kings, Oxford 1903; entsprechend sämtliche Kommentare der jeweiligen Bücher). Allgemein gesprochen kann das Bestehen von zwei (bisweilen mehr) Versionen desselben Textes in MT selbst die Probleme bei der Überlieferung und Etablierung des Bibeltextes von den ältesten bis zu den jüngsten Stadien gut veranschaulichen. Der Beitrag von Chr zu diesem Bereich der Textkritik wurde bereits von dem jüdisch-mittelalterlichen Exegeten *R. David Kimchi* erkannt, der die Vertauschbarkeit von graphisch oder phonetisch ähnlichen Buchstaben durch Vergleich zwischen Chr und Gen illustrierte (in seinem Kommentar zu 1 Chr 1, 6–7). Ausführlicher über die Implikationen von Chr für den Vorgang der Textüberlieferung haben *Gerleman, Cross, Klein, Allen* und andere geschrieben (*G. Gerleman,* Synoptic Studies in the Old Testament, Lund 1948; *F. M. Cross,* The Ancient Library of Qumran and Modern Biblical Studies, Garden City/New York ^{2}1961; *R. W. Klein,* New Evidence for an Old Recension of Reigns: HThR 60, 1967, 93–105; *R. W. Klein,* Supplements 1968; *L. C. Allen,* Further Thoughts 1968).

Bedeutung von Textvarianten

Bei der Untersuchung der synoptischen Texte hat sich schon früh herausgestellt, daß Chr in bezug auf Textvarianten unter Umständen eine bessere Lesart der Quellen bietet als MT, woraus zu schließen ist, daß die Textverderbnis oder -veränderung von Sam-Kön laut MT entweder erst stattgefunden hat, nachdem der Chronist die Vorlage verwendet hatte, oder daß es sich um eine andere Textüberlieferung handelt. So enthält Chr etwa eine Reihe von bekannten Namen in ihrer ursprünglichen Form (אשבעל »Eschbaal«, מריבעל »Merib-Baal«, בעלידע »Beeljada«, ישמעאלי »der Ismaelit«, usw.), während Sam die zensierten Namensformen (אישבשת »Isch-Boschet« [Mann der Schande], מפיבשת »Mefi-Boschet« [Aus dem Mund der Schande], אלידע »Eljada«, ישראלי »der Israelit«, vgl. 1 Chr 8, 33.34; 14, 7; 2, 17 mit 2 Sam 2, 8; 4, 4; 5, 16; 17, 25) hat, aus denen das theophore Element »baal« getilgt ist. Dieser Schluß wird unterstützt durch die Beobachtung, daß einige Lesarten von Chr mit Textvarianten der LXX zusammengehen, was darauf deutet, daß LXX und Chr eine gemeinsame, vom MT der Quellen abweichende Vorlage benützt haben (vgl. *W. E. Lemke,* The Synoptic Problem 1965). Vollends etabliert wurde der Wert von Chr für die Textüberlieferung der Vorlagen durch die in Qumran gefundenen Sam-Fragmente (vgl. *F. M. Cross*, The Ancient Library of Qumran, Garden City/New York 1961, 41). Diese sind zwar noch nicht vollständig publiziert, aber die vorliegenden Stellen aus synoptischen Texten weisen deutliche Übereinstimmungen zwischen der abweichenden Fassung des Sam-Textes und Chr auf, was erweist, daß Chr auf eine Vorlage zurückgeht, die nicht mit MT identisch war (vgl. etwa *W. E. Lemke*, The Synoptic Problem 1965, 355–357; *E. C. Ulrich*, The Qumran Text 1978, 151–164; *McCarter* 1980, 6–8; *McCarter* 1984, 131.268.506–517; u.a.). Wie weit es sich dabei um vereinzelte zufällig übereinstimmende Lesarten handelt oder um eine durchgängig bearbeitete Textfassung, ist noch umstritten (vgl. *F. M. Cross*, The History of the Biblical Text in Light of Discoveries in the Judean Desert; ders., The Evolution of a Theory of Local Texts, in: F. M. Cross/S. Talmon [Hg.], Qumran and the History of the Biblical Text, Cambridge/Mass. 1975, 281–299.306–320).

Qualität des überlieferten Textes

Die intensive Beschäftigung mit dem Chr-Text in den synoptischen Partien hat zur Untersuchung des Textes insgesamt beigetragen und das Aufgeben der »Hilfsfunktion« beschleunigt (vgl. *M. Rehm*, Untersuchungen 1937). Wie von allen Exegeten beobachtet, ist der Text von Chr relativ gut erhalten (*Curtis/Madsen* 36; *Rudolph* IV; *Elmslie* 347), und einige Verderbnisse sind bereits durch den massoretischen Apparat von כתיב »*Ketiv*« und קרי »*Qere*« und סבירין »*Sebirin*« behoben worden (ca. 80 Bemerkungen zu כתיב und קרי, von denen sich die meisten allerdings auf Wechsel von י und ו oder auf grammatische Varianten beziehen, und ca. 10 Bemerkungen zu סבירין). Stark verderbt sind nur die Listen; dort führt eine Fülle von Textvarianten und Entstellungen gelegentlich zu sehr schwierigen Lesungen (vgl. *L. C. Allen*, The Greek Chronicles 1974, 81–162).

Qumran

In Qumran hat sich bis jetzt nur ein sehr kleines Textfragment von Chr gefunden (vgl. *F. M. Cross*, The Ancient Library of Qumran, Garden City/New York 1961, 41). Es ist zwar noch nicht veröffentlicht, aber laut Auskunft von *Randellini* sind von den sechs Zeilen in zwei Spalten nur vier ganze Wörter lesbar, und die sind textkritisch wertlos (*P. L. Randellini*, Il Libro 1962, 137f.139).

Was den Beitrag der synoptischen Stellen zur textkritischen Untersuchung von Chr betrifft, so gelten bis heute die Worte von *Curtis*, der bei der Heranziehung älterer Schriften zur Vorsicht mahnt, denn die Textkritik von Chr habe nicht die Aufgabe, die ursprüngliche Lesart der Quelle wiederherzustellen, sondern nur den Text, wie der Chronist ihn niedergeschrieben hat (*Curtis/Madsen* 37).

Septuaginta

Unter den antiken Versionen ist die bedeutendste für den Text von Chr die LXX. Insgesamt hat die Untersuchung der antiken Versionen einen ähnlichen Prozess durchgemacht wie die des Textes von Chr selbst: zunächst als Hilfsmittel für die Erhellung von MT herangezogen, allmählich als eigenständiges literarisches Gebilde erkannt und gewürdigt, wobei »Übersetzung« inzwischen als eine Sondergattung gilt. Es ist zunehmend deutlich geworden, daß die in den Versionen belegten Lesarten weder selbstverständlich hingenommen noch automatisch als Varianten zum MT betrachtet werden sollten. Zum einen hat man gelernt, inner-griechische Fehler durch Überlieferung und theologische Bearbeitung zu identifizieren, zum anderen spielen auch verschiedene Aspekte des Übersetzungsprozesses sowie die wiederholten Überarbeitungen des griechischen Textes eine wichtige Rolle bei der Untersuchung der antiken Versionen, wobei deren Beitrag zur Erforschung der hebräischen Vorlage in den Hintergrund tritt. Diese Tendenz ist besonders in der großen Arbeit von *Allen* (*L. C. Allen,* The Greek Chronicles 1974) zur LXX von Chr zu beobachten, wo Fragen wie Herkunft, die durch die verschiedenen MS-Gruppen belegte Textüberlieferung, Probleme des Textes u.a.m. behandelt sind. Seine Auffassung von der Herkunft dieser Übersetzung steht in markantem Gegensatz zu der von *Torrey* (*C. C. Torrey,* The Nature and Origin of »First Esdras«: AJSL 23, 1907, 121 ff. und ders., Apparatus 1908, 55–111), die *Curtis* übernahm (*Curtis/Madsen* 38–40), die überkommene Übersetzung von Chr sei nicht die alte griechische, sondern die von Theodotion – was deren Beitrag zur Erhellung von MT noch verringern würde. *Allen* zitiert zwar *Elmslies* Feststellung, wo der Text von Chr Fehler aufweise, sei LXX nicht hilfreich, denn LXX sei aufgrund eines MS angefertigt, das mit dem vorliegenden hebräischen Text praktisch identisch war (*Elmslie* 347; *L. C. Allen,* The Greek Chronicles 1974, 166), aber seine eigene Untersuchung endet mit einer positiveren Aussage: Behutsam verwendet biete Chr-LXX sozusagen tiefgekühlt einen hebräischen Text, der ein wertvoller Zeuge für die Textgestalt von Chr in Ägypten im 2. vorchristlichen Jh. sei (*L. C. Allen,* The Greek Chronicles 1974, 168; vgl. auch *Rudolph* VI). Unter den zahlreichen Varianten dieses Textes stellen nicht wenige doch die bessere Lesart dar als MT (so etwa 1 Chr 2,24; 4,15; 26,17; 2 Chr 1,13; 14,6.9; 19,8; 22,2; 30,22; 32,22 und viele andere).

Vetus Latina

Die Vetus Latina zu 2 Chr ist in einem mittelalterlichen MS vollständig erhalten (herausgegeben von *R. Weber,* Les anciennes versions 1945; Bruchstücke von 1 und 2 Chr hatte schon Sabatier [1751] gesammelt, vgl. die Liste bei *Curtis/Madsen* 41 f.). Aufgrund der Art dieser Übersetzung ist sie nicht sonderlich aufschlußreich für MT, obwohl *Rudolph* drei Fälle anführt, wo in seinen Augen VL den einzigen Beleg für einen alten hebräischen Text bietet (2 Chr 4,17; 20,2; 32,31; *Rudolph* VII und BHS). Wertvoller ist der Beitrag dieser Übersetzung für den Text der LXX; da haben *Rudolph* und *Allen* zusammen 13 Fälle gefunden, wo der LXX-Text aufgrund der Lesart von VL zu verbessern ist (*Rudolph* VII; *L. C. Allen;* The Greek Chronicles 1974, 108).

Vulgata, Targum, Peschitta

Die lateinische Übersetzung des Hieronymus, d.i. die Vulgata, die syrische Peschitta und der aramäische Targum sind alle nur von randhafter Bedeutung für die Textkritik von Chr, obwohl sie gelegentlich eine ursprüngliche Lesart bewahrt haben mögen (*Rudolph* VII). Was aus ihnen zu gewinnen ist, sind Einblicke in die Geschichte der Auslegung. Der aramäische Targum zu Chr ist verschiedentlich untersucht worden, zuletzt in der gründlichen Arbeit von *Le Deaut* und *Robert*, die zu dem Schluß gekommen sind, daß der Targum zu Chr zwar auf einen relativ alten Kern zurückgeht, seine endgültige Form aber erst im 8. oder 9. Jh. erhalten hat (*R. le Deaut/J. Robert*, Targum de Chronique, Rom 1971, 24–27). In bezug auf die Peschitta hat *Barnes* nachgewiesen, daß der Text von Chr durchgängig bewußt dem Wortlaut von Sam-Kön angeglichen wurde; außerdem trägt der syrische Text stark midraschische Züge und ist textuell sehr fehlerhaft. Daraufhin sei die Peschitta zu Chr für kritische Zwecke praktisch wertlos (so *Curtis/Madsen* 43; etwas weniger scharf *Rudolph* VII; vgl. auch *J. S. Noble*, The Syriac Version 1943). Die äthiopische Übersetzung von Chr liegt in der Ausgabe von *Grébaut* vor (*S. Grébaut*, Les Paralipomènes 1932, 525–771).

VII. Literarische Gattung und Formen

1. Die Diskussion über die Gattung

Vorschläge der älteren Forschung

Generationen von Forschern haben Chr als das betrachtet, was es sein wollte: ein Geschichtswerk. Aber auch andere Gattungsbestimmungen wurden vorgeschlagen, längst bevor die Formkritik in der biblischen Forschung ans Ruder kam. Unter den älteren Gelehrten war es *Zunz*, der das Buch Chr mit der Auslegungstätigkeit der Männer der »Großen Versammlung« in Verbindung brachte und darin das Bindeglied zwischen der biblischen und der nachbiblischen Literatur erblickte (*L. Zunz*, Die gottesdienstlichen Vorträge 1832, 34–38). In ähnliche Richtung, wenn auch von anderer Warte aus, zielte *Wellhausen*, wenn er das Buch als »Midrasch« bezeichnet, was für ihn ein Schimpfwort war: »eine ganz eigene Wiedererweckung der toten Gebeine« (*J. Wellhausen*, Prolegomena 223). *Torrey* wiederum hielt Chr für ein im Grunde literarisches Werk, hervorgegangen aus der schöpferischen Phantasie seines Verfassers, der »von Geschmack und Begabung her Schriftsteller war« (*C. C. Torrey*, The Chronicler 1909, 217). Auch *Barnes* nennt Chr einen »Midrasch« – ohne genauere literarische Definition (*W. E. Barnes*, The Midrashic Element 1896, 426–439; vgl. auch *I. L. Seeligmann*, The Beginnings 1979/89, 14–32).

Vorschläge der neueren Forschung

Mit dem Vordringen von Formkritik und Überlieferungsgeschichte in die biblischen Studien wurde die Frage nach der Gattungszugehörigkeit von Chr systematischer in Angriff genommen. In seiner grundlegenden und bahnbrechenden Arbeit von 1943 (*M. Noth*, Überlieferungsgeschichtliche Studien 1943) hat *Noth* Chr als Geschichtswerk definiert und nach denselben Leitlinien behandelt wie die übrigen historischen Schriften der Bibel, den Pentateuch und das deuteronomistische Geschichtswerk. Noth war zwar nicht weniger kritisch, was die historische Zuverlässigkeit des Chronisten betrifft, als seine Vorgänger, ließ sich von diesen Bedenken aber – zu Recht – nicht bei der gattungsmäßigen Einordnung des Werks in die biblische Literatur beeinflussen. Im Anschluß an *Zunz* und unter dem Einfluß von *Movers* bezeichnet *Willi* Chr als »Auslegung«, d. h. als Exegese heiliger Schrift mit midraschischen Zügen (*T. Willi,* Die Chronik als Auslegung 1972, 53–66). *Goulder* ging sogar so weit, in Chr eine Predigtsammlung zu liturgischem Gebrauch zu sehen: Predigten, die zusammen mit dem jeweiligen Wochenabschnitt vorgelesen werden sollten (*M. D. Goulder,* Midrash and Lection in Matthew, London 1974, 202–204). *Welten* wiederum spricht von freier parabelhafter Geschichtsschreibung und will Chr als »historischen Midrasch« verstehen (*P. Welten,* Geschichte und Geschichtsdarstellung 1973, 206). *Ackroyd* dagegen betrachtet den Chronisten als Theologen und sein Werk geradezu als eine theologische Abhandlung (*P. R. Ackroyd,* Exegete 1977, 2.24; vgl. auch *R. Mosis,* Untersuchungen 1973, 14–16).

Position dieses Kommentars: »Geschichte«

Meine eigenen Untersuchungen von Chr haben mich in die Nähe von Noths Position geführt. Eine Betrachtung der relevanten Züge des Werkes, als da sind Ziel, Plan, Form und Methode führt notwendig zu dem Schluß, daß es sich bei Chr um »Geschichte« handelt, einen idiosynkratischen Ausdruck biblischer Geschichtsschreibung (vgl. auch *E. Bickerman,* From Ezra 1962, 20–31; *de Vries* 15 f.). Chr bringt eine Folge von Ereignissen, konzentriert auf das Schicksal eines Kollektivs, Israel, während eines gewissen Zeitraums, der chronologisch und territorial fest umrissen ist. Die Ereignisse bilden keine zufällige Sammlung von Episoden, sondern sind sowohl bewußt ausgewählt als auch strukturiert. Sie werden als rationale Abfolge dargestellt, regiert von anerkannten und ausdrücklich angesprochenen Prinzipien wie Ursache und Wirkung, und werden beurteilt nach Kriterien historischer Wahrscheinlichkeit. Der Chronist hat seine Geschichte im vollen Bewußtsein seiner Aufgabe, deren Gestalt und Bedeutung geschrieben.

2. Was ist Geschichte?

Unterschiede zur »Geschichte« im modernen Sinne

Zweifel bezüglich der Definition von Chr rühren häufig aus der Vorstellung eines Forschers her, daß das Buch doch anders sei als das, was unter »Geschichte« im modernen Sinne verstanden werde. Dies trifft sicherlich zu, ist aber kein Grund, Chr (oder anderen Stücken biblischer Historiographie) die Zugehörigkeit zur Gattung »Geschichte« abzusprechen. Worin die Unterschiede liegen, sollte allerdings zur Sprache gebracht und geklärt werden.

Macht der Geschichte

a) Der entscheidendste Unterschied besteht im Wesen der Prinzipien, von denen der Verlauf der Geschichte gelenkt wird. Während die moderne Geschichtsauffassung hier nur mit menschlichen und natürlichen Faktoren –

materieller oder geistiger Art – rechnen würde, gilt in Chr (wie in der biblischen Geschichte überhaupt) der Lauf der Welt als von übernatürlichen Mächten bestimmt. Natürliche Faktoren werden zwar auch in Rechnung gestellt, aber entscheidend ist der göttliche Wille und die Interaktion zwischen Gott und Mensch. Die biblische Geschichte untersteht Gott als dem endgültig und absolut Übernatürlichen.

Das Kriterium der »Wahrscheinlichkeit«

b) Antike Historiker lassen sich vom Kriterium der »historischen Wahrscheinlichkeit« leiten wie ihre modernen Kollegen; nur dürften die Urteile über das »Wahrscheinliche« ziemlich weit auseinandergehen. Umfang und Art der erreichbaren Information einerseits sowie theoretische und philosophische Leitlinien andererseits können zu unterschiedlicher Einschätzung des »Wahrscheinlichen« führen. Zur Illustration können wir die Kategorie des »Wunderbaren« heranziehen oder das Eingreifen übermenschlicher Wesen wie »Engel« in die menschliche Geschichte. Historisch-kritische Wissenschaftler würden solche Faktoren als »unwahrscheinlich« zurückweisen, alte (oder moderne) Historiker, die von anderen Voraussetzungen ausgehen, hätten sie akzeptiert.

Umgang mit den Quellen

c) Jedes historische Werk – und Chr bildet darin keine Ausnahme – bezieht seine Information aus Quellen. In dieser Hinsicht liegen die Verhältnisse für Chr ganz eindeutig: Der Chronist hat Quellen herangezogen, wie aus seiner Verwendung älterer biblischer Schriften hervorgeht, und ihm ist es wichtig, ausdrücklich auf Quellen zu verweisen. In der Beurteilung der Quellen dagegen gehen die Ansichten der Historiker auseinander: So hätte ein »moderner Historiker« wohl Bedenken, genealogische Listen und Stammbäume als verbindliche historische Quellen anzunehmen, für den antiken Historiker dagegen bilden sie eine übliche Form der Mitteilung von ethnischen, sozialen und institutionellen Daten. Umgekehrt wären Augenzeugenberichte für einen »modernen Historiker« verbindliche Quellen; dem antiken Historiker war über Generationen hin mündlich überliefertes Gut nicht weniger wertvoll.

Literarische Gestaltung

d) Was das literarische Format des jeweiligen Geschichtswerks betrifft, so verwendet sowohl der moderne als auch der antike Historiker nicht nur historische Berichte, sondern auch Texte anderer Art. Historiker können Archivmaterial anführen, Briefe, Reden und anderes, was sie jeweils sorgfältig auf seine Authentizität hin befragen. Der Chronist wußte offenbar um diesen Aspekt der Geschichtsschreibung, wie aus seiner Zurückhaltung erhellt, »Prophetenerzählungen« in sein Werk mit aufzunehmen, sehr im Unterschied zum deuteronomistischen Geschichtswerk (vgl. *S. Japhet*, Ideology 1989, 511 f.). Trotzdem bringt er in seinem Buch eine Reihe von Texten anderer Gattungen, die von der historisch-kritischen Wissenschaft vielleicht ausgeschieden worden wären, als da sind Listen, Anekdoten, Reden, Gebete, Prophezeiungen, Psalmen u. a. m., die seinem Werk einen besonderen Charakter verleihen.

e) Und zu guter Letzt erhebt sich das Problem der Autorität. Der moderne Historiker gründet seine Autorität ganz und gar auf natürliche Begabung und menschliche Fähigkeiten; da er um deren Begrenztheit weiß, braucht er sich mangelnder Information, nicht überzeugender Argumentation und Unfähigkeit zu eindeutigem Urteil nicht zu schämen. Der biblische Historiker dagegen kennt keine solchen Skrupel: Er weiß und versteht alles Erforderliche. Woher rührt diese seine Selbstsicherheit? Rühmt sich der biblische Historiker überhaupt und speziell der Chronist göttlicher Inspiration? In der Bibel selbst finden sich zwar keine ausdrücklichen Aussagen darüber, aber in bezug auf das Werk des Chronisten scheint eine positive Antwort doch eher angemessen als eine negative. Dies läßt sich etwa dadurch belegen, daß der Chronist im Zuge seiner Arbeit zahlreiche Berichte göttlicher Offenbarung und Prophezeiungen bringt, die unverkennbar aus seiner Feder hervorgegangen sind; deren Zuschreibung an Propheten der alten Zeit – was die moderne kritische Forschung manchmal geradezu als Fälschung bezeichnen würde – geschieht ganz harmlos und unbefangen. Die Freiheit, die der Chronist sich hier herausnimmt, könnte damit zusammenhängen, daß er sein eigenes Schreiben als inspiriert auffaßt. Nicht nur die ältere Geschichte war von Propheten verfaßt, sondern auch sein eigenes Geschichte-Schreiben war prophetisches Handeln; es ist ein authentischer Ausdruck des göttlichen Willens.

Problem der Autorität

Unter Berücksichtigung all dieser Aspekte dürfen wir wohl sagen, daß Chr ein Geschichtswerk darstellt und zwar aus der Feder eines Autors, der nicht nur »Historiker« war, sondern auch um die Implikationen seines Tuns wußte.

Fazit

3. Die Vielfalt der Formen

Eine andere Seite des Problems der Gattungen und Formen betrifft die Vielfalt des Materials, das in die Endfassung des Buches Eingang gefunden hat. Wie alle übrigen Werke biblischer Geschichtsschreibung enthält Chr nicht nur historische Berichte, sondern auch andere Textgattungen, deren Untersuchung lange Zeit hinter der anderer Aspekte des Werks zurückstand. Diesem Mangel ist durch zwei jüngere Arbeiten abgeholfen worden: zum einen die bahnbrechende systematische Definition und Klassifizierung sämtlicher Gattungen in Chr durch *Kegler* und *Augustin* (*J. Kegler*/*M. Augustin*, Synopse [2]1991, 27–52), die sich bisweilen genötigt sahen, Gattungen völlig neu zu definieren; zum anderen der neue Kommentar von *de Vries* in der Reihe »The Forms of the Old Testament Literature« (*de Vries*), der sich eine streng formkritische Analyse von Chr zum Ziel gesetzt hat.

Vielfalt des Materials

Bei der Untersuchung der in Chr belegten Gattungen stößt man sogleich auf methodische Schwierigkeiten, wenn man versucht, rein formkritisch

Methodische Schwierigkeiten

vorzugehen. Da die unmittelbare Beziehung zwischen »Gattung« und »Sitz im Leben« mit allen daraus folgenden Erwägungen laut Gunkel aus der Entstehung der jeweiligen Gattung in konkreten, wiederkehrenden Situationen herrührt (vgl. *H. Gunkel*, Literaturgeschichte, biblische, in: RGG², III, 1927, 1677f.; ders., Die Grundprobleme der israelitischen Literaturgeschichte [1906], in: Reden und Aufsätze, Göttingen 1913, 31–37), trifft sie nur dann zu, wenn die Gattung selbst – und nicht nur der einzelne literarische Text – als »chronistisch« auszumachen ist, nicht dagegen wenn es sich um eine bereits verfestigte, durch zahlreiche Beispiele belegte literarische Form handelt. Die Schwierigkeit besteht also gerade darin, daß Chr in einer langen literarischen Überlieferungskette steht und größere Partien aus älteren Werken übernommen hat, was für Chr so besonders charakteristisch ist; vielleicht läßt sie sich jedoch in bezug auf Zitate aus biblischen bzw. außerbiblischen Quellen unterschiedlich fassen. Während die Haltung des Chronisten gegenüber seinen biblischen Quellen, was Gattung und Form betrifft, jeweils durch Vergleich der beiden Texte geklärt werden kann, ist die ursprüngliche Form des aus außerbiblischen Quellen geschöpften Materials unbekannt. Es bleibt dem Forscher überlassen zu entscheiden, ob der Chronist aus seinen Quellen nur den Inhalt übernommen und die literarische Form selbst gestaltet hat oder ob sowohl der Inhalt als auch die Form direkt aus der Quelle übernommen sind. Nur wenn die literarische Formulierung auf den Chronisten zurückgeht, sind Fragen nach »Sitz im Leben« und »Intention« am Platze – so jedenfalls nach dem ursprünglichen Ansatz der Formkritik. Insofern ist es kein Zufall, daß *von Rads* formkritische Untersuchung von Chr (*G. von Rad*, Die levitische Predigt 1971, 248–261) nur eine einzige Gattung ergeben hat, die er aus einem akuten chronistischen »Sitz im Leben« hervorgegangen sieht, nämlich die charakteristischen rhetorischen Partien, die er als »levitische Predigten« bezeichnet hat (Näheres dazu unten). Solange eine gründliche Untersuchung dessen, was gattungsmäßig und nicht nur in bezug auf einzelne literarische Stücke »chronistisch« ist, noch aussteht, bleibt eine umfassende Klassifizierung der in Chr vorfindlichen Gattungen weitgehend auf Zuordnung von einzelnen Stücken zu vorhandenen literarischen Kategorien beschränkt.

Literarische Techniken

Allerdings gibt es noch etliche Aspekte literarischer Form im weiteren, nicht streng technischen Sinne, die von der klassischen Formkritik nicht abgedeckt werden; dabei handelt es sich um die literarische Gestaltung einzelner Texteinheiten. In meiner Auslegung habe ich diese Komponente zwar nicht erschöpfend behandeln können, aber ich bin darauf eingegangen, wo mir die »Form« bedeutsam schien für die Art, wie der Chronist seine Botschaft vermittelt. Ich habe eine Fülle von literarischen Mitteln aufgezeigt: inclusio und Rahmenbildung, Leitmotive und Chiasmus, Wiederaufnahme und Rückgriff, anthologischen Stil und poetische Parallelismen; ferner sind raffinierte Methoden der Textbearbeitung zu beobachten, wie etwa Erweiterung, Auslassung und Veränderung. Daraus geht eindeutig hervor, daß »der Chronist literarisch weitaus geschickter war, als man ihm für gewöhnlich zugesteht« (*Braun* XXV).

4. Formale Eigentümlichkeiten der Chronik

Von den zahlreichen in Chr anzutreffenden formalen Eigentümlichkeiten möchte ich hier vier allgemeinere Erscheinungen herausgreifen, denen Chr seine literarische Besonderheit verdankt: den Sinn für »Komposition«, die rhetorischen Stücke, die Schilderung von Zeremonien und die Listen.

Sinn für Komposition

a) Wie in der Auslegung noch deutlicher hervortreten wird, ist der Chronist mit einem ausgesprochenen Sinn für Komposition begabt, der sich in seinem sorgfältigen Achten auf eine Vielfalt von formalen Aspekten seines Werkes äußert. In erster Linie ist hier die kunstvolle Gesamtanlage des Buches zu nennen, danach die durchgängige Beachtung größerer und kleinerer Struktureinheiten. Der Chronist hat seine Geschichte als eine Folge von »Blöcken« angelegt, von denen jeder eine geschlossene Einheit bildet, um einen thematischen Kern kreist und charakteristische formale Kennzeichen aufweist. In der Auslegung soll aufgezeigt werden, wie auch die Bestandteile dieser größeren Blöcke sorgfältig strukturiert sind, wobei ein hohes Maß an Formbewußtheit zu erkennen ist (vgl. dazu auch *L. C. Allen,* Kerygmatic Units 1988, 21–36).

Das Element der Komposition äußert sich häufig auch quantitativ, worauf ich in der Auslegung gelegentlich hinweise. Die Bedeutung einzelner Komponenten kann durch die Quantität deren Darstellung und durch die Proportionen der einzelnen Elemente untereinander ausgedrückt sein; zu diesem Zweck ist der Stoff aus den Quellen bisweilen gekürzt, bisweilen erweitert und ausgebaut.

Die rhetorischen Stücke

b) Bereits gegen Ende des 19. Jh.s war der besondere Stellenwert der Reden im Werk des Chronisten Gegenstand einer akademischen Debatte zwischen *Driver* und *French* (*S. R. Driver,* The Speeches 1895, 241–256; *V. French,* The Speeches 1895, 140–152; *S. R. Driver,* The Speeches 1895, 286–308). Die Auffassung des ersteren, wonach die rhetorischen Stücke allesamt vom Chronisten stammen und dessen Ansichten zum Ausdruck bringen, ist zum Gemeingut geworden; daraufhin werden sie in der Regel als Schlüssel zur Theologie des Chronisten behandelt (so etwa *O. Plöger,* Reden und Gebete 1957, auch in: ders., Aus der Spätzeit des Alten Testaments, Göttingen 1971, 50–66). *G. v. Rad* hat dann die rhetorischen Stücke methodisch genauer aus formkritischer Sicht angegangen, sie auf ihren Sitz im Leben hin befragt und ihre formalen Merkmale herausgearbeitet. So kam er zu ihrer Bezeichnung als »levitische Predigten« (*G. von Rad,* Die levitische Predigt 1971, 248–261), und seine Definition wurde zunächst allgemein übernommen. Erst *D. Mathias* hat deren Mängel aufgewiesen, insofern, als diese Texte keine »Predigten« sind und mit »Leviten« nichts zu tun haben (*D. Mathias,* »Levitische Predigt« 1984, 23–49; vgl. auch *R. Mason,* Some Echoes 1984, 221–235). An ihrer Besonderheit und an ihrer Bedeutung für das Werk des Chronisten besteht jedoch kein Zweifel (vgl. auch *M. Throntveit,* When Kings Speak 1987; *R. Mason,* Preaching 1990).

Die Geschichtsschreibung von Chr ist durchsetzt mit rhetorischen Stükken jeder Art und Gattung: göttliche Rede, königliche Ansprachen, prophetische Mahnung und Verkündigung, Gebete, Briefe, Dialoge u. a. m. Wie bei anderen Aspekten der Arbeit des Chronisten ist die Erscheinung als solche nichts Besonderes, vielmehr die Fortsetzung der literarischen Tradition biblischer Geschichtsschreibung. Ähnlich wie im deuteronomistischen Geschichtswerk und analog zu außerbiblischer Historiographie (vgl. *M. Dibelius,* The Speeches in Acts and Ancient Historiography, in: ders., Studies in the Acts of the Apostles, London 1956, 138–185; *S. Japhet,* Ideology 1989, 14) erscheinen Reden an markanten Punkten des Geschichtsverlaufs und tragen die Hauptlast der theologischen Aussage der jeweiligen Schrift. Eine Besonderheit des Chronisten ist jedoch in seiner starken Neigung zum »Rhetorischen« überhaupt zu erblicken, die sich in der Fülle und Vielfalt der rhetorischen Elemente in seinem Werk äußert.

Der Chronist zitiert aus seinen deuteronomistischen Quellen zahlreiche rhetorische Stücke, so etwa Natans Prophetie und Davids Gebet (2 Sam 7,5–29//1 Chr 17,4–27), Salomos Gebete und Ansprachen bei der Einweihung des Tempels (1 Kön 8,12–53//2 Chr 6,1–42), die Verhandlungen zwischen Rehabeam und den Nordstämmen (1 Kön 12,4–17//2 Chr 10,4–17) oder Huldas Prophetie (2 Kön 22,15–20//2 Chr 34,23–28), um nur ein paar herausragende Beispiele zu nennen. Bei anderen Gelegenheiten geht der Chronist vom Text seiner Quellen aus und erweitert ihn (z. B. 1 Kön 5,17–23// 2 Chr 2,2–25). Allerdings sind nicht alle in den Quellen vorfindlichen Reden in Chr übernommen, einige sind mehr oder weniger stark umgearbeitet, manche ausgewechselt, andere völlig weggelassen (so z. B. Davids Psalmen in 2 Sam 22; 23,1–7; Davids Testament in 1 Kön 2,2–9; Jesajas Prophetie in 2 Kön 19,21–34; die prophetische Botschaft an Manasse in 2 Kön 21,11–15 u. a. m.). Umfang und Bedeutung des Rhetorischen ist jedoch in den vom Chronisten selbst verfaßten rhetorischen Stücken zu erkennen, die nicht nur auf seine literarische Neigung zurückzuführen sind, sondern auf seine zentralsten soziologischen, psychologischen und theologischen Grundlagen.

Ein markantes Element dieser rhetorischen Stücke läßt sich als »Warnung« bezeichnen, eine für die Auffassung des Chronisten von der göttlichen Gerechtigkeit unerläßliche Komponente (vgl. *S. Japhet,* Ideology 1989, 176–191). Die meisten Warnungen sind als prophetische Rede formuliert (z. B. 2 Chr 12,5; 20,37; 24,20), aber die beiden Gattungen decken sich nicht völlig; »Warnungen« können nicht nur von Propheten, sondern auch von anderen Personen ausgesprochen werden, etwa von Joab, Abija, einem Priester oder dem Ägypter Necho (vgl. 1 Chr 21,3; 2 Chr 13,4–12; 26,18; 35,21), wohingegen prophetische Rede auch andere Anliegen haben kann, etwa Aufruf zur Umkehr (z. B. 2 Chr 15,2–7) oder Heilsverheißung (2 Chr 20,15–17).

Die Institution der »Warnung« gehört einerseits zum Bestand der göttlichen Gerechtigkeit, andererseits ist darin auch ein durchgängiger Bestandteil der chr Weltanschauung zu sehen, eine Art dialogischer Ansatz. Der Chronist glaubt an die Macht von Argumentation und Überzeugung, Appell an das Verständnis und den guten Willen der jeweils anderen Partei. Diese dialogischen Elemente, Argumentation und Überzeugung, finden sich in Chr auf den verschiedensten Ebenen von Beziehung: zwischen Gott und Volk, König und Volk usw. Der Dialog zwischen Gott und seinem Volk vollzieht sich durch die unablässige Verkündung von Gottes Willen und Absicht durch eine ununterbrochene Kette von Propheten und Boten. Diese beständige Entsendung von Propheten bildet in Chr den höchsten Ausdruck von Gottes Mitgefühl (2 Chr 36,15). Aus der Perspektive des Menschen kommt der Dialog dadurch zustande, daß der Mensch sich an Gott wendet – im Gebet (z. B. 2 Chr 14,10), in der Forderung nach Gerechtigkeit (z. B. 2 Chr 20,6–12), im Dank (z. B. 2 Chr 20,21) oder im Lobpreis (z. B. 1 Chr 29,10–19). Auch auf der menschlichen Ebene findet ein ständiges Zwiegespräch statt, nämlich zwischen König und Volk. In Chr erteilt der König nicht einfach Befehle, sondern wirbt um die Mitwirkung der Bevölkerung durch Argumentation und Überzeugung (vgl. etwa 1 Chr 15,12–13; 2 Chr 14,6; 19,6–11; 29,5–11; 30,6–9 u. a. m.; vgl. auch *S. Japhet*, Ideology 1989, 420–427). Auch zwischen dem Chronisten und seinen Lesern gibt es einen Dialog: Der Chronist fügt seine Erläuterungen hinzu, um die verborgenen Ursachen deutlich zu machen, die den offenkundigen Abläufen zugrundeliegen (z. B. 2 Chr 12,2; 13,18; 17,3 u. a. m.). Somit zieht sich ein argumentierender und überzeugender Strang durch das ganze Werk und verleiht ihm seinen »rhetorischen« Charakter.

Die rhetorischen Stücke in Chr sind allesamt in Prosa gehalten; die einzigen im engeren Sinne poetischen Elemente sind Psalmen (1 Chr 16,8–36; 2 Chr 6,41 f.). Doch auch die Prosatexte zeichnen sich durch gehobenen Stil aus, wobei verschiedene literarische Techniken zu beobachten sind: parallelismus membrorum, ausgiebige Verwendung von Zitaten in der Art des »anthologischen Stils«, Hervorhebung von Leitmotiven, Verwendung literarischer Formeln, Paronomasie, Alliteration und sonstige Stilmittel.

Vorliebe für öffentliche Zeremonien

c) Ein weiteres Merkmal, wodurch sich die Geschichtsschreibung des Chronisten auszeichnet, ist seine Vorliebe für öffentliche Zeremonien. Im Grunde ist diese Erscheinung zwar nicht neu, aber im Vergleich mit anderen biblischen Schriften tritt seine Besonderheit doch deutlich hervor.

Schilderungen öffentlicher Zeremonien finden sich auch in der Hauptquelle des Chronisten – der deuteronomistischen Geschichtsschreibung in Sam-Kön –, aber dort sind sie vergleichsweise gering an Zahl und Umfang. Die herausragendste darunter ist die komplexe literarische Beschreibung der Einweihung des Tempels unter Salomo, worin viele rhetorische Passagen vorkommen (1 Kön 8,1–66). Die nächstbedeutende öffentliche Veranstaltung ist die Überführung der Lade (2 Sam 6,2–8.12–19), ein wesentlich kürzerer Text ohne jegliches rhetorisches Element. Ein paar weitere Zeremonien kommen in den nicht-synoptischen Texten vor, z.B. 1 Sam 7,5ff.; 12; u.a.m. Der Pentateuch ist weitaus reicher an Schilderungen von Zeremonien, die in bezug auf Stil und Herkunft untereinander differieren (z.B. Gen 15,9–21; Ex 19–24 u.a.m.); das markanteste Beispiel im Pentateuch ist natürlich Dtn, das insgesamt als Moses feierlicher Abschied und Vermächtnis gestaltet ist (Dtn 1,1–32,47). Auch innerhalb dieses Gesamtrahmens gibt es kleinere Texteinheiten mit Beschreibungen von öffentlichen Veranstaltungen, so etwa Dtn 26,1–11; 27–28 u.a.m. Schilderungen von Zeremonien finden sich auch bei Esra-Neh: die Grundsteinlegung des Tempels (Esra 3,10–13), die Verlesung der Tora (Neh 8,1–12), der Bundesschluß (Neh 9,1–10,40) und die Einweihung der Mauer (Neh 12,27–43). Von daher fehlte es dem Chronisten nicht an literarischen Vorbildern zu Inspiration und Nachahmung, aber Umfang und Anlage seiner Schilderungen gehören ganz ihm. Folgende Züge sind zu bemerken:

(1) Der Chronist erweitert die Zeremonial-Komponente seiner Quellen. Er bringt sämtliche in den synoptischen Texten vorfindlichen Zeremonien und arbeitet sie aus. Dies gilt besonders für die Überführung der Lade, aber selbst die ohnehin schon ausführliche Beschreibung der Tempelweihe wird um neue Elemente bereichert. Wo in den Quellen eine Zeremonie nur kurz erwähnt oder gar nur implizit vorausgesetzt ist (etwa in 2 Sam 5,3; 1 Kön 3,4), macht der Chronist daraus eine komplette Veranstaltung (1 Chr 11–12; 2 Chr 1,2–6). Außerdem führt der Chronist Zeremonien auch in Episoden ein, wo seine Quellen keine haben, so etwa in Asas Reform (1 Kön 15,12f.//2 Chr 15,1–15) oder in Joschijas Passa-Feier (2 Kön 23,21–23// 2 Chr 35,1–19).

(2) Zusätzlich zu dem Kernbestand an Zeremonien aus seinen Quellen bringt der Chronist noch eine Vielfalt von Veranstaltungen, die in den synoptischen Texten überhaupt keinen Anhaltspunkt haben. Diese könnten ansatzweise in den von ihm verwendeten außerbiblischen Quellen vorgelegen haben (z.B. Hiskijas Passa-Feier, 2 Chr 30) oder aber ganz aus seiner Feder stammen.

(3) Beim Chronisten wird die »Zeremonie« zu einem literarischen Grundmodell, in das etliche verschiedene Texteinheiten unterschiedlicher Gattung eingebaut sein können. Dies ist bereits bei der Beschreibung der Tempelweihe der Fall, die der Chronist aus seinen Quellen übernimmt und ausbaut; dasselbe Verfahren ist aber auch anderswo zu beobachten. So wer-

den größere Partien von Chr ausdrücklich als Zeremonien geschildert: Davids Regierungsantritt im Zuge seiner Thronbesteigung (1 Chr 11,1–3; 12,38–40), die Überführung der Lade (1 Chr 13; 15–16), die Aufzeichnung und Einteilung des Kultpersonals (1 Chr 23,2; 24,3 ff.), Salomos Krönung (1 Chr 28,1–29,25), Salomos Besuch in Gibeon (2 Chr 1,1–13), die Einweihung des Tempels (2 Chr 5,2–7,10), die Reinigung des Tempels durch Hiskija (2 Chr 29) und die Feier des Passafestes durch Hiskija bzw. Joschija (2 Chr 29; 35).

(4) Der am ausgesprochensten »chronistische« Zug scheint jedoch die Neigung des Chronisten zu sein, Ereignisse als »Zeremonien« darzustellen, die ursprünglich keine waren, indem er entweder die biblischen Quellen entsprechend bearbeitet oder aber überhaupt eigene neue Texte verfaßt. Dies läßt sich etwa an den Veränderungen beobachten, die der Chronist an der Erzählung von Jojadas Aufstand vornimmt (2 Chr 23//2 Kön 11,4–20). Was er schildert, ist keine Verschwörung mehr, die schließlich zum Staatsstreich führt, sondern eine öffentliche Veranstaltung im Tempelvorhof mit großem Publikum, gewissenhaft befolgtem Ritual und allem, was dazugehört. Noch deutlicher wird diese Tendenz bei den chr Kriegsberichten (2 Chr 13,3–20; 20,1–30 u.a.), die typisch chr Züge tragen und sich nur schwer in akademische Gattungsbestimmungen fügen (so spricht etwa *de Vries* 434, von »Quasi-Holy-War-Story«). Nach Thematik und verschiedenen Einzelheiten handelt es sich unzweifelhaft um Kriegsberichte, aber die Texte wirken eher als Schilderungen eines Kriegszeremoniells. Vor lauter rhetorischen und rituellen Elementen tritt der konkrete Handlungsablauf bei diesen Erzählungen völlig in den Hintergrund.

Das Vorherrschen des »zeremoniellen« Elements im Werk des Chronisten könnte durchaus seinem historischen Ort entsprechen, wo öffentliche Veranstaltungen im Leben der Gemeinschaft eine bedeutende Rolle gespielt haben mögen; außerdem könnten literarische und theologische Präferenzen des Chronisten selbst daran beteiligt sein.

d) Listen nehmen im Werk des Chronisten erheblichen Raum ein – die Kapitel 1 Chr 1–9 und 23–27 und weitere umfangreiche Passagen über das ganze Buch hin bestehen nahezu ausschließlich aus Listen (z.B. 1 Chr 11,26–47; 12,24–37; 15,5–10.17–24; 28,11–18 u.a.). Diese Fülle von Angaben läßt sich nach Form und Inhalt weiter aufgliedern (vgl. *J. Kegler/M. Augustin*, Synopse [2]1991,221–241); mögliche Kategorien sind etwa genealogische Tabellen (z.B. 1 Chr 1,5–23; 2,25–33), Stammbäume (z.B. 1 Chr 2,10–17.36–41), Königslisten (1 Chr 1,43–51; 3,10–14), Städtelisten (z.B. 1 Chr 4,28–33; 2 Chr 11,6–10), Volkszählungen (z.B. 1 Chr 7,1–5.6–11), Verzeichnisse von Bewohnern einer Stadt (1 Chr 9,3–17.35–38), von Amtsträgern (z.B. 1 Chr 18,15–17; 27,25–34), Ordnungen von Tempelpersonal (z.B. 1 Chr 24,7–18; 26,1–11 u.a.), Listen von Kriegern (z.B. 1 Chr 12,3–8.10–14), von Stammesfürsten (1 Chr 27,16–22), von Königssöhnen

Listen

(z. B. 1 Chr 3,1–9; 2 Chr 17,7–8), von Materialien (1 Chr 22,3–4; 29,2–5.7–8), von Tempelgeräten und -zubehör (z. B. 1 Chr 28,14–18; 2 Chr 4,12–22), von Teilnehmern an bestimmten Veranstaltungen oder Unternehmen (z. B. 1 Chr 15,5–10; 16,5–6; 2 Chr 17,19–21) und so weiter. Auch an diesem Punkt hat der Chronist allerdings nichts völlig Neues eingeführt; dieser Zug ist in seinem Werk nur viel stärker ausgeprägt als in der älteren Geschichtsschreibung.

Was die biblische Historiographie betrifft, scheint nur das Buch Dtn die Gattung der Liste zu vermeiden, vermutlich weil es literarisch als Moses Vermächtnis angelegt ist. Auch im deuteronomistischen Geschichtswerk in Sam-Kön sind Listen nicht sehr verbreitet, obwohl dort einige Dokumente mit Angaben zu verschiedenen Bereichen der Verwaltung von Staat und Tempel vorkommen, etwa Davids Beamte (2 Sam 8,16–18; 20,23–26), Davids Söhne (2 Sam 3,2–5; 5,14–16), Davids Helden (2 Sam 23,24–39), Salomos Beamte (1 Kön 4,2–19), Tempelgeräte und -zubehör (1 Kön 7,41–50; 25,13–17), die Eroberungen von Tiglat-Pileser (2 Kön 15,29) und weitere. Auf der anderen Seite sind »Listen« ein markanter Bestandteil in den biblischen Schriften Gen bis Num, Jos und Esra-Neh. Sie sind dort in die Erzählfolge eingebaut und bilden sozusagen das »Gerüst« von nachweisbaren Fakten, das den Berichten ihre Unanfechtbarkeit verleiht.

Der Chronist setzt »Listen« in verschiedenen literarischen Funktionen ein: von einer systematischen Zusammenstellung von Aufzählungen als eine Art »wissenschaftliche« Wiedergabe von Daten ohne jegliche literarische Verknüpfung (z. B. 1 Chr 1; 2 u. a.) bis hin zur Einfügung von Namenslisten in breitere erzählerische Kontexte (z. B. 2 Chr 17,7–8; 29,12–14). Als etwa Joschafat Leviten und Priester in die judäischen Städte entsendet, um dort das Gesetz zu lehren, fühlt sich der Chronist bemüßigt, die Namen dieser Personen aufzuführen, wodurch der Bericht einen höheren Grad an Realität und Historizität erhält (2 Chr 17,7–8). Auf die allgemeine Mitteilung, daß Rehabeam in Juda Städte zur Verteidigung errichten ließ (2 Chr 11,5), folgt ein Verzeichnis mit Namen und näheren Angaben zu diesen Städten (2 Chr 11,6–10); entsprechend wird die Vorstellung, daß »ganz Israel« geschlossen hinter David stand, durch möglichst viele exakte Daten gewissenhaft belegt (1 Chr 11,10–12,38).

Moderne Forscher mögen die Authentizität mancher Listen unterschiedlich beurteilen, gelegentlich auch Zweifel hegen, wie weit die Verwendung der jeweiligen Liste im Werk des Chronisten (oder anderer biblischer Autoren) deren ursprünglicher Intention entspricht, aber die zentrale literarische Funktion der Listen bleibt davon unbeeinträchtigt. Sie bilden eines der wichtigsten Mittel, mit denen der Chronist seinem Bericht die Gültigkeit und Verbindlichkeit von »Fakten« verleiht.

Mit dem reichlichen Gebrauch, den er von »Listen« macht, scheint der Chronist mehr dem Vorbild von Pentateuch und Jos zu folgen als dem von

Sam-Kön. Wie schon oben erwähnt, ist diese Gattung zwar auch in Sam-Kön belegt, doch in formkritischer Hinsicht stellt die Vorliebe des Chronisten für Listen seine markanteste Abweichung vom Muster der deuteronomistischen Geschichtsschreibung in Sam-Kön dar. Darin äußert sich wiederum – diesmal im Bereich der Form – ein Grundzug in der Arbeit des Chronisten: er hält sich sorgfältig an seine Quellen und ist gleichzeitig frei, diese zu verändern. Im Zuge seiner redaktionellen Tätigkeit hat er aus der gesamten älteren biblischen Historiographie Gattungen übernommen; doch die letztendliche Zusammenstellung von Erzählung, Listen und rhetorischen Stücken sowie deren Anlage und Verteilung sind ganz und gar sein eigenes Werk.

VIII. Sprache und Stil

Die besondere Ausdrucksweise des Chronisten ist schon früh wahrgenommen worden, wie in verschiedenen Handbüchern wie Grammatiken (vgl. *W. Gesenius,* Grammatik [26]1896, § 2 l-v [13–16]) und Wörterbüchern (vgl. BDB) zu beobachten, wo zahlreiche sprachliche Erscheinungen, die entweder nur für Chr oder auch für andere biblische Schriften charakteristisch sind, als »spät« bezeichnet werden. Allerdings war dieses frühe Interesse am Sprachgebrauch des Chronisten offenbar weit mehr auf seinen Wortschatz gerichtet (vgl. *S. R. Driver,* An Introduction 1891, 535–540; *Curtis/Madsen* 28–34) als auf seine Syntax (*Curtis/Madsen* 34–36). Bahnbrechende Arbeit auf diesem Gebiet hat *A. Kropat* geleistet (*A. Kropat,* Die Syntax 1909). In ihren frühen Stadien war die Untersuchung des spätbiblischen Hebräisch überhaupt und der Sprache von Chr speziell nicht unvoreingenommen. So meint etwa *Curtis,* die vielen Eigentümlichkeiten im Sprachgebrauch des Chronisten sprächen dafür, daß entweder der Kompilator und Verfasser Hebräisch nicht voll beherrscht habe oder aber daß die Sprache zu seiner Zeit »dekadent« gewesen sei (27). Spätbiblisches Hebräisch galt als stark aramäisch beeinflusst (Vgl. *W. Gesenius,* Grammatik [26]1896 § 2u-v [16]); das ging so weit, daß *F. Zimmermann* in Chr ein »teilweise übersetztes Werk« erblicken wollte (*F. Zimmermann,* Chronicles 1951/2, 265–282.387–412). Der Einfluß des Aramäischen auf das spätbiblische Hebräisch war sicherlich erheblich, aber zwei Vorbehalte sind doch anzubringen: Zum einen läßt sich der aramäische Einfluß nicht mehr ausschließlich auf das »Reichsaramäisch« der persischen Epoche zurückführen; dahinter könnten auch frühere Kontakte zu dieser Sprache stehen, etwa über die nordisraelitischen Stämme. Zum anderen sind viele Erscheinungen des spätbiblischen Hebräisch nicht unbedingt durch Einwirkung des Aramäischen zustande gekommen; ihre Ursprünge sind auch anderswo zu suchen, etwa in inner-he-

Einfluß des Aramäischen?

bräischen Entwicklungen oder in der Beeinflussung durch andere semitische und nicht-semitische Sprachen (vgl. etwa *C. H. Gordon*, North Israelite Influence on Postexilic Hebrew: IEJ 5, 1955, 85–88; *W. G. E. Watson*, Archaic Elements 1972, 191–207; *R. Polzin*, Late Hebrew 1976, 10–12; *G. Rendsburg*, Late Biblical Hebrew and the Date of P: JANES 12, 1976, 65–80; *S. Gevirtz*, Of Syntax and Style in the »Late Biblical Hebrew« – »Old Canaanite Connection«: JANES 18, 1986, 25–29).

Spätbiblisches Hebräisch

In den letzten Jahren hat das Interesse am spätbiblischen Hebräisch, dessen umfangreichster Textzeuge Chr ist, ständig zugenommen. Das mag dreierlei Gründe haben: die allgemeine Entwicklung und Verfeinerung der linguistischen Analyse in den letzten Jahrzehnten, die wachsende Menge an epigraphischem Material, wodurch unsere Kenntnis des Sprachgebrauchs jener Zeit wesentlich bereichert wird (vgl. *W. R. Garr*, Dialect Geography of Syria-Palestine 1000–586 BCE, Philadelphia 1985), und die Entdeckung der Rollen vom Toten Meer, deren Sprache in ihren Hauptzügen zur selben Sprachschicht gehört (vgl. *E. Qimron*, The Hebrew of the Dead Sea Scrolls, Atlanta 1986) – obwohl eine direkte Verbindungslinie vom spätbiblischen Hebräisch zur Sprache von Qumran auch wieder in Frage gestellt worden ist (*S. Morag*, Qumran Hebrew: Some Typological Observations: VT 38, 1988, 148–164). Nun scheint die Zeit gekommen für eine umfassende systematische Beschreibung des spätbiblischen Hebräisch in seinen verschiedenen synchronen und diachronen Ausprägungen. Eine solche Untersuchung sollte alle damit zusammenhängenden Fragen behandeln, etwa seine Erhaltung als lebende Sprache in der nachexilischen Zeit, Umfang und Herkunft der aramäischen Beeinflussung, gleichzeitige Einwirkungen anderer semitischer und nicht-semitischer Sprachen, seine Stellung im Übergang vom biblischen zum rabbinischen Hebräisch und vieles andere. Die Beantwortung dieser Fragen unter vollständiger Auswertung des chr Materials wird uns zu einem deutlicheren Bild von diesem Entwicklungsstadium der hebräischen Sprache verhelfen.

Sprachliche und stilistische Eigenheiten von Chr

Innerhalb der Sprachstufe des spätbiblischen Hebräisch insgesamt weist Chr eigentümliche sprachliche und stilistische Züge auf. Ein Vergleich der Sprache von Chr mit der anderer spätbiblischer Schriften wie Esra-Neh, Dan oder Est, kann auf den persönlichen Stil des Chronisten ein gewisses Licht werfen (vgl. *S. Japhet*, The Common Authorship 1968, 358–371). Doch da sich nicht selten herausgestellt hat, daß Eigentümlichkeiten, die zum Personalstil des Chronisten gerechnet wurden, zum üblichen Sprachgebrauch seiner Zeit gehörten (vgl. etwa *H. G. M. Williamson*, Israel in the Book of Chronicles 1977, 37–59), ist die Unterscheidung zwischen typisch chr Stilelementen und dem allgemeinen Sprachgebrauch jener Zeit ein heikles Unternehmen geworden, das äußerst behutsam anzugehen ist.

IX. Theologische Ausrichtung und Thematik

1. Positionen der Forschung

Mit der Theologie des Chronisten habe ich mich in der Vergangenheit eingehend befaßt; zunächst in meiner hebräischen Dissertation (1973), dann in deren veröffentlichter Fassung (1977), durch die meine Ansichten (teilweise anonym) in die wissenschaftliche Welt gelangt sind. Da diese Arbeit inzwischen auch in englischer Übersetzung (1989) zugänglich ist, kann ich mich hier auf eine Zusammenfassung der Hauptpunkte beschränken.

Gewichtige historische und theologische Beweggründe müssen den Chronisten zur Abfassung seines Werks veranlaßt haben; warum sonst sollte er sich die Mühe gemacht haben, die Geschichte einer Epoche neu zu schreiben, die bereits dokumentiert war? Die Aufdeckung seiner Motive hat die Aufmerksamkeit der einschlägigen Forschung auf sich gezogen bis hin zur Bestimmung der theologischen und historischen Position des Chronisten innerhalb der Entwicklung der biblischen Literatur und Religion.

Positionen der Forschung

Etliche Versuche sind gemacht worden, das ganze Buch einem einzigen Anliegen oder Zweck zuzuordnen, woraus sich seine Züge allesamt ableiten ließen. *Wellhausen* meinte, die unterschiedliche Ausrichtung sei durch den Einfluß von P zustande gekommen (*J. Wellhausen*, Prolegomena 166). Andere Forscher, unter ihnen *Torrey, Noth* und *Rudolph* (vgl. *C. C. Torrey*, Ezra Studies 1910, Nachdruck New York 1970, 208 f.; *M. Noth*, Überlieferungsgeschichtliche Studien 1943, 174 ff. §20; *Rudolph* IX), sehen in der Etablierung der ausschließlichen Legitimität der Jerusalemer Kulteinrichtungen und von Juda als der einzigen Gottesgemeinde in Abwehr der samaritanischen Ansprüche das Hauptziel des Buches. *Freedman*, gefolgt von etlichen anderen, meint, das Buch habe die Grundlage für die legitimen Ansprüche des Hauses David auf die Herrschaft über Israel bieten sollen, insbesondere für die Herrschaft über den Tempel und seinen Kult zur Zeit von Serubbabel (*D. N. Freedman*, The Chronicler's Purpose 1961, 436–442). Allerdings scheint mir zweifelhaft, ob ein einziges eng umgrenztes Anliegen als Motivation für so ein gewaltiges, inhaltlich und formal so komplexes Unternehmen ausreichen dürfte. Chr ist keine Tendenzschrift, die einer bestimmten politischen Richtung verpflichtet wäre, sondern eine viel umfassendere Art theologischer Bestandsaufnahme, die angesichts einer im Umschwung begriffenen Welt ein neues religiöses Gleichgewicht herstellen möchte. Dem Chronisten ist die »Geschichte Israels« der Schauplatz, auf dem sich Gottes Vorsehung und Herrschaft über sein Volk entfaltet. Durch die Enthüllung der Grundsätze, nach denen die Geschichte verläuft, wird eine feste Basis für Israels Weiterbestehen geschaffen. Aus dieser Gesamtsicht ist das gewaltige historische und theologische Unternehmen zu betrachten.

2. Theologische Schwerpunkte

Zwei Brennpunkte

a) Da »Geschichte« als der konkrete Ausdruck der gegenseitigen Beziehung zwischen Gott und Israel gilt, hat das Buch zwei Brennpunkte: Israels Gott und das Volk Israel, jeweils für sich und in ihrem Miteinander. Einige Grundvoraussetzungen des biblischen Glaubens nimmt der Chronist als selbstverständlich und erwähnt sie daher nur so nebenbei, so etwa den Monotheismus, Gottes Allmacht und Weltherrschaft u. a. m. Größere theologische Anstrengungen unternimmt er an Punkten, wo er etwas Eigenes zu sagen hat; dort äußert er seine Haltung sowohl in einschlägigen Aussagen als auch in polemischem Schweigen.

Der Chronist legt eine eigentümliche Auffassung von Israels Erwähltheit an den Tag, die dann in einigen apokryphen Schriften sowie in frühen rabbinischen Äußerungen deutlicher formuliert werden sollte (vgl. etwa Assumptio Mosis I 12–13; 2 Esra 6,53–59; Mechilta zu Ex 14,15). Die besondere Beziehung zwischen dem Volk und seinem Gott ist hier nicht etwas Neues, das zu einem bestimmten Zeitpunkt durch einen historischen Akt wie etwa den Bund mit Abraham oder den Auszug aus Ägypten zustande gekommen wäre, sondern eine feste Gegebenheit, deren Ursprung nicht im Bereich der Geschichte liegt, sondern mit der Erschaffung der Welt zusammen vorliegt. Daher handelt es sich um eine absolute Beziehung; sie ist nicht auf die Bedingungen eines Bundes gegründet, sondern ist so ewig wie die zwischen Gott und dem Weltall.

Gottes Herrschaft über sein Volk

b) Gottes Herrschaft über sein Volk äußert sich durch sein beständiges, direktes und sofortiges Eingreifen in dessen Geschichte. Unter den göttlichen Eigenschaften, von denen Gottes Herrschaft über sein Volk bestimmt ist, ragt seine »Gerechtigkeit« heraus; »gerecht ist JHWH« (2 Chr 12,6), und all sein Tun steht unter dem Zeichen der absoluten Gerechtigkeit. Durch das rechte Verständnis des menschlichen Handelns einerseits und der göttlichen Reaktion darauf andererseits wird Gottes Gerechtigkeit offenbar. Die bekannte Vorstellung des Chronisten von Lohn und Strafe, die im Verlauf der Forschungsgeschichte mehrfach herausgearbeitet worden ist (vgl. etwa *Dillard* 76–81), ist im Grunde sein Weg, die Geschichte als konkrete Äußerung der göttlichen Gerechtigkeit darzustellen. Diese zeichnet sich durch mehrere Züge aus. Belohnung ist unerläßlich, unmittelbar und individuell. Jede Generation wird für ihre eigenen, guten wie bösen, Taten zur Rechenschaft gezogen, die Vergeltung wird nicht aufgeschoben; so können weder Sünde noch Verdienst sich anstauen. Der letzte Grund für das Schicksal eines Menschen liegt in seinem eigenen freien Willen: Gott reagiert auf sein Tun und gibt ihm, was er verdient. Begleitet wird dieser freie Wille von zwei Faktoren: Warnung und Buße. Warnung vor der Bestrafung ist in Chr kein freibleibendes, sondern ein unverzichtbares Element im Rechtsverfahren. Der Mensch erhält immer die Möglichkeit, Buße zu tun, worauf Gott unweigerlich eingeht; das Tor für die Umkehr des Menschen bleibt stets offen. Diese Stellung des Menschen als Herrn über sein Schicksal könnte zu einer gewissen Einschränkung von Gottes freiem und allmächtigen Handeln führen; der Chronist wahrt diese wesentlichen Merkmale Gottes durch die im Bereich der Beziehung zwischen Gott und Mensch wirksam werdenden Begriffe Versuchung und Mitleid.

In mancher Hinsicht erscheint die chr Vorstellung von der göttlichen Gerechtigkeit als eine Weiterbildung der bei Ez dargelegten. Der wichtigste Unterschied zwischen den beiden liegt jedoch in der Perspektive: Gottes absolut gerechte Herrschaft über sein Volk ist weder Wunsch noch Verheißung für die Zukunft (vgl. Jer 31,29–30; Ez 3,17–21; 18,1–32), sondern ein bestehender Zustand, aus der historischen Erfahrung nachweisbar. Dies sind die Prinzipien, von denen Israels Schicksal stets gelenkt wurde; deren absolute Geltung bildet die Grundlage für den Glauben an Israels Zukunft.

Israels religiöse Praxis

c) Die menschliche Seite dieser gegenseitigen Beziehung äußert sich in Verehrung, und der Chronist präsentiert Israels religiöse Praxis als ein Hauptthema seines historischen Berichts. Chr bietet eine systematische Geschichte von Israels Kult, eine Beschreibung der Kultinstitutionen sowie Auskunft über die Errichtung und Funktion des Kultpersonals. Die formale Entwicklung der gottesdienstlichen Einrichtungen wird in zwei Etappen geschildert: Zunächst sei die Tora mit ihren Geboten und Einzelvorschriften für den Opferkult durch Mose gegeben worden; danach wurde der Ort, die Ordnung und Organisation des Kultes als feste Einrichtung durch David festgesetzt und unter Salomo zur vollen Ausführung gebracht. Der Gedanke eines einzigen zentralen Kultorts wird als konkrete historische Wirklichkeit geäußert aus der festen Überzeugung heraus, daß der zentrale Kult am Jerusalemer Tempel die einzige legitime Form der Gottesverehrung sei. Unter dem Tempelpersonal wird den nicht-priesterlichen Klassen besondere Aufmerksamkeit gewidmet: den Leviten, Sängern und Torhütern, wobei letztere als Untergruppen der levitischen Ordnung betrachtet werden. Dies mag eine Wiedergabe der tatsächlichen Verhältnisse zur Zeit des Chronisten sein oder ein Ausdruck seiner eigenen Haltung gegenüber Meinungsverschiedenheiten bezüglich Aufgaben und Stellung der verschiedenen Ordnungen von Kultpersonal – jedenfalls ist Chr ein ganz wichtiges Zeugnis für die Veränderungen, von denen Aufbau und Funktionen des Kultpersonals zur Zeit des Zweiten Tempels betroffen waren.

»Rechtschaffenheit«

d) Die individuelle und kollektive Verpflichtung der Israeliten gegenüber ihrem Gott erschöpft sich nicht in der Ausübung des Kultes, so wichtig dieser auch sein mag. »Rechtschaffenheit« umfaßt laut Chr den ganzen Menschen: Gotteserkenntnis, Gottvertrauen, Demut und Gottesfurcht gehören alle auch zum rechten Denken und Handeln. Ja noch mehr: um vollständig zu sein, muß der konkrete religiöse Akt »mit ganzem Herzen« getan werden; diese Ganzheit findet ihren Hauptausdruck in der »Freude« und in deren kultischem Gegenstück, der Musik.

Bedeutung der Propheten

e) Chr räumt den Propheten eine bedeutende Stellung ein und legt eine weite Sicht ihrer Funktion an den Tag. Im Anschluß an ältere Vorstellungen stellt der Chronist die Propheten als Mittler zwischen Gott und seinem Volk dar. Sie treten vor König und Volk auf, um das Wort JHWHs zu übermitteln, sie für ihre Bosheit zu tadeln, sie vor den Folgen ihres Verhaltens zu warnen, sie zur Buße aufzurufen und im Vertrauen auf Gott zu bestärken. Sie fungieren auch als Mittler, indem sie das Gebet des Volkes vor Gott bringen. Über die Geschichte Israels hin sind Propheten in einer ununterbrochenen Kette vertreten, unter ihnen ein Priester (2 Chr 24,20), ein Levit (2 Chr 20,14), viele bekannte Gestalten wie Jehu (2 Chr 19,2), Jesaja (2 Chr 32,20) und Jeremia (2 Chr 35,25) sowie andere unbekannte Personen wie Asarja, Sohn des Oded (2 Chr 15,1), Oded (2 Chr 28,9) und weitere. Propheten treten allerdings noch in anderen Eigenschaften auf. Ihre Mittlerstellung bringt es mit sich, daß sie Gottes Auftrag nicht nur in vereinzelten, durch die historischen Umstände bedingten Situationen überbringen, sondern Gottes Willen in allgemein verbindlichen Belangen repräsentieren. Ganz allgemein gesprochen, gelangt das göttliche Gebot durch die Propheten an sein Volk (2 Chr 29,25). Der Chronist weist den Propheten auch die Aufgabe der Geschichtsschreibung zu – wofür es biblisch keinen Präzedenzfall gibt. Geschichtsschreibung ist inspiriertes Handeln, und in jeder Generation gibt es Propheten, welche die Ereignisse der jeweiligen Epoche aufzeichnen. Inspiration ist in Chr allerdings nicht auf die als »Propheten« ausgewiesenen Gestalten beschränkt; der Chronist betrachtet auch die Begründer der Tempelmusik – Asaf, Heman und Jedutun (1 Chr 25,1–5; vgl. *D. L. Petersen*, Prophecy 1977, 55–96) – als Propheten und spricht den beiden Gründerfiguren der davidischen Dynastie, David (1 Chr 28,2.6–7.12.19) und Salomo (1 Chr 1,7–12; 7,12–22) direkten Kontakt zu Gott zu. In den Augen des Chronisten war »Prophetie« eine lebendige und funktionierende Einrichtung, ein nicht abreißender Kanal für die Übermittlung von Gottes Willen und Absicht.

Spezielle Vorstellung vom Volk Israel

f) Der Chronist hat eine ganz spezielle Vorstellung vom Volk Israel in ethnographischer, geographischer und politischer Hinsicht. Die bei ihm vorherrschende Idee ist die von »Großisrael« im weitesten Sinne, sowohl was die ethnische Definition als auch was die geographische Ausdehnung betrifft. Das Volk Israel wird als ein einheitliches, umfassendes Gebilde betrachtet, das sich aus Stämmen zusammensetzt, die wiederum über die ganze israelitische Geschichte hin als lebendige Einheiten agieren. Nicht nur in den neun Einleitungskapiteln, wo »Israel« eingeführt wird, und nicht nur unter der Herrschaft von David und Salomo, als Israel seinen Idealzustand verwirklichte, sondern auch nach dem Abfall der Nordstämme findet ein Vorgang der Rückkehr zur ursprünglichen Einheit statt, der seinen Höhepunkt unter Joschija erreicht. Der Chronist fühlt sich nicht an die traditionelle Vorstellung vom Zwölfstämmeverband gebunden; vielmehr trachtet er danach, sämtliche Bevölkerungselemente in Israel miteinzubeziehen, einschließlich der »Beisassen«, der nicht-israelitischen Bewohnerschaft des Landes. Nach Darstellung des Chronisten gibt es im Land Israel keine Heiden; seine Bewohner sind allesamt »Israel«, entweder durch Zugehörigkeit zu den Stämmen oder als angegliederte »Beisassen«.

Vorstellung vom »Land« und von der Beziehung zwischen »Land« und »Volk«

g) Ähnlich weit gefaßt ist die Vorstellung des Chronisten vom Land und von der Beziehung zwischen »Land« und »Volk«. Die Grenzen des Landes werden abgesteckt durch die Bezeichnung »vom ägyptischen Schihor bis wo man nach Hamat kommt« (1 Chr 13,5), eine Definition, die über sämtliche bekannten Landesgrenzen aus irgendeiner historischen Epoche hinausreicht; und das Volk soll von Anfang seiner Geschichte an innerhalb dieser weitesten Grenzen wohnhaft gewesen sein. Der Chronist zeichnet ein Bild ununterbrochener Siedlungskontinuität, angefangen mit den »Kindern Israels«, d.h. den Söhnen Jakobs, bis in die Zeit von Davids Königtum, wobei das Volk bereits in der Frühzeit das gesamte geographische Territorium bewohnt hatte (1 Chr 13,1–5). Der Zeitraum zwischen Jakobs Söhnen und David, in den nach der herkömmlichen Vorstellung von Israels Geschichte auch der Aufenthalt in Ägypten, der Exodus, die Wüstenwanderung, die Landnahme und die unsichere Zeit der Richter fielen, kommt im Geschichtsbild des Chronisten nicht vor, wird sozusagen überbrückt. Die durchgängige Siedlungskontinuität äußert sich darin, wie der Chronist mit den Begriffen »Zerstörung« und »Exil« umgeht. Umfang und Bedeutung dieser Erscheinungen werden reduziert, indem Schilderung und Dimensionen der Zerstörung eingeschränkt werden. So bringt der Chronist eine übliche historiographische Konzeption zum Ausdruck, wonach es sich bei den ursprünglichen Begriffspaaren »Aufenthalt in Ägypten und Exodus« und »Exil und Restauration« um analoge Vorgänge handelt – eine Analogie, die von den Propheten vorgetragen wurde und dem Verständnis des historischen Ablaufs in Esra-Neh zugrunde liegt (vgl. *S. Japhet*, The Temple 1991, 213f.). Die Richtung dieser Analogie verläuft allerdings umgekehrt wie in diesen älteren Äußerungen. Der Auszug aus Ägypten und die Zerstörung des Königreichs werden verschwiegen; die Trennung des Volkes vom Land, sei es in der Frühzeit oder in einem späteren Stadium von Israels Geschichte, wird auf ein Minimum reduziert. Die Verbindung mit dem Land besteht ununterbrochen und, wie die Verbindung zwischen dem Volk und seinem Gott, eigenständig, ohne auf Verheißungen, Erläuterungen oder Begründungen angewiesen zu sein.

Bedeutung des Königtums

h) Die Geschichte Israels umfaßt auch seine soziale und politische Existenz, deren herausragendstes Merkmal die Einrichtung des Königtums ist. Für den Chronisten ist das Königtum eine selbstverständliche politische Einrichtung, doch da Gott der eigentliche König Israels ist, wird die praktische

Verwaltung des Staates, das »Königtum JHWHs« (2 Chr 13,8) David und dessen Nachfahren übertragen; der von Gott erwählte davidische König sitzt »auf dem Thron JHWHs« (1 Chr 29,23). Doch ungeachtet dieses ihres herausragenden Status werden die Regenten aus dem Hause Davids in jeder Hinsicht als menschliche Wesen geschildert, in ihrer Beziehung zum Volk wie in ihrer Beziehung zu Gott. Besonders interessant ist in diesem Zusammenhang ein Hang zur »Demokratisierung«, der sich wie ein roter Faden durch die chr Beschreibung der Stellung des Volkes gegenüber seinem König zieht; die ausschließliche Macht des Königs wird durch die aktive Beteiligung der Bevölkerung an staatlichen Unternehmungen eingeschränkt.

Was die Darstellung von Person und Leistungen einzelner Könige betrifft, wird deutlich zwischen David und Salomo einerseits und den übrigen Königen von Juda andererseits unterschieden. Die Epoche von David und Salomo ist in den Augen des Chronisten ein geschlossenes Ganzes; damals wurden sämtliche dauernde Einrichtungen geschaffen, die dann für Volk und König verbindlich werden sollten; diese Epoche markiert den Höhepunkt von Israels Vorzügen und Erfolgen.

Bei der Schilderung der Gestalten von David und Salomo auf der Grundlage seiner Quellen sind drei Hauptlinien zu beobachten, von denen sich der Chronist hat leiten lassen: 1. die Gestalt des Königs wird verherrlicht – dieser Zug ist in der Forschung am eingehendsten diskutiert worden; 2. der Schwerpunkt liegt mehr auf dem öffentlichen Wirken als auf dem Privatleben des jeweiligen Königs – was aufgrund der Quellenlage in höherem Maße auf David angewandt wurde als auf Salomo; 3. stark betont wird der Tempel als das Hauptanliegen beider Könige. David und Salomo erscheinen in Chr in viel positiverem Licht als in der älteren biblischen Geschichtsschreibung, sowohl im politischen als auch im religiösen Bereich. Doch keiner von beiden kann als vollkommen oder »ideal« gelten. Nicht alle Schattenseiten wurden aus Davids Karriere gestrichen: Die Weigerung, ihn den Tempel erbauen zu lassen, wird damit begründet, daß er »Blut vergossen« habe (1 Chr 22,7–8; 28,3), und zwei von ihm begangene Sünden werden überliefert: einmal während der Überführung der Lade von Kirjat-Jearim (1 Chr 15,13), das andere Mal durch die Durchführung der Volkszählung (1 Chr 21,1.3.8). Salomo dagegen erscheint völlig fleckenlos und ihm werden noch zusätzliche positive Züge beigelegt wie etwa seine persönliche Erwähltheit, sein besonderes Verhältnis zu Gott und das Eintreten von »Ruhe« und »Frieden« zu seiner Zeit. Insgesamt wird der Glanz seiner Erscheinung allerdings dadurch verdunkelt, daß David die meisten seiner Errungenschaften vorweggenommen hatte und daß seine Weisheit systematisch heruntergespielt wird. Somit ist weder David noch Salomo vollkommen, aber beide sind auserwählte Könige, von Gott dazu bestimmt, »auf dem Thron des Königtums JHWHs über Israel« zu sitzen (1 Chr 28,5; auch 29,23); ihrer beider Regierung bildet das »goldene Zeitalter« in der Geschichte Israels.

Bei seiner Beschreibung der Könige von Juda verfährt der Chronist anders als der deuteronomistische Geschichtsschreiber von Kön und als er selbst im Falle von David und Salomo. Im Unterschied zu letzteren beiden sollen hier keine fleckenlosen Gestalten geschildert werden. Sünden und Verfehlungen der einzelnen Könige werden nicht verschwiegen, gelegentlich werden noch welche hinzugefügt; dies gilt nicht nur für die ursprünglich als »böse« disqualifizierten Könige, sondern auch für die sogenannten »guten« Könige. Beim Vergleich mit der deuteronomistischen Darstellung tritt als markantester Unterschied die unsystematische Schilderung zutage, die in allen Bereichen zu beobachten ist. Die Hinzufügung zahlreicher Einzelheiten in bezug auf die militärischen, wirtschaftlichen, politischen und religiösen Aktionen der Könige, die Beschreibung ihres inkonsistenten religiösen Verhaltens und die feineren und vielfältigeren Maßstäbe für die Beurteilung der Könige – daraus entsteht eine reichhaltige Schilderung, die vereinfachende oder verallgemeinernde Werturteile vermeidet und den nüchternen Realismus des Chronisten mit seinem Verständnis für menschliche Begrenztheit zum Ausdruck bringt.

3. Theologische Relevanz

Als Zusammenfassung der theologischen Bedeutung des chr Geschichtswerks möchte ich in leicht abgewandelter Form auf etwas zurückkommen, was ich früher geschrieben habe (*S. Japhet,* Ideology 1989, 515 f.):

Normativität der »Anfangsgeschichte«

Im Zuge der Entwicklung der israelitischen Religion ist zusammen mit dem Ringen um ein Selbstverständnis ein beständiges Bemühen zu beobachten, die Vergangenheit zu verherrlichen. Die Geschichte wird zum verbindlichen Muster oder zur Norm mit ewiger Geltungsdauer für das Volk und seine Religion. Früher in der Geschichte Israels waren die ersten historischen Stadien als formativ betrachtet worden. Zur Zeit des Zweiten Tempels wurde dieser formative Zeitraum ausgeweitet, so daß er das umfaßte, was man grob gesprochen als die Zeit des Ersten Tempels bezeichnen kann – die Epoche, deren Geschichte, Einrichtungen, Überzeugungen und Erfahrungen spätere Generationen dann in einem biblischen Corpus göttlicher Herkunft aufgezeichnet fanden, das als inspiriert galt.

Spannung zwischen biblischer Geschichte und späterer Realität

Doch mit der steigenden Verherrlichung der Vergangenheit durch spätere Generation tat sich eine, ebenfalls ständig wachsende, Kluft auf zwischen ihrer eigenen komplexen Realität und der in der Bibel beschriebenen. Eine Kluft dieser Art, die unvermeidliche Folge historischer Entwicklungen, erschüttert die Stabilität beider Realitäten. Zum einen wird die alte Geschichte der jeweils gegenwärtigen Generation unverständlich, und die Normen der formativen Epoche entsprechen faktisch nicht mehr den Bedürfnissen der Gegenwart. Zum anderen werden gegenwärtige Einrichtungen, religiöse

Lehrsätze und rituelle Gepflogenheiten von ihrem Ursprung losgelöst und verlieren dadurch die autoritative Quelle ihrer Legitimität.

Chronik als »Brückenschlag«

Das Buch der Chronik bildet einen kraftvollen Versuch, diese Kluft zu überbrücken. Durch Neuformulierung von Israels Geschichte in seiner formativen Epoche verleiht der Chronist beiden Komponenten des israelitischen Lebens neue Bedeutung: Die Vergangenheit wird so erklärt, daß ihre religiösen Institutionen und Leitlinien für die Gegenwart relevant werden, und die Einrichtungen der Gegenwart erhalten neue Legitimität durch ihre Verknüpfung mit dem Urquell der Autorität, der formativen Epoche in der Vergangenheit des Volkes.

Vermittlung von Gegenwart und Vergangenheit

Somit ist Chr ein umfassender Ausdruck des ständigen Bedürfnisses nach Erneuerung und Neubelebung der Religion Israels. Das Werk macht einen bedeutsamen Versuch, den Sinn des zeitgenössischen Lebens zu gewährleisten, ohne die Verbindungen zwischen der Gegenwart und den Quellen der Vergangenheit abzuschneiden; so wird das Band zwischen Vergangenheit und Gegenwart noch gefestigt und die Kontinuität von Israels Glaube und Geschichte verkündet.

Kommentierung

1 Chr 1,1–2,2: Von Adam bis zu den Söhnen Israels

Literatur *J. R. Bartlett*, The Edomite King-List of Genesis 36:31–39 and 1 Chron 1:43–50: JThS 16, 1965, 301–314. – *W. Kornfeld*, Die Edomiterlisten (Gn 36; 1C 1) im Lichte des altarabischen Namensmateriales, in: A. Caquot/S. Légasse/M. Tardieu (Hg.), Mélanges bibliques et orientaux en l'honneur de M. Mathias Delcor (AOAT 215), Neukirchen 1985, 231–236. – *E. Lipinski*, Les Japhetites selon Gen 10, 2–4 et 1 Chr 1, 5–7: ZAH 3, 1990, 40–53. – ders., Les Chamites selon Gen 10, 6–20 et 1 Chr 1, 8–16: ZAH 5, 1992, 135–162. – ders., Les Sémites selon Gen 10, 21–30 et 1 Chr 1, 17–23: ZAH 6, 1993, 193–215.

Text

Übersetzung 1[1] *Adam, Set, Enosch,* [2] *Kenan, Mahalalel, Jared,* [3] *Henoch, Metuschelach,*
Lamech, [4] *Noach, Sem, Ham und Jafet.*
[5] *Die Söhne des Jafet: Gomer und Magog und Madai und Jawan und Tu-*
bal und Meschech und Tiras. [6] *Und die Söhne des Gomer: Aschkenas und*
Difat und Togarma. [7] *Und die Söhne des Jawan: Elischa und Tarschischa,*
die Kittäer und die Rodaniten.
[8] *Die Söhne des Ham: Kusch und Mizraim, Put und Kanaan.* [9] *Und die*
Söhne des Kusch: Seba und Hawila und Sabta und Raema und Sabtecha.
Und die Söhne des Raema: Scheba und Dedan. [10] *Und Kusch zeugte Nim-*
rod. Er begann ein Held zu sein im Lande. [11] *Und Mizraim zeugte die Ludi-*
ten und die Anamiten und die Lehabiten und die Naftuhiten, [12] *und die Pa-*
trusiten und die Kasluhiten, von denen die Philister ausgingen, und die
Kaftoriten. [13] *Und Kanaan zeugte Sidon, seinen Erstgeborenen, und Het*
[14] *und den Jebusiten und den Amoriten und den Girgaschiten* [15] *und den Hi-*
witen und den Arkiten und den Siniten [16] *und den Arwaditen und den Ze-*
mariten und den Hamatiten.
[17] *Die Söhne des Sem: Elam und Assur und Arpachschad und Lud und*
Aram. Und [die Söhne von Aram:] Uz und Hul und Geter und Meschech.
[18] *Und Arpachschad zeugte Schalach, und Schelach zeugte Eber.* [19] *Und dem*
Eber wurden zwei Söhne geboren; der Name des einen war Peleg, denn in
seinen Tagen wurde das Land geteilt, und der Name seines Bruders war
Joktan. [20] *Und Joktan zeugte Almodad und Schalef und Hazarmawet und*
Jarach [21] *und Hadoram und Usal und Dikla* [22] *und Ebal und Abimaël und*
Scheba [23] *und Ofir und Hawila und Jobab. Alle diese sind Söhne des Joktan.*
[24] *Sem, Arpachschad, Schalach,* [25] *Eber, Peleg, Rëu,* [26] *Serug, Nahor, Ta-*
rach, [27] *Abram, das ist Abraham.*
[28] *Die Söhne des Abraham: Isaak und Ismael.* [29] *Das sind ihre Generatio-*

nen: Der Erstgeborene Ismaels Nebajot und Kedar und Adbeel und Mibsam,
30 Mischma und Duma, Massa, Hadad und Tema, 31 Jetur, Nafisch und Ked-
ma. Dies sind die Söhne des Ismael.

32 Und die Söhne der Ketura, der Nebenfrau Abrahams: Sie gebar Simran
und Jokschan und Medan und Midian und Jischbak und Schuach. Und die
Söhne des Jokschan: Scheba und Dedan. 33 Und die Söhne von Midian: Efa
und Efer und Henoch und Abida und Eldaa. Alle diese sind Söhne der Ketu-
ra. 34 Und Abraham zeugte den Isaak.

Die Söhne des Isaak: Esau und Israel. 35 Die Söhne des Esau: Elifas und
Reuël und Jëusch und Jalam und Korach. 36 Die Söhne des Elifas: Teman und
Omar, Zefi und Gatam, Kenas und Timna und Amalek. 37 Die Söhne des
Reuël: Nahat, Serach, Schamma und Misa. 38 Und die Söhne des Seïr: Lotan
und Schobal und Zibon und Ana und Dischon und Ezer und Dischan. 39 Und
die Söhne des Lotan: Hori und Homam. Und die Schwester des Lotan: Tim-
na. 40 Die Söhne des Schobal: Alwan und Manahat und Ebal und Schefi und
Onam. Und die Söhne des Zibon: Aja und Ana. 41 Die Söhne des Ana: Disch-
on. Und die Söhne des Dischon: Hamran und Eschban und Jitran und Keran.
42 Die Söhne des Ezer: Bilhan und Saawan, Jaakan. Die Söhne des Dischon:
Uz und Aran.

43 Und dies sind die Könige, die im Lande Edom herrschten, bevor ein Kö-
nig über die Israeliten herrschte: Bela, der Sohn des Beor; und der Name
seiner Stadt war Dinhaba. 44 Und Bela starb, und König wurde an seiner
Stelle Jobab, der Sohn des Serach, aus Bozra. 45 Und Jobab starb, und König
wurde an seiner Stelle Huscham aus dem Land der Temaniten. 46 Und Hu-
scham starb, und König wurde an seiner Stelle Hadad, der Sohn des Bedad,
der Midian im Grünland von Moab schlug; und der Name seiner Stadt war
Awit. 47 Und Hadad starb, und König wurde an seiner Stelle Samla aus
Masreka. 48 Und Samla starb, und König wurde an seiner Stelle Schaul aus
Rehobot am Strom. 49 Und Schaul starb, und König wurde an seiner Stelle
Baal-Hanan, der Sohn des Achbor. 50 Und Baal-Hanan starb, und König
wurde an seiner Stelle Hadad; und der Name seiner Stadt war Pai. Und
der Name seiner Frau war Mehetabel; sie war die Tochter der Matred, der
Tochter des Me-Sahab. 51 Und Hadad starb. Und die Häuptlinge von Edom
waren: Häuptling Timna, Häuptling Alwa, Häuptling Jetet, 52 Häuptling
Oholibama, Häuptling Ela, Häuptling Pinon, 53 Häuptling Kenas, Häuptling
Teman, Häuptling Mibzar, 54 Häuptling Magdiël, Häuptling Iram. Dies sind
die Häuptlinge von Edom.

2 1 Dies sind die Söhne des Israel: Ruben, Simeon, Levi und Juda, Issachar
und Sebulon, 2 Josef und Benjamin, [Dan,] Naftali, Gad und Ascher.

Zu Text und Übersetzung

1,4 LXX fügt hinter Noach hinzu »die Söhne des Noach«, vgl. Auslegung.
1,6 דיפת »Difat«: Gen 10,3 ריפת »Rifat«, vgl. Auslegung.

1,7 ותרשישה »und Tarschischa«: Gen 10,4 ותרשיש »und Tarschisch«; ורודנים »und die Rodaniten«: Gen 10,4 ודודנים »und die Dodaniten«.

1,12 ואת כפתרים »und die Kaftoriten«: diese Wörter bereits in Gen 10 falsch plaziert.

1,17 Hinter »und Aram« ergänze ובני ארם »und die Söhne Arams«, vgl. Auslegung; ומשך »und Meschech«: Gen 10,23 ומש »und Masch«.

1,41b דישון »Dischon«: Gen 36,26 דישן »Dischan«.

1,50 הדד »Hadad«: Gen 36,39 הדר »Hadar«.

2,2 דן »Dan«: zu transferieren hinter בנימן »Benjamin«, vgl. Auslegung.

Analyse

»Kurzfassung« des Buches Genesis

Innerhalb von 1 Chr 1–9, der chronistischen Darstellung der gesamten israelitischen Geschichte vor David (bzw. vor Sauls Tod), vertritt 1 Chr 1 das Buch Genesis, aus dem es sein gesamtes Material bezieht. Die Auswahl von Stellen aus Gen folgt einem klaren Muster: bei den verwendeten Quellen handelt es sich um die größeren genealogischen Komplexe Gen 5; 10–11; 25; 35–36. Das Material wird möglichst genau in der ursprünglichen Anordnung dargeboten, hinter der Bearbeitung sind strenge Regeln und Methoden zu erkennen. Der Chronist scheint das Buch Genesis auf seine genealogischen Komplexe hin durchgekämmt und diese dann systematisch ausgewertet zu haben. Kürzere genealogische Listen und vereinzelte Angaben, die sich in Gen verstreut finden, haben dagegen keinen Eingang in Chr gefunden: die Söhne Kains (Gen 4,17–22), die Söhne Nahors (Gen 22,20–24) und die Nachkommen von Lots Töchtern (Gen 19,37–38).

Abweichungen von Gen

Im Bereich des übernommenen Materials weicht der Chronist an einigen Punkten von Gen ab: Bei der Wiedergabe von Gen 11 führt er die Liste der »Nachkommen Sems« bis auf Abram zurück (Gen 11,26). Zu diesem Namen fügt er die Erläuterung »Abram, das ist Abraham« (1 Chr 1,27), wodurch er direkt zu Gen 17 übergeht, wo die Namensänderung berichtet ist. Dann fährt er mit Abrahams Söhnen fort und läßt das Verzeichnis von dessen Brüdern und den Nachkommen Terachs (Gen 11,26b–32) weg. Insgesamt ist der Stoff aus Gen stark komprimiert und gekürzt. Aus dem jeweiligen Kontext sind nur die rein genealogischen Daten beibehalten.

Zusätze des Chronisten zu Gen

Die einzigen Zusätze des Chronisten zu dem Material aus Gen bestehen in zwei kurzen Versen: 1 Chr 1,27, der den Übergang vom ersten zum zweiten Teil des Kapitels markiert (dazu auch unten in der Auslegung), sowie die Worte »und Hadad starb« (1 Chr 1,51), ein Bindeglied historischer Art in der edomitischen Liste. Aus dem Gen-Material nicht rein genealogischen Charakters sind drei Elemente erhalten geblieben: a) »Er begann ein Held zu sein im Lande« (1 Chr 1,10), eine stark komprimierte Version der Nimrod-Erzählung, b) »von denen die Philister ausgingen« (1 Chr 1,12) und c) »denn in seinen Tagen wurde das Land geteilt« (1 Chr 1,19). Ein wenig ausgebaut ist nur die Liste der Könige von Edom, was mit dem allgemeinen Anliegen der genealogischen Einführung zusammenhängt.

Aufbau von 1 Chr 1,1–2,2

1 Chr 1 besteht aus drei inhaltlich und formal deutlich unterscheidbaren Teilen:

a) 1,1–27 Von Adam bis Abraham
b) 1,28–34a Die Nachkommen Abrahams
c) 1,34b–2,2 Die Nachkommen Isaaks

Wie wir unten noch sehen werden, handelt es sich beim ersten Teil um eine *inclusio*: geschildert ist die Welt nach der Sintflut, mit vorangestellter Einleitung (1 Chr 1, 1–4) und folgendem Abschluß (1 Chr 1, 24–27). Die anderen zwei Teile beginnen mit Überschriften, die beide analog formuliert sind: »Die Söhne des Abraham: Isaak und Ismael« (V 28), »die Söhne des Isaak: Esau und Israel« (V 34b). Der zweite Teil schließt mit »und Abraham zeugte den Isaak« (V 34a); der dritte schließt mit der Eröffnung eines neuen Teils, der Aufzählung der Söhne Israels (d. i. Jakobs, 2, 1 ff.). Insgesamt sind in Chr Inhalt, Reihenfolge und Aufbau von Gen gewahrt. Der erste Teil beruht auf Gen 5 und Gen 10–11, der zweite auf Gen 25 und der dritte auf Gen 35–36. Das Maß dieser Abhängigkeit läßt sich an dem Unterschied zwischen V 28 und V 34b aufweisen. Im ersten Fall ist der jüngere Sohn an erster Stelle genannt: erst Isaak, dann Ismael; an der zweiten Stelle steht der ältere dem jüngeren voran: erst Esau, dann Israel. Dies entspricht voll und ganz der Darstellung von Gen: Gen 25, 9 bzw. 35, 29.

In diesen genealogischen Listen werden jeweils an erster Stelle diejenigen Personen genannt, deren Geschichte nicht erzählt werden soll und die im folgenden nicht wieder erwähnt werden. So werden unter der Überschrift »Die Söhne des Abraham« zunächst Angaben über die Söhne Ismaels und die Söhne der Ketura gemacht, erst danach werden Isaaks Nachkommen aufgeführt. Unter den Söhnen Isaaks werden zunächst Esaus Nachkommen behandelt. Je näher der Bericht den »Söhnen des Israel« (2, 1) rückt, desto ausführlicher wird er; die vollständige Darstellung der genealogischen Hauptlinie erfolgt dann in den Kapiteln 2 bis 9.

Der erste Teil, V 1–27, ist wiederum dreigegliedert: Aufbau des ersten Teils (V 1–27)

a) V 1–4 Die Generationen von der Erschaffung der Welt bis zur Sintflut
b) V 5–23 Die ethnischen Verhältnisse auf der Erde nach der Sintflut
c) V 24–27 Die Generationen von Sem bis Abraham

So handelt es sich hier wiederum um eine *inclusio*, einen Mittelteil mit Einleitung und Schluß. Die innere Struktur sieht folgendermaßen aus: V 4b bildet das Bindeglied zwischen Einleitung und Mittelteil; die Namen von Noachs Söhnen Sem, Ham und Jafet erscheinen in Gen am Ende der ersten Quelle (Gen 5, 32) und zu Beginn der zweiten (Gen 10, 1). Nach dem Muster von Gen führt Chr sie als Sem, Ham und Jafet auf (V 4), die jeweiligen Nachkommen dann in umgekehrter Reihenfolge: Jafet (V 5–7), Ham (V 8–16) und Sem (V 17–23). Der Schlußabschnitt (V 24–27) setzt dann mit dem letztgenannten Namen ein, mit Sem (wie Gen 11).

Der zweite Teil, V 28–34a, weist ebenfalls eine klare Gliederung auf: Aufbau des zweiten Teils (V 28–34a)

a) V 28 Überschrift
b) V 29–31 Die Söhne Ismaels
c) V 32–33b Die Söhne der Ketura
d) V 34a Abschluß

In V 28 sind die beiden Söhne Abrahams, »Isaak und Ismael« genannt, in dieser Reihenfolge, wie in Gen 25, 9. Darauf folgen Angaben zu den Söhnen Ismaels, entsprechend deren Genealogie Gen 25, 12 ff. Das Material aus Gen 25 wird in gekürzter Form gebracht. Die Reminiszenz V 34a »und Abraham zeugte den Isaak« nach Gen 25, 19 führt schließlich denjenigen Sohn ein, dessen Nachfahren noch nicht genannt worden sind. Den Söhnen Isaaks wird dann besondere Aufmerksamkeit zuteil.

Im dritten Teil (1, 34–2, 2) geht es um die Nachfahren Isaaks. Der Aufbau ähnelt dem des vorigen Abschnitts: Aufbau des dritten Teils (1, 34a–2, 2)

a) 1,34b Einführung
b) 1,35–54 Die Söhne Esaus
c) 2,1–2 Die Söhne Israels

Die Einführung, entsprechend V 28, nennt die zwei Söhne Isaaks in derselben Reihenfolge wie in Gen 35,29. Danach geht der Text direkt zu den Nachfahren Esaus über, und zwar in drei Gruppen: die Söhne Esaus (V 35–37), die Söhne Seïrs (V 38–42) und die edomitischen Könige bzw. Häuptlinge (V 43–54). Am Ende steht eine extrem knappe Liste der Söhne Jakobs, übernommen aus Gen 35,23–26.

Einheitlichkeit?

Es herrscht eine gewisse Einmütigkeit unter den Exegeten, größere Teile dieses Kapitels als spätere Glossen und Interpolationen zu bezeichnen. *Rudolph* etwa möchte nur diejenigen Elemente als ursprünglich betrachten, die das vertreten, was in seinen Augen das Hauptanliegen des Kapitels ist: das Aufzeigen der direkten genealogischen Linie von Adam bis Israel. Daher hält er V 1–4a.24–27.28–31 und 34–42 für chronistisch, alles übrige für ein Konglomerat von Interpolationen, deren Herkunft und Intention unklar bleiben. Die Einheitlichkeit des Vorgehens und Aufbaus sowie die gewissenhafte und ausschließliche Wiedergabe des Materials aus Gen, wie in Kap. 1 zu beobachten, können allerdings nicht durch zufällig zusammengewürfelte Kompilationen zustandegekommen sein – abgesehen davon, daß sich für keine dieser angeblichen Glossen oder Interpolationen ein Sinn oder Zweck erkennen läßt. Formale Mannigfaltigkeit ist in genealogischen Listen eher die Regel als die Ausnahme, besonders in Chr, wo sie durch die sorgfältige Wiedergabe der Quellen bedingt ist. Das theologische Anliegen von V 4b–23 ist unzweifelhaft der Rückgriff auf die siebzig Völkerschaften, welche die Erde bevölkerten, vor deren Hintergrund die Geschichte Israels entfaltet werden soll. Dies sowie die Aufzählung der edomitischen Könige steht in Einklang mit der Gesamtanlage des Kapitels und des ganzen Buches.

Anliegen

Mit der schlüssig durchgearbeiteten Wiedergabe des genealogischen Materials aus Gen unter Beibehaltung der ursprünglichen Daten und Reihenfolge ist das Anliegen dieses Kapitels umrissen. Hier soll die Geschichte der Menschheit als Vorstufe zur Geschichte Israels präsentiert werden. Was hier zum Ausdruck kommt, ist eine ganz besondere Auffassung von Israels Erwähltheit (vgl. *S. Japhet*, Ideology 1989, 116–124) als einsetzend mit Adam.

Auslegung

Der erste Teil: Von Adam bis Abraham (1,1–27)

Die Liste in 1,1–4 enthält dreizehn Namen: zehn Generationen von Adam bis Noach und Noachs drei Söhne. Aus der Quelle, Gen 5, sind nur die Namen in der gegebenen Reihenfolge übernommen, ohne jeglichen Hinweis auf ihre Beziehung untereinander. 1,1–4

V 1–4: Von der Erschaffung der Welt bis zur Sintflut

In 1,4 liegt eine exegetische Schwierigkeit vor. Die asyndetische Aufzählung der Namen wechselt plötzlich von aufeinander folgenden Generationen zu drei Brüdern, die also der gleichen Generation angehören. Aus der Abfolge der Namen könnte der unkundige Leser entnehmen, Ham und Jafet seien Nachkommen, nicht Brüder von Sem. In LXX gibt es hier einen Zu- 1,4 satz, »die Söhne Noachs«, wodurch die Schwierigkeit behoben wird. In Gen 5 stehen die Namen »Sem, Ham und Jafet« zum Abschluß des »Buches der Zeugungen Adams«. Im vorliegenden Kontext in Chr definiert ihre Nennung an dieser Stelle die Aufzählung der Namen bis dahin als eine knappe Genealogie der Menschheit von der Weltschöpfung bis hin zur Sintflut. Die folgende Aufzählung von Namen bietet dann das Bild der Welt nach der Flut, ausgedrückt durch die Verbreitung der Nachfahren von Sem, Ham und Jafet. In diesem Falle wäre der Zusatz der LXX »die Söhne Noachs« als eine interpretatorische Glosse zu betrachten.

1,5–23 In den Versen 5–23 sind die Nachkommen von Noachs drei Söhnen aufgeführt; der innere Aufbau ist bestimmt durch die formelhaften Überschriften der drei Teile: »die Söhne des Jafet« (V 5), »die Söhne des Ham« (V 8), »die Söhne des Sem« (V 17). Es ist bemerkenswert, daß die Namen hier in umgekehrter Reihenfolge erscheinen als in V 4b, analog zur Vorlage dieser Stelle in Gen 10.

1,5–7 Die Aufzählung der Söhne Jafets in 1,5–7 folgt gewissenhaft dem Bericht in Gen 10,2–4, abgesehen von der Auslassung der Abschlußbemerkung in V 5. Der Text gibt hier die Vorlage so exakt wieder, daß sogar das Vorkommen (bzw. Fehlen, vor כתים »Kittäer«) von *Waw conjunctivum* genau nachgebildet ist. Andererseits sind in der Form der Namen drei Abweichungen von Gen zu beobachten, bei denen es sich zweifellos um Schreibversehen handelt: Difat (V 6, Gen: Rifat), Tarschischa (V 7, Gen: Tarschisch) und Rodanim (V 7, Gen: Dodanim). V 5–23: Die Nachkommen Noachs

Hier scheinen ein paar allgemeine Bemerkungen zu solchen Schreibvarianten am Platze. In 1 Chr 1 finden sich insgesamt mehr als 30 Fälle von abweichenden Namensformen, durchweg durch das Abschreiben bedingt. Zumeist handelt es sich um unterschiedliche Schreibweise (*defektiv* oder *plene*, Endbuchstabe ה oder א), Verwechselung ähnlicher Buchstaben (meistens י und ו bzw. ר und ד) und Metathese. Die Zahl dieser Varianten vermehrt sich noch durch die Belege der MSS und der antiken Versionen, wo die Namensform von Chr in Gen erscheint oder umgekehrt, gelegentlich auch eine ganz andere Lesart. Das orthographische Zustandekommen dieser Schreibweisen läßt sich zwar ohne weiteres verfolgen, aber die ursprüngliche Namensform ist nicht immer zu ermitteln. Etwaiges Vorkommen eines bestimmten Namens in anderen Kontexten kann zur Erhellung dienen, aber die meisten der in Frage stehenden Namen sind sonst nirgends erwähnt, so daß sich kein eindeutiger Schluß ziehen läßt.

Die Namensform Tarschischa wirkt analog zu dem voranstehenden Elischa. Allerdings kommen in Chr etliche Namen mit auslautendem ה vor, das anscheinend keine Richtungsangabe mehr bezeichnet (etwa Timnata, Efrata, Baalata u.a.m.). Außerdem ist in diesem Kontext ein Zahlenschema zu beobachten: sieben Söhne Jafets sind genannt, für zwei davon (Gomer und Jawan) sind auch die Nachkommen aus der dritten Generation aufgeführt, wobei wiederum sieben Namen auftauchen: drei Söhne von Gomer und vier von Jawan.

Die Information über die Hamiten in den Versen 8–16 ist viel ausführ- 1,8–16
licher. Für drei von den vier Söhnen Hams (nicht für Put) wird der Stammbaum bis in die dritte Generation weitergeführt, in einem Fall (Kusch) sogar bis in die vierte Generation. Die Nachkommen von Kusch über die vier Generationen hin sind sieben, ebenso wie die Abkömmlinge von Mizraim (Ägypten). Die Anzahl der Kanaaniten zusammen mit Kanaan selbst beträgt zwölf.

In Gen 10,7–12, der Vorlage zu 1 Chr 1,9–10, besteht der Bericht über 1,9–10
die Söhne Kuschs aus zwei klar geschiedenen literarischen Elementen: einer Liste der Nachkommen Kuschs (V 7) ähnlich wie in den anderen Bestandteilen dieses Abschnitts und einem erzählerischen Bericht über die Taten eines einzelnen, Nimrod Sohn des Kusch (V 8–12), dessen Name in der voranstehenden Liste nicht erwähnt ist. Im Unterschied zu Gen beschränkt sich die Nimrod-Erzählung in Chr auf eine knappe, etwas umgearbeitete Bemerkung: »er begann ein Held zu sein im Lande«. Zweierlei scheint bedeutsam in Bezug auf die Söhne des Kusch. Im Unterschied zu der sonst in den Genealogien üblichen Mannigfaltigkeit von Namen klingen die der Kuschiten recht ähnlich: Seba und Scheba auf der einen Seite, Seba, Sabta und Sabtecha auf der anderen. Dabei sind die Namen Scheba und Dedan auch unter Abrahams Nachkommen von seiner Nebenfrau Ketura erwähnt (V 32), und Scheba zusammen mit Hawila erscheint wieder unter den Nachfahren Sems (V 22.23). Diese Wiederholung derselben Namen in verschiedenen genealogischen Zusammenhängen ist für diese Listen charakteristisch; vermutlich stehen dahinter ethnische Verhältnisse und Entwicklungen (vgl. bes. die Liste der Söhne Seïrs, V 38 ff.).

Mizraim (Ägypten) hat in 1,11–12 ebenfalls sieben Söhne, deren Namen 1,11–12
nicht als Namen von Individuen, sondern von Völkerschaften angegeben sind: לודיים, ענמים »Luditen«, »Anamiten« usw. Diese Gentilform ist freilich etwas ganz anderes als ein Eigenname, was diese Genealogien als »literarische Fiktion« erweist. Solche Gentilnamen in Pluralform finden sich in dieser Liste bei den Söhnen von Mizraim und bei den beiden Söhnen des Jawan: Kittim und Rodanim (V 7). Die Singularform ist charakteristisch für die Söhne Kanaans (V 14–16). Diese Verschiedenheit der Namensformen steht so bereits in Gen 10 und ist in Chr unverändert übernommen. Die Wörter »und die Kaftoriten« am Ende von V 12 scheinen falsch plaziert; ursprünglich standen sie wohl nach den Kasluhiten, vor der Angabe »von denen die Philister ausgingen«. Dies würde mit der biblischen Tradition zusammengehen, die Kaftor als den Herkunftsort der Philister annimmt (Am 9,7), wodurch der ganze genealogische Kontext vertrauter wird. Da diese Wörter jedoch bereits in der Vorlage des Chronisten falsch plaziert waren (Gen 10,14), dürfen sie nicht einfach umgestellt werden.

1,13–16 Die Aufzählung der Söhne Kanaans in 1,13–16 ist aus Gen 10,15–18a übernommen unter Auslassung von Gen 10,18b–19 (die territoriale Ausbreitung der Kanaaniter) und Gen 10,20 (Abschluß des hamitischen Stammbaums in Analogie zu dem der Jafetiten in Gen 10,5, fehlt auch in Chr). Mit Ausnahme von Sidon und Het erscheinen die Namen als Gentile im Singular: »der Jebusit, der Amorit ...«. Diese Liste bietet die ausführlichste Aufzählung kanaanitischer Völkerschaften, deren Anzahl sich unter Einschluß von Kanaan selbst auf zwölf beläuft, wohl in Analogie zu den zwölf Söhnen Israels. Sechs von den Namen (Kanaan, Het, Jebusiten, Amoriten, Girgaschiten und Hiwiten) sind feste Bestandteile der »sieben Völker«, der ursprünglichen Bewohner des Landes Kanaan (Dtn 7,1 u.ö.), fünf davon (mit Ausnahme der Hiwiten) gehören auch zu den zehn Völkern in Gen 15,19–20. Die übrigen sechs Völker, vermutlich im Norden Israels ansässig, kommen nur hier vor.

1,17–23 Die Liste der Söhne Sems in 1,17–23 ist aus Gen 10,22–29 übernommen; in Chr weggelassen sind die Einleitung (Gen 10,21), die territoriale Ausbreitung der Semiten (Gen 10,30), der Abschluß der Liste (Gen 10,31) und der Abschluß des gesamten Abschnitts (Gen 10,32) – genau im Einklang mit den auch sonst in 1 Chr 1 zu beobachtenden redaktionellen Leitlinien. Die Liste besteht aus zwei Teilen: 1 Chr 1,17 nennt die Namen der Söhne Sems; V 18–23 konzentrieren sich auf einen einzelnen Zweig, den von Sems drittem Sohn Arpachschad. Nach der Aufzählung seiner direkten Nachkommen über vier Generationen hin bis zu Eber und seinen beiden Söhnen (Peleg und Joktan) steht eine Liste der Söhne Joktans. Es wird deutlich, daß ein Stammesverband, der sich von Joktan ableitete, hier einem mit Sem einsetzenden Stammbaum angeschlossen wurde.

1,17 Die Liste von Sems Nachkommen in 1,17 umfaßt zehn Namen (Sem selbst inbegriffen) und weicht an zwei Punkten von ihrer Vorlage in Gen 10,22–23 ab: in V 17 fehlen die Wörter בני ארם »Söhne Arams« und anschließend steht ו vor Uz. In Gen bezeichnen die ersten fünf Namen Söhne Sems mit Aram an letzter Stelle; die vier folgenden Namen sind dann Söhne Arams. Hier erscheinen alle neun Namen als Söhne Sems. Die fehlenden Wörter »die Söhne Arams« finden sich in LXX und gelten vielen Exegeten als ursprünglich (vgl. *BH*). Die Auslassung läßt sich leicht als Parablepsis erklären, könnte aber auch eine andere Auffassung der aramäischen Völkerschaften als direkt von Sem abstammend wiedergeben. Beim zweiten Unterschied handelt es sich um den Namen Meschech, der in Gen 10,23 Masch lautet. Exegeten neigen dazu, Masch für ursprünglich zu halten und Meschech für eine Anpassung an 1 Chr 1,5. LXX liest jedoch in Gen Mosoch, was dem hebräischen Mesech entspricht. Wie schon beobachtet kommt es häufiger vor, daß manche Namen in den Listen mehrfach erscheinen, so etwa Scheba (V 9.22.32), Dedan (V 9.32), Ebal (V 22.40) und weitere. Daher ist es schwierig, die ursprüngliche Namensform auszumachen.

Arpachschads Stammbaum in 1,18–23 erstreckt sich über vier Generationen über die Erstgeborenen, konzentriert sich aber schließlich auf Pelegs zweiten Sohn, Joktan. Die genealogische Linie entspricht Gen 11,12 ff. und in diesem Kapitel den V 24–25a. Möglicherweise fungierte ursprünglich eine lineare genealogische Ableitung wie die in Gen als Grundlage, und die »Söhne Joktans« – ein Verband von arabischen Stämmen aus Südarabien – wurden nachträglich hinzugefügt. Diese Elemente fanden sich beide in Gen 10,24–30 und wurden vom Chronisten übernommen, der die Angaben über die territoriale Ausbreitung (V 30) und die Abschlußformeln (V 31.32) wegließ. 1,18–23

V 24–27: Von Sem bis Abraham

Die Verse 1,24–27 entsprechen der Liste zu Anfang des Kapitels (V 1–4), sie stammen aus einer parallelen Quelle (Gen 11,10–26a) und sind ähnlich überarbeitet. Aus dieser Quelle hat der Chronist nur eine schlichte Aufzählung von Namen übernommen, ohne Hinweis auf die Beziehung der Personen untereinander. Die zehn Namen der Liste enden mit Abram. Der chronistische Zusatz »das ist Abraham« führt von Gen 11,26 weiter zur Änderung des Namens Abram in Abraham in Gen 17; dadurch gehen die genealogischen Angaben vom Ende von Gen 11 verloren. Allerdings handelt es sich bei dieser Bemerkung nicht nur um einen literarischen Trick. Der Wechsel von der Namensform »Abram« aus den genealogischen Listen zu »Abraham« markiert den Übergang zum Stammvater der Israeliten. In dieser Hinsicht ist bemerkenswert, wie unterschiedlich der Chronist Abraham und Jakob behandelt. Beide wurden mit einem neuen Namen gesegnet als Zeichen besonderer göttlicher Gnade. Doch während Abrahams ursprünglicher Name genannt und die Namensänderung ausdrücklich erwähnt wird, erscheint Jakob in Chr durchweg als »Israel« (mit Ausnahme von 1 Chr 16,13.17, in dem Zitat aus Ps 105, wo »Jakob« in Parallele zu »Israel« zweimal erhalten geblieben ist; auffallenderweise steht dort in V 13 »Israel« anstelle von »Abraham«). Im vorliegenden Kapitel heißt Jakob in V 34 bereits »Israel«, während im ursprünglichen Kontext (Gen 35,29) noch »Jakob« steht. Diese unterschiedliche Behandlung soll wohl den Vorzug Israels, des Vaters der zwölf Stämme, vor dem entfernteren Ahnherrn Abraham signalisieren. 1,24–27

Der zweite Teil: Die Nachkommen Abrahams (1,28–34a)

In 1,28–34a folgen auf die Einführung der Söhne Abrahams in V 28 die Söhne Ismaels (V 29–31), die Nachkommen der Ketura (V 32–33) und der Hinweis auf Isaak (V 34a). 1,28–34

V 28: Überschrift

Die genealogische Formel in 1,28 »die Söhne des X« entspricht einem üblichen Muster (vgl. oben, V 5.6.7.8 u.ö.). Sie findet sich so nicht in Gen, vielmehr hat der Chronist sie als Überschrift für den folgenden Abschnitt geprägt – womit er die Aufzählungen deutlich strukturiert. Dagegen werden »Isaak und Ismael« gemeinsam, in dieser Reihenfolge als Söhne Abrahams genannt, und zwar in Gen 25,8–9, dem Kapitel, das als Quelle für den ganzen Kontext dient: »Da starb Abraham ... und es begruben ihn Isaak und 1,28

Ismael, seine Söhne …«. Ebenso fungiert Gen 35,29 als Quelle für V 34b, die Überschrift des nächsten Abschnitts.

1,29–31 Die Liste 1,29–31 von Ismaels Söhnen ist aus Gen 25,13–18 genommen; die einleitende Formel »das sind ihre Generationen« (אלה תלדותם) ist eine verkürzte Version der Einleitung in Gen ואלה תלדת ישמעאל ... לתולדתם (Gen 25,12–13a). Im Kontext von Chr scheint sich die Einleitung auf Isaak und Ismael zu beziehen, doch aus der Fortsetzung geht hervor, daß sie wohl eher einen Übergang zu den »Söhnen des Ismael« bildet, wie erst durch den Abschluß (V 31b) deutlich wird. Die Liste entspricht genau Gen 25,13b–16a; sie schließt mit der Zusammenfassung »dies sind die Söhne des Ismael«. Die Angaben zu Ismaels Tod sowie zur ismaelitischen Organisation und territorialen Verbreitung sind weggelassen (V16a–18). V 29–31: Die Söhne Ismaels

1,32–33 In Gen 25 sind, anders als in 1 Chr 1,32–33, die Söhne der Ketura vor den Söhnen Ismaels aufgeführt; diese Reihenfolge bestimmt sich durch die »Genealogien« (תלדת) in Gen: zuerst die Söhne Abrahams selbst (in diesem Fall die mit seiner Nebenfrau Ketura gezeugten), danach die Nachkommenschaft seiner Söhne: Ismaels (Gen 25,12–18) und Isaaks (Gen 25,19ff.). Der Chronist dagegen gestaltet den Aufbau anders im Hinblick auf seine Ziele. Sämtliche Nachkommen Abrahams werden gemeinsam aufgeführt, und die Reihenfolge bestimmt sich durch das Quellenmaterial und die strukturellen Eigentümlichkeiten des ganzen Abschnitts. Im Anschluß an die Überschrift in V 28 werden zunächst die Söhne Ismaels genannt; da Isaak und seine Nachkommen zum Abschluß des ganzen Stammbaum ausführlich behandelt werden sollen, müssen die Söhne der Ketura dazwischen erwähnt werden. V 32–33b: Die Söhne der Ketura

Eine syntaktische Schwierigkeit erhebt sich zu Anfang von V 32: »und die Söhne der Ketura, der Nebenfrau Abrahams. Sie gebar …«. Diese Kombination von Überschrift und Erzählung läßt sich wiederum dadurch erklären, daß es sich bei diesem Vers im Grunde um eine Neufassung von Gen 25,1–2 handelt, wobei die Vokabel »Frau« in »Nebenfrau« verwandelt ist im Anschluß an Gen 25,6. Aus der Liste Gen 25,2–4 tilgt der Chronist die Akkusativpartikeln (את) und verbindet die Namen durch *waw conjunctivum*. Außerdem sind noch folgende Abweichungen zu beobachten: Anstelle des mehr erzählerischen Stils von Gen 25,3 (»und Jokschan zeugte den Scheba … und die Söhne Dedans waren …«) verwendet der Chronist die technischere Formel »die Söhne des Jokschan …«; die Söhne Dedans sind nicht erwähnt. Durch diese zwei geringfügigen Veränderungen gewinnt die Liste in Chr an Einheitlichkeit. In Gen 25 sind die Nachkommen von zweien der sechs Söhne Keturas aufgeführt: für Jokschans Abkömmlinge zwei Generationen, für Midians eine. Außerdem sind Jokschans Söhne durch die erzählerische Art ihrer Einführung hervorgehoben. Wenn wir annehmen, daß diese Unregelmäßigkeiten in Chr bewußt behoben sind, könnte auch das Fehlen der Söhne Dedans, die in Gen 25,3b vorkommen, kein bloßes

Schreibversehen sein, sondern ein redaktioneller Eingriff. Der Abschluß 1 Chr 1,33b »Alle diese sind Söhne der Ketura« ist von Gen 25,4b übernommen und steht in Analogie zu 1 Chr 1,31b oben.

V 34a: Abschluß

Die Wendung in 1,34a »und Abraham zeugte den Isaak« bildet eigentlich 1,34a
den Abschluß der Vorstellung von Abrahams Söhnen und leitet über zu Isaaks Stammbaum im folgenden Abschnitt. Die Worte beruhen auf Gen 25,19, analog zu Gen 25,12. In Gen setzt die Geschichte Isaaks damit ein; hier schließt Abrahams Genealogie damit ab.

Der dritte Teil: Die Nachkommen Isaaks (1,34b–2,2)

Mit der Überschrift in 1,34b »die Söhne des Isaak: Esau und Israel« be- 1,34b
ginnt ein neuer Abschnitt, ungefähr gleich lang wie die erste Hälfte des Kapitels (V 1–27). Entsprechend der Anlage des Kapitels werden hier nur die Nachkommen Esaus eingehender behandelt; eine knappe Auflistung der »Söhne des Israel« folgt in 2,1–2, ihre ausführlichere Genealogie von 2,3 an. Esau war zwar der Erstgeborene, aber in der Bibel erscheinen die beiden Söhne auch als »Jakob und Esau« (Gen 28,5). Hier ist die Reihenfolge wiederum durch die Quelle des Chronisten (Gen 35,29) bestimmt und daher nicht zu ändern.

V 35–54: Die Söhne Esaus

Die Liste 1,35 ist eine komprimierte Zusammenfassung von Gen 36,9– 1,35–37
14, wo Esaus Söhne nach ihren Müttern aufgeführt sind: zuerst Elifas von Esaus erster Frau (Gen 36,10a) und Reuël von der zweiten (Gen 36,10b), dann die Nachkommen von Elifas und Reuël, wiederum mit Angabe von deren Müttern (Gen 36,11–13), schließlich Esaus Söhne von seiner dritten Frau (Gen 36,14). Die Hervorhebung der Mütter, ein für die Gen-Quelle charakteristischer Zug, der dort auch in der Liste der »Anführer« (Gen 36,15–19) zu beobachten ist, wird in Chr völlig übergangen. Hier geht die Reihenfolge der Söhne nach ihrer Geburt: die erste Generation von Esaus Söhnen von allen drei Frauen (ohne deren Namen zu nennen – V 35), dann die nächste Generation: die Söhne von Elifas (V 36) und Reuël (V 37). Im Detail gibt die Liste exakt das Material aus Gen wieder. Inhaltlich hat diese Umstellung einen markanten Unterschied nach sich gezogen. In Gen 36 steht nach der Aufzählung der fünf Söhne des Elifas von seiner ungenannten Frau (Gen 36,11) ein kurzer Abschnitt über seine Nebenfrau »Timna« und deren Sohn Amalek (Gen 36,12). Diese Nebenfrau ist später (Gen 36,22) noch einmal erwähnt als die Schwester des Choriters Lotan, worin sich die ethnischen Beziehungen zwischen »Esau (das ist Edom)« Gen 36,1 und den »Söhnen Sëirs … den Bewohnern des Landes« Gen 36,20 niedergeschlagen haben dürften. In Chr sind Timna und Amalek in einem Atemzug als Kinder des Elifas genannt, wodurch Timna aus einer Nebenfrau zu einem, anscheinend männlichen, Nachkommen wird.

Anders als in 1,38–42 ist das Verzeichnis der »Söhne Sëirs des Choriten« 1,38–42
in Gen 36,20–28 ausgesprochen gründlich und geordnet. Zunächst werden die sieben Söhne Sëirs präsentiert (Gen 36,20–21) und als die »Anführer der Choriten« bezeichnet (Gen 36,21b); darauf folgt die systematische Aufzäh-

lung der jeweiligen Nachkommenschaft, darunter auch Frauen: Timna, »Lotans Schwester« (Gen 36,22), und Oholibama, »die Tochter des Ana« (Gen 36,25), die zuvor als Esaus dritte Frau erwähnt war (Gen 36,18). Der Abschnitt enthält auch einen erzählerischen Zusatz zu Ana (Gen 36,24). Der Chronist bringt dieses Material in komprimierter Form unter Weglassung überflüssiger Einzelheiten: Überschriften (Gen 36,20), die Liste der »Anführer« (Gen 36,29–30), der erzählerische Zusatz und der Hinweis auf Oholibama. Was übrigbleibt, ist eine knappe Aufzählung von Namen und deren verwandtschaftlichen Beziehungen. Was die Einzelheiten betrifft, wirkt die Liste auf den ersten Blick etwas verwirrend, denn die Namen von Sëirs fünftem (Dischon) und siebtem Sohn (Dischan) klingen sehr ähnlich, außerdem kommt der Name »Dischon« auch als einer von Anas Söhnen vor (1 Chr 1,41); der Name »Ana« wiederum erscheint zunächst als Sëirs Sohn (V 38), dann als dessen Enkel über Zibon (V 40b). Sobald diese Dinge beigelegt sind, wirkt die Liste durchaus regelmäßig. Wie an anderen Stellen dieses Kapitels gibt es auch hier abweichende Namensformen, die durch Schreibfehler bedingt sind, etwa Verwechselung von ו und י (Homam – Heman u.a.), von ר und ד (Hamran – Hamdan u.a.), ם und ן (Homam – Heman); wie der betreffende Name ursprünglich lautete, ist in den meisten Fällen nicht auszumachen.

1,43–54 Der in 1,43–54 aus Gen 36,31–43 übernommene Abschnitt über die edomitischen Herrscher, Könige (1 Chr 1,43–50) bzw. »Häuptlinge« (V 51b–54), ist in mancher Hinsicht singulär:

1. Im Unterschied zu sämtlichen übrigen Listen dieses Kapitels ist hier die Überschrift aus der Quelle in Gen mitübernommen.

2. Alle Einzelheiten über die edomitischen Herrscher sind ohne bedeutsame Kürzung oder Veränderung wiedergegeben.

3. In Gen 36 sind nacheinander aufgezählt: die Anführer der Söhne Esaus (Gen 36,15–19), die Anführer der Söhne Sëirs (Gen 36,20–31), darauf folgt eine weitere unabhängige Liste von (vermutlich zwölf) »Anführern von Esau« (Gen 36,40–43) sozusagen als Anhang zu den »Königen von Edom«. Während die ersten beiden Listen in Chr völlig fehlen, ist die dritte beibehalten und erscheint als Fortsetzung des voranstehenden Abschnitts mit dessen Überschrift in V 43.

Die hier dargebotene historische Konzeption unterscheidet zwei Stadien in der politischen Geschichte Edoms: zunächst regierten (insgesamt acht) Könige über Edom, die jeweils ihre eigene Hauptstadt besaßen und einander ablösten. Nach dem Tod des Hadad gab es keine Könige mehr, vielmehr herrschten in Edom nacheinander oder gleichzeitig »Häuptlinge«, von denen die Liste elf verzeichnet. Diese Entwicklung steht unter dem Zeichen der Bemerkung »bevor ein König über die Israeliten herrschte« in der Überschrift des ganzen Abschnitts (V 43). Der Übergang von der einen zur anderen Regierungsform hängt damit zusammen, daß in Israel ein König die

Herrschaft übernahm; laut Chr war dies David, mit dem die Geschichte des israelitischen Königtums eigentlich einsetzt. Entsprechend waren die politischen Verhältnisse in Edom geordnet: vor David regierten dort Könige, nach David nur noch Anführer. Überhaupt besteht der Hauptzweck der genealogischen Einleitung in 1 Chr 1–9 in der Skizzierung des prä-davidischen Hintergrunds, vor dem sich die Geschichte Israels abspielen soll. Der vorliegende Abschnitt berichtet die politische Geschichte Edoms genau bis zu Davids Übernahme des Königtums. Gemäß des im Verlauf des Kapitels schon öfter beobachteten Verfahrens sind auch hier die weniger wichtigen Dinge zuerst behandelt, bevor die Aufmerksamkeit des Lesers auf das eigentliche Thema gelenkt wird. Daher sind hier Geschichte und Genealogie von Jakobs Bruder so genau wiedergegeben, wie die Quellen es zuließen; anschließend geht der Bericht zur Geschichte Israels über.

Der Abschnitt 1,43–51a über die edomitischen Könige ist nach einem re- 1,43–51a
lativ festen Muster gebaut: »da starb X, König wurde statt seiner Y von Z (Ortsname)«. Diese Formel ist bei vier der edomitischen Könige gewahrt: Jobab (V 44), Huscham (V 45), Samla (V 47) und Schaul (V 48). Bei jedem der vier anderen gibt es eine Abweichung: Kürzung durch Weglassen des Ortsnamens (V 49), Nennung der Hauptstadt anstelle des Herkunftsorts (V 43.46.50) und Zusätze, im einen Fall eine Bemerkung über eine militärische Unternehmung des betreffenden Königs (V 46), im anderen über seine Gemahlin (V 50). Formale Abweichungen finden sich auch bei den Namensangaben: vier Könige haben nur einen Eigennamen, die anderen vier auch ein Patronym. Alle Namen der edomitischen Könige klingen vertraut, sie sind biblisch auch anderswo belegt. Auffallend ist der erste König: Bela, der Sohn Beors, dessen Name dem berühmten »Bileam, Sohn Beors« (Num 22,5 u.ö.) nahekommt, bemerkenswert auch das wiederholte Vorkommen des Namens Hadad (1 Chr 1,46.50, vgl. bes. 1 Kön 11,14 ff.). Unter den Herkunftsorten dagegen ist nur Bozra als edomitische Stadt bezeugt (Jes 63,1), die übrigen Ortsnamen (Dinhaba, Awit, Masreka, Rehobot am Strom und Pai/Pau) kommen nur hier vor.

»Die Tochter Me-Sahabs« in 1,50 gilt allgemein als verderbt und wird 1,50
meistens nach LXX und P zu Gen 36,39 in »Sohn Me-Sahabs« emendiert in der Annahme, die Vokabel »Sohn« (בן) sei unter dem Einfluß des voranstehenden »Tochter Matreds« zu »Tochter« (בת) verschrieben worden. Da die Verschreibung bereits in der Quelle des Chronisten (Gen 36,39) belegt ist, darf sie hier nicht einfach korrigiert werden.

Die Liste der Häuptlinge in 1,51b–54 umfaßt elf Namen, vermutlich ent- 1,51b–5
hielt sie ursprünglich einen weiteren. So wollen viele Exegeten im Anschluß an LXX in Gen 36,43 einen »Häuptling Sefo« ergänzen. Zwei der hier genannten Häuptlinge waren schon in einer früheren Liste erwähnt (Kenas und Teman, Gen 36,15); zwei weitere, Oholibama und Timna, erscheinen zuvor als Frauen: Timna als Nebenfrau des Elifas und Oholibama als Esaus

dritte Frau (Gen 36,12.18). Alle übrigen Namen kommen in den früheren edomitischen Listen nicht vor, sondern nur hier.

2,1–2: Die Söhne Israels

2,1–2 Die Aufzählung der zwölf Söhne Israels in 2,1–2 bildet sowohl den Abschluß von Kap. 1 als auch die Einleitung zu den ausführlichen Stammesgenealogien der Kapitel 2 bis 9. Die hier vorliegende Liste ist eine gekürzte Version von Gen 35,23–26: die Namen selbst sind beibehalten, alle übrigen Einzelheiten durchgängig getilgt. Außerdem wird der Erzvater Jakob bereits als »Israel« eingeführt, was mit der Konzeption des Chronisten zusammenhängt. Die Söhne werden nach Müttern präsentiert: erst die Söhne von Jakobs Hauptfrauen, Lea und Rahel; dann in umgekehrter Reihenfolge die Söhne der Nebenfrauen, Bilha und Silpa. Nur die Plazierung von Dan paßt nicht in dieses Schema; unter den verschiedenen Erklärungsversuchen hat die Annahme einer versehentlichen Umstellung im Zuge der Überlieferung immer noch am meisten für sich.

1 Chr 2,3–55: Genealogien des Stammes Juda

Literatur

A. Demsky, The Clans of Ephrath: Their Territory and History: Tel Aviv 13, 1986, 46–59. – *S. Klein,* Die Schreiberfamilien: I Chronik 2:55: MGWJ 70, 1926, 410–416. – *C. H. Knights,* Kenites = Rechabites? 1 Chronicles 2:55 Reconsidered: VT 43, 1993, 10–18. – *J. M. Miller,* The Korahites of Southern Judah: CBQ 32, 1970, 58–68. – *M. Noth,* Eine siedlungsgeographische Liste in 1 Chr. 2 und 4: ZDPV 5, 1932, 97–124. – ders., Die Ansiedlung des Stammes Juda auf dem Boden Palästinas: PJ 30, 1934, 31–47. – *H. Weippert,* Das geographische System der Stämme Israels: VT 23, 1973, 76–89. – *T. Willi,* Late Persian Judaism and its Conception of an Integral Israel According to Chronicles: Some Observations on Form and Function of the Genealogy of Judah in 1 Chronicles 2:3–4:23*, in: T. C. Eskenazi/K. H. Richards, Second Temple Studies 2. Temple Community in the Persian Period (JSOT.S 175), Sheffield 1994, 146–162. – *H. G. M. Williamson,* Sources and Redaction in the Chronicler's Genealogy of Judah: JBL 98, 1979, 351–359.

Text

Übersetzung

2[3] Die Söhne des Juda: Er und Onan und Schela, drei, die ihm von Batschua, der Kanaanitin, geboren wurden. Und es war Er, der Erstgeborene des Juda, böse in den Augen JHWHs, und so tötete er ihn. [4] Und Tamar, seine Schwiegertochter, gebar ihm Perez und Sarach. Alle Söhne des Juda fünf. [5] Die Söh-

*ne des Perez: Hezron und Hamul. 6 Und die Söhne des Serach: Simri und
Etan und Heman und Kalkol und Dara, insgesamt fünf. 7 Und die Söhne
[des Simri: Karmi. Und die Söhne] des Karmi: Achar. Dieser brachte Un-
glück über Israel, da er sich an der geweihten Beute vergriff. 8 Und die Söh-
ne des Etan: Asarja.*

*9 Und die Söhne des Hezron, die ihm geboren wurden: Jerachmeel und
Ram und Kelubai. 10 Und Ram zeugte Amminadab und Amminadab zeugte
Nachschon, den Fürsten der Söhne des Juda, 11 und Nachschon zeugte Sal-
ma und Salma zeugte Boas 12 und Boas zeugte Obed und Obed zeugte Isai
13 und Isai zeugte Eliab seinen Erstgeborenen und Abinadab den zweiten
und Schima den dritten 14 und Netanel den vierten und Raddai den fünften,
15 Ozem den sechsten, David den siebten. 16 Und ihre Schwestern: Zeruja
und Abigajil. Und die Söhne der Zeruja: Abschai und Joab und Asaël, drei.
17 Und Abigajil gebar Amasa und der Vater des Amasa: Jeter, der Ismaelit.*

*18 Und Kaleb, der Sohn des Hezron, zeugte [aus] Asuba [seiner] Frau die
Jeriot. Und dies sind ihre Söhne: Jescher und Schobab und Ardon. 19 Als
Asuba starb, nahm sich Kaleb Efrat, und sie gebar ihm den Hur. 20 Und
Hur zeugte Uri und Uri zeugte Bezalel.*

*21 Und danach ging Hezron zur Tochter des Machir, des Vaters von Gile-
ad. Und er war sechzig Jahre alt, als er sie nahm, und sie gebar ihm den
Segub. 22 Und Segub zeugte Jaïr und dieser besaß dreiundzwanzig Städte
im Land Gilead. 23 Und Geschur und Aram nahmen ihnen die Zeltdörfer
Jaïrs sowie Kenat und seine Tochterstädte weg, insgesamt sechzig Städte.
All diese sind die Söhne des Machir, des Vaters von Gilead.*

*24 Und nach dem Tod des Hezron [ging] Kaleb zu Efrata, [der] Frau des
Hezron [seines Vaters], und sie gebar ihm Aschhur, den Vater von Tekoa.*

*25 Und es waren die Söhne des Jerachmeel, des Erstgeborenen des Hezron:
Ram, der Erstgeborene, und Buna und Oren und Ozem, Ahija. 26 Und Jer-
achmeel hatte noch eine andere Frau und ihr Name war Atara. Sie war die
Mutter des Onam. 27 Und es waren die Söhne des Ram, des Erstgeborenen
des Jerachmeel: Maaz und Jamin und Eker. 28 Und es waren die Söhne des
Onam: Schammai und Jada. Und die Söhne des Schammai: Nadab und Abi-
schur. 29 Und der Name der Frau des Abischur war Abihajil, und sie gebar
ihm Achban und Molid. 30 Und die Söhne des Nadab: Seled und Appajim.
Und Seled starb ohne Söhne. 31 Und die Söhne des Appajim: Jischi. Und die
Söhne des Jischi: Scheschan. Und die Söhne des Scheschan: Achlai. 32 Und
die Söhne des Jada, des Bruders von Schammai: Jeter und Jonatan. Und
Jeter starb ohne Söhne. 33 Und die Söhne des Jonatan: Pelet und Sasa. Dies
waren die Söhne des Jerachmeel.*

*34 Und Scheschan hatte keine Söhne, sondern nur Töchter. Und Scheschan
hatte einen ägyptischen Sklaven und sein Name war Jarha. 35 Und es gab
Scheschan seine Tochter dem Jarha seinem Sklaven zur Frau und sie gebar
ihm Attai. 36 Und Attai zeugte Natan und Natan zeugte Sabad 37 und Sabad*

zeugte Eflal und Eflal zeugte Obed 38 *und Obed zeugte Jehu und Jehu zeugte*
Asarja 39 *und Asarja zeugte Helez und Helez zeugte Elasa* 40 *und Elasa zeug-*
te Sismai und Sismai zeugte Schallum 41 *und Schallum zeugte Jekamja und*
Jekamja zeugte Elischama.

42 *Und die Söhne des Kaleb, des Bruders des Jerachmeel: Mescha, sein*
Erstgeborener, er war der Vater des Sif. Und die Söhne [von Mescha:] Ma-
rescha, der Vater von Hebron. 43 *Und die Söhne von Hebron: Korach und*
Tappuach und Rekem und Schama. 44 *Und Schema zeugte Raham, den Va-*
ter des Jorkoam, und Rekem zeugte Schammai. 45 *Und der Sohn des Scham-*
mai: Maon. Und Maon war der Vater von Bet-Zur. 46 *Und Efa, die Neben-*
frau des Kaleb, gebar Haran und Moza und Gases. Und Haran zeugte
[Jahdai]. 47 *Und die Söhne des Jahdai: Regem und Jotam und Geschan und*
Pelet und Efa und Schaaf. 48 *Die Nebenfrau des Kaleb, Maacha, gebar Sche-*
ber und Tirhana. 49 *Und sie gebar [den] Schaaf, den Vater des Madmanna*
[und] Schewa, den Vater des Machbena und den Vater von Gibea. Und die
Tochter des Kaleb: Achsa. 50 *Diese waren die Söhne des Kaleb.*

[Die Söhne] des Hur, des Erstgeborenen der Efrata: Schobal, der Vater
von Kirjat-Jearim, 51 *Salma, der Vater von Betlehem, Haref, der Vater von*
Bet-Gader. 52 *Und Schobal, der Vater von Kirjat-Jearim, hatte Söhne: [Rea-*
ja],die Hälfte der Manahatiten. 53 *Und die Familien von Kirjat-Jearim: die*
Jeteriten und die Putiten und die Schumatiten und die Mischraïten. Von
diesen gingen aus die Zoraïten und die Eschtaoliten. 54 *Die Söhne des Salma:*
Betlehem und die Netofatiten, Atrot-Bet-Joab, und die Hälfte der Manaha-
titen, die Zoraïten.

55 *Und die Familien der Schreiber, die Bewohner von Jabez, Tiratiten,*
Schimatiten und Suchatiten. Sie sind die Keniten, die von Hammat, dem
Vater von Bet-Rechab, kommen.

Zu Text und Übersetzung

6 Simri: Jos 7,1: Sabdi; Dara: 1 Kön 5,11 Darda.

7 ובני »und die Söhne«: danach ergänze: »des Simri: Karmi. Und die Söhne«, vgl. Auslegung.

10 »die Söhne des Juda«: LXX lesen בית »des Hauses Juda«.

18 הוליד את עזובה »zeugte die Asuba«: vorgeschlagen הוליד מעזובה »zeugte aus Asuba«, vgl. Auslegung.

24 בכלב »in Kaleb«: vorgeschlagen בא כלב »ging Kaleb«; ואשת ... אביה »und die Frau ... Abija«: vorgeschlagen אשת ... אביהו »und die Frau ... seines Vaters«, vgl. Auslegung.

25 אחיה »Ahija«: LXX אחיהו »sein Bruder«, vorgeschlagen מאחיה »aus der Ahija« (Haplographie) oder ואחיה »und Ahija«.

42 ובני מרשה »und die Söhne des Marescha«: vermutlich ובני [מישה] מרשה »und die Söhne [von Mescha:] Marescha«, vgl. Auslegung.

46 (Ende) גזז »Gases«: vorgeschlagen יהדי »Jahdai«.

48 ילד שבר »er zeugte/gebar«: vermutlich zu lesen ילד[ה את] שבר »sie gebar den Scheber«.

49 vorgeschlagen ותלד [את] שעף »und sie gebar den Schaaf«, vgl. Auslegung.

50 כלב »Kaleb«: hier der trennende Akzent bzw. Abschnittende. בן »Sohn«: zu lesen בני »die Söhne« mit LXX und V.

52 הראה »Haroe«: vermutlich ראיה »Reaja«, vgl. 4,2; המנחות »Menuchot«: vermutlich המנחתי »Manahatiten«, vgl. 2,54.

55 סֹפרים »Schreiber«: vorgeschlagen סְפרים »Sifriten«, d.h. Bewohner der Stadt Sefer.

Analyse

Aufbau von 1 Chr 2,3–4,23

Chr 2,3–4,23 gehört zu den schwierigsten und interessantesten Stücken der genealogischen Einleitung in Chr und ist in etlichen Studien eingehend behandelt worden (z.B. *G. Galil,* Genealogies 1983; *H. G. M. Williamson,* Sources 1979; *M. Oeming,* Vorhalle 1990). Der Gesamtaufbau von 1 Chr 2,3–4,23 ist recht deutlich:

a) 2,3–55 Genealogien des Stammes Juda
b) 3,1–24 Das Haus Davids
c) 4,1–23 Weitere Genealogien des Stammes Juda

Die Nachkommen Judas sind nach einem ganz einfachen Prinzip präsentiert: im Zentrum steht das Haus Davids mit verschiedenen genealogischen Angaben davor und danach. Die Kapitel 2 bis 9 sollen zwar ein Bild des ganzen Volkes Israel zeichnen, aber es gibt klare Präferenzen. Hier beginnt die Geschichte mit Juda, und innerhalb des Stammes Juda hat das Haus David einen Ehrenplatz. Dieser Aufbau gibt in etwa die theologische Konzeption wieder, die der Chronist David in den Mund gelegt hat: »Denn Juda hatte er [JHWH, der Gott Israels] zum Fürsten erwählt und im Haus Juda das Haus meines Vaters und unter den Söhnen meines Vaters hatte er Wohlgefallen an mir, mich zum König zu machen über ganz Israel« (1 Chr 28,4b).

Quellen von 1 Chr 2,3–4,23

Nach Feststellung der Gesamtanlage erheben sich nun Fragen nach Binnenstruktur, Quellen und Deutung des Textes. Wie in 1 Chr 1 hängen Aspekte wie Quellen und Aufbau eng miteinander zusammen. Doch während das erste Kapitel sein gesamtes Material aus biblischen Quellen schöpft, wodurch die redaktionelle Überarbeitung des Kapitels ziemlich einsichtig wird, liegen die Verhältnisse in 2,3–4,23 nicht so einfach. Beim Versuch, hier etwas Klarheit zu schaffen, wird es gut sein, von den eindeutigeren Faktoren auszugehen, um zu den problematischeren zu kommen.

Von den Quellenmaterialien dieser Kapitel haben manche biblische Vorlagen oder Parallelen, andere wiederum sind chronistisches Sondergut. In jeder dieser Kategorien läßt sich unterscheiden zwischen Stoff, der unverändert aus seiner Quelle übernommen worden ist, und Stoff, der überarbeitet und neu gestaltet wurde. Letzteres läßt sich natürlich in erster Linie für Stellen ausmachen, deren Vorlage uns erhalten ist. So kommt etwa folgende Einteilung zustande:

A. 1 Stücke mit exakten biblischen Quellen oder Parallelen:
1 Chr 2,10–12 (Rut 4,19b–22a)
1 Chr 3,1–8 (2 Sam 3,2–5; 5,5.14–16)

A. 2 überarbeitete Stücke, deren biblischer Hintergrund erhalten ist:
1 Chr 2,3–7 (8?)
1 Chr 2,13–17
1 Chr 2,20
1 Chr 2,49b

1 Chr 3,9
1 Chr 3,10–16

B. Stücke ohne biblische Quelle oder Parallele:
1 Chr 2,9
1 Chr 2,18–55 (mit Ausnahme von V 20 und 49b)
1 Chr 3,18–23
1 Chr 4,1–23.

Innerhalb der Kategorie B (Stücke ohne biblische Quelle oder Parallele) sind verschiedene stoffliche Blöcke zu unterscheiden:

a) 3,17–21: eine Genealogie des Hauses David von Jechonja (Jojachin) an.

b) Innerhalb des größeren Blocks 2,18–55 und 4,1–23 sind deutlich Spuren einer bestimmten Quelle mit klaren formalen Eigenschaften, Konzeptionen und Verfahrensweisen erkennbar. Diese Quelle umfaßt drei genealogische Abschnitte (2,25–33; 2,42–50a und 2,50b–55 + 4,2–4), deren jeder durch eine Überschrift und eine Abschlußformel eingerahmt ist: »Die Söhne des X: ... dies sind die Söhne des X«. In diesen drei Abschnitten werden jeweils die Nachfahren von Jerachmeel, Kaleb und Hur, des »Erstgeborenen der Efrata« aufgeführt.

Obwohl im vorliegenden Kontext die Abfolge dieser Stücke in 2,34 durch Hinzufügung einer anderen Liste und dann wieder in 3,1 durch das Haus Davids unterbrochen ist, scheinen sie ursprünglich einen zusammenhängenden Text gebildet zu haben; so wird in 2,42 Kaleb ausdrücklich als »Bruder des Jerachmeel« bezeichnet (vgl. 2,33).

Außerhalb der soeben genannten Stücke fügt sich das Material ohne biblische Parallelen nicht zu einem faßbaren textlichen Ganzen; einiges davon dürfte aus verschiedenen Quellen zusammengestellt sein, anderes auf editorische Eingriffe zurückgehen, wie wir noch sehen werden.

Angesichts dieser Quellenlage stellt der Abschnitt insgesamt ein raffiniertes Konglomerat von verschiedenartigen Elementen dar, die zu einem sinnvollen Ganzen verarbeitet sind. Als den Verfasser dieses kunstreichen Gebildes möchte ich (bis zum Erweis des Gegenteils) den Chronisten selbst betrachten; deshalb suche ich Spuren seiner Tätigkeit in der Bearbeitung und Integration der verschiedenen biblischen und nicht-biblischen Materialien sowie in den etwa auszumachenden editorischen Zusätzen.

Der Stammbaum Judas

Die Anlage von Judas Stammbaum erinnert prinzipiell an die Darbietung des Materials in Kap. 1. »Sekundäre« genealogische Verzweigungen werden angegeben, um ein möglichst vollständiges und systematisches Bild zu zeichnen. Doch bald konzentriert sich der Stoff immer mehr auf die Hauptlinie der Erwählung, die innerhalb des Stammes Juda auf die Familie des Hezron, Sohn des Perez, führt, von dem die davidische Dynastie ihre Herkunft ableitet. So ist ein erheblicher Teil des genealogischen Materials (2,9–4,20) den Hezroniten gewidmet.

Als Hauptlinie der Familie Judas gelten die Nachkommen von Perez und Serach, Judas Söhnen von seiner Schwiegertochter Tamar. Was seine anderen Söhne betrifft, so werden Er und Onan in V 3 als kinderlos geschildert (vgl. Gen 46,12), während die Nachkommen von Schela als eine Art Anhang ganz ans Ende unseres Abschnitts gedrängt sind (4,21–23). Von der Hauptlinie wird Serach mit einer kurzen, ganz und gar künstlichen Genealogie abgefertigt (2,6–8, dazu unten). Noch weniger Aufmerksamkeit erhält Hamul, der Sohn des Perez, er wird nämlich völlig übergangen. Nach einer knappen Skizze der verschiedenen Zweige der Familie Juda konzentriert sich der Text also auf Hezron, der den Großteil des gesamten Textes einnimmt. Der

Umstand, daß Serach und Hamul so unterschiedlich behandelt sind, mag dafür sprechen, daß der Chronist sich zwar bemüht hat, alle ihm verfügbare Information einzuarbeiten, dabei aber keine völlig fiktiven Genealogien produziert.

Der Abschnitt 2,3–5 und seine Quellen

In 2,3–5 liegt ein kurzer Text vor, der sich auf zwei Bibelstellen gründet: Gen 46,12 und Gen 38, jeweils sorgfältig konstruiert. Der Rahmen dieser Texteinheit stammt aus Gen 46,12. 1 Chr 2,3a ist eine wörtliche Wiederholung von Gen 46,12a »Die Söhne des Juda: Er, Onan und Schela«, und 1 Chr 2,5 ist vom Ende desselben Verses übernommen »Die Söhne des Perez: Hezron und Hamul«. In V 3b–4 dagegen ersetzt der Chronist die kurze Bemerkung von Gen 46,12 (»aber Er und Onan starben im Lande Kanaan«) durch einen eigenen Text, eine knappe, aber zutreffende Zusammenfassung von Gen 38. V 3a resümiert Gen 38,1–5, V 3b ist Zitat von Gen 38,7 und V 4a resümiert den Rest des Kapitels, 38,8–30. Nur V 4b ist ein Zusatz, der sich als solcher nicht in den Quellen findet, aber durchaus mit der Aussage des Materials zusammengeht. Die Art und Weise, wie dieser Abschnitt angelegt ist, läßt darauf schließen, daß die kurze Bemerkung in Gen 46,12b dem Chronisten nicht genügte; anscheinend wollte er die Familienumstände des Stammvaters Juda ausführlicher bringen (s.u. Auslegung).

Der Abschnitt 2,6–8 und seine Quellen

Die Künstlichkeit von 2,6–8 ist unübersehbar; hier handelt es sich um eine Kombination sämtlicher biblischer Angaben, die sich tatsächlich oder scheinbar auf Serach beziehen:

a) Die ersten Worte von V 6 (»die Söhne des Serach: Simri«) und V 7 geben den Hinweis auf Serach aus Jos 7,1 wieder.

b) Mit den Wörtern »Etan, Heman …« greift V 6 die Erwähnung der Esrachiten aus 1 Kön 5,11 auf, indem er sie als »Serachiten« auffaßt.

c) V 8 bezieht sich auf einen anderen Zweig; zu dessen etwaigem Ursprung s.u. Auslegung.

Der Gesamtaufbau ist ganz einfach: fünf Söhne des Serach (parallel zu den fünf Söhnen Judas) in V 6, dann die folgende Generation für die ersten zwei davon: Simri (Sabdi) in V 7 und Etan in V 8.

Der Stammbaum der Hezroniten (2,9–4,20)

Mit V 9 setzt der genealogische Hauptteil ein, der Stammbaum der Hezroniten. Hier ist die Unterscheidung zwischen Aufbau und Anliegen des Materials im vorliegenden Kontext bzw. in der Quelle besonders wichtig. Nach dem jetzigen Stand des Textes unterbricht Hezrons Genealogie den ursprünglichen Zusammenhang des bereits erwähnten genealogischen Blocks (2,25–33.42–55; 4,2–4); ein weiteres Einschiebsel bilden dann mitten darin die genealogischen Angaben zum Hause Davids.

Die gesamte Genealogie der Hezroniten besteht aus zwei oder drei Hauptteilen:

a) 2,9–41 Die Nachkommen Hezrons
b) 2,42–4,7 (Mit Ausnahme von 3,1–4,1) die Nachkommen Kalebs
c) 4,8–20 Verschiedene Genealogien, deren genauer Zusammenhang nicht klar wird, möglicherweise eine Fortsetzung des zweiten Teils.

Der erste Teil (2,9–41): Die Söhne Hezrons

Der erste Teil (2,9–41) behandelt »die Söhne des Hezron«. Die Einleitung V 9 stellt die objektive Grundvoraussetzung des Stammbaums fest: »Und die Söhne des Hezron, die ihm geboren wurden: Jerachmeel und Ram und Kelubai«. Dieser genealogische Ansatz gehört in die Endredaktion dieses Abschnitts und steht in gewissem Widerspruch zur Aussage der ursprünglichen Quellen (vgl. auch unten). Der Redaktor des vorliegenden Textes, d.i. der Chronist, hat diese Konzeption geschaffen. Die Reihenfolge der im Anschluß an die Einleitung aufgeführten Personengruppen ist bestimmt durch die Notwendigkeiten der neuen Struktur: Ram (V 10–17), Kaleb (V 18–24) und Jerachmeel (V 25–41). Jede dieser Abteilungen setzt sich aus verschiedenem Quellenmaterial zusammen (wie oben dargelegt) und ist unterschiedlich bearbeitet.

Die Nachkommen Rams (V 10–17): Aufbau und Quellen

Der den Nachkommen Rams gewidmete Abschnitt V 10–17 besteht aus zwei Teilen: einem Stammbaum von Ram bis Isai (V 10–12) und Isais Familie (V 13–17). Dieser direkte Stammbaum ist anders als die übrigen Genealogien Judas; die einzige Übereinstimmung findet sich gegen Ende der Genealogie Jerachmeels (V 36–41). In der Regel bieten die Genealogien einen horizontalen Überblick über die ethnischen und sozialen Verhältnisse, hier aber liegt ein vertikaler Ablauf vor von Ram, dem Ahnherrn der Familie, bis hin zu Isai, dem Vater Davids. Während sich also die übrigen Genealogien in diesem Kapitel auf eponyme Figuren beziehen, handelt der Bericht über die Familie Rams von Individuen, historischen Gestalten, die uns aus biblischen, überwiegend historiographischen Quellen bekannt sind. Wie bedeutsam dieser Unterschied ist, wird sich gleich herausstellen.

1 Chr 2,10–12 finden sich auch mit leichten Abweichungen in Rut 4,19–22. So erhebt sich die Frage nach dem Ursprung. An beiden Stellen soll die Liste die direkte genealogische Verbindung zwischen Juda und David belegen, und zwar in zehn Generationen von Juda bis Isai. Ich neige dazu, Chr als den ursprünglichen Ort dieser Liste zu betrachten, denn hier ist der Nachweis der direkten Abstammung ein zentrales Anliegen. Allerdings könnten auch sowohl Chr als auch der Verfasser von Rut eine unabhängig existierende Liste verwendet haben. Biblische Quellen bieten keine klaren genealogischen Angaben über Davids direkte Abstammung von Juda. Was sich über die biblischen Schriften verstreut findet, sind vereinzelte Informationen über Personen aus dem Stamme Juda. Darunter sind folgende Quellen zu nennen: ein Stammbaum von Juda bis hin zu Hezron und Hamul (Gen 46,12; Num 26,19–21); die Bezeichnung von »Nachschon, Sohn des Amminadab« als Anführer des Stammes (Num 1,7; 2,3 u.ö.), sowie eine Genealogie in Rut 4,17, wo Davids Abstammung über Obed und Isai von Boas abgeleitet wird. Merkwürdigerweise ist nur im Falle von Achan (Jos 7,1) eine direkte Abstammung von Juda (über Serach) berichtet. In unserem Kontext sind zwei Bindeglieder hinzugefügt worden, um die verstreuten Angaben zusammenzubringen: auf der einen Seite wird Nachschon, Sohn des Amminadab, mit Hezron verknüpft durch Hinzufügung von Ram, der anderswo (2,25.27) als Sohn des Jerachmeel erscheint, auf der anderen Seite wird eine verwandtschaftliche Beziehung zu Boas hergestellt durch die Hinzufügung von Salma/Salmon, der sonst als der »Vater von Betlehem« bekannt ist (2,51).

V 13–17 verzeichnen den Stammbaum Isais mit sämtlichen Zweigen. Die meisten dieser Angaben finden sich in biblischen Quellen, bes. in Sam, aber es gibt noch weitere – und an einer Stelle widersprüchliche – Informationen. Laut 1 Sam 16,10–11 (und 1 Sam 17,12 ff.) war David der jüngste von Isais acht Söhnen, von denen die ersten drei namentlich genannt sind. Hier in Chr ist David der letzte von sieben Söhnen, und alle Brüder tragen Namen. Auch die Bezeichnung Zerujas als Tochter Isais – wodurch David und Joab Neffen ersten Grades werden – steht in offenkundigem Widerspruch zu 2 Sam 17,25 (vgl. aber Auslegung).

Wie oben dargelegt, sind V 3–17 überwiegend aus biblischen Quellen genommen und durchgängig strukturiert. Ein formales Charakteristikum dieses Abschnitts (das in Kapitel 3 wiederkehrt) sind die vielen Zahlenangaben, Gesamtsummen (V 3.4.6.16) wie exakte Aufzählungen (V 13–15), wodurch eine gewisse Einheitlichkeit zustandekommt.

Die Nachkommen Kalebs (V 18–24)

Im Unterschied zu der Kohärenz des vorangehenden (V 10–17) wie des folgenden (V 25–33) Abschnitts ist die Ungereimtheit der V 18–24 auffallend; dieser Eindruck wird noch verstärkt durch etwaige Textverderbnis in V 18 und V 24. Der Eröffnungssatz nennt das Thema: »und Kaleb, der Sohn des Hezron zeugte …«, und die Hauptaussage steht in den V 18–19 und 24: Kalebs Söhne mit seinen Frauen Asuba (V 18) und Efrat (V 19) und die Geburt von Tekoas Vater Aschhur (V 24). Der Text dazwischen (V 21–23) mit dem Hinweis auf Kalebs Vater Hezron und die Besiedelung von Gilead dürfte aus einer anderen Quelle stammen, wie aus dem Schlußsatz »all diese sind die Söhne des Machir, des Vaters von Gilead« (V 23) hervorgeht. Seine Aufnahme in diesen Kontext war vermutlich durch die Erwähnung vom »Tod des Hezron« in V 24 veranlaßt. V 20 ist zweifellos das Werk des Chronisten, ein Zeugnis seiner beständigen Versuche, Persönlichkeiten aus dem Stamme Juda genealogisch zu integrieren. Hier geht es ihm darum, Hur, den Großvater des Bezalel (Ex 31,1; auch Ex 24,14), mit dem Sohn des Kaleb zu identifizieren.

Die Nachkommen Jerachmeels (V 25–41)

Der den Söhnen Jerachmeels gewidmete Abschnitt besteht eindeutig aus zwei separaten Teilen: der Genealogie Jerachmeels (2,25–33) und dem Stammbaum eines Jerachmeeliten: Elischama, Sohn des Jekamja (2,34–41). Anknüpfungspunkt ist der Name »Scheschan«, der in Jerachmeels Genealogie vorkommt und als der Ahnherr von Elischama gilt. Der zweite Teil, der dreizehn Generationen umfaßt, ist sicherlich viel später als der erste. Dies ist der einzige Stammbaum von Juda, abgesehen von dem des David, und in beiden Fällen ist er an Ausgangsmaterial ethnischer Art angehängt.

Der Abschnitt über »die Söhne Jerachmeels« (2,25–33) ist eine geschlossene Einheit mit eigener Überschrift und Schlußformel und deutlichen Strukturmerkmalen. Jerachmeels Familie verteilt sich auf zwei Frauen, aber am ausführlichsten behandelt wird die Nachkommenschaft der »anderen Frau«. In formaler Hinsicht sind zwei Muster zu beobachten: für die ersten zwei Generationen (Jerachmeel, Ram und Onam) wird die Formel »und es waren die Söhne des X« verwendet (V 25.27.28), von der dritten Generation an (die nur die Onams Familie umfaßt) eine Kurzform: »und die Söhne des X« (V 28b.30–32).

2,42–55; 4,2–7: Die Söhne des Kaleb, des Hur und des Aschur

Der Abschnitt über Kalebs Söhne (2,42–55; 4,2–7) besteht aus drei Teilen: 2,42–50a die Söhne des Kaleb, 2,50b–55; 4,2–4 die Söhne des Hur und 4,5–7 die Söhne des Aschhur. Zwischen den ersten beiden Teilen besteht eine formale Beziehung (vgl. oben), aber weder bei Hur noch bei Aschhur wird die verwandtschaftliche Beziehung zu Kaleb angegeben. Dieses Thema wird in 2,18–24 behandelt und erläutert; dort erscheinen Hur und Aschhur als Kalebs Söhne (vgl. Auslegung). Möglicherweise gehören die in 4,8–20 folgenden Listen teilweise zu den »Söhnen des Aschhur«, aber in Ermangelung einer ausdrücklichen Erwähnung bleiben wir auf textuale Rekonstruktionsversuche angewiesen. Der Bericht über »die Söhne des Hur, des Erstgeborenen der Efrata« bricht nach 2,55 ab, wird in 4,2–4 wieder aufgenommen und schließt mit der Zusammenfassung »Dies sind die Söhne des Hur, des Erstgeborenen der Efrata, des Vaters von Betlehem« (4,4). Diese ursprüngliche Textfolge ist durch Einschub von Kap. 3 bewußt unterbrochen; Anzeichen für den Interpolationsprozeß finden sich in 4,1. In 2,50b werden drei Söhne von Hur genannt: Schobal, Salma und Haref; auf diese folgen die Söhne des Schobal (V 52–53), darunter Haroë (Reaja), und die Söhne von Salma (V 54–55). In 4,2 wird »Reaja, der Sohn des Schobal« wiederaufgenommen, aber da die ursprüngliche Textfolge unterbrochen war, wird die exakte genealogische Position von Reaja in 4,1 angegeben. Hier führt auf der Grundlage der voranstehenden Genealogien eine direkte Abstammungslinie von Juda zu Schobal (und zwar: Juda, Perez, Hezron, Kaleb [Karmi], Hur, Schobal). Die Aufzählung hier erinnert an die lineare Aneinanderreihung in 1 Chr

1,1–4.24–27, ohne Angabe von Beziehung der Namensträger zueinander. Die genealogischen Voraussetzungen entsprechen 2,19, wo Hur als Sohn des Kaleb (Karmi) eingeführt wird; die Bemerkung soll den genealogischen Ort von »Reaja, Sohn des Schobal« in Erinnerung rufen, nachdem der Einschub von Kap. 3 den Zusammenhang gestört hat.

Zusammenhang mit 1 Chr 3

Kap. 3, der genealogische Hintergrund des Hauses David, kann als Fortsetzung von 2,17 gelten. Weshalb also ist er an dieser Stelle eingeschoben? Die Antwort auf diese Frage findet sich im genealogischen Gesamtaufbau. Der genealogische Rahmen für die Entwicklung der judaitischen Elemente wird in 2,9 abgesteckt: Hezron und seine drei Söhne. Jeder dieser drei Zweige wird weitergeführt, vermutlich bis in Davids Zeit. Dies ist besonders deutlich bei der Linie von Ram, und die Genealogien von Jerachmeel und Kaleb sind entsprechend gestaltet. Außerdem gibt es weitere positive Überlegungen zur Plazierung des davidischen Materials in Kap. 3. Wie schon oben bemerkt, war Davids Abstammung von Juda in Sam nicht vollständig belegt. Im Unterschied dazu wird seine Beziehung zu Betlehem und Efrat hervorgehoben, etwa: »Und David war der Sohn dieses Efratiten von Betlehem in Juda namens Isai« (1 Sam 17,12 u.ö.). Chr, die Davids Abstammung von Hezron über Ram (2,9–15) bereits etabliert hat, betont seine Beziehung zu Efrata und »Salma, dem Vater von Betlehem« (2,50b.54f.) durch die Plazierung von Kap. 3 mitten in die Aufzählung der Söhne Hurs. So dokumentiert der Chronist Davids zweifache familiäre Verwurzelung in Israel.

Funktion der Genealogien der Kalebiten?

Während die Präsentierung der Jerachmeeliten einem klaren Muster folgt, ist dies bei den Kalebiten nicht der Fall. Die literarischen Schwierigkeiten ergeben sich hier aus manchen Textverderbnissen und aus der Isoliertheit etlicher Abschnitte, ohne Verbindung zum voranstehenden Text. Außerdem fehlen hier formale Leitlinien mit Ausnahme des durch Überschriften und Abschlußformeln gebildeten Rahmens. Möglicherweise stellen die Genealogien der Kalebiten einen Versuch dar, komplexe ethnische und territoriale Entwicklungen in knapper und daher schwer verständlicher Form wiederzugeben. Die eigentliche Aussage wird nicht immer ganz deutlich, zumal wir mit dem speziellen Code der Genealogien nur unzureichend vertraut sind.

Auslegung

2,3–5 Die eigentlichen Stammesgenealogien setzen in den Versen 2,3–5 mit Juda ein. Wie schon die mittelalterlichen Exegeten festgestellt haben: »er beginnt mit dem Stammbaum von Juda, weil die Könige aus Juda im Mittelpunkt des Buches stehen« (*Kimhi* zu V 1). Für den Chronisten spielt Juda die zentrale Rolle in der Geschichte Israels, weit mehr als für den Deuteronomisten. Der Chronist weiß um die Spannung zwischen der genealogischen Überlieferung, wonach das Geburtsrecht von Ruben, dem Erstgeborenen, auf Josef übergeht, während Juda an unbedeutender vierter Stelle unter Jakobs Söhnen steht einerseits und der historischen Aktualität von Judas schließlicher Vorherrschaft andererseits. Diese Spannung wird im Zusammenhang von Rubens Stammbaum angesprochen (5,1–2), wo Judas Vorrangstellung auf zwei Kriterien zurückgeführt wird: »denn Juda war mächtig geworden unter seinen Brüdern« und »einer aus ihm wurde der Fürst«.

Wie oben schon angedeutet, bilden die V 3–4 eine Kombination von Gen 46,12 und einer knappen Zusammenfassung von Gen 38, wobei der Schwerpunkt auf den Wechselfällen von Judas früher Familiengeschichte liegt. Die Verwendung von Gen 38 ist überraschend, denn im allgemeinen hat der Chronist das erzählerische Material aus Gen übergangen und sich nahezu ausschließlich auf die Genealogien beschränkt. Er muß seine Gründe gehabt haben, hier von seiner Regel abzuweichen, und durch sorgfältige Auswertung des Materials lassen sich seine Beweggründe erschließen. Bei den aus Gen 38 angeführten Fakten handelt es sich um drei: a) die ersten drei Söhne von Juda wurden von seiner kanaanäischen Frau Batschua geboren; b) Judas ältester Sohn Er war »böse in den Augen JHWHs« und kam deshalb ums Leben; c) Judas weitere zwei Söhne stammen von seiner Schwiegertochter Tamar.

Auf den ersten Blick mag es scheinen, als ob die ausgewählten Details gerade die schwachen Punkte in der Frühgeschichte des Stammes enthüllten. Aber wir sollten sie auf dem Hintergrund der dem Chronisten eigentümlichen Theologie betrachten.

a) Die kanaanäische Herkunft von Batschua fungiert nicht als negativer, sondern als positiver Faktor. In den Genealogien insgesamt sind durchgängig nicht-israelitische Männer und Frauen erwähnt, deren fremde Herkunft entweder ausdrücklich erwähnt wird (z.B. 4,8; 3,17) oder aus ihren Namen oder Bezeichnungen (etwa »andere Frau« in 2,26) zu entnehmen ist. Diese Angaben haben nichts Diskriminierendes. Die Genealogien scheinen geradezu darauf angelegt, nicht-israelitische Elemente nicht aus-, sondern einzuschließen, indem sie als organische Bestandteile der Stämme präsentiert werden, überwiegend in Gestalt von »Frauen« oder »Nebenfrauen«. Was besonders Juda eint und auszeichnet, ist nicht so sehr das ethnische als vielmehr das geographische Moment.

b) In Gen 38 wird das Schicksal von Er und Onan berichtet, um die unkonventionelle Verbindung zwischen Juda und seiner Schwiegertochter zu rechtfertigen, aus der dann die Söhne Perez und Serach hervorgingen. In unserem Kontext wird Ers Tod erwähnt, um zu erläutern, auf was für verschlungenen Pfaden die Erwählung schließlich auf die Familie Isais überging (1 Chr 28,5). Ähnlich wie Ruben aufgrund seiner Verfehlung des Erstgeburtsrechts verlustig ging, verlor Er, der »böse in den Augen JHWHs« war, dieses Recht an den Stamm Juda. So gelangt das Geburtsrecht langsam, aber sicher an Hezron, den Erstgeborenen von Perez.

c) Der Chronist vermeidet bewußt die Idealisierung seiner Helden wie der israelitischen Geschichte überhaupt. Dieser Umstand hat die Exegeten von Chr gelegentlich irritiert; schon Pseudo-Raschi äußert seine Verwunderung, daß der Chronist »die Mängel von Davids Großmutter« erwähnt. Hier ganz zu Beginn der Geschichte Israels ist weder Er durch den Rang des Erstgeborenen noch Juda durch seine Machtposition gegen Fehltritte gefeit. Doch wird Juda seine Verfehlung vergeben, sie stellt kein Hindernis für seine Nachkommen dar. Hier erhalten wir einen ersten, noch sehr verdeckten Hinweis auf die Auffassung des Chronisten von der göttlichen Gerechtigkeit, eines seiner wichtigsten theologischen Prinzipien. Juda sündigte unwissentlich, die Erzählung verdammt ihn nicht; sobald ihm klar wurde, wer Tamar war, hatte er keinen weiteren sexuellen Kontakt mit ihr (Gen 38,26).

Das Schicksal von Onan, Judas zweitem Sohn, wird mit Stillschweigen übergangen. Manche Forscher wollen es aufgrund der Annahme von Homoioteleuton ergänzen (vgl. *BHS*), aber angesichts des knappen und ausgewählten Charakters des Abschnitts kann der Hinweis auf Onan einfach ausgelassen sein, weil er für unseren Kontext irrelevant war.

Bei seiner vorangestellten Behandlung der zweitrangigen Zweige des
2,6–8 Stammes Juda stellt der Chronist aus seinen biblischen Quellen in 2,6–8 zunächst alle Angaben zu Tamars erstgeborenem Sohn Serach (Gen 38,28–30) zusammen. Der Anfang von V 6 sowie V 7 beruhen auf Jos 7,1, wo Achan (= Achar) als »der Sohn des Carmi, Sohn des Sabdi, Sohn des Serach« bezeichnet wird. Der Rest von V 6 geht zurück auf 1 Kön 5,11, wo vier weise Männer genannt werden: »Etan der Esrachit und Heman, Kalkol und Darda, die Söhne Mahols«. Der Chronist versteht »Esrachit« als »Serachit« und ignoriert den Umstand, daß diese Weisen ausdrücklich als »Söhne Mahols« bezeichnet werden, um sie zusammen mit Simri (Sabdi) zu Serachs Söhnen zu machen, wodurch er auf fünf kommt. Die chronologische Unmöglichkeit dieser Zusammenstellung ist unverkennbar. Als Brüder von Simri/Sabdi müßten die vier Weisen zur Zeit der Wüstenwanderung gelebt haben, während Kön sie offenbar als Salomos Zeitgenossen betrachtet. Da es sich durchweg um Namen von Einzelpersonen handelt, geht es auch nicht an, sie als Bezeichnungen von Familien oder Familienverbänden zu deuten. Gerade aus diesen historischen Unstimmigkeiten erhellt die Intention des Chronisten: Er ist darauf bedacht, für die Serachiten eine Art Genealogie zu erstellen, und zu diesem Zweck bringt er möglichst viele historische Figuren aus Erzählzusammenhängen in seine Genealogien ein, während er das erzählerische Material selbst nicht mit aufnimmt.

Die Hauptlinie der Serachiten verläuft über Simri, Karmi und Achan (Achar); der abrupte Übergang von V 6 zu 7 kommt dadurch zustande, daß nicht erwähnt ist, daß Karmi der Sohn von Simri/Sabdi war. In den Genealogien werden wir noch häufiger darauf stoßen, daß eine Abfolge von Namen dunkel bleibt, weil es keine Verknüpfungen gibt. Es ist schwer zu entscheiden, ob dies ein ursprünglicher Zug der Genealogien ist oder das Resultat von Textverderbnis. In diesem Falle jedoch läßt sich das fehlende Bindeglied aufgrund von Jos 7,1 ergänzen.

Achan wird bewußt Achar genannt (von der Wurzel עכר »in Unordnung bringen«). Dadurch wird das Wortspiel weitergeführt, das in Jos 7,25 f. Achans Schicksal bestimmt: »Was hast du Unheil über uns gebracht?« (עכרתנו) – »der Herr bringe Unheil über dich« (יעכרך); außerdem ist dies eine Ätiologie für den Namen des Ortes, an dem er gesteinigt wurde: עמק עכור »Tal des Unheils«. Mit dieser Erwähnung des Achan/Achar wird dem Leser ein weiteres negatives Moment aus der Geschichte des Stammes Juda in Erinnerung gerufen. Die kurze Anspielung bezieht sich auf das Schicksal des Achan, der mit seiner ganzen Familie »an jenem Tage« (Jos 7,24 f.) hingerichtet wurde. Wiederum ruht die Erwählung nicht auf den Serachiten, sondern muß ihren Ort anderswo im Stamme Juda finden.

Etan und Heman kommen in den Überschriften von Psalmen vor: 88,1 und 89,1. Da beide als »Esrachiten« bezeichnet werden, identifiziert man sie in der Regel mit jenen Männern, deren Weisheit Salomo in Schatten stellte. Chr dagegen gibt eine andere Überlieferung wieder, nach der die von David eingesetzten Sänger dieselben Vornamen tragen wie jene Weisen: Heman, der Sohn des Joël aus der Familie Kahat (1 Chr 6,18–23), Asaf, der Sohn des Berechja aus der Familie Gerschom (1 Chr 6,24–28) und Etan, der Sohn des Kischi aus der Familie Merari (1 Chr 6,29–32). Diese Obersänger sind eindeutig Leviten, sie werden nie als »Esrachiten« bezeichnet. Was immer in 1 Kön und in den Psalmüberschriften gemeint sein mag, in Chr liegen zwei verschiedene Überlieferungen vor: die Weisen unter Salomo sind »Serachiten« aus dem Stamme Juda, die Tempelsänger Heman und Etan dagegen sind Leviten.

Der fünfte von Serachs Söhnen heißt hier »Dara« und in 1 Kön »Darda«. Keine von beiden Namensformen ist anderswo belegt, jede könnte aus der anderen korrumpiert sein, daher läßt sich die ursprüngliche Form nicht feststellen.

In V 8 erscheint der Name von Etans Sohn Asarja, der aus keiner anderen Quelle bekannt ist. Angesichts des eklektischen Charakters der ganzen Liste, die aus Stücken von vorhandenen biblischen Quellen zusammengestellt ist, wäre eine weitere Erwähnung des Asarja zu erwarten. Das könnte »Asarja, der Sohn des Natan« aus 1 Kön 4,5 sein, mit leicht abweichendem Vatersnamen (die Namen »Natan« und »Etan« sind graphisch wie phonetisch recht ähnlich); allerdings ist dies nicht mehr als eine Vermutung.

Die Überschrift für die Hezroniten in 2,9 enthält *in nuce* das neue Ver- 2,9
ständnis ihrer genealogischen Zusammenhänge; sie bildet das Muster für alles folgende. Sprachlich läßt sich die Hand des Chronisten an zwei Punkten erkennen: die Passiv-Form »wurde ihm geboren« (נולד לו) (vgl. 1 Chr 2,3; 3,1.4; auch 3,5; 20,6.8) und die Einfügung der Akkusativ-Partikel **את** vor den Namen von Hezrons Söhnen (vgl. *A. Kropat,* Die Syntax 1909, 2–3). Jerachmeel erscheint hier als der Erstgeborene (vgl. auch V 25); der zweite Sohn heißt Ram. Kaleb wird hier Kelubai (כלובי) genannt, aber die Identität wird durch V 18 bestätigt: »Kaleb, der Sohn des Hezron«. Hier handelt

es sich offenbar um Varianten der Namensform, zu denen auch »Kelub« (4,11; 27,26) zu rechnen ist. All diese Formen haben Analogien: Kelubai (die seltenste) in Ahumai (4,2), Kelub in Segub (2,21) und vielen anderen, Kaleb in Haref (2,51) und anderen.

2,10–12 Der Bericht über die Hezroniten beginnt in den Versen 2,10–12 mit der Ableitung des Hauses David über einen Stammbaum von Ram bis Isai. Wie schon erwähnt, handelt es sich bei dieser Liste um ein raffiniertes Gebilde; hier führen zehn Generationen von Juda bis Isai, und dessen Familie soll als in den ältesten und respektabelsten Familien des Stammes Juda verwurzelt geschildert werden. Verglichen mit dem historischen Bild des Pentateuch (das ebenfalls versucht, genealogische Angaben zu historisieren und zu individualisieren) bietet die vorliegende Liste gewisse chronologische Schwierigkeiten. So erscheint Moses Zeitgenosse Nachschon (Ex 6,23) in der sechsten Generation nach Juda, wohingegen sonst die Generation des Exodus als die vierte gilt, wie an den Stämmen Levi (Ex 6,16–20.21) und Ruben (Num 26,5–9) zu beobachten ist. Und wenn Boas in der ausgehenden Richterzeit angesetzt wird, ist zwar der Übergang zu David möglich, aber dann müßte eine einzige Generation die Zeitspanne vom Exodus bis zu den Richtern überbrücken. Der Nachschon beigelegte Titel »Fürst der Söhne des Juda« ist ein weiteres Mittel, mit dem der Chronist eine aus biblischen Quellen bekannte historische Person ausdrücklich identifiziert, ungeachtet der Schwierigkeiten, die eine solche Identifikation mit sich bringen mag.

2,13–17 Die Angaben zur Nachkommenschaft von Isai in 2,13–17 können nicht alle aus 2 Sam übernommen sein, denn die Namen der Söhne vier bis sechs (Netanel, Raddai, Ozem) stehen dort nicht, und die Einführung von Zeruja und Abigajil als Isais Töchter widerspricht 2 Sam 17,25. Eine andere Unstimmigkeit besteht darin, daß David hier als der siebte und nicht als der achte Sohn Isais erscheint (1 Sam 17,12). Die Annahme, daß Joab Davids Vetter war, würde deren besondere Beziehung erklären sowie Davids Ausspruch gegenüber Amasa: »Du bist mein Fleisch und Bein« (2 Sam 19,14) – obwohl das auch metaphorisch gemeint sein könnte. Was den Vater von Zeruja und Abigajil betrifft, so hat die lukianische Version von 2 Sam 17,25 tatsächlich »Isai«, MT dagegen »Nachasch«. Die widersprechenden Überlieferungen über David als siebten bzw. achten Sohn Isais sind gleichermaßen wahrscheinlich; beide beruhen auf Zahlentypologie. Der Name von Joabs Bruder lautet in Chr stets Abschai, in Sam dagegen normalerweise Abischai (mit Ausnahme von 2 Sam 10,10 MT). Chr verfährt an diesem Punkt ganz konsequent; woher der Unterschied rührt, ist unklar. Jeter (2 Sam 17,25: Jetra) ist hier als Ismaelit bezeichnet, in Sam dagegen als »Israelit«. Dies ist einer der vielen Fälle, wo Chr anscheinend die ursprüngliche Version bewahrt hat, während Sam aus apologetischen Erwägungen heraus verändert hat.

2,18–24 Die Verse 2,18–24 erscheinen heterogen und recht inkohärent, außerdem ist der Text an zwei markanten Stellen verderbt, am Anfang und am Schluß. So bieten sich mehrere Verständnismöglichkeiten für die Quellen, die Bedeutung und den Ort dieses Abschnitts im chronistischen Kontext.

Der Abschnitt entspricht V 9 als ein Versuch, die Verhältnisse der Söhne Kalebs untereinander zu bestimmen; er verknüpft die beiden judaitischen Familien Hur und Aschhur als Söhne Kalebs von derselben Frau, Efrata. Gleichzeitig wird die Verbindung von Kaleb und Efrata ausdrücklich als zweite Ehe für beide Partner bezeichnet: Kaleb nahm erst nach dem Tod von Asuba (V 19) Efrat zur Frau, und Efrat war offenbar davor mit Hezron verheiratet gewesen (V 24, dazu unten). Ethnologisch betrachtet lassen diese Angaben verschiedene Schlüsse zu: Ihre Einführung als »Ehefrau« weist Efrat als ein ethnisches Element aus, das nicht ursprünglich zu Juda gehörte, sondern erst später dazukam. Diese Verbindung kommt auf zwei Wegen zustande: zunächst über Hezron, dessen Sohn Hur ursprünglich war (dazu unten), später dann über Kaleb im Familienverband von Aschhur (dazu unten, zu V 24). In diesem Zusammenhang wird auch Hur zu einem Sohn Kalebs. Dies scheint recht einleuchtend, aber die genaue Position von Hur und seine Stellung zu Aschhur bleibt unklar. Hur erscheint in der Liste als »der Erstgeborene der Efrata« (2,50; 4,4), was auch in V 19 impliziert ist. Doch laut V 24 (wenn wir lesen בא כלב »kam Kaleb« und nicht בכלב »in Kaleb«, dazu unten) nahm Kaleb Efrat erst nach Hezrons Tod zur Frau. Wenn daraufhin Aschhur geboren wurde, wann wurde Hur geboren und weshalb wird er als »der Erstgeborene der Efrata« bezeichnet? Form und Aufbau der ursprünglichen Quelle (dazu oben) sprechen dafür, daß der Status von Hur dem von Kaleb und Jerachmeel entsprach, denn alle drei Genealogien werden kontinuierlich und nach dem gleichen Muster dargeboten. Danach zu schließen müßte Hur Kalebs Bruder sein, nicht Kalebs Sohn; ein Vater-Sohn-Verhältnis für Kaleb und Hur erscheint in der Tat nur hier in V 19. Demnach dürften die drei Zweige von Juda, eingeführt als »Söhne des Hezron«, Jerachmeel, Kaleb und *Hur* gewesen sein. Sowohl die Sonderstellung des letzteren als auch sein nachträgliches Hinzukommen wurden durch seine Abstammung von Hezron und einer anderen Frau, Efrat, zum Ausdruck gebracht. Außerdem galt ein weniger bedeutender Zweig von Juda, Aschhur, der in Tekoa bei Betlehem wohnte, ebenfalls als Sohn von Efrat, allerdings mit Kaleb als Vater. Im gegenwärtigen Kontext von Chr ist dieses Bild verändert: hier erscheint Ram, der mutmaßliche Ahnherr der Familie Isai (V 9), als Hezrons dritter Sohn, und Hur wurde zu einem Sohn von Kaleb degradiert. Somit bietet V 19 die chronistische Überarbeitung der Genealogie von Kaleb, im Anschluß an die Genealogie von Hezron (V 9). Dies ist ein weiteres Mal dokumentiert in 4,1, wiederum durch die Hand des Chronisten (dazu unten).

Die beiden Versionen des Stammbaums lassen sich wie folgt skizzieren:

ursprüngliche Struktur

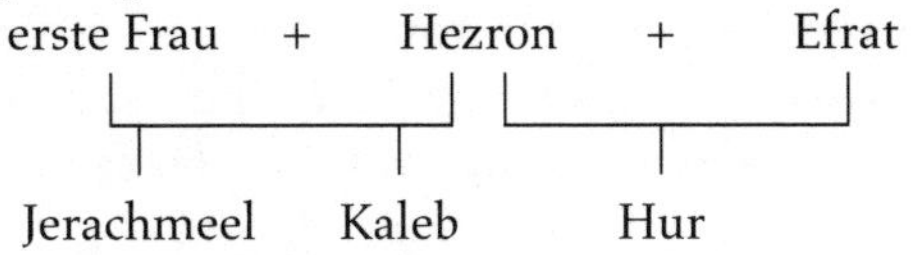

vgl. 2,25 Jerachmeel, der Erstgeborene von Hezron
2,42 Kaleb, der Bruder von Jerachmeel
4,4 Hur, der Erstgeborene von Efrat

chronistische Struktur

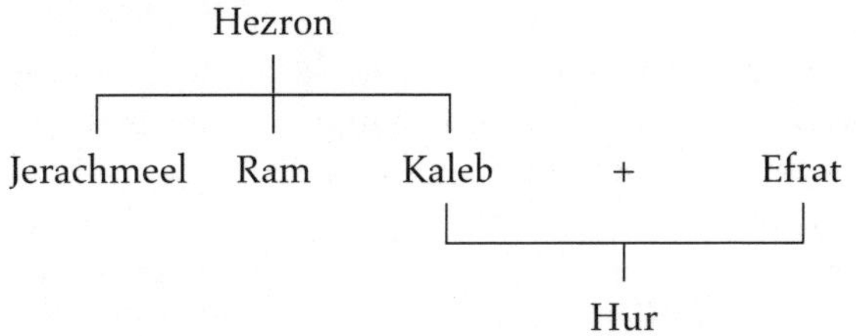

vgl. 2,9 die Söhne des Hezron Jerachmeel, Ram und Kelubai
2,19 Kaleb nahm sich Efrat und sie gebar ihm den Hur

2,18 Die Syntax des Verses 18 ist schwierig, wörtlich steht dort: »und Kaleb, der Sohn des Hezron, zeugte Asuba, eine Frau die Jeriot. Und dies sind ihre Söhne: …«. Eine Lösung besteht darin, אשה »eine Frau« als Glosse zu betrachten; in diesem Falle wären Asuba und Jeriot beide Kalebs Töchter. Allerdings bezieht sich die unmittelbare Fortsetzung »ihre Söhne« auf nur eine Frau. Viele Exegeten neigen dazu, mit der Peschitta zu lesen »zeugte aus Asuba, seiner Frau« (הוליד מעזובה אשתו). Demnach hätte Kaleb mit seiner Frau Asuba eine Tochter namens Jeriot gezeugt, deren Söhne anschließend aufgeführt sind.

2,19 In V 19 schildert der Chronist die näheren Umstände von Hurs Geburt: nach dem Tod von Asuba nahm Kaleb Efrat zur Frau. Wie der Vers hier steht, erscheint er einfach, Schwierigkeiten ergeben sich erst aus seiner Gegenüberstellung mit V 24 (s. oben).

2,20 Wie in V 7.10b.49b u. ö. zeigt sich in V 20 die Tendenz des Chronisten, Personen aus der Epoche der Wüstenwanderung in die Genealogie des Stammes zu integrieren. Da Hur, der Erstgeborene von Efrat, mit Bezalels Großvater gleichgesetzt wird, rückt der Hur des Exodus in die fünfte Generation nach Juda.

2,21–23 Die Verse 21–23 gehören eigentlich zur Genealogie von Machir, Sohn des Manasse, wie aus den Schlußworten hervorgeht: »all diese sind die Söhne des Machir, des Vaters von Gilead«. Die Einfügung des Abschnitts in den vorliegenden Kontext ist sekundär durch die Zeitbestimmung »und danach« vorgenommen, die ursprünglich im Zusammenhang von Machir sinnvoll gewesen sein mag, hier aber keinen Bezugspunkt hat. Anlaß für die Plazierung des Abschnitts an diese Stelle war wohl der Hinweis auf Hezrons Alter und Tod in V 24. Hier werden ethnische Verbindungen zwischen Juda und Manasse genealogisch als eine spätere Eheschließung zwischen Hezron und einer namenlosen Tochter Machirs formuliert. In der Hauptsache geht es darum, für größere Teile von Gilead judaitische Abstammung zu behaupten, obwohl dieses Territorium ursprünglich zu Manasse und Machir gehörte. Bei Jaïr, dem Sohn des Segub, gewinnt das judaitische Element den Vorrang vor dem machiritischen, denn sein Vater stammt von Juda ab und seine Mutter von Machir. Jaïr gehörten die 23 Orte in Gilead, die Havvot-Jaïr (wohl: »Zeltdörfer von Jaïr«) genannt wurden.

Die Aussage der Parallelstelle Num 32,39–42 ist besonders interessant. Jaïr, der Sohn des Manasse, das Äquivalent zur Hauptfigur in unserem Abschnitt (Jaïr, der Sohn des Segub), ist dort zusammen mit Machir und Nobach erwähnt. In beiden Kontexten werden die Orte namens Havvot-Jaïr ausdrücklich mit Jaïr zusammengebracht. In Num 32 heißt er zwar »der Sohn des Manasse«, aber in den üblichen Pentateuch-Genealogien erscheint er nicht als solcher (vgl. Num 26,29). Laut Num 32,41 eroberte Jaïr amoritische Ortschaften und nannte sie Havvot-Jaïr; demnach wurden diese Orte nach dem Exodus im Zuge der Wüstenwanderung den Amoritern abgenommen. Eine dritte Überlieferung bringt die selben Orte in Zusammenhang mit einem Richter namens Jaïr, der auch aus Gilead stammte: »Er hatte dreißig Söhne … und sie hatten dreißig Städte, die heißen Havvot-Jaïr bis auf diesen Tag und zwar im Lande Gilead« (Ri 10,4). Diesen Texten gemeinsam ist eine markante Überlieferung bezüglich einer Gruppe von Ortschaften, die Havvot-Jaïr hießen. Nach Auskunft des Pentateuch wurden sie beim Auszug aus Ägypten von den Amoritern erobert, in Chr dagegen handelt es sich um Gründungen eines gewissen Jaïr, eines judaitischen Nachfahren von Hezron, der sich in Gilead niederließ und sich mit der machiritischen Bevölkerung dort vermischte. Diese beiden Ansätze schließen sich gegenseitig aus: auf der einen Seite Eroberung von den Amoritern im Zusammenhang mit der Exodus-Tradition, auf der anderen schrittweises Ausgreifen der israelitischen Elemente und soziologisch-ethnographischen Verhältnisse. Wie immer man die Historizität dieser Ansätze beurteilen mag, ihre Ausgangspunkte sind einander diametral entgegengesetzt.

Zu welcher Zeit wurden Havvot-Jaïr und Kenat, sechzig Orte insgesamt, den Israeliten durch Geschur und Aram abgenommen? Die knappe Bemerkung dazu in unserem Kontext (V 23) scheint tatsächliche Zustände der Königszeit wiederzugeben. »Geschur« ist als relevante Größe zur Zeit Davids bekannt, dieser nahm Maacha, die Tochter von Talmai, König von Geschur zur Frau (2 Sam 3,3); dorthin flüchtete später deren Sohn, Abschalom (2 Sam 13,38). Laut 2 Sam 10,6//1 Chr 19,6 schloß sich Geschur dem ammonitisch-aramäischen Angriff auf Israel nicht an, obwohl sein nächster

Nachbar Maacha dies tat (2 Sam 10,8; Jos 13,13). In 1 Kön 4,13 sind »die Dörfer von Jaïr« im Bezirk »Ramot-Gilead« unter Salomos Verwaltung genannt. Demnach bezieht sich diese Bemerkung wohl auf die Zeit, als die aramäische Macht in Transjordanien zunahm, im Laufe des 9. Jh.s.

In »Machir, der Vater von Gilead« (מכיר אבי גלעד) (1 Chr 2,21) finden wir zum ersten Mal das Schema »X, der Vater von Y«, das dann in den Genealogien von Kaleb und Hur so häufig vorkommt (V 42 ff.). In dieser Formel bezeichnet Y stets einen Ortsnamen, X gibt ein ethnisches Element wieder. So haben wir eine zweifache Herkunftsangabe vor uns: zum einen die ethnische (Familien-)Zugehörigkeit, zum anderen die spezielle geographische Lage (Stadt oder Gebiet). Nach diesem technischen Sprachgebrauch kann ein »Sohn« mehrere »Väter« haben, so etwa »Hur ... der Vater von Betlehem« (4,4) und »Salma, der Vater von Betlehem« (2,51); der »Sohn«, Betlehem, bleibt derselbe, wird nur gleichzeitig oder nacheinander von verschiedenen ethnischen Gruppen bewohnt. Im vorliegenden Falle ist Gilead, das Siedlungsgebiet der Machiriten, eine unabhängige vorgegebene Größe.

2,24 Im vorliegenden MT lautet V 24: »Nach dem Tod des Hezron in Kaleb-Efrata, und Hezrons Frau war Abija, sie gebar ihm Aschhur, den Vater von Tekoa«. Demnach wäre Aschhur, der Sohn von Hezron und Abija, nach seines Vaters Tod geboren. Doch lassen die Erwähnung von Hezrons Sterbeort, dem unüblichen, in jeder Hinsicht schwierigen Ortsnamen »Kaleb-Efrata«, dazu die Nennung eines weiteren Sohnes von Hezron, der zuvor nirgends vorkam, und die Abstammung des Aschhur von Hezron statt von Hur (1 Chr 4,5) diese Lesart zweifelhaft erscheinen. Die allgemeine Meinung geht dahin, daß anstelle von בכלב »in Kaleb« בא כלב »da kam Kaleb« zu lesen sei, gestützt von LXX und V; mit nur minimaler Textveränderung läßt sich die Fortsetzung als אשת חצרון אביהו »die Frau des Hezron seines Vaters« lesen. Mit diesen Textänderungen berichtet der Vers nun von der Hochzeit des Kaleb mit Efrata nach Hezrons Tod und der daraus resultierenden Geburt von Aschhur. Allerdings war Efrata schon zuvor erwähnt als die Frau, die Kaleb nach dem Tode seiner ersten Frau Asuba (V 19) geehelicht habe. Ein Ausweg aus diesem Dilemma wäre die Gleichsetzung von Hur mit Aschhur (wobei ersteres eine verkürzte Namensform wäre); demnach wäre V 24 eine Erweiterung von V 19 (*Curtis/Madsen* 92). Ein anderer Vorschlag geht dahin, die Wörter ואשת חצרון אביהו »und die Frau des Hezron seines Vaters« als Glosse zu betrachten; demnach wäre die Geburt von Kalebs Söhnen durch Efrata in Relation zum Tod seines Vaters Hezron berichtet, Hur davor und Aschhur danach, ohne eine Beziehung zwischen Efrata und Hezron anzunehmen (*Williamson* 53 f.). Letzteres wäre allerdings ein einzigartiges, nirgends sonst in den Listen belegtes Verfahren, abgesehen davon, daß die Einfügung der Glosse unerklärt bliebe.

Wie bereits angedeutet, besteht keine grundsätzliche Schwierigkeit mit der Rekonstruktion von V 24 mit der Abstammung Aschhurs von Kaleb und Efrata und der relativ späten Verbindung von Kaleb und Efrata. Probleme ergeben sich erst durch die Gegenüberstellung von V 24 mit V 19; der dabei zu beobachtende Widerspruch resultiert aus dem neuen chronistischen Verständnis von Hurs Herkunft, Sohn nicht von Hezron, sondern von Kaleb. Ethnologisch betrachtet stellt Efrata ein nicht-judaitisches in der Gegend von Betlehem und Tekoa ansässiges Element dar, das in Verbindung mit den bereits in Juda integrierten Familien Hezron und Kaleb den dominierenden ethnischen Faktor der Region bildete.

Was hat es mit Ursprung und Herkunft von »Efrat« für eine Bewandtnis? Aufgrund von Verwendung und Vorkommen des Gentils »Efratit« in der Bibel ist anzunehmen, daß es sich ursprünglich um die Gentilform zu »Efraim« handelt (vgl. u. a. Ri 12,5; 1 Sam 1,1; 1 Kön 11,26 MT). Die engen Beziehungen zwischen Efraim und Betlehem werden durch die Erzählung von Gibea illustriert (Ri 19); daher scheint es durchaus möglich, daß in der Gegend von Betlehem wohnhafte Familien von Efraim später im Zuge der energischen Expansion von judäischen Elementen sozusagen aufgesogen wurden. In den pentateuchischen Überlieferungen ist »Efrat« bereits ein Ortsname und wird mit Betlehem gleichgesetzt (Gen 35,19 u. ö.); wenn die oben skizzierte Schilderung der gesellschaftlichen Entwicklungen zutrifft, waren diese bereits in der Antike abgeschlossen und ethnographisch abstrahiert.

Die Liste der Söhne Jerachmeels in 2,25–33 gliedert sich in zwei Linien: 2,25–33
die eine von seiner ungenannt bleibenden Hauptfrau wird nur bis in die dritte Generation verfolgt, die zweite, ausführlichere Aufzählung leitet sich von Atara (*Krone*) ab, einer »anderen Frau« (אשה אחרת – im genealogischen Kontext singulär, obwohl anderswo belegt, vgl. Ri 11,2 und 1 Kön 3,22). Die ethnische Entwicklung innerhalb von Jerachmeel wird einerseits als Reduktion, andererseits als Expansion geschildert: Reduktion durch das Aussterben mancher Zweige, durch die – nur in diesem Kontext anzutreffende – genealogische Angabe »X starb ohne Söhne« markiert (V 30.32); Expansion durch Integration von Elementen von außerhalb, bezeichnet als »Frauen«. Die durch die »andere Frau« (V 26) angedeutete Art der Expansion wurde zu einem Hauptfaktor unter den Jerachmeeliten (V 28–33), während ein weiteres Element durch Abigajil, die Frau des Abischur, hinzukommt (V 29). Die Liste bietet keinen Hinweis auf die geographisch-historischen Verhältnisse, unter denen die Jerachmeeliten lebten, denn sämtliche Bezeichnungen sind Personennamen, die soziologisch als Familien oder Familienverbände zu verstehen sind; Namen von Orten oder Landschaften kommen nicht vor (im Unterschied zu den folgenden Listen von Kaleb und Hur).

Der Stammbaum des Elischama, Sohn des Jekamja in 2,34–41, ist analog 2,34–41
aufgebaut zu dem des Isai (2,10–12), dem der Hohenpriester (5,30–40) und anderen. Er folgt dem Muster »X zeugte Y«; es geht darum, Elischamas Vorrang (und/oder Legitimität) durch das Aufzeigen seiner exakten Herkunft

darzutun. Die übrigen Quellen wissen ihn nicht zu identifizieren, aber der Midrasch setzt ihn gleich mit jenem Elischama, der in 2 Kön 25,25 erwähnt ist als Großvater des Mannes, der Gedalja in Mizpa erschlug: »Ismael, Sohn des Netanja, Sohn des Elischama aus königlichem Samen« (2 Kön 25,25; Jer 41,1). Diese Gleichsetzung könnte ganz schlicht auf der Namensgleichheit beruhen, aber die chronologische Ansetzung von Elischama (13 Generationen nach Scheschan, der wiederum ein relativ später Nachkomme von Jerachmeel war) würde passen.

Das Interessanteste in diesem Abschnitt steht in den ersten beiden Versen (34–35); dort wird berichtet, daß Scheschan keine Söhne hatte und deshalb seine Tochter mit seinem ägyptischen Sklaven verheiratete, mit dem sie »ihm einen Sohn gebar«. Aus der Syntax dieses Satzes wird deutlich, daß sich das Pronomen »ihm« auf Scheschan bezieht. Dies ist der Kern der ganzen Episode: Da er selbst keinen Sohn hatte, konnte Scheschan die Fortsetzung seiner Familie nur dadurch gewährleisten, daß er seine Tochter mit einem Sklaven verheiratete; denn wenn sie einen Freigeborenen geheiratet hätte, würden die gemeinsamen Kinder nicht den Namen Scheschans tragen, sondern den ihres biologischen Vaters. Ebenso wie die Kinder von Hagar, Silpa und Bilha in jeder Hinsicht als legitime Söhne des Herrn gelten, sind hier die Nachkommen des ägyptischen Sklaven vollberechtigte Israeliten von makelloser jerachmeelitischer Abkunft. Hier haben offenbar soziale Umstände ihren Niederschlag gefunden, die gelegentliche Integration von fremden Elementen in die israelitische Gemeinschaft. Der Verfasser beurteilt dieses Phänomen positiv, denn er vertuscht es nicht, sondern plaziert eine solche Herkunft in den Stammbaum einer so angesehenen Persönlichkeit wie Elischama. Auf den ersten Blick scheint ein Widerspruch zu bestehen zwischen der Angabe in V 31 »die Söhne des Scheschan: Achlai« und der Auskunft von V 34, Scheschan habe keine Söhne gehabt. Manche Exegeten suchen dies durch die Annahme auszugleichen, »Achlai« sei der Name einer Tochter (*Curtis/Madsen* 94), aber dies scheint unnötig. Ursprünglich ging es in den beiden Abschnitten (25–33 und 34–41) um zwei verschiedene Dinge: Im ersten sind die von Jerachmeel abstammenden Familien aufgezählt, der zweite bietet einen aus Einzelpersonen bestehenden Stammbaum. Von daher braucht die jerachmeelitische Familie »Scheschan« von V 31 nicht identisch zu sein mit der Person »Scheschan« (vermutlich einem realen oder fiktiven Mitglied jener Familie) von V 34 – ebensowenig wie die Stämme Israels mit einem individuellen Träger des jeweiligen Namens zu identifizieren sind.

Ungeachtet gewisser Schwierigkeiten in der Reihenfolge wird aus Über-
42–50a schrift und Schlußformel, die den Rahmen des Abschnitts 2,42–50a bilden, deutlich, daß es hier um die Verzweigungen der Familie Kaleb geht. Die Genealogien hier enthalten zahlreiche Ortsnamen und verwenden häufiger als jeder andere Abschnitt die Formel »X, Vater von Y«, wobei Y eine geo-

graphische Größe ist (vgl. oben zu V 21). Bei den hier erscheinenden Orten handelt es sich um: Sif, Hebron (V 42), Jorkoam (V 44), Bet-Zur (V 45), Madmanna, Machbena und Gibea (V 49). Manche dieser Namen sind sehr bekannt, andere weniger oder gar nicht. Weitere Ortsnamen sind Marescha (V 42), Tappuach (V 43), Maon (V 45) u. a. m., und es erhebt sich die Frage, ob die besondere Darbietungsweise hier nur eine stilistische Abweichung von der literarischen Konvention in den Genealogien darstellt oder ob hier eine andere Auffassung vom Vorgang der Besiedlung und territorialen Ausbreitung dahintersteht. Die Frage läßt sich nicht schlüssig beantworten, denn beide Formulierungen können (wenn auch selten) zur Bezeichnung derselben Art von Beziehung vorkommen. Im vorliegenden Kontext können wir davon ausgehen, daß sich die Kaleb-Familien über zuvor anderweitig bewohnte Städte wie Sif oder Hebron ausbreiteten. Dies wäre auch die Erklärung für Fälle, wo eine Stadt mehrere ethnische Gruppen zu »Vätern« hat, so etwa Betlehem Salma (2,51) und Hur (4,5) oder Sif Mescha (2,42) und Jehallelel (4,16) u. a. m. Besonders interessant ist in diesem Zusammenhang die Beziehung der Kalebiten zu Hebron, die ungeachtet der leichten Textverderbnis in V 42b (dazu unten) sicher belegt ist. Hebron ist der »Sohn« von Kalebs Sohn bzw. Enkel Marescha und der Vater von vier anderen »Söhnen«, von denen zwei (Tappuach und Schama) ebenfalls Ortsnamen sein können. Daraus wäre zu schließen, daß die Kalebiten zunächst nach Hebron gelangten und von dort weiter ins Territorium von Juda. Vermutlich war es diese gewichtige Überlieferung, die dazu führte, daß sowohl der Pentateuch als auch die Vorderen Propheten die Verbindung von Hebron mit Kaleb (im Pentateuch als »Sohn des Jefunne« bezeichnet, Num 13,6 u. ö.) übernehmen und hervorheben. Kaleb erobert Hebron von der eingeborenen Bevölkerung (Jos 14,12–14; Ri 1,10). Was in den genealogischen Listen als soziologisch-ethnischer Vorgang territorialer Ausbreitung und Besiedlung erscheint (»Kaleb … der Vater von Hebron«), wird also im Pentateuch als ein Akt militärischer Eroberung geschildert. Dasselbe läßt sich schon im Falle von »Machir, Vater von Gilead« (2,21) beobachten; auch dieser Vorgang erscheint in Num als die Eroberung von Gilead durch die Machiriten (Num 32,39–40).

In der Eröffnung 2,42 wird Kaleb als der »Bruder des Jerachmeel« eingeführt, wodurch die engere Beziehung zwischen diesen beiden unterstrichen wird, was vielleicht auf eine losere Beziehung zu ihrem »Vater« Hezron schließen läßt (vgl. oben). Die höchst ungewöhnlich formulierte zweite Hälfte dieses Verses dürfte verderbt sein. Etliche Lösungsvorschläge sind gemacht worden: anstelle von »Mescha« »Marescha« zu lesen und den Titel »der Vater von« vor »Hebron« zu streichen; den Ausdruck »die Söhne von Marescha« zu streichen, so daß Mescha als »Vater« von Sif und Hebron erscheint; »Sif« vor Marescha einzufügen, so daß sich die Lesart ergibt: »und die Söhne von Sif: Marescha, der Vater von Hebron«; oder an eben 2,42 dieser Stelle »Mescha« einzufügen: »Die Söhne von Mescha: Marescha, der Vater von Hebron«. All diese Lösungen scheinen möglich, die letztgenannte hat orthographisch am meisten für sich.

2,46 Der Name »Gases« bezeichnet in 2,46 sowohl einen Sohn als auch einen Enkel von Kaleb. Die Lesart scheint nicht unmöglich, denn die Familie dieses Namens könnte ihren Ursprung entweder direkt von Kaleb oder über ein Zwischenglied von Haran abgeleitet haben. Eine andere Möglichkeit besteht darin, daß es zwei Zweige dieses Namens gegeben hat, die gesondert aufgezeichnet sind. Vergleichbare Fälle finden sich bei Ram, der in unseren Listen einmal als Hezrons zweiter Sohn erscheint (2,9), ein anderes Mal als sein Enkel, nämlich der Erstgeborene des Jerachmeel (2,25.27); oder die horitische Familie von Dischon, der im selben Kontext als Sohn und als Bruder von Ana erwähnt wird (1,38.41). Doch da im Falle von »Gases« die folgenden Worte »die Söhne des Jahdai« (2,47) allzu unerwartet auftauchen, hat man vorgeschlagen, das zweite Vorkommen von »Gases« in »Jahdai« zu korrigieren; dadurch würde der ganze Aufbau kohärenter.

Eine andere Möglichkeit, Jahdai in den Kontext zu integrieren, bietet sich durch das zweifache Vorkommen des Namens »Efa«, unter den Söhnen Jahdais und als Kalebs Nebenfrau (2,46). Man hat vorgeschlagen, die Genealogie von Jahdai als eine völlig gesonderte Einheit zu betrachten, die hier als
2,48 Familienhintergrund für Efa angeführt wäre. In V 47 spricht nichts dagegen; allerdings wird die Herkunft von Haupt- oder Nebenfrauen in der Regel nicht angegeben, und der Name »Efa« kann entweder ein Männer- oder ein Frauenname sein.

2,49 »Maacha … gebar Scheber« – das Verb »gebären« steht in V 48 in der maskulinen Form und vor dem Namen »Scheber« fehlt die Akkusativ-Partikel, die dann vor dem folgenden »Tirhana« steht. Die meisten Forscher korrigieren diese sprachlichen Normwidrigkeiten, obwohl sich solche auch anderswo beobachten lassen (*Rudolph* 20).

2,49 Der Vers 49 setzt mit einer hebräisch nicht recht überzeugenden Formulierung ein: ותלד שעף אבי מדמנה את שוא, wörtlich »und Schaaf, der Vater von Madmanna, gebar Schewa …«. Wenn Schaaf, der letzte Sohn des Jahdai (2,47) als Subjekt fungiert, würden wir eine maskuline Verbform erwarten (ויולד), außerdem sollte der Vers an V 47 anschließen. Gegen eine Umstellung spricht allerdings die Erwähnung von Kalebs Tochter Achsa am Ende; Töchter erscheinen in Genealogien meistens am Ende, und das dürfte auch hier der Fall sein. Zweierlei Rekonstruktionen sind versucht worden: V 49 als unmittelbare Fortsetzung von V 48, so daß sich die Verbform »sie gebar« (ותלד) noch auf Kalebs Nebenfrau Maacha bezieht; »Schaaf, der Vater von Madmanna« würde in diesem Falle (mit oder ohne Akkusativ-Partikel) als Objekt fungieren. Oder aber man betrachtet »Schaaf« als den Namen einer weiteren Nebenfrau von Kaleb und nimmt an, daß sowohl die Nennung ihres Status als auch der Name ihres Sohnes ausgefallen sind: »Schaaf gebar

X, den Vater von Madmanna«. All diese Korrekturen erfordern nur geringfügige Textveränderungen und sind orthographisch möglich.

Somit umfaßt die Liste der Kalebiten Kalebs Söhne von seiner (namenlosen) Hauptfrau (V 42–45), von seinen Nebenfrauen Efa (V 46) und Maacha (V 48) sowie die weiteren auf Textrekonstruktion beruhenden »Söhne des Jahdai« und von »Schaaf«. Entsprechend seinem auch sonst angewandten Verfahren fügt der Chronist die aus Jos 15,16–19 und aus Ri 1,12–15 bekannte »Achsa, Tochter des Kaleb« hier zur Liste der Kalebiten hinzu; dadurch gerät sie in ein verwandtschaftliches Verhältnis zu Kaleb, dem »Sohn des Hezron« oder dem »Bruder des Jerachmeel« und nicht zum »Sohn des Jefunne« wie in Jos.

Im Gegensatz zu dem, was die Akzente von MT andeuten, bilden die er- 2,50a
sten Worte von V 50 »Diese waren die Söhne des Kaleb« nicht die Einleitung zum folgenden, sondern den Abschluß zu den soeben betrachteten Genealogien.

Die Aufzählung der Nachfahren Hurs in 2,50b–55 folgt einem festen 2,50b–55
Muster: im Anschluß an die drei Söhne Hurs (50b–51) stehen deren jeweilige Nachkommen (2,52–53.54.55; 4,2.3.4). Zu Anfang steht zwar »Sohn des Hur« im Singular, aber intendiert sind zweifellos Söhne, d. h. Nachkommen im Plural.

Drei Familien leiten ihre Herkunft von Hur ab (V 51), und jede davon er- 2,51
scheint als »Vater« einer bedeutenderen Ortschaft: Schobal von Kirjat-Jearim, Salma von Betlehem und Haref von Bet-Gader.

Die Verse 52–53 setzen auf hebräisch ungewöhnlich ein; ähnliche Versan- 2,52–53
fänge finden sich zwar in V 25, 27 und 28, aber hier liegt eine zusätzliche Hervorhebung vor, für die kein Grund erkennbar ist. Bei den »Söhnen« handelt es sich um »Haroë, die Hälfte der Menuchot« und um die »Familien Kirjat-Jearim«, deren Namen anschließend als Gentile im Singular angegeben sind (V 53). Die Funktion der genealogischen Aufzählung als soziologischer Code, mit dessen Bedeutung und Nuancen alle Betroffenen vertraut waren, erreicht hier einen Höhepunkt. Die Bezeichnung eines »Sohnes« als »die Hälfte der X« verrät ein Wissen um ethnische Entwicklungen, die nichts mehr mit biologischer Abstammung zu tun haben: dasselbe gilt für die Aufzählung von Familien als »abstammend von Y«, zumal wenn die Namen als Gentile auftreten (Jeteriten, Putiten usw.). Beim Umgang mit diesem Material ist damit zu rechnen, daß die Aufzeichnung trotz ihrer scheinbaren Schlichtheit recht raffiniert sein kann.

Wie so oft in diesen Genealogien sind die meisten Namen sonst nirgends belegt; die einzige Ausnahme sind hier die Jeteriten, ein recht verbreiteter Familienname; auch zwei von Davids Helden tragen diesen Namen: Ira der Jeterit und Gareb der Jeterit (2 Sam 23,38; 1 Chr 11,40).

Der erste Sohn von Schobal heißt hier »Haroë, zur Hälfte Menuchot«, aber angesichts von 4,2 (Reaja) und 2,54 (zur Hälfte Manahatiten) ist offenbar auch hier zu lesen »Reaja, die Hälfte der Manahatiten«. Die territoriale Ausdehnung von Schobal wird deutlich umrissen als die Hälfte der Manahatiten umfassend, vier Familien von Kirjat-Jearim und deren Ausläufer in Zora und Eschtaol. Die andere Hälfte von Manahat ist ebenfalls mit Hur verwandt, über Schobals Bruder Salma (2,54). Es ist bemerkenswert, daß beide Namen, Schobal und Manahat, als Vater und Sohn, sich unter den Nachfahren Seïrs des Horiten finden (1,38.40). Diese Ähnlichkeit dürfte wohl kein Zufall sein; gemeint sein könnten horitische Elemente unter den Einwohnern von Manahat, die sich vielleicht später über »Hur« mit Juda verwandt fühlten.

Die Einwohner von Manahat sind ein weiteres Mal in ebenfalls ungewöhnlicher Weise erwähnt: dort befanden sich Benjaminiten im Exil (1 Chr 8). Demnach war die Bevölkerung dieses Ortes außerordentlich gemischt, was auf komplexe politische und soziologische Verhältnisse schließen läßt, die gleichzeitig oder nacheinander dort herrschten und von denen wir nur eine schwache Vorstellung gewinnen. Kirjat-Jearim selbst ist bekannt als eine der Hiwiter-Städte auf der Grenze zwischen Juda und Benjamin (Jos 9,17) zur Zeit der Landnahme. Hier läßt sich wiederum annehmen, daß judaitische Elemente sich nach Norden ausbreiteten und allmählich die Oberhand über Kirjat-Jearim gewannen, oder aber daß die nicht-israelitische Bevölkerung dieser Stadt ihren Ursprung schließlich auf Juda zurückführte. Da diese Vorgänge bis nach Zora und Eschtaol reichen (vgl. auch 1 Chr 4,2), obwohl diese Orte zunächst als zum Stammesgebiet von Dan gehörig galten, ist der historische Kontext wohl nicht vor der danitischen Wanderung nach Norden anzusetzen.

2,54–55 Die Liste der »Söhne des Salma« in 2,54–55 steht in strenger Analogie zu den Söhnen von Schobal: die Namen der Söhne (52//54) und die Aufzählung der Familien (53//55). Zwei der angeblichen »Söhne des Salma« sind eigentlich Ortsnamen, nämlich Betlehem und Atrot-Bet-Joab, während die anderen zwei (oder drei) in Gentilform gegeben sind: Netofatit, zur Hälfte Manahatit, Zoraït. Die Nennung von Betlehem als »Sohn« von Salma deutet wohl darauf hin, daß eine engere Beziehung zwischen der Stadt und der ethnischen Größe Salma ausgesagt werden soll.

Die Doppelbezeichnung »zur Hälfte Manahatit, Zoraït« ist schwierig. Wenn הצרעי gleichzusetzen ist mit הצרעתי (2,53; 4,2), d.h. mit Bezug auf die Stadt Zora, wäre die mit Salma verwandte »Hälfte Manahat« ein weiteres Element in der Bevölkerung von Zora. Es könnte aber auch sein, daß es sich bei »Zoraït« um einen anderen Namen handelt, vor dem nur das *waw copulativum* ausgefallen ist. Die Netofatiten gehören zu einer gut belegten Ortschaft in Juda, in der Nähe von Betlehem; von dort stammten zwei von Davids Helden (2 Sam 23,28.29; 1 Chr 11,30) und einer von den Anhängern Ismaels, des Sohns von Netanja (2 Kön 25,23 usw.); zur Zeit der Restauration saßen dort Sänger (Neh 12,28; 1 Chr 9,16, auch Esra 2,22).

Die Bedeutsamkeit des Verses 55 für den vorliegenden Kontext wird durch seine Parallelität zur Genealogie des Schobal bestätigt; im Unterschied zu dort bilden die hier erwähnten Familien jedoch die Bevölkerung einer zuvor noch nicht genannten Stadt, nämlich Jabez. Eine gewisse Verbindung zwischen den Familien aus V 54 und V 55 ist wohl anzunehmen, wird aber nicht deutlich. Die Familien hier erscheinen unter vier Bezeichnungen: »die Familien der Schreiber, die Bewohner von Jabez«, die Gentilnamen »Tiratiten, Schimatiten und Suchatiten« und schließlich »die Keniten, die von Hammat, dem Vater von Bet-Rechab, kommen«. Jede dieser Benennungen (besonders die letzte), einzeln und kombiniert, bietet gewisse Schwierigkeiten.

1. Bei den »Keniten« handelt es sich nach Auffassung der meisten Exegeten um einen Nomadenstamm im Süden von Israel, zu dem mancherlei Kontakt bestand (Ri 1,16; 1 Sam 27,10; 30,29 u.a.m.).

2. »die da kommen von Hammat, Vater von Bet-Rechab« – nach der oben beobachteten Formel (X, Vater von Y) müßte »Bet-Rechab« ein Ortsname sein und »Hammat« die dort ansässige ethnische Gruppe. So wären die Keniten die Nachkommen von Hammat, sekundär in verwandtschaftliche Beziehung zu Juda gebracht über die drei Familien von Jabez. Allerdings wird der Ausdruck »die von X kommen« sonst nie für Abstammung verwendet, sondern nur für geographische Herkunft; demnach muß »Hammat« wohl doch ein Ortsname sein. Außerdem ist aus Jer 35,2 u.a. »das Haus der Rechabiten« bekannt, eine gesonderte Gruppe von streng nomadischer, antizivilisatorischer Lebensart. Deren Vater erscheint in Jer stets als »Jehonadab, der Sohn von Rechab« (Jer 35,6 u.ö.), was dafür spricht, daß »Hammat« der Name eines Ortes ist, mit dem die Rechabiten identifiziert waren. Dies wäre eine enge Verbindung zwischen »Keniten« und »Rechabiten«.

3. »Schreiber (ספרים), die Bewohner von Jabez« – die Schreiber hier gehen zusammen mit weiteren in den genealogischen Listen erwähnten Handwerkern (4,14.21.23). Die Bezeichnung »die Bewohner von X« findet sich dort nur ein weiteres Mal, in 4,23, ebenfalls im Zusammenhang mit Handwerkern im Dienste des Königs. Von daher besteht eine gewisse Wahrscheinlichkeit, daß »die Bewohner von Jabez« hier dank ihrer Schreiberkunst einen besonderen Status innehatten; dies könnte die Erklärung sein, weshalb sie so umständlich eingeführt sind: nach ihrer ethnischen und geographischen Herkunft, nach ihrem endgültigen Wohnort und nach ihrer Zugehörigkeit zu den Familien von Kaleb.

Es ist bemerkenswert, daß diese »Keniten« (vorausgesetzt, dies ist die richtige Lesart) ganz und gar in den Stamm Juda integriert sind als ein Zweig der Kalebiten über Hur und Salma – obwohl die genealogische Linie hier nicht ganz aufgeht. Die Keniten waren ursprünglich keine Israeliten (Gen 15,19 u.ö.); ihre Integration wird nicht als »Heirat« mit einer »Frau« überliefert, sondern als direkte genealogische Linie aufgefaßt. Dies erinnert an die Integration der Kenisiten in Juda und ist wiederum charakteristisch für die Haltung des Chronisten.

1 Chr 3,1–24: Die Söhne Davids

Literatur

S. Ahituv, King Solomon's Designation for Kingship in Biblical Historiography, in: M. V. Fox/V. A. Hurowitz/A. Hurvitz (Hg.), Texts, Temples and Traditions: a Tribute to Menahem Haran, Winona Lake 1996, 1–10. – *J. W. Rothstein,* Die Genealogie des Königs Jojachin und seiner Nachkommen (1 Chronik 3:17–24) in geschichtlicher Beleuchtung: Eine kritische Studie zur jüdischen Geschichte und Literatur, Berlin 1902. – *T. Willi,* Late Persian Judaism and its Conception of an Integral Israel According to Chronicles: Some Observations on Form and Function of the Genealogy of Judah in 1 Chronicles 2:3–4:23*, in: T. C. Eskenazi/K. H. Richards, Second Temple Studies 2. Temple Community in the Persian Period (JSOT.S 175), Sheffield 1994, 146–162. – *H. G. M. Williamson,* Sources and Redaction in the Chronicler's Genealogy of Judah: JBL 98, 1979, 351–359.

Text

Übersetzung

3 1 *Und dies waren die Söhne des David, die ihm in Hebron geboren wurden:*
Der Erstgeborene Amnon von der Jesreelitin Ahinoam, der zweite Daniel
von der Karmelitin Abigajil, 2 *der dritte Abschalom, der Sohn der Maacha,*
der Tochter des Königs Talmai von Geschur, der vierte Adonija, der Sohn der
Haggit, 3 *der fünfte Schefatja von Abital, der sechste Jitream von seiner*
Frau Egla. 4 *Sechs wurden ihm in Hebron geboren. Und er war dort König*
sieben Jahre und sechs Monate und dreiunddreißig Jahre war er König in
Jerusalem.
5 *Und diese wurden ihm in Jerusalem geboren: Schima und Schobab und*
Natan und Salomo, vier von der Batschua, der Tochter des Ammiël, 6 *und*
Jibhar und Elischama und Elifelet 7 *und Nogah und Nefeg und Jafia* 8 *und*
Elischama und Eljada und Elifelet, neun, 9 *alle Söhne des David, ohne die*
Söhne der Nebenfrauen. Und Tamar war ihre Schwester.
10 *Und der Sohn des Salomo: Rehabeam, Abija sein Sohn, Asa sein Sohn,*
Joschafat sein Sohn, 11 *Joram sein Sohn, Ahasja sein Sohn, Joasch sein Sohn,*
12 *Amazja sein Sohn, Asarja sein Sohn, Jotam sein Sohn,* 13 *Ahas sein Sohn,*
Hiskija sein Sohn, Manasse sein Sohn, 14 *Amon sein Sohn, Joschija sein*
Sohn. 15 *Und die Söhne des Joschija: der Erstgeborene Johanan, der zweite*

Jojakim, der dritte Zidkija, der vierte Schallum. 16 *Und die Söhne des Joja-*
kim: Jechonja sein Sohn, Zidkija sein Sohn.
17 *Und die Söhne des Jechonja: Assir, Schealtiël sein Sohn,* 18 *und Malki-*
ram, und Pedaja, und Schenazzar, Jekamja, Hoschama und Nedabja. 19 *Und*
die Söhne des Pedaja: Serubbabel und Schimi. Und der Sohn des Serubba-
bel: Meschullam und Hananja und Schelomit ihre Schwester. 20 *Und Ha-*
schuba und Ohel und Berechja und Hasadja und Juschab-Hesed, fünf.
21 *Und der Sohn des Hananja: Pelatja und Jeschaja, [sein] Sohn Refaja,*
[sein] Sohn Arnan, [sein] Sohn Obadja, [sein Sohn] Schechanja.
22 *Und die Söhne des Schechanja: Schemaja, und die Söhne des Schemaja:*
Hattusch und Jigal und Bariach und Nearja und Schafat, sechs. 23 *Und der*
Sohn des Nearja: Eljoënai und Hiskija und Asrikam, drei. 24 *Und die Söhne*
des Eljoënai: Hodawja und Eljaschib und Pelaja und Akkub und Johanan
und Delaja und Anani, sieben.

Zu Text und Übersetzung

1 Daniel, 2 Sam 3,3: Kilab, vgl. Auslegung.

2 שני »zwei«: vermutlich השני »der zweite« (vgl. LXX und V); לאבשלום »dem Abschalom«: ל »dem« streichen?

6 Elischam: 2 Sam 5,11 Elischua, vermutlich richtig; Elifelet: fehlt in 2 Sam 5, vgl. Auslegung.

7 »Und Nogah« fehlt in 2 Sam 5.

8 Eljada: 1 Chr 14,7 Beeljada, vermutlich richtig, vgl. Auslegung.

15 Johanan, lukianische Version יואחז »Joahas«.

17 אסר »Assir«: vorgeschlagen האסיר »des Gefangenen«; בנו »sein Sohn«: streichen?

19 Pedaja: LXX liest Schealtiel, vgl. Auslegung; ובן »und der Sohn«: vielleicht ובני »und die Söhne«, im Anschluß an MSS und die antiken Versionen.

20 חמש: zu lesen חמשה »fünf«.

21 בני »die Söhne«: zu lesen בנו »sein Sohn« mit LXX und V; Schechanja, ergänze »sein Sohn«.

22 ששה »sechs«: vgl. Auslegung.

23 ובן »und der Sohn«: vielleicht ובני »und die Söhne«, vgl. aber 3,19.

Analyse

Aufbau Dieses Kapitel soll ein repräsentatives genealogisches Bild des Hauses David von David an bis ins 4. vorchristliche Jh. entwerfen. Der Bericht geht nicht auf Vollständigkeit aus; der Schwerpunkt liegt auf ganz bestimmten Elementen der davidischen Geschichte. Das Kapitel besteht aus drei von Inhalt, Quellen, Aufbau und Anliegen her unterschiedenen Teilen; für die innere Gliederung gibt es zwei Möglichkeiten:

A a) 3,1–9 Davids Söhne
b) 3,10–16 Die Könige von Juda
c) 3,17–24 Das Haus Davids nach Jechonja

B a) 3,1–9 Davids Söhne
b) 3,10–14 Die Könige von Juda bis Joschija
c) 3,15–24 Joschija und seine Nachkommen

Nach der ersten, verbreiteteren Aufteilung behandelt der zweite Teil die »Könige von Juda«; die zweite Gliederung stützt sich mehr auf formale Kriterien wie die mit Joschijas Söhnen wechselnde Aufzeichnungsweise.

Der Abschnitt 3,1–9 (Davids Söhne): Quellen und Redaktion

Der erste Abschnitt (3,1–9) bringt die Söhne Davids von seinen Hauptfrauen; er besteht aus zwei Teilen, von denen jeder mit der Überschrift einsetzt »Und dies waren die Söhne des David ... in Hebron« (V 1) bzw. »und diese wurden ihm in Jerusalem geboren« (V 5). Die Abschlußformel für beide steht in V 9: »alle Söhne des David«.

Der Abschnitt ist ganz und gar aus biblischem Material zusammengestellt, entweder wörtlich übernommen oder überarbeitet:

3,1–4a = 2 Sam 3,2–5 (die Söhne aus Hebron)
3,4b = 2 Sam 5,5 (überarbeitet; Davids Regierungszeiten)
3,5–8 = 2 Sam 5,14–16 (1 Chr 14,4–7, die Söhne aus Jerusalem)
3,9 = eklektisch: 2 Sam 5,13; 13,1.

Dies ist ein gutes Beispiel für die redaktionelle Arbeit des Chronisten. Um ein vollständiges Verzeichnis der »Söhne Davids«, was als solches in 2 Sam nicht vorkommt, zu erstellen, sucht er Angaben von verschiedenen Stellen seines Quellenmaterials zusammen, kombiniert sie und verleiht ihnen dadurch neue Funktion und Bedeutung. So zitiert er etwa 2 Sam 5 insgesamt in 1 Chr 11,1–9 und in 1 Chr 14, aber den Vers 2 Sam 5,5 verwendet er nur hier in 1 Chr 3 als Übergang von der einen Gruppe von Söhnen zur anderen, wobei er gleichzeitig die Bedeutung der beiden Residenzstädte in den jeweiligen Überschriften erläutert (V 4.5). V 9 dagegen ist eine Zusammenfassung des Chronisten, gestützt auf 2 Sam 5,13, bereichert um den Hinweis auf Tamar. So rundet der Chronist die genealogischen Listen ab, indem er einschlägiges Material hinzufügt, das er in historiographischen Passagen gefunden hat.

Vergleich mit 1 Chr 14,4–7

Davids in Jerusalem geborene Söhne sind sowohl hier als auch in 1 Chr 14,4–7 aufgeführt. Solche Doppelverwendung von genealogischem Material ist ein bekanntes literarisches Verfahren in Chr. Im vorliegenden Kontext gehört die Liste zu dem genealogischen Gesamtteil des davidischen Hauses; in 1 Chr 14 dient sie zur Illustration, wie David in Jerusalem verwurzelt war. So ist etwa 2 Sam 5,13 in 1 Chr 14,3 zitiert, aber nicht hier. In diesem Abschnitt und in etlichen anderen tritt die Vorliebe des Verfassers für Zahlenangaben zutage: die zahlenmäßige Auflistung der Söhne Davids (V 1–3 im Anschluß an 2 Sam 3,2–6), und die Einführung von Summen: sechs (V 4) bzw. neun (V 8).

Der Abschnitt 3,10–16 (die Könige von Juda): Quellen und Gestaltung

Die Liste in 3,10–16 bringt die Könige von Juda hintereinander in Form eines Stammbaums. Erst am Ende erweitert sich die Perspektive ein wenig, indem Joschijas vier und Jojakims zwei Söhne genannt werden, obwohl nur drei von diesen sechs als Könige von Juda fungierten (vom Aufbau her ist dieser Abschnitt analog zum folgenden, dazu unten). Die Liste stellt sozusagen das Skelett der Geschichte des judäischen Königtums dar; erhalten sind nur die Namen der Könige, verknüpft jeweils durch die Angabe »sein Sohn« bzw. »dessen Sohn«. Die hier verwendete Technik entspricht der von 1 Chr 1,1–4 u.ö.: eine ausführlichere Darstellung auf ein Gerüst von Namen reduziert. Die Frage nach der Herkunft der Liste läßt sich nicht schlüssig beantworten. Ähnliche Aufzeichnungen finden sich auch anderswo in genealogischen Zusammenhängen, so etwa die Liste der Hohenpriester in 1 Chr 5,30–

41, wo die Verbform »zeugte« anstelle von »sein Sohn« die Namen untereinander verbindet. Für uns besteht der Hauptunterschied zwischen diesen beiden Listen darin, daß die uns erhaltenen Quellen zu den Königen historische Daten bringen, aber nicht zu den Hohepriestern. Wie oben angedeutet, bietet 1 Chr 3,10–16 kein vollständiges genealogisches Bild des davidischen Hauses, sondern beschränkt sich auf die Könige unter seinen Mitgliedern. Die Könige von Juda hatten zahlreiche Nachkommen, zu einigen davon bietet der Chronist selbst weitere Information: 2 Chr 11,18 ff. die Söhne Rehabeams; 2 Chr 21,2 die Söhne Joschafats. Obwohl ihm diese Angaben zur Verfügung standen, bringt er sie hier nicht, denn hier geht es ihm um die Thronfolge des davidischen Königshauses, dessen ausführlichere Geschichte dann folgen soll.

Der Abschnitt 3,17–24 (das Haus Davids nach Jechonja): Rekonstruktion des Textes

Die V 17–24 (oder 15–24) bringen eine nicht vollständige Genealogie des davidischen Hauses nach Jechonja (bzw. Joschija). Da V 21 vermutlich verderbt ist, hängt viel von seiner textlichen Rekonstruktion ab. Im Prinzip gibt es dafür zwei Möglichkeiten: geringfügige Veränderungen, bei denen seine abweichende Form erhalten bliebe, oder drastischere Anpassung an die im ganzen Abschnitt vorherrschende Struktur. Nach dem ersten Verfahren besteht die Gruppe von Versen (15 bzw. 17 bis 24) aus drei Teilen nach der unterschiedlichen Aufzeichnungsweise. Im ersten (V [15–]17–20) und im dritten Teil (V 22–24) sind mehrere Generationen nach folgendem Muster aufgeführt: die Söhne eines Vaters mit Fortsetzung in die nächste Generation über nur einen dieser Söhne. Demnach: (Joschija und seine Söhne, Jojakim und seine Söhne); Jechonja und seine Söhne; (Assir und seine Söhne, vgl. Auslegung), Pedaja und seine Söhne; Serubbabel und seine Söhne; später dann Schechanja und seine Söhne; Schemaja und seine Söhne; Nearja und seine Söhne; Eljoënai und seine Söhne. V 21 dazwischen wäre entweder eine »vertikale« Aufzeichnung von sieben Generationen von Hananja bis Schechanja, oder aber eine »horizontale« Liste von Hananjas Söhnen, anders verzeichnet. Eine tiefgreifende Rekonstruktion von V 21 (dazu unten) findet darin lauter Angehörige einer Generation, wodurch die Liste insgesamt homogen würde.

Formal weist auch dieser Abschnitt hinzugefügte Zahlen auf, die im letzten Teil durchgängig (V 22.23.24), im ersten Teil vereinzelt (V 20) erscheinen, ähnlich wie im ersten Abschnitt des Kapitels. Die Anzahl der in der Liste genannten Generationen (und entsprechend ihre zeitliche Ansetzung) hängen ebenfalls von ihrer Form ab, d. h. von der Rekonstruktion des Textes. Die oben ausgeführten Verfahrensweisen sowie weitere textliche Erwägungen bestimmen die Anzahl der Generationen nach Jechonja auf etwas zwischen sieben und vierzehn, also auf eine Zeitspanne von 140 bis 280 Jahren (wenn wir 20 Jahre pro Generation ansetzen). Demnach würde die Liste bis zum Jahr 460 bzw. bis 320 v. Chr. reichen. Von daher ist die Textrekonstruktion überaus wichtig als *terminus post quem* für die schriftstellerische Tätigkeit des Chronisten.

Auslegung

Der erste Teil: Davids Söhne (3,1–9)

Die Liste 3,1–4 von Davids in Hebron geborenen Söhnen ist nahezu wört- 3,1–4
lich aus 2 Sam 3,2–5 übernommen. Dort ist sie in die Erzählung integriert:
»und David nahm zu an Kraft … da wurden David Söhne geboren in He-

bron ...«; hier dagegen besteht der Kontext aus Listen, entsprechend ist die Überschrift geändert: »und dies waren die Söhne des David, die ihm in Hebron geboren wurden«. Wie in 2 Sam 3 sind sechs Söhne genannt, und am Schluß steht noch einmal ausdrücklich »sechs wurden ihm in Hebron geboren«. Überschrift und Schlußformel (V 1.4) sind in zweifacher Hinsicht problematisch: Zum einen ist zweifelhaft, daß die Liste tatsächlich alle Söhne Davids umfaßt, die in Hebron geboren wurden. Von jeder Mutter wird nur der Erstgeborene genannt, und vom allerersten wird gesagt, daß er auch der Erstgeborene seines Vaters war. Es ist kaum wahrscheinlich, daß keine von Davids Frauen ihm innerhalb dieser sieben Jahre in Hebron keine weiteren Kinder geboren haben sollte. Zum anderen könnten einige der hier aufgeführten Söhne bereits vorher geboren sein, zumal die ersten beiden Frauen schon vor Davids Regierung in Hebron erwähnt sind (1 Sam 25,43–44; 27,3; 30,5; 2 Sam 2,2). Unter den vier Frauen, die David in Hebron nahm, war offenbar Maacha die bedeutendste, denn ihre Herkunft wird ausführlich berichtet. Hier handelt es sich anscheinend um die erste jener »diplomatischen Heiraten«, die unter Salomo ihren Höhepunkt erreichten. Weder in dieser Liste noch in deren Vorlage ist Sauls Tochter Michal erwähnt (weiteres unten zu 1 Chr 15,29).

Davids zweiter Sohn, von Abigajil, heißt in 2 Sam Chileab, hier dagegen Daniel. Allgemein gilt die eine Namensform als Korruption der zweiten, wobei die Lesart der LXX als Bindeglied fungiert. In den Erzählungen von 2 Sam sind die weiteren Schicksale von dreien dieser vier Erstgeborenen berichtet – Amnon, Abschalom und Adonija – während Chileab, Davids zweiter Sohn, dort nicht vorkommt, vielleicht weil er jung starb. Der Titel von Abigajil, »die Frau Nabals des Karmeliten« (2 Sam 3,3; auch 1 Sam 27,3; 30,5; 2 Sam 2,2) ist hier zu »die Karmelitin« verkürzt. Ob es sich hier um bewußte Vermeidung der näheren Umstände, unter denen sie Davids Frau wurde, handelt oder um rein stilistische Kürzung, läßt sich nicht entscheiden.

Egla ist in 2 Sam als »Davids Frau« bezeichnet, hier als »seine Frau«; beides klingt ungewöhnlich und hat zu der im Midrasch geäußerten Vermutung geführt, hier sei von Michal, Davids Lieblingsfrau, die Rede (Yalqut Shim'oni 141).

Die Erwähnung der »sieben Jahre und sechs Monate«, die David in He-
3,4aβ–b bron regierte, in 3,4aβ–b ist interessant. Hier fungiert sie als Erklärung, weshalb einige von Davids Söhnen in Hebron geboren wurden, andere dagegen in Jerusalem, deshalb ist sie hier plaziert. Im Vergleich zu 2 Sam 5,5 hat der Vers etliche Veränderungen erfahren. Die Worte »über Juda« bzw. »über ganz Israel und Juda« sind weggelassen, denn der Chronist geht durchgängig davon aus, daß David von vornherein König über »ganz Israel« war. Innerhalb des chronistischen Geschichtsansatzes bietet der Vers eine gewisse Schwierigkeit. Der Ablauf der Ereignisse, wie er in 1 Chr 11–12 be-

richtet ist, läßt keinen Raum für siebeneinhalb Jahre Herrschaft in Hebron. In Hebron trat David die Herrschaft »über ganz Israel« an (1 Chr 11,3), unmittelbar darauf eroberte er Jerusalem, verlegte seine Residenz dorthin und machte sich an den Transfer der Bundeslade. Da bleibt keine Zäsur von mehr als sieben Jahren Regierung in Hebron. In 1 Chr 29,29 heißt es dann wieder, diesmal im Anschluß an 1 Kön 2,11, er habe »7 Jahre in Hebron und 33 Jahre in Jerusalem« regiert.

Der Abschnitt 3,5–9 ist aus 2 Sam 5,13–16 genommen; die hier vorgenommenen Veränderungen sind durch den neuen Kontext und durch die Ansichten des Chronisten bedingt. Da der Kontext ein genealogischer ist, hat der Chronist den Eröffnungssatz weggelassen (2 Sam 5,13) und geht direkt zu den Namen über. Ein Nachklang jenes Verses findet sich allerdings in V 9, wo die »Söhne der Nebenfrauen« erwähnt sind. Im Unterschied zur voranstehenden Liste bringt dieser Abschnitt die Söhne nicht in Verbindung mit ihren jeweiligen Müttern; so läßt sich nicht feststellen, ob auch hier nur die jeweils erstgeborenen oder sämtliche Jerusalemer Söhne Davids verzeichnet sind. In V 5 werden die ersten vier Söhne »Batschua, Tochter des Ammiël« zugeschrieben, und da sich Salomo darunter befindet, ist zweifellos »Batscheba, Tochter des Eliam« (2 Sam 11,3) gemeint. Dies ist die einzige Information, die uns nicht aus Sam bekannt ist. Schwierig ist hier die Erwähnung von Salomo als Batschebas viertem Sohn, wohingegen er laut allen uns bekannten Quellen ihr erster war. Anscheinend hat der Chronist den Namen Batscheba (= Batschua) aus dem erzählerischen Material in Sam genommen – eine von ihm durchweg angewandte Technik – und ihr nicht nur Salomo zugeschrieben, sondern die ganze erste Gruppe von Söhnen, unter denen er vorkommt. Darin ist der Chronist dem Beispiel des Eröffnungsabschnitts gefolgt, aber da Batschua die einzige in Sam genannte Jerusalemer Mutter von Söhnen Davids ist, hat er sich nicht die Mühe gemacht, den Müttern der übrigen Söhne nachzugehen. Dieselbe Liste erscheint in 1 Chr 14,4 ff., dort allerdings ohne Erwähnung von Salomos Mutter. 3,5–9

Im Namen der Königinmutter sind die Vaternamen Eliam/Ammiël austauschbar (vgl. Jechonjahu – Jojachin u.a.m.); die Namen Batscheba und Batschua sind ebenfalls sehr ähnlich. Es könnte sich um variierende Schreibweisen handeln oder aber um eine Anpassung der ursprünglichen Form »Batscheba« an den Namen der ersten Frau des Ahnherrn Juda, im Zuge einer allgemeinen Tendenz, Parallelismen zwischen der Familie Davids und Judas herzustellen; es fällt auf, daß die Namen Batschua und Tamar beide in Judas Biographie (1 Chr 2,3–4) ausdrücklich genannt sind.

Die Liste enthält zwei Namen, die in 2 Sam 5,14 nicht stehen, Elifelet und Nogah. Manche Exegeten betrachten diese Namen als das Resultat von Dittographie: Elifelet von demselben Namen in V 8 und Nogah von dem benachbarten »Nefeg«. Allerdings finden sich beide Namen auch in 1 Chr

14,5–6 und in der Summe »neun«, die am Ende der Liste steht (V 8), sind die beiden mitgezählt.

Zwei abweichende Namensformen sind noch bemerkenswert: »Schimea/Schima« (V 5) ist eine Variante von »Schamua« in den beiden anderen Listen, beides vermutlich hypokoristische Formen von »Schemaja«. »Eljada« (V 8) geht wahrscheinlich auf die in 1 Chr 14,7 erhaltene ursprüngliche Form »Beeljada« zurück; dort enthält der Name noch das Element »Baal«, das im Onomastikon des frühen israelitischen Königtums sehr verbreitet war.

3,9 Der Abschluß der Liste in 3,9 führt zwei weitere Einzelheiten ein: den Hinweis auf die »Söhne der Nebenfrauen«, den wir aus der Überschrift der Liste in 2 Sam 5,13 kennen, und die Erwähnung von Davids Tochter Tamar, die uns aus den erzählenden Texten in Sam (bes. 2 Sam 13) bekannt ist, die ihrerseits nicht in Chr übernommen sind. So hat der Chronist hier sämtliche Information zusammengebracht, die er in Sam über Davids Familie finden konnte, um ein möglichst vollständiges Bild von Davids direkten Nachkommen zu bieten.

Der zweite Teil: Die Könige von Juda (3,10–16)

3,10–16 Die Könige von Juda werden in den Versen 3,10–16 in der Reihenfolge ihres Königtums als Stammbaum aufgezeichnet bis hin zu Joschija; danach sind vier Söhne von Joschija genannt und zwei von Jojakim (V 15.16). Sowohl die Namen der vier Söhne Joschijas (Johanan, Jojakim, Zidkija und Schallum) als auch deren Reihenfolge bieten Schwierigkeiten. Laut Kön hatte Joschija drei Söhne, die nacheinander auf den Thron kamen: Joahas (2 Kön 23,31, um 608 v. Chr. 23 Jahre alt), Eljakim/Jojakim (2 Kön 23,34.36, um 608 v. Chr. 25 Jahre alt) und den viel jüngeren Mattanja/Zidkija (2 Kön 24,27–18, um 597 v. Chr. 21 Jahre alt). Die Reihenfolge ihrer Geburt wäre in Kön Eljakim/Jojakim, Joahas, Mattanja/Zidkija. Ein Sohn Joschijas namens Schallum ist in Jer 22,10–12 erwähnt, und aus den näheren Umständen dort geht hervor, daß es sich um keinen anderen handelt als Joahas. Demnach würde die Liste in Chr diese ganze Information umfassen samt einem weiteren Sohn Johanan, der in Kön nicht erwähnt war, weil er nicht König wurde. Wenn die Namen auf der Liste die Reihenfolge der Geburt wiedergibt, ist anzunehmen, daß er aus irgendeinem Grund nicht für den Thron geeignet war oder aber jung starb. Das Auftreten von Schallum (Joahas) am Ende der Liste könnte auf ein Versehen zurückgehen oder auf chronologische Erwägungen: Zidkija, dessen Alter in 2 Kön 24,18 falsch angegeben sein könnte, hätte durchaus älter sein können als Schallum/Joahas (s. auch unten).

3,16 Im Unterschied zu den Angaben in 2 Kön 24 sind in 3,16 zwei Söhne von Jojakim erwähnt: Jechonja (Jojachin), der laut Kön nach seines Vaters Tod auf den Thron kam, und ein weiterer Zidkija, der in Kön gar nicht vorkommt. Diese Person erscheint auch in 2 Chr 36,10, wo Zidkija, der letzte König von Juda, nicht als Sohn von Joschija, Bruder von Jojakim und Onkel von Jojachin (2 Kön 24,17) ausgewiesen ist, sondern als Sohn von Jojakim und Bruder von Jojachin. Insofern ist die Überlieferung von Chr in sich konsistent: nur zwei, nicht drei von Joschijas Söhnen gelangten auf den Thron; Joahas der jüngere regierte als erster, nach ihm sein älterer Bruder Jojakim; in V 15 sind sie nach ihrer Geburt, nicht nach der Thronfolge verzeichnet. Daran könnte es liegen, daß Zidkija vor Schallum/Joahas erscheint, wobei dieser Zidkija nicht zu verwechseln ist mit dem viel jüngeren König desselben Namens. Nach Jojakim kamen zwei seiner Söhne auf den Thron, Jojachin und Zidkija der Jüngere. Die divergierenden Annahmen lassen sich folgendermaßen darstellen (die Ziffern in Klammern geben die Thronfolge an):

2 Kön

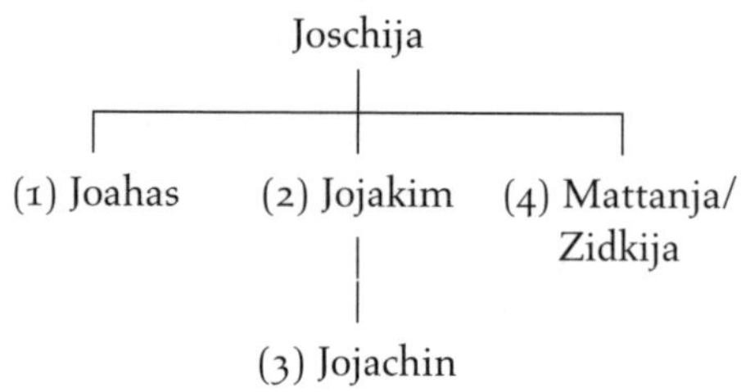

Chr

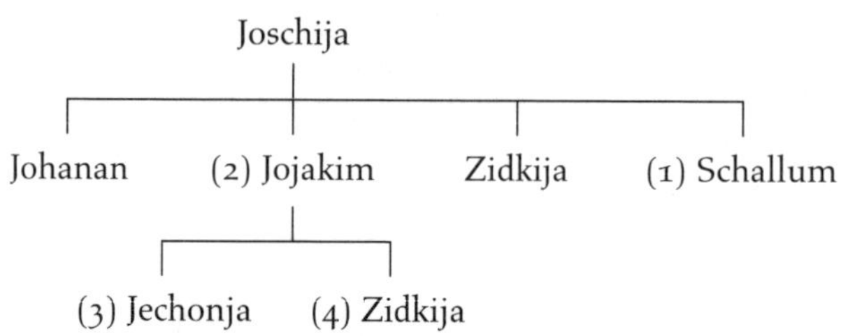

Ob die Überlieferung von Kön oder die von Chr als authentisch zu betrachten ist? Was für die Auffassung des Chronisten spricht, ist ihre eindrucksvolle Konsistenz. Außerdem handelt es sich bei den Belegstellen für 2 Kön 24,17 um zwei redaktionelle Bemerkungen (Jer 1,3 und 37,1), wohingegen Jer selbst zwar Jojakim den »Sohn des Joschija« nennt (Jer 22,18 u.ö.), nie aber Zidkija, dieser heißt bei ihm entweder »der König von Juda« (Jer 21,7; 24,8 u.ö.) oder »der König« (Jer 37,18 u.ö.). Demgegenüber darf man aber nicht vergessen, daß Kön den Ereignissen noch viel näher stand als Chr, und es ist kein Grund ersichtlich, weshalb der Autor von Kön die ursprünglichen Angaben zur Abstammung des letzten Königs von Juda hätte verändern sollen.

Der dritte Teil: Das Haus Davids nach Jechonja (3,17–24)

3,17 Der Abschnitt 3,17–24 bietet das ausführlichste Bild der davidischen Dynastie nach dem Exil (vgl. dazu die eingehende Untersuchung von *J. Liver*, The House of David, Jerusalem 1959, 8–19). Ansonsten finden wir nur »Serubbabel, Sohn des Schealtiël«, der laut Hag 2,20 davidischer Abstammung war, und Hattusch, »von den Söhnen Davids«, der mit Esra aus dem Exil zurückkehrte (Esra 8,2). Es wird noch diskutiert, ob »Scheschbazzar« aus Esra 1,7.11 u. ö. mit »Schenazzar« hier (V 18) gleichzusetzen ist; manche Forscher betrachten auch Nehemia, den Sohn des Hachalja, als Nachkommen von David, obwohl es weder in seinen Memoiren noch in dieser Liste einen klaren Anhaltspunkt dafür gibt. Die Liste bietet keinen vollständigen Stammbaum der davidischen Dynastie, denn in jeder Generation sind nur die Nachkommen eines Sohnes (meistens des erstgeborenen) angegeben. Diese Form scheint nicht zufällig gewählt, vermutlich folgt sie der Thronanwärterschaft innerhalb des Hauses David. Wenn diese Annahme richtig ist, würde das bedeuten, daß in der davidischen Dynastie eine klare Linie der Thronfolge noch über Generationen nach Aufhören des Königtums bewahrt wurde; möglicherweise genossen die jeweils zur Thronfolge berechtigten Davididen sogar einen besonderen Status in der jüdischen Gemeinschaft – obwohl in den auf uns gekommenen Quellen nichts davon überliefert ist.

In Kön heißt Jojakims erster Sohn stets Jojachin (2 Kön 24,6 u. ö.), in Jer dagegen durchgängig Konja oder Jechonja (Jer 22,24; 24,1 u. ö.), mit Ausnahme von Jer 52,31//2 Kön 25,27. In Chr finden sich beide Namensformen, vermutlich je nach der vom Chronisten verwendeten Quelle; so steht
3,18 in 2 Chr 36,8.9 »Jojachin«, hier in 1 Chr 3,16 f. »Jechonja«. Der Aufbau von 1 Chr 3,17 sowie die Funktion der Vokabel אסיר »'assīr« ist problematisch. Formal ist dieser Vers analog zu V 10, mit Ausnahme der Vokabel בן »Sohn« im Singular bzw. Plural zu Anfang:

V 10: ובן שלמה רחבעם, אביה בנו »Und der Sohn des Salomo: Rehabeam, Abija, sein Sohn«

V 17: ובני יכניה אסיר, שאלתיאל בנו »Und die Söhne des Jechonja: Assir, Schealtiël sein Sohn«

Nach dieser Parallele müßte »Assir« der Name von Jechonjas Sohn sein, Schealtiël samt den in V 18 genannten Namen dann die Söhne Assirs. Daß auf den Plural »Söhne« dann nur ein einziger Name folgt, kommt in den Genealogien häufig vor (u. a. 1 Chr 2,31). Auch der Name Assir bietet an sich keine Schwierigkeit (vgl. Ex 6,24; 1 Chr 6,7.8.22). Doch haben sich etliche Forscher durch die außerbiblische Information, daß Jojachin fünf Söhne hatte, sowie durch die einigermaßen ungewöhnliche Struktur hier veranlaßt gefühlt, die Vokabel אסיר als Adjektiv aufzufassen, d. h. »Gefangener«, obwohl solche Attribute sich in diesen Listen sonst nicht finden. In
3,18 diesem Falle wären Schealtiël und die in V 18 genannten Namen Jechonjas Söhne, woraufhin allerdings die Vokabel בנו »dessen Sohn« nach dem Na-

men Schealtiël überflüssig wäre. Diese Form der Anführung findet sich in den Listen entweder, wenn in jeder Generation nur ein Sohn erwähnt ist (vgl. V 10b ff.), oder, seltener, nach jedem Sohn desselben Vaters (vgl. V 16), aber nach nur einem von mehreren Söhnen ist mir die Form sonst nirgends begegnet. Daraufhin hat man die Vokabel entweder als Glosse betrachtet oder als Korruption von בכורו »sein Erstgeborener«.

Der Ausdruck »Söhne des Pedaja« in 3,19 ist als solcher nicht schwierig, 3,20
nur im Gegenüber zu anderen Texten ergibt sich ein Problem. Der Anführer der judäischen Gemeinschaft unter Darius heißt in allen Quellen entweder einfach »Serubbabel« (Sach 4,6 u.ö.; Esra 2,2 u.ö.) oder aber »Serubbabel, Sohn des Schealtiël« (Hag 1,1 u.ö.; Esra 3,2 u.ö.); aus Hag 2,23 läßt sich entnehmen, daß er der Nachfolger des Jojachin war. In der vorliegenden Liste führt die davidische Thronfolge tatsächlich über Serubbabel, auch dessen zeitliche Ansetzung paßt, nur wird er hier als Sohn des Pedaja bezeichnet. Von den Exegeten sind verschiedene Vorschläge gemacht worden, wie die Erwähnung zweier Väter zu erklären sei; die meisten Forscher folgen der LXX, die »Schealtiël« statt »Pedaja« liest. Der Vers endet mit »ihrer Schwester Schelomit«. Da alle übrigen in den Listen ausdrücklich genannten Töchter oder Schwestern bekannte historische Persönlichkeiten waren (1 Chr 2,16.49; 3,9), liegt die Vermutung nahe, daß Schelomit zur Zeit der Restauration eine bedeutende Frau war, auch wenn darüber keine Nachricht auf uns gekommen ist. *Avigad* möchte diese Schelomit als Besitzerin eines Siegels betrachten, das die Inschrift trägt: »Schelomit, die Magd (אמת) des Elnatan« (*N. Avigad,* Bullae and Seals from a Post-exilic Judean Archive [Qedem IV], Jerusalem 1976, 11.22).

Der verwandtschaftliche Zusammenhang zwischen den fünf in 3,20 ge- 3,21
nannten Namen ist nicht klar. Wenn die Erwähnung einer Schwester in der Regel das Ende einer Liste markiert (vgl. oben, V 9), hätte Serubbabel nur drei Kinder gehabt: Meschullam, Hananja und deren Schwester Schelomit (V 19); dann wären die folgenden Namen unabhängig davon, wofür auch die Zahl »fünf« am Ende von V 20 spricht, die diese Namen als eine gesonderte Einheit ausweist. Die übliche Lösung besteht darin, hier die Angabe בני משלם »die Söhne Meschullams« zu ergänzen (vgl. *BHS*). Dadurch würde allerdings die Abstammungslinie über zwei Söhne von Serubbabel geführt, was dem sonstigen Prinzip der Liste zuwiderläuft. Andere wollen die beiden Gruppen von Namen auf zwei Phasen in Serubbabels Leben verteilen, in Babylon bzw. in Juda, und *Rudolph* (29) geht sogar so weit, den Text in diesem Sinne zu emendieren. Die Zahl »fünf« erscheint hebräisch in der grammatischen Form, die mit der Nennung von Töchtern zusammengeht (חמש); doch da die Namen in keiner Weise feminin klingen, ist die Form des Zahlworts wohl in חמשה zu korrigieren.

Verschiedene Versuche sind gemacht worden, den schwierigen Vers 3,21 3,21
textlich zu rekonstruieren. Die weniger radikale Lösung besteht darin, die

wiederholte Vokabel בני »Söhne des« als Verschreibung von בנו »sein Sohn« zu betrachten, im Anschluß an LXX und Vulgata. Diese Lesart läßt die Punktation des Verses fraglich erscheinen. Nach den massoretischen Akzenten würde das korrigierte בנו jeweils dem zugehörigen Namen voranstehen, woraufhin zu Anfang des Verses zu lesen wäre »die Söhne (Plural) des Hananja«, im Anschluß an die antiken Versionen; eine solche Form der Anführung ist allerdings nirgends sonst in den Listen belegt. Eine andere Möglichkeit besteht darin, die Vokabel »sein Sohn« gegen die massoretischen Akzente jeweils zum voranstehenden Namen zu ziehen, woraufhin nach dem Namen Schechanja »sein Sohn« zu ergänzen wäre (wiederum im Anschluß an LXX). Nach dieser Rekonstruktion wäre nur Pelatja der Sohn des Hananja. Die Deutung des Verses hängt nach all diesen Erwägungen immer noch davon ab, wie der Exeget seinen rekonstruierten Text versteht. Die Liste der Namen läßt sich als Stammbaum betrachten, der mehrere Generationen von Hananja bis Schechanja umfaßt (wie in V 10b ff., dazu oben), oder aber als Aufzählung von fünf (oder vier) Söhnen eines Vaters, wobei nach jedem Namen steht »sein Sohn« (wie in V 16 oben). Da beide Verfahren in den Listen belegt sind, läßt sich keine eindeutige Entscheidung fällen. Ob Jeschaja Pelatjas Sohn oder Bruder war, steht wiederum auf einem anderen Blatt.

Die radikalere Lösung besteht darin, die verschiedenen Vorkommen von בני »Söhne des« ganz zu streichen und durch *waw conjunctivum* zu ersetzen (*Kittel, Rudolph*, entsprechend *BH* und *BHS*). Außerdem müßte dann die Angabe »Sohn des« am Anfang in Plural verbessert werden, woraufhin sechs Söhne des Hananja aufgezählt wären. Diese Lösung hat zwar den Vorteil einer völlig einheitlichen Aufzeichnungsform über den ganzen Abschnitt hin, bleibt aber die Erklärung für das Zustandekommen einer so drastischen Textverderbnis schuldig.

3,22 In seiner vorliegenden Form verzeichnet 3,22 einen Sohn des Schechanja namens Schemaja und fünf Söhne des letzteren, deren Aufzählung allerdings mit der Zahlenangabe »sechs« endet. Diese Unstimmigkeit läßt sich durch die Annahme beheben, daß entweder ein Name ausgefallen ist oder aber die korrekte Zahl »fünf« lauten müßte. Die meisten Forscher greifen jedoch zu einer radikaleren Lösung, indem sie »die Söhne des Schemaja« als Glosse streichen, wodurch sechs Söhne des Schechanja zustande kommen. Der Vorschlag beruft sich auf Esra 8,2, wo von Hattusch als einem »von den Söhnen des Schechanja« die Rede ist, was korrigiert wird in »Hattusch, der Sohn des Schechanja«. Mir scheint diese zweifache Textkorrektur unnötig. In beiden Texten ist dieselbe Tatsache bezeugt: Hattusch gehörte zu den Söhnen (d. h. zur Familie) des Schechanja, deshalb braucht er nicht dessen direkter Nachkomme gewesen zu sein, der vorliegende Vers etwa bezeichnet ihn als Schechanjas Enkel. Die Eröffnung mit »die Söhne des ...« im Plural, worauf dann nur ein einziger Name folgt, ist etliche Male zuvor belegt (u. a. 1 Chr 2,31). Die überwiegende Mehrheit der Namen in dieser Genealogie ist zwar hebräisch, aber es gibt auch drei babylonische: Schenazzar (sin-usur), Serubbabel (zer-babili) und vermutlich Hattusch; die genaue Herkunft dieses Namens ist zwar nicht bekannt, aber er kommt in assyrischen und babylonischen Dokumenten vor.

1 Chr 4,1–23: Familien des Stammes Juda

Literatur *A. Demsky*, The Clans of Ephrat: Their Territory and History: Tel Aviv 13, 1986, 46–59. – *M. Dijkstra*, A Note on 1 Chr 4:22–23: VT 25, 1975, 671–674. – *C. H. Knights*, The Text of 1 Chronicles 4:12: A Reappraisal: VT 37, 1987, 375–377. – *R. A. S. Macalister*, The Royal Potters: 1 Chr 4:23: ET 16, 1904/1905, 379–380. – *S. Mittmann*, »Königliches *bat*« und »*ṭlēṭ*-Symbol«. Mit einem Beitrag zu Micha 1,14b und 1 Chronik 4,21–23: ZDPV 107, 1991, 59–76. – *M. Noth*, Eine siedlungsgeographische Liste in 1 Chr. 2 und 4: ZDPV 5, 1932, 97–124. – ders., Die Ansiedlung des Stammes Juda auf dem Boden Palästinas: PJ 30, 1934, 31–47.– *R. C. Steiner*, Bittĕ-Yâ, Daughter of Pharao (1 Chr 4:18) and Bint(i)-ʿAnat, Daughter of Ramesses II: Bib. 79, 1998, 394–408. – *M. P. Streck/S. Weninger*, Zur Deutung des hebräischen Namens ʿOṯnīʾēl: BN 96, 1999, 21–29. – *T. Willi*, Late Persian Judaism and its Conception of an Integral Israel According to Chronicles: Some Observations on Form and Function of the Genealogy of Judah in 1 Chronicles 2:3–4:23*, in: T. C. Eskenazi/K. H. Richards, Second Temple Studies 2. Temple Community in the Persian Period (JSOT.S 175), Sheffield 1994, 146–162. – *H. G. M. Williamson*, Sources and Redaction in the Chronicler's Genealogy of Judah: JBL 98, 1979, 351–359.

Text

Übersetzung 4[1] *Die Söhne des Juda: Perez, Hezron und [Kelubai] und Hur und Schobal.*
[2] *Und Reaja, der Sohn des Schobal, zeugte Jahat und Jahat zeugte Ahumai und Lahad. Dies sind die Familien der Zoraïten.*

[3] *Und dies [sind die Söhne des Haref, des Vaters von Betgader: …], der Vater von Etam, Jesreel und Jischma und Jidbasch. Und der Name ihrer Schwester: Hazlelponi.*

[4] *Und Penuel war der Vater des Gedor und Eser der Vater des Huscha. Dies sind die Söhne des Hur, des Erstgeborenen der Efrata, des Vaters von Betlehem.*

[5] *Und Aschhur, der Vater von Tekoa, hatte zwei Frauen, Hela und Naara.*
[6] *Und Naara gebar ihm Ahusam und Hefer und Temni und den Ahaschta-*

riten. Dies sind die Söhne der Naara. [7] *Und die Söhne der Hela: Zeret und Zohar und Etnan.*

[8] *Und Koz zeugte Anub und Zobeba und die Familien des Aharhel, des Sohnes des Harum.*

[9] *Und Jabez war angesehener als seine Brüder. Und seine Mutter hatte seinen Namen Jabez gerufen, indem sie sprach: Denn geboren habe ich ihn mit Pein.* [10] *Und Jabez rief zum Gott Israels, indem er sprach: Möchtest du mich segnen und mein Gebiet erweitern und möchte deine Hand mit mir sein, daß du mich freimachst von Unheil und mich nicht peinigst. Und Gott brachte herbei, worum er gebeten hatte.*

[11] *Und Kelub, der Bruder des Schuha, zeugte Mehir. Er war der Vater des Eschton.* [12] *Und Eschton zeugte Bet-Rafa und Paseach und Tehinna, den Vater von Ir-Nahasch. Dies sind die Männer von Recha.*

[13] *Und die Söhne des Kenas: Otniël und Seraja. Und die Söhne des Otniël: Hatat [und Meonotai].* [14] *Und Meonotai zeugte Ofra und Seraja zeugte Joab, den Vater von Ge-Haraschim; denn sie waren Handwerker.*

[15] *Und die Söhne des Kaleb, des Sohnes des Jefunne: Ir [und] Ela und Naam. [Dies sind die Söhne des Kenas].*

[16] *Und die Söhne des Jehallelel: Sif und Sifa, Tirja und Asarel.*

[17] *Und der Sohn des Esra: Jeter und Mered und Efer und Jalon.* [18b] *Und (...) die Söhne von Bitja, der Tochter des Pharao, die Mered zur Frau genommen hatte;* [17b] *sie empfing [und gebar] Mirjam und Schammai und Jischbach, den Vater von Eschtemoa,* [18a] *und seine judaitische Frau gebar: Jered, den Vater von Gedor, und Heber, den Vater von Socho, und Jekutiël, den Vater von Sanoach.* [19] *Und die Söhne der Frau von Hodija, der Schwester des Naham: der Vater von Keïla, dem Garmiten, und Eschtemoa, der Maachatit.*

[20] *Und die Söhne des Schimon: Amnon und Rinna, Ben-Hanan und Tilon. Und die Söhne des Jischi: Sohet. Und der Sohn von Sohet [...]*

[21] *Und die Söhne des Schela, des Sohnes des Juda: Er, der Vater des Lecha, und Lada, der Vater des Marescha, und die Familien des Hauses der Byssusbearbeiter von Bet-Aschbea,* [22] *und Jokim und die Männer von Koseba und Joasch und Saraf, die über Moab geherrscht hatten, aber wieder nach Betlehem zurückgekehrt waren – die Berichte sind altüberliefert.* [23] *Sie sind die Töpfer und sitzen in Netaïm und Gedera und wohnen dort im Dienst des Königs.*

Zu Text und Übersetzung

Vorbemerkung: Das Haupthindernis für das Verständnis dieses Kapitels liegt in dem mangelnden Zusammenhang zwischen den einzelnen Teilen. Mit Hilfe einiger Konjekturen läßt sich ein gewisses Maß an Kohärenz in V 1–7 finden; eine weitere zusammenhängende Einheit mit Bezug auf den ursprünglich in 2,3–5 bestimmten Rahmen findet sich in V 21–23. Doch das Hauptstück der Genealogie von Juda (V 8–20) besteht aus anscheinend unabhängigen Einheiten, deren Nebeneinander keine

Logik erkennen läßt. In der uns vorliegenden Form zerfällt der Text in folgende Einheiten: V 8.9–10.11–12.13.14.15–16.17–18.19.20. Außerdem scheint der Text an etlichen Stellen hoffnungslos verderbt.

1 וכרמי »und Karmi«: vermutlich zu lesen: »und Kelubai«, vgl. Auslegung.

3 ואלה: ein paar Wörter anscheinend ausgefallen, vgl. Auslegung; הצללפוני »Hazlelponi«: vermutlich verderbt.

7 ואתנן: vorgeschlagene Ergänzung וקוץ »und Koz« (vgl. 4,8a).

8 הצבבה: vorgeschlagen יעבץ »Jabez« (vgl. 4,9); »Aharhel, des Sohnes des Harum«: verderbt?

11 אחי »der Bruder«: LXX^{L} אבי »der Vater«.

12 נחש »Nahasch«: LXX + אחי אשלון הקנזי »der Bruder von Eschlon dem Kenisiten«; רכה »Recha«: LXX רכב »Rekab«, dazu Auslegung.

13 חתת »Hatat«: vermutlich zu ergänzen ומעונותי »und Meonotai«, im Anschluß an LXX und V.

15 עירו אלה: zu lesen עיר ואלה »Ir [und] Ela«; ובני אלה וקנז »und die Söhne von Ela und Kenas«: vorgeschlagen אלה בני קנז »dies sind die Söhne von Kenas«, dazu Auslegung.

17–20 vgl. Auslegung.

22 וישבי לחם: vorgeschlagen וישבו לחה »sie waren zurückgekehrt nach Lecha« oder וישבו בית לחם »sie waren zurückgekehrt nach Betlehem«.

Analyse

Aufbau

Die Genealogie von Juda in Kap. 4 (durch V 1 mit der vorigen verknüpft) läßt sich in fünf größere Einheiten gliedern:

a) V 2–4 Hur
b) V 5–10 Aschhur
c) V 11–15 Kenas
d) V 16–20 Jehallelel und Esra
e) V 21–23 Schela

Literarische Technik

Die literarische Form der einzelnen Einheiten ist nicht einheitlich, sondern variiert je nach den genealogischen Einzelheiten. Literarisch auffällig ist besonders der Abschnitt V 9–10; es handelt sich um eine ätiologische Erzählung mit doppeltem Wortspiel um die Wurzel עצב »Mühsal, Pein«, von welcher der Name Jabez (mit Metathese) abgeleitet erscheint. Unter den ätiologischen Elementen und gelegentlichen Wortspielen, die in der genealogischen Einleitung vorkommen (1,19: Peleg; 2,7: Achar; 2,22–23: Havvot-Jaïr; 4,14: Ge-Haraschim; und bes. 7,23: Beria), zeichnet sich der Jabez-Abschnitt durch seine elegante Ätiologie aus, die eigentlich besser zum Material aus Gen paßt als zu Chr; zum einzelnen s. u. Auslegung.

Quellen

Die Genealogien insgesamt weisen keine typisch chronistischen Züge auf, weder in sprachlicher noch in sonstiger Hinsicht. Vermutlich hat der Chronist sie aus Quellen zu den aktuellen sozio-historischen Verhältnissen der Familien von Juda genommen; die Hauptfrage ist die, ob es sich um überwiegend vor- oder nachexilische Angaben handelt. Ich meinerseits sehe keine zwingende Notwendigkeit, in diesem genealogischen Rahmen Zustände der Restaurationszeit oder danach reflektiert zu sehen; ich neige dazu, das hier vorliegende genealogische Material als Niederschlag vorexilischer Verhältnisse zu betrachten, obwohl wir es chronologisch nicht genau festmachen können.

Auslegung

4,1 Wie schon bemerkt, verfolgt der Anknüpfungsvers 4,1 den genealogischen Faden zurück nach 2,50–55, überbrückt sozusagen den Einschub von Kap. 3. Er beginnt zwar mit den Worten »Die Söhne des Juda», aber die fünf Namen nach dieser Eröffnung sind keine Variante von 2,3–5, sondern ein Stammbaum von Juda bis Schobal, wobei die Reihenfolge der Generationen dem zuvor Berichteten entspricht (2,4.5.9.19.50). Die Anlage des Verses erinnert im Prinzip an 1,1–4.24–27, wo ebenfalls aufeinanderfolgende Generationen aufgelistet sind, ohne daß die Vater-Sohn-Beziehung jeweils vermerkt ist. Ähnliche, literarisch anders gestaltete Listen finden sich in 2,10–12; 3,10–14 u.ö. Im Unterschied zu 2,9.19 heißt Hezrons Sohn, der Vater von Hur, hier »Karmi«. Doch da all diese Verse von derselben Hand stammen und das spezifisch chronistische Verständnis der genealogischen Zusammenhänge wiedergeben, ist die Namensform כרמי hier wohl nur als Verschreibung von כלב »Kaleb« oder besser von כלבי »Kalubai« (2,9) aufzufassen. V 1: Einleitung

4,2 Die Genealogie 4,2 von Schobals Sohn Reaja präsentiert die drei Söhne Jahat, Ahumai und Lahad (alle Namen singulär) als die »Familien der Zoraïten«. Die familiäre Beziehung Schobal/Zoraït ist bereits in 2,53 belegt. Dort hängen die Zoraïten (und Eschtaoliten) allerdings über die vier Familien von Kirjat-Jearim mit Schobal zusammen, da letzterer als »Schobal, der Vater von Kirjat-Jearim« apostrophiert wird (2,50.52); die Verwandtschaft läuft also nicht über Reaja (= Haroë in 2,52, s.d.). Demnach geben die beiden Berichte offenbar unterschiedliche Verwandtschaftsverhältnisse wieder, wobei der erstere (2,52f.) eher territorial, der letztere eher ethnisch orientiert ist. Daß die Bewohner von Zora, die »Zoraïten« (möglicherweise identisch mit den »Zoriten« von 2,54), so nachdrücklich erwähnt werden, könnte zwar zufällig durch den Stand der uns erhaltenen Quellen bedingt sein, vielleicht steht dahinter aber der ungewisse Status der Stadt Zora, die ursprünglich zu Dan gehörte (vgl. Jos 19,41; Ri 13,2), schließlich aber zum Territorium von Juda kam (Jos 15,33). Die Listen dürften Spuren von sozioethnischen Vorgängen bewahrt haben, die mit diesen Veränderungen zusammenhängen. V 2–4: Hur

4,3–4 MT 4,3–4 mit der Pluralform ואלה »und diese« vor der Singularform אבי »Vater des« ist sicherlich verderbt. Ich möchte an dieser Stelle MT und LXX als aus einem längeren Original korrumpiert betrachten, etwa »und dies (die Söhne des Haref, Vater von Betgader: X) der Vater von Etam …«. Nach dieser Rekonstruktion bilden die Harefiten die größte Gruppe unter den Huriten, bestehend aus vier Ortschaften, jeweils eingeführt durch die Formel »der Vater von«: Bet-Gader, Etam, Gedor und Huscha, und sechs ethnischen Gruppen: X (der Vater von Etam), Jesreel, Jischma, Jidbasch, Penuel und Eser, samt einem zusätzlichen Zweig, eingeführt als »ihre Schwester«. Die Einführungsformel »und der Name ihrer Schwester war ...« ist etwas ungewöhnlich, ihr Name »Hazlelponi« noch mehr. Die Formel braucht man deshalb nicht zu streichen, denn sie ist in den Genealogien anderweitig belegt (vgl. 1,19.50; 2,29 und bes. 7,15: »der Name seiner Schwester war Maacha«). Da die Erwähnung von weiblichen Figuren – »Frauen«, »Schwestern« – in den Genealogien üblich ist, kann sie auch hier primär sein. Was den Namen selbst betrifft, so scheinen die letzten vier Buchstaben tatsächlich eine Dittographie aus dem folgenden Namen zu sein (פוני – פנואל); der verbleibende Namensrest הצלל ist immer noch singulär. Wir können ihn zwar als verderbt betrachten, haben aber keinen Anhaltspunkt für eine sinnvolle Rekonstruktion.

In 2,54 erscheint Salma als »Vater von Betlehem«, in 4,4 wird derselbe 4,4
Titel Salmas Vater Hur beigelegt. Da es sich um keine biologische, sondern um eine ethnische Bezeichnung handelt, macht es keinen wesentlichen Unterschied, ob allgemeiner »Hur« oder spezieller »Salma« als »Vater von Betlehem« eingeführt wird. Die wiederholte Erwähnung von Betlehem geht wohl auf den Vorrang des Hauses David zurück; die Glosse »der Vater von Betlehem« ist wohl dem Chronisten zuzuschreiben, der genealogische Angaben über die Davididen mitten in die Liste der Huriten plaziert hat.

V 5–10: Aschhur Die Genealogie der Aschhuriten in 4,5–7(8) besteht aus zwei Hauptzwei- 4,5–8
gen, die sich von Aschhurs zwei Frauen herleiten, Naara (V 6) und Hela (V 7). Ihre ethnischen und territorialen Verhältnisse lassen sich aus verschiedenen Angaben erschließen. Aschhur selbst wird in 2,24 als Sohn von Kaleb und »Efrata« eingeführt, was die Ausbreitung der Kalebiten vom südjudäischen Bergland bis nach Norden illustriert, wo sie sich mit »Efratiten« vermischten. Die Bezeichnung von Aschhur als »Vater von Tekoa« bestimmt das aschhuritische Territorium ziemlich klar. Tekoa war eine Stadt von einiger Bedeutung am Rand der Wüste östlich von Betlehem; bekannt ist der Ort als Heimatstadt des Propheten Amos (Am 1,1), und seine Umgebung ist vermutlich mit der »Wüste Tekoa« (2 Chr 20,20) gemeint. Die Nähe von Huriten und Aschhuriten besteht somit nicht nur in der Ähnlichkeit ihres Namens, sondern auch in bezug auf Herkunft und territoriale Verbreitung. Hefer ist ein recht bekannter Name; in Manasse kommt er vor (Num 26,32f.; 27,1 u.ö.), aber auch einer von Davids Helden heißt so (1 Chr 11,36). Bei Temni und Ahaschtari handelt es sich eigentlich um Gentile (»von Teman«, d.h. aus dem Südland; von Ahaschtar – vermutlich ein Name persischer Herkunft). Etnan ist möglicherweise mit Itnan aus Jos 15,23 gleichzusetzen, was für gewöhnlich im Negev angenommen wird. V 8 setzt zwar wie eine Fortsetzung von V 7 ein (»und Koz zeugte ...«), hat in den

uns vorliegenden V 5–7 aber eigentlich keinen Anknüpfungspunkt. Der von vielen Forschern gemachte Vorschlag »und Koz« am Ende von V 7 zu ergänzen, ist orthographisch einleuchtend (Haplographie); daraufhin wäre V 8 tatsächlich die Fortsetzung von V 7, indem dort die dritte Generation der Aschhuriten durch Koz angegeben wird. Die Namen in V 8 sind allesamt singulär und recht ungewöhnlich; am schwierigsten scheint »Aharhel, Sohn des Harum«. Im allgemeinen steht die Formel »die Familien von« in den Genealogien entweder vor einem Ortsnamen (mit oder ohne Gentilsuffix, vgl. 4,2 bzw. 2,53), vor einer ethnischen Gruppe (7,5) oder vor einem Verband von Handwerkern (2,55; 4,21). Nach dieser Analogie müßten die »Familien von Aharhel, Sohn des Harum« ein bedeutenderer ethnischer Faktor sein (vgl. »die Familien von Manasse, Sohn des Josef«, Num 27,1). Aber die Formulierung dieses Verses, »und Koz zeugte … die Familien von Aharhel, Sohn des Harum« bleibt singulär und schwierig, denn hier erscheint Koz als »Vater« einer Familie, deren Patronym eigentlich »Harum« lautet. V 8b ist wohl als korrupt zu betrachten, und bisher ist noch keine überzeugende Emendation angeboten worden.

4,9–10 In Form und Gattung weichen V 9–10 vom Rest des Kapitels ab: Sie enthalten keine genealogischen Angaben, vielmehr eine ätiologische Erzählung, die sich um einen Mann dreht, nämlich Jabez. Diese Person war zuvor nicht erwähnt, und der Abschnitt steht hier völlig unverbunden. In 2,55 erscheint der Name Jabez als Ortsname. Obwohl literarisch keinerlei Beziehung zwischen den beiden Vorkommen besteht, lassen sich in diesem genealogischen Zusammenhang wohl beide irgendwie mit dem efratitischen Element innerhalb von Juda in Verbindung bringen.

Die Erzählung bietet verschiedene interessante Aspekte, in erster Linie das Wortspiel mit dem Namen Jabez (יעבץ), der auf die hebräische Wurzel עצב »Mühsal, Pein« zurückgeführt wird. Der Name ist dreimal erwähnt, das Wortspiel kommt zweimal vor: das erste Mal in der Rede von Jabez' Mutter: »denn geboren habe ich ihn mit Pein« (בעצב) – eine deutliche Anspielung auf Gen 3,16: »ich will viel machen deine Pein (עצבונך) … mit Pein (בעצב) sollst du Kinder gebären«. Das zweite Mal erscheint das Wortspiel hier in Jabez' Gebet, Gott möge ihn nicht peinigen (לבלתי עצבי). Die Diskrepanz zwischen dem tatsächlichen Lautbestand des Namens und seiner mutmaßlichen Etymologie illustriert indirekt, aber unübersehbar die der Erzählung zugrundeliegende Voraussetzung: die Macht des Namens! Die Sorge vor den nachteiligen Folgen eines »bösen« Namens ist so groß, daß zwei Vorkehrungen zu ihrer Abwendung getroffen werden: einerseits eine bewußte lautliche Verkehrung des Namens, Jabez und nicht Jazeb, wie um das Schicksal zu täuschen, andererseits auf anderer Ebene das dringliche Gebet zu Gott, er möge die dem Namen innewohnende böse Macht nicht zum Zuge kommen lassen.

Der Aufbau der Erzählung ist ungewöhnlich. Im allgemeinen bietet eine

Ätiologie eine Erklärung für ein gegebenes Faktum (häufig, aber nicht immer, einen Namen) durch Anführung der Umstände, aus denen sich dieses ergab und unter Aufweisung einer positiven Beziehung zwischen dem Faktum und seinen Ursachen (so etwa Beer-Scheba, Brunnen des Schwurs, Gen 21,34; Bet-El, Haus Gottes, Gen 28,17–19 u. a. m.). Diese Erzählung enthält zwar etliche ätiologische Elemente, aber ihr Kern ist eher widersprüchlich als kausal: Wie konnte es sein, daß ein Mann, in dessen Namen die Wurzel »Pein« anklingt, trotzdem erfolgreich war! Dieser erstaunliche Umstand steht in der Exposition: »Jabez war angesehener als seine Brüder« (V 9a). Für ein wortspielgewohntes israelitisches Ohr enthält diese Aussage ein Paradox, das nach Lösung verlangt: Wie kann ein Mann Jabez heißen und angesehen sein? Daraufhin entfaltet die Erzählung eine ätiologische Herkunft (V 9b), wie er zu diesem unglückseligen Namen gekommen war, anschließend ein ätiologisches Motiv (V 10a), wie er selbst das in seinem Namen inhärente Unheil abzuwenden wußte. Der Abschluß der Erzählung »Gott gewährte, worum er gebeten hatte« bietet die theologische Erklärung für die Ausgangsaussage, Jabez sei »angesehener als seine Brüder« gewesen. Die Ausgewogenheit der literarischen Struktur ist eindrucksvoll:

V 9a Exposition, Spannung zwischen Name und Position seines Trägers
V 9b Worte der Mutter (direkte Rede mit Wortspiel)
V 10a Jabez' Gebet (direkte Rede mit Wortspiel)
V 10b Abschluß mit Begründung für Ausgangspunkt

Das kunstreichste Element in der Erzählung ist das Gebet (V 10a). Jabez, der sich unwiderruflich belastet findet mit dem unheilträchtigen Namen, den die Erfahrung seiner Mutter über ihn verhängt hat, nimmt nun sein Schicksal selbst in die Hand und tut das in dieser Situation einzig Mögliche: er ruft seinen Gott an. Gott allein besitzt die Macht, die der Magie des Namens überlegen ist, und die göttliche Macht läßt sich durch Anerkennung im Gebet aktivieren. Die dem Namen innewohnende Macht wird nicht geleugnet, aber Gottes Macht steht noch darüber.

V 11–15: Kenas In MT umfassen V 11–15 vier oder fünf einzelne Listen, die weder unter- 4,11–15
einander noch mit dem genealogischen Kontext verbunden scheinen: die Söhne des Kelub (V 11–12), die Söhne des Kenas (V 13), die Söhne von Meonotai und Seraja (V 14) und die Söhne von Kaleb, Sohn des Jefunne (V 15). Eine eingehendere Untersuchung dieser Einzelstücke, gestützt durch Information von außerhalb, kann vielleicht doch Gemeinsamkeiten und eine gewisse Kohärenz aufzeigen, was sogar so weit gehen könnte, im ganzen Abschnitt eine größere Komponente innerhalb der Stammesgenealogie von Juda zu sehen.

Die offenkundigeren Anzeichen für Kohärenz sind in V 13–15 zu finden. In V 14 stehen die Angaben sowohl zu dem zuvor noch nicht genannten Meonotai als auch zu dem in 13 erwähnten Seraja. Die lukianische Version von LXX und V bietet das fehlende Stück: dort steht »Meonotai« am Ende von V 13, was anscheinend infolge Haplographie weggefallen ist. Der Gesamtaufbau von V 13–14 sähe also folgendermaßen aus: die Söhne des Kenas, Otniël und Seraja (V 13a), die Söhne des Otniël (V 13b–14a), die Söhne des Seraja (V 14b). V 15 steht für sich mit den Angaben zu »Kaleb, Sohn des Jefunne«. Für die schwierige zweite Vershälfte ובני אלה וקנז »und die Söhne von Ela und Kenas« sind verschiedene Lösungen vorgeschlagen worden: a) die Streichung des »und« vor Kenas, so daß Kenas als der einzige Vertreter von Elas Söhnen erscheint; b) die Annahme eines ausgefallenen Namens: »die Söhne von Ela: X und Kenas«. In jedem Falle müßte V 15 vor V 13–14 plaziert werden, denn dort sind die »Söhne des Kenas« verzeichnet. Nach dieser Rekonstruktion wäre Kenas ein Nachfahre von Kaleb. Allerdings wird »Kaleb, Sohn des Jefunne« sonst als Kenisit bezeichnet (Num 32,12; Jos 14,6.14), und Otniël als »Sohn des Kenas, Bruder von Kaleb« (Jos 15,17; Ri 1,13; 3,9). »Kenisiten« gelten auch in Gen 15,16 als ein bedeutenderes ethnisches Element in Kanaan – all dies spricht dafür, Kenas einen genealogisch höheren Rang einzuräumen, d.h. den Text in אלה בני קנז »dies die Söhne des Kenas« zu emendieren, was der Abschluß einer Liste wäre, deren Einleitung verloren gegangen ist. Aufgrund einer solchen orthographisch möglichen Textrekonstruktion erhielte die wiederholte Bezeichnung von Otniël als »Bruder des Kaleb« ihren Sinn, denn beide wären »Söhne des Kenas«. Nur der exakte Ort des Kaleb innerhalb der Kenisiten bleibt leider unklar.

Nachdem nun ein gewisses Maß an Kohärenz innerhalb der V 13–15 hergestellt ist, bleibt noch der Zusammenhang mit den vorangehenden V 11–12 zu klären. Dort sind die »Männer von Recha« erwähnt, Nachkommen des bis dahin unbekannten »Kelub, Bruder des Schuha«. Der Name »Kelub« mag auf eine Verwandtschaft mit »Kaleb« hindeuten, durch die eine spezifische Angabe »Bruder des Schuha«. Bei letzterem Namen könnte eine Metathese des in V 4 genannten »Huscha« vorliegen (vgl. auch die »Huschatiten« in 2 Sam 23,27 und 1 Chr 11,29; 27,21). Die Variante der LXX »Kaleb, der Vater von Achsa« scheint eine Harmonisierung zu sein. In V 12 hat LXX einen Zusatz zu dem Namen Ir-Nahasch, »der Bruder von Eschlon dem Kenisiten«. Dies könnte eine Verschreibung aus »der Bruder des Eschton, Kenas« sein (so *Curtis/Madsen* 110). Wenn diese Angabe ursprünglich ist, würde sie das Bindeglied bilden zwischen den Kelubiten von V 11–12 und den Kenisiten von V 13–15. Ein weiteres bemerkenswertes Element ist die LXX-Variante »Rechab« für MT »Recha«. Es gibt zwar keine Möglichkeit, die Ursprünglichkeit dieser Namensform sicherzustellen, aber die Verwandtschaft von »Rechab« mit den Keniten in 1 Chr 2,55 und der »Keniten« mit den »Kenisiten« in Gen 15,19 verleiht LXX hier eine gewisse Priorität.

Ob wir V 11–15 insgesamt oder nur V 13–15 als Einführung in die Genealogie der »Kenisiten« betrachten, klar ist jedenfalls, daß sie ein relativ eigenständiges Element im Stamme Juda bildeten. Anders als bei den Jerachmeeliten und Kalebiten finden wir für die Kenisiten keine offizielle Integration in den Stamm in Gestalt von »Verwandtschaft« mit einem der traditionellen »Söhne« Judas.

Man hat die These aufgestellt, die Kenisiten seien ursprünglich ein hurritisches Element in Kanaan. Kenas erscheint auch als ein Enkel von Esau über Elifas (Gen 36,11; 1 Chr 1,36), was darauf hindeuten könnte, daß zunächst im südlichen Teil des Landes Israel ansässige kenisitische Elemente sich letzten Endes sowohl an Edom als auch an Juda assimilierten. Während in Edom ihre vollständige Integration durch die offizielle Genealogie zum Ausdruck kommt, verhält sich dies beim Stamm Juda anders – was wiederum ein Indiz für das relativ hohe Alter dieses Materials sein könnte. Dieses Argument kann sich außerdem auf die eigenständige Position von »Kaleb, Sohn des Jefunne« innerhalb des Stamms Juda stützen. In den Genealogien von Juda erscheint Kaleb als eine wichtige Komponente des Stammes (2,18–20; 42–50a, s. Auslegung dort), wird aber durchgängig als »Sohn des Hezron« (2,18 u.ö.) oder als »Bruder des Jerachmeel« (2,42) bezeichnet. Sogar Achsa, die aus Jos und Ri als »Tochter von Kaleb, Sohn des Jefunne« bekannt ist (Jos 15,16f.; Ri 1,12f.), wird hier mit Kaleb, dem Sohn des Hezron, in Verbindung gebracht.

Diese literarischen Erscheinungen könnten den historischen Prozeß des Aufgehens der Kenisiten in Juda wiedergeben. Die Überlieferungen des Hexateuch bezeugen das starke kalebitische Element im judäischen Bergland, indem sie »Kaleb, Sohn des Jefunne« als den (neben Josua) einzigen unter den Kundschaftern darstellen, dem es vergönnt war, nach der Wüstenwanderung ins Land Kanaan zu gelangen; er bekam ein besonderes Erbteil in der Gegend von Hebron (Num 14,24; Jos 15,13–15; 21,12). In Chr dagegen ist zwischen zwei kalebitischen Elementen unterschieden: Der Hauptteil des Stammes wird ganz und gar Juda zugeschrieben als ein Zweig von Hezron; der zweite Teil, vertreten durch »Kaleb, Sohn des Jefunne« und dessen »Bruder« Otniël, wird gesondert behandelt und war offenbar nicht vollständig in Juda integriert, sondern bewahrte einen gewissen Grad an Eigenständigkeit. In den Unterschieden zwischen dem Hexateuch und Chr haben sich nicht nur literarische Differenzen niedergeschlagen, sondern auch sozio-ethnische Entwicklungen und historische Verhältnisse. Das Material von Chr dürfte stärker in der historischen Realität verankert sein und traditionsgeschichtlich ein früheres Stadium in der Entwicklung der »kalebitischen« Überlieferung darstellen.

V 16–20: Jehallelel und Esra

Der Abschnitt 4,16–20 ist einer der schwierigsten innerhalb der Genealogien von Juda. V 16–18 lassen sich wohl zu einer relativ kohärenten Einheit machen, indem man eine ausgefallene Einleitung ergänzt, etwa »Die Söhne des X: Jehallelel und Esra«. Demnach würden V 16 und V 17–18 die beiden Zweige einer einzigen Familie wiedergeben, über deren Identität und 4,16–20

Position innerhalb des weiteren Familienrahmens von Juda wir allerdings noch nichts wissen. Eine recht verbreitete Rekonstruktion bringt »Jehallelel« und »Esra« von V 16–17 in Verbindung mit »Hazlelponi« und »Eser« von V 3–4. Demzufolge wären die hier aufgeführten Familien ein Stamm der Huriten, entweder direkt über Hur oder über seinen Sohn »Haref« (dazu oben). Dieser Vorschlag erfreut sich einer hohen Kohärenz, nur leider läßt er sich nicht beweisen. Wie eine geographische Identifizierung der Namen vielleicht zeigen kann, handelt es sich jedenfalls um ein recht zerstreutes Element in Juda.

4,16 Jehallelel hat vier »Söhne«: 1. Sif, der in 2,42 als Nachkomme von Kalebs Sohn »Mescha« erscheint; er ist auch aus den Erzählungen von Davids Wanderungen in Juda wohlbekannt (1 Sam 23,14 u.ö.). 2. Sifa, ein sehr ähnlich klingender Name, mag eine verwandte Gruppe bezeichnen. Die Listen von Juda enthalten tatsächlich zwei Orte namens Sif (Jos 15,24.55), und diese Unterscheidung könnte auch hier vorliegen. 3. Zu der berühmten Identifizierung von Tirja, Asarel und Efer (V 18) s. *W. F. Albright*, The Smaller Beth Shan Stela of Sethos I (1309–1290 BC): BASOR 125, 1952, 1–30. Asarel ist auch als manassitische Familie bekannt, Asriël (Num 26,31; Jos 17,2; zu 1 Chr 7,14 s.d.). Diese Ähnlichkeit könnte als Anregung dienen, weiteren Beziehungen zwischen Juda und Manasse nachzuspüren (vgl. oben, zu 2,21 ff.).

4,17–18 In 4,17–18 werden die Nachkommen von Esra ausführlich angegeben. MT lautet wörtlich: »Und der *Sohn* von Esra: Jeter und Mered und Efer und Jalon, da empfing *sie* die Mirjam und den Schemi und den Jischbach, den Vater von Eschtemoa.« Die übliche Rekonstruktion dieser Zeilen ist die von *Curtis/Madsen* (111, im Anschluß an *Bertheau* u.a.) vorgeschlagene: Die Worte »Dies die Söhne von Bitja, der Tochter des Pharao, die Mered zur Frau genommen hatte« werden von V 18b unmittelbar nach V 17a vorgezogen, »Sohn« (V 17a) wird zu »Söhne« (mit einigen MSS und den antiken Versionen), und in V 17b wird die Verbform ותלד »und gebar« hinzugesetzt, so daß der Text lautet: »Bitja ... empfing und gebar ...«. In dieser emendierten Form bringt V 17a vier Söhne von Esra, anschließend die Nachkommen eines seiner Söhne, Mered, mit dessen zwei Frauen, von denen die eine aus Ägypten war, die andere aus Juda. Das ergibt folgenden Stammbaum:

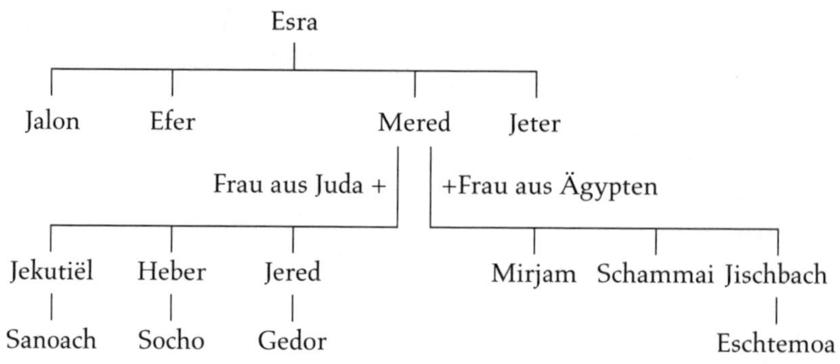

Nach der obigen Rekonstruktion bezeugt dieser Text einen starken ägyptischen Einschlag in diesem Zweig von Juda, besonders in der Familie von Mered. Diese umfaßt das reguläre judäische Element »Schammai« (in 2,28–33 ein Nachkomme des Jerachmeel, in 2,44 f. von Kaleb), die judäische Stadt »Eschtemoa« (vgl. Jos 15,50; 21,14 und bes. 1 Sam 30,28), außerdem das singuläre »Jischbach« und »Mirjam«, deren Name als Moses Schwester in ägyptisches Milieu weist (Num 26,59 usw.). Diese ägyptische Komponente, eingeführt als »Tochter des Pharao«, wird ausdrücklich einer »judaitischen« Frau gegenübergestellt, der »Mutter« der übrigen Söhne. Name und Titel dieser ägyptischen Frau, »Bitja, Tochter des Pharao« sind ungewöhnlich. Das theophore Element in ihrem Namen mag als Hebraismus zu erklären sein, aber ihre angebliche Herkunft bereitet Schwierigkeiten. Nach biblischer Überlieferung ist »Pharao« kein Eigenname, sondern ein Titel des ägyptischen Königs. Daß ein unbedeutendes Mitglied des Stammes Juda eine »Tochter des Pharao« zur Frau genommen haben sollte, ist höchst unwahrscheinlich, nicht nur im Kontext der biblischen Überlieferung, sondern auch in historischer Hinsicht. König Salomos Heirat mit einer ägyptischen Prinzessin wird in Kön als besonderes Ereignis hervorgehoben (1 Kön 3,1 usw.). Aus sozio-historischer Perspektive leuchtet es durchaus ein, daß ägyptische Elemente in die Bevölkerung des judäischen Negev Eingang gefunden haben (vgl. den ägyptischen Sklaven eines Amalekiters – 1 Sam 30,11.13), und nach dem genealogischen Code würden solche als eingeheiratete Frauen eingeführt. Schwierig ist nur der ungewöhnliche Name und Titel.

Die Genealogie enthält vier ausdrückliche Ortsnamen, präsentiert jeweils durch die Formel »X, Vater von Y«: Eschtemoa, Gedor, Socho und Sanoach, allesamt wohlbekannte judäische Ortschaften (vgl. Jos 15,34.35.48.50.58). Eschtemoa liegt im südlichen Teil des judäischen Berglands, Gedor nördlich von Hebron, und Sanoach in der Küstenebene. Socho läßt sich entweder mit der bekannteren Ortschaft bei Sanoach identifizieren (Jos 15,35; 1 Sam 17,1 usw.) oder mit der gleichnamigen Stadt bei Eschtemoa im Süden (Jos 15,48).

In V 19 wird Eschtemoa, der »Sohn« von Jischbach, »Eschtemoa, der Maachatit« genannt und als Sohn der »Frau von Hodija« bezeichnet. Ähnlich ist Gedor, der »Sohn« von Jered, laut 4,4 der Sohn des Penuel, mit »Hur« verwandt. Diese zweifachen Verwandtschaftsbezeichnungen können entweder zur Bestätigung der obigen Emendationen dienen oder aber als Niederschlag von Wechselfällen ethnischer Zugehörigkeit dieser Ortschaften zu verschiedenen historischen Zeiten betrachtet werden.

4,21–23 In MT enthalten V 19–20 drei unabhängige genealogische Bruchstücke: a) V 19 verzeichnet die zwei (oder drei) Söhne der »Frau von Hodija, Schwester von Naham«, den Vater von Keïla dem Garmiten (wobei unklar bleibt, ob sich die Apposition auf den Vater oder auf den Sohn bezieht) und Eschtemoa den Maachatiten; b) V 20 bringt zuerst die vier Söhne von Schimon, Amnon, Rina, Ben-Hanan und Tilon, danach c) die »Söhne von Jischi«, von denen nur einer, Sohet, aufgeführt wird. Die Liste bricht ab mit dem Einsatz »und der Sohn des Sohet ...«.

Etliche Elemente dieser Stücke sind ungewöhnlich: die Überschrift (die Söhne der Frau von X), die Erwähnung des »Vater von Keïla« ohne Nennung seines Namens, der abrupte Schluß mit dem »Sohn des Sohet« u. a. m. – alles Anzeichen für die Verderbtheit dieses Abschnitts, aus dem im Grunde kaum etwas zu machen ist. In LXX hat V 19 einen Zusatz nach dem Namen Naham, der u. a. den Namen Schimon enthält und eine engere Verbindung zwischen V 19 und 20a herstellt. Davon ausgehend hat Rudolph eine komplizierte Rekonstruktion entworfen, die einige der angesprochenen Schwierigkeiten zu lösen vermag; allerdings bleibt sie reine Vermutung (*Rudolph* 23 und *BHS* z. St.). Von den hier verzeichneten Namen ist Keïla relativ bekannt: aus der judäischen Städteliste (Jos 15,44), aus den Daviderzählungen (1 Sam 23,1 u. a. m.) und als »Halbbezirk« in Neh 3,17f. Von Eschtemoa war schon oben die Rede.

4,21–23 Abgesehen von Neh 11,5 (1 Chr 9,5) enthält der Abschnitt 4,21–23 die einzigen biblischen Angaben zum judäischen Zweig der Nachkommen von Schela, der laut den genealogischen Grundannahmen des Pentateuch eines der ältesten Elemente im Stamme Juda ist, das sich von Judas erster Frau, Batschua (oder »Tochter des Schua«), aus Gen 38,5 herleitet. In diesen Überlieferungen erscheinen die Nachkommen des Schela als direkt mit den kanaanäischen Familien von Adullam verwandt (Gen 38,1, auch 1 Chr 2,3). Dieser Abschnitt bietet sehr wenig genealogische Information; er enthält weder vertikale noch horizontale Genealogien und gibt sehr wenig Auskunft über die ethnischen Verhältnisse der Nachkommen von Schela. Statt dessen finden sich allgemeine Bemerkungen zu den Hauptfamilien von Schela, Erwähnung einiger Einzelpersonen und relativ ausführliche Angaben zu ihrer beruflichen Tätigkeit. Bei den hier erwähnten Nachkommen des Schela handelt es sich um: V 21–23: Schela

a) »Er, Vater von Lecha«. Eine judäische Ortschaft namens Lecha ist nirgends in den biblischen Quellen erwähnt, dagegen ist der »Er« der Name von Judas Erstgeborenem (Gen 38,3 ff.). Somit erscheint »Er« sowohl als Judas kinderlos verstorbener Erstgeborener als auch als Judas Enkel über Schela. Diese doppelte Verwandtschaft erinnert an andere ethnische Elemente in diesen Listen, etwa im Fall von Ram, Hezrons Sohn wie Enkel über Jerachmeel (1 Chr 2,9.25) oder Dischon, Seïrs Sohn wie Enkel (Gen 36,21.25; 1 Chr 1,38.41). Offenbar spiegelt die Darstellung hier, wo »Er« als der Erstgeborene der Schela-Sippe erscheint, zumindest eine andere Auffassung, wenn nicht gar eine Widerlegung seiner Familienzugehörigkeit und seines Schicksals wider, wie sie in Gen 38,3 zum Ausdruck kommen.

b) »Lada, Vater von Marescha«. »Lada« kommt sonst nirgends vor (vgl. aber »Ladan« sowohl bei Efraim als auch bei Levi, 1 Chr 7,26; 23,7 u.ö.), aber Marescha ist eine bekannte judäische Ortschaft in der Küstenebene (vgl. Jos 15,44 u.ö.), die zuvor mit den Kalebiten in verwandtschaftliche Beziehung gebracht worden war (2,42). Wie meist in solchen Fällen geben komplexe ethnischen Entwicklungen verschiedene historische Zeiten und Perspektiven wieder.

c) Mit den Nachkommen Schelas verwandt sind auch die »Familien vom Hause der Byssus-Bearbeiter von Bet-Aschbea«, anscheinend ein Verband von Textilarbeitern in Bet-Aschbea, wobei nicht ganz klar ist, ob es sich bei dem »Haus von Aschbea« (בית אשבע) um eine Ortschaft oder um die ethnische Zugehörigkeit dieser Byssus-Bearbeiter handelt.

d) Die Liste endet mit einem rätselhaften, von verborgenen Implikationen strotzenden Hinweis auf drei Personen (Jokim, Joasch und Saraf) sowie eine Gruppe (»die Männer von Koseba«). Von ihnen heißt es, sie hätten über Moab geherrscht und seien nach »Lehem« zurückgekehrt, dazu die Bemerkung, diese »Dinge/Worte« seien uralt. Der ursprüngliche Zusammenhang dieser einzigartigen Hinweise und deren etwaige Beziehung auf bekannte Ereignisse der Vergangenheit läßt sich aus anderswo verstreuter Information rekonstruieren. »Koseba« ist wohl mit »Kesib« zu identifizieren, Schelas Geburtsort laut Gen 38,5; außerdem ist es mit Achzib gleichzusetzen, das in Jos 15,44 zusammen mit Marescha genannt wird. Für uns heutige Leser bleiben diese Angaben allerdings unverständlich.

e) V 23 berichtet genauer »sie sind die Töpfer ...«. Da V 21 mit einem Hinweis auf Textilarbeiter endet, ist wohl anzunehmen, daß nicht die Nachkommen Schelas insgesamt Töpfer waren, sondern nur die unmittelbar davor (V 22) genannten. Wir erhalten weiteren Aufschluß über die internen Verhältnisse dieser Gruppe: Zur Zeit sitzen sie in »Netaïm und Gedera« und wohnen dort im Dienst des Königs; ihre Vorgeschichte war in V 22 angedeutet.

Der markante Punkt dieser knappen und unvermittelt abbrechenden Liste der Nachkommen Schelas ist ihre Bezeichnung als Handwerker. Solche Berufsangaben finden sich gelegentlich in 2,55 und 4,14, aber hier scheinen sie von zentraler Bedeutung. Man kann vermuten, daß hier wie im Fall der Keniten die berufliche Zusammengehörigkeit das eigentliche Kriterium für die Identifizierung der Gruppe war.

Mit diesen kurzen Bemerkungen zu den Nachkommen Schelas schließt der in 2,3 eröffnete Kreis; damit kommt die Genealogie von Juda ans Ende.

1 Chr 4,24–43: Genealogie, Geographie und Geschichte des Stammes Simeon

Literatur

E. A. Knauf, Mu'näer und Mëuniter: WO 16, 1985, 114–122.

Text

Übersetzung

4[24] Die Söhne des Simeon: Nemuël und Jamin, Jarib, Serach, Schuul.
[25] Schallum sein Sohn, Mibsam sein Sohn, Mischma sein Sohn. [26] Und die
Söhne des Mischma: Hammuël sein Sohn, Sakkur sein Sohn, Schimi sein
Sohn. [27] Und Schimi hatte sechzehn Söhne und sechs Töchter, aber seine
Brüder hatten nicht viele Kinder und alle ihre Familien waren nicht so zahl-
reich wie die Söhne des Juda.
[28] Und sie saßen in Beerscheba und Molada und Hazar-Schual [29] und Bil-
ha und Ezem und Tolad [30] und Betuël und Horma und Ziklag [31] und Bet-
Markabot und Hazar-Susim und Bet-Biri und Schaarajim. Dies ihre Städte,
bis David König wurde, [32] und ihre Dörfer Etam und Ajin, Rimmon und
Tochen und Aschan, fünf Städte, [33] und alle ihre Dörfer im Umkreis dieser
Städte bis nach Baal hin. Dies ihre Niederlassungen.
Und sie wurden stammbaummäßig verzeichnet: [34] (...) Meschobab und
Jamlech und Joscha, der Sohn des Amazja [35] und Joël und Jehu, der Sohn
des Joschibja, des Sohnes des Seraja, des Sohnes des Asiël [36] und Eljoënai
und Jaakoba und Jeschohaja und Asaja und Adiël und Jesimiël und Benaja
[37] und Sisa, der Sohn des Schifi, des Sohnes des Allon, des Sohnes des Jedaja,
des Sohnes des Schimri, des Sohnes des Schemaja: [38] Diese, die mit Namen
kamen, waren Fürsten in ihren Familien. Ihre Vaterhäuser hatten sich stark
vermehrt. [39] Und sie zogen zum Eingang nach Gedor bis zum Osten des Tals,
um Weide für ihr Kleinvieh zu suchen. [40] Und sie fanden fette und gute
Weide und das Land war nach allen Seiten hin ausgedehnt, ruhig und fried-
lich; denn die früheren Bewohner waren von Ham. [41] So kamen diese, die

mit Namen geschrieben sind, in den Tagen Hiskijas, des Königs von Juda und sie schlugen [die Zelte Hams] und die Mëuniten, die sich dort fanden und sie vollstreckten an ihnen den Bann bis auf diesen Tag und ließen sich an ihrer Stelle nieder; denn es gab dort Weide für ihr Kleinvieh.

42 *Und einige von ihnen, von den Söhnen des Simeon, zogen in das Gebirge Seïr, fünfhundert Mann. Pelatja und Nearja und Refaja und Usiël, die Söhne des Jischi, waren an ihrer Spitze.* 43 *Sie schlugen den Rest der Flüchtlinge von Amalek und sie sitzen dort bis auf diesen Tag.*

Zu Text und Übersetzung

33 מושבתם: vorgeschlagen den Schlußakzent (*sof passuq*) hierher zu transferieren und so den Abschnitt bereits hier zu schließen.

34 ומשובב »und Meschobab«: zu lesen »Meschobab« (ohne »und«).

41 אהליהם »ihre Zelte«: vorgeschlagen אהלי חם »die Zelte Hams«.

Analyse

Zusammenhang

Nach der ursprünglichen Reihenfolge von Jakobs Söhnen ist Simeon der zweite und Juda der vierte. Doch da der Abschnitt mit Juda eingesetzt hat, ist die Fortsetzung mit Simeon sinnvoll; denn beide Stämme leiten sich von derselben Mutter ab (Lea), geographisch waren sie Nachbarn (Simeons Erbteil lag südlich und innerhalb des Territoriums von Juda, vgl. Jos 19,1–8) und gehen ihre ganze Geschichte hindurch zusammen (Ri 1,3). Die genealogischen Angaben nehmen wohl Bezug auf diese Verbindung, wenn sie die zahlenmäßige Relation zwischen beiden Stämmen verzeichnen (V 27) und die chronologische Linie bis in die Zeit von Davids Königtum weiterführen (V 31).

Aufbau

Der Abschnitt über den Stamm Simeon ist anders aufgebaut als der über Juda. Markante Unterschiede bestehen an zwei Punkten: die geringe Menge an eigentlich genealogischem Material und das ausgeprägte Bemühen, eine gründliche Beschreibung von den Verhältnissen des Stammes zu bieten. Die Einheit des Abschnitts wird verstärkt durch die Logik seines Aufbaus:

a) V 24–27 Genealogischer Abriß der Nachkommen Simeons
b) V 28–33 Ihre Siedlungen
c) V 34–43 Zwei Episoden aus ihrer Geschichte:
  V 34–41 Territoriale Ausbreitung nach Westen
  V 42–43 Territoriale Ausbreitung nach Osten

Diese drei Elemente – genealogische Angaben, Siedlungen und historische Episoden – finden sich auch bei anderen Stämmen; was von Fall zu Fall variiert, sind Auswahl und Umfang der einzelnen Komponenten.

Die Geschlossenheit und der thematisch schlüssige Aufbau des Abschnitts sowie der Umstand, daß dieselben Elemente auch in anderen Teilen der genealogischen Einleitung vorkommen, sprechen dafür, daß diese Texteinheit ihre ursprüngliche Struktur bewahrt hat.

Quellen

Von den Quellen, aus denen dieser Abschnitt konstruiert ist, liegen uns nur zwei vor: die Namen von Simeons Söhnen in Num 26,12–14 und die Liste der Städte

Simeons in Jos 19,1–9. Was das übrige Material betrifft, sollte die Quellenfrage unter folgenden Überlegungen angegangen werden:

a) Dieser Stoff ohne Parallelen weist keine spezifisch chronistischen stilistischen oder theologischen Tendenzen auf.

b) Die hier geschilderten Verhältnisse sind nicht nachexilisch; sie können kaum die politischen Verhältnisse der persischen Zeit wiedergeben, denn damals existierte »Simeon« nicht mehr als Größe auf der historischen Bühne. Das hier geschilderte Stammesgebiet reicht eindeutig über die Grenzen der Satrapie Jehud hinaus.

c) Wie in der Auslegung gezeigt werden soll, paßt das Material am besten in den Kontext, in dem es spielt, nämlich die Zeit des Ersten Tempels.

Aufnahme von Material aus Jos 13 ff.

Aus dem reichen geographischen Material von Jos 13 ff. hat sich der Chronist auf drei sorgfältige ausgewählte Einheiten beschränkt: die Levitenstädte (Jos 21//1 Chr 6), die Städte von Manasse (Jos 17,11–13//1 Chr 7,28) und die Liste der Städte von Simeon hier. Levi und Simeon haben beide den gleichen problematischen Status unter den israelitischen Stämmen: In Jakobs Segen (Gen 49,5–7) werden sie beide verflucht und in Moses Segen (Dtn 33,7) fehlt der Stamm Simeon überhaupt, obwohl sein Name vermutlich anklingt in der Anrufung »Höre (שמע), JHWH, die Stimme Judas!« (Dtn 33,7). Daß Levi »kein Erbteil unter seinen Brüdern« hat, wird in Dtn etliche Male betont (Dtn 10,9 u.ö.). Der Chronist dagegen lokalisiert unter Heranziehung von älterem Material die Siedlungen von Simeon und Levi und behandelt diese als vollberechtigte Partner bei der territorialen Aufteilung des Landes. Dies ist ein weiterer Fall, wo der Chronist seiner Auffassung von der Verbindlichkeit des Stämmesystems Ausdruck verleiht.

Vergleich mit Ri 18

Einen interessanten Einblick in die Entwicklung biblischer Gattungen bietet der Bericht von der Westexpansion der Simeoniten. Er besteht aus zwei klar unterschiedenen Teilen: V 34–38, eine Aufzählung der »Fürsten« der Familien Simeons, und V 39–41, ihre Eroberungen von Weideland. Letzteres steht Ri 18, dem Bericht der Eroberung von Lais durch den Stamm Dan, recht nahe, wie schon seit geraumer Zeit beobachtet wurde (*Pseudo-Raschi* z. St.; *Curtis/Madsen* 116). Ungeachtet deutlicher Parallelen bestehen formal unübersehbare Unterschiede zwischen den beiden Berichten. Die komplexe Erzählung von Ri 18 entwickelt schrittweise die beiden letztlich zusammentreffenden Motive: die Episode mit dem Leviten und die Eroberung von Lais. Der Text ist reich an Wiederholungen und direkter Rede, doch der historische Kontext der Handlung bleibt unscharf und die Personen sind anonym, da die chronologische Verankerung fehlt. Im Gegensatz dazu ist der Abschnitt 1 Chr 4,34–41 zwar arm an literarischen Qualitäten, bietet aber alle historischen Einzelheiten, die einer »Chronik« angemessen sind. Zunächst sind die handelnden Personen exakt angegeben: dreizehn namentlich genannte Familienoberhäupter, darauf folgt ein klarer chronologischer Bezugspunkt: »in den Tagen Hiskijas, des Königs von Juda«. Außerdem finden sich geographische und ethnische Details: »zum Eingang nach Gedor bis zum Osten des Tals« (V 39), der Ort war von »Mëuniten« bewohnt (V 41), obwohl die »früheren Bewohner waren von Ham« (V 40). Aus dem Vergleich dieser beiden Texte geht hervor, daß die literarische Entwicklung von der »Chronik« zur »Erzählung« verläuft, d.h. die Version von Ri 18 stellt die literarisch ausgestaltete Version eines Berichts dar, der so ähnlich gelautet haben mag wie unser Text hier in Chr.

Auslegung

V 24–27: Genealogischer Abriß der Nachkommen Simeons

Der Abschnitt 4,24–27 beginnt zwar mit der allgemeinen Überschrift »Die Söhne Simeons ...«, aber das Thema ist eigentlich enger gesteckt: die genealogische Beschreibung der Familie Schimi (V 27). Um diese Familie konzentriert sich das ganze Material, angefangen mit der konventionellen Auflistung der Söhne Simeons (V 24) bis hin zu dem Stammbaum, der Schimi mit Schaul, dem Sohn des Simeon verknüpft (V 25–26). 4,24–27

Die fünf Söhne Simeons sind in V 24 zum vierten Mal in der Bibel aufgeführt (auch Gen 46,10; Ex 6,15; Num 26,12). Von diesen Listen sind die ersten zwei identisch; dort erscheinen sechs Söhne mit Jemuel an erster Stelle, Ohad an dritter, Sohar an fünfter und »Schaul, der Sohn einer kanaanäischen Frau« an sechster. Sowohl in Num 26,12 als auch hier stehen nur fünf Namen, Ohad fehlt; der erste heißt Nemuel, Sohar heißt Serach, und Schauls Mutter ist nicht erwähnt. Der dritte Sohn auf der Liste, Jarib, erscheint in allen übrigen Quellen als Jachin.

V 25–26 bilden das Bindeglied zwischen dem üblichen Schema der Simeoniten und der Familie Schimi. Hier gibt es sechs Namen, deren mechanischer Anschluß an V 24 »Schallum« (willkürlich?) als Sohn des Schaul erscheinen läßt. Die sechs Namen bilden zwei Gruppen von je drei, bei jedem Namen steht בנו (»sein Sohn« bzw. »dessen Sohn«). Die Liste scheidet zwischen den beiden Grupppen durch Zwischenschaltung von »die Söhne des Mischma« zu Anfang von V 26. Es ist nicht klar, ob die Bezeichnung »sein Sohn« jeweils eine neue Generation bezeichnet, so daß wir einen Stammbaum von acht Generationen vor uns hätten (Simeon – Schaul – Schallum – Mibsam – Hammuël – Sakkur – Schimi), oder um Söhne eines gemeinsamen Vaters, so daß es sich um sechs oder drei Generationen handelte (1. Simeon – Schaul – Schallum – Mibsam – Mischma; Hammuël, Sakkur und Schimi, die Söhne des Mischma; 2. Simeon – Schaul; Schallum, Mibsam und Mischma, die Söhne des Schaul; Hammuël, Sakkur und Schimi, die Söhne des Mischma). Beide Möglichkeiten sind mit den genealogischen Modellen vereinbar, aber die erste mit sieben vollen Generationen von Simeon bis Schimi würde den Genealogien von Juda am ehesten entsprechen. Eine onomastisch interessante Beobachtung: in den drei Schlüsselpositionen innerhalb der Genealogie stehen Simeon, Mischma und Schimi, und allen drei Namen liegt die Verbalwurzel שמע »hören« zugrunde. Dies mag ein Anzeichen dafür sein, daß die Familie auf ihre Abstammung von Simeon großen Wert legte.

Die Kernaussage steht in V 27: die zahlreiche Nachkommenschaft, mit der Schimi gesegnet war, steht in markantem Kontrast zur Unfruchtbarkeit »seiner Brüder« und zum Schicksal der Simeoniten überhaupt, die »nicht so zahlreich wie die Söhne des Juda« waren. Dieser Punkt wird betont durch die Aufzählung von nicht weniger als 22 männlichen und weiblichen Nachkommen. Fälle, daß ein Zweig der Familie ungleich fruchtbarer ist als die übrigen, finden sich in den Genealogien etliche Male (vgl. 24,4; 25,5 u.ö.). Die Verbform הרבו (wörtlich: »mehrten«) steht elliptisch für הרבו בנים, d.i. »hatten viele Söhne« (vgl. 7,4; 8,40; 23,11 – jeweils in genealogischem Kontext).

V 28–33: Simeonitische Siedlungen

4,28–33 1. Listen simeonitischer Städte als integraler Bestandteil von Juda finden sich wie in 4,28–33 auch in Jos 15,21–32 und Neh 1,25–29; der Chronist benützt jedoch Jos 19,1–9 als Quelle, und seine redaktionelle Arbeit ist interessant.

a) Der erste markante Unterschied zwischen den beiden Texten ist in V 33 die Ersetzung von »Erbteil« (נחלה) durch »Siedlungen« oder »Niederlassungen« (מושבתם). Im Kontext von Jos 19,1–9 erscheint die Wurzel »erben« nicht weniger als sieben Mal in den Einleitungs- und Abschlußversen. Die chronistische Redaktion dagegen hat das Wort »Erbteil«, das in Chr überhaupt sehr selten vorkommt, hier getilgt. Einleitung und Abschluß des Textes aus Jos sind weggelassen, die Eröffnung 19,2 und der Schluß 19,8b sind entsprechend verändert:

Jos 19,2 und sie hatten in ihrem Erbteil	1 Chr 4,28 und sie saßen (וישבו) in
Jos 19,8b dies das Erbteil des Stammes der Söhne Simeons nach ihren Familien	1 Chr 4,33b dies ihre Niederlassungen (זאת מושבתם)

Selbst nach dieser radikalen Redaktion ist die Abhängigkeit von Jos noch zu erkennen, und zwar am Einsatz von V 33b, wo die Singularform זאת aus »dies das Erbteil« (זאת נחלת) stehengeblieben ist. In dieser systematischen Textänderung äußert sich die abweichende Auffassung des Chronisten von der Besiedlung des Landes: Die Israeliten erhielten nicht ihr »Erbteil« infolge der »Landnahme«, sie wohnten dort schon seit Urzeiten.

b) Auch bei der Umgestaltung der Städteliste ist redaktionelle Tätigkeit zu beobachten. In Jos 19 stehen zwei Gruppen von Namen, vermutlich nach ihrer geographischen Lage differenziert, und jede davon wird abschließend gezählt:

V 6b: dreizehn Städte und ihre Dörfer
V 7b: vier Städte und ihre Dörfer

Diese Zusammenfassungen hat der Chronist geändert. Die erste davon ersetzt er durch »dies ihre Städte, bis David König wurde« (V 31b); den Ausdruck »und ihre Dörfer« (V 32a) verwendet er zur Eröffnung der zweiten Gruppe:

Jos 19,6b: dreizehn Städte und ihre Dörfer
1 Chr 4,31b: dies ihre Städte ..., 32a: und ihre Dörfer ...

Die Liste von Chr bewahrt die beiden Gruppen von Namen, aber während

Jos keinen Unterschied zwischen ihnen macht, bezeichnet Chr die erste als »Städte« (ערים) und die zweite als »Dörfer« (חצרים). Daher ist die Vokabel וחצריהם »und ihre Dörfer« in V 31 getilgt und nur »Städte« beibehalten.

2. Ein weiterer Unterschied zwischen den beiden Listen besteht in den Namen selbst, wo die Abweichungen durch textliche und sprachliche Faktoren bedingt sein mögen (etwa Bala/Bilha; Betul/Betuël; Bet-Markabot/Hammarkabot u.a.m.) oder auf eine andere Überlieferung zurückgehen (was bei Scharuhen/Schaarajim, Baalat-Beer/Baal der Fall sein könnte). Im Falle verschiedener Überlieferungen ist für jede dieser Listen eine andere historisch-geographische Realität vorauszusetzen, aber ihre jeweilige Herkunft läßt sich wohl kaum ausmachen. In Jos 19,7 besteht die zweite Gruppe von Ortschaften aus vier Namen, in Chr sind es fünf, der überzählige lautet »Etam«. Eine weitere Änderung ist die Namensform »Tochen« anstelle von »Eter«, die auf eine zweifache Korruption aus dem in 1 Sam 30,30 erwähnten »Atach« zurückgehen könnte. Manche Forscher betrachten »Ajin« und »Rimmon« als sekundäre Korruption aus »Ejn-Rimmon« (Neh 11,29). Da sowohl Ajin als auch Rimmon legitim sind, ist dieser Schluß nicht zwingend, jedenfalls stammt die etwaige Korruption nicht aus Chr, sondern findet sich bereits in Jos 19,7 (MT: Ajin, Rimmon).

3. Mit seiner markanten Aussage V 31b »dies ihre Städte, bis David König wurde« bringt der Chronist das eigentliche chronologische Anliegen dieser Einleitung zum Ausdruck: er skizziert die Verhältnisse der israelitischen Stämme bis hin zu Davids Regierungsantritt. Laut Chr bestanden diese »Städte Simeons« über die ganze Königszeit hin, daher sind sie unter Joschija (2 Chr 34,6) wieder erwähnt.

V 34–43: Zwei Episoden aus der Geschichte der Simeoniten

1. Ohne Einleitung ist in 4,34–41 eine Reihe von Namen aufgeführt, de- 4,34–41
ren Träger nachträglich als »Fürsten in ihren Familien« bezeichnet werden. Der Abschnitt könnte aus einem umfangreicheren Kontext genommen sein, dessen Überschrift weggelassen wurde. Die genealogische Tiefe der Angaben ist für die dreizehn aufgeführten Personen recht verschieden: zehn davon sind nur mit ihrem Namen genannt, einer davon hat ein Patronym (Joscha, der Sohn Amazjas), einer (Jehu) ist mit vier Generationen vertreten, und der letzte (Sisa) hat den längsten Stammbaum, nämlich sechs Generationen. Die Liste ist deutlich unsystematisch; die Unterschiede in der Struktur mögen auf Rangunterschiede der einzelnen Personen zurückgehen. Eine Beziehung zum voranstehenden Abschnitt wird möglich, wenn wir Schemaja von V 37 gleichsetzen mit Schimi von V 27 – solche Varianten eines Namens sind im biblischen Onomastikon durchaus üblich. Dann wäre in beiden Abschnitten von derselben Sache die Rede, nämlich von der Ausbreitung des Hauses Schimi (V 27) und mehrerer verwandter Familien, was schließlich dazu führte, daß sie sich auf Wanderschaft begaben, um neues Weideland zu suchen (V 38b–39). Demnach würde Sisa, der angesehenste unter diesen Simeoniten, seine Abstammung auf Schimi zurückführen.

2. Die Aufzählung selbst geschieht mit zwei singulären Ausdrücken: »die mit Namen kamen« (V 38: הבאים בשמות) und »die mit Namen geschrieben sind« (V 41: הכתובים בשמות). Der erste davon wird oft als verderbt betrachtet, wozu aber eigentlich kein Grund besteht. Die üblicheren Ausdrücke für »beim Namen nennen« lauten biblisch קרא בשם und נקב בשם, was auf die ursprüngliche Mündlichkeit der Namengebung zurückweist. Das Schreiben der Namen, von dem hier die Rede ist, könnte auf eine Art offizieller Zählung hindeuten (vgl. CD 14, 3 ff.), wovon Spuren in den Genealogien erhalten sein könnten.

3. Der in V 38b–41 beschriebene Vorgang trägt alle Anzeichen historischer Wahrscheinlichkeit, was die sozio-ökonomischen Verhältnisse, den Verlauf der Ereignisse und sonstige Einzelheiten angeht. Es handelt sich um ein anschauliches Beispiel dafür, wie angestauter wirtschaftlicher Druck sich in militärischer Expansion entlädt.

4. Der Zielort der Simeoniten läßt sich nicht genau bestimmen, denn »Gedor« ist ein recht verbreiteter Name (vgl. Jos 15, 58; 1 Chr 4, 4.18; 8, 31) und kann sich auf Weideland im allgemeinen beziehen. LXX hat »Gerara«, was einleuchtet, allerdings ist auch eine Textvariante nicht auszuschließen. Die früheren Bewohner der Gegend werden als »von Ham« (V 40) und als »Mëuniten« (V 41) bezeichnet, was in den westlichen Negev weist (vgl. *N. Na'aman*, Pastoral Nomads in the Southeastern Periphery of the Kingdom of Judah in the 9th–8th Centuries BCE: Zion LII,1987, 261–276; anders *E. A. Knauf*, Mu'näer 1985, 114–122). Die Ähnlichkeit des Abschnitts mit Ri 18 läßt auf ein isoliertes ethnisches Element schließen ohne starke politische Bindung oder Unterstützung. Als chronologischer Rahmen sind »die Tage von Hiskija« angegeben; von diesem heißt es in unseren Quellen, er habe die Philister bis Gaza geschlagen (2 Kön 18, 8). Diese militärische Aktion wird hier den Simeoniten zugeschrieben ohne Hinweis auf die Zentralregierung; vielleicht führten sie das von Hiskija begonnene Unternehmen weiter. Jedenfalls bezeugt diese Episode weitgehende Eigenständigkeit der verschiedenen Bevölkerungsgruppen sogar in einem so kleinen Staatswesen wie Juda und nach einer so langen Zeit der Konsolidierung. Dies mag besonders für Grenzgebiete gegolten haben, wo die lokale Bevölkerung mehr Eigeninitiative entfalten konnte (vgl. auch Kap. 5).

5. Etwas unstimmig wirkt die Nennung der Opfer dieser militärischen Aktion: »ihre Zelte und die Mëuniten, die sich dort fanden«. Der Vorschlag von *Ehrlich* (329), אהליהם »ihre Zelte« als אהלי חם »Hams Zelte« zu lesen, hat viel für sich, da er einen einleuchtenden Textverlauf ergäbe: »sie schlugen die Zelte Hams und die Mëuniten«, wobei die Zelte eine bestimmte Siedlungsform bezeichnen würden (vgl. auch die »Viehzelte« in 2 Chr 14, 13–14).

Diese genaue Beschreibung vermittelt Informationen über die ethnischen Veränderungen in jener Gegend. Ursprünglich wohnten dort nicht näher bezeichnete Hamiten; dazu kam ein mëunitisches Bevölkerungselement, und schließlich wurden beide von den Simeoniten überlagert, die sich dort mitsamt ihren Herden niederließen. So kurz die Episode sein mag, weist sie doch ein hohes Maß an literarischer Geschlossenheit auf. Sie beginnt und endet mit »Weide für ihr Kleinvieh« (V 39.41), das zentrale Motiv, das nicht weniger als dreimal vorkommt.

Der zweite, noch kürzere Bericht in 4,42–43 spricht von einer weiteren 4,42–43
militärischen Aktion der Simeoniten als Fortsetzung der ersten: »Und einige von ihnen, von den Söhnen des Simeon, zogen in das Gebirge Sëir ...«. Sowohl der vorige wie der jetzige Vorgang beruhen auf den gleichen Voraussetzungen, nur daß diese hier nicht ausdrücklich genannt sind. Das Ergebnis des Unternehmens war die Ansiedlung einer größeren simeonitischen Bevölkerung am neuen Ort (V 43: »sie sitzen dort bis auf diesen Tag«), daher dürfte das Motiv auch hier der Bedarf an zusätzlichem Weideland aufgrund anwachsender Bevölkerung gewesen sein.

Die runde Zahl von »fünfhundert Mann« sollen an der Aktion teilgenommen haben; gerichtet war sie pauschal ins »Gebirge Sëir«, d.h. es muß sich um Migration einer bedeutenderen Anzahl von Simeoniten (wohl einschließlich Frauen und Kinder) gehandelt haben. Als Anführer werden vier »Söhne des Jischi« namentlich genannt; doch auch hier gibt es keinen Hinweis auf ihre Verwandtschaft mit bekannteren Elementen der Familien von Simeon. Die von den Simeoniten überwältigte lokale Bevölkerung waren »der Rest der Flüchtlinge von Amalek«, was auf eine vorangegangene Katastrophe schließen läßt, der nur relativ wenige Amalekiten entronnen waren, so daß die Simeoniten leichtes Spiel hatten.

Die beiden militärischen Unternehmen enden mit dem Hinweis, die dadurch erreichten Verhältnisse dauerten an »bis auf diesen Tag«; diese Zeitangabe könnte sich entweder auf die Zeit des Chronisten oder auf die seiner Quelle beziehen. Der Ausdruck »bis auf diesen Tag« kommt in Chr fast ausschließlich in Paralleltexten vor (vgl. 2 Chr 5,9//1 Kön 8,8; 2 Chr 10,19// 1 Kön 12,19 u.a.m.). Abgesehen vom vorliegenden Abschnitt gibt es nur noch einen Beleg für diese Formel in unabhängigem Material, nämlich 1 Chr 5,26; allerdings könnte dieser Vers eine Aufnahme von 2 Kön 17,23 sein. So besteht eine gewisse Wahrscheinlichkeit, daß die Zeitangabe »bis auf diesen Tag« aus der Quelle des Chronisten übernommen ist; demnach läge der Bezugspunkt der Erzählung irgendwo in der Zeit des Ersten Tempels.

Der letzte bemerkenswerte Punkt ist die betont militärische Ausrichtung der Simeoniten, die ihren Lebensunterhalt mit Waffengewalt zu sichern trachten. Diese Fälle sind zwar nicht die einzigen Beispiele für kriegerische Aktionen von Stämmen in der genealogischen Einleitung (vgl. die Rubeniten in 1 Chr 5 u.a.), aber sie sprechen den Simeoniten doch einen ausgesprochen militanten Charakter zu, was durchaus mit der Überlieferung von Gen

34,5 ff. und Gen 49,5–7 zusammengeht. Während in Gen von den Stammesvätern Simeon und Levi die Rede ist, sind es hier Gruppen aus dem Stamm Simeon im Kontext ihrer konkreten Zeitumstände. So erfährt die eher abstrakte Tradition aus Gen hier ihre sozio-historische Bestätigung; insofern ergänzen die Quellen einander bei der Charakterisierung des historischen Stammes Simeon.

1 Chr 5,1–26: Die Stämme jenseits des Jordan

Literatur

M. Anbar, Poul roi d'Assyrie et Tilgath-Pilneser roi d'Assyrie: BN 48, 1989, 7. – *P. B. Dirksen,* 1 Chronicles 5:1–2: JNWSL 25, 1999, 17–23. – *A. Laato,* The Levitical Genealogies in 1 Chronicles 5–6 and the Formation of Levitical Ideology in Post-Exilic Judah: JSOT 62, 1994, 77–99. – *P. J. Williams,* The LXX of 1 Chronicles 5:1–2 as an Exposition of Genesis 48–49: TynB 49, 1998, 369–371.

Text

Übersetzung

5[1] *Und die Söhne des Ruben, des Erstgeborenen Israels: Er war der Erst-*
geborene. Da er aber das Bett seines Vaters entweiht hatte, wurde sein Erst-
geburtsrecht den Söhnen des Josef, des Sohnes Israels, gegeben, aber dieser
wurde nicht als Erstgeborener verzeichnet, [2] *denn Juda war mächtig gewor-*
den unter seinen Brüdern, und einer aus ihm wurde der Fürst, doch das
Erstgeburtsrecht war bei Josef. [3] *Die Söhne des Ruben, des Erstgeborenen*
Israels: Henoch und Pallu, Hezron und Karmi.

[4] *Die Söhne des Joël: Schemaja sein Sohn, Gog sein Sohn, Schimi sein*
Sohn, [5] *Micha sein Sohn, Reaja sein Sohn, Baal sein Sohn,* [6] *Beera sein*
Sohn, den Tiglat-Pilneser, der König von Assur, in die Gefangenschaft führ-
te. Er war Fürst der Rubeniten. [7] *Und seine Brüder nach [ihren] Familien,*
wie sie verzeichnet sind, nach ihren Generationen: das Haupt Jëiël und Se-
charja [8] *und Bela, der Sohn des Asas, des Sohnes des Schema, des Sohnes des*
Joël. Dieser sitzt in Aroër und bis Nebo und Baal-Meon. [9] *Und nach Osten*
hin [saßen sie] bis man zur Wüste diesseits des Euphrat kommt; denn ihre
Herden waren zahlreich im Land Gilead. [10] *Und in den Tagen Sauls führten*
sie Krieg mit den Hagariten und die fielen in ihre Hand. Da ließen sie sich
nieder in ihren Zelten auf der ganzen Ostseite von Gilead.

[11] *Und die Söhne Gads saßen ihnen gegenüber im Gebiet des Baschan bis*
Salcha. [12] *Joël ihr Haupt und Schafam der Zweite und Janai und Schafat im*

Baschan. [13] Und ihre Brüder mit ihren Vaterhäusern: Michael und Meschullam und Scheba und Jorai und Jakan und Sia und Eber, sieben. [14] (…) Abihajil, der Sohn des Huri, des Sohnes des Jaroach, des Sohnes des Gilead, des Sohnes des Michael, des Sohnes des Jeschischai, des Sohnes des Jachdo, des Sohnes des Bus, [15] (…) des Sohnes des Abdiël, des Sohnes des Guni, Haupt ihres Vaterhauses. [16] Sie saßen in Gilead [in Jabes] und seinen Tochterstädten und im ganzen Gebiet von Scharon bis zu dessen Ausgängen. [17] Sie alle wurden verzeichnet in den Tagen Jotams, des Königs von Juda, und in den Tagen Jerobeams, des Königs von Israel.

[18] Die Söhne des Ruben und des Gad und des halben Stammes Manasse, soweit sie Kämpfer waren, Männer, die Schild und Schwert tragen, den Bogen spannen und im Kampf geübt sind, vierundvierzigtausendsiebenhundertsechzig Mann, die zum Heer ausrücken, [19] führten Krieg mit den Hagariten und mit Jetur und Nafisch und Nodab. [20] Und es wurde ihnen geholfen gegen sie und die Hagariten und deren alle Verbündeten wurden in ihre Hand gegeben; denn zu Gott schrien sie im Krieg und er willfahrte ihnen, denn sie vertrauten auf ihn. [21] Und sie führten deren Herden weg: 50000 Kamele und 250000 Schafe und 2000 Esel und 100000 Personen. [22] Viele wurden erschlagen und fielen, denn der Krieg war von Gott. Und sie saßen an ihrer Stelle bis zum Exil.

[23] Und die Söhne des halben Stammes Manasse saßen im Land (…) Baschan bis Baal-Hermon und bis zum Senir und bis zum Hermongebirge. Diese waren sehr zahlreich. [24] Und dies die Häupter ihrer Vaterhäuser: (…) Efer und Jischi und Eliël und Asriël und Jirmeja und Hodawja und Jachdiël. Sie waren wackere Helden, namhafte Männer, Häupter ihrer Vaterhäuser. [25] Und sie wurden dem Gott ihrer Väter untreu und hurten hinter den Göttern der Völker des Landes her, die Gott vor ihnen vertilgt hatte, [26] und der Gott Israels rührte den Geist des Pul auf, des Königs von Assur, und den Geist des Tiglat-Pilneser, des Königs von Assur. Er führte die Rubeniten und die Gaditen und den halben Stamm Manasse ins Exil und brachte sie nach Halach und an den Habor und nach Hara und an den Fluß von Gosan bis auf diesen Tag.

Zu Text und Übersetzung

7 למשפחתיו »nach seinen Familien«: verderbt durch Analogie zum voranstehenden »seine Brüder«: zu lesen: למשפחתם »nach ihren Familien«.

9 ישב »er saß«: vorgeschlagen ישבו »sie saßen«.

12 ושפט »und Schafat«: von manchen Exegeten wird vorgeschlagen nach LXX^{BL} und T: שופט »Richter«, vgl. Auslegung.

14 אלה בני »dies die Söhne«: vermutlich wegzulassen.

15 אחי »Ahi« fehlt in LXX und P, vgl. Auslegung.

16 בבשן »in Baschan«: schwierig, vorgeschlagen ביבש »in Jabes« oder בבשן בגולן »im Baschan in Golan«, vgl. Auslegung; על »an«: vermutlich עד »bis«.

18 וגדי »und des Gaditen«: vermutlich וגד »und des Gad« (verderbt durch Analogie).

23 בארץ מבשן »im Lande, von Baschan«: schwierig; vorgeschlagen בארץ הבשן »im Land Baschan« oder בארץ [X] מבשן »im Lande [X] von Baschan«.

24 ועפר »und Efer«: wegzulassen »und«.

26 »und nach Hara«: verderbt? Vielleicht zu lesen: »und an den Habor, den Fluß von Gosan«.

Analyse

Thema

Das durchgehende Thema dieses Kapitels – die zweieinhalb Stämme jenseits des Jordan – hat seinen Aufbau geprägt: zunächst wird jeder von diesen Stämmen gesondert aufgeführt, dann alle zusammen. Der Zusammenhang der einzelnen Abschnitte wird noch dadurch betont, daß die Gad und Manasse gewidmeten Stücke nicht mit der üblichen familienweisen Vorstellung des Stammes einsetzen wie bei Ruben zu Anfang des Kapitels (5,3), bei Juda und Simeon in Kap. 4 und bei den meisten übrigen Stämmen danach (7,1.6.13 u.a.m.). In Anbetracht des Materials, das dem Verfasser in Gen 46,16 oder Num 26,5–17.28–33 vorlag, ist seine Abweichung vom üblichen Schema sicher kein Zufall: Die transjordanischen Stämme sollen formal als eine Einheit dargestellt werden.

Aufbau

Literarisch ist Kap. 5 folgendermaßen aufgebaut:

a) V 1–10 Ruben
b) V 11–17 Gad
c) V 18–22 Der Kriegszug gegen die Hagariten
d) V 23–24 Der halbe Stamm Manasse
e) V 25–26 Götzendienst und Exil

Der moderne Leser würde vielleicht eine etwas andere Reihenfolge erwarten, d) vor c), so daß die drei beteiligten Stammesgruppen vor den sie alle zusammen betreffenden Ereignissen präsentiert würden. Dies mag die ursprüngliche Abfolge gewesen sein (d.i. V 23–24 unmittelbar nach V 17), doch auch die vorliegende Struktur hat ihre literarische Logik, insofern sie die theologischen Fragen vermeidet, die sich aus der Nebeneinanderstellung von c) und e) ergeben würden.

Geographische Systematik

In 1 Chr 2,1–2 werden Ruben, Josef (einschließlich Manasse) und Gad nach ihrem genealogischen Status präsentiert: Leas Erstgeborener, Rahels Sohn, Bilhas Sohn. Im Gegensatz dazu ist die Reihenfolge im vorliegenden Text eindeutig geographisch bestimmt. Was die hier genannten Stämme vereint, ist ihr Wohnort östlich des Jordan. Der territoriale Ausgangspunkt liegt im Süden: Auf Simeon, den am weitesten südlich wohnhaften Stamm westlich des Jordan, folgt Ruben, der südlichste der Stämme im Ostjordanland, danach geht der Bericht weiter nach Norden zu Gad und dann zu Manasse.

Bauelemente des Textes und ihre Reihenfolge

Aufs Ganze gesehen enthält der Text hier dieselben Elemente wie der Abschnitt über Simeon (Genealogie, Niederlassung, historische Ereignisse), aber hier erscheinen sie in anderer Reihenfolge und sind vermutlich aus anderen Quellen genommen. Es gibt eine deutlichere Interpolation von der Hand des Chronisten am Anfang, in der Mitte und am Ende dieser Texteinheit. Der Abschnitt gliedert sich in folgende Teile:

a) Genealogien: V 3–8a Ruben, V 12–15 Gad, V 24 der halbe Stamm Manasse
b) Niederlassung: V 8b–9.10b Ruben, V 11.16 Gad, V 23 der halbe Stamm Manasse

c) Berichte über Kriegszüge: V 10a Ruben, V 18–22 die zweieinhalb Stämme gemeinsam, samt einer Erwähnung des Exils, die wiederum die ganze Gruppe betrifft, in V 25–26
d) editorische Bemerkungen: V 1–2 das Geburtsrecht; V 17 Hinweis auf Quellenmaterial

Biblische Quellen

Nur ein sehr geringer Teil dieses Abschnitts geht auf biblische Quellen zurück: V 3 ist ein wörtliches Zitat von Ex 6,14 (vgl. Auslegung), und V 1–2 und V 25–26 sind Überarbeitungen von biblischem Stoff. Zusammengenommen bilden diese Stücke den Rahmen zu Anfang und Ende der Einheit, der Kern dagegen ist das Werk des Chronisten. Die Form des vorliegenden Materials – fragmentarisch und inkonsistent, keiner der Teile in sich abgeschlossen – spricht eher für Abhängigkeit von vorhandenen Quellen als für ein selbständiges literarisches Gebilde.

Der Abschnitt V 1–10: Die Söhne Rubens

Der mit »die Söhne des Ruben« einsetzende Unterabschnitt V 1–10 ist ein literarisches Kontinuum, dessen Details ohne Zwischenüberschriften oder Abschlußformeln aufeinanderfolgen. Es handelt sich um eine Auswahl verschiedener Angaben zu gewissen Elementen des Stammes Ruben:
a) Die übliche Liste der vier Hauptfamilien (V 3)
b) Genealogie und Niederlassung der Familie von Joël mit dem Stammbaum eines Fürsten, der durch Tiglat-Pilneser exiliert wurde (V 4–6), dessen zwei Brüder (V 7), sowie Genealogie und Territorium von »Bela, Sohn des Asas« (V 8)
c) Eine Bemerkung zur Ausbreitung des Stammes nach Osten mit Bezug auf den Sieg über die Hagariten unter Saul (V 9–10)

Zwei formale Beobachtungen sind hier am Platze: a) Der Ausdruck »die Söhne des Ruben, des Erstgeborenen Israels« (V 1) erscheint in V 3 wörtlich wieder nach den eingeschobenen Bemerkungen (V 1b–2) über die besondere Bewandtnis, die es hier mit dem Erstgeburtsrecht hatte – ein klassischer Fall von »Wiederaufnahme«. b) V 1–2 stellen eines der markantesten Beispiele für Midrasch in Chr dar. Als Midrasch wird der Text zum einen dadurch ausgewiesen, daß er einen vorhandenen Vers interpretiert. Auf das Zitat von Ex 6,14 »die Söhne Rubens, des Erstgeborenen von Israel« folgt eine Deutung, worin die Diskrepanz zwischen Rubens offiziellem Status als Erstgeborenem und seiner tatsächlichen historischen Stellung unter den Stämmen gerechtfertigt wird. Außerdem führt diese Interpretation einen neuen theologischen Gedanken ein, der seine Form durch eine neuartige Kombination von vorhandenen biblischen Texten erhält (weiteres dazu in der Auslegung).

Der Abschnitt V 18–22: Der Kriegszug gegen die Hagariten

Der Bericht vom Krieg der ostisraelitischen Stämme gegen die Hagariten (V 18–22) ist der längste und komplexeste erzählerische Text innerhalb der genealogischen Einleitung. In Stil, Aufbau, Gedankengut und Motivik erinnert er an die Kriegsberichte in den erzählerischen Teilen des Buches (2 Chr 14,8–14; 20,1–30 u.a.). Ein guter Ausgangspunkt für die Klärung der Form ist der Vergleich mit V 10a, wo dieselbe Information in komprimierter Form gegeben wird: Krieg, Hagariten, Ruben, Sieg und Niederlassung. Es ist offenkundig, daß der Großteil von V 10a nahezu wörtlich in die längere Erzählung eingegangen ist, so etwa:
V 10: »führten sie Krieg mit den Hagariten und die fielen in ihre Hand«
V 19: »führten Krieg mit den Hagariten … (V 20) und … wurden in ihre Hand gegeben«
V 10: »da ließen sie sich nieder in ihren Zelten«
V 22: »und sie saßen an ihrer Stelle«
Im Grunde ist es nur die chronologische Angabe »in den Tagen Sauls«, die aus V 10 nicht in V 18–22 übernommen worden ist. Der Bericht V 18–22 ist allerdings etwa

fünfmal so lang wie der in V 10; er wird angereichert durch Ausschmückung der bereits vorhandenen Elemente sowie durch Hinzufügung von weiteren. Während der Krieg in V 10 nur vom Stamm Ruben geführt wird, sind es in V 18 die zweieinhalb Stämme gemeinsam; deren Kühnheit, militärische Qualität und Quantität wird ausführlich beschrieben. Während in V 10 nur die Hagariten die Feinde sind, kommen in V 19 weitere arabische Elemente hinzu. Der militärische Erfolg wird in V 19 ganz kurz berichtet, während V 20–21 nicht nur den Sieg schildert, sondern auch die Anzahl der Gefangenen und Beutestücke angibt. Und schließlich stehen in V 18–22 Bemerkungen religiöser Natur, die einerseits feststellen, daß »der Krieg von Gott war« (V 22) und andererseits erklären, wie das Resultat zustande kam: »denn zu Gott schrien sie im Krieg, und er willfahrte ihnen, denn sie vertrauten auf ihn« (V 20). Hier läßt sich beobachten, wie eine kurze historische Notiz literarisch zu einer historischen Erzählung ausgestaltet wird; aus einem örtlich begrenzten Scharmützel zwischen Hirten wird ein Krieg, an dem sämtliche israelitischen Stämme im Ostjordanland teilnehmen – eine ganze wohlausgerüstete Armee von über vierzigtausend Kämpfern. Die Gegner sind eine Koalition mehrerer ethnischer Gruppen, und das Ergebnis ist nicht nur die Vertreibung von Hirten aus ihren Zelten und ihrem Weideland, sondern unglaubliche Mengen von Kriegsgefangenen und Beutetieren, zahlreiche Gefallene und die völlige Besetzung eines ganzen Territoriums. Der Kampf wird historisch nicht genau fixiert, sondern nur durch die Schlußbemerkung allgemein in der israelitischen Geschichte festgemacht. Die theologische Perspektive ist in den Brennpunkt gerückt, sowohl im Verhalten der Krieger, die »zu Gott schrien« und dadurch den erfolgreichen Ausgang des Kampfes herbeiführten, als auch in der Haltung des Erzählers, der Wert darauf legt, daß »der Krieg von Gott war«.

Auslegung

5,1–3 Wie schon oben angedeutet, stellt V 3a eine Wiederaufnahme von V 1a dar; die Hauptaussage des Abschnitts V 1–3 steht demnach in V 3, während die V 1b–2 ein interpretatorischer Einschub sind. Rubens Söhne sind drei weitere Male in der Bibel aufgezählt: Gen 46,8b–9; Ex 6,14 und Num 26,5–6. Hier ist Ex 6,14 so vollständig übernommen, daß sich sogar das *waw copulativum* genau an den gleichen Stellen (vor Pallu und vor Karmi) findet wie dort; auch die Namensformen und die Formulierung der Überschrift sind identisch. V 1–10: Ruben

V 1b–2 enthalten einen recht langen Midrasch zu dem in der Überschrift angesprochenen Problem: Rubens Status als der Erstgeborene, betont durch die sechsmalige Wiederholung von »erstgeboren« (בכור) und verwandten Begriffen in V 1–3. Hier wird festgestellt, daß Rubens konventioneller Titel als »der Erstgeborene von Israel/Jakob« in sämtlichen Genealogien (zusätzlich zu den genannten Stellen noch in Gen 35,33; Num 1,20; Gen 49,3) reine Formsache ist. Ruben ist zwar biologisch der Erstgeborene, aber die mit diesem Status verbundenen Rechte wurden auf Josef übertragen. Doch auch dieser nahm dieses Geburtsrecht nur bis zu einem gewissen Grade wahr, denn faktisch war »Juda mächtig geworden unter seinen Brüdern«. Hier werden also drei Stadien von Priorität unter den Söhnen Jakobs vorgetragen: der biologisch Erstgeborene, der offiziell ernannte Älteste und der faktisch Mächtigste.

Im Einklang mit seiner allgemeinen Weltanschauung erklärt der Chronist Rubens Verlust des Erstgeburtsrechts als Strafe für seine Sünde; dieser theologische Ansatz wird als Interpretation von Texten aus Gen dargeboten. In Gen 35,22 ist kurz berichtet, Ruben habe mit Bilha, der Nebenfrau seines Vaters, geschlafen; der Vers endet mit der etwas kryptischen Feststellung, Israel habe davon gehört. In Gen 49,3–4 ist diese Tat als Begründung für Rubens Verfluchung angegeben: »du sollst nichts Übriges erhalten, denn du hast das Lager deines Vaters bestiegen, dann hast du mein Bett entweiht«. Das recht unbestimmte »Übrige«, das Ruben dort abgesprochen wird, deutet der Chronist hier als das Erstgeburtsrecht.

Das zweite Stadium im Verlauf des Midrasch hier ist die Übertragung des Erstgeburtsrechts an Josef. Jakobs Worte in Gen 48,5 »deine beiden Söhne ... Efraim und Manasse sollen meine sein wie Ruben und Simeon« implizieren rechtlich die Erhebung von Josefs Söhnen in den Status von vollberechtigten Mitgliedern des israelitischen Stämmeverbandes. Erbrechtlich wurde Josefs Erbteil von einem Zwölftel (das dann unter seinen Nachkommen aufgeteilt worden wäre) auf zwei erhöht, wobei Josefs übrige Söhne unter den Namen der beiden ältesten, Manasse und Efraim, mitlaufen (Gen 48,6). Genau dieses »doppelte Erbteil« ist biblisch das unveräußerliche Vorrecht des Erstgeborenen, denn dieser ist »der Anfang seiner Manneskraft« (Dtn 21,17). Die Gegenüberstellung und streng gesetzliche Auslegung von Gen 48,5 und 49,3 bietet die Grundlage für die Übertragung des Erstgeburtsrechts von Ruben auf Josef.

V 2 betont ein weiteres Mal, daß Juda zwar mächtiger wurde als all seine Brüder und der Ahnherr eines großen Fürsten war, aber der Status des Erstgeborenen gehörte doch Josef.

Bei der Anführung von Rubens Genealogie beschränkt sich der Chronist 5,4–8
in 5,3 auf die aus den oben erwähnten Quellen bekannten vier Söhne, ohne auf weitere Informationen über Personen aus dem Stamme Ruben im Pentateuch zurückzugreifen (etwa Datan und Abiram aus Num 26,9, On, der Sohn des Pelet aus Num 16,1 u.a.m.). Dieses Verfahren entspricht dem in bezug auf andere Stämme in den Genealogien angewandten, weicht aber markant von der Behandlung des Stammes Juda ab, wo sämtliche verstreuten Angaben aufgesucht und eingebaut sind.

Die Abgrenzung des Abschnitts 5,4–8 ist etwas unklar. Mir scheint, daß 5,4–8
mit V 8 die Genealogie von V 4–8 mit Hinweis auf die Siedlungen abschließt, während V 9–10 eine neue Einheit mit anderem, wenn auch unbestimmtem Subjekt darstellt. V 4–8a bieten die Aufzeichnung etlicher Fami-

lien aus dem Stamme Ruben, die ihre Abstammung auf einen Ahnherrn namens Joël zurückführen, für den wiederum keine Verwandtschaft mit einer der vier traditionellen rubenitischen Familien angegeben ist – die Situation ist ähnlich der bei Simeon, anders als bei Juda.

Vier Personen werden hier aufgeführt, allerdings mit unterschiedlicher genealogischer Tiefe. Zwei hängen ausdrücklich mit Joël zusammen: Beera, ein Fürst (נשיא) der Rubeniten mit einem Stammbaum von sieben Generationen (V 4–6), und Bela, nur drei Generationen nach Joël (V 8). Die anderen beiden, Jëiël, das Haupt, und Secharja sind ganz schlicht als »seine Brüder« eingeführt; vermutlich handelt es sich um andere Zweige des Stammes, denn es folgt keine weitere Information. Bei Beera sind die genauen historischen Umstände angegeben: exiliert durch Tiglat-Pilneser, vermutlich bei jenem Feldzug des assyrischen Königs nach Galiläa und ins Ostjordanland, der gewöhnlich 733–732 v. Chr. angesetzt wird. Die Schilderung dieses Feldzugs in 2 Kön 15,24 sieht den Hauptbereich des assyrischen Angriffs allerdings im nördlichen Transjordanien, nicht im südlich gelegenen Territorium von Ruben (weiteres dazu unten). Der Name des assyrischen Königs lautet in Kön »Tiglat-Pileser«, in Chr dagegen durchweg »Tilgat-Pilneser«; diese Form ist durch Metathese im ersten und Dissimilation im zweiten Namensteil zustande gekommen (s. auch V 26; 2 Chr 28,20). Beeras Titel »Fürst der Rubeniten« mag darauf schließen lassen, daß das Stämmesystem zu jener Zeit in Kraft war, was auch sonst in Chr belegt ist.

Die Einleitung von V 7, wo von der Familienzugehörigkeit über Generationen hin die Rede ist, läßt ausführliche genealogische Aufzeichnungen erwarten, aber es folgen nur drei Namen; demnach hätte der Chronist hier nur einen Bruchteil des ihm vorliegenden Materials wiedergegeben. Formal ist »Bela, der Sohn des Asas, des Sohnes des Schema« von V 8 nur drei Generationen von Joël entfernt (Schema könnte eine hypokoristische Form von Schemaja aus V 4 sein). Allerdings bezeichnet dieser kurze Stammbaum nicht notwendigerweise eine frühere zeitliche Stellung; es könnte ausgesagt sein, daß »Bela, der Sohn des Asas« zur Familie von »Schema, Sohn des Joël« gehörte, ohne chronologische Implikationen. In der Beschreibung von Belas Territorium steht, die Gruppe habe sich von ihrem Zentrum in Aroër ausgedehnt »bis Nebo und Baal-Meon«. Aroër am Arnon-Fluß ist im Zusammenhang mit Ereignissen im Ostjordanland öfter genannt (Dtn 2,36; 3,12; Jos 12,2; 13,16 u.ö.). Ausdrücklich wird erwähnt, es sei vom Stamm Gad erbaut worden (Num 32,34) oder es habe die Grenze zwischen Ruben und Gad markiert (Jos 13,16.25). Die Bemerkung hier ist vielleicht ein Anzeichen dafür, daß die Grenze zwischen den beiden Stämmen je nach deren Verhältnissen bald weiter südlich, bald weiter nördlich verlief. Nebo und Baal-Meon gehören eindeutig zu Ruben laut Num 32,28, und die Besetzung dieser Territorien durch israelitische Bevölkerung ist bereits für Sauls Regierungszeit belegt, als David Geschenke an »Freunde« übermitteln ließ, die in 1 Sam 30,28 als »die Ältesten von Juda … in Aroër« bezeichnet sind. Allerdings erscheinen die drei Namen Aroër, Nebo und Baal-Meon auch auf der Mescha-Inschrift aus dem 9. Jh., wo der Moabiterkönig sich rühmt, er habe sie nach langer israelitischer Besatzung zu moabitischen Städten gemacht. Ohne exakte chronologische Bindeglieder ergeben all diese Einzelheiten kein vollständiges historisches Bild, aber wenn Beera von V 6 und Bela von V 8 tatsächlich Zeitgenossen waren, würde dies bedeuten, daß diese Bemerkung in den Kontext des 8. Jh.s gehört: Ein Teil der Familie wurde zwar exiliert, aber der andere blieb in seinem Territorium wohnen und breitete sich dort aus.

Das Subjekt der Verbform ישב »er wohnte« in V 9 ist offenbar nicht mehr 5,11–13
Bela, sondern der Stamm Ruben insgesamt; zum einen ist der Stamm Subjekt des folgenden Verses (V 10), außerdem ist schon in V 9b von »ihren Herden« die Rede, was sich auf ein Kollektiv bezieht und nicht auf eine Einzelperson. Dieser Abschnitt erklärt die Ausbreitung des Stammes Ruben nach Osten »bis man zur Wüste diesseits des Eufrat kommt« mit der Vermehrung der Viehbestände, woraufhin dringend zusätzliches Weideland gebraucht wurde; dies steht in Einklang mit der Charakterisierung des Stammes Ruben als Viehhirten sowohl in Num 32 als auch in Ri 5,16 (vgl. auch die Beschreibung von Simeon in 1 Chr 4,38). Die Herrschaft des Stammes Ruben über diese Territorien wird als Ergebnis eines Krieges aus alten Zeiten, »in den Tagen Sauls«, betrachtet. Die früheren Bewohner des eroberten Gebietes werden als Hagariten, d.i. Nachkommen von Hagar, bezeichnet. Erwähnt ist diese arabische Gruppe überwiegend in Chr: im vorliegenden Kapitel (ebenfalls in V 19 und 20), und in Davids Verwaltungsapparat: Jasis, der Hagarit, ist für das Kleinvieh zuständig (1 Chr 27,31) und Mibhar, der Sohn Hagris, ist einer von Davids Helden (1 Chr 11,38; in 2 Sam 23,26: Bani, der Gadit). Als Völkerschaft sind sie nur ein weiteres Mal in Ps 83,7 genannt, passenderweise neben Edom, Ismael und Moab. Nicht erwähnt sind sie dagegen in den Hauptüberlieferungen des Pentateuch über Israels Wüstenwanderung; in Gen sind sie vertreten durch Hagar, Saras Magd und Abrahams Nebenfrau, die durchweg eponyme Züge trägt.

V 11–17: Gad

Innerhalb von 5,11–17 verzeichnen V 11–13 eine aus elf Vaterhäusern 5,11–13
bestehende Familie von Gad, die den Baschan bis Salcha innehatte, samt den Namen ihrer vier Anführer. Von diesen tragen die ersten beiden den Titel »Haupt« (ראש) bzw. »Zweiter« (משנה). Der Titel »Haupt« kommt in den Genealogien der Kapitel 23–26 häufiger vor (1 Chr 23,8.11.16 u.ö.) als in der genealogischen Einleitung (5,7; 9,17), und der Titel »Zweiter« ist überhaupt selten (1 Chr 15,18 המשנים, »die Zweiten«; 1 Chr 16,5; 2 Chr 31,12). Da die Ortsangabe »in Baschan« am Ende von V 12 eine unnötige Wiederholung scheint, wollen manche Exegeten im Anschluß an die Versionen anstelle des Namens Schafat die Amtsbezeichnung שופט »Richter« lesen, so daß der Text hieße: »und Janai war Richter in Baschan«. Diese Text-

änderung erfordert zwar orthographisch nur einen geringfügigen Eingriff, aber sie würde hier den Titel und Status eines Richters einführen, der sonst in den Stammesgenealogien nie vorkommt. Salcha scheint der traditionelle Ostbezirk des Baschan zu sein (Dtn 3,10; Jos 12,5; 13,11), aber laut Jos 13,29–31 fiel der ganze Baschan ins Erbland des halben Stammes Manasse. Die Schilderung hier, wie sowohl Gad als auch Manasse den Baschan erobern, gibt wohl eher die tatsächlichen Wechselfälle in den Verhältnissen der Stämme wieder.

5,14–16 Der Abschnitt V 14–16 ist in mancher Hinsicht schwierig. Der ganze V 14 bildet eine Überschrift; hier wird eine neue Familie von Gad eingeführt: »die Söhne Abihajils«. Das Aufzeichnungsverfahren ist jedoch ungewöhnlich, insofern, als es zwei Methoden künstlich miteinander verquickt: eine Reihe von Namen, eingeleitet durch »dies die Söhne des ...«, und einen Stammbaum, in dem eine einzelne Person mit ihren sämtlichen Vorfahren präsentiert wird. So finden wir anstelle der erwarteten Aufzählung von Abihajils Söhnen einen Stammbaum seiner Ahnen über acht Generationen hin. In V 15 MT jedoch stehen auch nicht die Namen der »Söhne«, sondern eine Einzelperson, »Ahi«, mit ihrem Stammbaum. Ahi und sein Status als »Haupt ihres Vaterhauses« sind in keinen erkennbaren Zusammenhang mit Abihajil gebracht. Daraus ist wohl auf Textverderbnis zu schließen. Zwei verschiedene Vorschläge für die Rekonstruktion dieser Stelle sind gemacht worden. a) Ein beträchtliches Stück Text gilt als verloren, nämlich die von »Abihajil« abstammenden Familien und der Name des Mannes, dessen Stammbaum in V 14 erhalten ist. b) LXX hat den Namen »Ahi« zu Beginn von V 15 nicht; wenn wir daraufhin auch die Worte »dies die Söhne von« am Anfang von V 14 streichen, ergibt sich ein zusammenhängender Text, in dem zuerst elf Vaterhäuser von Gad genannt sind, danach der Name ihres Anführers (Abihajil) mit einem Stammbaum von zehn Generationen. Wie schon erwähnt, besteht kein Zusammenhang zwischen den hier genannten Familien von Gad und den traditionellen Zweigen dieses Stammes (Gen 46,16; Num 26,15); eine gewisse Verbindung läßt sich jedoch herstellen, wenn wir »Guni«, den Ahnherrn von Abihajil (oder von Ahi, wie auch immer) mit »Schuni«, einer der Hauptlinien von Gad, gleichsetzen (Gen 46,16).

V 16 gibt die territorialen Verhältnisse von Gad im Baschan etwas genauer an. Zwei Ausdrücke sind in diesem Zusammenhang schwierig. Die metaphorische Bezeichnung בנתיה (wörtlich: »ihre Töchter«) steht für kleinere Orte, etwa: Dörfer, rings um eine Stadt (vgl. Num 21,32; 32,42 u.ö.); so wird sie an allen übrigen Stellen verwendet, wo sie in Chr vorkommt (1 Chr 7,28.29; 2,23 u.a.m.). Der Text hier wäre die einzige Stelle, wo der Bezugspunkt für בנותיה eine Landschaft ist. Außerdem steht das Possessiv-Suffix im Femininum, weil das Bezugsnomen in der Regel עיר »Stadt« ist, aber der geographische Name »Baschan« ist, so weit festzustellen, maskulin (Jes 33,9; Nah 1,4 u.ö.). Der Text könnte verderbt sein: entweder ist »Baschan« verlesen für einen Städtenamen wie »Jabes« oder dgl., oder hinter »Baschan« ist der Städtename »Golan« ausgefallen. Die zweite Schwierigkeit ist der Ausdruck מגרשי שרון »Gebiet von Scharon«. מגרש bezeichnet normalerweise das Weideland rings um eine Stadt, das vermutlich Gemeinbesitz war (Ez 45,1.2; 48,15 u.ö.) und speziell im Zusammenhang mit Priester- und Levitenstädten erwähnt wird (Num 35,3ff.; Jos 21,2 u.ö.). Da »Scharon« für gewöhnlich entweder als Personenname oder als Name einer Landschaft vorkommt, wäre die Verwendung hier singulär, es sei denn, »Scharon« steht hier als Name einer Stadt (vgl. Mescha-Inschrift Z. 13: »die Männer von Scharon«).

Die in 5,17 vorausgesetzte Zeitgleichheit von Jerobeam als König des Nordreichs und Jotam als König des Südreichs wird gern als Paradebeispiel für die Künstlichkeit des chronistischen Geschichtsbildes angeführt (z.B. *J. Wellhausen*, Prolegomena zur Geschichte Israels [6]1905, 213). Laut 2 Kön 15,32 wurde Jotam König von Juda im 2. Regierungsjahr des Pekach, Sohn Remaljas (2 Kön 15,32), d.h. Jahre nach Jerobeams Tod. Diese völlig unhistorisch erscheinende Kombination läßt sich auf ihre Quelle in der Einleitung des Buches Hosea verfolgen, wo die Tätigkeit dieses Propheten in den Tagen von »Usija, Jotam … und in den Tagen des Jerobeam« angesetzt wird (*J. Wellhausen* ebd.). Doch gerade diese Unstimmigkeit erhöht die Wahrscheinlichkeit, daß die Bemerkung in Chr auf einer anderen Quelle beruht. Daß die Regierungszeiten von Jerobeam und Jotam sich zumindest teilweise überschnitten, ist durch neuere chronologische Untersuchungen bestätigt worden, und da der Chronist dies nicht aus Kön erfahren konnte, muß er wohl eine andere Quelle zur Verfügung gehabt haben. 5,18–22

V 17 spricht von »Eintragung in die Stammeslisten«, vermutlich eine Art Volkszählung auf der Grundlage von familienweiser Aufzeichnung wie in Num 1; 3 und 26. Die Unterlagen dieser Volkszählung könnten den Grundstock für diese Genealogien gebildet haben. Abgesehen von der Chronologie ist die historische Grundlage dieser Bemerkung problematisch. Es ist höchst unwahrscheinlich, daß die beiden rivalisierenden Könige gemeinsam eine Volkszählung in einem bestimmten Stammesgebiet oder gar in beiden Königreichen angeordnet haben sollten. Daher könnte es sein, daß der Chronist den synchronen Tatsachen seiner Quellen eine weiterreichende historische Bedeutung verliehen hat.

V 18–22: Der Kriegszug gegen die Hagariten

Von der möglicherweise falschen Plazierung des Abschnitts 5,18–22 war schon oben (s. Analyse) die Rede. Die Auffassung der ostjordanischen Stämme als einer Gruppe für sich, die gemeinsam agierte und das gleiche Schicksal teilte (vgl. auch 1 Chr 12,37–38), ist eindeutig chronistisch. In dieser Hinsicht steht der Chronist in der Nachfolge der Überlieferungen aus dem Pentateuch und aus Jos (Num 32; Jos 1 u.a.). 5,18–22

Die beiden Ausdrücke zur Bezeichnung der militärischen Qualifikation der Kämpfer – »die Schild und Schwert tragen, den Bogen spannen« – stehen beide in der literarischen Tradition von Chr; in den Genealogien sind sie nur in den Listen von Benjamin illustriert (1 Chr 8,40; auch 2 Chr 14,8). Auch der Feind wird als eine geschlossene Gruppe geschildert: die Hagariten mit drei weiteren arabischen Stämmen. Die ersten zwei davon erscheinen in Gen 25,15 als Ismaels Söhne, während der dritte singulär ist, was für eine unabhängige Überlieferung hier spricht, deren Quelle allerdings noch umstritten ist. Unter den angenommenen Umständen ist die Art der Beute sehr plausibel: Kamele, Schafe und Esel. Die Zahlen dagegen sind wie über die ganze Erzählung hin weit übertrieben und deutlich typologisch – in den meisten Fällen handelt es sich um Vielfache von fünfzigtausend. V 20 weist ein paar markante Beispiele von spätbiblischem Sprachgebrauch auf sowie ausgesprochen chronistisches Vokabular und theologische Vorstellungen. Auch V 22 enthält typisch chronistische sprachliche Erscheinungen (etwa die Verwendung von כי als Konjunktion, der häufigere Gebrauch von einfachen Tempusformen, zahlreiche Nominalsätze), außerdem die theologische Feststellung, daß »der Krieg von Gott war«. Die religiöse Aussage ist unmißverständlich: der Ausgang des Kampfes wird durch Gott entschieden; dieser hilft denen, die auf ihn vertrauen. Die Formulierung hier erinnert stark an 2 Chr 18,31, den kurzen chronistischen Zusatz zu der aus Kön übernommenen Erzählung: »da wandten sie sich zum Kampf gegen ihn; da schrie Josafat und JHWH half ihm, und Gott schüttelte sie ab von ihm«.

Wie überzeugend ist die Erzählung in historischer Hinsicht? So wie sie hier erzählt ist, besteht eine gewisse Spannung: Einerseits handelt es sich um eine militärische Aktion gegen die arabischen Nachbarstämme, an der alle transjordanischen Israeliten beteiligt sind – geradezu ein Berufsheer; auf der anderen Seite spielt das Unternehmen auf rein lokaler Ebene ohne jeglichen Hinweis auf eine zentrale Regierung oder Führung. Ein so effektiver militärischer Zusammenschluß paßt eigentlich nicht in die Vorkönigszeit; aber zur Königszeit kann eine solche Aktion wohl kaum ohne Initiative oder Kontrolle durch die zentrale Macht stattgefunden haben. Die Lösung scheint in einer Differenzierung zwischen dem Grundbestand und der ausgeschmückten Form der Erzählung zu liegen. Aus den oben berichteten Ereignissen (1 Chr 4,39ff.) geht hervor, daß lokale Unternehmungen, zumal im Grenzgebiet, während der Königszeit durchaus üblich waren, auch wenn in Kön nichts dergleichen berichtet ist. Vereinzelte Militäraktionen wurden ohne direkte Mitwirkung der zentralen Regierung durchgeführt – was wiederum Aufschluß bietet über die damals herrschende Regierungsform und das damals übliche Maß an Zentralisierung. Es wäre zwar auch möglich, daß ein königlicher Feldzug nach Transjordanien sozusagen als Privatinitiative der transjordanischen israelitischen Stämme dargestellt sein könnte, aber mir scheint wahrscheinlicher, daß eine begrenzte Lokalinitiative literarisch ausgebaut und aufgebauscht worden ist.

V 23–24: Der halbe Stamm Manasse

,23–24 Wie bei den Familien vom Stamm Gad beginnt der Bericht über den halben Stamm Manasse in 5,23–24 mit territorialen Angaben unter Übergehung der traditionellen Familien, der »Söhne« des Manasse. Die Manassiten hatten offenbar ein ausgedehntes Territorium inne, das den ganzen Norden von Transjordanien umfaßte. Im MT steht: »sie wohnten im Lande, von Baschan an …«. Für gewöhnlich wird vorgeschlagen zu lesen: »sie siedelten im Land Baschan, bis Baal-Hermon …«, ähnlich wie in 5,10. Zu den drei markanten Punkten Baal-Hermon, Senir und Berg Hermon fügt LXX noch den Libanon hinzu. Ein historischer Kontext für die israelitische Besetzung eines so riesigen Gebietes ist schwerlich auszumachen, zumal daneben andere, vor allem aramäische ethnische Elemente vorhanden waren. Die einzelnen Ausdrücke, mit denen diese territoriale Ausbreitung beschrieben wird, finden sich alle bereits in älteren Texten, etwa Dtn 3,8–10; 4,48–49; Jos 12,4–5. Doch die spezielle Kombination der Namen hier ist singulär und fügt sich in kein vorhandenes Schema. »Senir« gilt in Dtn 3,9 als Synonym für »Hermon«, aber in Hld 4,8 erscheinen sie als zwei verschiedene Berge, hier sind es vielleicht zwei erhöhte Punkte desselben Bergrückens. Baal-Hermon kommt nur noch ein weiteres Mal vor, Ri 3,3, als »Berg Baal-Hermon«. Gerade das Nicht-Formelhafte des Textes könnte dafür sprechen, daß eine echte historische Situation dahinter steht, über die wir sonst nichts wissen. Die Angabe »sie wurden viel« führt die territoriale Expansion der Manassiten auf Bevölkerungszunahme zurück.

In der Genealogie der Manassiten hier sind sieben Männer mit vollem Titel aufgeführt: »wackere Helden (גבורי חיל), namhafte Männer, Häupter ihrer Vaterhäuser«; dagegen fehlen Angaben des verwandtschaftlichen Zusammenhangs, jeglicher Hinweis auf familiäre oder lokale Herkunft. Darin ähnelt diese Liste den im selben Kapitel vorangehenden Listen und 4,34–37, unterscheidet sich jedoch von den ethnisch ausgerichteten Genealogien des Stammes Juda.

V 25–26: Götzendienst und Exil

Der letzte Abschnitt 5,25–26 – die Exilierung der transjordanischen Stämme – ist der Höhepunkt des ganzen Kapitels; Andeutungen darauf finden sich bereits in V 6 und V 22. Von Thematik und Bezugsrahmen her bildet er die Fortsetzung von V 18–22; wie diese Verse stammt er vom Chronisten. Der späte Ursprung dieses Abschnitts zeigt sich in sprachlichen Wendungen wie »den Geist aufrühren«, was sich auch anderswo in Chr findet (2 Chr 21,16 u.a.), dem proleptischen Pronominalsuffix der Verbform ויגלם »er führte sie ins Exil« und der Verwendung von ל als Akkusativ-Partikel (לראובני usw.). Typisch chronistischer Sprachgebrauch liegt vor in den Termini מעל »untreu sein« und זנה »huren« zur Bezeichnung von Israels Sünde (vgl. bes. 2 Chr 21,11; 36,14), in den Gottestiteln »der Gott ihrer Väter« und »der Gott Israels« (dazu *S. Japhet*, Ideology 1989, 14–20) und in der Form »Tilgat-Pilneser« als Name des assyrischen Königs (vgl. oben zu V 6). 5,25–26

Eine literarische Untersuchung dieses Abschnitts läßt seine theologische

Aussage deutlich hervortreten. Den Stoff hat der Chronist in Kön gefunden, wo in der Exilierung des Nordreichs zwei Stadien unterschieden sind:

a) die Eroberung von Galiläa und Transjordanien durch Tiglat-Pileser zur Zeit von Pekach, Sohn Remaljas. In 2 Kön 15,29 werden die betroffenen israelitischen Territorien genau angegeben, nicht aber die assyrischen Orte, wohin die Bevölkerung von dort verschleppt wurde.

b) die Eroberung von Samaria nach der Belagerung durch Salmanassar und die Wegführung seiner Bewohner. Die endgültige Zerstörung des Nordreichs, zehn Jahre nach dem vorangegangenen Ereignis, ist in Kön zweimal berichtet: 2 Kön 17,6, ähnlich 18,11. Diesmal wird das eroberte Gebiet ganz allgemein als »Samarien« bezeichnet, wohingegen die Exilsorte sorgfältig aufgeführt sind.

Der Chronist hat beide Berichte verwendet. Indem er aus jedem von beiden die ihm wichtigen Elemente übernahm, hat er ein ganz neues historisches Bild entworfen: a) sein Thema ist das erste Exil, unter Tiglat-Pileser; aber die Orte, wohin die Israeliten exiliert werden, sind die aus dem Bericht über die zweite Exilierungswelle. b) Laut 2 Kön 15,29 waren davon überwiegend die nördlicher wohnhaften Teile der Weststämme betroffen, östlich wird nur »Gilead« erwähnt; hier dagegen werden ausschließlich die in Transjordanien wohnhaften Oststämme exiliert, die Exilierung von Galiläa, Dan und Naftali ist völlig übergangen. »Übertragung« von Elementen der zweiten Exilierung in die erste geschieht auch im Bereich der theologischen Begründung. In Kön steht eine lange Liste von Sünden als Rechtfertigung für die endgültige Zerstörung des Nordreichs (2 Kön 17,7ff.), aber in dem knappen Bericht über die erste Exilierung unter Tiglat-Pileser findet sich nichts dergleichen. Der Chronist nennt die Sünden der transjordanischen Stämme, um deren Exilierung zu rechtfertigen; die harten Worte, die er verwendet, entsprechen seinem Sprachgebrauch in bezug auf die Zerstörung Jerusalems und des Tempels unter Zidkija (vgl. V 25 mit 2 Chr 36,14). Außerdem schließt der Chronist den Abschnitt mit der Bemerkung, die Exilierten säßen in Assyrien »bis auf diesen Tag«. Die hier vermittelte theologische Aussage ist deutlich: Für die drei transjordanischen Stämme gab es keine Heimkehr; zur Strafe für ihre Sünden waren sie zu ewigem Exil verdammt. Mit dieser weitreichenden Umgestaltung der ihm vorliegenden Informationen hat der Chronist historisch und theologisch etwas Neues geschaffen: Der Nordwestteil des Landes war zwar einigen gewaltsamen Überfällen ausgesetzt, blieb jedoch im wesentlichen bestehen; trotz vereinzelter Niederlagen wohnte die Mehrheit der Israeliten weiterhin in ihren ursprünglichen Territorien und erwartete die Heimkehr ihrer Brüder (2 Chr 30,6–9 mit Auslegung dort). Die einzige endgültige Niederlage, das Exil ohne Wiederkehr, betraf die israelitischen Stämme in Transjordanien. In dieser Rekonstruktion äußert sich die Haltung des Chronisten gegenüber dem Phänomen des Exils in der israelitischen Geschichte überhaupt.

Gelten dem Chronisten »Pul« und »Tilgat-Pilneser« als zwei verschiedene Könige? »Pul« lautet Tiglat-Pilesers Name in neubabylonischen Quellen, vermutlich eine hypokoristische Form. Weder die Bedeutung von Pul noch die Tatsache, daß Tiglat-Pileser zwei Namen hatte, ist bis heute befriedigend erklärt. Daß beide Namen in biblischen Quellen vorkommen (2 Kön 15,19.29) hat man als Grund für den »Irrtum des Chronisten« betrachtet (*Curtis/Madsen* 125). Aber die Verbformen, die hier auf die parallele Erwähnung der beiden Namen folgen, stehen im Singular, nicht im Plural: »er führte sie ins Exil« (ויגלם), »er brachte sie« (ויביאם), Subjekt dieser Handlungen ist also ein König. Mit dieser zusätzlichen Anspielung auf 2 Kön 15,19 bringt der Chronist alle relevanten Angaben zur Unterwerfung des Nordreichs zusammen, sieht diese aber ausschließlich auf den östlichen Flügel dieses Reiches beschränkt.

1 Chr 5,27–6,66: Der Stamm Levi

Literatur *W. F. Albright,* The List of Levitic Cities, in: L. Ginzberg/American Academy for Jewish Research (Hg.), Luis Ginzberg Jubilee Volume, New York 1945, 49–73. – *A. G. Auld,* The »Levitical Cities«: Texts and History: ZAW 91, 1979, 194–206. – *E. Ben Zvi,* The List of the Levitical Cities: JSOT 54, 1992, 77–106. – *R. G. Boling,* Levitical Cities: Archeology and Texts, in: A. Kort/S. Morschauser (Hg.), Biblical and Related Studies. FS S. Iwry, Winona Lake 1985, 23–32. – *A. Laato,* The Levitical Genealogies in 1 Chronicles 5–6 and the Formation of Levitical Ideology in Post-Exilic Judah: JSOT 62, 1994, 77–99. – *D. Michaux-Colombot,* La gat de Gédéon, pressoir ou fief?: UF 29, 1997, 579–598. – *N. Na'aman,* A New Look at the System of Levitical Cities, in: ders., Borders & Districts in Biblical Historiography (JBS 4), Jerusalem 1986, 203–236. – *J. L. Peterson,* A Topographical Surface Survey of the Levitical »Cities« of Joshua and 1 Chronicles 6: Studies on the Levites in Israelite Life and Religion, Diss. Seabury 1977. – *G. Schmitt,* Levitenstädte: ZDPV 1, 1995, 28–48.

Text

Übersetzung *5 27 Die Söhne des Levi: Gerschon, Kehat und Merari. 28 Und die Söhne des*
Kehat: Amram, Jizhar und Hebron und Usiël. 29 Und die Kinder des Amram:
Aaron und Mose und Mirjam. Und die Söhne des Aaron: Nadab und Abihu,
Eleasar und Itamar. 30 Eleasar zeugte Pinhas, Pinhas zeugte Abischua, 31 und
Abischua zeugte Bukki, und Bukki zeugte Usi, 32 und Usi zeugte Serachja,
und Serachja zeugte Merajot, 33 Merajot zeugte Amarja, und Amarja zeug-

*te Ahitub, 34 und Ahitub zeugte Zadok, und Zadok zeugte Ahimaaz, 35 und
Ahimaaz zeugte Asarja – er war es, der im Tempel, den Salomo in Jerusalem
erbaute, als Priester amtierte –, und Asarja zeugte Johanan, 36 und Johanan
zeugte Asarja (…) 37 und Asarja zeugte Amarja, und Amarja zeugte Ahitub,
38 und Ahitub zeugte Zadok, und Zadok zeugte Schallum, 39 und Schallum
zeugte Hilkija, und Hilkija zeugte Asarja, 40 und Asarja zeugte Seraja, und
Seraja zeugte Jozadak. 41 Und Jozadak zog weg, als JHWH Juda und Jerusa-
lem ins Exil führte durch die Hand des Nebukadnezzar.*

*6 1 Die Söhne des Levi: Gerschom, Kehat und Merari. 2 Und dies sind die
Namen der Söhne des Gerschom: Libni und Schimi. 3 Und die Söhne des
Kehat: Amram und Jizhar und Hebron und Usiël. 4 Die Söhne des Merari:
Machli und Muschi.*

*Und dies sind die Familien der Leviten nach ihren Vätern: 5 Von Ger-
schom: Libni sein Sohn, Jahat sein Sohn, Simma sein Sohn, 6 Joach sein
Sohn, Iddo sein Sohn, Serach sein Sohn, Jeatrai sein Sohn. 7 Die Söhne des
Kehat: [Amram] sein Sohn, Korach sein Sohn, Assir sein Sohn, 8 Elkana sein
Sohn und Abiasaf sein Sohn und Assir sein Sohn, 9 Tahat sein Sohn, Uriël
sein Sohn, Usija sein Sohn und Schaul sein Sohn. 10 Und die Söhne des El-
kana: Amasai und Ahimot. 11 Elkana [sein Sohn], Zofaj sein Sohn, Nahat
sein Sohn, 12 Eliab sein Sohn, Jeroham sein Sohn, Elkana sein Sohn, [Samu-
el sein Sohn]. 13 Und die Söhne des Samuel: [Joël] der Erstgeborene und der
zweite Abija. 14 Die Söhne des Merari: Machli, Libni sein Sohn, Schimi sein
Sohn, Usa sein Sohn, 15 Schima sein Sohn, Haggija sein Sohn, Asaja sein
Sohn.*

*16 Und diese sind es, die David bestellte zur Pflege des Gesangs im Haus
JHWHs, seitdem die Lade zur Ruhe kam. 17 Und sie versahen ihren Dienst
als Sänger vor der Wohnstätte der Stiftshütte, bis Salomo das Haus JHWHs
in Jerusalem baute, und gemäß ihren Vorschriften standen sie ihrem Dienst
vor. 18 Und diese sind es, die dastehen samt ihren Söhnen: Von den Söhnen
des Kehatiten: Heman der Sänger, der Sohn des Joël, des Sohnes des Samu-
el, 19 des Sohnes des Elkana, des Sohnes des Jeroham, des Sohnes des Eliël,
des Sohnes des Toach, 20 des Sohnes des Zuf, des Sohnes des Elkana, des
Sohnes des Mahat, des Sohnes des Amasai, 21 des Sohnes des Elkana, des
Sohnes des Joël, des Sohnes des Asarja, des Sohnes des Zefanja, 22 des Soh-
nes des Tahat, des Sohnes des Assir, des Sohnes des Abiasaf, des Sohnes des
Korach, 23 des Sohnes des Jizhar, des Sohnes des Kehat, des Sohnes des Levi,
des Sohnes des Israel.*

*24 Und sein Bruder Asaf, der zu seiner Rechten stand: Asaf der Sohn des
Berechja, des Sohnes des Schima, 25 des Sohnes des Michael, des Sohnes des
Maaseja, des Sohnes des Malkija, 26 des Sohnes des Etni, des Sohnes des
Serach, des Sohnes des Adaja, 27 des Sohnes des Etan, des Sohnes des Sim-
ma, des Sohnes des Jahat, des Sohnes des Schimi, 28 des Sohnes des Ger-
schom, des Sohnes des Levi.*

*29 Und [von den Söhnen] des Merari [ihr Bruder] zur Linken: Etan, der
Sohn des Kischi, des Sohnes des Abdi, des Sohnes des Malluch, 30 des Sohnes
des Haschabja, des Sohnes des Amazja, des Sohnes des Hilkija, 31 des Soh-
nes des Amzi, des Sohnes des Bani, des Sohnes des Schamer, 32 des Sohnes
des Machli, des Sohnes des Muschi, des Sohnes des Merari, des Sohnes des
Levi.*

*33 Und ihre Brüder, die Leviten, waren gegeben zu jeglichem Dienst an
der Wohnstätte des Hauses Gottes. 34 Und Aaron und seine Söhne ver-
brannten auf dem Brandopferaltar und dem Rauchopferaltar für jeden
Dienst am Allerheiligsten und für die Versöhnung Israels, genau wie Mose,
der Knecht Gottes, geboten hatte.*

*35 Und dies sind die Söhne des Aaron: Eleasar sein Sohn, Pinhas sein
Sohn, Abischua sein Sohn, 36 Bukki sein Sohn, Usi sein Sohn, Serachja sein
Sohn, 37 Merajot sein Sohn, Amarja sein Sohn, Ahitub sein Sohn, 38 Zadok
sein Sohn, Ahimaaz sein Sohn.*

*39 Und dies sind ihre Siedlungen nach ihren Zeltlagern in ihrem Gebiet:
Den Söhnen des Aaron von der Familie des Kehatiten, denn auf sie war das
Los gefallen, 40 und ihnen gaben sie Hebron im Lande Juda mit seinen Wei-
deplätzen ringsum. 41 Und das Ackerland der Stadt und ihre Dörfer gaben
sie Kaleb, dem Sohn des Jefunne. 42 Und den Söhnen des Aaron gaben sie
[die Zufluchtsstadt] Hebron und Libna mit seinen Weideplätzen und Jattir
[mit seinen Weideplätzen] und Eschtemoa mit seinen Weideplätzen 43 und
[Holon] mit seinen Weideplätzen, Debir mit seinen Weideplätzen 44 und
Aschan mit seinen Weideplätzen. [Und Jutta mit seinen Weideplätzen]
und Bet-Schemesch mit seinen Weideplätzen 45 und vom Stamm Benjamin:
[Gibeon mit seinen Weideplätzen,] Geba mit seinen Weideplätzen und Ale-
met mit seinen Weideplätzen und Anatot mit seinen Weideplätzen, alle ihre
Städte dreizehn Städte nach ihren Familien. 46 Und den übrigen Söhnen des
Kehat von den Familien des Stammes [Efraim und vom Stamm Dan] und
vom halben Stamm Manasse durch das Los zehn Städte.*

*47 Und den Söhnen des Gerschom nach ihren Familien: Vom Stamm Issa-
char und vom Stamm Ascher und vom Stamm Naftali und vom Stamm
Manasse im Baschan dreizehn Städte.*

*48 Den Söhnen des Merari nach ihren Familien: Vom Stamm Ruben und
vom Stamm Gad und vom Stamm Sebulon durch das Los zwölf Städte.*

*49 Und die Israeliten gaben den Leviten die Städte samt ihren Weideplät-
zen. 50 Und durch das Los gaben sie ihnen vom Stamm der Söhne des Juda
und vom Stamm der Söhne des Simeon und vom Stamm der Söhne des
Benjamin diese Städte, die sie mit Namen nannten.*

*51 Und den Familien der Söhne des Kehat wurden die Städte ihres Gebie-
tes vom Stamm Efraim: 52 Sie gaben ihnen [die Zufluchtsstadt] Sichem mit
ihren Weideplätzen auf dem Bergland Efraim und Geser mit seinen Weide-
plätzen 53 und Jokmeam mit seinen Weideplätzen und Bet-Horon mit seinen*

Weideplätzen; 54 *[vom Stamm Dan: Elteke mit seinen Weideplätzen, Gibbe-*
ton mit seinen Weideplätzen,] und Ajalon mit seinen Weideplätzen und
Gat-Rimmon mit seinen Weideplätzen; 55 *und vom halben Stamm Manas-*
se: [Taanach] mit seinen Weideplätzen und [Jibleam] mit seinen Weideplät-
zen. Nach den Familien der noch übrigen Söhne Kehats.

56 *Den Söhnen des Gerschom nach ihren Familien: Vom halben Stamm*
Manasse: Golan im Baschan mit seinen Weideplätzen und Aschtarot mit
seinen Weideplätzen; 57 *und vom Stamm Issachar: [Kischjon] mit seinen*
Weideplätzen, Daberat mit seinen Weideplätzen 58 *und Ramot mit seinen*
Weideplätzen und Anem mit seinen Weideplätzen; 59 *und vom Stamm*
Ascher: Mischal mit seinen Weideplätzen und Abdon mit seinen Weideplät-
zen 60 *und [Helkat] mit seinen Weideplätzen und Rehob mit seinen Weide-*
plätzen; 61 *und vom Stamm Naftali: Kedesch in Galiläa mit seinen Weide-*
plätzen und Hammon mit seinen Weideplätzen und Kirjatajim mit seinen
Weideplätzen.

62 *Und den übrigen Söhnen des Merari: Vom Stamm Sebulon: [Jokneam*
mit seinen Weideplätzen, Karta mit seinen Weideplätzen,] [Rimmon] mit
seinen Weideplätzen, Tabor mit seinen Weideplätzen; 63 *und jenseits des Jor-*
dan bei Jericho, östlich des Jordan, vom Stamm Ruben: Bezer in der Wüste
mit seinen Weideplätzen und Jahaza mit seinen Weideplätzen 64 *und Kede-*
mot mit seinen Weideplätzen und Mefaat mit seinen Weideplätzen; 65 *und*
vom Stamm Gad: Ramot in Gilead mit seinen Weideplätzen und Mahana-
jim mit seinen Weideplätzen 66 *und Heschbon mit seinen Weideplätzen und*
Jaser mit seinen Weideplätzen.

Zu Text und Übersetzung

5,35 Hinter »Asarja« zu übertragen aus 5,36: »er war es, der amtierte …«, vgl. Auslegung.

6,7 »Amminadab« LXX^{A} »Jizhar« (vgl. Ex 6,18.21), vorgeschlagen »Amram«, vgl. Auslegung.

6,10 **ואחימות** »und Ahimot« in 6,20 und 2 Chr 29,12 »Mahat«, vorgeschlagen **ואחיו מחת** »und sein Bruder Mahat«.

6,11 **אלקנה** (*qere* **בני**) **אלקנה בנו**: zu lesen **אלקנה בנו** »Elkana sein Sohn«; »Nahat« 6,19 »Toach«.

6,12 »Eliab«, 6,19 »Eliël«, 1 Sam 1,1 »Elihu«; hinter »Elkana sein Sohn« ergänze »Samuel sein Sohn«.

6,13 Zu lesen **ובני שמואל יואל הבכר והשני אביה** (wie oben übersetzt), vgl. Auslegung.

6,25 **בעשיה** »Baaseja«: vermutlich zu lesen **מעשיה** »Maaseja« mit einigen MSS und Versionen.

6,27–28 **בן יחת שמעי בן**: Reihenfolge der Namen wohl umzustellen, (s.o.).

6,29 **ובני** »und die Söhne«, vorgeschlagen **ומבני** »und von den Söhnen«; **אֲחֵיהֶם** »ihre Brüder«: vermutlich **אָחִיהֶם** »ihr Bruder« nach einigen Versionen.

6,42 **ערי** »Städte«: vorgeschlagen **עיר** »Stadt«, ebenso 6,52; **חברון** »Hebron«: Jos 21,13 + **ואת מגרשיה** »und seine Weideplätze«; **יתר** »Jattir«: ergänze **ואת מגרשיה** »und seine Weideplätze«.

6,43 חילז »Hiles«: Jos 21,15 חלן »Holon«, vermutlich richtig.

6,44 ואת עשן ואת מגרשיה: ergänze ואת יטה ואת מגרשיה nach LXX^{B} und Jos 21,16.

6,45 בנימן: ergänze את גבעון ואת מגרשיה.

6,46 ממשפחת המטה ממחצית »von der Familie des Stammes, von der Hälfte«: verderbt, zu lesen nach Jos 21,5 ממשפחת מטה [אפרים וממטה דן] ומחצי (s. o.), vgl. Auslegung; חצי »Hälfte«: Dittographie, streichen.

6,50 Schließt eng an 6,39 an, vgl. Auslegung.

6,51 וממשפחות »und von den Familien«: zu lesen ומשפחות »und den Familien« (Dittographie); גבולם »ihres Gebietes«: Jos 21,20 גורלם »ihres Losanteils«.

6,52 ערי »Städte«: vorgeschlagen עיר »Stadt« vgl. 6,42.

6,53 יקמעם »Jokmeam«: Jos 21,22 קבצים »Kibzajim«.

6,54 Ergänze wie oben übersetzt: vgl. Jos 21,23.

6,55 למשפחת לבני »für die Familien für die Söhne«: zu lesen למשפחת בני »nach den Familien der Söhne«; ענר »Aner«, vermutlich zu lesen תענך »Taanach«, mit Jos 21,25; בלעם »Bileam«: zu lesen יבלעם »Jibleam«.

6,56 ממשפחת חצי »von der Familie der Hälfte«: besser למשפחתם מחצי »nach ihren Familien: von der Hälfte«.

6,57 קדש »Kedesch«: Jos 21,28 קשיון »Kischjon«, vermutlich besser.

6,58 ענם »Anem«: Jos 21,29 עין גנים »En Gannim«.

6,60 חוקק »Hukak«: zu lesen חלקת »Helkat« mit Jos 21,31.

6,61 קריתים »Kirjatajim«: Jos 21,32 קרתן »Kartan«.

6,62 זבולן ergänze את יקנעם ואת מגרשיה את קרתן ואת מגרשיה, vgl. Auslegung; רמונו »Rimmono«: vermutlich רמון »Rimmon« (Jos 19,13).

Analyse

Umfang der Liste

Diese dem Stamm Levi gewidmete Texteinheit von 81 Versen übersteigt umfangmäßig alle übrigen, mit Ausnahme der über Juda. Dies ist kein Zufall, vielmehr hat sich hier die Position von Levi unter den Stämmen aus der Sicht des Chronisten niedergeschlagen.

Vergleich mit den übrigen Genealogien

Die Ähnlichkeit dieses Abschnitts mit den übrigen Genealogien, was die Bestandteile betrifft, läßt den grundlegenden Unterschied nur deutlicher hervortreten. Hier sind keine Ereignisse aus der Geschichte des Stammes berichtet, und die exakte Aufzeichnung nach Vaterhäusern erfolgt erst in Kap. 23–26. Andererseits ist hier unverhältnismäßig viel Gewicht gelegt auf zwei Dinge:

a) die Ansiedlung der Leviten. Die Liste der Levitenstädte ist in toto aus Jos 21 übernommen, wobei einige redaktionelle Eingriffe durch den Chronisten zu beobachten sind. Wie schon bemerkt, ist das Motiv des »Wohnens« für den Chronisten überaus bedeutsam; die überdurchschnittliche Aufmerksamkeit, die das Wohnen in bezug auf die Leviten erhält, soll in der Auslegung behandelt werden.

b) die Verwandtschaftsbeziehung der drei Sänger Heman, Asaf und Etan. Deren Aufzeichnung, Angabe ihrer Verwandtschaft mit den levitischen Hauptfamilien Kehat, Gerschom und Merari, sowie die historischen Umstände ihrer Einsetzung als Sänger nehmen nicht weniger als 17 Verse in Anspruch (6,16–32).

Aufbau

Die Texteinheit gliedert sich in zwei gleiche Teile: Die erste Hälfte (5,27–6,34) bietet die Genealogien der drei wichtigsten Gruppen innerhalb des Stammes – Priester, Leviten und Sänger – zusammen mit einer kurzen Schilderung der priesterlichen und levitischen Obliegenheiten; die zweite Hälfte (6,35–66) gibt einen Überblick über ihre Siedlungen. Eingehender untersucht gliedert sich der Text in folgende Bestandteile:

a) 5,27–41 Der Stammbaum der Hohenpriester
b) 6,1–15 Die Stammbäume der drei levitischen Zweige
c) 6,16–32 Die Stammbäume der drei Obersänger
d) 6,33–34 Resümee der levitischen und priesterlichen Funktionen
e) 6,35–66 Leviten- und Priesterstädte (dazu Weiteres unten)

Abhängigkeit des Abschnitts 6,35–66 von Jos 21

Die zweite Hälfte der Texteinheit (6,35–66), die längste geographische Einheit in Chr, ist ein Verzeichnis der Priester- und Levitenstädte. Mit der Mehrheit der Forscher nehme ich eine Abhängigkeit der chronistischen Version von Jos 21 an. Trotz aller Unterschiede bieten die Versionen von Chr und Jos in meinen Augen zwei Lesungen desselben Dokuments; der Text von Jos ist zwar der zuverlässigere, aber gewisse Details in Chr könnten ursprünglich sein. Der Text in Chr bewahrt alle wesentlichen Elemente aus Jos 21, stellt aber eine Umarbeitung des Materials dar. Die chronistische Version besteht eher aus zwei Teilen als aus drei: eine Einführung (6,35–38) und die Liste selbst (6,39–66), ein Abschluß fehlt. Die Hauptabsicht dieser Umgestaltung, worin Spuren der ursprünglichen Liste durchaus noch erkennbar sind, ist eine klarere Unterscheidung zwischen Priestern und Leviten. In Jos 21 bilden die Priester eine, wenn auch die erste Familie unter den vier Stammesgruppen. Hier sind zunächst die Priester gesondert behandelt, im Anschluß daran die drei levitischen Familien.

Veränderungen gegenüber Jos 21

Im Grunde genommen ist die Liste in Chr eine Kürzung, sie umfaßt nur etwa zwei Drittel ihrer ursprünglichen Version in Jos. Auch nach Wiederherstellung der durch Textverderbnis ausgefallenen Elemente (nicht weniger als sechs Namen, s. o. zu Text und Übersetzung) sind bewußte redaktionelle Kürzungen aus textökonomischen Gründen zu beobachten. So sind etwa Schlußformeln innerhalb der Liste systematisch weggelassen (zur sparsameren Ausdrucksweise s. u. Auslegung). Eine weitere bewußte Textänderung betrifft die sechs Zufluchtsstädte, die in Jos 21 unter den Priester- und Levitenstädten genannt sind. Von diesen sind in Chr nur zwei geblieben: »Hebron im Lande Juda« und »Sichem im Bergland von Efraim«, d.h. je eine für Süd- und Nordreich. Noch eine systematische Auslassung ist das »göttliche Gebot durch Mose«, auf das die Leviten in Jos 21,2 ihren Anspruch gründen, woraufhin ihnen die Städte gewährt werden (21,8).

Biblische Quellen der Texteinheit insgesamt

Die Texteinheit insgesamt stammt zwar zweifellos von der Hand des Chronisten, doch mehr als die Hälfte des Stoffes ist aus erhaltenen biblischen Quellen genommen: die traditionelle Genealogie von Levi und seinen Söhnen (5,27–29; 6,1–4) und die Liste der Levitenstädte (6,39–66); auch 6,33–34 sind als Überarbeitung pentateuchischen Materials zu betrachten. Sogar in 5,30–41; 6,5–32, die nicht direkt aus anderen Quellen übernommen sind, finden sich gewisse biblische Elemente (etwa die Liste der Kehatiten, die Genealogie von Samuel u.a.m.). Die Frage nach der Identität und Echtheit der vom Chronisten benützten Quellen soll nach eingehender Untersuchung der Listen selbst angegangen werden. Hier ist zunächst festzuhalten, daß zusätzlich zu editorischer Bearbeitung folgende Stücke unmittelbar auf den Chronisten zurückgehen: 6,16–17; 18–32; 33–34; 35–39a – der Mittelteil der Texteinheit.

Auslegung

5,27–41: Der Stammbaum der Hohenpriester

Wie die Listen von Juda, Simeon und Ruben beginnt der Abschnitt 5,7–29 über die Leviten mit der Einleitung »die Söhne des Levi« (5,27). Die weitere Entfaltung der levitischen Genealogie erfolgt dann erst in 6,1–4; hier geht es zunächst um die Familie Kehat mit der Absicht, zwischen den levitischen Ahnherren aus dem Pentateuch und den Hohenpriestern der Königszeit eine Verbindung herzustellen. Wie die bereits untersuchte Aufzählung der Söhne Jojachins (1 Chr 3,17–24) ist die vorliegende Liste ganz systematisch aufgebaut: 5,30–41

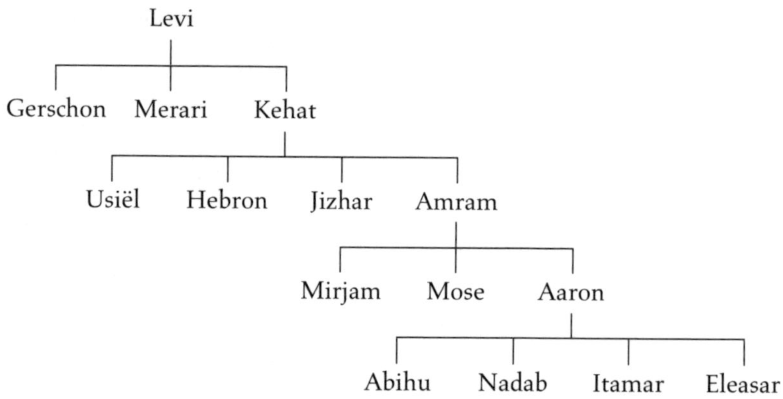

Die Angaben zu den ersten Generationen von Levi finden sich im Pentateuch an etlichen Stellen (Gen 46,11; Ex 6,16–25, am ausführlichsten Num 3,17 ff.; 26,57 ff.), aber die Formulierung des Abschnitts hier hat keine genaue Parallele; es handelt sich eindeutig um eine bewußte Neuformulierung des levitischen Materials speziell für den vorliegenden Kontext. Hier lautet der Name von Levis Erstgeborenem »Gerscho*n*«; diese Namensform findet sich noch einmal in 1 Chr 23,6. Sonst in Chr lautet der Name durchgängig »Gerscho*m*« (6,1.2.5.28.47.56; 15,7). Außerhalb von Chr steht durchgängig Gerscho*n* (Gen 46,11 u.ö.) und die Gentilform lautet stets »Gerscho*n*iten«, sogar in Chr (1 Chr 23,7; 26,21 u.ö.). Zweifellos bevorzugt der Chronist das auslautende ם (m) für diesen Namen, wie aus dem Vergleich von 6,47.56 mit den Parallelstellen Jos 21,6.27 hervorgeht.

Der Abschnitt 5,30–41 enthält einen Stammbaum von Aarons Sohn Eleasar bis hin zu Jozadak, der durch Nebukadnezzar exiliert worden sein soll. Nach der ersten und letzten erwähnten Persönlichkeit zu urteilen sowie nach der Bemerkung über Asarja und den wenigen identifizierbaren Namen haben wir hier angeblich die gesamte hohepriesterliche Linie von ihren Anfängen mit Aaron und Eleasar bis zur Tempelzerstörung vor uns. Insofern entspricht diese Liste der Aufzählung der davidischen Herrscher (1 Chr 5,30–41

3,10ff.) – mit zwei Unterschieden. Zum einen sind die Generationen hier nach dem Muster »X zeugte Y« aufgeführt und nicht wie dort »X, Y sein Sohn«; zum anderen ist die Quellenlage hier erheblich komplexer. In Ermangelung von historischen Daten werden wir dieses Problem mit Hilfe des Materials selbst angehen.

Die Liste bietet einen Stammbaum von 22 Namen, angefangen mit Eleasar. Je nachdem, ob wir 20 oder 25 Jahre pro Generation ansetzen, würde ihrer aller Lebensspanne einen Zeitraum von 440 bis 550 Jahren umfassen, was für die Zeit von der Ansiedlung im Lande bis zur Zerstörung des Ersten Tempels sinnvoll wäre. Die interne Chronologie der Liste folgt allerdings eher typologischen als historischen Kriterien. Wenn wir die übliche Emendation von 5,35–36 annehmen, wonach der bei der Einweihung des Tempels amtierende Hohepriester der ersterwähnte und nicht der zweiterwähnte Asarja war, bleiben nur zehn Generationen von der Tempelweihe bis zum Exil, woraufhin jeder Hohepriester nahezu vierzig Jahre lang im Amt gewesen sein müßte. Diese Annahme hat zwar wenig historische Wahrscheinlichkeit, geht aber gut zusammen mit dem durch 1 Kön 6,2 gebotenen historischen Ansatz, der als typisch deuteronomistisch gilt. Demnach wäre der Tempel 480 Jahre nach dem Exodus erbaut worden, und die typologische Länge von 40 Jahren pro Generation würde 12 Generationen von Hohenpriestern für diesen Zeitraum vorsehen. Dies wird durch unsere Liste bestätigt, wo Asarja die dreizehnte Generation nach Aaron darstellt.

Ein weiterer Zweifel an der historischen Authentizität der Liste erhebt sich angesichts der Beobachtung, was für Namen aufgenommen bzw. nicht aufgenommen sind. Unsere Quellen aus Sam-Kön bieten einige Angaben zu den während der Königszeit tatsächlich amtierenden Priestern. Wir wissen von Asarja, Sohn des Zadok, unter Salomo (1 Kön 4,2); Jojada zur Zeit von Atalja und Joasch (2 Kön 11,4–12,10); Urija unter Ahas (2 Kön 16,10–16), Hilkija unter Joschija (2 Kön 22,4–23,4) und Seraja bei der Tempelzerstörung (2 Kön 25,18). Außerdem erwähnt der Chronist zwei weitere Priester: Amarja unter Joschafat (2 Chr 19,11) und Asarja unter Usija (2 Chr 26,20). In der vorliegenden Liste findet sich keinerlei Hinweis auf Jojada, Urija und jenen Asarja unter Usija; allenfalls Amarja von 5,37 könnte mit dem in 2 Chr 19 erwähnten identisch sein. Dabei enthält die Liste wiederum andere Personen, die uns aus biblischen Quellen bekannt sind: Eleasar, Pinhas, Ahitub, Zadok, Ahimaaz und den Asarja zu Salomos Zeit. Daraufhin können wir die Liste in ihrer vorliegenden Form kaum als das akzeptieren, was sie sein will: ein vollständiges, authentisches Verzeichnis der Hohenpriester während der Königszeit.

Etwas Aufschluß über Form, Quelle und Authentizität der Liste läßt sich durch Vergleich mit ihren Parallelen gewinnen, bes. Esra 7,1–5. (Da die Parallele 1 Chr 6,35–38 nur einen Ausschnitt aus der Liste darstellt, ist sie hier nicht hilfreich.) Bei Esra 7,1–5 handelt es sich offenkundig um den Stammbaum von Esra, hier eingeführt als Sohn des Seraja, der an die Stelle von Jozadak, dem letzten Priester von 1 Chr 5,40–41, tritt. Der andere markante Unterschied zwischen Esra 7,1–5 und der Liste hier besteht darin, daß dort von Aaron an nur 17 Generationen gezählt werden, nicht 23. Diese Kürzung kommt nicht durch das Wegfallen von einzelnen Namen zustande, sondern durch das Fehlen eines zusammenhängenden Blocks von sechs Generationen in der Mitte der chronistischen Liste (von Amarja in 5,33 bis Johanan in 5,36). Die ersten acht und die letzten neun Generationen sind vollständig überliefert. Bei den Personen, die nur in Chr, aber nicht in Esra vorkommen, handelt es sich um Amarja, Ahitub, Zadok, Ahimaaz und Asarja – d.h. genau die vier Priesterfamilien, die uns aus Sam vertraut sind (1 Sam 8,17; 15,27 u.a.; 1 Kön 4,2). Kann die Auslassung sämtlicher Namen, die ausdrücklich mit Zadok zusammenhängen, auf eine zufällige Textverderbnis zurückgehen? Ich neige eher dazu, die Liste in Esra 7,1–5 als die ursprünglichere zu betrachten und die in Chr als überarbeitete Fassung; daraufhin müßte die Untersuchung von der kürzeren Version ausgehen.

Anscheinend erhob sich die Notwendigkeit, für die Priester, einschließlich der Hohenpriester, eine unanfechtbar legitime Abstammung zu etablieren, in jener Übergangszeit zwischen der Zerstörung des Ersten Tempels und der Erbauung des Zweiten – genauer gesagt zur Zeit von Jeschua, Sohn des Jozadak, und seinen Nachfolgern. Die Kurzform der Liste in Esra stellt offenbar einen Versuch dar, die letzten Hohenpriester am Ersten Tempel, von denen die Priesterschaft des Zweiten Tempels sich herleitete, mit aaronidischer Abstammung zu versehen; dabei wurden die relevanten Daten zur Geschichte der Königszeit aus den historischen Büchern nicht vollständig integriert. In Chr wurde diese Liste dann übernommen und ausgebaut: »das Haus des Zadok« wurde in die aaronidische Linie eingereiht und endgültig legitimiert; außerdem wurde die Liste insgesamt dem typologischen Konzept von 1 Kön 4,2 angepaßt.

1 Chr 5,41 und 9,1 sind in Chr die einzigen Erwähnungen des Exils von Juda. In den entsprechenden historischen Passagen (2 Chr 36) ist wohl nur das Exil von Jerusalem intendiert; zu 1 Chr 9,1 s. Auslegung dort. Im Sinne von 1 Chr 5,26; 2 Chr 12,5–7; 28,5 u.a.m. gilt das Exil »durch die Hand des Nebukadnezzar« als gottgewollt.

6,1–15: Der Stammbaum der drei levitischen Zweige

1. Der Abschnitt 6,1–15 führt die levitische Genealogie weiter, indem er die drei Hauptstammbäume der Leviten darstellt: Gerschom, Kehat und Merari. Der zweiteilige Aufbau steht demnach in Analogie zum vorigen Abschnitt: eine Einleitung (V 1–4a), dann die Stammbäume selbst (V 4b–15). Während die Einleitung von 5,27–29 die Reihe der Hohenpriester einführen sollte und daher nur einen Vertreter für jede Generation aufzählt, geht es in den hier vorliegenden Versen um die Häupter aller levitischen Familien, d.h. Personen, deren Rang dem der Hohenpriester innerhalb der Priesterschaft gleichkäme. Daher verläuft die Einleitung hier (V 1–4a) in drei 6,1–15

parallelen Linien entsprechend den drei levitischen Familien. Von den beiden Paralleltexten zu diesem Abschnitt, Ex 6,6–19 und Num 3,17–20 hat wohl der letztere als Vorlage für diese Einleitung gedient, wiederum mit gewissen Kürzungen und Umfunktionierung des Stoffes.

2. In ihrer vorliegenden Form weist die Liste zwei literarische Stadien auf. Ursprünglich bestand sie aus drei Stammbäumen, jeweils über acht Generationen von den traditionellen Stammvätern an:

a) Gerschom – Libni, Jahat, Simma, Joach, Iddo, Serach, Jeatrai (6,5.6)
b) Kehat – Amminadab (Amram?), Korach, Assir, Tahat, Uriël, Usija, Schaul (6,8.9)
c) Merari – Machli, Libni, Schimi, Usa, Schima, Haggija, Asaja (6,14.15)

Demnach wären die letzten drei »Väter« der Leviten Jeatrai, Schaul und Asaja, jeweils neun Generationen nach Levi. Dieses genealogische Schema entspricht dem der Hohenpriester in 6,35–38 mit der Absicht, eine durchgängige Linie bis in die Zeit Davids zu ziehen, wie bei den übrigen Listen in den Genealogien von Juda.

Im zweiten Stadium wurde eine Genealogie des Propheten Samuel in den Stammbaum der Kehatiten verpflanzt, um Samuel eine legitime levitische Abstammung zu verschaffen. Die Spuren dieser literarischen Transplantation sind deutlich zu erkennen. Zu Samuels Stammbaum aus 1 Sam 1,1 sind die Namen seiner Söhne aus 1 Sam 8,2 hinzugefügt, so daß folgende Linie zustande kommt: Zofaj, Nahat, Elihu, Jeroham, Elkana, Samuel, Joël und Abija. Auch hier handelt es sich um einen Stammbaum über sieben Generationen hin; seine Integration in die levitische Genealogie geschieht durch Spaltung der Linie Kehat. Nach der Erwähnung von Assir in 6,7 springt die Liste sozusagen zurück zu Korach und führt dessen drei Söhne gewissermaßen in Klammern auf. Demnach würde in 6,8 eine horizontale, keine vertikale Genealogie vorliegen:

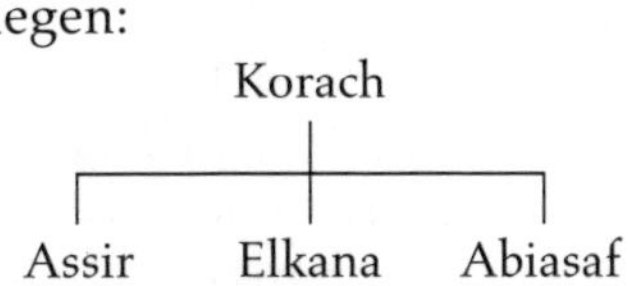

Mit den Angaben aus Ex 6,24 fährt 6,9 dann fort mit den Nachkommen von Assir (vgl. oben), während 6,10–13 zurückspringt und die Nachkommen von Korachs zweitem Sohn Elkana aufführt. An diese zweite Linie ist der gesamte Stammbaum von Samuel angehängt, wodurch eine Genealogie der Kehatiten entsteht, die mit den übrigen levitischen Zweigen nicht parallel läuft:

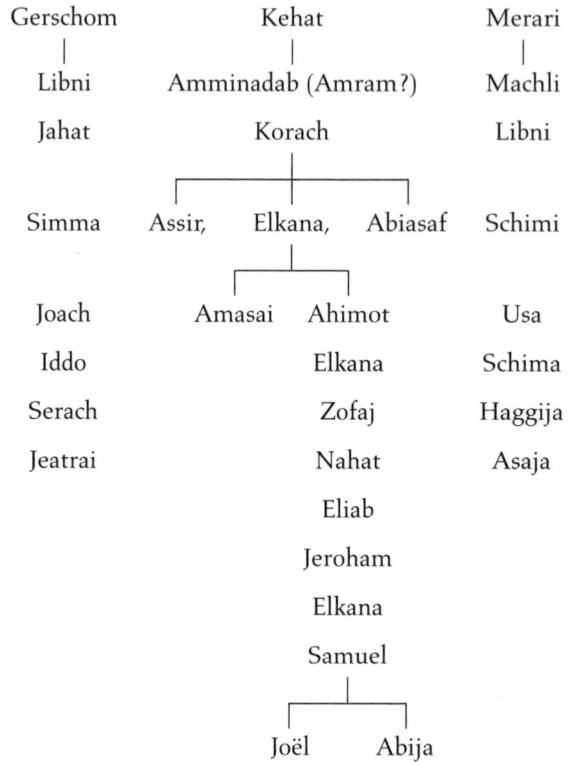

Ein drittes literarisches Stadium, das die hier vorgetragene Auffassung stützt, findet sich in den Stammbäumen der drei Obersänger im folgenden Abschnitt.

Das schwierigste Textproblem dieser Liste ist die Erwähnung von »Amminadab« als Sohn von Kehat in 6,7. In diesem Konsolidierungsstadium der levitischen genealogischen Schemata, nachdem traditionelle Vorstellungen sich bereits herausgebildet hatten, ist das Auftreten eines »neuen« Sohns von Kehat höchst unwahrscheinlich. Seine Funktion als Vater von Korach würde für eine Emendation des Namens in Jizhar sprechen (vgl. Ex 6,21 u.ö.), und dies ist tatsächlich die Lesart mancher LXX-Texte. Ein Vergleich mit anderen levitischen Stammbäumen legt allerdings die Erwähnung von Kehats ältestem Sohn Amram nahe, was die bessere Emendation wäre; sie hätte außerdem orthographisch einiges für sich. So würde die Liste zusätzlich zu »Korach, Sohn des Jizhar« (6,22.23; Ex 6,21) einen weiteren Korach, Sohn des Amram annehmen, der sonst nirgends belegt ist. Unser gegenwärtiger Kenntnisstand bietet für dieses Problem keine befriedigende Lösung.

3. Die Bemühung um die Etablierung von levitischen Stammbäumen geht

offenbar auf die Notwendigkeit der Leviten zurück, ihren Status so weit wie möglich zu legitimieren. Ihre soziale Stellung wie die Stammbäume als solche beruht auf der (unten Kap. 23–26 weiter ausgebauten) Annahme, daß die Neuorganisation und Neueinsetzung der Leviten in den Tempeldienst durch David erfolgte. Die Gestaltung dieser Listen durch komplexe Anhäufung von Einzelheiten ist demnach nicht das literarische Unternehmen eines Einzelnen, sondern das Ergebnis eines längeren kollektiven Vorgangs der Legitimierung innerhalb der levitischen Kreise selbst.

4. Eine weitere Bemerkung zur Einreihung des Propheten Samuel unter die Leviten. Die ältere Darstellung von Samuels Herkunft konfrontiert spätere Generationen mit einem Dilemma: einerseits wird er als »Efratit« (d.h. aus dem Stamme Efraim, 1 Sam 1,1) beschrieben, andererseits »diente er JHWH unter Eli« (1 Sam 3,1), was als levitisches Amt galt. Daher werden hier Anstrengungen unternommen, Samuel als Leviten erscheinen zu lassen, und zwar als Nachkömmling von Kehat. Da Samuel jedoch in Chr keine wichtige Rolle spielt, dürfte dies kaum auf das genealogische Bemühen des Chronisten selbst zurückgehen; vielmehr muß ein zeitgenössisches Bedürfnis dafür vorgelegen haben. Und im folgenden Abschnitt ist tatsächlich »Heman«, der Begründer der Sängerschaft, als Samuels Enkel eingeführt. Um dessen Legitimierung ging es also; diese genealogische Konstruktion, deren zwei Stadien noch erkennbar sind, bildet die notwendige Voraussetzung für die Etablierung seines Status.

6,16–32: Die Stammbäume der drei Obersänger

6,16–17 6,16–17 bilden die Einleitung zur Genealogie der drei Obersänger; hier wird erklärt, weshalb die Sänger gesondert von den drei levitischen Hauptlinien aufgeführt sind. Dahinter steht eine grundlegende Vorstellung des Chronisten von der Entwicklung des Kultpersonals: Nachdem die Lade in Jerusalem »zur Ruhe gekommen« war, ordnete David eine Neubestimmung der levitischen Funktionen an. Da die Leviten die Lade nun nicht mehr zu tragen brauchten, erhielten sie andere Aufgaben, die wichtigste darunter die Gestaltung der Tempelmusik. Bei dieser Einleitung handelt es sich um eine Zusammenfassung von 1 Chr 15,1–16,43, wo die drei Sänger in ihr Amt eingesetzt werden, zunächst vorläufig, dann auf Dauer. Die Terminologie ist wohlbedacht. Den Sängern oblag von vornherein »die Pflege des Gesangs im Hause JHWHs« (6,16), aber bis zur Erbauung des Tempels würden sie dieses Amt vorübergehend »vor der Wohnstätte der Stiftshütte« versehen. Letztere Bezeichnung sowie die kürzere »Wohnstätte JHWHs« bezieht sich auf das von Mose in der Wüste erbaute Zeltheiligtum (Ex 39,32; 40,2.6.29). Indem er für das von David errichtete Zelt dieselbe Terminologie verwendet wie für das Stiftszelt zur Zeit des Mose, suggeriert der Chronist, daß an diesem Heiligtum der volle Kult ausgeübt wurde. Allerdings war in dem Wüstenheiligtum unter Mose kein Platz für Musik; die »Pflege des Gesangs« ist eine Erweiterung des ursprünglichen Rituals, die dadurch möglich wurde, daß die Lade »zur Ruhe kam«.

Nach den einleitenden Worten »Und diese sind es, die da stehen samt 6,18–32
ihren Söhnen« (V 18a), werden die drei Obersänger präsentiert wie folgt: von Kehat Heman (V 18b–23), von Gerschom Asaf (V 24–28) und von Merari Etan (V 29–32). Die Tiefe der genealogischen Angaben ist nicht einheitlich, vor allem zwischen Heman und den beiden anderen ist ein markanter Unterschied zu beobachten. Hier lassen sich wiederum zwei Stadien in der Entwicklung der Liste der Kehatiten ausmachen, ähnlich dem, was wir im vorigen Abschnitt gesehen haben.

a) Im ersten Stadium lag eine ausgewogene dreiteilige Liste vor, wo die drei Obersänger, Heman, Sohn des Joël, Asaf, Sohn des Berechja und Etan, Sohn des Kischi, über Stammbäume von ungefähr gleicher Länge mit den drei levitischen Ahnherren Kehat, Gerschom und Merari in Verbindung gebracht werden. Die Abstammungslinie geht jeweils vom zweiten Sohn des Ahnherrn aus, so wie die Liste der levitischen Häupter im vorigen Abschnitt jeweils vom ersten Sohn ausgegangen war.

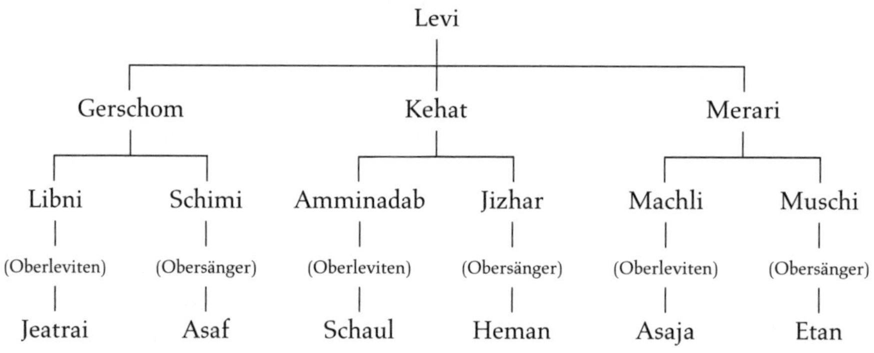

b) Für Asaf und Etan hat sich diese originale Anlage im Text erhalten. Heman dagegen wird als »Sohn des Joël, des Sohnes Samuels« bezeichnet und seine genealogische Linie wird erweitert durch mechanische Hinzufügung des Stammbaums von Samuel (V 11–13). Die dadurch entstandene Genealogie wird schlicht als lineare Abfolge von Namen präsentiert, wo außerdem Brüderpaare als Vater und Sohn erscheinen – so etwa Mahat (Ahimot) und Amasai (vgl. 6,10), Assir und Abiasaf (vgl. 6,8). So schwillt die Genealogie von Heman auf eine disproportionale Länge von 22 Namen an.

Die Abfolge der Namen im ersten Stadium (a) lautet folgendermaßen:

Asaf Berechja, Schima, Michael, Baaseja, Malchija, Etni, Serach, Adaja, Etan, Sima, Schimi, Jahat, Gerschom, Levi

Etan Kischi, Abdi, Malluch, Haschabja, Amazja, Hilkija, Amzi, Bani, Schemer, Machli, Muschi, Merari, Levi

Heman Joël, Asarja, Zefanja, Tahat, Assir, Abiasaf, Korach, Jizhar, Kehat, Levi

Trotz der starken Ähnlichkeit dieser Genealogien mit denen der levitischen Häupter im vorigen Abschnitt sind hier andere Stammbäume angenommen, wobei der offenkundigste Unterschiede im Falle von Merari besteht.

Die sekundäre Veränderung der Linie Heman (Stadium b) stellt sich folgendermaßen dar:

Heman Joël, Samuel, Elkana, Jeroham, Eliël, Toach, Zuf, Elkana, Mahat, Amasai, Elkana, Joël, Asarja, Zefanja, Tahat, Assir, Abiasaf, Korach, Jizhar, Kehat, Levi.

Die Länge dieser Liste und die verwandtschaftliche Beziehung von Heman zum Propheten Samuel sind Ausdruck des wachsenden Ansehens des Hauses Heman unter den Sängern. Außerdem wird Heman an erster Stelle genannt, obwohl sein Ahnherr Kehat Levis zweiter Sohn war; im liturgischen Zeremoniell ist sein Platz in der Mitte, während Asaf zu seiner Rechten steht (6,24) und Etan zu seiner Linken (6,29). Dieser Niedergang der Asafiten und Aufstieg der Hemaniten wird besonders in 1 Chr 25 deutlich.

Aufs Ganze gesehen machen diese Abschnitte anschaulich, wie wichtig die Schematisierung und Legitimierung in den Kreisen des levitischen Kultpersonals war.

6,33–34 V 33–34 bilden den Abschluß der drei vorangehenden Abschnitte. Die Aufzählung der kultischen Funktionen setzt ein mit »und *ihre* Brüder, die Leviten« (6,33), was ausdrücklich an die zuvor (6,16–17) erwähnten Sänger anknüpft. Die Nennung der levitischen Aufgaben (6,33) vor den priesterlichen (6,34) greift chiastisch zurück auf die Genealogien der Leviten (6,1–15) und der Priester (5,27–41), wodurch diese lange Texteinheit ihren Rahmen erhält. 6,33–34: Resümee

Die klare literarische Unterscheidung zwischen den Sängern einerseits, den Leviten und Priestern andererseits, gibt die traditionelle Auffassung von der Geschichte dieser Kulteinrichtungen wieder. Von den Sängern heißt es durchgängig, sie seien von David eingesetzt (6,16), während das Amt der Leviten und der Priester auf das göttliche Gebot durch Mose zurückgeht (6,34). Diese Differenzierung erscheint auch in den folgenden Kapiteln (z.B. 2 Chr 8,14 u.ö.). In Zusammenfassung der levitischen Funktionen steht, sie seien »gegeben zu jeglichem Dienst an der Wohnstätte des Hauses Gottes« (6,33). Die Aufgaben der Priesterschaft sind ausführlicher dargelegt: Sie sind zuständig für Brandopfer, Räucherwerk, den Dienst am Allerheiligsten und die Versöhnung Israels (6,34). Insgesamt sind diese Verse aus pentateuchischen Sprachformeln zusammengesetzt: die Bezeichnung der Leviten als »gegeben« (Num 3,9; 8,16–19 u.ö.), ihres Dienstes als עבודה, der Priesterschaft als »Aaron und seine Söhne« (Num 8,13.22 u.ö.) und ihrer Aufgaben als Darbringung von Opfern, Räucherwerk und Versöhnung (Lev 16,17; 23,28 u.ö.). Doch ist dieses sprachliche Material genau auf den gegenwärtigen Kontext zugeschnitten. Im Pentateuch ist משכן »Wohnstätte« die Bezeichnung für das unter Mose in der Wüste errichtete »Stiftszelt«; diese

Konnotation bleibt in Chr gewahrt (vgl. oben, 6,17; 1 Chr 16,39 u.a.). In 6,33 wird durch die singuläre Kombination »Wohnstätte des Hauses Gottes« (משכן בית האלהים) משכן zum Appellativ; demnach konnte »die Wohnstätte (משכן) JHWHs« entweder ein Zelt oder ein festes Gebäude sein. Der hier (durch Gegenüberstellung von 6,16 mit 6,33–34) vorausgesetzte historische Kontext ist die Zeit Davids. Der Tempel ist zwar noch nicht erbaut, aber das kultische Ritual wurde angeblich zur Gänze vollzogen mit einem Altar für Brandopfer, einem Altar für Räucherwerk und dem gesamten durch Mose gebotenen Kultbetrieb in der »Wohnstätte des Hauses Gottes«. Die Umstände entsprechen wohl den in 1 Chr 15–16 geschilderten, wo die implizite Zweiteilung des Gottesdienstes, wobei die Sänger eine vom übrigen Kultpersonal gesonderte Gruppe bilden, eingehend erläutert ist.

6,35–66: Leviten- und Priesterstädte

V 35–38 fungieren als Einleitung zur Liste der Levitenstädte und bestimmen den genauen historischen Kontext, ähnlich wie die Vorlage Jos 21,1–3. 6,35–38
Die hier vermittelte Information, die bereits in der Liste der Hohenpriester (5,30–34) vorkam, ist so arrangiert, daß eine direkte Abstammungslinie von Aaron über Eleasar und Pinhas zustande kommt, diesmal nicht mit der Formel »X zeugte Y«, sondern »X, Y sein Sohn«. Die Liste endet mit einer relativ unbedeutenden Figur unter den Priestern, Ahimaaz, Sohn des Zadok, dessen Rolle zu Davids Zeit aus 2 Sam 15,36; 17,17–29 und 18,19–29 erhellt. Die Ansetzung unter David kollidiert unverkennbar mit dem Kontext aus Jos, wo die vorliegende Liste diejenigen Städte verzeichnet, welche den Leviten durchs Los als ihr künftiges Erbteil zufielen. Was immer der ursprüngliche Rahmen der Liste gewesen sein mag, ihre Plazierung in Jos soll deutlich machen, daß die Landnahme abgeschlossen war, wie besonders aus dem Schluß des Kapitels (Jos 21,43–45) hervorgeht. Indem der Chronist diese Liste von Jos in die davidische Epoche überträgt, führt er ein neues Element ein. In Chr handelt es sich nicht mehr um Städte, die per Los in das künftige levitische Erbteil fielen, sondern um Ortschaften, die tatsächlich von Priestern und Leviten bewohnt waren. Entsprechend ist der Wortlauf der Liste an etlichen Stellen verändert, so etwa in der Überschrift (6,39) »dies sind ihre Siedlungen (מושבותם), nach ihren Zeltlagern (לטירותם) in ihrem Gebiet (בגבולם)«. Allerdings ist die Redaktion in dieser Hinsicht unvollständig, und Spuren des ursprünglichen Kontextes, wo das Territorium durchs Los zugeteilt wurde, sind noch erhalten, etwa in dem gelegentlich vorkommenden Ausdruck »sie gaben« (6,40 u.ö.).

Der zweite Teil des V 39 ist mit Auslassungen aus Jos 21,10 übernommen. 6,39
Beim ersten Teil handelt es sich um eine vom Chronisten hinzugefügte Überschrift, wo er seine eigene Vorstellung von der Bewohnung dieser Orte durch Priester äußert. Die Pluralform מושבותם »ihre Siedlungen« ist eine ausgesprochen priesterliche Vokabel, die 17mal in P-Texten vorkommt (Gen 36,43; Ex 10,23; 12,20; 35,3; Lev 3,17 u.ö.; Ez 6,6.14; 37,23); die jeweilige Übersetzung schwankt, so etwa »das Land, das ihr bewohnen sollt«

(ארץ מושבותיכם, Num 15,2). Außerdem steht sie dreimal in Chr (4,33; 6,39 und 7,28) – jeweils im Zusammenhang mit aus Jos übernommenen Städtelisten. So besteht der Chronist auf seiner Vorstellung von diesen Städten. טירותם »ihre Zeltlager« ist eine poetische Vokabel, in Num 3,10 kommt sie zusammen mit מושבותם vor. In Chr ist dies der einzige Beleg und soll wohl den Gedanken der Niederlassung betonen. Die dritte Vokabel גבולם »ihr Gebiet« ist in P-Quellen zwar häufig, aber nicht auf solche beschränkt. Sie gehört zu einem spezifisch chronistischen Vokabular; drei von ihren Vorkommen (1 Chr 6,39.51; 2 Chr 11,13) beziehen sich auf die Levitenstädte.

6,40 Der an Wiederholungen reiche Text von 6,40.42a findet sich bereits in Jos 21,10–11.13. In Jos 21 scheint eine Art Kompromiß zwischen zwei traditionellen Auffassungen vorzuliegen: Hebron als Zufluchtsstadt unter den Levitenstädten, von aaronitischen Priestern bewohnt, bzw. Hebron als durch besonderen Beschluß Kaleb, dem Sohn des Jefunne, übereignet. Es ist charakteristisch für die in Chr verwendete literarische Technik der »globalen Übernahme«, daß kein Versuch gemacht ist, diese Überlieferungen mit 1 Chr 2–4 zu harmonisieren, wo Kaleb, der Besitzer von Hebron, nicht als Sohn des Jefunne erscheint, sondern als Sohn des Hezron und Bruder von Jerachmeel (2,18.42–43).

6,44–45 Die Ortsnamen »Jutta« und »Gibeon« in 6,44–45 sind aufgrund von Jos 21,16f. zu ergänzen, damit die hier angegebene Zahl von »dreizehn« Ortschaften voll wird. Solche durch Homoioteleuton bedingten Auslassungen sind in der Liste noch häufiger anzutreffen.

6,46–47 Die aus Jos 21,5–7 übernommenen Verse 6,46–47 wurden im Zuge der Umgestaltung der Liste hierher transferiert. Insgesamt folgt die Zuteilung von Levitenstädten aus den einzelnen Stammesgebieten eher geographischen als genealogischen Prinzipien, d.h. die levitischen Familien sind in bestimmten geographischen Gegenden konzentriert. Dies wäre ein Kriterium für die schematische Anlage der Liste. Den Priestern sind Städte in Juda, Simeon und Benjamin zugeteilt, also den südlichsten Stämmen westlich des Jordan, was sich als Königreich Juda bezeichnen läßt. Die übrigen Kehatiten erhalten ihre Städte im Zentrum des Landes vom Stamm Efraim, vom halben Stamm Manasse und von Dan, der hier zu den Bewohnern des Zentrums gerechnet wird nach seinem offiziellen Erbteil (Jos 19,40–48), nicht so sehr nach seinem tatsächlichen Wohnsitz (Ri 18).

Den Familien von Gerschom fallen Städte im Norden zu, auf beiden Seiten des Jordan: Issachar, Ascher, Naftali und Manasse im Baschan. Die einzige Ausnahme in dieser strikten geographischen Verteilung findet sich im Falle der Merariten, bei denen Sebulon zu den verbleibenden transjordanischen Stämmen Gad und Ruben hinzugefügt ist; selbst hier ist die Süd-Nord-Reihenfolge nicht völlig aufgegeben.

Die Zuteilung der Städte aus den einzelnen Stammesgebieten an die Leviten ist weniger schematisch. Streng genommen müßte jede levitische

Hauptlinie von jedem Stamm drei Städte erhalten – wobei Kehat ein doppelter Anteil zusteht (die priesterlichen und die übrigen Familien von Kehat) – also zwölf Städte für jede Levitengruppe, insgesamt 48. Dieses Schema ist jedoch nur für die Merariten exakt durchgeführt; sie erhalten zwölf Städte von drei Stämmen, gleichmäßig verteilt. Die Kehatiten dagegen erhalten 23 Städte (13 + 10) und die Gerschomiten 13. Auch die Beteiligung der Stämme ist unterschiedlich: neun Städte von Juda und Simeon, dagegen nur drei von Naftali.

Der Text ממשפחת המטה ממחצית מטה חצי מנשה wörtlich: »von der Familie 6,46
des Stammes, von der Hälfte Stamm Halb-Manasse« in 6,46 ist sicherlich falsch; mit Hilfe von Jos 21,5 wäre er in ממשפחת (ה)מטה אפרים וממטה דן ומחצי מטה מנשה »von den Familien des Stammes Efraim und vom Stamm Dan und vom halben Stamm Manasse« zu verbessern. Möglicherweise ist der Jos-Text seinerseits verderbt, und statt des jetzigen ממשפחת מטה »von den Familien des Stammes«) stand dort ursprünglich למשפחותם ממטה ... »... nach ihren Familien, vom Stamme ...« wie in Jos 21,7 und in 1 Chr 6,47.48. Allerdings scheint bereits die Vorlage des Chronisten die mangelhafte Jos-Lesart enthalten zu haben.

Der Parallelvers zu 6,49, Jos 21,8, dient dort zum Abschluß des Vorange- 6,49
gangenen, anschließend kehrt der Text zu den Priestern zurück. Hier fungiert der Vers dagegen als Einleitung für die folgende Aufzählung der Städte. Im Zuge der Umfunktionierung der Liste im Kontext von Chr sind die Worte »wie JHWH durch Mose geboten, durchs Los« hier weggelassen.

Nach jeder Art von Strukturanalyse ist V 50 hier fehl am Platz; er gehört 6,50
nach Jos 21,9, wo er das Verzeichnis der Priesterstädte einleitet. Die dort einleuchtende Abfolge von Jos 21,8–9 hat die Plazierung des Verses in Chr nach sich gezogen, obwohl er hier nicht hinpaßt.

Allerdings ist der Vers nicht einfach wörtlich aus Jos 21,9 übernommen; es gibt einen Zusatz »und vom Stamm der Söhne Benjamins« und eine grammatische Veränderung, Wechsel von Singular zu Plural: אשר יקראו אתהם בשמות »welche sie mit Namen nennen«. Wenn wir den Vers nach 6,39 transferieren, würde er dort den Abschnitt über die Priester eröffnen wie in Jos 21,9. Nun stellt sich heraus, daß der Chronist die Information aus Jos 21,4 genommen und auf diesen Vers (durch Hinzufügung des Stammes Benjamin) sowie auf 6,45b verteilt hat: »alle ihre Städte dreizehn Städte nach ihren Familien«. So haben wir hier eine kohärente Umstrukturierung des auf die Priester bezüglichen Abschnitts vor uns.

Im Abschnitt 6,51–55 geht es um die Städte der »übrigen Söhne des Ke- 6,51–55
hat«, die nicht »Söhne Aarons« waren, sondern Leviten (vgl. 1 Chr 23,13–14). Deren Status ist in Jos 21,20 genauer beschrieben: »... und den Familien der levitischen Söhne Kehats, die übrig waren von den Söhnen Kehats«. Zu dem Terminus »die übrigen« (הנותרים) vgl. 1 Chr 24,20. Der Abschnitt ist mit der üblichen Kürzung von Zahlenangaben und Schlußformeln aus Jos

21,20–26 übernommen. Die Namen der Städte von Dan aus Jos 21,23 sind aus dem Text hier ausgefallen und sollten wieder eingesetzt werden.

6,56–61.62–66 Im Anschluß an Jos 21,27–33 führt der erste Abschnitt von 6,56–61.62–66 die Städte der Gerschomiten auf, die sich im Stammesgebiet von (der Osthälfte von) Manasse, Ascher und Naftali befinden; dabei sind Zahlenangaben, Abschlußformeln und Erwähnungen der Zufluchtsstädte systematisch weggelassen. Ähnlich sind im zweiten Abschnitt die Städte der Merariten im Stammesgebiet von Sebulon, Ruben und Gad aufgezeichnet; der Text geht zurück auf Jos 1,34–40 mit den entsprechenden Auslassungen. Einen interessanten Einblick in den Vorgang textlicher Entlehnung und Bearbeitung bieten die Verse 6,64–65 (//Jos 21,36–37 in einigen Ausgaben). In Jos waren diese Verse in einem gewissen Stadium offenbar ausgefallen und wurden dann aufgrund des Chr-Textes wieder eingetragen. Sie unterscheiden sich vom sonstigen Text der Liste in Jos durch typische Merkmale chronistischer Überarbeitung (vgl. oben, Analyse von Chr 5).

Zum historischen Ursprung und Kontext

Eine in bezug auf die Liste der Levitenstädte am häufigsten gestellte Frage ist die nach dem historischen Ursprung: Wann und wozu wurde diese Liste erstellt und verbreitet? Wo immer dieses Material herkommen mag, es läßt sich nicht als das akzeptieren, was es sein will – eine Liste aus den Tagen des Josua. Über die theologische Aussagekraft der Liste im Kontext von Jos sind sich die Gelehrten weitgehend einig: Sie sollte endgültig klarstellen, daß sämtliche Ziele der Landnahme erreicht waren. In Chr dagegen steht die Liste in davidischem Kontext und hat entsprechend eine andere Funktion. Daß die Liste in Chr aus Jos übernommen ist, steht fest. Die vorgenommenen Veränderungen lassen erkennen, daß es sich um keine blinde literarische Übertragung handelt, sondern um eine bewußte Überarbeitung und Anpassung an die neuen Umstände. Gelegentlich sind Ausdrücke stehengeblieben, die im Kontext von Jos sinnvoll sind, aber nicht im Kontext von Chr, so etwa wo davon die Rede ist, daß diese oder jene Stadt den Leviten »gegeben« wurde (6,40.42.49 u.ö.). Darüber hinaus steht die Verlegung der Liste in die Epoche von David völlig in Einklang mit dem allgemeinen Anliegen der Genealogien, die Israels ethnische und geographische Verhältnisse zur Zeit Davids wiedergeben sollen. Diese Absicht ist in der gesamten Einleitung 1 Chr 1–9 so dominant, daß dem davidischen Kontext der Liste kein eigener historischer Wert beizulegen ist.

Was also ist die Funktion der Liste in Chr?

a) Wie bereits bemerkt, soll sie die israelitischen Siedlungsverhältnisse zur Zeit von David schildern.

b) Darüber hinaus soll sie dartun, daß der Stamm Levi im Lande ebenso »ansässig« war wie jeder andere Stamm. So wie die übrigen Stämme ihr jeweils geschlossenes Territorium besaßen, hatten die Leviten ihre Städte samt umliegendem Weideland.

c) Die Liste selbst ist ein getreues Bild von der Einheit und Vollständigkeit des Volkes Israel. Sie umfaßt sämtliche Stammeseinheiten – einschließlich der zwei Hälften von Manasse und der Untergruppen von Levi (vgl. auch 1 Chr 12,24–28) – insgesamt 15 Komponenten. So dient die Liste einem Hauptanliegen des Chronisten: Schilderung von ganz Israel, wie es in seinem Lande wohnt.

d) Die Liste betont den Status der Leviten gegenüber den Priestern; die Rechte der Leviten sind von denen der Priester unabhängig.

e) Das umfassende Bild der levitischen Ansiedlung stellt keinen konkreten Anspruch auf Besitzrechte dar; zur persischen Zeit lag die überwiegende Mehrheit der hier verzeichneten Städte außerhalb der Grenzen der Satrapie Jehud. Hier geht es mehr um das Prinzip: das unwiderrufliche Wohnrecht der Kultbeamten im Lande.

1 Chr 7,1–40: Die Nordstämme und die Stämme im Zentrum

Literatur *W. Bacher,* Zu I Chron. 7,12: ZAW 18, 1898, 236–238. – *U. Bail,* Mit schielendem Blick. Bemerkungen zu 1 Chronik 7,21b–24, in: R. Kessler/K. Ulrich/M. Schwantes (Hg.), »Ihr Völker alle, klatscht in die Hände!«. FS S. Gerstenberger (Exegese in unserer Zeit 3), Münster 1997, 214–225. – *A. Demsky,* »The Genealogy of Asher« (1 Chron. 7:30–40), in: S. Ahituv/B. A. Levine (Hg.), Avraham Malamat Volume. FS A. Malamat (Eretz Israel 24), Jerusalem 1993, 68–73. – ders., The Genealogies of Manasseh and the Location of the Territory of Milkah Daughter of Zelophehad: Eretz Israel 16, 1982, 70–75 (Hebräisch). – ders., The Chronicler's Description of the Common Border of Ephraim and Manasseh, in: G. Galil/M. Weinfeld (Hg.), Studies in Historical Geography and Biblical Historiography. FS Z. Kallai (VT.S 81), Leiden 2000, 8–13. – *D. Edelman,* The Asherite Genealogy in 1 Chronicles 7:3–40: BR 3, 1988, 13–23. – dies., The Manassite Genealogy in 1 Chronicles 7:14–19: Form and Source: CBQ 53, 1991, 179–201. – *G. Galil,* The Chronicler's Genealogies of Ephraim: BN 56, 1990, 11–14. – *R. E. Hoffmann,* Eine Parallele zur Rahmenerzählung des Buches Hiob in I Chr 7,20–29?: ZAW 92, 1980, 120–132. – *H. W. Hogg,* The Ephraim Genealogy: JQR 13, 1901, 147–154. – *A. Lemaire,* Asriel, Šr'l, Israel et l'origine de la confédération israélite: VT 23, 1973, 239–243. – *M. J. Mulder,* 1 Chronik 7,21b–23 und die rabbinische Tradition: JSJ 6, 1975, 141–166. – *W. W. Müller,* Zum biblischen Personennamen Bimhal (1 Chr 7,33): BN 91, 1998, 12–15. – *N. Na'aman,* Sources and Redaction in the Chronicler's Genealogies of Asher and Ephraim: JSOT 49, 1991, 99–111. – *H. G. M. Williamson,* A Note on 1 Chronicles 7:12: VT 23, 1973, 375–379. – *R. Zadok,* Notes on the Prosopography of the Old Testament: BN 42, 1988, 44–48.

Text

Übersetzung

*7 1 Und die Söhne des Issachar: Tola und Pua, Jaschub und Schimron, vier.
2 Und die Söhne des Tola: Usi und Refaja und Jeriël und Jachmai und Jibsam
und Schemuël, Häupter der Vaterhäuser Tolas, wackere Helden, nach ihren
Generationen; ihre Zahl in den Tagen Davids 22 600 Mann. 3 Und die Söhne
des Usi: Jisrachja, und die Söhne des Jisrachja: Michael und Obadja und
Joël, Jischija, fünf, sie alle Häupter. 4 Und neben ihnen, nach ihren Genera-
tionen, nach ihren Vaterhäusern, Scharen von Kriegsheer: 36 000, denn die
Frauen und Kinder waren sehr zahlreich. 5 Und ihre Brüder nach allen Fa-
milien Issachars, wackere Helden, 87 000 ergab ihre stammbaummäßige Er-
fassung im ganzen.*

*6 [Die Söhne] des Benjamin: Bela und Becher und Jediaël, drei. 7 Und die
Söhne des Bela: Ezbon und Usi und Usiël und Jerimot und Ir, fünf, Häupter
ihrer Vaterhäuser, wackere Helden, ihre stammbaummäßige Erfassung er-
gab 22 034. 8 Und die Söhne des Becher: Semira und Joasch und Eliëser und
Eljoënai und Omri und Jeremot und Abija und Anatot und Alemet. Alle
diese Söhne des Becher. 9 Und ihre stammbaummäßige Erfassung nach
den Generationen der Häupter ihrer Vaterhäuser ergab an wackeren Hel-
den 20 200. 10 Und die Söhne des Jediaël: Bilhan, und die Söhne des Bilhan:
Jëusch und Benjamin und Ehud und Kenaana und Setan und Tarschisch und
Ahischahar. 11 Alle diese Söhne des Jediaël, Häupter von Vaterhäusern,
wackere Helden, 17 200 Mann, die als Heer zum Krieg ausrücken.*

*12 Und Schuppim und Huppim. Die Söhne [des Dan]: Huschim, [sein ein-
ziger] Sohn.*

*13 Die Söhne des Naftali: Jachzeel und Guni und Jezer und Schallum.
[Dies] die Söhne der Bilha.*

*14 Die Söhne des Manasse: Asriël. (…) Seine aramäische Nebenfrau gebar
ihm Machir, den Vater von Gilead, 15 und der Name seiner Schwester war
Hammolechet. [Gilead] nahm eine Frau [und sie gebar ihm X (Hefer?). X
hatte zwei Söhne; der Name des ersten war Y] und der Name des zweiten
Zelofhad; und Zelofhad hatte Töchter. 16 Und Maacha [Gileads] Frau gebar
einen Sohn, und sie nannte seinen Namen Peresch; der Name seines Bru-
ders war Scheresch, und seine Söhne waren Ulam und Rakem. 17 Und die
Söhne des Ulam: Bedan. Dies die Söhne des Gilead, des Sohnes des Machir,
des Sohnes des Manasse. 18 Und seine Schwester Hammolechet gebar Isch-
hod und Abiëser und Machla [und Schemida]. 19 Und es waren die Söhne
des Schemida: Achjan und Schechem und Likhi und Aniam.*

*20 Und die Söhne des Efraim: Schutelach, und Bered sein Sohn, und Tahat
sein Sohn, und Elada sein Sohn, und Tahat sein Sohn, 21 und Sabad sein
Sohn, und Schutelach sein Sohn, und Eser und Elad. Und es erschlugen sie
die Männer von Gat, die im Lande geboren waren, weil sie hinabgezogen
waren, ihr Vieh wegzunehmen. 22 Und Efraim, ihr Vater, trauerte viele Tage*

und seine Brüder kamen, ihn zu trösten. 23 *Und er ging zu seiner Frau ein, und sie wurde schwanger und gebar einen Sohn und er nannte seinen Namen Beria, denn Unglück war in seinem Haus.* 24 *Und seine Tochter: Scheera. Sie baute das untere und das obere Bet-Horon und Usen-Scheera.*

25 *Und Refach sein Sohn und Reschef [sein Sohn] und Telach sein Sohn und Tahan sein Sohn,* 26 *Ladan sein Sohn, Ammihud sein Sohn, Elischama sein Sohn,* 27 *Nun sein Sohn, Josua sein Sohn.*

28 *Und ihr Besitz und ihre Siedlungen: Bet-El mit seinen Tochterstädten, nach Osten Naaran und nach Westen Geser mit seinen Tochterstädten und Sichem mit seinen Tochterstädten bis nach Aja und seinen Tochterstädten.* 29 *Und durch die Söhne des Manasse: Bet-Schean mit seinen Tochterstädten, Taanach mit seinen Tochterstädten, [Jibleam mit seinen Tochterstädten], Megiddo mit seinen Tochterstädten, Dor mit seinen Tochterstädten. In diesen saßen die Söhne des Josef, des Sohnes des Israel.*

30 *Die Söhne des Ascher: Jimna und Jischwa und Jischwi und Beria, vier, und Serach ihre Schwester.* 31 *Und die Söhne des Beria: Heber und Malkiël, dieser ist der Vater von Birsajit.* 32 *Und Heber zeugte Jaflet und Schomer und Hotam und Schua ihre Schwester.* 33 *Und die Söhne des Jaflet: Pasach und Bimhal und Aschwat. Dies die Söhne des Jaflet.* 34 *Und die Söhne des Schamer: sein Bruder Rohga, Hubba und Aram.* 35 *[Und die Söhne] seines Bruders Helem: Zofach und Jimna und Schelesch und Amal.* 36 *Die Söhne des Zofach: Suach und Harnefer und Schual [und die Söhne des Jimna:]* 37 *Bezer und Hod und Schamma und Schilscha und Jitran und Beera.* 38 *Und die Söhne des Jeter: Jefunne und Pispa und Ara.* 39 *Und die Söhne des [Schua]: Arach und Hanniël und Rizja.* 40 *Alle diese Söhne des Ascher [waren] auserlesene Häupter von Vaterhäusern, wackere Helden, Häupter von Fürsten. Ihre stammbaummäßige Erfassung für das Kriegsheer ergab 26 000 Mann.*

Zu Text und Übersetzung

1 ולבני »und den Söhnen«: vorgeschlagen ובני »und die Söhne«.

4 גדודי »Scharen«: lies גבורי »Helden« mit LXX?

6 בנימן »Benjamin«: lies בני בנימן »die Söhne des Benjamin« mit einigen MSS und den Versionen.

12 ושפם וחפם »und Schuppim und Huppim«: Glosse, vgl. Auslegung; עיר »Ir« lies דן »Dan«; בני אחר »Söhne/Sohn des Aher«: lies בנו אחד »sein einziger Sohn«, vgl. Auslegung.

13 בני בלהה »Söhne der Bilha«: vorgeschlagen אלה בני בלהה »dies die Söhne der Bilha«.

14 אשר ילדה »welche gebar«: Dittographie aus אשריאל »Asriel«.

15–19 Zu den vorgeschlagenen Rekonstruktionen vgl. die Auslegung.

25 »Und Reschef«: ergänze בנו »sein Sohn«?

29 Hinter »Taanach mit seinen Tochterstädten« zu ergänzen wohl »Jibleam mit seinen Tochterstädten«: vgl. LXX und Jos 17,11.

30 ובריעה »und Beria«: vorgeschlagener Zusatz ארבעה »vier« (Haplographie).

32 שומר »Schomer«: 7,34 שמר »Schamer«; חותם »Hotam«: 7,35 הלם »Helem«.

34 אחי ורוהגה: lies אחיו רוהגה »sein Bruder Rohga«.
35 ובן »und der Sohn«: lies ובני »und die Söhne«.
36 וברי וימרה »und Beri und Jimra«: vermutlich zu lesen ובני ימנע »und die Söhne des Jimna«.
37 »Jitran«: 7,38 »Jeter«.
39 עלא »Ulla«: vermutlich שועא »Schua«, vgl. 7,32.

Analyse

Thema

Kapitel 7 bringt die Genealogien aller bis dahin noch nicht behandelten israelitischen Stämme: Issachar, Benjamin, Dan, Naftali, Manasse, Efraim und Ascher. Daß Sebulon fehlt, geht vermutlich auf Textverderbnis zurück (dazu unten).

Aufbau

Die fünf Teile dieses Kapitels sind von unterschiedlicher Länge, Struktur, literarischer Zusammensetzung und Gattung; allerdings finden sich auch manche Gemeinsamkeiten. Aufgebaut ist das Kapitel folgendermaßen:

a) V 1–5 Issachar
b) V 6–11 Benjamin
c) V 12–13 Bilhas Söhne: Dan und Naftali
d) V 14–29 Josefs Söhne: Manasse und Efraim
e) V 30–40 Ascher

Schon diese Skizze läßt darauf schließen, daß Issachar, Benjamin und Ascher eine Gruppe bilden. Die Ähnlichkeiten unter diesen Abschnitten sind tatsächlich recht groß; sie sind von ungefähr gleicher Länge und behandeln jeweils einen Stamm. Die übrigen Einheiten, c) die kürzeste, und d) die längste, behandeln jeweils zwei Stämme und zwar aus verschiedenen Perspektiven.

Gemeinsamkeiten der Abschnitte über Issachar, Benjamin und Ascher

Eine nähere Untersuchung zeigt, daß die Abschnitte über Issachar, Benjamin und Ascher weitere gemeinsame Züge aufweisen, die sie eindeutig zu einer Gruppe zusammenschließen:

a) Jede dieser Genealogien beginnt mit der Aufzählung der traditionellen »Söhne« des jeweiligen Ahnherrn, auf der Grundlage dieser oder jener pentateuchischen Quelle (V 1.6.30).

b) Die Zeilen der genealogischen Aufzeichnung sind zwar nicht identisch, aber doch ähnlich, insofern als sie weder Einzelpersonen noch Stammbäume aufführen, sondern Vaterhäuser.

c) Alle diese Abschnitte verwenden markant militärische Terminologie, was dafür sprechen dürfte, daß sie aus den Unterlagen einer Militäraushebung herrühren. Die systematischste Genealogie ist in dieser Hinsicht die von Benjamin.

d) Keiner dieser Abschnitte enthält irgendwelche Informationen über die »Siedlungen« der betreffenden Stämme.

Militärische Terminologie

Militärische Terminologie kam zwar schon in der Genealogie der ostjordanischen Stämme vor (5,13 f.), aber hier ist sie weitaus dominanter. Hier gibt es nicht weniger als sieben Belege dafür, je drei für Issachar und Benjamin, einen für Ascher (V 2.4.5.7.9.11.40). In jedem Fall ist die Zahl der Soldaten angegeben – ein Detail, das sich sonst nur in 5,18 findet; außerdem sind sie als »wackere Helden« bezeichnet, nach »Vaterhäusern« aufgeführt und »stammbaummäßig erfaßt« (התיחש). Der Text ist nach keinem festen Schema aufgebaut, und keine Aufzeichnung stimmt ganz mit der anderen überein. Die beiden markanten Termini dieses Verzeichnisses sind die Ausdrücke התיחש »stammbaummäßig erfassen« und לתלדותם »nach ihren Generationen«; letzterer kommt häufig vor bei der Volkszählung in Num 1 (V 20.22.24 u.ö.) und anderswo (Gen 10,32; 25,13 u.a.m.). Ohne das Personalsuffix gehört die Vokabel zum Wortschatz der P-Texte (Gen 2,4; 5,1; 10,1; 11,10; u.a.m.). Ihre Verwendung in Chr beschränkt sich passenderweise auf die Genealogien, überwiegend von Kap. 5 an (1 Chr 1,29; 5,7; 7,2.4.9; 8,28; 9,9.34; 26,31), allerdings nicht im Zusammenhang mit Juda oder Levi. Im Unterschied dazu gehört das Verb התיחש »stammbaummäßig erfassen« in den späthebräischen Sprachgebrauch; belegt ist es nur in Chr und in Esra/Neh. Da es in den älteren Texten jedoch kein semantisches Äquivalent dafür gibt, läßt sich schwer entscheiden, ob die vorliegende Distribution linguistische Gründe hat (d.h. eine späte Aufnahme des Verbs in die hebräische Sprache) oder ob das Fehlen dieses Verbs in P-Texten auf deren stilistische Vorliebe zurückgeht.

Historische Quelle

Der literarische Befund deutet auf eine Militäraushebung als Quelle für das genealogische Material an dieser Stelle hin. Der Chronist verlegt diese Zählung in »die Tage Davids« (7,2), aber es gibt noch andere Kandidaten, unter denen diese stattgefunden haben könnte, etwa den israelitischen König Jerobeam, Sohn des Joasch (1 Chr 5,17) oder Joschija, König von Juda. Eigentlich besteht kein Grund, am Bestehen einer solchen Zählung und deren Aufzeichnung zu zweifeln, wie aus 2 Sam 24 hervorgeht; der Chronist könnte die Angaben aus einer vermittelnden Quelle bezogen haben.

Eigenheiten der Abschnitte über Manasse und Efraim

Fast alle charakteristischen Elemente der Abschnitte über Issachar, Benjamin und Ascher fehlen in denen über Manasse und Efraim. Dort sind nicht die traditionellen »Söhne« und keine »wackeren Helden« aufgeführt, sowie keine Zahlen von dienstfähigen Männern angegeben; vielmehr handelt es sich um eine erzählende Einheit (7,20–24), einen Stammbaum (7,25–27) und ein Verzeichnis von Siedlungen (7,28–29).

Anliegen des Chronisten

Fraglich sind in diesem Kapitel das Fehlen von Sebulon, die offenkundige Auslassung von Dan und das dürftige Material zu Naftali. Man nimmt gemeinhin an, daß in 7,12 ein Hinweis auf Dan erhalten geblieben ist (s. aber unten, Auslegung z. St.). 7,13 mit der höchst ungewöhnlichen Erwähnung von Jakobs Nebenfrau Bilha deutet auf Gen 46,23–24 als Quelle für diese beiden Verse, die tatsächlich nahezu wörtlich von dort übernommen sind. *Curtis* (*Curtis/Madsen* 145–149) hat versucht zu zeigen, daß es sich bei der Liste von Benjamin hier um die Entstellung einer ursprünglichen Aufzeichnung über Sebulon handelt; die innere Evidenz spricht allerdings nicht für diese These, die Liste scheint doch eher ein kohärent durchstrukturiertes Dokument über Benjamin zu sein (*Williamson* 77f.). Die vorliegende Form des Materials geht auf das Bemühen des Chronisten zurück, das genealogische Bild abzurunden; in Ermangelung besserer Quellen stützte er sich auf die dürftigen Daten im Pentateuch. Diese Auffassung ist allerdings keine Erklärung dafür, daß Sebulon völlig fehlt; da scheint die Annahme wahrscheinlich, daß ein ganzer Abschnitt, vielleicht eine Kolumne mit Angaben zu Sebulon, Dan und Naftali aus dem ursprünglichen Werk des Chronisten ausgefallen ist (*Williamson* 78). Später wurde das Material zu Dan und Naftali nachträglich ergänzt durch direkte Übernahme aus Gen 46,23–24, nur Sebulon wurde vergessen.

Einheitlichkeit

Im Zentrum des Kapitels stehen »die Söhne des Josef, des Sohnes des Israel« (7,29). Es gibt zwar keine ausdrückliche Überschrift, wodurch 7,14–29 als eine Einheit ausgewiesen würde, aber der chiastische Aufbau des ganzen Abschnitts und der

Abschluß durch die Formulierung vom Anfang, »die Söhne Josefs, des Sohnes Israels«, sichern die Geschlossenheit dieser Texteinheit.

Auslegung

7,1–5 Der Abschnitt 7,1–5 über die Söhne Issachars gliedert sich in vier Teile: die herkömmlichen Familien des Stammes (V 1), die Söhne Tolas (V 2), die Söhne Usis (V 3–4) und alle übrigen (V 5). Diese genealogische Aufzeichnung wird ausdrücklich als das Ergebnis einer Zählung unter David dargestellt. V 1–5: Issachar

Die Liste von Issachars vier Söhnen in 7,1 folgt Gen 46,13 und Num 26,23 ganz genau, abgesehen von der anderen Schreibung des Namens »Puwa«. Die Einführung von Tola aus dem Stamm Issachar in Ri weist auffallende Ähnlichkeit auf zu der Liste von Issachars Söhnen in Num, wie folgende Skizze verdeutlicht:

Ri 10,1	Tola, Sohn des	Pua …	wohnhaft (ישב) in	Schamir (שמיר)
Num 26,23 f.	Tola …,	Puwa …,	Jaschub (ישוב) …,	Schimron (שמרן)

Wie immer diese Ähnlichkeit zu erklären sein mag, für den Chronisten handelte es sich bereits um eine feste genealogische Überlieferung.

Das eigentliche Verzeichnis von Issachar beschränkt sich auf nur einen Zweig des Stammes, Tola, während die anderen allgemein als »ihre Brüder, nach allen Familien Issachars« bezeichnet sind (7,5). Innerhalb der Familie Tola sind sechs Vaterhäuser aufgeführt, eines davon, Usi, entfaltet sich zu einer eigenständigen Familie, die wiederum aus vier Vaterhäusern besteht:

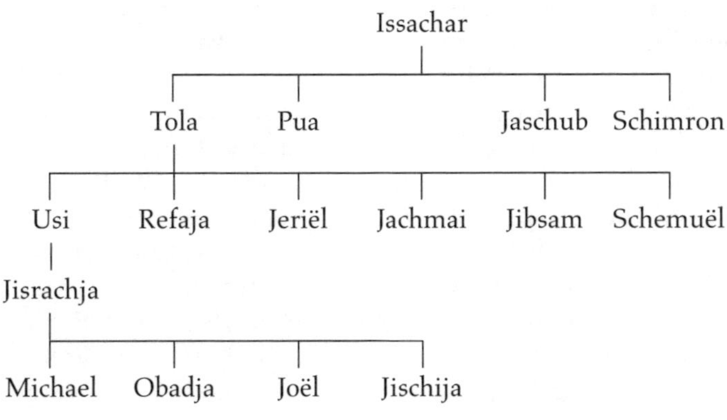

Die Mitglieder der Vaterhäuser von Tola zählten an die 23 000 Kämpfer, die von Usi an die 36 000 – die ungewöhnlich hohe Zahl wird dadurch gerechtfertigt, daß sie »viele Frauen und Kinder« gehabt hätten.

7,3–4 setzt in V 3 ein mit »die Söhne des …«, worauf dann nur ein Name 7,3–4
folgt; das kommt in den Listen häufiger vor (1 Chr 3,22 u.ö.). Schwieriger scheint die Nennung der Zahl »fünf« nach nur vier Namen; die Peschitta hat hier tatsächlich »vier«, *Rudolph* (64) dagegen möchte die Bemerkung »die Söhne des Jisrachja« als Glosse ausscheiden, so daß alle fünf Namen »die Söhne des Usi« wären. Da die Liste jedoch nicht von den biologischen Söhnen eines Vaters spricht, sondern von der sozialen Zugehörigkeit verschiedener Vaterhäuser, können die beiden scheinbar unstimmigen Angaben, »die Söhne des Usi« und die Zahl »fünf« dieselbe Information wiedergeben, nämlich daß der Familienverband »Usi« sich über das Zwischenstadium »Jisrachja« herausbildete, dessen Status als eigenständiges Vaterhaus gewahrt blieb. Insofern können die letztgenannten vier Namen gleichzeitig »Söhne Jisrachjas« und mit ihm zusammen »Söhne Usis« sein.

Wenn zu den ungewöhnlich zahlreichen Familien Tola und Usi in 7,5 7,5
noch die 87000 Krieger ihrer »Brüder« hinzukommen, beläuft sich das Militärkontingent des Stammes Issachar auf nahezu 150000; diese Quantität hat unter den Stammesaufzeichnungen nicht ihresgleichen, weder in 1 Chr 1–9, noch in Num 26, noch in 1 Ch 12,25–38. Selbst wenn in der Zahl 87000 die Familien Tola und Usi inbegriffen sein sollten (wie vielleicht aus der Wiederholung der Vokabel »alle« zu entnehmen) bleibt die Stammeseinheit Issachar doch die weitaus größte – mit Ausnahme von Juda laut 2 Sam 24,9 und 1 Chr 21,5.

V 6–11: Benjamin Benjamins Söhne sind in 7,6–11 und an drei weiteren Bibelstellen auf- 7,6–11
geführt: Gen 46,21; Num 26,38; 1 Chr 8,1. Die vier Listen unterscheiden sich voneinander in nahezu sämtlichen Einzelheiten: Anzahl und Namen der Söhne und die Beziehungen der Generationen untereinander. Das einzige Gemeinsame ist der Name von Benjamins Erstgeborenem: Bela. Da Becher, Benjamins zweiter Sohn auf der Liste, auch in Gen 46,21 erscheint, könnte die Gen-Liste als die am nächsten stehende Fassung gelten, obwohl der dritte Sohn dort Aschbel heißt (wie in Num 26,38 und in 1 Chr 8,1), hier dagegen Jediaël. Wie in Num 26,38 und in 1 Chr 8,3 (aber nicht in Gen 46,21) verzeichnet die Liste hier noch die dritte Generation von Benjamin an über Bela; allerdings lauten die Namen von Belas Söhnen ganz anders. Diese Abweichungen sprechen gerade für den authentischen Ursprung der Liste. Sie schildert nämlich nicht so sehr die Entwicklung der ethnischen Einheiten und deren verwandtschaftliche Beziehungen, sondern gibt eher ein »horizontales« Bild von den Vaterhäusern des Stammes Benjamin an einem bestimmten historischen Punkt aus Anlaß einer Volkszählung. Hier wird von drei benjaminitischen Zweigen ausgegangen, und im Vergleich zu Gen 46,21 wird deutlich, daß Jediaël an die Stelle von Aschbel getreten ist.

Dieses vollständige Verzeichnis der Benjaminiten dürfte dem Ergebnis einer ehemaligen Volkszählung recht nahe kommen:

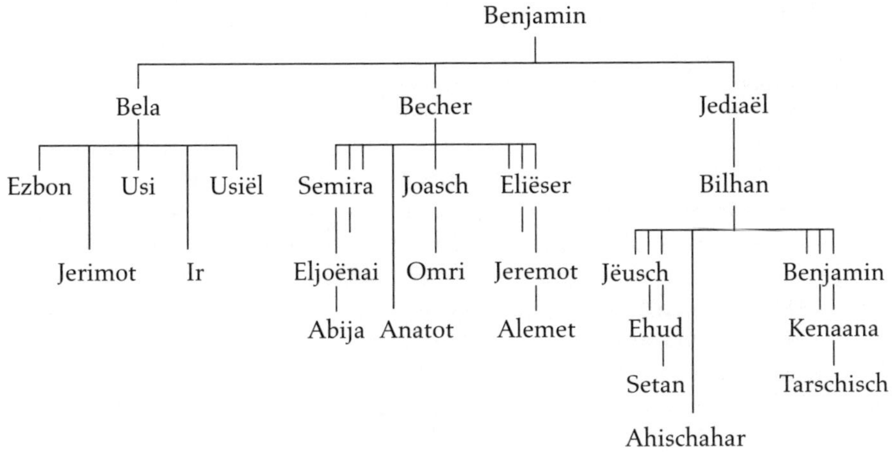

Die Gesamtzahl der Benjaminiten beträgt 59 434.

Einige Punkte bleiben noch zu klären:

1. Soweit wir es beurteilen können, handelt es sich bei den Namen um Personennamen mit Ausnahme von Anatot und Alemet (7,8), diese beiden sind sonst als Ortsnamen bekannt und kommen zusammen in 1 Chr 6,45 vor. Wie schon bemerkt, besteht keine strikte Unterscheidung zwischen Familien- und Ortsnamen, nicht nur weil Ortschaften mit den dort ansässigen Familien zusammengesehen wurden und umgekehrt, sondern auch weil das ganze Begriffssystem der Genealogien soziale und geographische Verhältnisse in Gestalt von verwandtschaftlichen Beziehungen wiedergibt. Trotzdem wären hier in der Liste von Benjamin, die vermutlich das Ergebnis einer Volkszählung an einem bestimmten historischen Punkt darbietet, eigentlich nur Bezeichnungen von »Vaterhäusern« zu erwarten, d.h. von Einzelpersonen, die für soziale Einheiten innerhalb des Stammes stehen. »Anatot« und »Alemet« lassen sich auf zweierlei Wegen erklären: entweder als literarische Abweichung, vielleicht überhaupt sekundär; oder als soziogeographisches Phänomen, wobei diese Ortschaften bevölkerungsmäßig so homogen waren, daß ihre Bewohner jeweils als Mitglieder eines Vaterhauses galten, die ihren Ursprung auf einen Ahnherrn zurückführten.

2. Ein Enkel des Jediaël, vierte Generation nach Benjamin, trägt ebenfalls den Namen Benjamin. In der Bibel erscheinen etliche Namen von Jakobs Söhnen als reguläre Personennamen (Juda, Simeon und Benjamin in Esra 10,23.31.32; Issachar in 1 Chr 26,5 u.a.), und daß andere nicht als solche belegt sind, mag reiner Zufall sein. Dies wäre allerdings der einzige Fall, wo in einer engeren Stammeseinheit der Name des Stammes selbst wieder vorkommt, so daß auch mit der Möglichkeit von Textverderbnis zu rechnen ist.

3. Nach der Einleitung im Plural »die Söhne des Jediaël« (7,10) ist nur ein Name genannt: Bilhan; die folgenden Vaterhäuser erscheinen dann als Bil-

hans Söhne. Dieser Aufbau entspricht genau der Aufzeichnung von Usi in 7,3. Wenn wir diese Parallele im Sinn behalten und Bilhan mit unter die Vaterhäuser rechnen, kommt die Zahl der Familienoberhäupter von Benjamin auf runde 22.

V 12–13: Bilhas Söhne: Dan und Naftali

Wie immer die Verse 7,12–13 zu verstehen sind, eine gewisse Textverderbnis liegt sicherlich vor. In der überlieferten MT-Form hat 7,12 keine 7,12
Einleitung, scheint daher den Abschnitt über die Benjaminiten mit kurzer Erwähnung von »Schuppim und Huppim, Söhne des Ir« und »Huschim, Sohn des Aher« weiterzuführen. Der Name »Ir« erinnert an »Iri« aus 7,7, und »Aher« kann als Entstellung eines benjaminitischen Namens wie »Ehi« (Gen 46,21), »Ahiram« (Num 26,38), »Ahara« (1 Chr 8,1) oder Adar/Ard (1 Chr 8,3; Gen 46,21) gelten. Die Namen »Schuppim und Huppim« sind klangliche Varianten von »Schufam und Hufam«, Söhnen Benjamins laut Num 26,38f. Von daher ist es möglich, 7,12 als eine fragmentarische Fortsetzung der Genealogie von Benjamin zu betrachten (vgl. *Williamson*, A Note 1973, 375–397).

Der unvermittelte Plural »die Söhne der Bilha« macht deutlich, daß in 7,12–13 ursprünglich nicht nur von Naftali, sondern auch von Bilhas erstem Sohn, Dan, die Rede war (vgl. Gen 30). Letztere Schwierigkeit führt uns auf die weithin anerkannte Vermutung, wonach 7,12 MT eine entstellte Version der Genealogie von Dan bietet. Die Rekonstruktion stützt sich auf folgende Beobachtungen:

a) Huschim ist der Name von Dans einzigem Sohn laut Gen 46,23.

b) LXX liest »sein Sohn« (בנו) statt »Söhne des« (בני) in 7,12b.

c) »Schuppim und Huppim« sind vermutlich eine Glosse zu 7,6 (aufgrund von Num 26,38f.); die irrtümliche Einfügung der Glosse hier eröffnete eine Serie von Schreibversehen.

Wenn wir »Ir« (עיר) als sekundäre Verbesserung für »Dan« betrachten, kommen wir zu der Lesart בני דן חשם בנו אחד »die Söhne Dans: Huschim, sein einziger Sohn« – zweifellos die kürzeste Angabe zu einem der zwölf Stämme.

7,13 ist eine wörtliche Wiedergabe von Gen 46,24 mit drei geringfügigen 7,13
Veränderungen: der erste und der letzte Name sind etwas anders vokalisiert (Gen 46,24 und Num 26,48: Jachzeel, Schillem), und die Vokabel »diese« (אלה) ist ausgefallen, wohl versehentlich. Der Abschluß des Abschnitts mit der singulären Erwähnung der »Söhne der Bilha« verweist deutlich auf die Vorlage Gen 46,23–25.

V 14–29: Josefs Söhne: Manasse und Efraim

In seiner vorliegenden Form scheint der Abschnitt 7,14–19 unheilbar ver- 7,14–19
derbt. Mein Rekonstruktionsversuch geht aus von der Gegenüberstellung von 7,14b »seine aramäische Nebenfrau gebar ihm Machir, den Vater von Gilead« mit 7,17b »dies die Söhne des Gilead, des Sohnes des Machir, des Sohnes des Manasse«, woraus hervorgeht, daß in 7,15–17 ursprünglich die »Söhne Gileads« aufgeführt waren. Außerdem nehme ich mit der Mehrheit

der Forscher an, daß es sich bei »Schuppim und Huppim« um eine Glosse handelt, die ursprünglich als Ergänzung zu 7,6 gedacht war, dann aber irrtümlich sowohl hier als auch in 7,12 eingesetzt wurde. In 7,14 neigen etliche Forscher dazu, in dem Namen אשריאל »Asriël« eine Dittographie der folgenden zwei Wörter אשר ילדה »die gebar« zu sehen, so daß ursprünglich nur ein Sohn des Manasse erwähnt wäre, nämlich Machir, der Vater von Gilead, wie in Num 26,29 (z.B. *Curtis/Madsen* 152; *Rudolph* 68; *Williamson* 79; *Braun* 110). Allerdings läßt sich auch umgekehrt argumentieren und die Wörter אשר ילדה »die gebar« als Dittographie des ursprünglichen »Asriël« betrachten oder davon ausgehen, daß nach der Verbform ילדה »sie gebar« ein Name ausgefallen sei.

In meiner Rekonstruktion versuche ich, möglichst viel mit dem bereits in den Versen enthaltenen Material zu arbeiten, möglichst wenig Veränderungen vorzunehmen, und Ergänzungen nur im Einklang mit der inneren Logik des Vorhandenen anzubringen. Bei den Veränderungen handelt es sich um folgende: a) Streichung von אשר ילדה »die gebar« (Dittographie); b) zweimal Korrektur von »Machir« in »Gilead« (7,15.16); c) Annahme einer Lücke nach »Frau« (אשה) in 7,15; d) Umstellung des Satzes »der Name seiner Schwester war Maacha« von 7,15 ans Ende von 7,14; e) Lesart »Hammolechet« statt »Maacha« im selben Satz; f) Streichung von »Huppim und Schuppim« in 7,15; g) Hinzufügung von »und Schemida« am Ende von 7,18.

Demnach würde meine Rekonstruktion, die auch oben in der »Übersetzung« abgedruckt ist, ungefähr so lauten:

»[14] Die Söhne des Manasse: Asriël. (...) Seine aramäische Nebenfrau gebar ihm Machir, den Vater von Gilead, [15] und der Name seiner Schwester war Hammolechet. [Gilead] nahm eine Frau [und sie gebar ihm X (Hefer?). X hatte zwei Söhne; der Name des ersten war Y] und der Name des zweiten Zelofhad; und Zelofhad hatte Töchter. [16] Und Maacha [Gileads] Frau gebar einen Sohn, und sie nannte seinen Namen Peresch; der Name seines Bruders war Scheresch, und seine Söhne waren Ulam und Rakem. [17] Und die Söhne Ulams: Bedan. Dies die Söhne Gileads, des Sohnes Machirs, des Sohnes Manasses. [18] Und seine Schwester Hammolechet gebar Ischhod und Abiëser und Machla [und Schemida]. [19] Und es waren die Söhne Schemidas: Achjan und Schechem und Likhi und Aniam.«

Den Genealogien im Pentateuch zufolge hinterließ Manasse nur einen Sohn, Machir, der wiederum nur einen Sohn hatte, Gilead. Für Manasse beginnt also die genealogische Verzweigung nicht in der ersten Generation wie bei den anderen Stämmen, sondern erst in der dritten, und endet nicht mit der dritten, sondern mit der fünften. Diese unterschiedliche Spannweite ist vermutlich durch die sekundäre Einsetzung von »Gilead, Sohn des Machir« in eine vorhandene ältere Genealogie von Manasse zustande gekommen, wo Iëser, Helek usw. als Manasses direkte Nachkommen galten. Das

Resultat dieser redaktionellen Maßnahme erscheint in der genealogischen Liste aus Num 26,28–34 folgendermaßen:

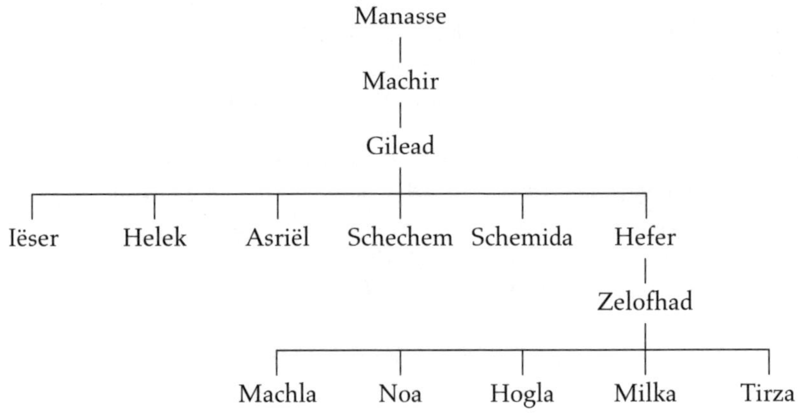

Was auffällt, ist die »östliche« Herkunft, die der Stamm insgesamt dadurch erhalten hat; seine westlichen familiären Beziehungen – ausgedrückt etwa in den Namen von Zelofhads Töchtern – werden als sekundär dargestellt. Bemerkenswert auch, daß in Num keine Frauen erwähnt sind, weder von Manasse noch von seinen Söhnen.

Die Darstellung im vorliegenden Kapitel 1 Chr 7,14–19, wo die Genealogie von Manasse über »Machir, den Vater von Gilead« läuft, entspricht in ihren Hauptzügen der Liste von Num 26; besonders deutlich wird diese Entsprechung in den jeweils aufgeführten Namen. Mit Ausnahme von Hefer (dessen Name ausgefallen sein dürfte) und drei oder vier von Zelofhads Töchtern sind im Grunde alle in Num 26 genannten Personen auf der vorliegenden Liste in dieser oder jener Form vertreten: Asriël, Schechem, Schemida, Zelofhad und Machla sind identisch; Iëser (איעזר) und Helek (חלק) erscheinen als Abiëser (אביעזר) und Likhi (לקחי), und Noa (נעה) könnte zu Aniam (אניעם) geworden sein. So stellt die Liste einen anderen Aufbau der Manassiten dar, wobei die älteren Bestandteile des Stammes anders verknüpft und neue dazugekommen sind. Nach der oben vorgeschlagenen Textrekonstruktion würde das chr Schema von Manasse folgendermaßen aussehen:

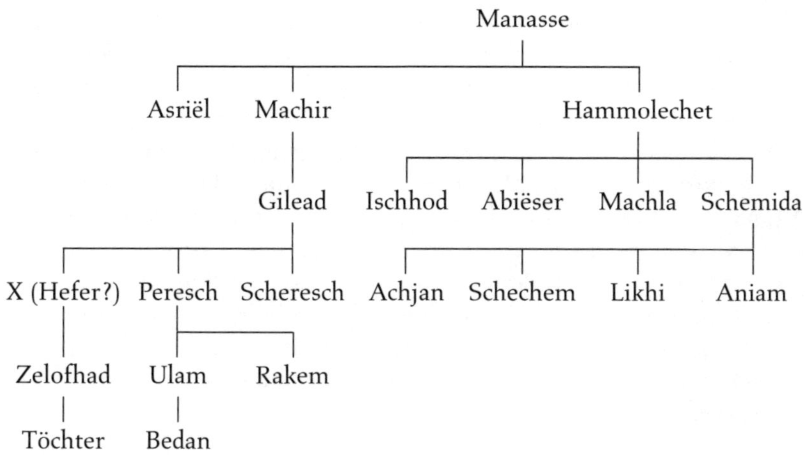

Zur genealogischen Auffassung des Chronisten gehört die Sonderstellung von Asriël unter den Familien von Manasse. Er steht hier nicht in der vierten Generation nach Manasse als einer von Gileads Söhnen, sondern erscheint als Manasses Erstgeborener von dessen namenloser Hauptfrau, also als das älteste Element unter den Nachkommen des Manasse. Er hat zwar an Ansehen eingebüßt, aber Spuren seiner ursprünglichen Vorrangstellung haben sich in unserer Liste erhalten:

1. Besonders auffallend innerhalb der Genealogie von Manasse ist das starke aramäische Element in diesen Familien. Der Hauptzweig »Machir, Vater von Gilead« leitet seine Abstammung von einer »aramäischen Nebenfrau« her. Danach sind zwei Frauen erwähnt: Maacha, die Frau von Machir (bzw. von Gilead), und »seine Schwester Hammolechet«, deren Namen beide deutliche aramäische Anklänge aufweisen. Der ungewöhnliche Name »Hammolechet« (המלכת, wörtlich: »die Regentin«) erinnert an »Milka« (מלכה, Tochter von Haran und Frau von Nahor, Gen 11,29; 22,20), während Maacha als aramäischer Name durch das Königtum der Maachiten (Dtn 3,14 u.a.m.) belegt ist sowie als eine von Davids Frauen (2 Sam 3,3) und als eines von Nahors Kindern (Gen 22,24). Demnach sind sämtliche in der Familie Manasse erwähnten Frauen explizit oder implizit aramäisch. Nach dem ethnischen Kode der Genealogien würde dies besagen, daß der Stamm Manasse als Kombination von dominanten, »maskulinen«, israelitischen mit sekundären, d.h. »femininen«, aramäischen Bevölkerungselementen aufgefaßt wurde. Das Eindringen von aramäischen Elementen wurde sehr früh angesetzt, denn es ist der Stammvater Manasse selbst, dem eine »aramäische Nebenfrau« zugesprochen wird. Es ist bemerkenswert, daß der Nachwuchs in der Liste von Manasse in Chr überwiegend nach den jeweiligen Müttern identifiziert wird (1 Chr 7,14.16.18). Dieser ganze Befund geht gut zusammen mit den historisch-geographischen Verhältnissen des Stam-

mes Manasse, der nordöstlich des Jordan an der Grenze zu den aramäischen Königreichen saß, wo die tatsächliche ethnische und sogar politische Abgrenzung bestimmt nicht immer eindeutig war. Es ist bemerkenswert, daß dieses Zusammenspiel von Manasse und aramäischen Elementen nach dem Geschichtsbild des Pentateuch erst in die Phase der Niederlassung nach dem Exodus gehört und mit der Person von Josefs Sohn Manasse, der sein Leben in Ägypten verbrachte und dessen Sohn Machir sowie dessen Enkel dort geboren wurden (Gen 50,23), nichts zu tun hat. Der Chronist dagegen führt die Verbindung zwischen dem Stamm Manasse und den Aramäern auf den Ahnherrn persönlich zurück. In dieser Hinsicht gleicht das Bild, das der Chronist von Manasse entwirft, dem von Juda; unter Absehung von dem vorübergehenden Aufenthalt in Ägypten ergibt sich ein kontinuierliches Wohnen vor Ort, also:

Jakob ↗ Juda + kanaanäische Elemente im judäischen Bergland
Jakob ↘ Josef ↗ Manasse + aramäische Elemente in Gilead
Josef ↘ Efraim im Bergland von Efraim

2. »Machir, der Vater von Gilead«, der feste Beiname von Manasses Sohn in Chr (1 Chr 2,21.23) findet sich auch in Jos 17,1, wo eine ähnliche Haltung zutage tritt, fehlt aber in den Überlieferungen des Pentateuch. Oben bei den Genealogien von Juda ist uns die Konstruktion »X, Vater von Y« aufgefallen, was besagt, daß ein ethnisches Element X in einem geographischen Gebiet Y nachträglich seßhaft geworden ist. Die durchgängige Verwendung der Formel in diesem Zusammenhang würde also besagen, daß Gilead von der ethnischen Gruppe »Machir« bewohnt war.

3. Die allgemeine Erwähnung der Töchter des Zelofhad ist eine bewußte Bezugnahme auf den Pentateuch (Num 26,33; 27,1–11); ähnliche Fälle von Bezugnahme auf Personen aus dem Stamme Juda haben wir oben beobachtet (1 Chr 2,7.20.49). Die Namen der Töchter sind nicht ausdrücklich genannt. »Machla« erscheint zwar in 7,18 als Name eines Kindes von »Hammolechet«, aber es wird nicht deutlich, ob es sich um einen Sohn oder um eine Tochter handelt. Außerdem könnte »Aniam« von 7,19 eine weitere Tochter, Noa, bezeichnen.

4. Laut Jos 17,2 f. umfaßten die Familien von Manasse, die sich westlich des Jordan niederließen, Abiëser (auch Ri 6,11 ff.), Helek, Asriël, Schechem, Hefer und Schemida, mit besonderer Erwähnung der fünf Töchter von Hefers Sohn Zelofhad. Aus den genealogischen Angaben von Num 26,28 ff. geht hervor, daß diese Familien im Grunde den ganzen Stamm ausmachten – mit Ausnahme von Machir und Gilead, die dort als Vorväter derselben Linie erscheinen. Die Mehrheit der Nachfahren von Manasse, allesamt Nachkommen von Machir und Gilead, werden als im Westen ansässig be-

trachtet. Die Liste in Chr bietet dagegen ein anderes Bild. In 1 Chr 7,18–19 sind eben jene westlichen Elemente von Manasse (Abiëser, Machla, Schemida, Schechem, Likhi [Helek] und Aniam) nicht als Nachkommen des »Machir, Vater von Gilead« dargestellt, sondern als mit »seiner Schwester Hammolechet« verwandt. Wie immer wir diesen genealogischen Zusammenhang mit »seiner Schwester Hammolechet« einordnen wollen, die hier dargebotene genealogische Sicht differenziert deutlich zwischen den beiden Stammeshälften von Manasse und verweist die Nachkommen von Machir streng auf die Ostseite des Jordan. Außerdem erscheint Asriël völlig separat, als unmittelbar von Manasse abstammend (dazu oben).

5. Die in 7,16 genannten unmittelbaren Nachfahren von Gilead sind sonst nirgends als zum Stamm Manasse gehörig bekannt. Bedan (7,17) kommt nur noch in Sam als einer der Richter vor (1 Sam 12,11), aber seine Erwähnung dort zwischen zwei Richtern von Manasse, Jerubaal (Gideon) und Jiftach (Ri 6,11; 11,1), könnte dafür sprechen, daß seine Herkunft ebenfalls auf Manasse zurückgeführt wurde. Die Namen Ulam und Rekem kommen beide auch im Zusammenhang mit Benjamin vor (1 Chr 8,39f.; Jos 18,27).

7,20–27 Der Abschnitt 7,20–27 über Efraim ist zwar einheitlich strukturiert, besteht aber aus verschiedenen literarischen Gattungen: einer Genealogie (V 20–21a), einer Erzählung (V 21b–24) und schließlich dem Stammbaum von Josua, Sohn des Nun (V 25–27). Von diesen Stücken ist nur die erste Einheit mehrdeutig, insofern als sie mehrere Deutungen zuläßt. »Und die Söhne des Efraim: Schutelach, und Bered sein Sohn …« weist eine Formel auf, die in den Genealogien auch sonst zu finden ist (z.B. 3,10ff.; 6,5ff.14ff.); demnach wäre nur Schutelach Efraims Sohn, Bered bereits dessen Enkel. Dann erhebt sich die Frage, ob die folgenden Namen als eine »horizontale« Genealogie zu betrachten sind, d.h. allesamt Söhne von Schutelach, oder als eine »vertikale«, d.h. Fortsetzung über weitere Generationen hin bis zu einem weiteren Träger des Namens Schutelach. Für beide Möglichkeiten finden sich Präzedenzfälle (vgl. etwa 1 Chr 4,24–26); schematisch würden sie etwa so aussehen:

a)

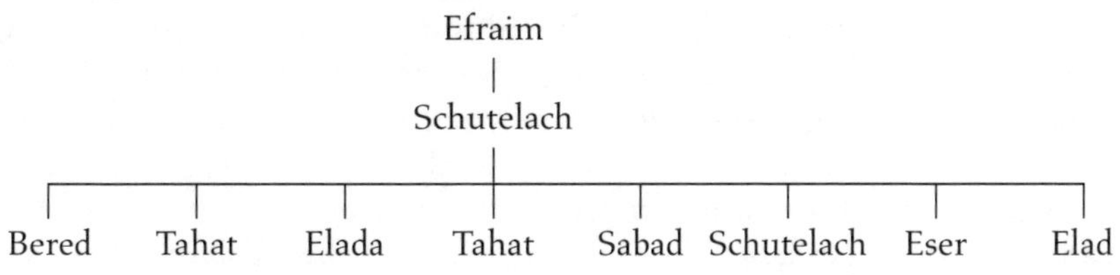

b) Efraim – Schutelach – Bered – Tahat – Elada – Tahat – Sabad – Schutelach.

Nach der Version b) bleibt der Status der beiden letztgenannten Namen unklar; Eser und Elad könnten entweder Brüder oder Söhne von Schutelach sein.

Jede dieser beiden Möglichkeiten hat exegetisch ihre Vor- und Nachteile.

Nach Version a) enthält die Liste acht Söhne des Schutelach, allesamt Enkel von Efraim. Dies könnte die Einleitung zu der folgenden Anekdote bilden, wo berichtet ist, wie sie starben und von »ihrem Vater Efraim« betrauert wurden. Die Schwierigkeit besteht darin, daß manche Namen doppelt vorkommen: sollte Schutelach nicht nur einen, sondern zwei Söhne namens Tahat gehabt haben und zwei namens Elad(a)? Die Namenswiederholung würde besser zu einer sich über etliche Generationen erstreckenden Genealogie passen. Damit ginge allerdings die Verbindung zur folgenden Erzählung verloren, deren Pointe darin besteht, daß Efraims gesamte Nachkommenschaft auf einmal ums Leben kam, woraufhin seine Linie über einen neuen Sohn, Beria, weitergeführt wurde. Das geht aber nicht mit einer Generationenfolge von Schutelach bis Elad zusammen. Die Schwierigkeit rührt offenbar aus der Verknüpfung von zwei ursprünglich getrennten literarischen Einheiten her. Die Tradition von 7,21b–24 weiß von drei Söhnen Efraims: Schutelach, Eser und Elad. 7,20–21a dagegen bietet eine unabhängige, recht künstliche Genealogie der Efraimiten, die aus traditionellen Angaben zu Efraims Söhnen bereichert um die sekundäre Wiederholung von Namen, besteht. Diese beiden Einheiten wurden mechanisch nebeneinandergestellt ohne Versuch einer Harmonisierung.

In der 7,20–21 entsprechenden Liste im Pentateuch (Num 26,35 ff.) hat Efraim drei Söhne: Schutelach, Becher und Tahan, und Schutelachs Sohn heißt Eran. Efraims zweiter Sohn Becher ist insofern problematisch, als er in der Regel als Benjamins zweiter Sohn erscheint; in LXX fehlt sein Name hier. Unsere Liste hat mit Num 26,35 ff. nur den Namen und die Position von Schutelach gemeinsam; die übrigen Namen weisen zwar gewisse Ähnlichkeiten auf (bes. Tahat – Tahan), sind aber im Grunde verschieden, ihre Herkunft unbekannt. Elad/Elada ist singulär; Bered kommt sonst nur als Ortsname vor (Gen 16,14); Tahat, Eser und besonders Sabad sind recht verbreitete Eigennamen. 7,20–21

Die einzigartige Erzählung 1 Chr 7,21b–24 steht gattungsmäßig Pentateuch-Material näher als den üblichen chr Genealogien; eine gewisse Ähnlichkeit besteht allerdings zu der Erzählung von Jabez 1 Chr 4,10. Der Abschnitt ist um zwei ungleiche ätiologische Brennpunkte herum angelegt: die Namen Beria und Usen-Scheera. Die Dynamik der ersten Ätiologie erinnert an die von Jabez: ein Name mit negativer Bedeutung wird erklärt aufgrund der besonderen Bewandtnis, die es mit der Geburt seines Trägers hatte. Während jedoch bei Jabez die Geschichte darauf hinausläuft, daß das negative Potential des Namens ins Positive verkehrt wird, findet hier keine Verkehrung von Fluch in Segen statt. Das »Unheil«, mit dem die Wahl des Namens Beria in Verbindung gebracht wird, betraf den Stamm insgesamt, nicht nur eine einzelne Familie, wodurch wir Aufschluß gewinnen über den soziohistorischen Hintergrund der israelitischen Stämme sowie über die Auffassungen des Chronisten davon. 7,21b–24

Die Erzählung ist mit wenig Worten in den Grundzügen ausgeführt, sie enthält nur die nötigsten Handlungen und Motive. Um so mehr Gewicht gewinnen die wenigen Züge, die nicht zum Grundbestand gehören, sondern eher der Ausschmückung dienen. Es handelt sich um die Ausdrücke: »die im Lande geboren waren«, »seine Brüder kamen, ihn zu trösten« und die Bezeichnung »Efraim, ihr Vater«. Betont wird der geographische Raum, in dem das Geschehen spielte, die Gegend von »Gat«, und die Gegner waren »die Männer von Gat, die im Lande geboren waren«, und die Söhne Efraims. Die Beschreibung »sie waren hinab gezogen« (ירדו) paßt gut: Die Efraimiten wohnten im Bergland und zogen hinab in die Niederung, um »Vieh wegzunehmen«, nur daß ihr Raubzug im Unterschied zu ähnlichen Unternehmungen von Simeon, Ruben und anderen nicht erfolgreich gewesen war. Diese Ätiologie gibt unverkennbar Ereignisse wieder, die bei den Efraimiten in ihrem Bergland an der Tagesordnung waren. Doch abgesehen von den tatsächlichen Verhältnissen handelt die Geschichte als literarisches Gebilde von der Person Efraims, des Sohnes Josefs, was durch Bezeichnungen wie »sein Vater«, »seine Brüder«, »seine Frau« usw. unterstrichen wird. Die hier geschilderten Vorgänge spielen im Lande, hier liegt der historische Schwerpunkt der Erzählung. Die Beschreibung des Mannes Efraim, wie er in seinem Land sitzt, ist hier keine beiläufige Bemerkung, sondern ein Grundelement; dasselbe gilt von »seinen Brüdern«, die kommen, um Efraim über seinen Verlust zu trösten, was den Leser an Ijobs Freunde erinnern mag (Ijob 2,11). Außerdem wird Efraims Tochter Scheera als Erbauerin von drei Städten eingeführt, von denen zwei bekannte Orte im Stammesgebiet von Efraim sind.

Daher ist hier sorgfältig zwischen dem historischen und dem literarisch-theologischen Aspekt der Erzählung zu unterscheiden. Historisch könnte sie durchaus mit den Überlieferungen aus dem Hexateuch zusammengehen; solche Ereignisse können nach der Eroberung Kanaans stattgefunden haben. Diese Möglichkeit wird allerdings durch die Voraussetzungen der Erzählung selbst ausdrücklich widerlegt. Der Mann Efraim mit seinen Söhnen, Brüdern, Frau und Tochter, wohnt hier im Lande, und er persönlich kann nicht sowohl in Ägypten als auch in Israel gelebt haben. Die enge Beziehung zwischen Josef und dem Lande ist wohl als die chr Alternative zu den Hexateuch-Überlieferungen zu betrachten. Es dürfte kein Zufall sein, daß diese Beziehung hier für Josefs Söhne etabliert wird – herkömmlicherweise die »ägyptischsten« unter den Stämmen; hierdurch bringt der Chronist seine ganz eigene Auffassung der Wohn- und Besitzverhältnisse im Lande zum Ausdruck.

7,23 In 7,23 tritt der volkstümliche Charakter der Ätiologie besonders deutlich zutage. Sie beruht auf dem Nomen רעה »Unheil« von der Verbalwurzel רעע, wohingegen der Name von Efraims Sohn Beria von einer Wurzel ברע abzuleiten ist, die ursprünglich positive Konnotation (siegen?) hat (vgl. Gen 14,2 und HALAT I 150). Die Ätiologie wird dadurch möglich, daß der Buchstabe ב am Anfang des Namens als Präposition aufgefaßt wird, aber die Syntax bleibt immer noch eigenartig. Die Erzählung gibt soziologische Vorgänge innerhalb des Stammes wieder: das Aufkommen der jüngeren Familie Beria, eines »Nachkömmlings«, der eine Vorrangstellung erlangt, indem er die ursprünglichen efraimitischen Elemente verdrängt oder aufsaugt. »Beria« heißt auch der jüngste Sohn von Ascher (Gen 46,17; Num 26,44.45 u.ö.); der Name erscheint sonst in Chr als benjaminitisches Element in Verbindung mit Gat (1 Chr 8,13.16). Dieser Befund läßt sich auf verschiedene Weise erklären. Beria könnte für ein ausgedehntes ethnisches Element stehen, das im zentralen Bergland wohnte und von dem Teile in die umliegenden Stämme Ascher, Efraim und Benjamin integriert und verwandtschaftlich eingebunden wurden. Oder aber es wäre anzunehmen, daß ein und dieselbe Familie ihre Stammeszugehörigkeit nach verschiedenen historischen Zusammenhängen wechselte.

In 7,24 steht eine interessante Bemerkung zu Scheera, der Tochter von 7,24
Efraim (oder von Beria, die familiäre Beziehung ist nicht ganz klar). Die Erbauung von Städten ist biblisch mehrfach berichtet (Gen 4,17; 10,11; Ri 1,26; 1 Kön 16,34 u.a.m.), aber Städtebauer sind sonst immer männlich. Hier wird Scheera nicht nur der Bau der Stadt zugesprochen, die nach ihr benannt ist (Usen-Scheera), sondern auch noch zweier weiterer bedeutender Ortschaften – Ober- und Unter-Bet-Horon – im efraimitischen Bergland. Im Sinne des genealogischen Kode könnte hier vom Eindringen efraimitischer Elemente in bereits bestehende Städte die Rede sein; aus der Sicht des autochthonen Elements am Ort werden diese mit einem femininen Eponym verbunden. Da die Erzählung jedoch keine Parallelen hat, lassen sich keine sicheren Schlüsse ziehen.

Die Struktur des Stammbaums von Josua, Sohn des Nun in 7,25–27, er- 7,25–27
innert an den von David 1 Chr 2,10–15, nur daß hier die Formel »X, Y sein Sohn« verwendet ist statt »X zeugte Y«. Bei David ist Nachschon, Sohn des Amminadab, der aus Pentateuch-Quellen bekannte Fürst von Juda (Num 1,7 u.ö.) in die Genealogie integriert; ähnlich erscheint hier Elischama, der Sohn des Ammihud, der als Fürst von Efraim während der Wüstenwanderung bekannt ist, als unmittelbar vor »Nun« in den Stammbaum eingebaut. So ist Elischama, der laut Pentateuch-Überlieferung ein Zeitgenosse des Josua war (erstmals erwähnt Num 1,10) zu dessen Großvater geworden. Die Künstlichkeit dieser Liste tritt auch anderswo zutage. Während in Davids Genealogie »Nachschon, Sohn des Amminadab« die sechste Generation nach Juda darstellt, steht Elischama hier mindestens acht Generationen nach Josefs Sohn Efraim. Außerdem scheint die Liste insgesamt die Genealogie erweitert zu haben, indem sie die aus dem Pentateuch bekannten Gestalten von Efraim neu, und zwar vertikal, angeordnet hat: Telach (= Schutelach) und Tahan sind beide Efraims Söhne laut Num 26,35, und Ladan könnte

eine Variante von »Eran« sein, Efraims Enkel. Nur die ersten zwei Namen (von denen der eine – Reschef – von *Rudolph* (72) im Anschluß an *Hogg* als korrupt betrachtet wird, vgl. auch BHS) sind hinzugefügt, um auf die runde Zahl zehn zu kommen und Josua einen Stammbaum zu verschaffen, der über zehn Generationen bis auf Efraim zurückreicht. Die Hauptschwierigkeit liegt hier am Anfang der Liste. Nach dem vorliegenden Text könnte Refach der Sohn von Beria aus 7,23 oder von Efraim aus 7,22 sein, so daß Josua zehn oder elf Generationen von Efraim entfernt wäre. Die Spannung gegenüber den Hexateuch-Überlieferungen wäre hier größer als bei den übrigen Genealogien wegen der großen Lücke zwischen Josua und Efraim. Die Unstimmigkeit zwischen der Liste hier und der Pentateuch-Tradition ist nicht auf genealogische und chronologische Differenzen beschränkt, vielmehr geht es um die Beziehung von Josua und Efraim. Josua, der Held der Landnahme, ist hier nichts als ein entfernter Nachfahre des Stammvaters Efraim, der seit undenklichen Zeiten fest in Kanaan ansässig war. Mehr als jeder andere Abschnitt läßt diese Liste die abweichende Meinung von Chr über die Anfänge Israels im Lande hervortreten.

7,28–29 Die markante Überschrift der Verse 7,28–29 kündigt ein Verzeichnis »des Besitzes und der Siedlungen« – von Efraim in 7,28, von Manasse in 7,29 – an. Die Liste efraimitischer Stätten kommt sonst zwar nirgends vor, aber die Orte sind alle einzeln aus anderen biblischen Texten bekannt. »Naaran« ist vermutlich mit »Naara« in der Nähe von Jericho gleichzusetzen (Jos 16,7); »Aja« (vgl. Neh 11,31) sowie »Ajat« (Jes 10,28) könnten Varianten (oder ursprünglichere Versionen) des bekannten Städtenamens »Ai« (Jos 7,2 u.ö.) sein. Die Liste ist geographisch angelegt: von Bet-El im Süden nach Naaran im Osten, Geser im Westen, Sichem im Norden und zurück in den Süden nach Aja. Bet-El und Ai sind sonst als benjaminitische Stätten bekannt (Jos 18,22; Neh 11,31), während Bet-El, Geser und Naara in Jos 16,2–3.7 markante Orte an der Grenze zwischen Efraim und Benjamin sind und Sichem zwischen Efraim und Manasse liegt (Jos 17,7). Der gemeinsame Nenner der hier aufgeführten Städte besteht in ihrem Status als Zentren in den Grenzgebieten von Efraim, was durch die Richtungsangaben »nach Osten« und »nach Westen« ausgedrückt ist. Dies bezeichnet wohl die Ausdehnung von Efraim in die Territorien von Nachbarstämmen hinein.

Die Liste der Städte von Manasse (V 29) findet sich auch Jos 17,11 und Ri 1,27f.; dort steht auch die Stadt »Jibleam«, die hier wohl versehentlich ausgefallen ist. In Jos werden die Städte als Manasses Territorium »in Issachar und Ascher« bezeichnet, und in beiden Texten heißt es ausdrücklich, daß sie nicht erobert waren: Manasse habe die Bewohner der betreffenden Städte nicht vertrieben, sondern »der Kanaanäer blieb dort im Lande wohnen«. Aus der Identität der Namen und der literarischen Ähnlichkeit geht eindeutig hervor, daß Chr von diesen Quellen abhängig ist; aber in ihrem neuen Kontext vermittelt die Liste eine andere Aussage. Städte und ganze Gebiete, die in Jos und Ri als kanaanäische Enklaven ausgewiesen sind, die nie ganz in den Besitz der Israeliten übergingen, werden hier ausdrücklich als »der Besitz und die Siedlungen« (משבותם) von Manasse bezeichnet, und dieses Besitzverhältnis wird durch den Schlußsatz noch unterstrichen: »in diesen saßen die Söhne des Josef, des Sohnes des Israel«. Hier tritt die Polemik des Chronisten gegen die Aussage seiner Quellen zutage; das hier gezeichnete Bild geht zusammen mit seiner Aufzählung der Levitenstädte, wo Sichem, Geser, Taanach und Jibleam als von Leviten bewohnt erscheinen (1 Chr 6,52.56).

V 30–40: Ascher

Die Liste von Ascher in 7,30–40 geht wiederum auf eine offizielle Zählung zurück. Sie setzt ein mit der üblichen Formel »die Söhne des Ascher« wie in Gen 46,17 und etwas anders in Num 26,44, aber dann geht sie anders weiter, ohne Parallelen in biblischen Quellen. Anders als bei Benjamin, aber ähnlich wie bei Issachar übergeht die Liste drei der »Söhne« und konzentriert sich auf Beria und dessen Erstgeborenen, »Heber«. Berias zweiter Sohn, Malkiël, wird kurz als »Vater von Birsajit« abgetan – die Formel ist aus den erwähnten Pentateuch-Quellen bekannt. So belaufen sich diese Verse auf ein erweitertes und systematisiertes Verzeichnis der Linie von Aschers Enkel Heber, ein detailliertes Bild von der Verzweigung dieser Familie. Die klare Methode ermöglicht sichere Schlüsse auf ein paar Textverderbnisse innerhalb der Liste. 7,30–40

Wie schon beobachtet, erscheint Beria als der Sohn von Efraim, der nach dem Tod aller übrigen Söhne Efraims geboren wurde; außerdem gibt es in Benjamin eine bedeutendere Familie dieses Namens (1 Chr 8,13.15 f.). Heber, ein recht verbreiteter Name, kommt auch als eine kleinere Familie von Benjamin vor (8,17). Darüber hinaus wird Hebers Erstgeborener nach dieser Liste, Jaflet, unmißverständlich an die Südwestgrenze von Efraim verwiesen (Jos 16,3). Das geographische Gebiet von »Heber« waren vermutlich die westlichen Ausläufer des Hügellandes von Efraim, nicht der Nordwesten von Israel, das traditionelle Stammland von Ascher laut Jos 19,24–31. Demnach bildete das Familienterritorium der Familie Heber vom Stamme Ascher eine Enklave in der Nachbarschaft von Efraim und Benjamin. Aus 1 Chr 7,23 und 1 Chr 8,13 geht hervor, daß die Familie ganz oder teilweise letzten Endes zu Efraim oder Benjamin gerechnet wurde. Die Stadt Ajalon, mit der Heber in 8,13 zusammengebracht wird, gilt anderswo auch als zu Dan gehörig (Jos 19,42; 21,24). Hebers ursprüngliche Unterschiedenheit von Efraim ist durch die Grenzen von Jos 16,3 deutlich markiert. Die Begrenztheit dieses »südlichen« Ascher äußert sich auch in der relativ geringen Anzahl seiner Mitglieder. Trotz der erheblichen Anzahl von Vaterhäusern beträgt die Gesamtsumme der Krieger nur 26000, was nicht mehr ausmacht als eine durchschnittliche Familie der übrigen Stämme. Ein letzter Punkt betrifft die Namen in diesem Abschnitt. Zwar enthalten die Genealogien insgesamt nicht wenige nicht-semitische oder nicht-hebräische Namen, aber bei Ascher sind diese auffallend stark vertreten. Nicht nur der ausgesprochen ägyptische Harnefer, auch Namen wie Suach, Zofach, Rohga, Aschwat, Bimhal, Pasach u.a.m. wirken recht fremd; selbst Schua ist laut Gen 38,2 ein kanaanäischer Name. Dieser Heber genannte Zweig von Ascher scheint aus einer Mischung von israelitischen und ursprünglich nicht-israelitischen Elementen bestanden zu haben, die im Westteil von Efraim wohnhaft waren.

Die Genealogie von Beria, Aschers viertem Sohn, läßt sich folgendermaßen skizzieren:

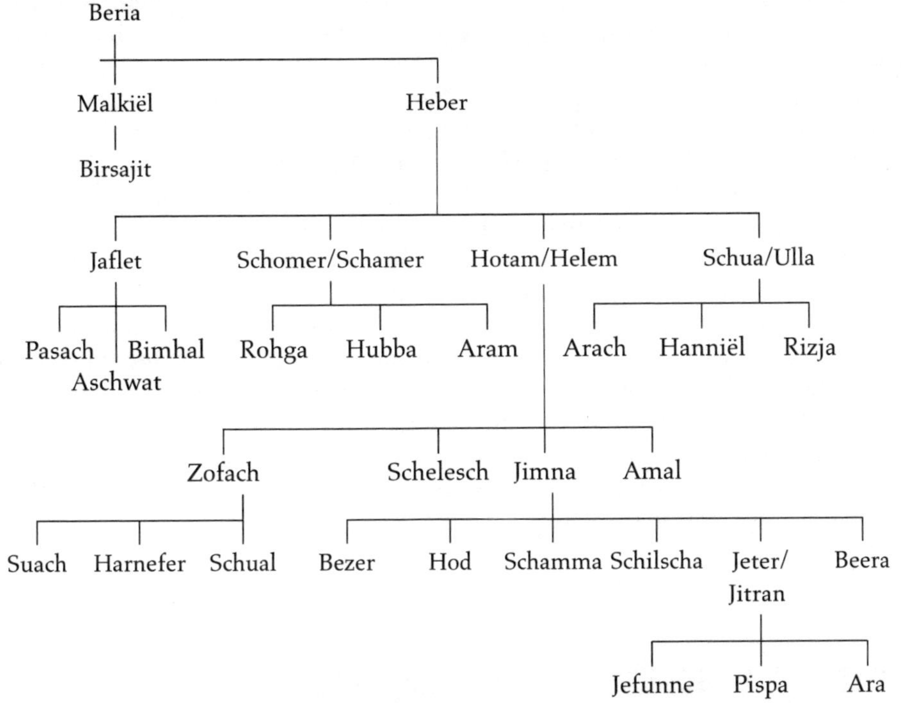

In der vorliegenden Form schildert der Text von 1 Chr 7,31–39 drei Generationen von Heber ganz und beschränkt die Genealogie dann auf die Linie von Zofach. Die Skizze (vgl. oben) dagegen stützt sich auf eine Rekonstruktion von 7,36, wonach weitere Generationen von Zofach und Jimna aufgeführt wären (dazu unten).

7,33 Jaflets Vorrangstellung unter den Familien von Ascher wird in 7,33 an zwei Punkten deutlich: zum einen durch die besondere Abschlußformel »und die Söhne des Jaflet«, zum anderen durch die Bezeichnung von Schamer (Schomer) und Helem (Hotam) als seine Brüder (7,34f.). Die Söhne von Hotam sind zwar ausführlicher angegeben, aber er selbst erscheint als »Helem, sein Bruder«, wodurch Jaflets höhere Position erhalten bleibt.

7,36–38 In der vorliegenden Form enthält der Abschnitt 7,36–37 elf Söhne von

Zofach, für einen von ihnen, Jitran/Jeter, eine weitere Generation. Allerdings könnte das ungewöhnliche Fehlen von *waw copulativum* am Anfang von 7,37 darauf hindeuten, daß die Wörter וברי וימרה »und Beri und Jimra« eine Entstellung der ursprünglichen Lesart ובני ימנע »und die Söhne des Jimna« (*Rudolph* 74, im Anschluß an *Noth*) sind; nach dieser Konjektur wäre 7,36 ein Verzeichnis der Nachkommen des in 7,35 erwähnten Jimna.

Jener Ulla, dessen Söhne in 7,39 aufgeführt sind, war vorher nicht er- 7,39
wähnt, was vermutlich auf Textverderbnis zurückgeht. Zwei Möglichkeiten der Textrekonstruktion bieten sich an: Wenn »Ulla« ein Nachkomme von Jeter war, muß der Name aus 7,38 ausgefallen sein; dieser Vers hätte dann gelautet: »die Söhne Jeters … Ara und Ulla«. Oder aber »Ulla« ist die Verschreibung eines zuvor bereits erwähnten Namens, etwa Ara (7,38) oder Schual (7,36) oder Schua (7,32). Mir scheint letzterer besonders überzeugend angesichts der orthographischen Ähnlichkeit von עלא »Ulla« und שועא »Schua« sowie des Umstands, daß die Nachkommen sämtlicher Kinder von Heber vollständig verzeichnet sind, ausgenommen die von Schua, zumal da die Nachkommen einer »Schwester« in der Regel erst am Ende der betreffenden Genealogie aufgeführt werden (vgl. 2,16 f.; 7,18).

Mit seinen 20 Wörtern ist der Vers 7,40 zum Abschluß der Genealogie 7,40
Aschers ungewöhnlich lang. Er enthält eine Vielzahl von rühmenden Bezeichnungen: »Häupter von Vaterhäusern«, »auserlesen«, »wackere Helden«, »Häupter von Fürsten«, d. h. die Quantität der Attribute unterstreicht hier die Qualität des betreffenden Stammes. Dies ist ein weiteres Beispiel für die stilistische Sorgfalt, die der Chronist auf die Darbietung scheinbar trivialer Informationen verwendet hat.

1 Chr 8,1–40: Der Stamm Benjamin

Literatur *H. W. Hogg,* The Genealogy of Benjamin: a Criticism of 1 Chronicles 8: JQR 1, 1899, 102–114. – *J. Schäfers,* Studie zu 1 Chr 8,6–9a: BZ 7, 1909, 279–284. – *R. Zadok,* Notes on the Prosopography of the Old Testament: BN 42, 1988, 44–48.

Text

Übersetzung *8[1] Und Benjamin zeugte Bela seinen Erstgeborenen, Aschbel den zweiten*
und Achrach den dritten, [2] Noha den vierten und Rafa den fünften. [3] Und
Bela hatte Söhne: Addar und Gera, [den Vater des Ehud], [4] und Abischua
und Naaman und Ahoach [5] (…) und Schefufan und Huram.

*6 Und dies die Söhne des Ehud [...] Diese waren Häupter von Vaterhäu-
sern der Bewohner von Geba ... Man führte sie ins Exil nach Manahat.
7 Naaman (...) führte sie ins Exil. Er zeugte Usa und Ahihud.*

*8 Und Schaharajim zeugte im Gefilde von Moab, nachdem er sie weg-
geschickt hatte, Huschim und Baara seine Frauen. 9 Und aus Hodesch seiner
Frau zeugte er Jobab und Zibja und Mescha und Malkam 10 und Jëuz und
Sacheja und Mirma. Dies seine Söhne, Häupter von Vaterhäusern. 11 Und
aus Huschim hatte er gezeugt Abitub und Elpaal. 12 Und die Söhne des El-
paal: Eber und Mischam und Schamed. Dieser baute Ono und Lod mit sei-
nen Tochterstädten.*

*13 [Und die Söhne des Eber:] Beria und Schema, Häupter der Vaterhäuser
für die Bewohner von Ajalon. Sie vertrieben die Bewohner von Gat. 14 [Und
ihre Brüder:] Schaschak und Jeremot. 15 Und Sebadja und Arad und Eder
16 und Michael und Jischpa und Joha: Söhne des Beria. 17 Und Sebadja und
Meschullam und Hiski und Haber 18 und Jischmerai und Jislia und Jobab:
Söhne des Elpaal. 19 Und Jakim und Sichri und Sabdi 20 und Eliënai und Zil-
letai und Eliël 21 und Adaja und Beraja und Schimrat: Söhne des Schimi.
22 Und Jischpan und Eber und Eliël 23 und Abdon und Sichri und Hanan
24 und Hananja und Elam und Antotija 25 und Jifdeja und Penuël: Söhne
des Schaschak. 26 Und Schamscherai und Scheharja und Atalja 27 und Jaa-
reschja und Elija und Sichri: Söhne des Jeroham. 28 Dies sind Häupter von
Vaterhäusern nach ihren Generationen, Häupter. Diese saßen in Jerusalem.*

*29 Und in Gibeon saßen [Jëiël], der Vater des Gibeon, und der Name seiner
Frau: Maacha, 30 und sein erstgeborener Sohn Abdon und Zur und Kisch
und Baal [und Ner] und Nadab 31 und Gedor und Achjo und Secher [und
Miklot]. 32 Und Miklot zeugte Schima. Auch sie saßen in Jerusalem gegen-
über ihren Brüdern, mit ihren Brüdern.*

*33 Und Ner zeugte Kisch und Kisch zeugte Saul und Saul zeugte Jonatan
und Malkischua und Abinadab und Eschbaal. 34 Und der Sohn des Jonatan:
Merib-Baal. Und Merib-Baal zeugte Micha. 35 Und die Söhne des Micha:
Piton und Melech und Tarea und Ahas. 36 Und Ahas zeugte Joadda und Jo-
adda zeugte Alemet und Asmawet und Simri. Und Simri zeugte Moza
37 und Moza zeugte Bina; Rafa sein Sohn, Elasa sein Sohn, Azel sein Sohn.
38 Und Azel hatte sechs Söhne und dies sind ihre Namen: Asrikam [sein
Erstgeborener] und Jischmael [und Seraja] und Obadja und [Asarja]. Alle
diese: Söhne des Azel. 39 Und die Söhne des Eschek, seines Bruders: Ulam,
sein Erstgeborener, Jëusch der zweite und Elifelet der dritte. 40 Und es waren
die Söhne des Ulam wackere Helden, die den Bogen spannen. Sie hatten
viele Söhne und Enkel, hundertfünfzig. Alle diese sind von den Söhnen des
Benjamin.*

Zu Text und Übersetzung

1 ואחרח »und Achrach«: vielleicht zu lesen ואחרם »und Achiram«, vgl. Auslegung.
3 ואביהוד »Abihud«: vermutlich zu lesen אבי אהוד »Vater des Ehud«.

4 ואחוח »und Ahoach«: 8,7 ואחיה »und Ahija«.
6 אחוד »Echud«: zu lesen אהוד »Ehud«.
7 ואחיה וגרא »und Ahija und Gera«: streichen: Dittographie.
8 ושחרים »und Schaharajim«: vorgeschlagen חורם »Huram« oder אחרם »Achiram«; אתם, ergänze את (Haplographie).
13 am Anfang wohl zu ergänzen »und die Söhne des Eber«; שמע »Schema«: 8,21 שמעי »Schimi«.
14 ואחיו »und seine Brüder«: zu lesen mit LXX^{AL}: ואחיהם »und ihre Brüder«; LXX^{B} ואחיו; ירמות, 8,27 ירחם.
29 Ergänze יעיאל »Jeiël«, vgl. 9,35.
30 ובעל »und Baal«: ergänze ונר »und Ner«, vgl. 9,36.
31 וזכר »und Secher«, 9,37 וזכריה »und Secharja«, ergänze ומקלות »und Miklot«.
38 בֹּכְרוּ »Bochru«: zu lesen בְּכֹרוֹ »sein Erstgeborener«, mit MSS und Versionen; ושעריה ועבדיה »und Schearja und Obadja«, LXX^{L} ושריה ועבדיה ועזריה »und Seraja und Obadja und Asarja«, vermutlich richtig.

Analyse

Zusammenhang Mit Abschluß der Genealogien der Söhne Israels kommt Kap. 8 auf Benjamin zurück, sozusagen im Anschluß an 7,6–11. In Anbetracht des geographischen Prinzips, von dem die Reihenfolge der Stämme bestimmt ist, erscheint dies nahezu selbstverständlich: der mit Juda begonnene Kreis kehrt nun ins Zentrum zurück mit Benjamin (Kap. 8) und Jerusalem (Kap. 9). Der Stoff von Kap. 8 ist wesentlich anders als der von Kap. 7 und stammt wohl aus anderen Quellen.

Aufbau Das Kapitel besteht im Grunde aus zwei größeren Abschnitten:

a) 8,1–32 die Ausbreitung der Benjaminiten
b) 8,33–40 die Genealogie der Söhne Ulams

Der erste Teil (8,1–32) ist zusammengesetzt; der Schlüssel zu seinem Aufbau liegt in dem wiederholten Hinweis auf die »Häupter der Vaterhäuser«. Ausgehend von dieser (nahezu) stereotypen Formel gelangen wir zu folgender Gliederung des ersten Teils:

a) 8,1–2 Einleitung
b) 8,3–7 Genealogie und Episode der Söhne Belas
c) 8,8–14 Genealogie und Episoden von Schaharajim
  8,8–11 In Moab
  8,12–14 Westlich des Jordan
d) 8,15–28 Benjaminiten in Jerusalem
e) 8,29–32 Benjaminiten von Gibeon

Quellen Es gibt nur sehr wenige biblische Parallelen für den Stoff dieses Kapitels. Eigentlich sind nur die genealogischen Einzelheiten über Sauls engere Familie (8,33 f.) aus Sam bekannt. Es scheinen verschiedene Quellen verwendet, und kein Teil des Kapitels trägt deutliche Züge von der Hand des Chronisten.

Auslegung

8,1–2 Die neuerliche Aufzählung von Benjamins Söhnen in 8,1–2 bildet kein neues Stammesverzeichnis, sondern eine knappe Einleitung zum Folgenden; dieselbe Technik haben wir schon oben in 4,1 und 6,1 beobachtet. Da vermutlich eine andere Quelle zugrunde liegt, lautet die Formel, mit der Benjamins Söhne eingeführt sind, anders als die in 7,6: »Benjamin zeugte X, seinen Erstgeborenen, Y, seinen zweiten usw.«; hier sind fünf Söhne aufgeführt, nicht drei. Diese Fünfzahl entspricht Num 26,38f., und einige der Namen sind auch ähnlich: Bela, der in allen Texten als Benjamins Erstgeborener belegt ist, Aschbel, der auch in Gen 46,21 und in Num 26,38 erscheint, nicht dagegen in 1 Chr 7,6, und wahrscheinlich auch Achrach, dessen Name eine Entstellung von »Achiram« aus Num 26,38 sein könnte und der in Gen 46,21 oft wiederhergestellt wird (vgl. etwa BH, BHS). Die beiden letztgenannten, Noha und Rafa, sind sonst nicht als Benjamins Söhne bekannt, obwohl »Rafa« später in der Stammesgenealogie wieder vorkommt (8,37).

V 1–2: Einleitung

8,3–7 Der Abschnitt 8,3–7 handelt von den »Söhnen Belas«. Der Bericht hier ist nicht nur in der Anlage verschieden von 7,7, sondern sicherlich auch in bezug auf Intention und Quellen, vermutlich auch auf historischen Kontext. Der Text bietet etliche Schwierigkeiten:

V 3–7: Genealogie und Episode der Söhne Belas

1. Gera ist zweimal erwähnt (8,3.5).

2. Die ersten Wörter von 8,6 sind schwierig, nicht nur weil Ehud zuvor nicht genannt war, sondern auch weil auf die Überschrift »dies die Söhne des Ehud« keine Liste von Namen folgt, wie zu erwarten gewesen wäre.

3. Es ist nicht klar, wie 8,7 in den Kontext paßt, obwohl eine gewisse Beziehung zu 8,4 anzunehmen ist.

4. Das Subjekt von 8,7 steht zwar im Plural – Naaman, Ahija und Gera – aber das Prädikat »führte sie ins Exil« (הגלם) steht im Singular.

In Anbetracht all dieser Schwierigkeiten scheint ein gewisses Maß an Textrekonstruktion unerläßlich. Einige Exegeten haben vorgeschlagen, in »Abihud« von 8,3 Ende eine Entstellung aus »der Vater des Ehud« (אבי אהוד) zu sehen, wodurch eine klare Beziehung zu 8,6 zustande käme. Andere wollen die Überschrift »dies die Söhne Ehuds« an den Anfang von 8,4 stellen, so daß sie sich auf alle in 8,4–5 erwähnten Personen beziehen würde. Ein anderer Ansatz zur Textrekonstruktion, der viel weniger Eingriffe erfordern würde, geht davon aus, daß nach der Überschrift in 8,6 ein paar Namen ausgefallen sind und daß von den drei Namen in 8,7 nur einer ursprünglich ist (die beiden anderen durch 8,4–5 beeinflußte Zusätze). Demnach würde 8,3–7 ungefähr so lauten: »Und Bela hatte Söhne: Addar, Gera, den Vater von Ehud, Abischua, Naaman, Ahoach, Schefufan und Huram. Dies die Söhne Ehuds: […]; diese waren Häupter von Vaterhäusern … Naaman führte sie ins Exil, er zeugte Usa und Ahihud.«

Die erste erzählende Partie des Kapitels berichtet in 8,6–7, wie die »Häupter von Vaterhäusern« der Bewohner von Geba, die offenbar mit dem Hause Ehud verwandt waren, durch »Naaman« nach Manahat ins Exil geführt wurden. Die Verwendung des Terminus »Exil« mit Bezug auf Deportation von einer Stadt in die andere innerhalb der Landesgrenzen ist auch sonst belegt (z. B. Ez 12,3). Ein ähnlicher Fall wird in 2 Sam 4,2 f. geschildert, wo erzählt wird, die Bewohner von Beerot seien nach Gittaim geflüchtet, wo sie »bis zum heutigen Tage« wohnten. Kein Grund wird angegeben, weshalb die Leute von Beerot »flüchteten« oder weshalb die »Häupter der Vaterhäuser« ins Exil gingen. Vermutlich stehen dahinter Machtkämpfe innerhalb des Stammes, die damit endeten, daß einige Familien in Juda, außerhalb ihres eigenen Territoriums, Zuflucht suchten (zur gemischten Bevölkerung von Manahat vgl. oben zu 2,52.54). Zum etwaigen historischen Hintergrund dieser Episode vgl. unten zu 8,29–32. 8,6–7

V 8–14: Genealogie und Episoden von Schaharajim

Der Abschnitt 8,8–14 behandelt das Schicksal von »Schaharajim« und dessen Familie samt allen Wechselfällen, von denen die verschiedenen Zweige betroffen waren, einschließlich ihrer Expansion nach Osten und Westen. 8,8–14

Bevor wir uns dem Inhalt dieser Verse zuwenden, sollten wir einige der textlichen Probleme ansprechen. Der Name »Schaharajim« ist weder in der unmittelbar voranstehenden Liste noch anderswo erwähnt. Es könnte sich zwar um eine benjaminitische Familie handeln, für die dies der einzige erhaltene Beleg ist, aber da sie den gesamten Abschnitt bis 8,28 beherrscht, handelt es sich offenbar um ein gewichtigeres benjaminitisches Element, das eigentlich schon früher in Verbindung mit anderen benjaminitischen Linien genannt sein müßte. Daher scheint die Annahme überzeugend, daß die ungewöhnliche Form »Schaharajim« (שחרים) eine Variante eines der zuvor erwähnten Namen darstellt, wobei Huram (חורם) von 8,5 oder אחירם/אחרח (Ahiram/Achrach) von 8,1 die naheliegendsten Kandidaten wären. Eine solche Konjektur würde auch die Kohärenz innerhalb des Kapitels erheblich erhöhen. 8,8 scheint textlich verderbt. חושים »Huschim« ist zwar eher als Männername bekannt (vgl. 7,12), aber es spricht nichts dagegen, daß es nicht auch ein Frauenname sein könnte, der in unserem Abschnitt zweimal vorkommt (vgl. auch 8,11: »und aus Huschim zeugte er …«). Die Syntax des Satzes מן שלחו אתם, חושים ואת בערא (wörtlich: »von seinem sie Wegschicken, Huschim und Baara«) belegt die proleptische Verwendung des Akkusativ-Pronomens אתם »sie«, die überwiegend ins nachbiblische Hebräisch gehört, aber auch biblisch vorkommt. Dabei müßte eigentlich vor dem Namen »Huschim« die Akkusativ-Partikel את stehen; sie dürfte durch Haplographie ausgefallen sein.

Der ganze Abschnitt ist ein Muster an literarischer Knappheit. Dort ist von den Familien Schaharajim/Ahiram berichtet, wie sie sich über die Grenzen ihres nicht näher bestimmten Stammesgebiets ausdehnten. Schaharajim/Ahiram soll drei Frauen gehabt haben: Huschim, Baara und Hodesch;

deren Nachkommen sind aus literarischen Gründen in umgekehrter Reihenfolge aufgeführt. Eine chronologische Wiedergabe der familiären Entwicklungen würde etwa so aussehen: An seinem ursprünglichen Wohnort hatte Schaharajim/Ahiram mit seiner Frau Huschim zwei Söhne, Abitub und Elpaal (8,11), deren Nachkommen und Schicksale von 8,12 an erzählt sind. Danach schickte Schaharajim/Ahiram seine zwei Frauen weg und zeugte »im Lande Moab« mit einer anderen Frau namens »Hodesch« sieben weitere Söhne (8,8–10). Diese Bemerkungen sind aufschlußreich insofern, als sie eine ethnisch-soziologische Wirklichkeit überzeugend wiedergeben. Benjamin erscheint in der Bibel als kriegerischer Stamm (Gen 49,27; Ri 20), dabei eingezwängt in ein relativ enges Gebiet zwischen Efraim und Juda. Die Notwendigkeit zur Expansion findet hier in der Bewegung gewisser Stammeselemente nach Osten Richtung Moab und nach Westen Richtung Lod und Ono ihren Ausdruck. Im Falle von Moab wird die Migration betont, indem berichtet ist, Schaharajim/Ahiram habe sich von seinen früheren Frauen »geschieden«, d.h. es handelt sich um Entwurzelung einer Bevölkerung. Auch der Name jener ersten Frau ist interessant, denn »Huschim« ist in Gen 46,23 als der einzige Sohn von Dan genannt, woraufhin manche Forscher »Huschim« hier als Textverderbnis betrachten wollen. Doch eponymisch betrachtet, ist dies genau der springende Punkt: Dans einziger Sohn wird zum weiblichen Partner, d.h. zur sekundären Komponente einer benjaminitischen Familie. Die Vaterhäuser von »Huschim« werden hier mit den Orten »Ono und Lod« (8,12) und »Ajalon« (8,13) in Verbindung gebracht; die beiden erstgenannten liegen im offiziellen Erbland von Dan, weit entfernt von Benjamins traditionellem Stammesgebiet, und Ajalon ist eine bedeutendere Stadt von Dan (Jos 19,42; 21,24). Diese genealogische Konstellation spricht davon, wie benjaminitische Familien auf ihrem Zug nach Westen danitische Elemente absorbierten, die in der Niederung geblieben waren, nachdem der Hauptteil des Stammes sich nach Norden abgesetzt hatte.

In 8,13–14 werden zwei weitere benjaminitische Familien eingeführt, Beria und Schema, ohne daß deren Verbindung zu einem vorher genannten Namen erkennbar wäre. Problematisch ist auch die Lesung von אחיו in 8,14: handelt es sich um einen Eigennamen »Achjo« oder um eine Verschreibung von אחיהם »ihre Brüder«, wie LXX^{AL} nahelegt? Wenn es ein Name ist, stellt sich die Frage, ob Achjo, Schaschak und Jeremot zur vorangehenden oder zur folgenden Liste gehören. Die Bemerkungen von 8,12b und 8,13b lassen sich sozusagen als Zusätze in Klammern verstehen, so daß in 8,12–14 insgesamt acht »Söhne von Elpaal« aufgezählt sind. Man kann aber auch 8,14 zur folgenden Liste ziehen, so daß Achjo, Schaschak und Jeremot zu Söhnen Berias werden. Diese Möglichkeiten haben beide den Vorteil, daß der Kontext 8,12–14 (bzw. 8,12–13) in sich geschlossener wirkt; sie haben aber auch Nachteile. Daraufhin neige ich dazu, ein ausgefallenes Bindeglied am Anfang von 8,13 zu vermuten, etwa ובני עבר »und die Söhne Ebers«, und Achjo (אחיו) als Verschreibung von אחיהם »ihre Brüder« zu betrachten. Demnach wäre 8,13–14 die unmittelbare Fortsetzung der Linie von Elpaal über Eber, wohingegen 8,15 zum folgenden Abschnitt gehören würde. Weitere sieben Söhne von Elpaal werden in 8,17–18 aufgeführt, so daß die gesamte Genealogie folgendermaßen aussehen würde:

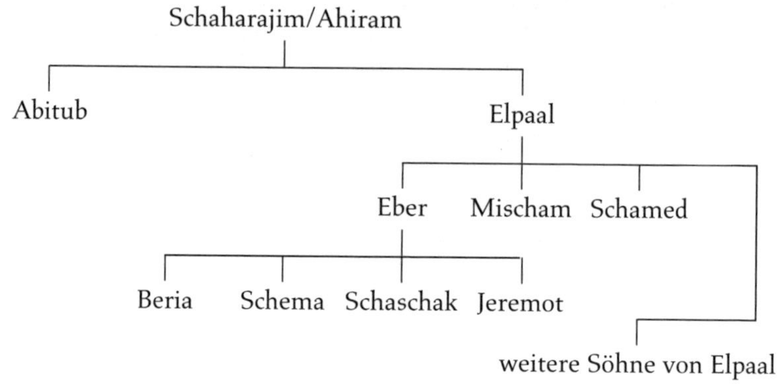

Wie schon beobachtet, bezeichnen Beria und Schema als »Häupter der Vaterhäuser für die Bewohner von Ajalon« eine Mischung von Bevölkerungselementen aus Benjamin und aus Dan, wobei die ethnischen Verhältnisse für Beria noch komplexer liegen mögen (vgl. oben zu 7,23). In 8,13b steht, diese Benjaminiten hätten die Bewohner von Gat (vermutlich identisch mit »Gittaim«) vertrieben, was wohl mit dem in 7,21 berichteten Zusammenstoß zusammenzusehen ist. Die Gegenüberstellung von 2 Sam 4,2f. mit diesen beiden Fällen bietet ein anschauliches Bild von den Kämpfen um Gat/Gittaim. Die Stadt war ursprünglich nicht israelitisch und lag außerhalb der Stammesgebiete von Efraim, Benjamin und Dan; dorthin flüchteten die Leute von Beerot, dort wurden die Söhne Efraims getötet (7,21), schließlich wurde der Ort von den Benjaminiten eingenommen. Nach der Expansion nach Westen, die sich in der Erbauung von Lod und Ono äußerte, griff ein anderer Arm des Stammes auf Gat/Gittaim aus. Wie im Falle von Simeon war es der Druck von innen, der die Benjaminiten dazu trieb, die Grenzen ihres Stammlandes zu überschreiten.

V 15–28: Benjaminiten in Jerusalem

Der Abschnitt 8,15–28 enthält ein systematisches Verzeichnis einer Reihe von Häuptern benjaminitischer Vaterhäuser, organisiert nach fünf größeren Familien, die »in Jerusalem saßen«. Vier Namen stimmen mit den bereits in 8,12–14 erwähnten überein (Schema/Schimi sind Varianten eines Namens), und es scheint recht wahrscheinlich, daß auch der fünfte (Jeremot/Jeroham) zur selben Gruppe gehört – die eine oder andere Namensform ist im Zuge der Überlieferung entstellt worden. Verzeichnet sind hier sechs Söhne von Beria (V 15–16), sieben von Elpaal (V 17–18, zusätzlich zu 8,15–28 den drei von oben, V 12), neun von Schimi (V 19–21), elf von Schaschak (V 22–25) und sechs von Jeroham (V 26–27) – insgesamt 39 Namen von Männern, die in Jerusalem wohnten.

Laut Auskunft biblischer Quellen lag Jerusalem auf der Grenze zwischen Juda und Benjamin. Aufschlußreich sind in dieser Hinsicht die zwei nahezu identischen Aussagen Jos 15,63 und Ri 1,21; dort steht, den Judäern bzw. den Benjaminiten sei es nicht gelungen, die Jebusiten aus der Stadt zu vertreiben, so daß diese mit dem jeweiligen israelitischen Stamm zusammen dort wohnten, d.h. es besteht Unklarheit, ob Jerusalem durch Juda oder durch Benjamin eingenommen werden sollte. Speziell darauf nimmt der Chronist zwar nicht Bezug, aber aus dem allgemeinen Kontext geht hervor, daß hier wie in den voranstehenden Abschnitten eine weitere Expansion von Benjamin über die Grenzen seines ursprünglichen Erblandes hinaus vorliegt. Demnach scheint Jerusalem als zum Stammesgebiet von Juda gehörig gegolten zu haben.

Laut 1 Chr 9,3 ff. war Jerusalem von Mitgliedern vieler Stämme bewohnt, unter ihnen vier Häupter von benjaminitischen Vaterhäusern samt deren »Brüdern«, insgesamt 956 Mann (9,7–9). Keiner dieser Namen, mit Ausnahme von Jeroham (9,8 vgl. 8,27) stimmt mit der Liste hier überein. Der historische Hintergrund dieser Listen ist schwer auszumachen; sie geben offensichtlich völlig verschiedene Situationen und Einstellungen wieder. Bemerkenswert bleibt jedenfalls, daß selbst in der Hauptstadt des Königreiches die Stammeszugehörigkeit ausschlaggebend war für soziale Stellung und Einordnung.

8,29–32 Der erste Teil des Kapitels endet mit den Benjaminiten, die sich in Gibeon niederließen, im Unterschied zu denen in Jerusalem. Die familiäre Beziehung von Jëiël, dem »Vater von Gibeon« zu den zuvor genannten Benjaminiten bleibt unklar. Die Verwendung der Formel »X, der Vater von Y« gibt zu verstehen, daß die Besetzung von Gibeon durch diese benjaminitische Familie ein sekundärer Vorgang war (vgl. 2,21), was durch weitere biblische Belege bestätigt wird. Gibeon war das Zentrum der hiwitischen Bevölkerung der Region (Jos 9,3–7), die Stadt wird ausdrücklich als fremde Enklave im Stammesgebiet von Benjamin bezeichnet. Die Gibeoniten wurden von Saul verfolgt (2 Sam 21,1–2), aber nicht vertilgt. Es ist durchaus wahrscheinlich, daß benjaminitische Elemente das hiwitisch/gibeonitische Territorium schrittweise an sich brachten. Drei Städte dort, Gibeon, Beerot und Chefira, werden als benjaminitisch bezeichnet (Jos 18,25–26 u.ö.), die vierte, Kirjat-Jearim, als judäisch (Jos 15,60 u.ö.). Das gibeonitische Element ging offenbar letzten Endes in Benjamin auf, und solche Vorgänge von Eroberung und ethnischer Absorption dürften sich in diesem Abschnitt niedergeschlagen haben. Die Ähnlichkeit zwischen den Namen von Jëiëls Söhnen und denen in der Familie von Saul (Kisch, Baal, Nadab und Ner) mag für verwandtschaftliche Beziehung sprechen; die ausdrückliche Erwähnung von »seiner

V 29–32: Benjaminiten von Gibeon

Frau Maacha« nimmt wohl Bezug auf ein nicht-israelitisches Element innerhalb von Benjamin, das als »Frau«, d.h. als sekundäre Komponente von anderer ethnischer Herkunft innerhalb der Familie, bezeichnet wird.

Der Abschnitt ist in 9,35–38 wiederholt; der Text dort weist aufschlußreiche Emendationen auf, die den Zusammenhang klarer machen: Zusatz des Namens »Jëiël« in V 29, Zusatz des Namens »Ner« als eines weiteren Sohnes von Jëiël in V 30 und Zusatz von »und Miklot« am Ende von V 31.

8,32b ist textlich etwas schwierig. Die beiden Ausdrücke נגד אחיהם »gegenüber ihren Brüdern« und עם אחיהם »mit ihren Brüdern« erscheinen als Doppelung. Und da 8,29 einsetzt mit »und in Gibeon saßen …«, ist nicht recht klar, wer das Subjekt der Verbform »saßen in Jerusalem« hier sein soll; alle in 8,30–32 erwähnten Personen, nur die aus 8,32, oder manche davon? Die allgemeine Aussage geht wohl dahin, daß einige der ursprünglich in Gibeon ansässigen Benjaminiten nach Jerusalem gezogen waren, wo sie nun zusammen mit ihren »Brüdern« wohnten.

Zusätzlich zu der genealogischen Information enthält dieser Abschnitt einen weiteren markanten Zug: die Konfrontation von Jerusalem und Gibeon, die sich erstmals in 1 Kön 3,4.15; 9,2 findet und dann in 1 Chr 16,37ff. und 2 Chr 1,3–6 weiter ausgebaut ist. Vielleicht hat sich diese Gegenüberstellung – womöglich gar Rivalität – auch im Aufbau dieser Abschnitte niedergeschlagen?

Der zweite Teil des Kapitels, der Abschnitt 8,33–40, bringt einen Stammbaum von Ner (8,33) bis zu den »Söhnen des Ulam« (8,40). In 8,33–34 8,33–40
stehen Angaben über die Familie von Saul, die auch aus Sam bekannt sind; die Beziehung der verschiedenen Quellen untereinander bedarf der Klärung. Zwei Stellen in Sam bieten genealogische Informationen über Saul: 1 Sam 9,1 einen Stammbaum von Sauls Vater, »Kisch, Sohn des Abiël, Sohn des Zeror, Sohn des Bechorat, Son des Afia, ein Benjaminit«, und in 1 Sam 14,50–51 steht »und der Anführer seiner [d.i. Sauls] Armee hieß Abner, Sohn des Ner, Sauls Onkel; Kisch war der Vater von Saul, und Ner, der Vater von Abner, war der Sohn von Abiël«. Wie lassen sich diese Angaben vereinen? Wer war der Vater von Kisch – Ner (8,33), Abiël (1 Sam 9,1) oder Jëiël (1 Chr 8,30 emendiert; 9,36)? Eine mögliche Lösung dieser Schwierigkeiten besteht darin, den Text von 8,33ff. als unabhängig von den voranstehenden Versen 8,29–30 zu betrachten (die Ähnlichkeit der Namen könnte durch verwandtschaftliche Beziehungen von zwei benjaminitischen Zweigen untereinander oder durch Verwendung von gemeinsamen genealogischen Daten in beiden Listen zustande gekommen sein) und 8,33 zu belassen, d.h. »Ner zeugte Kisch« stehenzulassen. Dadurch entsteht zwar eine gewisse Spannung mit der Aussage von 1 Sam 9,1, wo Kisch als »Sohn des Abiël« erscheint, aber dies läßt sich dahingehend verstehen, daß »Abiël« Kischs Großvater war oder aber der Name seiner Herkunftsfamilie. Demnach würde die Abstammungslinie folgendermaßen verlaufen:

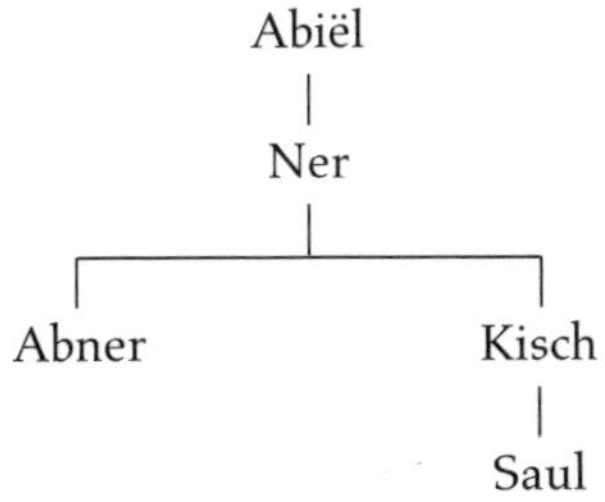

So gehen sämtliche genealogische Angaben zusammen; man könnte sogar (mit BH) konjizieren, in 1 Sam 14,50 statt »der Sohn (בן) des Abiël« »die Söhne (בני)« zu lesen, wodurch das Bild noch klarer würde.

Die vorliegende Liste führt nur die Linie direkt über Saul weiter unter Absehung von seinem Onkel Abner sowie von seinen Frauen und Töchtern. Vier Söhne von Saul sind genannt: Jonatan, Malkischua, Abinadab und Eschbaal. Die ersten drei sind zusammen, wenn auch in anderer Reihenfolge, in 1 Sam 31,2 (= 1 Chr 10,2) erwähnt; der vierte, Eschbaal, erscheint in Sam unter zwei anderen Namen: in 1 Sam 14,49 als Sauls zweiter Sohn namens »Jischwi« (ישוי), und in 2 Sam 2,8 ff. als »Ischboschet« (אישבשת). Wie längst bekannt, dürfte Eschbaal die ursprüngliche Form sein, die beiden anderen Korrekturen aus theologischen Erwägungen heraus: ישוי »Jischwi« eine Entstellung von »Jischwo«, d. h. das theophore Element Jo/Jeho wäre an die Stelle von Baal getreten, und בשת (wörtlich: »Schande«, d. h. Ischboschet = Mann der Schande) als der üblichere Ersatz für בעל, belegt auch im Namen von Jonatans Sohn, der von Meribaal in »Mefiboschet«, (d. h. »Aus dem Mund der Schande«) geändert wurde. Es fällt auf, wie häufig der Name Baal, allein oder in Verbindungen, im Stammbaum sowohl von Saul als auch von David vorkommt (vgl. auch zu 1 Chr 3,8; 14,7).

Die Angaben über Jonatans Nachkommenschaft bis hin zu seinem Enkel Micha (8,34) steht in 2 Sam 9,12, wo Micha zur Zeit von Davids Königtum als »kleines Kind« bezeichnet wird. Von 8,35 an hat die Liste keine biblischen Quellen mehr. Die Form der Aufzeichnung ist ganz schematisch: In jeder Generation wird die Linie über einen Sohn weitergeführt, wobei die Nachfahren der übrigen Söhne unerwähnt bleiben. Bis 8,36 verläuft die Abstammungslinie über den Erstgeborenen, so daß nur dessen Name genannt wird. Wenn die Linie dann über einen jüngeren Sohn weitergeht, werden zuerst dessen ältere Brüder genannt, dann seine Nachkommen:

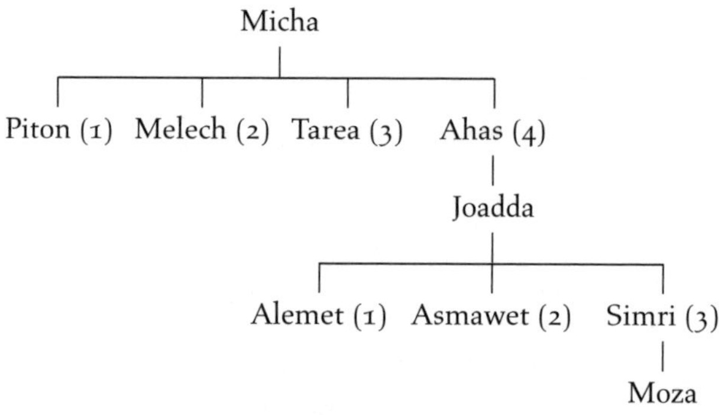

8,37 nennt nur einen Sohn für jede der letzten Generationen: Moza – Bina – Rafa – Elasa – Azel. Daß diese Namen jeweils eine Generation repräsentieren und nicht die gesamte Familie ausmachen, erhellt aus 8,39. Dort finden wir die Genealogie von Eschek, der als Azels Bruder erscheint, obwohl er in 8,37 nicht erwähnt war.

Diese Aufzeichnungsweise deutet an, was aus dem Abschluß der Liste eindeutig hervorgeht, nämlich daß die Liste letzten Endes auf die Familien von Azel und seinen Bruder Eschek (8,38–40) hin angelegt ist. Diese waren »wackere Helden«, Bogenschützen, reich an Kindern und Enkeln (8,40). Und diese angesehene Familie führte ihre Abstammung auf keinen geringeren zurück als auf König Saul.

1 Chr 9,1–44: Die Bewohner von Jerusalem

Literatur *A. Demsky,* The Genealogy of Gibeon (1 Chronicles 9:35–44): Biblical and Epigraphic Considerations: BASOR 202, 1971, 16–23. – *P. B. Dirksen,* 1 Chronicles 9:26–33: Its Position in Chapter 9: Bib. 79, 1998, 91–96. – *R. Zadok,* Notes on the Prosopography of the Old Testament: BN 42, 1988, 44–48.

Text

Übersetzung *9[1] Und ganz Israel wurde stammbaummäßig erfaßt, sie sind aufgeschrieben*
im Buch der Könige von Israel. Und die Judäer wurden wegen ihrer Untreue
nach Babylonien ins Exil geführt. [2] Und die ersten Bewohner auf ihrem Gut
in ihren Städten: Israel, die Priester, die Leviten und die Untergebenen.

3 Und in Jerusalem wohnten von den Söhnen des Juda und von den Söhnen
des Benjamin und von den Söhnen des Efraim und des Manasse:

4 Utai, Sohn des Ammihud, des Sohnes des Omri, des Sohnes des Imri,
des Sohnes [des Bani, von den] Söhnen des Perez, des Sohnes des Juda. 5 Und
von den [Schelaniten]: Asaja der Erstgeborene und seine Söhne. 6 Und von
den Söhnen des Serach: Jëuël und ihre Brüder, 690. 7 Und von den Söhnen
des Benjamin: Sallu, Sohn des Meschullam, des Sohnes des Hodawja, des
Sohnes des Hassenua, 8 und Jibneja, der Sohn des Jeroham, und Ela, der
Sohn des Usi, des Sohnes des Michri und Meschullam, der Sohn des Sche-
fatja, des Sohnes des Reuël, des Sohnes des Jibnija; 9 und ihre Brüder nach
ihren Generationen, 956. Alle diese Männer Häupter von Vaterhäusern
nach ihren Vaterhäusern.

10 Und von den Priestern: Jedaja, [Sohn des Jojarib, Sohn des Seraja, Sohn
des] 11 Asarja, Sohn des Hilkija, des Sohnes des Meschullam, des Sohnes des
Zadok, des Sohnes des Merajot, des Sohnes des Ahitub, Vorsitzender vom
Hause Gottes, 12 und Adaja, Sohn des Jeroham, des Sohnes des Paschhur, des
Sohnes des Malkija, und Masai, Sohn des Adiël, des Sohnes des Jachsera,
des Sohnes des Meschullam, des Sohnes des Meschillemit, des Sohnes des
Immer, 13 und ihre Brüder, Häupter von Vaterhäusern, 1760, wackere Hel-
den zum Dienst am Hause Gottes.

14 Und von den Leviten: Schemaja, Sohn des Haschub, des Sohnes des
Asrikam, des Sohnes des Haschabja, von den Söhnen des Merari; 15 und
Bakbakar, Heresch und Galal, Mattanja, Sohn des Micha, des Sohnes des
Sichri, des Sohnes des Asaf, 16 und Obadja, Sohn des Schemaja, des Sohnes
des Galal, des Sohnes des Jedutun, und Berechja, Sohn des Asa, des Sohnes
des Elkana, der in den Höfen der Netofatiten saß. 17 Und die Torhüter:
Schallum und Akkub und Talmon und Ahiman, und ihr Bruder Schallum
das Haupt. 18 Und bis jetzt sind sie im Königstor im Osten. Sie sind die Tor-
hüter in den Lagern der Leviten.

19 Und Schallum, Sohn des Kore, des Sohnes des Abiasaf, des Sohnes des
Korach, und seine Brüder aus seinem Vaterhaus, die Korachiten, gesetzt
über den liturgischen Dienst und Schwellenhüter des Zelts, und ihre Väter
waren gesetzt über das Lager JHWHs als Hüter des Eingangs. 20 Und Pin-
has, Sohn des Eleasar, war ihr Vorsitzender. JHWH sei mit ihm. 21 Secharja,
Sohn des Meschelemja, war Torhüter am Eingang der Stiftshütte. 22 Alle, die
als Torhüter an den Schwellen ausersehen waren, 212. Sie sind in ihren Hö-
fen verzeichnet, sie sind es, die David und Samuel, der Seher, in ihrer Ver-
trauenswürdigkeit eingesetzt hatte. 23 Und sie und ihre Söhne waren über
die Tore des Hauses JHWHs, des Hauses des Zeltes als Wachen gesetzt.
24 An den vier Seiten waren die Hüter: nach Osten, nach Westen, nach Nor-
den und nach Süden. 25 Und ihre Brüder in ihren Höfen mußten kommen
[jeweils] für sieben Tage, von einer Zeit zur anderen, mit diesen zusammen.
26 Jedoch sie, die vier Helden der Torhüter, waren im Vertrauensstand da. Sie

sind Leviten. Sie hatten die Aufsicht über die Räume und die Schatzkammern des Hauses Gottes. 27 *Sie blieben auch während der Nacht in der Umgebung des Hauses Gottes, denn ihnen war seine Bewachung übertragen und auch der Schlüsseldienst, und zwar Morgen für Morgen.* 28 *Und ein Teil von ihnen war gesetzt über die Geräte für den Dienst, abgezählt brachten sie sie hinein und abgezählt brachten sie sie heraus.* 29 *Und ein Teil von ihnen war gesetzt über die Gefäße und über alle heiligen Gefäße und über das Feinmehl und den Wein und das Öl und den Weihrauch und die Balsame.* 30 *Und einige von den Söhnen der Priester bereiteten die Mischung für die Balsame.* 31 *Und Mattitja von den Leviten, er war der Erstgeborene des Korachiten Schallum, war im Vertauensstand da für das Backwerk.* 32 *Und einige von den Kehatiten, von ihren Brüdern, waren zuständig für das Schaubrot, es zuzurichten Sabbat für Sabbat.* 33 *Und diese, die Sänger, Häupter von Vaterhäusern der Leviten, waren in den Kammern dienstfrei, denn sie hatten Dienst bei Tag und bei Nacht.* 34 *Dies die Häupter von Vaterhäusern der Leviten nach ihren Generationen, die Häupter. Diese saßen in Jerusalem.*

35 *Und in Gibeon saßen der Vater von Gibeon, Jëiël, und der Name seiner Frau: Maacha,* 36 *und sein erstgeborener Sohn Abdon und Zur und Kisch und Baal und Ner und Nadab,* 37 *Gedor und Achjo und Secharja und Miklot.* 38 *Und Miklot zeugte Schimam. Und auch sie saßen in Jerusalem gegenüber ihren Brüdern, mit ihren Brüdern.* 39 *Und Ner zeugte Kisch und Kisch zeugte Saul und Saul zeugte Jonatan und Malkischua und Abinadab und Eschbaal.* 40 *Und der Sohn des Jonatan: Merib-Baal. Und Merib-Baal zeugte Micha.* 41 *Und die Söhne des Micha: Piton und Melech und Tachrea [und Ahas].* 42 *Und Ahas zeugte [Joadda] und [Joadda] zeugte Alemet und Asmawet und Simri. Und Simri zeugte Moza,* 43 *und Moza zeugte Bina; Refaja sein Sohn, Elasa sein Sohn, Azel sein Sohn.* 44 *Und Azel hatte sechs Söhne und dies sind ihre Namen: Asrikam sein Erstgeborener und Jischmael und Schearja und Obadja und Hanan. Dies die Söhne Azels.*

Zu Text und Übersetzung

4 **בן בנימן** »Sohn des Banimin«: zu lesen mit einigen Versionen **בן בני מן** »Sohn des Bani von«.

5 **השילוני** »Schiloniten«: zu lesen **השלני** »Schelaniten«.

10–11 »Jedaja und Jojarib und Jachin und Asarja«: zu lesen »Jedaja Sohn des Jojarib, Sohn des Seraja, Sohn des Asarja«, vgl. Neh 11,10, s. auch Auslegung.

13 **חיל מלאכת**: zu lesen **חיל למלאכת** (Haplographie).

15 »Bakbakar, Heresch und Galal«: vermutlich verderbt; **בקבקר** »Bakbakar«: Neh 11,17 **בקבקיה** »Bakbukja«; **גלל** »Galal«: Dittographie (9,16).

24 **מזרח** »im Osten«: zu lesen **מזרחה** »nach Osten«?

26 **הם הלוים**: vermutlich zu lesen **המה הלוים**; **הָאֹצְרוֹת**: ungewöhnlich, zu lesen **הָאֹצָרוֹת** oder **אֹצְרוֹת** »die Schatzkammern«.

33 **ואלה** »und diese«: vorgeschlagen **וְאֻלָצם** »aber, demgegenüber«.

41 ergänze »und Ahas«, vgl. 8,35.

42 יערה »Jara«: vermutlich יעדה »Joadda«, vgl. 8,36.
44 בֹּכְרוּ »Bochru«: zu lesen בְּכֹרוֹ »sein Erstgeborener«, vgl. Auslegung.

Analyse

Kap. 9 hat eine zweifache Funktion: Zum einen bildet es den Abschluß der umfangreichen Einleitung in Chr, zum anderen dient es zur Eröffnung der folgenden Texteinheiten. Nach einer einleitenden Bemerkung (9,3) ergänzt der erste Teil des Kapitels (9,3–34) die in den Kapiteln 2 bis 8 vermittelte Information; 9,35–44 dagegen bildet bereits den Übergang zum folgenden. Das Kapitel ist demnach aufgebaut, wie folgt:

a)	V 1–2	Abschluß der Kapitel 2–8	
b)	V 3–34	Die Bewohner Jerusalems	
		V 3	Überschrift
		V 4–9	Israeliten
		V 10–13	Priester
		V 14–34	Leviten
		V 14–18	Verzeichnis
		V 19–33	Aufgaben
		V 34	Abschluß
c)	V 35–44	Benjaminitische Genealogie	
		V 35–38	Genealogie von Jëiël
		V 39–44	Das Haus des Saul

Quellen

Etwa 60 Prozent des Stoffs in diesem Kapitel haben biblische Parallelen: 9,2–17 geben Neh 11,3–9 wieder, und 9,34–44 sind nahezu identisch mit 1 Chr 8,29–38. Der mittlere Teil, 9,18–33, bietet neues Material zum Tempeldienst, besonders zu den Torhütern, und beruht anscheinend auf einer außerbiblischen Vorlage. Eine Untersuchung des Kapitels nach Quellen und Aufbau ergibt, daß der Chronist zwar stark von seinen Quellen abhängig ist, diese jedoch im Sinne seiner eigenen Konzeption umgeschrieben hat. Diese Tendenz läßt sich am besten an den »Nahtstellen« zwischen den einzelnen Teilen beobachten (9,2.17.34).

Zugrundeliegende Systematik

Die Aufzeichnung der Einwohnerschaft von Jerusalem (9,3–34) folgt dem in 9,2 formulierten Prinzip: Israeliten (9,4–9), Priester (9,10–13) und Leviten (9,14–34). Hier liegt die offenbar nachexilische Auffassung von der Zusammensetzung des Volkes zugrunde: das Tempelpersonal in absteigender Rangfolge, d.i. Priester, Leviten und sonstige, gegenüber den Laien, für die nun »Israel« zur terminologischen Bezeichnung wird. In Esra-Neh bestimmt diese neue Auffassung vom »Volk« den Aufbau aller Listen, obwohl die Reihenfolge der kultischen bzw. israelitischen (= Laien) Komponente wechseln kann (vgl. Esra 2//Neh 7,5 ff.; Esra 8,2–14 [ohne Leviten]; 10,8–44; Neh 10,3–30). Im Unterschied dazu ist die Aufzeichnung von Chr nach Stämmen organisiert, und der Stamm Levi (manchmal in Priester und Leviten untergliedert) bildet eine Gruppe innerhalb von »Israel«. Demnach ist diese Liste zwar eindeutig nachexilisch, aber nicht ursprünglich chr. Die Unterscheidung zwischen »Juda« und »Benjamin« erinnert an Esra 1,5, wo zwar die prinzipielle Gliederung nach »Israeliten, Priestern, Leviten« vorliegt, Juda und Benjamin aber noch als gesonderte inner-israelitische Größen beibehalten sind. Daraus läßt sich schließen, daß der Chronist eine vorhandene Urkunde benützt hat; die naheliegendste Parallele ist die Liste der »Häupter der Satrapie«, Neh 11,3–19.

Vergleich mit der Liste in Neh 11

Laut Neh 11,3 verzeichnet die Liste Neh 11 dort »die Häupter der Satrapie, die in Jerusalem saßen«; tatsächlich sind dort die »Häupter« der verschiedenen Bevölkerungsgruppen in Jerusalem jeweils mit Namen und Stammbaum angegeben: Israeliten (Juda, Benjamin), Priester, Leviten (einschließlich Sänger) und Torhüter sowie deren Familien oder Ordnungen samt Anzahl (V 6.8.12.13.14.18.19). Außerdem ist jeweils der »Beamte« (פקיד) oder der »Vorgesetzte« (נגיד) namentlich genannt (V 9.11b.14b.21.22.24). Für den Chronisten hat die Liste eine andere Funktion; ihm geht es nicht um die »Häupter der Satrapie«, sondern um die Bewohner von Jerusalem (vgl. dazu die Auslegung). Folglich sind keine Beamten genannt, die Stammbäume gekürzt, Titel und Abschluß knapper gefaßt. An manchen Stellen sind Abschnitte umgestaltet, um eine sparsamere Darstellung zu erreichen, wodurch andere Einstellungen zum Ausdruck kommen. Am gründlichsten umgebaut worden ist die Liste der Leviten. Aus Neh 11 sind die V 20–24 ganz weggefallen, die Torhüter sind mit unter die Leviten eingereiht, und die ganze Einheit 1 Chr 9,14–34 ist anders angelegt. Anscheinend stammt der Großteil des neuen Materials aus einer anderen Quelle, deren Stil stellenweise noch erkennbar ist (dazu unten). In Neh 11 gehören die Sänger ausdrücklich zu den Leviten, die Torhüter (und die Tempelbediensteten, V 21) dagegen nicht. Insofern nimmt die Liste eine deutliche Zwischenposition ein auf dem Wege zur »Levitisierung« des gesamten nicht-priesterlichen Tempelpersonals. Die Umgestaltung dieses Materials in Chr gibt eine andere Auffassung wieder, wonach die Torhüter ein integraler Bestandteil der levitischen Ordnung sind. Die Version von Chr führt zunächst die Leviten – einschließlich der Sänger – auf, dann die Torhüter (9,14–17). Erst danach steht ein längerer Abschnitt, wo die Funktionen der verschiedenen Ordnungen angegeben sind mit besonderer Betonung der Torhüter und ihrer wiederholten Bezeichnung als »Leviten«. In einem nicht ausgewogenen, aber bewußt angelegten Chiasmus sind die Aufgaben der verschiedenen Gruppen von Tempelpersonal wie folgt geschildert:

9,18–29	Torhüter
9,30	Priester
9,31–33	Leviten und Sänger
9,34	Abschluß

Die Integration des gesamten Tempelpersonals ist somit vollzogen, aber das besondere Gewicht, das auf die Torhüter gelegt ist, zeigt vielleicht an, daß die Auseinandersetzung noch nicht abgeschlossen war.

Herkunft von 9,17b–33

Wie in der Auslegung deutlich werden soll, stammen die Verse 9,17b–33 aus einer anderen Quelle; sie sind zu der vorangehenden Einheit hinzugefügt, um das Bild zu vervollständigen. Sprachlich weist dieser Abschnitt Züge von spätbiblischem Hebräisch auf.

V 35–40: Wiederholung von 1 Chr 8,29–44

Der letzte Abschnitt des Kapitels V 35–44 ist eine wörtliche Wiederholung von 1 Chr 8,29–44: V 35–38 verzeichnet die Nachfahren von Jëiël, dem Vater von Gibeon, und entspricht 8,29–32; V 39–44 enthält den Stammbaum von Sauls Familie und entspricht 8,33–38. Angesichts dieser offenkundigen Doppelung erhebt sich die Frage nach der Ursprünglichkeit beider Vorkommen; ich neige dazu, sie zu bejahen. Dasselbe Material (mit oder ohne 9,35–38) wird in etwas unterschiedlichem Umfang zweimal verwendet, um eine angemessene Einleitung in Kap. 10 zu bieten und einen Übergang zwischen den Genealogien und der historischen Erzählung zu schaffen. Was diese Abfolge betrifft, steht der Chronist ganz in der Tradition antiker

Geschichtsschreiber, die ihren Erzählungen jeweils die Genealogie der Hauptfiguren voranstellen; biblische Beispiele für dieses Verfahren wären etwa die Genealogie von Noach (Gen 5,32) vor der Sintflut-Erzählung, die Genealogie in Gen 11,31 f. unmittelbar vor Einsatz der Abraham-Erzählung u.a.m. Hier in 1 Chr 9 wird der Leser vorbereitet auf Sauls Abtreten von der historischen Bühne.

Auslegung

9,1–2 Der Abschnitt 9,1–2 ist der Abschluß von Kap. 2–8, wo die Israeliten und ihre Territorien verzeichnet sind, und »ganz Israel«, wie in 9,1a berichtet, »stammbaummäßig erfaßt« ist. Die für diese Daten angegebene literarische Quelle, das » Buch der Könige von Israel« ist ein weiteres Mal in 2 Chr 20,34 erwähnt und mit ähnlichem Titel auch in 2 Chr 33,18. Wie von etlichen Gelehrten (so bereits von Pseudo-Raschi, einem mittelalterlich-jüdischen Kommentar) vorgeschlagen, könnte der volle Titel dieses Werkes gelautet haben »das Buch der Könige von Israel und Juda«, wie er in 2 Chr 27,7; 35,27; 36,8 lautet. Diese Annahme läßt sich durch andere Setzung der Akzente im Vers stützen (vgl. die Versionen z.St.) oder auf die Vermutung, daß »von Juda« durch Haplographie ausgefallen sein könnte (vgl. BH, BHS). Der ursprüngliche Titel des Buches ist nicht mit Sicherheit auszumachen, doch ist zweifellos an all diesen Stellen dasselbe Werk gemeint, und in der Bezeichnung »ganz Israel« ist Juda miteinbegriffen. V 1–2: Abschluß von Kap. 2–8

9,1b ist schwierig, geradezu provokativ. Dort ist das babylonische Exil von Juda erwähnt, was sonst nur noch einmal in Chr vorkommt (1 Chr 6,41), was mit der allgemeinen Haltung von Chr gegenüber dem Exil eigentlich gar nicht zusammengeht. Außerdem ist hier die Dichotomie »Israel« vs. »Juda« hervorgehoben, die vom Chronisten sonst eher heruntergespielt wird (vgl. Kap. 21). Das Nebeneinander von 1a und 1b wirft eine Frage auf: Da nur von Judas Exil die Rede ist (womit hier entweder das Südreich oder der Stamm gemeint sein kann), was ist mit »Israel«? War es auch exiliert oder nicht? Aufgrund unserer Kenntnis des deuteronomistischen Geschichtswerks würden wir diese Frage spontan mit Ja beantworten, aber den in Chr vertretenen Auffassungen zufolge müßte die Antwort wohl negativ ausfallen. Denn laut Chr wurden nur die zweieinhalb transjordanischen Stämme exiliert (vgl. oben zu 5,5.22 und bes. 25 f.), während »Israel« im eigenen Lande wohnen blieb, wie etwa in 2 Chr 30 geschildert. Was Juda betrifft, wurde die umfangmäßig begrenzte Deportation als vorübergehend betrachtet (vgl. zu 2 Chr 36,20 ff.), mit dem Edikt des Kyrus war sie vorüber. Daß Judas Schicksal hier wesentlich negativer dargestellt wird als das der Mehrheit Israels, ist, gelinde gesagt, überraschend. Daher liegt die Vermutung nahe, daß V 1b »und die Judäer wurden […] nach Babylonien ins

Exil geführt ...« eigentlich eine Glosse war, die eine Wirklichkeit in den Text hineintrug, die der Chronist hatte ausklammern wollen. Allerdings sollten wir diese Möglichkeit nicht überbewerten, denn sonst besteht die Gefahr eines *circulus viciosus.*

9,2 geht auf das Paralleldokument Neh 11,3 ff. zurück; gerade die Unterschiede zwischen den beiden Texten lassen deren jeweilige Aussage hervortreten. Die Überschrift Neh 11,3–4a ist als Wiederaufnahme angelegt; der Hauptsatz führt das Thema des Abschnitts ein: »Und dies die Häupter des Staates, die in Jerusalem saßen«, was in V 4a wiederaufgenommen wird: »und in Jerusalem saßen Judäer und Benjaminiten. An Judäern ...«. Eingeschoben in diesen Hauptsatz ist die Bemerkung »und in den Städten von Juda saßen jedermann auf seinem Gut in ihren Städten, Israel, die Priester und die Leviten und die Untergebenen und die Kinder der Sklaven Salomos«. Demnach ist das durchgängige Thema dieser Einleitung Israels »Wohnen«: die Mehrheit der Bevölkerung wohnte in den »Städten von Juda« (dieser Ausdruck kehrt in 11,20 wieder), während die »Häupter der Satrapie« in Jerusalem saßen; nur letztere sollen dann systematisch aufgeführt werden. Der Chronist übernimmt zwar die Überschrift, läßt aber den ersten Hauptsatz weg und übergeht dadurch die »Häupter der Satrapie«; außerdem tilgt er die »Städte von Juda« (sowohl hier als auch in 11,20). Statt dessen führt der Chronist ein neues Subjekt ein: »die ersten Bewohner«. Die Übernahme und Abwandlung des Textes sieht folgendermaßen aus:

Neh 11,3: [und dies die Häupter der Satrapie, die in Jerusalem saßen; und in den Städten von Juda] saßen jedermann auf seinem Gut (באחזתו) in ihren Städten (בעריהם): Israel, die Priester und die Leviten und die Untergebenen [und die Kinder der Sklaven Salomos].

1 Chr 9,2: Und die ersten Bewohner (היושבים הראשנים) auf ihrem Gut (באחזתם) in ihren Städten (בעריהם): Israel, die Priester, die Leviten und die Untergebenen.

Der Wechsel des Subjekts hat auch zur Streichung des Terminus »Satrapie« (מדינה) geführt, einer Vokabel aus der persischen Epoche, die in Chr nirgends vorkommt; dadurch ist jeglicher ausdrückliche Hinweis auf die Herkunft der Liste aus der persischen Epoche getilgt.

Die neuformulierte Überschrift in Chr vermeidet auch das Gegenüber der »Städte von Juda« mit Jerusalem. Hier lautet das Subjekt allgemein »die ersten Bewohner«, die »in ihren Städten« wohnen; einige davon wohnten in Jerusalem, und diese sollen hier aufgeführt werden. Das Verständnis von Thema und Anliegen dieser Listen hängt weitgehend von der Deutung dieses singulären Ausdrucks »die ersten Bewohner« ab. Die vorherrschende, bereits von dem mittelalterlichen Exegeten R. David Kimchi vertretene Meinung geht dahin, dies sei ein Hinweis auf die jüdische Gemeinschaft im Zeitalter der Restauration. In theologischer Hinsicht ist diese Deutung vernünftig, würde auch gut mit der Haltung des Chronisten zusammengehen.

Allerdings sind hiermit Informationen aus anderen Quellen in den Text hineingetragen. Und wenn wir davon ausgehen, daß die Aussage des Verses hier dieselbe ist wie in Neh 11,3, wozu hätte sich der Chronist dann die Mühe gemacht, den Text umzugestalten? Im Kontext von Chr findet sich genau genommen keinerlei Hinweis auf Rückkehr oder Restauration, und die Wiedergabe des Ausdrucks »die ersten Bewohner« als »die ersten Wieder-Bewohner« oder gar »die ersten Rückkehrer« erscheint willkürlich. Wie schon häufiger beobachtet, ist das »Wohnen« der Stämme, ihre geographische Ansiedlung, ein wichtiges Anliegen von 1 Chr 2–9. Dort wird ausführlich geschildert, wie das Volk Israel in seinen Städten wohnt, und die Verbalwurzel ישב »sitzen, wohnen« kommt in diesen Kapiteln nicht weniger als 25mal vor. Somit schließt 9,1 die Genealogien von 1 Chr 2–8 ab, 9,2 führt den territorialen Aspekt ein, und beide zusammen bilden die Überleitung von den Genealogien zu den »Bewohnern von Jerusalem«. Zum Verständnis des singulären היושבים הראשנים »die ersten Bewohner« kann man הנביאים הראשנים »die ersten Propheten« von Sach 1,4; 7,7 heranziehen oder הימים הראשנים »die ersten Tage« von Koh 7,10. Nach diesen Analogien sind »die ersten Bewohner« zu verstehen als »die Alteingesessenen, die Bewohner von alters her«. Damit geht die Auslassung der »Städte von Juda« aus dem ursprünglichen Dokument zusammen; so enthält die Liste keinen Hinweis mehr auf irgendeine »Restauration«. Nach der Erwähnung der »ersten Bewohner« wendet sich der Text den »Bewohnern von Jerusalem« zu.

Eine geringfügigere Auslassung von Chr gegenüber Neh fällt noch auf: die »Kinder der Sklaven von Salomo«. Im allgemeinen enthält der Kultapparat in Chr weder diese noch die »Untergebenen« (נתינים), den niedrigsten Grad der Tempelbediensteten in Esra-Neh (Esra 2,43 ff. u.ö.). Die Erwähnung der »Untergebenen« in 9,2 scheint versehentlich stehengeblieben; deren Aufzählung aus Neh 11,21 hat der Chronist dann nicht übernommen.

9,3 Der letzte Satzteil der Einleitung in 9,3 (vgl. Neh 11,4a) wendet sich nun erstmals den »Bewohnern von Jerusalem« zu; hier sind zusätzlich zu Judäern und Benjaminiten auch »die Söhne des Efraim und des Manasse« genannt. Dem Chronisten gilt Jerusalem durchgängig als das Zentrum von »ganz Israel«, wo Angehörige aller Stämme ansässig waren und zwar sowohl während als auch nach der Zeit des Vereinten Königtums. Von daher ist der Einschluß von Efraim und Manasse unter die Bewohnerschaft Jerusalems naheliegend. Allerdings bleibt es bei dieser offiziellen Aussage, die durch die Einzelangaben in der Liste selbst nicht gedeckt wird. In dem Dokument aus Neh 11 gibt es keinen chronologischen Anhaltspunkt für diese »Bewohner von Jerusalem«, und auch in Chr ist keiner angegeben. Das in V 19 ff. wiedergegebene Material beansprucht eindeutig (und anachronistisch) eine zeitliche Ansetzung unter David, und die innertextliche Evidenz spricht dafür, daß der Chronist die »Bewohner von Jerusalem« auch in die Regierungszeit von David verlegen möchte.

V 3–34: Die Bewohner Jerusalems

V 4–9: Israeliten

Die Einzelangaben in 9,4–6 jetzt folgen der Anlage der Liste in Neh 11,3; jede Gruppe oder Ordnung wird zunächst mit ihrem Anführer genannt, danach wird die Gruppe kurz angesprochen. Zwischen dem Text hier und Neh 11,4b–6 bestehen zwar offenkundige Parallelen, aber keiner von beiden Texten scheint die ursprüngliche Vorlage exakt wiedergegeben zu haben. Die authentische Überschrift »Judäer« ist in Chr ausgelassen bzw. geht ausschließlich mit Perez zusammen (9,4). In Neh sind zwei Anführer von Juda genannt, Ataja und Maaseja, beide mit langen Stammbäumen. Ataja wird als ein Sohn des Perez bezeichnet (Neh 11,4), und der Stammbaum des Maaseja reicht zurück auf den »Sohn des Schiloniten« (Neh 11,5). Die Liste von Neh endet mit »alle Söhne des Perez …«. Chr verzeichnet dagegen nicht nur zwei Linien, sondern drei: »Söhne des Perez« (9,4), »Schelaniten« (9,5) und schließlich »Söhne des Serach« (9,6a). Darauf folgt eine knappe Abrechnung: »und ihre Brüder, 690«. Nach dem üblichen genealogischen Ansatz waren die drei Hauptzweige von Juda Schela, Perez und Serach (Num 26,20); demnach handelt es sich bei den »Schiloniten« von 9,5 eigentlich um »Schelaniten«, d.h. Nachkommen von Schela. Außerdem ist wohl anzunehmen, daß Jëuël, der in Chr unter den Söhnen des Serach erscheint, zum ursprünglichen Bestand der Liste gehört, obwohl er in Neh nicht vorkommt. Es läßt sich schwer abschätzen, wie systematisch die Liste ursprünglich war; aber das Muster der folgenden Abschnitte führt zu dem Schluß, daß in Neh die Serachiten ausgefallen sind sowie die Abschlußformel für jede der Familien von Juda. Der Abschnitt in Chr scheint bewußt gekürzt, besonders die Stammbäume; die Schlußformel »und ihre Brüder, 690« könnte allerdings die Entstellung eines längeren Originals sein (vgl. 9,9 für Benjamin und 9,13 für die Priester). 9,4–6

Viele Personennamen der parallelen Listen lauten ähnlich; bei manchen Formen handelt es sich um Varianten (z.B. Utai – Ataja; Imri – Amarja), andere wiederum sind ganz anders (Ammihud – Usija usw.) Die verschiedenen Namen sind in beiden Texten den Abstammungslinien derselben Personen zugeordnet – ein Beweis dafür, daß es sich entweder um Textverderbnis handelt oder aber, wahrscheinlicher, um unterschiedliche Auszüge aus längeren, inzwischen verlorenen Stammbäumen. Der Wechsel von Utai/Ataja ist ähnlich wie der von Meschullam/Meschelemja (Neh 12,25//1 Chr 9,21, dazu unten); Asaja (עשיה) und Maaseja (מעשיה) sind zweifellos Varianten desselben Namens (vgl. Meschelemja/Schelemja in 1 Chr 9,21 und 26,1 ff.). Der Plural »Söhne des Perez« in 9,4 folgt auf die Erwähnung nur einer Person, Utai; zusammen mit dem voranstehenden ungewöhnlichen Namen »Banimin« läßt dies auf eine Textverderbnis schließen; ursprünglich dürfte dort gestanden haben: »Bani, von (בני מן) den Söhnen des Perez« (so die übliche Auffassung). Da in V 5 sowohl »der Erstgeborene« (בכור) und seine Söhne« (בניו) völlig fehl am Platz erscheint, liegt die Vermutung nahe, hier בן ברוך »der Sohn des Baruch« zu lesen wie in Neh 11,5. Jëiël hat hier keinen Stammbaum.

9,7–9 In 9,7–9 läßt sich dieselbe Beziehung zwischen Chr und Neh beobachten wie im vorigen Abschnitt: die Übereinstimmungen mit Neh 11,7–9 sind unverkennbar, aber keine von beiden Listen scheint die ursprüngliche Version wiederzugeben. In Neh 11,7 folgt auf »dies die Söhne Benjamins« nur ein Name, nämlich Sallu, der einen ungewöhnlich langen Stammbaum von sieben Generationen hat. Danach steht eine abschließende Zahlenangabe (Neh 11,8), deren Text verderbt wirkt, danach die Namen von zwei Beamten, »Joël, Sohn des Sichri« und »Juda, Sohn von Hassenua« (Neh 11,9). Der entsprechende Text in Chr ist nach zwei Gesichtspunkten zusammengestrichen: die Stammbäume sind gekürzt und die Namen und Funktionen der Beamten sind weggelassen. Auf der anderen Seite sind vier Häupter von Benjaminiten genannt (9,7–8), darauf folgt eine Schlußformel (9,9). Von diesen vier hat der erste denselben Namen wie in Neh 11,7: »Sallu, Sohn des Meschullam«; hier steht allerdings nur ein kurzer Stammbaum von zwei Generationen: »Sohn des Hodawja (הודויה), Sohn von Hassenua (הסנאה)«. Dies kann wohl kein anderer sein als »Juda (יהודה), Sohn von Hassenua (הסנואה)«, der laut Neh 11,9 den zweiten Rang über die Stadt innehatte. Da das in Chr vorliegende Dokument keine Namen von Beamten enthält, dürfte der Chronist diese Umformung bereits in seiner Quelle gefunden haben, was wiederum darauf schließen läßt, daß die Vorlage des Chronisten nicht mit Neh 11 identisch war. Für diese Vermutung sprechen auch die Namen der übrigen drei Anführer von Benjamin, die in Neh 11,7–9 kein Gegenstück haben.

Der lange Abschluß von 9,9 besteht aus zwei Teilen: V 9a faßt 9,7–8 zusammen mit der Gesamtzahl der Benjaminiten; V 9b schließt den ganzen ersten Teil des Dokuments (9,4–9) ab und verwendet den typisch chr Ausdruck »Häupter von Vaterhäusern nach ihren Vaterhäusern«, der dem Dokument in Neh 11,4 ff. völlig fremd ist.

9,10–13 Abgesehen vom Namen des ersten Priesters, »Jedaja«, wirkt der Abschnitt V 10–13: Priester
9,10–13 in beiden Versionen der Liste am besten intakt, kann daher als Beispiel für die ursprüngliche Anlage des Dokuments dienen.

Der Anfang von 9,10 ist recht unausgewogen: drei unverbundene Namen (Jedaja, Jojarib, Jachin), danach ein vierter, Asaraja, mit dem Titel »der Vorsitzende vom Hause Gottes«, über einen Stammbaum von fünf Generationen mit Ahitub verwandt. Darauf folgen die Namen von zwei weiteren Priestern mit jeweils ausführlichem Stammbaum. Die drei asyndetischen Namen zu Anfang sowie die Tatsache, daß an vierter Stelle der angesehenste Priester aus dem Hause Zadok erscheint, lassen auf Textverderbnis schließen. Die Parallele in Neh 11,10 lautet: »Jedaja, Sohn des Jojarib, Jachin …«, eine andere (offenbar ebenfalls sekundäre) Konstellation, wo die ersten drei Namen nur zwei Personen repräsentieren. Außerdem wirkt »Sohn des Jojarib, Jachin« auch verderbt, und der Name jenes »Vorsitzenden vom Hause Gottes« lautet in Neh 11,11 nicht Asarja, sondern Seraja. Im Anschluß an Rudolphs glänzenden Vorschlag (*Rudolph* 84) möchte ich annehmen, daß sowohl in Chr als auch in Neh die V 10–11 ursprünglich eine einzige Genealogie darstellen. Wenn wir »Jachin« (יכין) als Entstellung von »Sohn des« (בן) auffassen und »Asarja« und »Seraja« als zwei aufeinander folgende Namen in der offiziellen priesterlichen Genealogie betrachten (vgl. Esra 7,1; 1 Chr 5,40), läßt sich der Text ungefähr so rekonstruieren: »Jedaja, Sohn des Jojarib, Sohn des Seraja, Sohn des Asarja, Sohn des Hilkija usw.«. Demnach würde der priesterliche Abschnitt (9,10–13) insgesamt drei Priester verzeichnen: Jedaja, Adaja und Maasai. Deren familiäre Zuordnung verrät den nachexilischen Ursprung der Liste: Adaja und Maasai sind mit den Häusern Paschur und Immer verwandt, zwei von den vier priesterlichen Familien der Restauration (Esra 2,37f. = Neh 7,40f.; Esra 10,20.22 u.ö.). Jedaja wiederum gehört zur ersten dieser priesterlichen Familien, die in Esra-Neh als »die Söhne des Jedaja aus dem Hause Jeschua« oder »die Söhne des Jeschua, Sohn des Jozadak, und seine Brüder« bezeichnet ist (Esra 2,35; 10,18).

Wenn wir diese Liste als eine getreue Wiedergabe der letzten Generationen ihres genealogischen Aufbaus betrachten, wäre Jedaja ein Vetter zweiten Grades von Jeschua, dem Hohenpriester:

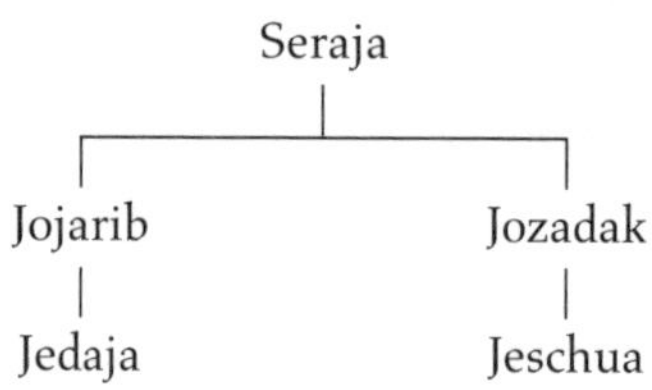

Jedenfalls würde es sich um zwei Stränge der Hauptlinie handeln, wie aus der Verzweigung der Priesterabteilungen aus den vier ursprünglichen Familien der Restaurationszeit hervorgeht (Neh 12,2–7 usw.). Von diesen vier Familien ist nur »Harim« (Esra 2,39 u.ö.) nicht erwähnt. Wenn dieser Name ursprünglich in der Liste enthalten und nachträglich ausgefallen wäre, würde dies die Differenz in der Gesamtzahl der Priester erklären: 1198 in Neh 11 und 1760 in Chr. Wir dürfen zwar nicht vergessen, daß Zahlenangaben in der Textüberlieferung besonders fehlerträchtig sind, aber es könnte doch sein, daß der Unterschied von nahezu 600 Priestern gerade die Mitglieder jener »fehlenden« vierten Familie ausmacht. Es ist auch mit der Möglichkeit zu rechnen, daß die Familie Harim rangmäßig niedriger stand oder daß sie nach einer Phase des Niedergangs von den übrigen Familien aufgesogen wurde; um einen klaren Schluß zu ziehen, wissen wir zu wenig.

Ist der »Vorsitzende vom Hause Gottes« mit dem Hohenpriester am Tempel identisch? Es gibt Argumente dafür und dagegen, von denen keines so recht schlüssig ist. Selbst wenn jener »Vorsitzende« (נגיד) nicht der Hohepriester war, handelte es sich doch zweifellos um eine herausragende Persönlichkeit unter den Kultbeamten. Jedaja ist der einzige Amtsträger, dessen Titel in der chr Version dieses Abschnitts nicht getilgt worden ist.

Der Abschlußsatz der Liste in Chr (9,13) gibt nicht nur die Gesamtzahl der priesterlichen Familien Jedaja, Adaja und Maasai (1760, s. oben), sondern faßt auch die verschiedenen Titel aus den drei getrennten Darstellungen in Neh zusammen:

Neh 11,12a:	»und ihre Brüder, die den Dienst am Hause versahen, 822«
Neh 11,13a:	»und seine Brüder, Häupter von Vaterhäusern, 242 …«
Neh 11,14a:	»und ihre Brüder, wackere Helden, 128 …«
1 Chr 9,13:	»und ihre Brüder, Häupter von Vaterhäusern, 1760, wackere Helden zum Dienst am Hause Gottes«

Aus der Art, wie die drei Ausdrücke aus Neh hier in einen Satz zusammengeflossen sind, lassen sich folgende Schlüsse ziehen:

a) Die Vorlage des Chronisten war zweifellos die Liste Neh 11 bzw. eine Version davon.

b) Der Chronist hat das Material umgearbeitet, um es stilistisch knapper zu gestalten; aus diesem Grund hat er die Stammbäume gekürzt.

c) Die Beamten sind generell weggelassen (vgl. Neh 11,14b).

Die Namen in den ersten beiden Stammbäumen sind insgesamt identisch mit denen in Neh, aber beim dritten sind folgende abweichende Formen zu beobachten: Maasai/Amaschsai; Adiël/Asarel; Jachsera/Achsai.

9,14–16 Der Abschnitt 9,14–16 entspricht Neh 11,15–18. Unter der Überschrift »Leviten« sind zwei Gruppen aufgeführt: a) die Leviten im engeren Sinne und b) die Sänger; diese Untergliederung ist in Neh 11 deutlicher als in Chr. In Neh steht nach den Namen jeder Gruppe – Schemaja, Schabtai und Josabad für die erste, Matanja und Bakbukja von Asaf und Abda von Jedutun für die zweite – jeweils eine kurze Funktionsbeschreibung (V 16.17) in Analogie zu derjenigen der Priester in V 12. In Chr dagegen ist das Gleichgewicht unter den Namen gestört und die Funktionsbeschreibung überhaupt weggelassen. Von den in Neh genannten Leviten ist nur Schemaja geblieben, der hier den »Söhnen Meraris« zugerechnet wird. Nach der Position zu urteilen müßten die drei folgenden Namen, »Bakbakar, Heresch, Galal« ebenfalls Leviten bezeichnen (s. jedoch unten). Die drei Namen danach beziehen sich vermutlich (aber nicht ausdrücklich) auf die Anführer der Sänger: Mattanja von Asaf und Obadja (Abda) von Jedutun (9,15b–16a), die unter den Sängern in Neh an zweiter und dritter Stelle stehen, sowie der singuläre »Berechja, Sohn des Asa, des Sohnes des Elkana, der in den Höfen der Netofatiten saß« (V 16b). Die Nennung von »Bakbakar, Heresch, Galal« wirkt verderbt: Bakbakar ist wohl eine Entstellung von »Bakbukja« (Neh 11,17), »Heresch« könnte ein Überbleibsel vom Namen eines zweiten Leviten sein, und »Galal« sieht aus wie eine Dittographie von V 16. Was die Sänger be- V 14–34: Leviten trifft, sind zwar in beiden Listen drei aufgeführt, aber nur zwei davon stimmen überein. Dazu gibt es folgendes zu bemerken:

1. Unter den Sängern erscheint der Name Berechja zweimal als Vater von Asaf (1 Chr 6,24; 15,17), aber die Reihe seiner Vorfahren ist nicht die hier angegebene.

2. Berechja wird mit keiner der bekannten Sängerfamilien in Verbindung gebracht.

3. Sein Wohnort wird als »die Höfe der Netofatiten« bezeichnet, was an Neh 12,28 erinnert: »da versammelten sich die Söhne der Sänger … von den Höfen der Netofatiten«.

4. Die Familie Heman ist weder hier noch in Neh 11 unter den Sängern genannt.

5. Der Name »Elkana«, Berechjas Großvater, kommt in der Genealogie von Heman in 1 Chr 6 (18–21) besonders häufig vor.

Demnach könnte es sein, daß das Eindringen der Familie Heman unter die Sänger, wodurch das Monopol von Asaf aufgehoben wurde, in die zwischen Neh 11 und 1 Chr 9 anzunehmende chronologische Lücke fiel. Während Neh zwei Sänger von Asaf und einen von Jedutun hat, verzeichnet die Liste in Chr je einen für Asaf und Jedutun und einen dritten, dessen Stammbaum noch nicht voll ausformuliert ist und der mit einer Gruppe von Sängern verwandt ist, die sich schließlich als Heman konsolidierte. Der Zusatz von Berechja muß vor-chr sein, denn für den Chronisten war Heman bereits eine festumrissene Größe. Im Zuge der textlichen Umgestaltung der Liste an diesem Punkt hat der Chronist hier im Unterschied zu den übrigen Abschnitten die zahlenmäßige Zusammenfassung der Leviten (Neh 11,8) weggelassen.

Nach kurzer Entsprechung zu Neh 11,19a verselbständigt sich die Liste in 9,17–18
9,17–18, indem sie vier Namen nennt, dazu bemerkt, daß »ihr Bruder Schallum das Haupt« war und erläutert, daß sich sein Vorrang in der Zuständigkeit für das Osttor des Tempels, das Königstor, äußerte. Der Abschluß 9,18b stellt eindeutig klar, daß die Torhüter zum »Lager der Leviten« gehörten. Hinter dieser Bemerkung steht jedoch die zweite vom Chronisten verwendete Quelle; mit dem literarischen Übergang von der einen zur anderen Quelle kommt eine unterschiedliche Sicht der Torhüter in den Text.

Um diesen Unterschied deutlich zu machen, sind ein paar allgemeine Bemerkungen am Platze: Zwei Hauptstadien in der Geschichte der Torhüter lassen sich innerbiblisch beobachten, das eine überwiegend durch Esra-Neh vertreten, das andere durch Chr.

Das erste Stadium ist durch folgende Züge gekennzeichnet:

1. Die Torhüter bilden eine gesonderte Gruppe innerhalb des Tempelpersonals und werden in der Regel zwischen den Sängern und den Tempeldienern genannt (Esra 2,42 u.ö.).

2. Die Anzahl ihrer Familien schwankt zwischen zwei (Neh 11,19) und sechs (Esra 2,42 = Neh 7,45; Esra 10,45; Neh 11,9; 12,25); die beständigste

davon ist Talmon, die in allen vier Listen vorkommt (Esra 2,42 = Neh 7,45; Esra 10,45; Neh 11,9; 12,25), während die Namen Schallum/Meschullam und Akkub an drei Stellen erscheinen.

3. Für die Familien der Torhüter wird keine levitische Abstammung angegeben.

Das nächste Stadium ihrer Geschichte, wie es sich in Chr äußert, weist folgende Merkmale auf:

1. Die Torhüter werden unter die Leviten eingereiht (1 Chr 23,3–5 u.ö.).

2. Sämtliche Familiennamen von Esra-Neh verschwinden mit Ausnahme von Schallum, der als Schelemja oder Meschelemja erscheint (1 Chr 26,1 u.a.) und neue Familien werden eingeführt: Obed-Edom und die Söhne des Merari (1 Chr 26,8.10).

3. Die Torhüter haben einen rudimentären Stammbaum, der sie mit den Söhnen Levis in Verbindung bringt.

Der vorliegende Text mit dem Übergang von 9,17–18 zu 9,19 ist ein literarischer (nicht so sehr historischer) Versuch, die beiden Stadien zu harmonisieren. 9,17a stammt aus Neh 11,19 und führt das dortige System ein: vier nicht-levitische Familien von Torhütern. 9,17b nennt bereits »Schallum« als ihr »Haupt«, 9,18b betont die levitische Abstammung. 9,19ff. handelt dann ausschließlich von »Schallum und seinen Brüdern« und hebt deren levitischen Status so weit wie möglich hervor. Die übrigen Torhüterfamilien erscheinen implizit als »ihre Brüder« und »die vier Obertorhüter« (9,26), deren nähere Schilderung in 1 Chr 26 von der in Esra-Neh abweicht.

9,19–22 Die Verse 9,19–22 sind sozusagen das Grundgesetz der Torhüter. Aus den Angaben hier ist zu entnehmen, daß die zwei Hauptprobleme die Legitimierung ihrer Amtsbefugnisse im Rahmen verbindlicher biblischer Überlieferung und die Bestätigung ihrer levitischen Abstammung waren. In diesem und im folgenden Abschnitt sind nicht nur ihre Aufgaben ausführlich geschildert, sondern auch die erforderlichen rechtlichen und historischen Grundlagen. Stilistisch äußert sich dies in durchgängiger Verwendung von Terminologie, die mit dem »Zelt« zusammenhängt, und in Gleichsetzung des »Zelts« mit dem »Hause Gottes«. Nach der Weise des halachischen Midrasch konstruiert dieser Text die notwendige Verbindung zwischen dem Wüstenheiligtum und den Torhütern.

V 19–33: Aufgaben der Leviten

9,19 bringt die Genealogie des obersten Torhüters: »Schallum, Sohn des Kore, des Sohnes des Abiasaf, des Sohnes des Korach«. Oben haben wir gesehen, wie die ausführlichen Stammbäume, die 1 Chr 6,18–32 für die Obersänger zu Davids Zeiten, Asaf, Heman und Etan bietet, deren levitische Abstammung untermauern sollen. Hier dagegen sind die Angaben ziemlich knapp; »Schallum, Sohn des Kore« wird recht mechanisch mit seinem entferntesten Ahnherrn »Abiasaf, Sohn des Korach« in Verbindung gebracht. Anders als bei den Sängern, den Häuptern der Leviten (1 Chr 6,5–15) und den Priestern (1 Chr 5,30–41) ist hier keine sonderliche Bemühung um die

Zwischenglieder zu beobachten. Die Torhüter gelten als verwandt mit »Korach«, werden wiederholt als »Korachiten« bezeichnet (9,19.31), sie erscheinen also als entfernte Nachkommen von Levis Sohn Kehat über dessen Enkel (Ex 6,16–24).

Die Aufgabe der Torhüter ist zunächst generell umschrieben als »gesetzt über den liturgischen Dienst«, dann genauer als »Schwellenhüter des Zelts«. Letztere Bezeichnung sowie ihre Benennung überhaupt deutet auf ihre Funktion als Tempelwache. Nun waren jedoch verstreuten biblisch-historiographischen Aussagen zufolge die »Hüter der Schwellen« Priester (2 Kön 12,10; 23,4; 25,18; auch Jer 35,4; 52,24). Der Chronist gibt unmißverständlich zu verstehen, daß diese Aufgabe den levitischen Torhütern vorbehalten ist; vgl. 2 Chr 34,9: … »die Leviten, die Hüter der Schwelle …« (auch 2 Chr 23,4). Was den Priestern blieb, war nur die Oberaufsicht.

In 9,19b–21 folgt ein Vergleich zwischen den derzeitigen Aufgaben der Torhüter mit denen ihrer Vorfahren. Dies ist der einzige Fall, wo in Bezug auf kultische Funktionen ausdrücklich zwischen Generationen unterschieden wird: die gegenwärtigen Amtsträger gegenüber »ihren Vätern«. Der Text gibt zu verstehen, daß die Torhüter seiner Gegenwart durch David und Samuel, den Seher, eingesetzt sind; ihre Väter sind die Torhüter der Vergangenheit, die »Pinhas, dem Sohn des Eleasar« unterstanden. Somit ist die Legitimierung der Torhüter zwar ähnlich wie die der Sänger, aber doch anders. Beider Status wird von derselben Autorität abgeleitet, sowohl die Sänger als auch die Torhüter sind von David zum Dienst am Zelt eingesetzt und beider Einsetzung wird durch göttlichen Beschluß bestätigt, der durch Propheten übermittelt wird. Die Ernennung der Sänger geschah auf Davids Befehl zusammen mit »Gad, dem Seher des Königs, und Natan, dem Propheten« (2 Chr 29,25), wohingegen die Einsetzung der Torhüter hier in diesem Abschnitt auf »Samuel, den Seher« zurückgeführt wird, der laut Chr ebenfalls levitischer Abstammung war (1 Chr 6,12–13). Der Unterschied liegt in der Überlieferungskette, die für die Sänger bzw. Torhüter besteht. Im Wüstenheiligtum gab es keine Sänger; dies war eine Neuerung, die David einführte, nachdem die Lade »zur Ruhe gekommen« war (1 Chr 6,16), wodurch die traditionelle Aufgabe der Leviten, der Transport der Lade, sich erübrigt hatte. Insofern handelte es sich bei den Sängern um reguläre Leviten, denen eine neue Aufgabe zugewiesen wurde. Die Torhüter dagegen hatten von je her direkt mit dem Heiligtum zu tun gehabt, schon ihre Vorväter waren verantwortlich für »das Lager JHWHs, Hüter des Eingangs«. David paßte nur ihre Aufgaben im einzelnen den veränderten Umständen an. Es ist bemerkenswert, daß laut der Überlieferung des Pentateuch die Bewachung des Heiligtums sämtlichen Leviten oblag, die von »Eleasar, dem Sohn des Aaron« beaufsichtigt wurden (Num 3,32); hier beschränkt sich diese Funktion auf einen Zweig der Leviten, deren »Vorgesetzter« in alter Zeit Pinhas, der Sohn des Eleasar gewesen sein soll (wohl von Num 25,7 ff. beeinflußt).

Der Text verwendet hier unscharfe Terminologie, um eine typologische Übereinstimmung zwischen den drei historischen Epochen herzustellen: die Vergangenheit des Wüstenheiligtums, als die Einrichtung der Torhüter geschaffen wurde; die »Gegenwart« der Liste, angeblich die Zeit von David, wo Schallum als Oberster der Torhüter fungiert, als sämtliche Vorkehrungen zur Bewachung des »Zelts« getroffen werden mit Ausblick auf Verlagerung in den Tempel; und schließlich implizit die Zeit des Chronisten (bzw. des Verfassers dieser Liste), der mit Berufung auf Pinhas und David die Position der Torhüter in seiner Gegenwart legitimieren möchte. In diesem Sinne enthält der Wortschatz dieses Abschnitts etwa »das Lager JHWHs«, womit hier der heilige Bezirk gemeint ist, was an die Vorstellung des »Lagers« aus den Traditionen der Wüstenwanderung anknüpft (Ex 16,13 u.ö.); das einzige Gegenstück dazu sind »die Tore des Lagers JHWHs« von 2 Chr 31,2. In denselben Kontext gehört die wiederholte Erwähnung des Zelts: »Schwellenhüter des Zelts« (9,19), »Torhüter am Eingang zum Zelt der Zusammenkunft« (9,21) und besonders der paradoxe Ausdruck »das Haus des Zeltes« (9,23). Ein ähnlicher Terminus erscheint schon in dem verwandten Text 1 Chr 6,33: »die Wohnstatt vom Hause Gottes«; beide Termini sollen offenbar die volle Gleichsetzung der beiden Elemente bewirken, des »Hauses« und des »Zelts«, wodurch eine Kontinuität zwischen den beiden Einrichtungen geschaffen wird mit allem, was daraus resultiert. Die sonst ausschließlich für den Tempel verwendeten Termini »Eingang« (מבוא) und »Schwelle« (סף) zusammen mit dem in bezug auf den Tempel zumindest üblicheren »Tor« (שער) werden hier allesamt auf das Zelt bezogen.

Bevor wir die Behandlung dieser Verse abschließen, sind noch weitere Bemerkungen am Platze: a) Zwischen dem Obersten der Torhüter, »Schallum, Sohn des Kore« (9,19), und der einzigen weiteren mit Namen genannten Person in diesem Kontext, »Secharja, Sohn des Meschelemja« (9,21), scheint keine verwandtschaftliche Beziehung zu bestehen. Aber laut 1 Chr 26,1–2 (vgl. auch V 14) heißt das Haupt der Torhüter »Meschelemja (oder Schelemja), Sohn des Kore« und sein Erstgeborener »Secharja«. Schallum und Meschelemja sind Varianten desselben Namens, wobei die Wahl von Schallum in 9,17 wohl dazu dienen soll, diese Liste mit der üblicheren Form des Namens im chr Material zu versehen.

b) Die realen Umstände zur Zeit des Verfassers scheinen durch in der Bemerkung, daß der Hauptteil der Torhüter außerhalb von Jerusalem, »in ihren Höfen« wohnte (9,22.25), was wiederum an die Sänger erinnert, die sich in der Umgebung von Jerusalem »Höfe« bauten (Neh 12,29).

9,23–29 Die eingehende Beschreibung der Obliegenheiten der Torhüter in 9,23–29 ist eine durchlaufende Abfolge von Einzelposten ohne literarische Markierung einer Unterteilung. Inhaltlich lassen sich zwei Teile unterscheiden: 9,23–26a die Verteilung der Wächter auf die Tempeltore, 9,26b–29 weitere Zuständigkeitsbereiche. Die Angaben zur Organisation der Torhüter sind zwar systematisch, aber sehr knapp; sie lassen sich ergänzen durch Information aus 1 Chr 26. Die Wächter waren auf allen vier Seiten des Tempelbezirks postiert – Osten, Westen, Norden und Süden (9,24); sie erhielten Verstärkung durch Kollegen, die jeweils für eine Woche aus ihren Wohnorten außerhalb Jerusalems in die Stadt kamen und während ihrer Dienstzeit in der Nähe des Tempels untergebracht waren (9,27). Verantwortlich für die Verteilung der Wachen waren vier גברי השערים (wörtlich: »Helden von Torhütern«), deren Zuständigkeit laut 1 Chr 26,14 ff. nach den vier Toren der Tempelhöfe aufgeteilt war. Bei den weiteren in 9,26b–29 aufgeführten Aufgabenbereichen handelt es sich um Räume, Schatzkammern, tägliches Öffnen der Tore, Inventar und Erhaltung von Mobiliar und Kultgerät, auch die Betreuung der Materialien für den regulären Dienst wie etwa Mehl und Öl für Speiseopfer, Wein für Libationen und Weihrauch und anderes Räucherwerk für das Rauchopfer. Die Torhüter hatten all diese Vorräte zu bewachen; deren eigentliche Verwaltung lag wohl in den Händen der Leviten (dazu 1 Chr 26,20–28; 2 Chr 31,12–13).

Der singuläre Ausdruck מעת אל עת »von einer Zeit zur anderen« (V 25) ist wohl ähnlich zu verstehen wie der Ausdruck מעת עד עת aus Ez 4,10, der den Zeitraum von einem bestimmten Zeitpunkt des einen Tages bis zum selben Zeitpunkt des folgenden Tages bezeichnet. Hier handelt es sich um die Zeit vom Beginn der einen bis zum Beginn der nächsten Woche.

In den Versen 9,30–33 sind weitere Dienstleistungen aufgeführt, die von 9,30–33
anderen Gruppen des Kultpersonals besorgt wurden, die aus der Perspektive ihrer Beziehung zu den Torhütern dargestellt werden. Nachdem die Zuständigkeit der Torhüter für »Mehl, Wein, Weihrauch und Balsam« berichtet ist, fährt der Text in umgekehrter Reihenfolge fort mit der Herstellung dieser Produkte: Balsam durch Mitglieder der Priesterschaft (9,30), Backwerk (vermutlich das auf Pfannen zubereitete Speiseopfer von Lev 2,5; 6,14) und die Schaubrote durch andere Leviten (9,31–32). Aus Gründen der Vollständigkeit werden auch die Sänger hier erwähnt mit der Bemerkung, daß sie von den soeben genannten Pflichten befreit waren, um sich Tag und Nacht ihrem besonderen Dienst widmen zu können.

Die hier vorausgesetzte Arbeitsteilung scheint nicht ganz mit der aus den Überlieferungen des Pentateuch bekannten übereinzustimmen. Laut Num 4,16 oblag die Sorge für »das Öl für die Lampen, das Räucherwerk, das ständige Speisopfer und das Salböl« »Eleasar, dem Sohn des Aaron«, d. h. dem Hohenpriester persönlich bzw. seinem Nachfolger. Dort ist allerdings nicht ausdrücklich gesagt, ob diese Zuständigkeit auch die Herstellung umfaßte. Die erstmalige Anfertigung von Salböl, Räucherwerk und Schaubroten wird im Pentateuch Mose zugeschrieben (Ex 30,22–25.34–36; Lev 24,5–7). Ein ausdrücklicher Nachfolger für diese Aufgaben ist zwar nicht genannt, aber die allgemeine Verteilung der Aufgaben im Pentateuch macht wahrscheinlich, daß die Herstellung dieser Dinge ein Vorrecht der Priester war. Nach

Auskunft unseres Abschnitts hier ist jedoch nur die Herstellung des Räucherwerks ein priesterliches Monopol, während die übrigen Aufgaben dem nächstniedrigen Rang des Kultpersonals übertragen war, den Leviten (vgl. auch 1 Chr 23,29). Die Freistellung der Sänger von diesen Pflichten spricht wohl dafür, daß der eigentliche »Unterhalt« des Tempelbetriebs den »Leviten«, d.i. den nicht-priesterlichen Mitgliedern des Stammes, oblag.

9,34 Der Abschluß des Abschnitts in 9,34 ist sorgfältig strukturiert: 9,34a beschließt den Abschnitt mit den Leviten (9,14–32), und 9,34b fungiert als Abschluß der längeren Texteinheit von 9,3 an. Wie schon beobachtet, hat der Chronist bei der Umgestaltung des Abschnitts über die Leviten den ursprünglichen Abschluß aus Neh 11,18 gestrichen; er bringt ihn hier am Ende seiner Liste: »dies die Häupter von Vaterhäusern der Leviten nach ihren Generationen«; diese Abschlußformel entspricht 8,28, leicht angepaßt an den Kontext hier. Die raffinierte chiastische Plazierung der Nennung Jerusalems in 9,3 und 9,34 –»und in Jerusalem saßen …«, »… diese saßen in Jerusalem« rundet diesen Hauptteil des Kapitels effektvoll ab.

9,35–44 Der Abschnitt 9,35–44, weitgehend identisch mit 1 Chr 8,29–38, fungiert als Vorspann zu Kap. 10. Da die Einzelheiten der Liste oben im Zusammenhang von Kap. 8 behandelt sind, genügt hier eine kurze Zusammenfassung. Die Version hier hat an drei Stellen die bessere Lesart, insofern als hier Namen erhalten sind, die in Kap. 8 fehlen: Jëiël in 9,35, Ner in 9,36 und Miklot in 9,37 (vgl. 8,29.30.31). Dagegen ist der Name »Ahas« in 1 Chr 8,35 erhalten und fehlt hier. Was die Namen selbst betrifft, sind folgende Varianten zu beobachten: Secher/Secharja, Schimea/Schimeam, Merib-Baal/Meribaal, Tarea/Tachrea, Joadda/Jara, Rafa/Refaja. Bei einigen davon handelt es sich um unterschiedliche Formen desselben Namens, wie im biblischen Onomastikon häufiger zu finden (vgl. Schema/Schemaja mit Secher/Secharja; Abia/Abiam mit Schimea/Schimeam u.a.m.). Hier sind sowohl synchrone als auch diachrone Faktoren am Werk (etwa die Abschwächung von Guttural im Fall von Tachrea/Tarea), so daß sich noch keine schlüssige Abfolge dieser Veränderungen ausmachen läßt. Im Fall von Joadda/Jara haben wir vermutlich sowohl Namensvariante als auch Textverderbnis (Ja'ada/Ja'ara) vor uns. Da die beiden Listen eng miteinander zusammenhängen, können ihre Abweichungen voneinander als Illustration für den ständigen Vorgang der Abwandlung von Eigennamen dienen. In 9,44 lautet der Name von Azels zweitem Sohn »Bochru« (בכרו) wie in 8,38. Dieser ungewöhnliche Name hat sich als Entstellung von בכרו, »sein Erstgeborener« herausgestellt und ist entsprechend emendiert worden, zusammen mit Ergänzung eines sechsten Namens im Anschluß an LXX. Da jedoch dieselbe Textverderbnis in beiden Versionen der Liste auftritt, ist vielleicht anzunehmen, daß der Autor von 9,44 diesen Fehler bereits in seiner Vorlage fand, was wiederum den sekundären Ursprung des Abschnitts bezeugt und Emendation verbietet. Allerdings könnte das zweifache Vorkommen derselben

V 35–44: Benjaminitische Genealogie

verderbten Namensform auch darauf zurückgehen, daß die Massoreten 9,44 der voranstehenden Stelle 8,38 angeglichen haben.

1 Chr 10,1–14: Sauls Tod

Literatur *P. Abadie,* La figure de David dans le livre des Chroniques, in: L. Desrousseaux/ J. Vermeylen (Hg.), Figures de David à travers la Bible. XVIIe congrès de l'ACFEB (Lectio divina 177), Paris 1999, 157–186. – *C. Y. S. Ho,* Conjectures and Refutations: is 1 Samuel 31:1–13 Really the Source of 1 Chronicles 10:1–12?: VT 45, 1995, 82–106. – *K. Koch,* Das Verhältnis von Exegese und Verkündigung anhand eines Chroniktextes: ThLZ 90, 1965, 659–670. – *Ch. Mitchell,* The Dialogism of Chronicles, in: M. P. Graham/S. L. Mc Kenzie (Hg.), The Chronicler as Author. Studies in Text and Texture (JSOT.S 263), Sheffield 1999, 311–326. – *J. M. Trotter,* Reading, Readers and Reading Readers Reading the Account of Saul's Death in 1 Chronicles 10, in: M. P. Graham/S. L. Mc Kenzie (Hg.), The Chronicler as Author. Studies in Text and Texture (JSOT.S 263), Sheffield 1999, 294–310. – *S. Zalewski,* The Purpose of the Story of the Death of Saul in 1 Chronicles 10: VT 39, 1989, 449–467.

Text

Übersetzung *10[1] Und die Philister kämpften gegen Israel. Und die Männer von Israel*
flohen vor den Philistern, und es lagen Erschlagene auf dem Berg Gilboa.
[2] Und die Philister jagten hinter Saul und hinter seinen Söhnen her und die
Philister erschlugen Jonatan und Abinadab und Malkischua, die Söhne des
Saul. [3] Und der Kampf lastete schwer auf Saul und es trafen ihn die Schüt-
zen mit dem Bogen. Und da er sich vor den Schützen fürchtete, [4] sprach Saul
zu seinem Waffenträger: »Zücke dein Schwert und durchbohre mich mit
ihm, auf daß nicht diese Unbeschnittenen kommen und ihr Spiel mit mir
treiben.« Aber sein Waffenträger wollte nicht, denn er fürchtete sich sehr.
Da nahm Saul das Schwert und stürzte sich darauf. [5] Und als der Waffen-
träger sah, daß Saul tot war, stürzte auch er sich auf das Schwert und starb.
[6] So starb Saul und seine drei Söhne und sein ganzes Haus starb zusammen.
[7] Als die Männer von Israel, die im Tal waren, sahen, daß Saul und seine
Söhne flohen und starben, verließen sie ihre Städte und flohen. Und es ka-
men die Philister und setzten sich in sie.

[8] Und es geschah am nächsten Morgen, da kamen die Philister, um die
Erschlagenen zu entkleiden, da fanden sie Saul und seine Söhne auf dem
Berg Gilboa liegen. [9] Und sie entkleideten ihn und nahmen seinen Kopf

und seine Rüstung und schickten sie im Land der Philister herum, um so ihren Götzen und ihrem Volk die Siegesbotschaft zu verkünden. [10] *Und sie legten seine Rüstung in das Haus ihrer Götter und seinen Schädel schlugen sie an das Haus des Dagon.* [11] *Als alle Bewohner von Jabesch-Gilead hörten, was alles die Philister dem Saul angetan hatten,* [12] *machten sich alle wehrhaften Männer auf und nahmen den Leichnam Sauls und die Leichname seiner Söhne und brachten sie nach Jabesch und sie begruben ihre Gebeine unter der Terebinthe in Jabesch und sie fasteten sieben Tage.*

[13] *So starb Saul wegen seiner Untreue, die er an JHWH begangen hatte, wegen des Wortes JHWHs, das er nicht beobachtet hatte, und auch weil er den Totengeist befragte hatte,* [14] *aber JHWH nicht befragte. Und er tötete ihn und übertrug das Königtum an David, den Sohn Isais.*

Analyse

Kontext

Mit Kapitel 10 beginnt der Hauptteil der Chronik: die Erzählung der Geschichte Israels von diesem Wendepunkt an bis hin zum Erlaß des Kyrus in 2 Chr 36,23. Auch literarisch ist hier ein Umschwung wahrzunehmen: von der Gruppierung von Listen und Anekdoten jeweils um ein gemeinsames Thema, wobei die zeitliche Abfolge so gut wie keine Rolle spielt, zur fortlaufenden Erzählung einer Kette von Ereignissen, die chronologisch aufeinander folgen.

Parallele zu 1 Sam 31

Kapitel 10 ist auch der erste längere Abschnitt, der aus den Samuelbüchern übernommen ist, die von hier an bis zum Ende der Davidsgeschichte zu einer wesentlichen Quelle des Erzählverlaufs werden. Das Kapitel ist eine nahezu wörtliche Parallele zu 1 Sam 31; daran läßt sich ein besonders charakteristisches literarisches Verfahren des Chronisten beobachten: wortgetreue Übernahme einer schriftlich vorliegenden Quelle mit scheinbar geringfügigen sprachlichen, stilistischen und inhaltlichen Veränderungen. Die Untersuchung dieser Abweichungen von der Vorlage bietet Einblick in die literarischen Methoden des Chronisten sowie Anhaltspunkte für das Verständnis seiner allgemeineren, historischen und theologischen Anschauungen. Doch reicht der Vergleich mit 1 Sam 31 für eine Erhebung der Aussage des Kapitels nicht aus; auch seine Stellung und Funktion im neuen Kontext sind heranzuziehen. 1 Sam 31 steht innerhalb einer historischen Erzählfolge, die in 1 Sam 9 mit Sauls Erwählung einsetzt und in 2 Sam 2–4 mit der Geschichte des geteilten Reiches weitergeht. Aus diesem Zusammenhang hat der Chronist nur dies eine Kapitel mit dem Bericht von Sauls Tod ausgewählt, die Geschichten um Saul dagegen und die Reichsteilung hat er weggelassen. Für ihn folgt auf Sauls Tod unmittelbar die Übernahme der Königswürde durch David, wörtlich übernommen aus 2 Sam 5,1–31. Durch Herausnahme aus seinem ursprünglichen Kontext und Plazierung in einen neuen erhält das Kapitel eine andere Bedeutung.

Aufbau

Der Bericht über Sauls Tod ist aus drei Teilen zusammengesetzt:

a) V 1–7 Der Krieg mit den Philistern und sein Ausgang
b) V 8–12 Das Schicksal Sauls und seiner Söhne nach deren Tod
c) V 13–14 Zusammenfassung und Betrachtungen

V 1–12 sind aus 1 Sam 31 übernommen, wo sie in 2 Sam 1 münden. In der Chronik ist die ursprüngliche Abfolge aufgegeben; die Erzählung wird abgeschlossen durch V 13–14, die gleichzeitig die Überleitung zu Kapitel 11 bilden. Diese Verse enthalten in komprimierter Form die Beurteilung von Sauls Königtum durch den Chronisten und bieten einen Bezugsrahmen für das Verständnis der gesamten Erzählung. Außerdem sind sie in Wortschatz und Stil typisch chronistisch.

Auslegung

Erster Teil (V 1–7): Der Krieg mit den Philistern

Der erste Teil der Erzählung 10,1–7 besteht aus zwei Abschnitten: V 1–5, 10,1–7
die Schilderung des Kampfes erreicht ihren Höhepunkt mit Sauls Tod; V 6–7, das Resultat des Kampfes, sowohl die unmittelbaren Auswirkungen auf dem Schlachtfeld als auch die allgemeineren Folgen für Israel. Bei seiner Neufassung des Textes hat der Chronist aus seiner Vorlage 1 Sam 31 die Verse 1–5 kaum verändert, die Abschlußverse 6–7 dagegen ungleich mehr. Das läßt darauf schließen, daß der Chronist von der Schlacht und ihren Folgen eine andere Auffassung hatte als die in 1 Sam 31 gebotene.

10,1 beginnt mit dem Kampf gegen die Philister parallel zu 1 Sam 31,1, 10,1
doch das erste Prädikat »kämpften« erscheint nicht als Partizip (נלחמים), womit ein andauernder Zustand bezeichnet wird, sondern als finite Verbform (נלחמו), also als ein einmaliger Vorgang in der Vergangenheit. In Sam erscheint die Schlacht auf dem Gilboa als Fortsetzung vorangegangener Ereignisse, etwa 1 Sam 29,11 »Doch die Philister zogen hinauf nach Jesreel«, und davor 28,4 »... und Saul versammelte ganz Israel und sie lagerten bei Gilboa«. Durch Einfügung von 1 Sam 30 ist der Erzählstrang dort unterbrochen und muß in 31,1 neu aufgenommen werden. In Chr dagegen liegt keine Einbettung in einen Kontext vor, sondern ein völliger Neueinsatz; dazu dient die finite Verbform und nicht das Partizip. Die literarische Isolierung des Kapitels wirkt sich freilich auch in historischer Hinsicht aus. In Chr steht der Krieg mit den Philistern ganz vereinzelt da, durch keinerlei Vorgänge angekündigt oder vorbereitet. So verliert er seinen historischen Sinn; auf dem Hintergrund von 1 Chr 1–9 erscheint er vergleichsweise belanglos für die Geschichte Israels. Eine weitere sprachliche Veränderung ist die Tilgung des bestimmten Artikels vor dem Namen des Gilboa-Gebirges, ebenso wie später V 8. Da dies die beiden einzigen Stellen sind, wo dieser geographische Name in Chr vorkommt, ist nicht auszumachen, weshalb der Artikel weggelassen ist.

Die Beschreibung der Schlacht in 10,2 wirkt wie ein close-up, durch das 10,2
Saul immer näher herangeholt wird. Nach der allgemeinen Niederlage (V 1) wollen die Philister die Anführer der israelitischen Armee liquidieren, um ihren Sieg abzurunden. Zuerst fallen ihnen Sauls drei Söhne in die Hand,

deren Bedeutung durch namentliche Nennung zum Ausdruck kommt, obwohl ihr Tod nur ganz allgemein erwähnt ist. Dann rückt die Hauptfigur ins Zentrum: Saul.

10,3 Nachdem seine Soldaten geflüchtet und seine Söhne gefallen sind, bleibt Saul nach 10,3 allein auf dem Schlachtfeld zurück; der Kampf »lastet schwer« auf ihm und er wird durch Bogenschützen verwundet. Der Einsatz von Bogenschützen war eine verbreitete Kampftechnik, und die Verwundung anderer Könige wird ähnlich geschildert: Ahab (1 Kön 22,34), Joram (2 Kön 9,24) und Joschija (2 Chr 35,23). Die Verbform ויחל ist keine unregelmäßige Form der Wurzel I חלה »schwach, kraftlos sein« (*Rudolph* 92), sondern eine regelmäßige Form der Wurzel חיל mit der Bedeutung »vor Furcht zittern, sich fürchten« (vgl. Thesaurus I, 1968, 132). Zum Furchtmotiv in dieser Erzählung s. den folgenden Vers.

10,4 Statt auf Sauls Empfindungen im Angesicht des Todes einzugehen, gibt der Erzähler in 10,4 Sauls letzte Worte wieder; aus diesen äußert sich deutlich Furcht, nicht vor dem Tod, der ihm willkommen ist, sondern vor der Folter, die er von den Philistern zu erwarten hat.

Sauls Selbstmord auf dem Schlachtfeld (zusammen mit seinem Waffenträger) ist ein Einzelfall in der Bibel; Selbstmord ist überhaupt selten (Ahitophel, 2 Sam 17,23; Simri, 1 Kön 16,18). Er wird recht neutral geschildert, der Erzähler nimmt nicht eindeutig Stellung dazu.

10,5 Der Tod des Waffenträgers (10,5), der ja nur eine Randfigur ist, unterstreicht den unglücklichen Ausgang des Kampfes: Sämtliche tapferen Krieger sind gefallen; nicht nur Saul, nicht nur seine Söhne, sogar sein anonymer Waffenträger.

10,6 Relativ viele Veränderungen an seiner Vorlage 1 Sam 31 hat der Chronist in den Versen 6–7 vorgenommen, wobei die Auslassungen nicht weniger aufschlußreich sind als die Zusätze. Auf der einen Seite erscheint die Niederlage in der Chronik weiter gespannt: Nicht nur Saul und seine Söhne sind an jenem Tag gestorben, sondern »sein ganzes Haus starb zusammen«. Hier vermerkt *Williamson* im Anschluß an *Rudolph* »starke dynastische Untertöne« (93). Nach der Niederlage am Gilboa war kein lebender Anwärter auf Sauls Königswürde mehr übrig. Auf der anderen Seite schränkt der Text die Ausmaße der Niederlage wiederum ein: In seiner Zusammenfassung läßt der Chronist nicht nur den Waffenträger weg, sondern »all seine Männer«, was bedeutsamer scheint. Daraus ergibt sich: Endgültig gescheitert sind Saul und dessen Haus; der Tod »seiner Männer« wird mit Stillschweigen übergangen.

10,7 Die textliche Überarbeitung erfolgt in 10,7 nach dem gleichen Muster. Die erste Veränderung scheint rein syntaktischer Art: Der Chronist streicht das Subjekt zu der Verbform »waren geflohen«, wodurch Kongruenz und Gleichgewicht des Verses beeinträchtigt werden. Doch der veränderte Satzbau verändert auch die Aussage: Nun sind nicht mehr »die Männer von Israel« geflohen, sondern Saul und seine Söhne; sie waren sowohl geflüchtet als auch umgekommen (so auch *Mosis*, 23).

Eine andere Abweichung von der Vorlage geht in dieselbe Richtung. Auf die verlorene Schlacht hin verläßt die israelitische Bevölkerung ihre Städte, aber nicht »auf der anderen Seite des Tales und jenseits des Jordans« (1 Sam 31,7), sondern nur »die im Tal waren«. Auch hier werden die Auswirkungen des Krieges auf Israel reduziert.

Diese Art der redaktionellen Bearbeitung, wobei die ursprüngliche Fassung nahezu wörtlich übernommen und nur hier und da leicht modifiziert wird, führt zu einigen Unstimmigkeiten. Die Aussage von V 1 »und die Männer von Israel flohen vor den Philistern« ist unverändert geblieben. In Sam erstreckt sich die Niederlage auf das ganze Volk und zwar als Erfüllung der göttlichen Ankündigung an Samuel (1 Sam 28,19). In Chr fehlt nicht nur der weitere Kontext von Samuels Prophezeiung; der ganze Vorgang ist anders angelegt. Die Tendenz der Überarbeitung geht eindeutig dahin, die Katastrophe auf Saul und dessen Dynastie zu beschränken und für Israel abzuschwächen. Das läßt sich auch an den Versen 13–14 beobachten, einem Zusatz des Chronisten. Die chronistische Version wirft etliche Fragen auf: Wie geht die Aussage von V 6, wonach »sein ganzes Haus starb«, zusammen mit der 2 Sam 2–4 berichteten Episode der Regierung von Sauls Sohn Isch-Boschet, die dem Chronisten und seiner Leserschaft nicht unbekannt gewesen sein kann? Und wie sind die zwei Versionen einer Genealogie der Sauliden zu verstehen, die in Chr selbst vorkommen (1 Chr 8,33–40; 9,39–44) wo etliche Generationen über Sauls Tod hinaus verzeichnet sind?

Der Chronist hat offenbar sowohl Isch-Boschets Königtum als auch Davids Herrschaft über Juda allein glatt ignoriert. Aus seiner Sicht war Davids Regierung über ganz Israel die direkte Folge der Schlacht am Gilboa. Nach seiner Geschichtsauffassung, die sich durch die gegenteiligen Aussagen in 2 Sam nicht anfechten läßt, hat es ein Königtum Isch-Boschets oder eine Teilherrschaft Davids nie gegeben. Dies ist einer der Fälle, wo sein Sinn für das »historisch Wahrscheinliche« den Chronisten in konträre Gegnerschaft zu seinen Quellen in den biblischen Geschichtsbüchern treibt: Hier verändert er nicht nur Einzelheiten des Ablaufs oder übergeht Dinge, sondern bietet eine bewußt widersprechende Darstellung (s. auch 1 Chr 29,24 vs. 1 Kön 1,15). Das ist ein markanter Zug seiner historisch-theologischen Einstellung: Er folgt der literarischen Darbietung seiner Quellen, doch gleichzeitig setzt er sich über sie hinweg, wo er vom richtigen Verlauf der Geschichte seine eigenen, anders lautenden Vorstellungen hat.

Zweiter Teil (V 8–12): Schicksal der Leichen Sauls und seiner Söhne

Im zweiten Teil des Kapitels, in 10,8–12, ist berichtet, was mit den sterb- 10,8–12
lichen Überresten Sauls und seiner Söhne geschah; in V 8–10 handeln die Philister, in V 11–12 die Leute von Jabesch-Gilead. Das ausführliche Eingehen darauf, was nach Ende der Schlacht mit den Leichen geschah, ist eine Besonderheit der Erzählung von Sauls Tod. Ausdrücklich erwähnt wird die-

se Episode in 2 Sam 21,9–14, wo es um das Schicksal von Sauls weiteren Nachfahren geht. In diesen Berichten wird der Brauch bezeugt, die Toten dadurch zu verunglimpfen, daß ihre Leichen öffentlich zur Schau gestellt werden und kein ehrenhaftes Begräbnis erhalten – wobei die Grausamkeit beide Male Nicht-Israeliten (den Philistern bzw. den Gibeoniten) zugeschrieben wird. In Chr ist die Schilderung wiederum aus ihrem Kontext losgelöst, da der Stoff von 2 Sam 21,9–14 weggelassen ist und die Einzelheiten der Erzählung weitgehend vom Original abweichen. Allerdings fällt auf, daß Motive wie Tod, Beisetzungsriten, Begräbnisort u.ä. dem Chronisten offenbar wichtig waren, denn er spricht verschiedentlich davon (2 Chr 16,14; 21,19–20 u.a.).

10,8–9 V 8 entspricht genau 1 Sam 31,8, doch von V 9 an werden schrittweise Veränderungen am Text vorgenommen. Thema und zahlreiche Einzelheiten bleiben zwar gleich, aber das Gesamtbild, das sich aus Chr ergibt, ist ein anderes. Die Formulierung von V 9 ist nicht ganz klar. Statt der eindeutigen Auskunft von 1 Sam 31,8 »sie schlugen ihm den Kopf ab und entkleideten ihn seiner Rüstung« hat der Chronist »sie entkleideten ihn und nahmen seinen Kopf und seine Rüstung«. Vom Abschlagen des Kopfes ist nicht ausdrücklich die Rede, doch aus dem »Nehmen des Kopfes« ist es zu erschließen. Wenn das hebräische Verb נשׂא hier als Terminus technicus für »Kopf-Abschlagen« aufgefaßt wird (im Anschluß an Gen 40,19), würde ein und dasselbe Verb mit jedem seiner Objekte eine andere Bedeutung haben, was den Regeln des Sprachgebrauchs widerspricht.

Ein anderer Punkt ist die Verwendung von עצביהם »Götzen« zur Bezeichnung der philistäischen Götter, was auch in 2 Sam 5,21 vorkommt. In der Regel benutzt der Chronist keine pejorativen Benennungen für heidnische Gottheiten; er hatte keine Hemmungen, sie mit Namen zu nennen oder als »Götter« zu bezeichnen (so etwa im folgenden Vers »Haus ihrer Götter« und »Haus des Dagon« ebenso 1 Chr 14,12 vs. 2 Sam 5,21). Demnach scheint die Vokabel »Götzen« entweder vom Chronisten unverändert aus seiner Vorlage übernommen zu sein oder aber eine nachträgliche Anpassung an Sam.

10,10 Die Abweichungen des Textes von seiner Parallele nehmen mit 10,10 schrittweise zu. In 1 Sam 31,10 ist nicht berichtet, was schließlich mit dem abgeschlagenen Kopf geschah. Nachdem Kopf und Rüstung über das Philisterland hin zur Schau gestellt worden waren, wird die Rüstung im Astarte-Tempel deponiert, von dem Kopf ist nicht mehr die Rede. Vielleicht wurde er mit fortschreitender Verwesung einfach weggeworfen. Andererseits wird das weitere Schicksal des Leichnams ohne Kopf erzählt: Er wurde an der Stadtmauer von Bet-Schean aufgehängt. So besteht nur eine teilweise Übereinstimmung zwischen 1 Sam 31,9 und 10. Die Rüstung wird in beiden Versen erwähnt, der Kopf nur in V 9, der Körper in V 10. 1 Chr 10,10 entspricht eher V 9; erwähnt sind dieselben zwei Gegenstände: Die Rüstung wird im »Haus ihrer Götter« deponiert, und der Kopf wird am »Haus des Dagon« aufgehängt. So spricht Chr ausführlicher von dem Kopf, jedoch gar nicht von den Körpern. Das wirkt sich auf die Erzählung aus: Der Kopf wird nicht weggeworfen, und die Leichen werden nicht an der Mauer von Bet-Schean ausgestellt; hier legt sich eher der Schluß nahe, daß die Leichname auf dem Schlachtfeld liegen blieben.

Die Textfassung des Chronisten ist eine raffinierte Bearbeitung seiner Quelle, wobei die äußerliche Ähnlichkeit der Paralleltexte ins Auge fällt.

1 Sam 31,10 ואת גויתו תקעו בחומת בית שן
1 Chr 10,10 ואת גלגלתו תקעו בית דגון

Der ungewöhnliche Ausdruck גלגלת »Schädel« statt »Kopf«, der vom sonstigen Sprachgebrauch des Textes abweicht, ist offenbar wegen des Anklangs an גויתו »sein Leichnam« gewählt, während in Bet-Dagon (»Haus/Tempel des Dagon«) Bet-Schean anklingt (was in der Übersetzung verlorengeht). Auch die Fortsetzung in V 12 spricht dafür, daß das neue Bild der Chronik durch bewußte Überarbeitung zustandegekommen ist.

Beim Bericht vom heldenhaften Einsatz der Bewohner von Jabesch-Gilead in 10,12 hat der Chronist drei Elemente seiner Vorlage weggelassen, wodurch deren Leistung beträchtlich reduziert wird: Sie waren nicht die ganze Nacht lang unterwegs, sie haben die Leichen nicht von einer philistäischen Festungsmauer abgenommen und verbrannt. Sie begaben sich nur auf das verlassene Schlachtfeld am Gilboa und sammelten die dort zurückgelassenen Leichname ein. Das Verbrennen kommt beim Chronisten nicht vor, obwohl er die Beisetzung der Gebeine beibehält. Da nach seiner Version die Leichen nicht an der Stadtmauer von Bet-Schean aufgehängt waren – diese Schande hat er Saul und seinen Söhnen sozusagen erspart – fallen auch die übrigen Details etwas anders aus. Eine weitere Veränderung ist die Ersetzung des Ortsnamens Bet-Schean durch den Namen eines Tempels, Bet-Dagon. Die klangliche Ähnlichkeit war vielleicht nicht der einzige Grund dafür. Laut Auskunft von Jos und Ri war Bet-Schean eine der Städte, welche der Stamm Manasse bei der Landnahme nicht zu erobern vermochte und die vermutlich erst unter David israelitisch wurden (Jos 17,11–12; Ri 1,27; 1 Kön 4,12). In der Chronik gelten diese Städte durchweg als israelitisch; der Gedanke, sie könnten philistäisch oder kanaanitisch gewesen sein, erscheint dort völlig abwegig. Daher wird Sauls abgeschlagener Kopf nicht in Bet-Schean ausgestellt, sondern in einem nicht näher lokalisierten »Tempel des Dagon«, irgendwo im Philisterland. 10,11–12

Aufs Ganze gesehen glättet die chronistische Redaktion die Ecken und Kanten der Erzählung und mildert die Extreme: Das Ausmaß der Niederlage, die Schändung der Leichen von Saul und seinen Söhnen, die territoriale Ausdehnung der Philister, die Loyalitätsbezeugung der Leute von Jabesch-Gilead – alles ist ein wenig abgeschwächt durch behutsame Eingriffe in den Text bei weitgehender Wahrung des Originals.

10,13–14 10,13–14 ist ein Zusatz aus der Feder des Chronisten, der die Erzählung in historischer wie in theologischer Hinsicht mit einem allgemeineren Kontext versieht. In 1 Sam 31 hatte sich die theologische Bedeutung aus dem weiter angelegten Erzählrahmen ergeben. Für sich betrachtet wirkt die Erzählung völlig säkular: Gott ist kein einziges Mal erwähnt, und das militärische Geschehen läuft nach seiner eigenen Logik ab. Wenn der Vorgang jedoch vor dem Hintergrund von 1 Sam 28 gelesen wird, wo Samuel zu Saul sagt: »Deshalb hat JHWH dir dies heute getan« (1 Sam 28,18), dann erscheint die Niederlage als der Vollzug des angekündigten göttlichen Urteils. Bemerkenswert ist die »doppelte Kausalität«: Oberflächlich gesehen wird der Ausgang der Schlacht durch äußerliche, menschliche und natürliche Faktoren entschieden; unter der Oberfläche aber wird das göttliche Handeln spürbar, das eben diese äußerlichen Faktoren lenkt. In Chr ist Kapitel 10 aus seinem ursprünglichen Kontext gelöst, daher fehlt ihm der theologische Bezugsrahmen. Die hinzugesetzten V 13–14 ergänzen diesen Rahmen, nicht als prophetische Ankündigung, sondern als abschließende Wertung. Diese Verse halten dreierlei fest: 1) Sauls Tod geht auf direktes göttliches Eingreifen zurück (»deshalb schlug ihn JHWH«). 2) Saul starb zur Strafe für seine Sünden (»für seine Untreue«), und zwar weil er den göttlichen Befehl nicht durchgeführt und weil er eine Totenbeschwörung hatte vornehmen lassen, statt seine Frage direkt an JHWH zu richten. 3) Unmittelbar nach Sauls Tod verlieh Gott David das Königtum.

Dritter Teil (V 13–14): Zusammenfassung und Betrachtungen

Die hier zum Ausdruck gebrachte historiosophische Haltung ist gar nicht so sehr anders als die Aussage von 1 Sam 28. Das meiste, was hier steht, findet sich in anderer Reihenfolge auch in Samuels Rede an Saul (1 Sam 28,16–18). Was der Chronist hinzufügt, ist im Grunde nur ein Detail, das aus seinen Überzeugungen geradezu zwangsläufig folgt: Saul »hat nicht JHWH befragt«. Laut 1 Sam 28,6 war die Totenbeschwörung bei Saul ein Akt der Verzweiflung; laut Chr war es sein freier Entschluß, denn daß Gott ihm nicht geantwortet haben sollte, war für den Chronisten unvorstellbar. Er geht davon aus: »Wenn ihr ihn suchet, wird er sich von euch finden lassen« (2 Chr 15,2). Außerdem macht das Prinzip der Ausschließlichkeit die Verehrung des Einen Gottes mit jedem anderen Kult unvereinbar. Insofern ist die Bemühung um Totenbeschwörung als solche Verrat an Gott. Daher wird Sauls Sünde מעל »Untreue« genannt. Diese hebräische Wurzel, die in beschränkter technischer Bedeutung überwiegend in P vorkommt, erhält in Chr eine allgemeinere Bedeutung, die sämtliche Verfehlungen des Menschen gegenüber Gott umfaßt, gewissermaßen ein Aufgeben Gottes. Sauls Untergang erfolgte nicht auf ein einzelnes Vergehen hin, sondern aufgrund seines gesamten Verhaltens, was in 1 Chr 13,3 wieder angedeutet ist. Ähnlich wie מעל »Untreue« wird auch die hebräische Wurzel דרש in diesem Kontext in zweifacher Bedeutung eingesetzt: im engeren Sinne als »befragen, aufsuchen«, doch impliziert ist offenbar auch die weitere Bedeutung, die den gesamten Bereich der Gottesverehrung umfaßt; diese weitere Bedeutung findet sich in Chr häufig und gehört zum typisch chronistischen Vokabular.

Bedeutsam in V 13–14 ist nicht nur das Ausgesagte, sondern auch das Fehlende. Die in der Bearbeitung der Erzählung beobachtete Tendenz, die Rolle des Volkes zu reduzieren und den Schwerpunkt auf Saul und sein Haus zu legen, wird hier weitergeführt; das Volk kommt gar nicht mehr vor. Das steht in Widerspruch zur sonstigen Gewohnheit des Chronisten, den Anteil des Volkes hervorzuheben. Hier konzentrieren sich die Abschlußbemerkungen ganz auf Saul, sein Vergehen und sein Schicksal.

Für den Chronisten fungiert Kapitel 10 als Wendepunkt: vom prä-davidischen Israel, verkörpert durch Saul, zu David; von deren einen Dynastie zur andern; von Saul, der gescheitert war, zu David, dessen Königtum auf ewig bestehen sollte. Dagegen bleibt in zwei anderen Bereichen von Israels Existenz alles beim alten: Zum einen ändert sich das politische System nicht; das Königtum wurde nicht mit David eingeführt, vielmehr übernahm dieser »Sauls Königtum«; Saul wird verworfen, aber nicht sein Königtum. Zum anderen bleibt auch Israels historisch-geographische Situation im Grunde unverändert; darauf werden wir noch unten im Zusammenhang mit 13,1–5 zurückkommen.

Fazit: Nach Abschluß der Exposition und Klärung der Verhältnisse setzt nun die eigentliche Geschichte Israels ein. Von David an ist das Königshaus, der zentrale Faktor von Israels politischer Existenz, fest etabliert – gefolgt von der Aufrichtung sämtlicher religiöser Institutionen. In gewissem Sinne ist dies ein Neuanfang; doch im kontinuierlichen Verlauf von Israels Leben ist es nurmehr ein Wendepunkt.

1 Chr 11,1–12,41: Davids Regierungsantritt

Literatur *W. J. Beecher,* The Added Section in 1 Chr. 11–12: The Bible Student and Teacher NS 1, 1904, 247–250. – *K. Elliger,* Die dreissig Helden Davids: PJ 31, 1935, 29–75. – *M. Malul,* Was David Involved in the Death of Saul on the Gilboa Mountain?: RevBib 103, 1996, 517–545. – *M. Oeming,* Die Eroberung Jerusalems durch David in deuteronomistischer und chronistischer Darstellung (II Sam 5,6–9 und I Chr 11,4–8). Ein Beitrag zur narrativen Theologie der beiden Geschichtswerke: ZAW 106, 1994, 404–420. – *V. Scippa,* Davide e la conquista di Gerusalemme. La teologia del Cronista in 1 Cr 11,4–9: Asprenas 37, 1990, 59–73. – *H. G. M. Williamson,* »We are yours, o David«: The Setting and Purpose of 1 Chronicles 12:1–23: OTS 21, 1981, 164–176. – *A. Zeron,* Tag für Tag kam man zu David, um ihm zu helfen, 1 Chr 12,1–22. Ein versprengtes Stück einer Abschalom-Tradition?: ThZ 30, 1974, 257–261.

Text

Übersetzung

11 1 Und sie versammelten sich, ganz Israel, zu David nach Hebron und
sprachen: »Siehe, dein Bein und dein Fleisch sind wir. 2 Schon gestern und
vorgestern, schon unter Sauls Königtum warst du derjenige, der Israel hin-
aus- und hineinführte. Und JHWH dein Gott sprach zu dir: ›Du sollst wei-
den mein Volk Israel und du sollst Fürst sein über mein Volk Israel‹.« 3 Und
es kamen alle Ältesten Israels zum König nach Hebron und David schloß
mit ihnen einen Bund in Hebron vor JHWH und sie salbten David zum
König über Israel gemäß dem Wort JHWHs durch Samuel.

4 Und es ging David und ganz Israel nach Jerusalem, das ist Jebus. Dort
waren die Jebusiten, die Bewohner des Landes. 5 Und die Bewohner von Je-
bus sprachen zu David: »Du kommst hier nicht hinein.« Doch David nahm
die Festung Zion ein, das ist die Davidsstadt. 6 Und David sprach: »Wer im-
mer einen Jebusiten zuerst schlägt, soll Hauptmann und Anführer sein.«
Und Joab, der Sohn des Zeruja, stieg zuerst hinauf und wurde Hauptmann.
7 Und David wohnte in der Festung, darum nannte man sie Davidsstadt.
8 Und er baute die Stadt ringsherum, vom Millo an auswärts ringsherum.
Und Joab machte die übrige Stadt wieder lebendig. 9 Und David wurde im-
mer größer und JHWH der Heerscharen war mit ihm.

10 Und dies die Häupter der Helden Davids, die fest zu ihm hielten bei
seinem Königtum zusammen mit ganz Israel, um ihn zum König zu ma-
chen gemäß dem Wort JHWHs über Israel. 11 Und diese sind die Zahl der
Helden Davids: [Isch-Baal], der Sohn des Hachmoniten, das Haupt der
[Drei]. Er schwang seine Lanze über dreihundert Erschlagene in einem ein-
zigen Male. 12 Und nach ihm Eleasar, Sohn des Dodo, der Ahochit. Er war
einer der drei Helden. 13 Er war mit David in Pas-Dammim, als die Philister
sich dort zum Kampf sammelten. Dort war ein Feldanteil voll von Gerste.
Als das Volk vor den Philistern floh, 14 stellten sie sich mitten auf das Feld
und retteten es und schlugen die Philister. Und JHWH rettete mit einer
großen Rettung. 15 Und es stiegen die drei von den dreißig Hauptleuten über
den Felsen hinunter zu David in die Höhle von Adullam. Und das Lager der
Philister lagerte im Tal Refaim. 16 Und David war damals in der Festung und
der Posten der Philister war damals in Betlehem. 17 Da bekam David Lust
und er sprach: »Wer läßt mich Wasser trinken aus dem Brunnen von Betle-
hem, der im Tore ist?« 18 Da brachen die Drei in das Lager der Philister und
schöpften Wasser aus dem Brunnen von Betlehem, der im Tor ist, und nah-
men und brachten es zu David. Aber David wollte es nicht trinken und goß
es aus für JHWH. 19 Und er sprach: »Fern sei mir, um meines Gottes willen
solches zu tun! Soll ich das Blut dieser Männer trinken um ihr Leben? Denn
unter Lebensgefahr haben sie es gebracht!« Und er wollte es nicht trinken.
Dies taten die drei Helden.

20 Und Abschai, der Bruder des Joab, er war Haupt der Drei, und er

*schwang seine Lanze über dreihundert Erschlagene und er war namhaft
unter den Drei. 21 Unter den Drei neben den Zwei war er geehrt und er wur-
de ihr Anführer, aber er kam nicht bis zu den Drei.*

*22 Benaja, der Sohn des Jojada, ein wackerer Mann, groß an Taten, aus
Kabzeel, er erschlug die zwei [Krieger] Moabs. Und er stieg hinab und er-
schlug den Löwen in der Grube am Tag eines Schneegestöbers. 23 Und er
erschlug den Ägypter, einen Mann von großem Maß, fünf Ellen hoch, und
in der Hand des Ägypters war eine Lanze wie ein Weberbaum. Er aber stieg
zu ihm hinab mit einem Stock, nahm die Lanze aus der Hand des Ägypters
und erschlug ihn mit seiner Lanze. 24 Dies tat Benaja, der Sohn des Jojada,
und er war namhaft unter den drei Helden. 25 Unter den Dreißig war er
geehrt, aber bis zu den Drei kam er nicht. Und David setzte ihn über seine
Leibwache.*

*26 Und die militärischen Helden waren: Asaël, der Bruder des Joab, Elha-
nan, der Sohn des Dodo, aus Betlehem, 27 Schammot der Harorit, Helez der
[Paltit], 28 Ira, der Sohn des Ikkesch, der Tekoit, Abiëser der Anatotit, 29 Sib-
bechai der Huschatit, Ilai der Ahochit, 30 Mahrai der Netofatit, Heled, der
Sohn des Baana, der Netofatit, 31 Ittai, der Sohn des Ribai, aus Gibea der
Benjaminiten, Benaja der Piratonit, 32 Hurai aus Nahale-Gaasch, Abiël der
Arabatit, 33 Asmawet der Baharumit, Eljachba der Schaalbonit, 34 (…) Ha-
schem der Gisonit, Jonatan, der Sohn des Schage, der Hararit, 35 Ahiam, der
Sohn des Sachar, der Hararit, Elifal, der Sohn des Ur, 36 Hefer der Meche-
ratit, Ahija der Pelonit, 37 Hezro der Karmelit, Naarai, der Sohn des Esbai,
38 Joël, der Bruder des Natan, Mibhar, der Sohn des Hagri, 39 Zelek der Am-
monite, Nachrai der Beerotit, der Waffenträger Joabs, des Sohnes der Ze-
ruja, 40 Ira der Jitrit, Gareb der Jitrit, 41 Urija, der Hetiter, Sabad, der Sohn
des Achlai. 42 Adina, der Sohn des Schisa, der Rubenit, ein Anführer der
Rubeniten und dreißig mit ihm, 43 Hanan, der Sohn des Maacha, und Jo-
schafat, der Mitnit, 44 Usija der Aschtarotit, Schama und Jëiël, die Söhne
des Hotam, des Aroeriten, 45 Jediaël, der Sohn des Schimri, und Joha, sein
Bruder, der Tizit, 46 Eliël aus [Mahanajim,] und Jeribai und Joschawja, die
Söhne des Elnaam, und Jitma der Moabite, 47 Eliël und Obed und Jaasiël der
Mezobaite.*

*12 1 Und diese sind es, die zu David nach Ziklag kamen, während er noch
zurückgehalten war wegen Saul, dem Sohn des Kisch. Sie waren unter den
Helden Helfer im Krieg, 2 Bogenbewaffnete, mit der Rechten und mit der
Linken in der Lage, Steine zu schleudern und Pfeile vom Bogen. Von den
Brüdern Sauls, aus Benjamin: 3 das Haupt Ahiëser und Joasch, die Söhne
des Jehoschama, der Gibeatit, und Jesiël und Pelet, die Söhne des Asmawet
und Beracha und Jehu, der Anatotit, 4 und Jischmaja der Gibeonit, ein Held
unter den Dreißig, ja über den Dreißig, 5 und Jirmeja und Jahasiël und Joha-
nan und Josabad der Gederatit, 6 Elusai und Jerimot und Bealja und Sche-
marja und Schefatja der Harufit, 7 Elkana und Jischija und Asarel und Joë*

ser und Jaschobam die Korachiten, [8] und Joëla und Sebadja, die Söhne des Jeroham, aus der Gedor.

[9] Und von den Gaditen sonderten sich aus zu David in die Festung in der Wüste Helden der Truppe, kriegerische Militärs, gewandt mit Schild und Speer, und wie Löwengesichter ihr Antlitz und wie Gazellen auf den Bergen zu eilen: [10] Eser das Haupt, Obadja der zweite, Eliab der dritte, [11] Mischmanna der vierte, Jirmeja der fünfte, [12] Attai der sechste, Eliël der siebte, [13] Johanan der achte, Elsabad der neunte, [14] Jirmeja der zehnte, Machbannai der elfte. [15] Dies waren von den Söhnen des Gad Häupter der Truppen, einer, ein Kleiner nahm es mit Hundert und ein Großer mit Tausend auf. [16] Dies waren die, die den Jordan im ersten Monat überschritten, als er über alle seine Ufer flutete, und sie schlugen in die Flucht alle Talbewohner im Osten und im Westen.

[17] Und es kamen einige von den Söhnen Benjamins und Judas zur Festung Davids. [18] Und David ging hinaus vor sie hin, er antwortete und sprach zu ihnen: »Wenn ihr zum Frieden zu mir gekommen seid, mir zu helfen, wird mein Herz über euch zur Gemeinschaft sein, aber wenn, um mich meinen Feinden zu verraten, obwohl keine Gewalt in meinen Händen ist, möge der Gott unserer Väter sehen und urteilen.« [19] Da kleidete der Geist den Amasai, Haupt der Dreißig, [und er sprach zu David]:

»Dein sind wir, David, und mit dir, Sohn des Isai!
Frieden, Frieden dir und Frieden deinen Helfern,
denn dir hilft dein Gott.«

Da nahm sie David auf und machte sie zu Häuptern seiner Schar.

[20] Und von Manasse fielen einige zu David ab, als er mit den Philistern gegen Saul in den Krieg zog, aber keine Hilfe für sie war, weil ihn die Fürsten der Philister mit der Überlegung weggeschickt hatten: »Mit unseren Köpfen wird er zu seinem Herrn Saul übergehen.« [21] Damals also, als er wieder nach Ziklag ging, fielen von Manasse zu ihm ab: Adnach und Josabad und Jediaël und Michael und Josabad und Elihu und Zilletai, sie waren Häupter der Clans von Manasse. [22] Und sie halfen David gegen die Feindschar, denn wackere Helden waren sie alle und waren Anführer im Heer. [23] Ja, Tag für Tag kamen sie zu David, um ihm zu helfen, bis es ein großes Heerlager war wie ein Heerlager Gottes.

[24] Und dies sind die Zahlen der Köpfe der bewaffneten Krieger, die zu David nach Hebron kamen, um Sauls Königtum an ihn zu übertragen gemäß dem Wort JHWHs: [25] Söhne Judas, die Schild und Speer trugen: 6800, bewaffnete Truppen. [26] Von den Söhnen Simeons an wackeren Kriegshelden: 7100. [27] Von den Söhnen Levis: 4600, [28] und Jojada, der Fürst aus Aaron, mit 3700, [29] und Zadok, ein junger wackerer Held, und sein Vaterhaus: 22 Anführer. [30] Und von den Söhnen Benjamins, den Brüdern Sauls: 3000, und bis dahin hatten die meisten von ihnen dem Hause Sauls die Treue gehalten. [31] Und von den Söhnen Efraims: 20 800, wackere Helden, namhafte Männer

in ihren Vaterhäusern. [32] *Und vom halben Stamm Manasse: 18 000, die na-*
mentlich bestimmt wurden hinzugehen, um David zum König zu machen.
[33] *Und von den Söhnen Issachars solche die Einsicht hatten in die Zeiten, zu*
wissen, was Israel tun soll, ihre Häupter 200 mit all ihren Brüdern, die
ihrem Befehl unterstanden. [34] *Und von Sebulon heeresfähige Krieger, die*
mit allem Kriegsgerät für den Krieg gerüstet waren: 50 000, um David un-
geteilten Herzens zu helfen. [35] *Und von Naftali: 1 000 Anführer und mit*
ihnen 37 000 mit Schild und Lanze. [36] *Und von den Daniten für den Krieg*
Gerüstete: 28 600. [37] *Und von Ascher heeresfähige Krieger, bereit zum*
Krieg: 40 000. [38] *Und von jenseits des Jordan von den Rubeniten und den*
Gaditen und dem halben Stamm Manasse mit sämtlichem Kriegsgerät:
120 000.

[39] *Diese alle, Kriegsleute, zum Krieg gerüstet, kamen mit ganzem Herzen*
nach Hebron, um David zum König über ganz Israel zu machen und auch
das ganze verbliebene Israel war eines Herzens, David zum König zu ma-
chen. [40] *Und sie waren dort mit David drei Tage, essend und trinkend, denn*
es hatten ihre Brüder für sie zugerüstet. [41] *Und auch die ihnen in der Nähe*
Wohnenden – bis hin nach Issachar und Sebulon und Naftali – brachten
ihnen Brot auf Eseln und auf Kamelen und auf Maultieren und auf Rin-
dern: Mehlspeisen, Feigenkuchen und Rosinenkuchen und Wein und Öl
und Rinder und Schafe in Fülle, denn es war ein Freudenfest in Israel.

Zu Text und Übersetzung

11,11 ישבעם »Jaschobam«: vermutlich ישבעל »Isch-Baal«, vgl. Auslegung; *Ketiv* השלושים »die Dreißig«, *Qere* השלישים »die Wagenkämpfer«, 2 Sam 23,8, השלשי »der Wagenkämpfer«, vermutlich השלשה »die Drei«.

11,20 ולא: lies ולו mit vielen MSS, Versionen und 2 Sam.

11,22 שני אריאל »die zwei Ariel«: vgl. Auslegung, Vorschlag: שני בני אריאל ממואב »die zwei Söhne Ariels aus Moab« oder שני אראלי מואב »die zwei Krieger aus Moab«.

11,27 הפלוני »der Pelonit«: vermutlich הפלטי »der Paltit«.

11,34 בני: Dittographie.

11,46 המחוים: vermutlich המחנימי »aus Mahanaim«.

11,47 המצביה: schwierig, vermutlich מצבה »aus Zoba«.

12,3 השמעה: schwierig; Vorschlag: יהשמע »Jehoschama«, mit Haplographie des י und Dittographie des ה.

12,8 מן הגדור »aus der Gedor«: viele MSS haben הגדוד »Gedod«, vermutlich Dittographie.

12,18 zu ergänzen ויאמר oder ויאמר לדוד »und er sprach zu David«.

12,20 עזרם: lies עזסרם »Hilfe für sie«.

Analyse

Thema

Die literarische Einheit Kap. 11–12 kreist um ein einziges Thema: Davids Thronbesteigung. Aufbau und Inhalt sind darauf ausgerichtet zu zeigen, wie einmütig das Volk hinter Davids Aufstieg zur Königswürde stand, wodurch sich Gottes Wort an

Israel erfüllte. Außerdem betonen diese Kapitel die Einheit der Armee und die Größe von Davids Truppen bei seinem Regierungsantritt. Die Elemente dieser Texteinheit stammen aus verschiedenen Quellen; sie werden zusammengehalten durch editorische Bemerkungen des Chronisten. Verwendet hat er sowohl biblisches als auch außerbiblisches Material, das durchweg überarbeitet ist und dessen Bedeutung durch seinen neuen Kontext bestimmt wird.

Verteilung des Stoffes: Biblische Quellen und Sondergut

Die Verteilung des Stoffes innerhalb der komplexen literarischen Einheit ist bemerkenswert. Zunächst wird das Material aus biblischen Quellen, im Anschluß daran das Material ohne biblische Parallelen, jeweils fortlaufend dargeboten. Dasselbe Verfahren läßt sich im weiteren Rahmen von 1 Chr 10–29 beobachten, wo das Material mit biblischen Parallelen voransteht (V 10–21) und das chronistische Sondergut darauf folgt (V 22–29).

Die literarische Einheit besteht aus folgenden Teilen:

1. Davids Thronbesteigung in Hebron (11,1–3//2 Sam 5,1–3)
2. Die Einnahme von Jerusalem (11,4–9//2 Sam 5,6–10)
3. Liste von Davids Helden, die nach Hebron kamen und deren Taten (11,10–41a// 2 Sam 23,8–31; und 11,41b–47)
4. Liste der Männer, die zu David nach Ziklag kamen (12,1–8)
5. Männer von Gad, die zu David in die Festung kamen (12,9–16)
6. Männer von Juda und Benjamin, die zu David in die Festung kamen (12,17–19)
7. Männer von Manasse, die nach Ziklag kamen (12,20–23)
8. Truppenverbände, die nach Hebron kamen (12,24–39)
9. Die Feierlichkeiten in Hebron (12,40–41)

Kunstvolle Erzählung

Obwohl die Anordnung des Materials in erster Linie durch dessen Herkunft bedingt ist, läßt sich eine bewußte und kunstvolle Strukturierung beobachten. Der historische und erzählerische Brennpunkt liegt in der Gegenwart, bei der Einsetzung Davids zum König über ganz Israel. Unter beständiger Bezugnahme auf diesen Ausgangspunkt werden die einzelnen Textelemente jeweils in Rückblende dargeboten: Der Text setzt ein in Hebron, mit Davids Thronbesteigung und der Liste der Helden, die ihn unterstützten (11,1–47); darauf folgt ein Rückgriff zunächst in die nähere Vergangenheit: die Männer, die in Ziklag zu David stießen (12,1–8), dann in die fernere: die Männer, die sich ihm in der Festung anschlossen (12,9–19); dann kommt der Bericht stufenweise wieder in die Gegenwart zurück: über Ziklag (12,20–23) bis zu den in Hebron versammelten Truppen (12,24–39). Die Erzählung endet, wo sie begann, bei der Feier in Hebron (12,40–41). Durch editorische Bemerkungen (11,10 und 12,23) wird der Bezug zur Gegenwart durchweg gewahrt.

Der Bericht von der Eroberung Jerusalems (11,4–9)

Ein Abschnitt fügt sich nur schwer in diese Gesamtanlage: der Bericht von der Eroberung Jerusalems (11,4–9). Laut 2 Sam 5,6–10 erfolgte die Einnahme Jerusalems im Zuge einer Reihe von Ereignissen im Anschluß an Davids Thronbesteigung. Daher findet die Überführung der Bundeslade nach Jerusalem erst nach einer gewissen Zeit statt, nachdem David seine Vorbereitungen abgeschlossen hat (2 Sam 6). Laut Darstellung des Chronisten wurde Jerusalem im Zuge von Davids Antritt der Königswürde eingenommen, nicht erst danach. Auf diesen Bericht folgt bei ihm die Schilderung der näheren Umstände der Thronbesteigung, die mit der Feier in Hebron (12,40–41) ihren Höhepunkt erreicht. Außerdem erfolgt die Überführung der Lade sogleich nach Davids Regierungsantritt, ohne zeitlichen Abstand (1 Chr 13, vgl. Auslegung). Historisch betrachtet ist diese Reihenfolge unmöglich; sie würde eine Reihe unüberwindlicher Schwierigkeiten aufwerfen. Jerusalem kann schlechterdings nicht zum Zeitpunkt der Thronbesteigung erobert und ausgebaut worden sein; der

Chronist selbst spricht mehrfach davon, daß David zunächst sieben Jahre lang von Hebron aus die Herrschaft über Israel ausübte (1 Chr 3,4; 29,27). Die Begründung ist wohl in der Anordnung des Stoffes durch den Chronisten zu suchen, wo er das Material ohne Rücksicht auf seine Quellen arrangierte. Er hätte den Bericht von der Einnahme Jerusalems etwa hinter Kap. 12 plazieren können, wodurch etliche historisch-chronologische Probleme vermieden worden wären. Daß er diese Möglichkeit nicht wahrnahm, deutet wohl darauf hin, daß er hier der theologischen Motivierung den Vorrang einräumte nicht nur vor historischen Erwägungen, sondern sogar vor seinen eigenen literarischen Gestaltungsprinzipien. Er wollte die Einnahme Jerusalems als erste bedeutende Amtshandlung von König David darstellen, daher schließt er sie unmittelbar an die Thronbesteigung an. So wird die bereits in der deuteronomistischen Geschichtsschreibung herausgearbeitete Verknüpfung von David und Jerusalem unauflöslich.

Literarische Einheit

Die Einsicht, daß Kap. 11–12 ungeachtet gewisser innerer Spannungen eine literarische Einheit darstellen, schließt die Möglichkeit aus, daß hier eine mehr oder weniger wilde Zusammenstellung von Materialien durch spätere Redaktoren vorliegt (gegen *Noth*, *Rudolph*). Die Frage nach dem chronistischen Sondergut hat sich also auf zwei Punkte zu konzentrieren: a) Welcher Teil des Stoffes stammt aus den zusätzlichen Materialien, die der Chronist zur Verfügung hatte, und was davon hat er eigenständig verfaßt? b) Welcher Art und wie zuverlässig sind diese vermuteten Quellen? Von der Anlage der beiden Kapitel her ist diese Frage für Kap. 12 akuter als für Kap. 11.

Aufbau von Kap. 11

Kap. 11 besteht aus zwei Teilen, die jeweils wieder untergliedert sind:

a) 11,1–9	V 1–3	Davids Thronbesteigung
	V 4–8	Einnahme und Ausbau Jerusalems
	V 9	Abschluß
b) 11,10–47	V 10	Überschrift
	V 11–25	Taten von Davids Helden
	V 26–47	Aufzählung der Helden

Literarische Gattungen in Kap. 11

Drei literarische Gattungen erscheinen in diesem Kapitel in drei ursprünglich getrennten Abschnitten: historischer Bericht (V 1–9), knappe anekdotische Schilderung von Taten (V 11–25) und eine Liste (V 26–47). Jeder dieser Bestandteile hat eine eigene literarische Geschichte durchlaufen. Vermutlich wurden zunächst die Einzelanekdoten gesammelt und dann mit der Liste der Helden verbunden, die ihrerseits anderen, offizielleren Ursprungs war. Diese Abfolge findet sich bereits in 2 Sam 23; der Chronist hat sie im Ganzen übernommen, nur den letzten Teil der Liste, V 41b–47, hinzugefügt.

Vorlage von 11,41b–47?

Das Quellenproblem besteht nur für V 41b–47; dazu gibt es eine Fülle von Vorschlägen und Überlegungen. Bei 2 Sam 23,24–39, von wo der Hauptteil der Liste übernommen ist, handelt es sich höchstwahrscheinlich um eine Liste »der Dreißig«; diese Bezeichnung erscheint zusammen mit dem ersten Namen (23,24). Die Liste enthält 31 Namen und endet mit der Bemerkung: »insgesamt 37«; diese Zahl wird durch Einschluß der fünf Krieger erreicht, deren Taten vor der Auflistung der Namen berichtet sind, wobei ein Name anscheinend ausgefallen ist. (Zu einer anderen Möglichkeit s. Auslegung zu V 26). In Chr ist das der Aufzählung zugrundliegende Prinzip ein anderes: Anstelle der »Dreißig« ist die Rede von den »militärischen Helden« (V 26), zum Abschluß ist keine Gesamtzahl angegeben, die Liste ist um weitere sechzehn Namen verlängert, und in V 42, nach dem zweiten neuen Namen, steht eine neue Überschrift: »Anführer der Rubeniten und dreißig mit ihm«. Wie ist der zusätzliche Abschnitt also beschaffen und woher stammt er? Wenn die Liste zwar alt ist, aber nicht ursprünglich die Fortsetzung von 2 Sam 23,39 bildete, bleibt eigentlich nur die Annahme, daß der Chronist eine zusätzliche Quelle zur Verfügung hatte, aus der u.a. diese Liste genommen ist (vgl. ferner zu 1 Chr 27,1 ff.). Diese Annahme hat manches für sich:

a) Die Einrichtung der »Dreißig« die soweit uns bekannt auf David zurückgeht, bestand eine geraume Zeit lang; zuletzt erwähnt wird sie ganz am Ende von Davids Regierung (1 Kön 1,18). Es leuchtet ein, daß eine militärische Einheit dieser Art im Lauf der Jahre gewissen Schwankungen unterworfen war, wobei ausscheidende Mitglieder durch neue ersetzt wurden. Daraufhin mußte die Liste immer wieder auf den neuesten Stand gebracht werden, wodurch verschiedene Versionen zustande kamen.

b) Die Art, wie die zusätzlichen Namen aufgeführt sind, entspricht weitgehend, aber nicht ganz genau, dem Hauptteil der Liste. Es handelt sich um eine Aufzählung von Namen, jeweils ausgewiesen durch Familienzugehörigkeit und/oder Herkunftsort.

c) Alle identifizierbaren Ortschaften liegen im Ostjordanland, von daher hat die Liste einen gemeinsamen geographischen Nenner und ist nach einem durchgängigen Prinzip angelegt. Außerdem ist die Annahme einer solchen »östlichen« Kriegerschar speziell für David recht wahrscheinlich.

d) In diesem Teil der Liste gibt es wie im Hauptteil einige Krieger nicht-israelitischer Herkunft (Moab – V 46; Zoba – V 47). Diese Erwägungen unterstützen die von mehreren Forschern vorgetragene Auffassung, wonach die V 41b–47 eine weitere Liste von Kriegshelden bilden, die in diesem oder jenem Stadium den Dreißig angehörten. Weshalb diese zusätzlichen Namen in Sam fehlen, sollte aus der Perspektive dieses Buches geklärt werden.

Aufbau von Kap. 12

Kapitel 12 besteht aus zwei Hauptteilen:

A. 12,1–23 Die Männer, die sich David vor seinem Aufstieg zur Königswürde anschlossen, gegliedert in vier Gruppen:
- a) V 1–8 Die von Benjamin nach Ziklag kamen
- b) V 9–16 Die von Gad in die Festung kamen
- c) V 17–19 Die von Benjamin und Juda in die Festung kamen
- d) V 20–22 Die von Manasse nach Ziklag kamen
- e) V 23 Abschluß

B. 12,24–41 Die Truppen, die sich David in Hebron anschlossen:
- a) V 24–38 Die Einheiten der Militäreinheiten
- b) V 39–41 Zusammenfassung und Schilderung der Feier in Hebron

Inhalt vom Kap. 12

Kapitel 12 ist ein geschlossenes literarisches Gebilde, dessen verschiedene Teile in ein Ganzes integriert sind. Im Anschluß an Kapitel 11 schildert es die massive Unterstützung, die David von sämtlichen Stämmen Israels zuteil wurde, sowohl vor als auch bei seinem Regierungsantritt. Betont wird der einmütige Entschluß, David zum König »über ganz Israel« zu machen, und zwar »gemäß dem Wort JHWHs«.

Literarische Technik in Kap. 12

In formaler Hinsicht ist Kapitel 12 interessant: Bei deutlicher thematischer und stilistischer Einheitlichkeit bemüht es sich ganz offenkundig um Mannigfaltigkeit in Ausdruck und Form.

a) Ein durchgängiges Motiv ist das »zu David Kommen«, ausgedrückt auf verschiedene Weise: V 1 »die zu David kamen«; V 9 »sonderten sich aus zu David«; V 17 »kamen zur Festung Davids«; V 20–21 »fielen ab zu David/zu ihm«; V 23.24

»kamen zu David«; V 32 »hinzugehen, um David zum König zu machen«; V 39 »kamen nach Hebron, um David zum König zu machen«.

b) Die Einheit des Kapitels wird verstärkt durch die Einheitlichkeit der Textarten. Das Kapitel besteht überwiegend aus Listen, aufgelockert durch Schilderungen (V 2.8 u.a.m.), kurze Episoden (V 15.16 u.a.) und editorische Bemerkungen (V 17.18.20.21). Abgeschlossen werden die Listen durch ein Stück fortlaufenden Text, der eine Zusammenschau sämtlicher Elemente des Kapitels und dessen Anliegen in gewählterer Sprache bietet.

c) Doch weist das Kapitel nicht einheitliche Struktur und stereotypen Sprachgebrauch auf, wie von einer Zusammenstellung von Listen zu erwarten wäre, vielmehr zeichnet es sich aus durch reiche Vielfalt des Ausdrucks. Die vier Episoden des ersten Abschnitts, in denen es darum geht, wie Angehörige der verschiedenen israelitischen Stämme sich David anschlossen, sind jeweils ähnlich angelegt: Eröffnung, die näheren Umstände, dann meist eine Liste von Namen u.s.w. Doch jede Eröffnungsphrase lautet anders (V 1.9.17.20); in drei Episoden werden die Namen der neuen Verbündeten angegeben (V 3–7.10–14.21), doch sind sie jeweils verschieden aufgeführt; in drei von den vier Fällen sind Mut und militärische Fähigkeiten der Männer geschildert – doch jedes Mal anders; sogar die Stelle, an der diese Vorzüge aufgeführt werden, ist jeweils eine andere: im ersten am Anfang (V 2), im dritten am Ende (V 22), im zweiten sowohl am Anfang als auch am Ende (V 9.15–16). Die dritte Episode ist die markanteste, sie besteht zum größten Teil aus direkter Rede.

d) Der zweite Teil von Kapitel 12 (V 24–41) weist die selben Züge auf. Obwohl es sich um eine Liste handelt, in der »Anführer von Pioniertruppen« aufgeführt sind, gibt es beträchtliche Abweichungen in Ausdruck und Form. Allgemein betrachtet enthält jede Einheit vier Elemente: 1. Angabe der Stammeszugehörigkeit; 2. Anzahl; 3. kurze Beschreibung der Männer; 4. eine zusätzliche Bemerkung. Allerdings erscheint nur der erste Bestandteil, die Stammeszugehörigkeit, in relativ einheitlicher Form – mit zwei Ausnahmen: Der Stamm Levi ist dreigegliedert, und die Ostjordanstämme werden als eine Gruppe eingeführt. Für die Auflistung der Namen wiederum gibt es keine feste Formel. Das Element »Anzahl« findet sich überall, aber was gezählt wird, ist nicht immer dasselbe. Eine Charakterisierung der Soldaten findet sich an neun Stellen; meistens sind ihre militärischen Fähigkeiten genannt, aber auch andere Eigenschaften und Einzelheiten kommen vor. Nur für sechs Stämme liegen alle vier der genannten Elemente vor. Das Gesamtbild wirkt sehr abwechslungsreich; keine zwei aufeinanderfolgenden Stämme werden in der gleichen Form präsentiert.

e) Ein markantes Beispiel für thematische Vielfalt sind die zahlreichen militärischen Termini, die in den Listen genannt werden. Waffen z.B. werden sowohl allgemein als »alles Kriegsgerät« (V 34.38) bezeichnet als auch spezieller als »Schild und Speer« (V 25) oder »Schild und Lanze« (V 35). Jeder dieser Ausdrücke ist aus anderen biblischem Zusammenhang bekannt (etwa Num 25,7; Ri 5,8; 1 Kön 10,16 u.ö.), aber die Zusammenstellung »Schild (צנה) und Speer (רמח)« ist eine Eigenart der Chronik, in der sie fünfmal vorkommt (1 Chr 12,9.25; 2 Chr 11,12; 14,7; 25,5). Ebenfalls eigentümlich chronistisch ist die Kombination »Schild und Lanze« (צנה וחנית) in V 35. Die Kämpfer selbst werden mit allen möglichen Ausdrücken bezeichnet: »bewaffnete Krieger« (V 24); »bewaffnete Truppen« (V 25); »wackere Kriegshelden« (V 26); »junger wackerer Kriegsheld« (V 29); »wackere Helden, namhafte Männer in ihren Vaterhäusern« (V 31); »Häupter« (V 33); »heeresfähige Krieger« (V 34); »Anführer« (V 35); »heeresfähige Krieger, zum Kampf gerüstet« (V 37); »Kriegsleute, zum Krieg gerüstet« (V 39) u. a. m.

Frage nach Verfasserschaft und Quellen von Kap. 11 und 12

Daraus wird deutlich, daß die beiden Teile dieses Kapitels nicht aus offiziellen, vorgeformten Listen bestehen; vielmehr handelt es sich um literarische Gebilde. Daraufhin erhebt sich die Frage: Wer hat sie abgefaßt und auf Grund von was für Quellen? Wie oben erwähnt, bilden die Kapitel 11–12 eine literarische Einheit; während in Kap. 11 das meiste Material aus Sam übernommen und die Eigenarbeit des Chronisten umfangmäßig relativ gering ist, treten in Kap. 12 Sprachgebrauch, Stil und Auffassung des Chronisten ungleich stärker hervor. Demnach haben wir die Frage präziser zu stellen: Hat der Chronist dieses Kapitel frei geschrieben oder hat er auf älteres Quellenmaterial zurückgegriffen? Diese Frage ist für die beide Teile – V 1–23 einerseits, V 24–41 andererseits – gesondert zu behandeln.

Quellen von 12,1–23?

12,1–23 schildert eine Folge von Vorgängen, die historisch durchaus glaubwürdig scheinen: Noch unter Sauls Herrschaft sind Männer aus verschiedenen israelitischen Stämmen zu David übergelaufen. An der Tatsache besteht kein Zweifel; sie wird in Sam mehrfach erwähnt und ist ein Indiz für Davids Aufstieg und Erfolgschancen. Darüber hinaus wirken sogar gewisse Einzelheiten authentisch: Die zu David stießen, kamen aus vier Stämmen: Benjamin, Gad, Juda und Manasse; genauere Angaben zu Namen und Zahlen gibt es nur zu dreien davon, nicht zu Juda. Ebenfalls überzeugen die auffallend niedrigen Zahlen: 23 in der ersten Gruppe, 11 in der zweiten und 7 in der vierten.

Die Wahrscheinlichkeit der Angaben lenkt unsere Aufmerksamkeit auf die Frage nach den Quellen, wobei noch eins zu bedenken ist. Die deuteronomistische Geschichtsschreibung zeichnet sich durch systematische Vernachlässigung einer Hauptquelle historischer Angaben aus: Der ganze Bereich von geographischen, genealogischen und sonstigen Listen wird übergangen. Der Chronist dagegen zieht solche Materialien unterschiedlicher Form und Herkunft viel und gern heran. Die Existenz solcher Listen und ihr historischer Quellenwert steht wohl außer Zweifel, und es scheint recht wahrscheinlich, daß es solche für unsere spezielle historische Situation gegeben hat. Als David schließlich König wurde, rechneten die Helfer und Verbündeten seiner Frühzeit verständlicherweise mit einer angemessenen Gegenleistung. Insofern war eine Aufzählung ihrer Namen von aktueller politischer und sozialer Bedeutung. Bestätigt werden solche Überlegungen besonders durch die Liste der Kämpfer von Benjamin, wo sowohl Familienzugehörigkeit als auch Herkunftsort angegeben sind. Diese Beobachtungen insgesamt sprechen dafür, daß dieser Abschnitt tatsächlich auf altem authentischem Material beruht, das der Chronist noch zur Verfügung hatte und das er überarbeitete. Da die Quelle selbst uns nicht vorliegt, können wir allerdings nichts darüber sagen, wie das Original aussah und wieweit der Chronist seine Vorlage verändert hat.

Quellen von 12,24–41?

Der zweite Teil, 12,24–41, ist von anderer Art. Nicht nur sein auffallend literarischer Charakter erweckt Zweifel an seiner Echtheit. Der Liste liegt die Vorstellung zugrunde, daß Davids Thronbesteigung von ganz Israel mit einer eindrucksvollen Feier begangen wurde. Selbst wenn wir von den sicherlich übertriebenen Zahlen einmal absehen wollen, wirkt das Ganze unwahrscheinlich, unvereinbar mit den historischen Umständen, wie sie aus anderen Quellen bekannt sind. Laut 2 Sam 5,1–3 fand Davids Regierungsantritt in Hebron nahezu im geheimen statt. Bis dahin hatte David unter philistäischer Oberhoheit über Juda regiert; von Israel war wenig übriggeblieben unter der Regierung von Isch-Boschet, der sich genötigt sah, in Mahanajim, jenseits des Jordan, zu residieren (2 Sam 2,8 f.). In 2 Sam 5,3 wird Davids

Thronbesteigung in überaus dezenten Farben geschildert. Unmittelbar danach (vermutlich in Reaktion darauf) nehmen die Philister ja auch ihre kriegerischen Attakken gegen Israel wieder auf (2 Sam 5,17). Unter solchen Umständen ist das Versammeln von organisierten bewaffneten Truppen aus allen Teilen des Landes schlechterdings undenkbar. Schon die Existenz solcher Truppen ist für jenen Zeitraum höchst unwahrscheinlich. Wenn es solche Truppen gegeben hatte, wie konnten sie noch so gut ausgerüstet sein, unmittelbar nach der verlorenen Schlacht am Gilboa? Von daher sprechen die historischen Umstände entschieden gegen eine aufwendige Krönungsfeier. Doch für den Chronisten war eine allgemein-israelitische Versammlung nicht nur möglich, sondern geradezu unerläßlich. Wie schon beobachtet, werden bei ihm die Folgen des Krieges gegen die Philister weitgehend heruntergespielt; seine geographischen Vorstellungen werden in Kap. 13 erkennbar. Nach seiner Auffassung gab es nichts, was das Fehlen einer Krönungsfeier bei Sam gerechtfertigt hätte, folglich ergänzte er eine solche (V 39–41).

Somit ist klar, daß die Liste in ihrer gegenwärtigen Form keine konkrete historische Situation wiedergibt. Daraufhin erhebt sich die Frage, ob sie Hinweise auf ihren Ursprung und ihre zeitliche Stellung enthält.

a) Ein wichtiger Zug ist ihre Anlage nach geographischen Kriterien. Die Stämme erscheinen nicht nach der traditionellen Reihenfolge ihrer Geburt, sondern nach ihrer territorialen Verteilung. Zum einen wird deutlich unterschieden zwischen den Stämmen westlich und östlich des Jordan; zum andern ist auf beiden Seiten die Süd-Nord-Richtung eingehalten. Die Liste setzt ein mit den Stämmen, die das Königreich Juda ausmachen: Juda, Simon und Levi, führt geradlinig weiter nach Norden: Benjamin, Efraim, Manasse, Issachar, Sebulon, Naftali, Dan und Ascher; dann wird sozusagen der Jordan überschritten und die Aufzählung verläuft wiederum von Süden nach Norden: Ruben, Gad und die andere Hälfte von Manasse.

b) Ein anderes markantes Element sind die Zahlen. Für die ersten vier Stämme sind die Zahlen relativ niedrig. Selbst wenn wir die Priester mitzählen, kommen wir auf insgesamt 25 200 Männer. Besonders verdächtig ist die geringe Zahl des Stammes Juda, die sogar vom Stamm Simon übertroffen wird. Von Efraim an nehmen die Zahlen zu, bis sie für die letzten vier Stämme die konstante Höhe von je 40 000 erreichen.

Der Befund zum Charakter dieser Liste ist nicht eindeutig. Die geographische Anlage und die umfassende Vorstellung von Ganz-Israel würde zwar in die Konzeption des Chronisten passen, nicht dagegen die Zahlenverhältnisse, insbesondere die ungewöhnlich niedrige Zahl für Juda. Da die Liste also Daten enthält, die mit der Gesamtkonzeption des Chronisten eigentlich nicht zusammengehen, scheint es unwahrscheinlich, daß er sie frei erfunden hat. Sie muß wohl auf irgendeiner Quelle beruhen, deren Art und Umfang nicht mehr feststellbar sind. Der Chronist hat diese Quelle benutzt, ausgestaltet und in seine Darstellung eingebaut.

Auslegung

11,1–3: Davids Thronbesteigung

Passenderweise beginnt der Bericht über Davids Königtum in 11,1–3 mit seiner Thronbesteigung, deren erster Teil mit geringfügigen Abweichungen aus 2 Sam 5,1–3 übernommen ist. Doch trotz der literarischen Ähnlichkeit 11,1–3 zwischen den beiden Texten ist ihre jeweilige Aussage recht verschieden, bedingt durch die unterschiedlichen literarischen und historischen Voraussetzungen. Laut 2 Sam 5,1–3 wird David zum König über ganz Israel gesalbt, nachdem er sieben Jahre lang nur über Juda geherrscht hat. Seine Erhebung zum König über ganz Israel wird ausgelöst durch die Ermordung Isch-Boschets, wodurch die Nordstämme ihren Regenten verloren haben. Bei »allen Stämmen Israels«, die zu David nach Hebron kommen, handelt es sich also um die Nordstämme, und ihre Beteuerung, sie seien doch Davids »Fleisch und Bein«, wird aus den Umständen verständlich. Mit ihnen schließt David demnach den Bund zu Hebron. Im Unterschied dazu ist Davids Aufstieg zur Königswürde in Chr ein völliger Neueinsatz, er folgt unmittelbar auf Sauls Tod in der Schlacht am Gilboa (Kap. 10). Chr weiß von keiner Herrschaft Davids über Juda allein. Die Anpassung des Abschnitts an seinen neuen Kontext bringt einige Textveränderungen mit sich, am markantesten den Wechsel von »alle Stämme Israels« zu »ganz Israel«. Der große Nachdruck, den Chr auf die Tatsache legt, daß Davids Königtum von Anfang ganz Israel umfaßte, ist von allen Alttestamentlern wahrgenommen worden; die Beurteilung dieses Phänomens wechselt. Wichtig scheint mir, die Bedeutung dieser Veränderung nicht im negativen Bereich, in der Weglassung des Ausdrucks »alle Stämme Israels« zu sehen; denn eben dieser Ausdruck findet sich in Chr, sowohl in Stellen mit Parallelen in anderen biblischen Büchern (2 Chr 6,5//1 Kön 8,16; 2 Chr 12,13//1 Kön 14,21; 2 Chr 33,7//2 Kön 21,7) als auch in solchen ohne Parallelen (1 Chr 27,16.22; 29,6; 2 Chr 11,16). Bedeutsam ist der Wechsel vielmehr im positiven Bereich, in der Hervorhebung von »ganz Israel« als historische Ausgangsbasis für Davids Königtum. In literarischer Hinsicht ist 2 Sam 5,1–3 eng verknüpft mit verschiedenen Teilen der vorangegangenen Erzählung. Davids Aufenthalt an Sauls Hof, seine militärischen Unternehmungen zu jener Zeit und Samuels Spruch, Gott werde »einen Mann nach seinem Herzen … über sein Volk designieren« (1 Sam 13,14 usw.) greifen allesamt auf frühere Stadien der Erzählung zurück. Im Bericht von Chr, wo das Ereignis als Neueinsatz geschildert wird, haben diese literarischen Anknüpfungen ihren ursprünglichen Bezugspunkt verloren, daher ist ihre Aussage soweit wie möglich aus dem neuen Kontext verstehbar zu machen.

An mehreren Schaltstellen dieser literarischen Einheit bringt der Chronist neue Bezugspunkte zum Ausgleich für die fehlenden. Zunächst verknüpft er diese Einheit mit dem vorangegangenen Kapitel durch den Schlußsatz von 1 Chr 10,14: »und [Gott] übertrug das Königtum an David, den Sohn Isais«. Außerdem stellt der Chronist Davids Königtum als Erfüllung der göttlichen Verheißung an Samuel dar; daher der Zusatz in V 3 »gemäß dem Wort JHWHs durch Samuel«. Im weiteren Verlauf der Erzählung wird immer wieder auf diese beiden Punkte Bezug genommen, wodurch Davids Aufstieg zur Königswürde in einen historischen und theologischen

Kontext eingebettet wird. In V 10 erwähnt der Chronist ein weiteres Mal, daß Davids Königtum den göttlichen Spruch erfüllt, und in 12, 24 schreibt er noch einmal, all dies sei geschehen, »um Sauls Königtum an ihn zu übertragen gemäß dem Wort JHWHs«. Die Formulierung aus V 2 »schon unter Sauls Königtum warst du derjenige, der Israel hinaus- und hineinführte« erhält ihre Bedeutung in Chr nicht durch die Geschichten aus Sam (die in Chr fehlen), sondern durch Episoden, die der Chronist in die Erzählung einführt. In diesem neuen Kontext fanden all die Taten von Davids Helden während Sauls Regierungszeit statt (dazu Auslegung), ebenso die in Kap. 12 berichteten Ereignisse.

Allerdings enthält der Text doch noch einige Punkte, die nur aus dem ursprünglichen Kontext voll verständlich werden und dem neuen nicht ganz angepaßt sind. Die Rede des Volks »dein Bein und dein Fleisch sind wir« wirkt hier etwas übertrieben, und die Verwendung des Königstitels in V 3 erscheint hier verfrüht. In 2 Sam, wo David schon seit sieben Jahren König von Juda war, paßte der Titel, nicht dagegen in Chr vor der offiziellen Salbung zum König. *Rudolph* sucht diese Schwierigkeit dadurch zu beheben, daß er den Text von Chr ursprünglich anders ansetzt, etwa »ihn zum König zu machen« (להמליכו) und dessen nachträgliche Anpassung an Sam annimmt. Allerdings gibt es für diese Annahme keine Grundlage außer dem verständlichen Wunsch, die chronistische Überarbeitung des Textes von Sam möglichst konsistent zu machen. Doch entsteht hier (wie an vielen anderen Stellen) eher der Eindruck, daß der Chronist die Unstimmigkeit nicht wahrnahm und den Text einfach stehenließ. Dasselbe gilt für die Lücke, die in der Erzählung von 2 Sam 5 zwischen V 1–2 und V 3 besteht. Nachdem die Nordstämme David die Königswürde über ganz Israel angetragen haben (V 1–2), wäre eigentlich dessen Reaktion zu erwarten, bevor »alle Ältesten von Israel« ihn in Hebron aufsuchen (V 3). Diesen Hiat hat der Chronist unverändert aus 2 Sam 5 übernommen.

Die Schlußworte dieses Abschnitts »gemäß dem Wort JHWHs durch Samuel«, die Davids Thronbesteigung direkt auf ein Prophetenwort Samuels zurückführen, bringen theologisch nichts Neues, machen nur deutlicher, was bereits in V 2 angesprochen war. So erhalten die Worte des Volkes »und JHWH dein Gott sprach zu dir« ihre volle Bedeutung: Es war ein Wort Gottes, geäußert durch einen Propheten, gerichtet an den König und an ganz Israel.

Die chronologischen Angaben zu David und seiner Herrschaft, die in 2 Sam 5 auf den Bericht von Davids Thronbesteigung folgen (V 4–5), fehlen in Chr. Dies wird in der Regel auf einen Texteingriff des Chronisten zurückgeführt, der Davids Regierung über Juda allein nicht habe erwähnen wollen (so etwa *Rudolph* 97). Diese allgemein anerkannte Annahme ist in Frage gestellt worden durch 4QSam, wo diese Verse nicht stehen (dazu *E. C. Ulrich,* The Qumran Text 1978, 60–62). Daraufhin muß jetzt auch mit der

Möglichkeit gerechnet werden, daß das Fehlen jener Verse in 1 Chr 11 auf die Vorlage des Chronisten zurückgeht und nicht auf seine editorische Absicht. Um diese Frage zu beantworten, dürfen wir uns nicht auf den hier vorliegenden Text beschränken: 2 Sam 5,5 steht zwar nicht in 1 Chr 11, aber an anderer Stelle: 1 Chr 3,4. Dort gehört der Vers zu einem längeren Abschnitt, dessen Anfang aus 2 Sam 2–5 genommen ist und dessen Fortsetzung aus 2 Sam 5,13 ff. (vgl. Auslegung zur Stelle). Die Dauer von Davids Regierung in Hebron als »sieben Jahre und sechs Monate« ist ein Spezifikum dieser Verse (anders 1 Kön 2,11; 1 Chr 29,27) und macht deutlich, daß der Chronist für 1 Chr 3,4 den Vers 2 Sam 5,5 benützt hat, allerdings auch dort ohne Erwähnung von Davids Königtum über Juda allein. Von daher dürfte die Auslassung von 2 Sam 5,4–5 aus 1 Chr 11 das Werk des Chronisten sein, nicht einfach die Wiedergabe seiner Vorlage. Weshalb diese Verse in 4QSam fehlen, ist eine gesonderte Frage, die text- bzw. redaktionskritisch oder als Beeinflussung durch den Text von Chr erklärt werden kann.

11,4–6 Die Beschreibung der Einnahme Jerusalems in 11,4–6 entspricht 2 Sam 5,6–8, allerdings mit zahlreichen Abweichungen. Der Text in 2 Sam enthält einige der berühmtesten *cruces interpretum*, was eine reiche Fülle von Deutungen gezeitigt hat. Die Hauptschwierigkeit liegt in 2 Sam 5,8: Was bedeutet die Vokabel צנור (Schacht? Kanal?), und was für eine Rolle spielen die »Blinden und Lahmen«? Der entsprechende Vers in Chr enthält diese Details nicht; Davids schwierige Worte sind dort ersetzt durch eine schlichtere Aussage mit Bezugnahme auf Joabs Verhalten. Dadurch wird die Schilderung der Einnahme Jerusalems in Chr viel klarer, aber auch etwas unscharf. So drängt sich die Frage auf: Woher rühren diese Abweichungen?

11,4–8: Einnahme und Ausbau Jerusalems

Ein sorgfältiger Vergleich zwischen den parallelen Texten enthüllt die auch sonst zu beobachtende Redaktionstechnik des Chronisten: Die Reihenfolge der Ereignisse im Original wird streng gewahrt, ganze Textstücke werden wörtlich oder mit geringfügigen Abweichungen übernommen, andere Elemente wiederum übergangen. Die folgenden Stücke stammen nahezu wörtlich und in eben dieser Reihenfolge aus 2 Sam 5,6 ff.: »David … ging nach Jerusalem … dort waren die Jebusiten, die Bewohner des Landes. [Sie] sprachen zu David: ›Du kommst hier nicht hinein.‹ Doch David nahm die Festung Zion ein, das ist die Davidsstadt. David sprach: ›Wer immer die Jebusiter schlägt …‹ Und David wohnte in der Festung«. Die charakteristische Arbeitsweise und die wesentliche Übereinstimmung spricht dafür, daß die Veränderungen, insbesondere die Auslassungen, das Werk des Chronisten sind. Doch weil die Quelle 2 Sam so dunkel ist, bleibt ungewiß, ob der Chronist nur eine schwierige Erzählung klarer gestalten wollte oder ob er gegen Elemente seiner Vorlage polemisierte. Ein markanter Punkt ist das Fehlen der »Blinden und Lahmen« in Chr, obwohl ihr Auftreten in 2 Sam 5,6 keine Schwierigkeiten zu bieten scheint.

In Chr beginnt die Erzählung mit den Worten »David und ganz Israel gingen nach Jerusalem«, im Unterschied zu 2 Sam 5,6, wo steht: »Der König und seine Leute zogen nach Jerusalem«. Alle Chronik-Kommentare haben auf diese Veränderung hingewiesen, die sich auf beide Komponenten der Aussage auswirkt: Einerseits wird betont, daß David König über ganz Israel war und die Eroberung Jerusalems im Namen des ganzen Volkes vornahm. Andererseits geht es um die Stellung von Jerusalem: Die Einnahme der Stadt ist keine beschränkte militärische Aktion einer kleineren Truppe, sondern betrifft das Volk als ganzes.

In 2 Sam 5,6 heißen die Einwohner von Jerusalem »die Jebusiten, die Bewohner des Landes«. Der Chronist behält diese beiden Bezeichnungen bei und fügt zwei weitere hinzu. Er identifiziert Jerusalem als »Jebus« (V 4) und bezeichnet Davids Gegner als »die Bewohner von Jebus« (V 5). Wichtig sind diese Zusätze für den Umfang des Begriffs »Jebusiten«: Sie sind nicht »die Bewohner des Landes«, die unter anderem auch in Jerusalem wohnen – wie in 2 Sam eindeutig der Fall –, sondern es handelt sich nur um »die Bewohner von Jebus«, d.i. Jerusalem. Diese Einschränkung ist eine Art Kompromiß zwischen der Auffassung des Chronisten von der ethnischen Beschaffenheit der Bewohnerschaft des Landes zu Beginn von Davids Regierung (dazu Auslegung zu 13,1–5) und der herkömmlichen Überlieferung, daß David Jerusalem von den Jebusiten eroberte. Die Gleichsetzung von Jerusalem mit Jebus findet sich in anderer Reihenfolge in Ri 19,10 und Jos 18,28. Ob die Identifizierung historisch stichhaltig ist oder auf einem Mißverständnis beruht, ist für den Chronisten gleichgültig. Für ihn handelt es sich um eine feste Überlieferung, die er weitertradiert.

Von der eroberten Stadt wird nur »die Festung Zion« ausdrücklich genannt (V 5) und später als »Davidsstadt« bezeichnet. Im Verlauf der Geschichte ist »Zion« zu einer der poetischen Bezeichnungen Jerusalems geworden, doch in der chronistischen Geschichtsschreibung sowie in der deuteronomistischen Literatur überhaupt kommt der Name kaum vor. In Chr nur noch ein weiteres Mal: 2 Chr 5,2//1 Kön 8,1.

Von seiner Parallele 2 Sam 5,8 weicht 11,6 erheblich ab. Die David in den 11,6
Mund gelegten Worte lauten anders, und am Ende wird Joabs Rolle bei der Einnahme Jerusalems angesprochen. Durch diese Abweichung sowie die Hinzufügung von V 8b macht der Chronist Joab zu einer wichtigen Figur bei Eroberung und Ausbau von Jerusalem. Vermutlich wird Joabs Rolle als »Hauptmann« hier so hervorgehoben, weil Joab in der nachfolgenden Liste von Davids »Helden« nicht vorkommt, was besonders in der Version von Chr auffällt, wo diese Liste am Anfang von Davids Regierung steht. Die ihm bei der Einnahme Jerusalems zugeschriebene Rolle gleicht dies aus und rechtfertigt seine führende Position. Bemerkenswert ist ein wiederholtes Wortspiel, erreicht durch viermalige markante Plazierung der hebräischen Wurzel ראש »Haupt«: »David sprach: Wer immer einen Jebusiten zu-

erst (בראשונה) schlägt, soll Hauptmann (ראש) sein; da stieg Joab … zuerst (בראשונה) hinauf und wurde Hauptmann (ראש).«

Im Kontext von Chr bildet die Einnahme Jerusalems zusammen mit Davids Antritt der Königswürde einen Wendepunkt der Geschichte Israels: von verschiedenen unvollkommenen Ansätzen über einen Reifungsprozeß bis hin zu einer voll ausgeprägten politischen Größe. Die religiösen Einrichtungen, deren volles Bestehen auf Jerusalem angewiesen war, sollten in allernächster Zeit ihre gültige Form erhalten.

11,7–9 Die Verse 7–9 entsprechen 2 Sam 5,9–10 und berichten über Davids Maßnahmen im Anschluß an die Einnahme Jerusalems: die Errichtung seiner Residenz in der Festung und den Ausbau der Stadt. Mit Davids Etablierung in Jerusalem setzte die schrittweise Festigung seiner Macht ein, denn »JHWH der Heerscharen war mit ihm«. Ein paar wenige Abweichungen sind doch zu bemerken. Linguistisch merkwürdig ist die Vokabel מצד »Festung«, was in V 7 anstelle der gebräuchlicheren Wortform מצדה verwendet wird (die in V 5 und 16 belassen wurde). Vermutlich handelt es sich um einen Aramaismus, der sich nur in Chr findet (vgl. 1 Chr 12,3.16). Die Benennung der Stadt wird in 2 Sam 5,9 David zugeschrieben, in Chr wird sie unpersönlich dargeboten.

11,8 Der Ausbau der Stadt wird in 1 Chr 11,8 detaillierter geschildert als in 2 Sam 5. Die erste Abweichung »und er baute die Stadt« (ויבן העיר) anstelle von »und David baute …« (ויבן דוד) findet sich auch in 4QSam (*E. C. Ulrich*, The Qumran Text 1978, 70) und gibt vermutlich eine andere, bessere, Vorlage wieder. Der Ausdruck מן המלוא ועד הסביב »vom Millo an auswärts ringsherum« ist schwierig. Zum einen steht die Verwendung von סביב »ringsherum« als Substantiv vereinzelt da, zum anderen ist die Formel »von … bis« bei geographischen Angaben üblich. Gemeint ist anscheinend, daß der Ausbau der Stadt »vom Millo an auswärts« (im Gegensatz zu »vom Millo an einwärts«) vonstatten ging. Ein anderes Detail ist die Bezugnahme auf Joabs Taten. Aufgefallen ist bereits die ungewöhnliche Verwendung des Verbs חיה (wörtlich »leben lassen«) in Bezug auf eine Stadt; zur Bestätigung dieses Sprachgebrauchs ist Neh 3,34 herangezogen worden. Das Vorkommen des Verbs רפא (wörtlich »heilen«) im Zusammenhang mit Bauen gehört in das gleiche semantische Feld (1 Kön 18,30). Joabs Taten beziehen sich demnach auf die Stadt und nicht auf deren Bewohner.

Es ist schwer zu sagen, ob die unterschiedlichen Details über den Bau der Stadt eine abweichende Überlieferung darstellen oder vom Chronisten geändert wurden. Einerseits weisen diese Zusätze nichts »typisch Chronistisches« auf, und die Annahme einer anderslautenden Vorlage für V 8 wäre eine gute Erklärung auch für die chronistischen Zusätze in V 6. Dann wäre allerdings das Fehlen dieser Angaben in 2 Sam 5 schwierig zu erklären. Außerdem läßt sich in Chr eine Tendenz beobachten, königliche Beamte zu erwähnen und deren Zusammenarbeit mit dem König in den Vordergrund zu stellen (vgl. *S. Japhet*, Ideology 1989, 417 ff.). So ließe sich die Bezugnahme auf Joab verstehen, außerdem als chronistische Weiterführung von V 6.

11,9: Abschluß

V 9 ist Übernahme von 2 Sam 5,10, einschließlich der feierlichen Rede- 11,9
form, wobei sogar die Gottesbezeichnung »JHWH der Heerscharen« mitübernommen ist; letztere ist in Chr an zwei weiteren Stellen beibehalten und an drei anderen weggelassen; im chronistischen Sondergut kommt sie nie vor (vgl. *S. Japhet*, Ideology 1989, 24 f.).

Beziehung von 11,10–47 zu 2 Sam 23,8–39

Mit Ausnahme von V 10, der als eine Art Überschrift fungiert und die Stellung dieses Abschnitts im Kontext bestimmt, und von V 41b–47, deren Herkunft oben erörtert wurde, ist der gesamte Abschnitt 11,10–47 aus 2 Sam 23,8–39 übernommen. In 2 Sam 23 bildet der Abschnitt eine Art Anhang an die Geschichte Davids, ohne Beziehung zum vorangegangenen (22,1–23,7) und zum folgenden (2 Sam 24). Außerdem gibt es keine erkennbare Verknüpfung dieses Abschnitts mit dem Haupterzählstrang von Sam, welche die genaue historische Herkunft seiner Angaben erkennen ließe. Die ersten Taten der »Helden« finden auf dem Hintergrund der Philisterherrschaft über Israel statt (2 Sam 23,16//1 Chr 11,16). Davids Konfrontationen mit den Philistern gehören einerseits in die Regierungszeit von Saul (1 Sam 18,27; 19,8; 23,1–5), andererseits in die Zeit unmittelbar nach Davids Antritt des Königtums über ganz Israel (2 Sam 5,17//1 Chr 14,8). Solange David über Juda allein regierte, scheint es keine Zusammenstöße mit den Philistern gegeben zu haben, vermutlich weil diese die Gegnerschaft zwischen Juda und dem Königtum von Isch-Boschet nicht ungern sahen. Die zweite Hälfte der Anekdoten, in denen Benaja als Protagonist fungiert, hängt nicht mit den Philistern zusammen und könnte sich zu jeder Zeit unter Davids Herrschaft zugetragen haben (dazu unten, Auslegung zu V 22–25). In Chr ist die Liste in einen klaren Kontext eingebunden: Es handelt sich um die Liste der Helden, die nach Hebron kamen, um David zum König zu machen. Demnach müßten die berichteten Taten von Davids Helden davor, also noch unter Saul, stattgefunden haben. Dies wiederum ist kein literarisches Versehen, sondern hier äußert der Chronist seine besondere historische Sicht (vgl. unten Auslegung zu V 10). Die ursprünglich dreiteilige literarische Struktur des Abschnitts in 2 Sam 23 ist deutlich:

a) Die Trias – Namen und Taten jedes der drei Krieger (2 Sam 23,8–12) sowie die von den Dreien gemeinsam vollbrachten Taten (2 Sam 23,13–17).
b) Die Taten von zwei weiteren Kriegern besonderen Rangs (2 Sam 23,18–23).
c) Aufzählung sämtlicher Helden ohne Erwähnung ihrer Taten (2 Sam 23,24–39).

In Chr ist diese Struktur grundsätzlich beibehalten mit zwei Abweichungen:

a) Aufgrund einer Textverderbnis sind zwei Anekdoten in eine zusammengeflossen. Die Heldentat des zweiten Kriegers, Eleasar ben Dodo, und der Name des dritten, Schamma ben Agi, sind ausgefallen; so wird die Tat des letzteren ersterem zugeschrieben. Auf diese Weise kommt eine ausgewogenere Verteilung zustande: zwei Helden am Anfang (Jaschobam und Eleasar), zwei weitere Helden am Ende (Abischai und Benaja). Doch aus der Rede von den »drei Helden« (1 Chr 11,12) und der Erwähnung der drei als Gruppe (V 15 ff.) ist die ursprüngliche Anlage noch zu erkennen.

b) Die Liste der Helden ist durch Hinzusetzung von V 41b–47 verlängert, was an der literarischen Struktur jedoch nichts ändert.

11,10 Die neue Überschrift zu diesem Abschnitt in 11,10 weist typisch chronistische Vorstellungen und Stilelemente auf. Von den hier aufgeführten Helden wird berichtet, sie hätten David beim Antritt des Königtums unterstützt, aber gleichzeitig wird betont, daß sie nicht eigenmächtig handelten, sondern »zusammen mit ganz Israel« und im Einklang mit »JHWHs Wort über Israel«. V 10 geht einerseits mit V 2 zusammen, andererseits mit 12,1. Laut V 2 erging noch unter Sauls Herrschaft das göttliche Wort an David »du sollst Fürst sein über mein Volk Israel«. Mit diesem göttlichen Spruch war Davids weiteres Schicksal besiegelt: Von da an war er im Grunde bereits König, Saul stand seiner Ausübung dieses Amtes nur noch eine Zeitlang im Wege.

11,10: Überschrift

11,11 Die ursprüngliche Eröffnung in 2 Sam 23,8 »dies sind die Namen« wird in 11,11 mechanisch verändert zu »diese sind die Zahl« (מספר), wodurch eine grammatische Inkongruenz zustande kommt (die in den Übersetzungen in der Regel geglättet ist). Die Vokabel מספר »Zahl« kommt in Chr häufig vor (mehr als 25mal), wohingegen die Formel »dies sind die Namen« gelegentlich ausgelassen wird (1 Chr 1,29.35.51), gelegentlich beibehalten (1 Chr 6,2; 14,4).

11,11–25: Taten von Davids Helden

Der Name des ersten Kriegers lautet in 2 Sam 23,8 »Joscheb baschebet Tachkemoni«, in Chr dagegen »Jaschobam der Sohn des Hachmoniten«. Die Lesart von Sam gilt als korrupt; für die Entwicklung des Namens und das Patronym hat sich Wellhausens Konjektur durchgesetzt. Demnach lautete der Name ursprünglich Isch-Baal (אשבעל), was für diesen Zeitraum auch in 1 Chr 8,33 belegt ist. Im Zuge der allgemeinen redaktionellen Überarbeitung von Sam wurde Isch-Baal zu Isch-Boschet. Isch-Boschet (יש בשת) sei durch Dittographie des ב zu Joscheb baschebet (ישב בשבת) geworden, »der Hachmonit« (החכמוני) durch Verwandlung des ה in ת zu Tachkemonit (תחכמוני). Durch Veränderung des letzten Buchstabens wurde dann Isch-Baal zu Jaschobam in Chr. Einige von Davids Helden sind wieder aufgeführt in 1 Chr 27,1–15. Der erste dort erwähnte heißt »Jaschobam der Sohn des Sabdiël«. Vermutlich lautete sein voller Name ursprünglich Isch-Baal Sohn von Sabdiel der Hachmonit (vgl. die Bezeichnung Hachmonit 1 Chr 27,32).

Die Trias: Im hebräischen Text alternieren »drei« (שלושה), »dreißig« (שלושים) und »Hauptmann« (שליש). Das Schwanken zwischen »drei« und »dreißig« zieht sich durch das ganze Kapitel. Zu beobachten sind etliche Fälle von *Ketiv* und *Qere*, Differenzen zwischen 2 Sam 23 und 1 Chr 11, Variationen unter den antiken Versionen und sogar eigentlich klare Textstellen, die von den Kommentatoren angezweifelt werden. Die verbreiteteste Auffassung für V 11 ist entweder das *Ketiv* von Chr »die dreißig« oder »die drei«. Jaschobam soll 300 Feinde auf einmal erschlagen haben. Einigen Kommentatoren scheint die Zahl von 800 Erschlagenen bei Sam wahrscheinlicher, denn 300 Erschlagene werden in V 20 Abischai zugeschrieben, und dieser stand rangmäßig wohl unter einem »Anführer der drei/dreißig«.

Der zweite Krieger heißt in 2 Sam »Eleasar Sohn des Dodo, Sohn Aho- 11,12–14
chit«, in 1 Chr 11,12–14 »Eleasar Sohn Dodos, der Ahoachit«. Diese geringfügige Variante findet sich auch sonst (aus den Übersetzungen vielleicht nicht zu erkennen). Die Formel *ben* »Sohn von/des« ist häufig allgemeiner gebraucht und bezeichnet nicht direkt den Vater, sondern die Familienzugehörigkeit. Die ursprünglich Schamma ben Agi zugeschriebene Tat wird hier Eleasar beigelegt. Statt des dunklen Ausdrucks בחרפם wird hier der Ort des Kampfes angegeben, Pas-Dammim. Dies dürfte die ursprünglichere Lesart sein, denn in 1 Sam 17,1 wird Ephesdammim als der Ort genannt, wo die Schlacht zwischen David und dem Philister stattfand. Die näheren Umstände der Tat sind ebenso unklar wie der Wechsel von einem Linsen- zu einem Gerstenfeld beim Übergang von Sam zu Chr. Möglicherweise handelt es sich einfach um die Ersetzung einer seltenen Vokabel durch eine gebräuchlichere. In V 14 stehen die Verbformen im Plural statt wie in Sam im Singular. Da dieser Wechsel konsequent durchgeführt ist, dürfte es sich um keine bloße Variante handeln, sondern um ein anderes Textverständnis. Chr scheint davon auszugehen, daß die Tat von mehreren Personen vollbracht wurde, vielleicht unter Beteiligung von David (V 13)?

Dieser Bericht von den Taten der »drei« in 11,15–19 entspricht 2 Sam 11,15–1
23,13–17 mit geringfügigen Abweichungen. Die Einzelheiten des Verlaufs sind nicht ganz konsistent. Eine Diskrepanz besteht zwischen den Versen 15 und 16. Laut V 15 befindet sich David in der Adullamshöhle, laut V 16 in der Festung. Die Truppen der Philister lagern zunächst im Refaim-Tal, gleich darauf jedoch in Betlehem. Die Festung und das Refaim-Tal als Standorte der Gegner werden durch 2 Sam 5,17–18 bestätigt. Wie die Adullamshöhle damit zusammengeht, bleibt unklar. Eine andere Schwierigkeit besteht darin, daß die drei zu David »hinuntersteigen«, woraus hervorgeht, daß sie nicht von Anfang an mit ihm zusammen waren. Diese Unstimmigkeiten deuten darauf hin, daß V 15a ein Bruchstück einer ursprünglich eigenständigen Erzählung enthält, die später mit der Geschichte von dem Brunnen bei Betlehem kombiniert wurde; in beiden Fällen fungieren die »Drei« als Hauptfiguren. In der ersten Erzählung war anscheinend berichtet, wie die drei zu David in der Adullamshöhle stießen, indem sie »über den Felsen zu ihm hinunterstiegen«; in der zweiten, deren Anfang verlorengegangen ist, wird erzählt, wie die drei die Wachen der Philister umgingen und David Wasser aus dem Brunnen am Tor von Betlehem brachten. Möglicherweise

ist die im derzeitigen Kontext überflüssige Vokabel ראש »Haupt« ein Rest jener vermuteten Verschmelzung zweier getrennter Texte. Die Pluralform des Pronomens »dies« zum Abschluß des Berichts (V 19) deutet in dieselbe Richtung.

Wenn die hier vorgeschlagene Rekonstruktion stimmt, stammt das erste berichtete Ereignis aus der Zeit, als David sich in der Wüste Juda aufhielt und eine Guerilla-Truppe befehligte (vgl. 1 Sam 22,1 f.); das zweite mag in die ersten Jahre von Davids Königtum fallen, als die Philisterherrschaft ihren Höhepunkt erreichte und ihr militärischer Hauptstützpunkt tief in judäischem Gelände lag, in Betlehem. Es könnte nicht nur geographisch, sondern auch historisch mit der 2 Sam 5,17 ff. (1 Chr 14,8 ff.) berichteten Schlacht zusammenhängen.

V 19 ist in beiden Versionen schwierig. Die sowohl in Chr als auch in LXX-Sam belegte Wortform אשתה »ich will trinken« ist in 2 Sam 23,17 MT ausgefallen. In Chr ist die ursprüngliche Vokabel ההולכים »die gegangen sind« vermutlich versehentlich in האלה »diese« verändert worden, wodurch der Satz »die unter Lebensgefahr gegangen sind« seinen Sinn verloren hat; daraufhin hat der Chronist oder einer seiner Vorgänger hinzugefügt: »denn unter Lebensgefahr haben sie es gebracht«. Das aus dem Brunnen bei Betlehem geschöpfte Wasser wird analog gesetzt mit dem Blut der Männer, die es gebracht haben, weil diese ihr Leben aufs Spiel setzen mußten, um es zu erlangen. Nach der biblischen Gleichsetzung von Blut mit Leben (vgl. Dtn 12,23) wäre das Trinken dieses Wassers also gleichbedeutend gewesen mit dem Trinken des Blutes der Männer.

1,20–21 Die Verse 20–21 schildern die Taten von Abschai, dem Bruder des Joab; sie entsprechen 2 Sam 23,18–19. In V 20 wie durchweg in Chr erscheint die Namensform Abschai statt Abischai (vgl. auch 1 Chr 2,16; 18,12; 19,11.15). Die Auslassung von »Sohn des Zeruja« ist vermutlich stilistisch bedingt, wie überhaupt beim Chronisten eine Neigung zu beobachten ist, unnötige Einzelheiten zu übergehen. Abschais Heldentat ist identisch mit der von Jaschobam (vgl. 1 Chr 11,11) – er soll 300 Feinde auf einmal erschlagen haben. Seine genaue Position bleibt unklar wegen eines offenkundigen Widerspruchs im hebräischen Text. Laut V 20 war er »namhaft unter den Drei«, während er in V 21 einerseits als »Fürst, Anführer« (שׂר) der Drei bezeichnet wird, andererseits aber steht »aber er kam nicht bis zu den Drei«. Für die Lösung dieser Unstimmigkeiten sind zwei Wege vorgeschlagen worden. Der eine Vorschlag geht aus von V 30 und liest »er war namhaft unter den dreißig«, emendiert also sowohl in V 20 als auch in V 21a die 3 zu 30. Demnach hätten Abschai und Benaja unter Davids Helden eine Sonderstellung eingenommen: sie waren ausgezeichnet unter den »dreißig«, gelangten jedoch nicht zum Rang der »drei«. Die Schwäche dieser Deutung besteht darin, daß eine Textemendation vorgenommen werden muß, die sonst keinerlei Grundlage hat. Der zweite Vorschlag geht davon aus, daß es mehr als eine

Dreiergruppe von Helden unter Davids Elitekämpfern gab; demnach war Abschai der Anführer der zweiten Trias zwar hoch angesehen, erreichte aber nicht den Status der ersten Trias. Historisch hat dieser Ansatz einige Wahrscheinlichkeit für sich, ist jedoch nicht bewiesen; er hat den Vorteil, daß der biblische Text unverändert stehen bleibt. Die Vokabel בשנים »von den zweien« in V 21 MT könnte auf eine Abstufung im Rang der beiden hier behandelten Kämpfer hindeuten, wonach Abschai höher stünde als Benaja.

In den Versen 22–25 wird Benaja sehr ausführlich vorgestellt. Sein voller 11,22–25
Stammbaum wird angegeben und drei von seinen Taten werden geschildert; außerdem steht am Schluß, daß David ihn »über seine Leibgarde setzte«. So wird deutlich, daß der Kompilator dieses Abschnitts Benaja, Sohn Jadas, als die zentrale Figur betrachtete, was immer Rang und Funktion der übrigen Helden gewesen sein mag. Benaja wird eingeführt als בן איש חיל »Sohn, ein wackerer Mann«, was vermutlich aus איש חיל »Mann von Kraft« und בן חיל »Sohn von Kraft« zusammengeflossen ist. Der Titel weist ihn als einen Mann von Stand und als Oberhaupt einer Familie aus. Auf seine eher persönlichen Qualitäten bezieht sich der singuläre Ausdruck »groß an Taten«. Außerdem wird sein Herkunftsort erwähnt: Kabzeel, eine der judäischen Städte im Negev an der Grenze nach Edom (Jos 15,21). Drei außergewöhnliche Taten werden Benaja zugeschrieben. Die erste darunter ist das Erschlagen der beiden »Ariel« von Moab (V 22bα). Das ist eine berühmte *crux*: »Ariel« erscheint zwar als Eigenname (belegt auch Esra 8,16), aber der *status constructus* und besonders die Zahl zwei macht diese Annahme schwierig. Trotzdem bildet sie die Grundlage der berühmten Konjektur, die von einer doppelten Haplographie ausgeht und den originalen Wortlaut als את שני [בני] אריאל [מ]מואב »die zwei Söhne Ariels aus Moab« rekonstruiert (wobei die erste dieser Haplographien sich auf LXX stützen kann). Ein anderer exegetischer Ausweg ist die Deutung von »Ariel« als Appellativ mit der Bedeutung »Krieger«; dies erfordert auch eine Textemendation, allerdings geringeren Umfangs: אראלי מואב »Krieger Moabs«. Das Erschlagen des Löwen im Unterschied zu den übrigen Taten hat eine gewisse Analogie in Simsons Taten. Diese Heldentat hat nichts mit Israels Kriegen zu tun, hat überhaupt keine öffentliche Bedeutung; sie illustriert nur Benajas persönliche Kühnheit und Verwegenheit. Der Kampf mit dem Ägypter erinnert in einigen Details an den Kampf zwischen David und Goliat (1 Sam 17); die Ähnlichkeit wird durch die kleinen Zusätze in Chr noch verstärkt. Der Vergleichspunkt ist zunächst die Tatsache, daß Benaja den Kampf mit einem weitaus überlegenen Gegner aufnimmt, obwohl er ihm an Ausrüstung entschieden unterlegen ist (Stab gegen Lanze) und den Gegner schließlich mit dessen eigener Waffe schlägt. In Chr erscheinen zwei weitere Punkte: Der Ägypter ist »fünf Ellen hoch«, und sein Speer gleicht einem »Weberbaum« (vgl. 1 Sam 17,4.7).

Die Abschlußverse V 24–25 resümieren Benajas Taten und Stellung weit- 11,24–25 aus ausführlicher als der entsprechende Abschluß bei Abschai. Besonders die abschließende Feststellung »David setzte ihn über seine Leibwache« hat nicht ihresgleichen.

11,26–47: Die Aufzählung von Davids Helden

11,26 Die Liste von Davids Helden in 11,26–47 setzt ein in V 26 mit dem Ausdruck גבורי החילים, einer nachbiblischen Pluralbildung zu der verbreiteten Wortverbindung גבור חיל (etwa: »militärischer Held«). Die Reihe der Namen setzt ein mit Asael. In 2 Sam 23,24 erscheint die Ankündigung »von den dreißig« nach dem Namen Asael. Daraufhin nehmen einige Forscher an, Asael gehöre nicht zu den dreißig, sondern zu der Gruppe von Kriegern, deren Taten davor berichtet wurden; demnach wäre die Schilderung seiner Taten aus dem Text ausgefallen. Wenn die Liste tatsächlich erst nach Asael einsetzt, umfaßt sie genau dreißig Namen (*K. Elliger*, Dreißig Helden 1935, 76–7; *Rudolph* 99–100). Dagegen spricht allerdings die zum Abschluß genannte Gesamtzahl von 37 in 2 Sam 23,39, woraus hervorgeht, daß die ursprüngliche Liste der »dreißig« mehr als dreißig Namen umfaßte – entweder 31 oder 32, je nachdem, ob Asael inbegriffen ist. Auf diese Zahl kommt man, wenn man zu jeder der beiden Versionen der Liste jeweils einen ausgefallenen Namen hinzusetzt: Elika von Harod (2 Sam 23,25), der in Chr fehlt, bzw. Hefer den Mecharatiten (1 Chr 11,36), der in Sam fehlt. Für Asaels Zugehörigkeit zu der Liste spricht die Version von 1 Chr 27,7 – ein unabhängiger und anders lautender Beleg für die gleiche Liste (dazu unten). In Chr ist das Schema der »dreißig« aufgegeben. Die Namen werden eingeführt als die »Helden«, eine Bezeichnung, die nicht mit den »dreißig« identisch zu sein braucht (2 Sam 10,7; 16,6; 20,7; 1 Kön 1,8.10; 1 Chr 28,1); erst in dem Zusatz zu der Liste, 1 Chr 11,42, wird wieder auf die »dreißig« Bezug genommen: »Adina … und dreißig mit ihm«.

Ein markanter Zug an der Liste ist die mangelnde Einheitlichkeit bei der Angabe der Namen; dafür finden sich folgende Muster: 1) Z, der Y (Y = Gentil oder Ortsname); 2) X, Sohn des Y, der Z (Z = Gentil oder Ortsname); 3) X aus Y (Ortsname); 4) X, Sohn des Y aus Z (Ortsname); 5) X, Sohn des Y; 6) X, Bruder des Y.

Ein für die Chronik charakteristisches Muster ist »X, Sohn des Y«. An drei Stellen ersetzt es eine andere Formel in Sam (1 Chr 11,35.37.38); dreimal findet es sich in dem Zusatz (1 Chr 11,41.43.45) und einmal im Plural (1 Chr 11,46).

Eine weitere Besonderheit, die sich so nur im Zusatz findet, ist die Verknüpfung mehrerer Namen durch »und«, wodurch Verwandtschaft ausgedrückt wird: Angehörige derselben Familie (V 43); Söhne desselben Vaters (V 44b.46a) und Brüder (V 45). Welche Verwandtschaftsbeziehung in V 47 gemeint ist, wird nicht recht klar.

11,27 »Schammot, der Harorit«; 2 Sam 23,25 »Schamma von Harod«; 1 Chr 27,8 »Schamhut, der Israchit«: Die ungewöhnliche Namensform »Schamhut«, 11,27, läßt sich als Verschmelzung der beiden anderen, Schamma und

Schammot, deuten. Allerdings könnte auch der längere Name die ursprüngliche Form sein, wovon die beiden anderen Abkürzungen darstellen. In Chr wird der Mann als »Harorit« bezeichnet, in 2 Sam als »Harodit«. Der folgende Name aus 2 Sam 23,25, »Elika, der Harodit«, ist aus der Liste in Chr ausgefallen, was sich ohne weiteres als Homoioteleuton erklären läßt, wenn Schammot ebenfalls ein »Harodit« war. Zum Gentil »der Israchit« vgl. 1 Chr 27,8.

»Helez, der Pelonit«: ebenso 1 Chr 27,10; 2 Sam 23,26: »der Paltit«; der graphische Übergang von der einen zur anderen Namensform ist einfach. Der Name »Pelet« und dazu das Gentil »Paltit« ist in der Bibel recht verbreitet, wohingegen »Pelonit« der Liste in Chr eigentümlich ist, sowohl hier als auch V 36 (ebenso 1 Chr 27,10). Die meisten Kommentare betrachten »Pelonit« als eine Entstellung.

Anders als in 2 Sam 23,27 »Mebunnai der Huschatit« und 1 Chr 27,11 11,29
»Sibbechai« steht in 11,29 »Sibbechai, der Huschatit«; da die Namensform »Mebbunai« vereinzelt steht und »Sibbechai der Huschatit« auch 2 Sam 21,18//1 Chr 20,4 als einer von Davids Kriegern erwähnt wird, ziehen viele die letztere Form vor. Ein unlängst gefundenes Siegel mit der Aufschrift *mbn* bestätigt jetzt allerdings sowohl den Namen als auch dessen hohes Alter. Von daher könnte die Entwicklung umgekehrt verlaufen sein: Unter dem Einfluß von 2 Sam 21,18 wurde die seltenere Namensform »Mebunnai« zu »Sibbechai«.

Dem Namen »Ilai« in V 29 entspricht in 2 Sam 23,28 »Zalmon«: Der Übergang von der einen zur anderen Namensform ist nicht ohne weiteres einsichtig. *Rudolph* schlägt eine Zwischenform »Zilai« vor, angeblich Kurzform zu »Zalmon«, die dann zu »Ilai« geworden sein soll.

Anders als in 1 Chr 27,15 »Heldai« steht in 11,30 die Namensform »He- 11,30
led«; diese Formen sind besser als »Heleb« aus 2 Sam 23,29.

In 2 Sam 23,30 »Hiddai«, in 1 Chr 11,32 »Hurai«; beide Namen sind sin- 11,32
gulär; jeder von beiden könnte aus dem anderen entstanden sein. »Abiel« – heißt in 2 Sam 23,31 »Abialbon«: Der Name ist ungewöhnlich, aber nicht unmöglich. Allerdings hat Wellhausens Vorschlag, wonach der Name ursprünglich »Abi-Baal« lautete, einiges für sich (*J. Wellhausen*, Der Text 1871, 215). »Abi-El« stünde für die auch sonst übliche editorische Praxis, das theophore Element »Baal« durch ein anderes, theophores oder anderes, Element zu ersetzen (vgl. auch 1 Chr 14,7 »Beeljada« gegenüber »Eljada« in 2 Sam 5,16). Da der Chronist selbst nichts gegen die Verwendung von »Baal« zu haben scheint, dürfte der Wechsel bereits in seiner Vorlage vollzogen worden sein. Die Namensform »Abialbon« aus 2 Sam ließe sich dann als Hinzufügung des Suffix »-on« zum Namen »Abjalab« erklären, seinerseits eine graphische oder bewußte Metathese aus »Abi-Baal«.

»Benej Haschem (oder ›die Söhne des Haschem‹), der Gisonit«: Der Name 11,34
in 11,34 scheint entstellt, da »Benej« (בני) kein Eigenname ist; gilt für ge-

wöhnlich als Dittographie der letzten Konsonanten des voranstehenden Namens השעלבני »der Schaalbonit«. In 2 Sam 23,32 steht »Jaschen« statt »Haschem« – beide Namen sind *sui generis*. Sein Herkunftsort »Giso« ist singulär, manche Kommentatoren nehmen Verschreibung aus »der Gunit« oder »der Gimsonit« an.

»Jonatan, Sohn des Schage, der Hararit«: Die Version von 2 Sam 23,32–33 scheint entstellt: »Sohn des« ist ausgefallen, und der Name »Jonatan« ist an »Jaschen« angehängt. Übriggeblieben ist »Schamma, der Hararit«. Ein Krieger dieses Namens wird, mitsamt seiner Tat, in 2 Sam 23,11 erwähnt; dort lautet sein voller Name »Schamma, Sohn des Age«. Es könnte zwar sein, daß »Schage« in Chr ein eigenständiger Name ist, wobei die einzige Verbindung zwischen »Jonatan, Sohn des Schage« und »Schamma, Sohn des Age« darin bestünde, daß beide »Haratiten« waren. Allerdings ist die Deutung von »Schage« als Verschmelzung von »Schamma« und »Age« nicht von der Hand zu weisen; es könnte sich um eine Art Kürzel für Jonatans Vorfahren, Schamma und Age handeln. Wenn dies der Fall ist, haben wir es hier mit Vater und Sohn zu tun: Schamma, Sohn des Age, einer der »drei«, und sein Sohn Jonatan, einer von den Helden.

11,35b–36a Für die zwei Namen in 1 Chr 11,35b–36a, »Elifal, der Sohn des Ur« und »Hefer der Mecheratit«, steht in 2 Sam 23,34 nur ein Name: »Elifelet, Sohn des Ahasbai, Sohn des Maachiten«. Diese Namensangabe ist in zweierlei Hinsicht außergewöhnlich: der Stammbaum reicht bis in die dritte Generation zurück, und dem Gentil »der Maachit« steht »Sohn des« voran. Außerdem hat der Name »Ahasbai« keine Parallele und ist schwierig. Für die Beziehung zwischen den beiden Versionen sind verschiedene Erklärungen angeboten worden (vgl. *Curtis* 193); textlich am einfachsten scheint die Annahme, daß die ursprüngliche Version die von Chr ist (anders *Rudolph* 102; *Williamson* 103). Von den beiden Namensformen, Elifal und Elifelet, wirkt die zweite wahrscheinlicher, wohingegen zwischen »der Maachit« und »der Mecheratit« nicht zu entscheiden ist, zumal die beiden auf hebräisch sehr ähnlich sind.

»Ahija, der Pelonit« = 2 Sam 23,34 »Eliam, Sohn des Ahitofel, der Gilonit«: Diese Angaben lassen sich als die Wiedergabe von zwei völlig verschiedenen Namen deuten; in die vollständige Liste der Helden würden dann beide gehören. Ein anderer Ansatz betrachtet einen der beiden Namen als Entstellung oder Veränderung des anderen; so ließe sich tatsächlich »Ahija der Pelonit« als eine Korruption aus »Ahitofel, der Gilonit« erklären; in diesem Falle wäre der Name »Eliam« aus der Liste von Chr ausgefallen.

11,37 Gegenüber 2 Sam 23,35 »Paarai, der Arbit« steht in 11,37 »Naarai, der Sohn des Esbai«; der Übergang von dem Muster »der + Gentil« zu »Sohn des + Eigenname« findet sich mehrfach und könnte eine stilistische Variante darstellen. Die Abweichungen der Namen voneinander lassen sich als graphische Veränderungen auffassen. Eine Entscheidung scheint nicht möglich.

Ein Ort namens »Arab«, der Jos 15,52 erwähnt ist, spricht für die Wahrscheinlichkeit des Gentils »der Arbit«.

2 Sam 23,36 »Igal, Sohn des Natan aus Zoba, Bani, der Gadit« steht in 11,38
1 Chr 11,38 »Joël, der Bruder des Natan, Mibhar, der Sohn des Hagri« gegenüber; die beiden Versionen hängen sichtlich zusammen (was in MT noch offenkundiger ist), wobei die eine aus der anderen verschrieben oder verändert ist. Jede Version hat ihre eigene Logik und Wahrscheinlichkeit. Welcher der Vorrang gebührt, kommt darauf an, wie die Entscheidung bezüglich der Beziehung zwischen Mibhar (מבחר) und »aus Zoba« (מצבה) ausfällt, denn davon hängen die meisten übrigen Einzelheiten ab.

Das Muster »der + Gentil (Ort)« ist das übliche in der Liste, eine Ausnahme machen nur die zusammengesetzten Ortsnamen (wie etwa »Gibea der Benjaminiten«, »Bäche von Gaasch«). Von daher wäre hier eher »der Zobatit« zu erwarten als »aus Zoba«. *Zeron* erblickt darin allerdings die für einen Propheten typische Herkunftsangabe, unter der Voraussetzung, daß es sich um keinen geringeren als um Davids Hofpropheten Natan handelt. Dies ließe sich stützen durch die Bezeichnung »Bruder des Natan« in Chr, wo allerdings die Herkunftsangabe völlig fehlt.

Mit 11,42 setzt der zweite Teil ein, eigentlich eine neue Liste mit eigener 11,42
Überschrift. Dort ist die Position von Adina, Sohn des Schisa als »Anführer der Rubeniten« ausdrücklich erwähnt, gefolgt von der besonderen Eröffnung »und dreißig mit ihm«. Die Bezeichnung von Adina als »Anführer der Rubeniten« hat in der Liste nicht ihresgleichen, was allerdings deren Echtheit oder Ursprünglichkeit nicht zweifelhaft erscheinen läßt. Die zusätzliche Version der Liste in 1 Chr 27 enthält zahlreiche Stammesangaben: von den Söhnen Efraims (V 10), ein Benjaminite (V 12) u. a. m. Dieses Element, dessen Ursprünglichkeit recht sicher scheint, ist aus der Version von 2 Sam 23,8–39 völlig verschwunden. Die Quelle, aus der die Angaben zur Person von Adina entnommen sind, enthielt offenbar noch die Stammes- bzw. Nationalzugehörigkeit der Aufgeführten, und der Chronist hat diese getreulich übernommen. Die Angabe »und dreißig mit ihm« überrascht im Zusammenhang: Anstelle der zu erwartenden dreißig Namen enthält die nun folgende, vermutlich fragmentarische Liste nur vierzehn Namen. Wie schon beobachtet, liegen sämtliche in den folgenden Versen erwähnten Ortschaften auf der Ostseite des Jordan: Mattana, Aschtarot, Aroer, Moab, vermutlich auch Maacha, Mahanajim und Zoba. Möglicherweise handelt es sich um eine weitere Einheit von »dreißig« Mann, die sich aus den östlichen Stämmen Israels rekrutierten; diese Einheit könnte irgendwann unter Davids Herrschaft errichtet worden sein.

Die beiden in 11,43 genannten Namen sind durch »und« verbunden; von 11,43
daher ist nicht sicher, ob sich das Gentil »der Mitnit« auf beide bezieht. In diesem Falle müßte eigentlich die Pluralform »Mitniten« stehen.

Die Bezeichnung »die Mahawiten« (המחוים) in 11,46 ist schwierig; ein 11,46

Ort dieses Namens ist nirgends belegt. Möglicherweise handelt es sich um eine Verschreibung aus »Mahanajim«.

11,47 Form und Bedeutung von »der Mezobaite« (המצביה) in 11,47 ist schwierig. Die meisten Kommentare neigen dazu, die Bezeichnung als Verschreibung von »aus Zoba« aufzufassen, was sich entweder auf den letzten erwähnten Namen oder auf alle drei beziehen würde.

12,1–23: Die Männer, die sich David vor seinem Aufstieg zur Königswürde anschlossen

12,1–2 Die Verse 1–2 eröffnen den ersten Abschnitt von Kapitel 12 und bieten den allgemeinen Rahmen: Welche Männer wohin kamen, was das Besondere an ihnen war und unter welchen Umständen sie kamen.

Besonders hervorgehoben wird die frühere Beziehung dieser Krieger zu Saul; sie werden nicht einfach als Benjaminiten bezeichnet, sondern als »Brüder Sauls aus Benjamin« (V 2); außerdem werden die näheren Umstände dargelegt, unter denen sie nach Ziklag kamen: »während er [sc. David] noch zurückgehalten war wegen Saul, dem Sohn des Kisch« (V 1). Rückgriffe auf die Zeit von Saul, die den Hintergrund für die hier geschilderten Ereignisse bildet, finden sich in diesem Kapitel weitere drei: V 20 bietet eine gedrängte Zusammenfassung dessen, was Sauls letztem Krieg gegen die Philister unmittelbar voranging. V 24 wiederholt, daß Sauls Königtum an David übergegangen ist, und V 30 bezeichnet wiederum die Benjaminiten als »Brüder Sauls ... bis dahin hatten die meisten von ihnen dem Hause Sauls die Treue gehalten«. Diese Wiederholung soll Sauls Stellung im Geschichtsbild des Chronisten unterstreichen. Der Chronist beschreibt Sauls Königtum zwar nicht, aber er widmet ihm sowohl das ganze Kapitel 10 als auch eine ausführliche genealogische Liste (1 Chr 8,33–39; 9,39–44); seine Herrschaft bildet den Hintergrund einer weiteren Episode in 1 Chr 5,10; im vorliegenden Kapitel wird er sieben Mal erwähnt, dann wieder in 1 Chr 13,3; 26,28 und in den Parallel-Abschnitten 1 Chr 11,2; 15,29. Im Unterschied zu seiner Behandlung anderer Aspekte der Geschichte Israels übergeht der Chronist Saul nicht mit Stillschweigen; dessen Gestalt und Regierung sind bedeutsam für das Verständnis des geschichtlichen Weges, der zu David geführt hat. Wichtig dafür ist besonders V 1a, wo die Vokabel עצור (wörtlich: »festgehalten, zurückgehalten«) nicht leicht zu übersetzen ist. Nach Ansicht des Chronisten war David der designierte König Israels, sobald »JHWHs Wort durch Samuel« (1 Chr 11,3) ihn dazu bestimmt hatte. Daß er die Königswürde erst geraume Zeit später übernahm, lag daran, daß Saul das Amt noch innehatte; solange war David sozusagen noch »zurückgehalten«. Somit handelte es sich bei dem Ringen zwischen Saul und David nicht um eine Konfrontation zwischen dem legitimen Herrscher und dem Usurpator, ganz im Gegenteil: Das Königtum war Saul durch göttlichen Beschluß aberkannt worden, doch sein legitimer Nachfolger war noch eine Zeitlang verhindert, das Königtum anzutreten. Daher waren laut Chr die Männer, die David auf den Thron hoben, keine gescheiterten Existenzen, die ihren Unterdrückern und Gläubigern zu entrinnen suchten (1 Sam 22), sondern

»sie waren unter den Helden Helfer im Krieg«, und »Tag für Tag kamen sie zu David, um ihm zu helfen, bis es ein großes Heerlager war wie ein Heerlager Gottes« (V 23). Die drei Etappen des Vorgangs werden in Kapitel 12 dargestellt: Für die Dauer von Sauls Herrschaft war David vom Königtum »zurückgehalten« (V 1); durch Unterstützung der Männer, die sein Recht auf den Thron erkannten und ihm beistanden, wuchs seine Macht (V 19.23). Mit Sauls Tod ging das Königtum dann schließlich auf David über (V 24).

In V 1 werden die Benjaminiten mit dem einzigartigen Ausdruck »Kriegshelfer« (עזרי מלחמה) bezeichnet; synonym kommen die Wendungen ערכי מלחמה (V 34.36) und עדרי מערכה (V 39) vor. Die hebräische Wurzel עזר »helfen« fungiert als Schlüsselwort im ersten Abschnitt dieses Kapitels (V 1.18.19.19.20.22.23 – insgesamt sieben Mal), die aramäische Variante עדר erscheint zweimal im zweiten Abschnitt (V 34.39). Die Bedeutung bewegt sich im semantischen Bereich von »helfen«. Die Frage ist gestellt worden, wieweit die zweite Bedeutung dieser hebräischen Wurzel, das Äquivalent des ugaritischen *gzr* mit der Bedeutung »Krieger« mit hineinspielt (vgl. *W. Baumgarten*, Lexikon 1967–1990, 767). Wenn dies der Fall sein sollte, hätten sich hier sehr alte sprachliche Elemente bis in Chr erhalten, wo sie neben wesentlich jüngeren sprachlichen und stilistischen Erscheinungen stehen. Militärisch zeichneten sich die Benjaminiten in der Handhabung von Bogen und Schleuder aus. Ähnlich werden sie in Ri 3,15; 20,16 geschildert (vgl. auch 2 Chr 17,17; 14,17).

12,3–8: Die Benjaminiten

Die Verse 3–8 bieten die eigentliche Liste, Namen und Herkunft der Benjaminiten. Die Verse 3b, 5 und 6 enthalten in MT die Schwierigkeit, daß das Gentil am Ende jeweils im Singular steht, wodurch es sich nur auf den zuletzt genannten Namen bezieht: »… Jehu der Anatotit; … Josabad der Gederatit; … Schefatja der Harufit.« Daraufhin würden die Namen davor unbestimmt, ohne Herkunftsbezeichnung bleiben. Vielleicht bezieht sich das Gentil aber doch auf sämtliche in dem betreffenden Vers genannten Namen, dann würden die Benjaminiten jeweils entweder einer Familie (Asmawet, die Korachiten), einer Stadt (Gibeon, Anatot, Gedera, Harif) oder beidem (Schemaa von Gibea, Jerocham von Gedor) zugeordnet. Bei den meisten Ortsnamen handelt es sich um bekannte benjaminitische Stätten. 12,3–8

Jischmaja der Gibeonit, erhält in 12,4 einen besonderen Titel, »ein Held unter den Dreißig, ja über den Dreißig«, obwohl er weder an erster Stelle steht noch als »Anführer« bezeichnet wird. Jischmaja kommt in keiner Liste von »Helden« vor, aber manche Forscher wollen ihn mit Schime gleichsetzen, der zusammen mit Rei und den Helden in 1 Kön 1,8 genannt wird (*A. Zeron*, Lineage of Prophet Nathan, 181). Während in 2 Sam nur ein oder zwei Krieger mit dem Attribut »über die dreißig« versehen werden, sind es in Chr vier oder fünf: Jaschobam der Hachmonit (1 Chr 11,11//2 Sam 23,8), Adina der Rubenit (1 Chr 11,42), Jischmaja der Gibeonit, Amasai in 1 Chr 12,4

12,19 und laut einigen Kommentaren auch Abischai (1 Chr 11,20//2 Sam 23,18). Daraus ergibt sich ein differenzierteres Bild jener militärischen Einrichtung; anscheinend gab es etliche Einheiten, die als »die dreißig« bekannt waren.

12,6 Harif (*Qere*: Charuf) aus 12,6 wird Neh 7,35 als Stadt von Benjamin erwähnt, unweit von Gibea. In Neh 10,20 erscheint der Name als der eines der Fürsten, die den Bund zusammen mit Anathot und Nebai (Nebo?) unterzeichneten. Also ist es der Name einer Familie, eines Ortes, oder von beidem.

12,7 Die in 12,7 genannten Gestalten sind »Korachiten«: Korach ist ein sehr verbreiteter Name, belegt in Edom (Gen 36,5.14.16.18), im Stamm Levi (Ex 6,21 u.ö.) und in Juda (1 Chr 2,43). Dabei könnte es sich um Zweige derselben ethnischen Gruppe gehandelt haben, von der auch eine Familie eine Zeitlang in Benjamin saß.

Die in der Benjaminiten-Liste V 3–8 aufgeführten Krieger sind zwar zahlreicher als die aus den übrigen Stämmen, aber immer noch relativ wenige – insgesamt 23. Diese Männer sind nicht als »Anführer« oder »Befehlshaber« von Truppen vorgestellt, sondern als Individuen; ihre Präsentation erinnert an die Liste der Helden aus Kapitel 11. Die Herkunftsorte der Männer scheinen zufällig, ein geographisches Prinzip ist nicht dahinter zu erkennen – alles Anzeichen für die grundsätzliche Echtheit der Liste.

12,9–16 Der Abschnitt über die Gaditen (12,9–16) ist eine der gehaltvolleren Informationen über die Stämme im Ostjordanland, eine chronistische Eigentümlichkeit. Hier fällt etwas Licht auf die Lebensumstände dieser Stämme, deren Fehlen im deuteronomistischen Geschichtswerk sonst unübersehbar ist. 12,9–16: Die Gaditen

12,9 Die Darstellung der Gaditen in 12,9 ist eine eigenartige Mischung von militärischem und poetischem Sprachgebrauch: einerseits »Helden der Truppe, kriegerische Militärs, gewandt mit Schild und Speer«, andererseits »wie Löwengesichter ihr Antlitz, wie Gazellen auf den Bergen zu eilen«. Der Vergleich von menschlichem mit Löwenmut ist ein verbreitetes Motiv, doch die konkrete Bildvorstellung hier ist singulär. Auch das Bild von den Gazellen ist üblich, nur die Kombination der beiden Bildvorstellungen ist wiederum einzigartig. Die militärische Kühnheit der Gaditen ist auch in den beiden Sprüchen über den Stamm Gad Gen 49,19 und Dtn 33,20 das dominierende Motiv. Ungeachtet der späten sprachlichen Gestaltung (ausgewiesen besonders durch die Form des Infinitivs mit L-Präfix: למהר »um zu eilen«) scheint die hier dargebotene Überlieferung also mit hoher Wahrscheinlichkeit authentisch.

12,10–14 Die Namen der Gaditen sind in 12,10–14 gefolgt von Ordnungszahlen: der erste (wohl: im Rang), der zweite, dritte usw. Ähnlich ist in etlichen anderen Fällen verfahren, meistens bei der Aufzählung von mehreren Söhnen eines Vaters (vgl. 1 Chr 3,1–3; 3,15; 8,39; 23,19; 26,2–5.10–11 u.a.m.).

Von der Zahl her könnten die Gaditen eine militärische Einheit, eine Zehnerschaft (unter Einschluß des Anführers) gebildet haben.

Die Episode 12,15–16 wird auf zweierlei Weise abgeschlossen: durch Hervorhebung der militärischen Vorzüge dieser Krieger, »ein Kleiner nahm es mit Hundert auf ...« und durch ausführlichen Bericht über einen Fall, wo sie ihre Kühnheit unter Beweis gestellt haben. V 16 schildert, wie diese Gaditen den Jordan überschritten hatten im ersten Monat, als die Schneeschmelze den Wasserstand erheblich erhöhte. Die Durchquerung des Jordans im ersten Monat war eines der markanten Wunder in der Geschichte Israels, wie in Jos 3–5 zu lesen (vgl. 5,10); auch damals war der Jordan über die Ufer getreten (3,15). Unter Josua allerdings geschah den Israeliten ein Wunder: Die Wasser wurden aufgehalten, bis das Volk heil hindurch war (Jos 3,16); die Gaditen dagegen überquerten den Jordan beim höchsten Wasserstand, sie zogen mitten durch die stärkste Strömung, was geradezu übermenschliche Kräfte erforderte. Die zweite Hälfte von V 16 ist etwas dunkel. Nach der eingeschobenen Bemerkung über den Wasserstand sind wieder die Gaditen Subjekt der Verbform »schlugen in die Flucht«; daraufhin sind mit »Täler« wohl die Talbewohner gemeint (vgl. Jer 4,29). Demnach hätten die Gaditen sämtliche Bewohner des Jordantals, die ihnen östlich und westlich des Flusses in die Quere kamen, in die Flucht geschlagen. Somit illustriert diese kleine Episode die Bedeutung der Metapher von den Löwen, mit denen die Gaditen zuvor verglichen werden: Sie verbreiteten Furcht und Schrekken, wo immer sie hinkamen. 12,15–16

12,17–19: Die Männer von Benjamin und Juda

Unter den vier in Kapitel 12 berichteten Episoden ist die mit den »Männern von Benjamin und Juda« in 12,17–19 diejenige, welche die gründlichste literarische und theologische Überarbeitung erfahren hat. Im Zentrum steht der Dialog zwischen David und Amasai, abgefaßt in poetischer Sprache mit parallelen Kola, allerdings in einem recht späten Hebräisch, nicht der sprachlichen Stufe von Davids Zeit. Die starke religiöse Färbung dieses Abschnitts ist unübersehbar, zumal in den Szenen davor keine solche zu beobachten ist. Es besteht wohl kein Zweifel, daß dieser Abschnitt ein spätes literarisches Gebilde ist; die Nähe zu Sprache, Stil und Weltanschauung des Chronisten lassen ihn als den wahrscheinlichsten Verfasser erscheinen. Allerdings ist die Möglichkeit nicht ganz von der Hand zu weisen, daß der Chronist auch hier eine Quelle benützt haben könnte, die er ausbaute und umarbeitete. 12,17–19

Die Erzählung nimmt in mancher Hinsicht Bezug auf Davids Umherziehen in der Wüste Juda: Davids Ort wird als »die Festung in der Wüste« (vgl. 1 Sam 23,14) angegeben; David verdächtigt diese Männer von Benjamin und Juda, sie wollten ihn verraten, und stellt ihre Motive in Frage (vgl. 1 Sam 23,10); die neugewonnenen Verbündeten werden sogleich zu Anführern der Truppe ernannt. Historisch schwierig in dieser Erzählung ist die unerwartete Kombination von »Benjamin und Juda«, die gemeinsam eine

Gruppe zu David entsandt haben sollen. Daß Leute aus Juda sich David anschließen würden, ist durchaus verständlich, auch gut belegt; daß vereinzelte Benjaminiten dies tun würden, ist auch wahrscheinlich. Doch eine organisierte Gruppe von Kämpfern aus diesen zwei Stämmen unter einem gemeinsamen Anführer – das ist unter den gegebenen Umständen allzu unwahrscheinlich. Die anstößige Kombination von »Benjamin und Juda« läßt sich hier vielleicht durch Rückgriff auf die vom Chronisten allgemein geübte literarische Praxis erklären: In der ursprünglichen Form der Erzählung waren vermutlich nur »die Männer von Juda« erwähnt, und der Chronist setzte »Benjamin« hinzu, um seine Vorstellung von der festen Einheit »Juda und Benjamin« auch hier einzutragen. Davids Sorge, an seine Feinde verraten zu werden, wird nur hier erwähnt, in keiner der anderen Episoden. Anscheinend empfand er diese Gefahr im Berglang und in der Wüste Juda als besonders akut (Keïla, 1 Sam 23,10–12; Zif, 1 Sam 23,19ff.; Nabal, 1 Sam 25,10; Zif, 1 Sam 26,1).

12,18 V 18 und V 19 sind in poetischer Sprache gehalten, worauf der Leser durch die feierliche Eröffnung vorbereitet wird: »er antwortete und sprach zu ihnen« – eine Form der Rede-Einleitung, die in Chr nur selten vorkommt (2 Chr 29,31; 34,15). Davids Begrüßung besteht aus zwei einander entgegengesetzten Bedingungssätzen: »wenn ... zum Frieden ... aber wenn mich zu verraten ...«. Dieses literarische Muster findet sich in Chr zwar etliche Male (1 Chr 19,12//2 Sam 10,11; 1 Chr 28,9; 1 Chr 15,12), aber in der älteren Literatur ist es häufiger (z.B. Gen 13,9; 24,49; Ex 1,16; 2 Kön 2,10 u.a.m.). Es dient dazu, den positiven und den negativen Aspekt einer gegebenen Situation deutlich darzulegen und die jeweiligen Folgen klar zu machen. Die Formulierung »Mein Herz wird über euch zur Gemeinschaft sein«, d.h. »ich will mit euch gemeinsame Sache machen« ist wiederum ein ausgezeichnetes Beispiel für spätbiblischen Sprachgebrauch. Der letzte Satz in V 18 legt die Entscheidung in Gottes Hand; das Problem, vor das David sich hier gestellt sieht, das Erkennen von verborgenen Absichten, ist nur durch Gott zu lösen, der »ins Herz sieht« (1 Sam 16,7). Stilistisch weist Davids Rede eine Eigentümlichkeit der poetischen und halb-poetischen Teile von Chr auf, den sogen. »anthologischen Stil«. Der Autor bedient sich bereits vorhandener, fertiger poetischer Phrasen und verwebt sie mit geringfügigen Anpassungen in sein eigenes literarisches Gebilde. Der Ausdruck »ohne Gewalt in meinen Händen« ist nahezu wörtlich aus Ijob 16,17 zitiert, und die Worte »möge Gott ... sehen und urteilen« sind aus Ex 5,21 übernommen: »JHWH möge auf dich schauen und urteilen«. Die Hand des Chronisten ist in den kleinen Veränderungen zu spüren, hier etwa in der Bezeichnung »der Gott unserer Väter«, was eines seiner beliebtesten Attribute ist, sowie in der Verknüpfung der Entlehnungen.

12,19 David überließ die Entscheidung Gott, und von dort kam die Antwort. Die bildhafte Ausdrucksweise »da kleidete der Geist den Amasai« findet sich außer in 12,19 nur noch zweimal in der Bibel: Ri 6,34 und 2 Chr 24,20. In Ri gibt Gideons Bekleidung mit dem Geist den Anstoß zum Handeln; an den zwei Stellen in Chr inspiriert der Geist eine Rede. Amasais Erwiderung besteht aus zwei Teilen, deren erster eine Loyalitätserklärung ist: »Dein sind wir, David, und mit dir, Sohn des Isai!«. Diese Erklärung paßt in die Situation, weist allerdings keinerlei sprachliche oder stilistische Nähe zu Davids Anrede auf. Erst im zweiten Teil von Amasais Erwiderung finden sich dann die Elemente aus Davids Worten: »Frieden«, dreimal bei Amasai in Anklang an Davids Formulierung in V 18; »Hilfe«, zweimal; die Bezugnahme auf Gott und die Fokussierung auf Davids Person, hier durch Pronomen der zweiten Person: »dein … deine Helfer … dein Gott hilft dir«, bei David in erster Person: »mir … mein Herz … meine Feinde … Gott unserer Väter«. Den beiden kurzen Redeeinheiten gemeinsam ist jeweils eine kurze Begründung zur Bekräftigung. David erläutert seine heikle Situation und seine Berufung auf Gott, falls er ungerecht behandelt werden sollte, damit, daß keine Gewalt in seinen Händen sei. Amasai wiederum begnügt sich nicht mit der Versicherung friedlicher Absichten, sondern unterstreicht seine Segensformel mit der Begründung: »Denn dir hilft dein Gott«. Hinter beiden Aussagen steht die gleiche Vorstellung: David ist unschuldig und Gott ist ihm gnädig.

Williamson (im Anschluß an *Ackroyd*) hat wohl Recht mit der Annahme, daß es sich bei der vorliegenden poetischen Formulierung eigentlich um den Überbau zu einem alten poetischen Kern handelt (*H. G. M. Williamson*, We are Yours 1982, 172 ff.; *Ackroyd* 55). Der Ausspruch »Dein sind wir …«, der von Stil und Wortschatz her ziemlich aus seinem Kontext herausfällt, könnte ein altes, ursprüngliches Gegenstück zu der bekannten Kriegserklärung »Wir haben keinen Teil an David und kein Erbteil am Sohn des Isai« aus 2 Sam 20,1 gebildet haben. Um diesen Spruch herum hat der Chronist sein eigenes poetisches Gebilde gelegt, um Davids Rechtmäßigkeit darzulegen und Gott als seinen »Helfer« anzusprechen.

12,20–22: Die Männer von Manasse

Die vierte Episode berichtet 12,20–22, wie sich die Männer von Manasse David anschlossen; ähnlich wie die Gaditen sollen sie die Front gewechselt haben, von Saul zu David. »Abfall« von einer Partei zur andern ist ein Schlüsselwort in diesem Abschnitt, es kommt nicht weniger als dreimal vor (V 20.20.21). Die Struktur dieses Abschnitts ist die der Wiederaufnahme, bestehend aus dem Anfang von V 20 »von Manasse fielen einige zu David ab …« und dem Anfang von V 21 »Damals also … fielen von Manasse zu ihm ab« [Liste der Namen folgt]. Dazwischen ist ein langer Satz eingeschoben, der folgende Informationen enthält:

1. David zog mit den Philistern in den Kampf gegen Saul.
2. Er kämpfte aber nicht mit.
3. Die Verantwortlichen unter den Philistern schickten ihn weg.
4. Sie fürchteten nämlich, er würde zu Saul, seinem Herrn, überlaufen.
5. Daraufhin ging David wieder nach Ziklag.

Dieser komplexe Satz ist eine gedrängte Zusammenfassung von 1 Sam 28,1–2; 29, wobei die Rede der Philister nahezu wörtlich aus 1 Sam 29,4 übernommen ist. Auch V 22 spielt auf den gleichen Kontext an (vgl. 1 Sam 30,8.15.23). Für eine ähnliche Struktur vgl. 1 Chr 5,1–2.

Die Männer von Manasse sind nach 12,21 sieben an der Zahl: Nur ihre Namen werden angegeben, keinerlei Herkunftsbezeichnung. Sie werden eingeführt als »Anführer von Tausenden« – oder, wenn wir die Vokabel אלף als »Clan« deuten: »Anführer der Clans von Manasse« – die unmittelbar vor der Schlacht auf dem Gilboa zu David überliefen.

12,23 Der Vers 12,23 bildet den Abschluß des ganzen Abschnitts V 1–22, das chronistische Gegenstück zu 1 Sam 28–30; er greift zurück auf ein früheres Stadium von Davids Geschichte noch unter Sauls Herrschaft. Hier soll er die wachsende Unterstützung schildern, die David gewann, und das allmähliche Zunehmen seiner Macht. Bis zu Sauls Tod hatte David nicht nur die in Kapitel 11 namentlich aufgezählten »Häupter … der Helden« bei sich, sondern ihm hatten sich solche Massen angeschlossen, daß sie »ein großes Heer« bildeten »wie ein Heer Gottes«. Von diesem Punkt an blendet der Chronist zurück nach Hebron zu den eigentlichen Krönungsfeierlichkeiten. 12,23: Abschluß

12,24–38 Die Liste der »Pioniertruppen«, 12,24–38, die zu David nach Hebron kamen, ist die »militärischste« unter den Listen in Chr. Nicht so sehr wegen der hohen Zahlen – da bieten andere Texte höhere (2 Chr 13,3; 14,17; 17,14–18) – eher wegen ihrer aufwendigen Anlage: extrem ausführlich, reich an militärischem Wortschatz und bewußt ausgeschmückt. Anscheinend wollte der Chronist hier die geballte Macht Israels auf ihrem Höhepunkt vorführen. Ebenfalls bemerkenswert an dieser Liste ist die Anzahl der Stämme. Sowohl Levi als auch die beiden Söhne Josefs werden aufgeführt, und Manasse erscheint als zwei getrennte Stammesverbände. Somit läßt die Liste auf vierzehn Stämme schließen (mit der Untergliederung von Levi wird die Zahl noch höher). Diese Aufzählung scheint darauf gerichtet, unter Vermeidung der stereotypen Zwölfzahl das Volk Israel im weitesten Sinne zu umfassen. Gleichzeitig ist hier, ganz im Unterschied zu Sam, die Auffassung vertreten, die israelitische Monarchie sei ein Stämmeverband gewesen, das Stämmesystem habe noch als lebendige, aktive Realität bestanden (vgl. dazu *S. Japhet*, Ideology 1989, 278 ff.). 12,24–38: Die Liste der »Pioniertruppen«

12,24 Die Einleitung zu diesem Abschnitt weist in 12,24 Formulierungen auf, die für den Kontext überhaupt charakteristisch sind: »sie kamen zu David«, »Sauls Königtum an ihn zu übertragen gemäß dem Wort JHWHs«. Die Übernahme des Königtums geschieht nicht auf kriegerischem Wege, sondern friedlich und freudig. Der deutlichste Ausdruck dieses friedlichen Regierungswechsels ist die Versammlung der gesamten Heerestruppen, die David von vornherein ihrer Loyalität versichern.

12,30 In V 30 kommt wieder die problematische Beziehung Saul-Benjamin-David zur Sprache. Das Truppenaufgebot von Benjamin ist das zahlenmäßig kleinste, insgesamt 3000. Vermutlich deshalb folgt auf die Angabe der Zahl eine apologetische Bemerkung: »bis dahin hatten die meisten von ihnen dem Hause Sauls die Treue gehalten«. Darin ist zweierlei impliziert: Zum einen erklärt das die geringe Zahl von Benjaminiten, die sich David anschlossen; außerdem erhält Benjamin hier eine Sonderstellung unter den Stämmen: Nur sie hatten aufgrund der Blutsbande so lange zu Saul gehalten; alle übrigen Stämme betrachteten längst David als ihren König.

In den Versen 12,33–34 kommen die Nordstämme, Issachar und Sebulon, 12,33–34
denen von allen Stämmen die größte Aufmerksamkeit zuteil wird. Im Unterschied zu sämtlichen übrigen Stämmen werden bei Issachar nicht die gesamten Truppen aufgeführt, sondern nur die Zahl ihrer Anführer (wie bei den Zadokiten, V 29). An ihnen wird außerdem die außergewöhnliche Fähigkeit hervorgehoben, daß sie »Einsicht hatten in die Zeiten«. Dieser Ausdruck scheint aus zwei idiomatischen Wendungen zusammengeflossen: יודעי בינה »Wissende an Einsicht« als Synonym für Weise (Jes 29,24; Spr 4,1; Ijob 38,4 und bes. 2 Chr 2,11.12) und יודעי העתים »Wissende um die Zeiten«, was sich sonst nur noch Est 1,13 findet. Aus der Fortsetzung des Verses geht hervor, daß es sich um eine Wissenschaft, astrologische Kenntnisse oder etwas in der Art handeln muß. Genaueres ist nicht auszumachen.

Der hervorragendste Stamm in dieser Liste ist Sebulon, der mit etlichen schmückenden Attributen versehen wird. Der ihm gewidmete Abschnitt ist detailliert und enthält alles Notwendige: Seine »heeresfähigen Krieger« sind die meisten an Zahl, fünfzigtausend; seine Waffen sind ganz umfassend beschrieben »mit allem Kriegsgerät« und – was das Wichtigste ist – seine unbedingte Zuverlässigkeit: »ungeteilten Herzens«. Hier wie bei Issachar muß die Frage nach der Herkunft und historischen Grundlage dieser Schilderungen offen bleiben. Zu beachten ist jedoch das Lob Sebulons im Debora-Lied »Sebulon, ein Volk, das sein Leben aufopfert bis zum Tode« (Ri 5,18a) und die besondere Rolle von Issachar, Sebulon und Naftali in dem Krieg gegen den Kanaanäer Jabin (vgl. Ri 4,6.10; 5,14.18).

12,39–41: Zusammenfassung und Schilderung der Feier in Hebron

Die Verse 12,39–41 mit dem Bericht über die Feierlichkeiten in Hebron bilden den Höhepunkt der ganzen literarischen Einheit. Sie bringen sämtliche Anliegen der Einheit voll zum Ausdruck und bieten ein gutes Beispiel
für das literarische Verfahren des Chronisten. Die Angabe V 39a »diese alle, 12,39
Kriegsleute … kamen … nach Hebron, um David zum König über ganz Israel zu machen« ist eine Art Resümee der vorangegangenen Aufzählung, in gewisser Weise Wiederaufnahme der Überschrift von V 24. Besonders betont wird die Einmütigkeit (»mit ganzem Herzen«), mit der David zum König über »ganz Israel« erhoben wurde. Ausdrücklich sind es nicht die in Hebron versammelten Israeliten allein, die David zum König machen, sondern »auch das ganze verbliebene Israel war eines Herzens, David zum König zu machen«. Der dominant militärische Anstrich des ganzen Abschnitts ist uns schon aufgefallen; dies führt zu der Beobachtung dessen, was *nicht* erwähnt

ist. Die in Hebron Versammelten sind durchweg Militärs; Ausdrücke wie »das Volk«, »das ganze Volk«, »die Versammlung«, »die Versammlung Israels« u.ä., die in anderen Teilen von Chr reichlich belegt sind, fehlen hier völlig.

12,40–41 Die Fortsetzung von V 39 in V 40–41 schildert die eigentliche Feier, bei der drei Tage lang gegessen und getrunken wurde. Was wir hier vor uns haben, ist eine einzigartige Beschreibung einer Versammlung von Israeliten aus allen Teilen des Landes, einschließlich so weit entfernter Stammesgebiete wie Issachar, Sebulon und Naftali. Die Leute, die ihren Proviant bei sich trugen, strömten mit den verschiedensten Verkehrsmitteln nach Hebron. Anlaß und Zweck des aufwendigen Unternehmens wird ganz am Ende genannt: »Denn es war ein Freudenfest in Israel«. Die Feier weist keinerlei religiöses oder rituelles Element auf: keine Opfer, weder Gotteslob noch Benediktion, weder Predigt noch Gebet. Die Veranstaltung ist an kein Heiligtum gebunden, und die unter den Soldaten erwähnten »Priester und Leviten« nehmen keine kultischen Funktionen wahr. Dieser Charakter der Krönungsfeierlichkeiten ist umso bemerkenswerter im Vergleich zu anderen Feiern, von denen Chr häufig berichtet. Als markantes Beispiel mag Salomos Erhebung zum König dienen (1 Chr 29,22). Beiden Feiern gemeinsam sind drei Chr eigentümliche Elemente: Essen, Trinken und Festfreude. Bei Salomos Krönung geschieht all dies »vor JHWH«, anders bei David.

So unchronistisch die Schilderung der Feier in Hebron zunächst anmuten mag, ist sie doch zutiefst verwurzelt in der Auffassung des Chronisten von der Geschichte des Kultes in Israel. In Hebron, dem Schauplatz von Davids Krönung, befand sich kein Heiligtum, also konnte dort keinerlei Kulthandlung stattgefunden haben. Daher ist das religiöse Element aus diesem Bericht ganz bewußt ausgeklammert. Ebenfalls von hochentwickeltem Geschichtsbewußtsein zeugt die Synchronisierung der Eroberung Jerusalems mit dem Antritt der Königswürde sowie das Heraufführen der Lade nach Jerusalem als König Davids erste Amtshandlung (1 Chr 13,1ff.). Die Auslassung des religiösen Elements in den Feierlichkeiten in Hebron wird sozusagen ausgeglichen durch die Schilderung der Heraufführung der Lade direkt im Anschluß an die Thronbesteigung. Dort bilden die ausführlich dargestellten religiösen und rituellen Aspekte den weitaus dominantesten Faktor.

1 Chr 13,1–14: Die erste Überführung der Lade

Literatur *T. C. Eskenazi*, A Literary Approach to Chronicles' Ark Narrative in 1 Chronicles 13–16, in: A. B. Beck (Hg.), Fortunate the Eyes that See. FS D. N. Freedman, Grand Rapids 1995, 258–274. – *G. Snyman*, Fictionality and Writing of History in 1 Chronicles 13: OTE 3, 1990, 171–190. – ders., Who is Responsible for Uzzah's Death? Rhetoric in 1 Chronicles 13, in: S. E. Porter/T. H. Olbricht (Hg.), Rhetoric, Scripture and Theology. Essays from the 1994 Pretoria Conference (JSOT.S 131), Sheffield 1996, 203–217.

Text

Übersetzung *13 1 Und David beriet sich mit den Anführern der Tausendschaften und der Hundertschaften, mit jedem Fürsten. 2 Und David sprach zur ganzen Gemeinde Israel: »Wenn es euch gut scheint und wenn es von JHWH unserem Gott ist, wollen wir weit umhersenden zu unseren Brüdern, die in allen Ländern Israels verblieben sind, und mit ihnen zu den Priestern und Leviten in den Städten ihrer Weideplätze, daß sie sich zu uns versammeln. 3 Und wir wollen die Lade unseres Gottes zu uns überführen, denn wir haben sie nicht gesucht in den Tagen von Saul.« 4 Und die ganze Gemeinde sprach, man solle so tun, denn die Sache war richtig in den Augen des ganzen Volkes.*

5 Da versammelte David ganz Israel vom ägyptischen Schihor bis wo man nach Hamat kommt, um die Lade Gottes aus Kirjat-Jearim zu holen. 6 Und es zog David und ganz Israel nach Baala, nach Kirjat-Jearim in Juda, um hinaufzubringen von dort die Lade des Gottes JHWH, des Kerubenthroners, [die zufällig dort war].

7 Und sie fuhren die Lade Gottes in einem neuen Wagen aus dem Haus Abinadabs, und Usa und Achjo führten den Wagen. 8 Und David und ganz Israel tanzten vor Gott mit aller Macht und mit Gesängen und mit Leiern und mit Harfen und mit Handpauken und mit Cymbeln und mit Trompeten. 9 Als sie zur Tenne Kidon kamen, reckte Usa seine Hand aus, um die Lade zu fassen, weil die Rinder sie herabfallen ließen. 10 Da entbrannte der Zorn JHWHs gegen Usa und er schlug ihn, weil er seine Hand erhoben hatte gegen die Lade, und er starb ebendort vor Gott. 11 Und David war empört, daß JHWH Usa weggerissen hatte und er nannte diesen Ort Perez-Usa bis auf diesen Tag.

12 Und David fürchtete sich vor Gott an jenem Tage und sprach: »Wie soll ich die Lade Gottes zu mir bringen?« 13 Und David ließ die Lade nicht zu sich ziehen in die Davidsstadt, sondern ließ sie einkehren in das Haus des Obed-Edom des Gittiten. 14 Und die Lade Gottes blieb im Hause des Obed-Edom, in seinem Haus, drei Monate. Und JHWH segnete das Haus des Obed-Edom und alles, was er hatte.

Zu Text und Übersetzung

6 אשר נקרא שֵׁם »wo der Name genannt wird«: schwierig; vorgeschlagen אשר נקרה שָׁם »die zufällig dort war«.

9 שמטו »strauchelten« (d.i. die Rinder): schwierig; vorgeschlagen שְׁמָטוֹ »ließ sie herabfallen« (d.i. die Rinder ließen die Lade herabfallen).

Analyse

Kontext und Thema

Die Kapitel 13 bis 17 bilden eine literarische Einheit mit einem einzigen zentralen Thema: die zweite Etappe der Verwandlung Jerusalems in das politische und religiöse Zentrum Israels. Die Texteinheit beginnt mit der Überführung der Lade von Kirjat-Jearim nach Jerusalem und endet mit Gottes Verheißung, in Jerusalem das Haus Gottes und Davids Dynastie fest zu etablieren. Um diesen thematischen Brennpunkt herum arrangiert der Chronist sein neues literarisches Gebilde, wobei er in der für ihn charakteristischen Weise verschiedenartige Elemente zu einem neuen Ganzen verschmilzt. Einige seiner Elemente stammen aus biblischen Quellen, überwiegend 2 Sam; andere hat er vermutlich aus außerbiblischen Quellen geschöpft, noch andere selbst frei verfaßt. Diese Bestandteile werden neu bearbeitet und in einen neuen historischen und theologischen Rahmen eingepaßt. Wie anderswo in diesem Werk ist der Stoff sowohl in seinem ursprünglichen Kontext (wo ein solcher faßbar) zu verstehen als auch in dem neuen, aus dem er seine Aussage gewinnt.

Verhältnis zu 2 Sam 5–6

Kapitel 13 beschreibt den ersten Versuch, die Heilige Lade nach Jerusalem zu überführen, parallel zu 2 Sam 6,2–11. Seinen Ausgangspunkt hat der Chronist ganz offensichtlich aus dem vorliegenden Text von 2 Sam genommen, aber er hat die Reihenfolge verändert: Er läßt den betreffenden Abschnitt unmittelbar an 2 Sam 5,6–10 (eingeführt in 1 Chr 11,4–9) anschließen. Die in 2 Sam 5,11–25 berichteten Ereignisse, die der Überführung der Lade sowohl literarisch als auch historisch vorausliegen, sind als geschlossener Komplex an eine andere Stelle verlegt, nach 1 Chr 14,1 ff., hinter das Scheitern des ersten Versuchs. So wird eine neue historische und theologische Abfolge geschaffen, worin die Überführung der Lade nach Jerusalem Davids erste Amtshandlung als König bildet. Dieser feierliche Akt wird außerdem als direkte Fortsetzung der Feiern in Hebron dargestellt. Das Scheitern des ersten Versuchs bewirkte einen unerwarteten dreimonatigen Aufenthalt. Für diesen Zeitraum werden David eine Reihe von Handlungen zugeschrieben, die ursprünglich als der Überführung der Lade vorangehend geschildert waren.

Chronologische und historische Ungereimtheiten

Das neue literarische Gebilde strotzt von chronologischen und historischen Ungereimtheiten. Schon oben sind wir auf die Schwierigkeit gestoßen, die Einnahme der Stadt Jerusalem, die in 1 Chr 11 als organischer Bestandteil des Regierungsantritts erscheint, in einen sinnvollen chronologischen Zusammenhang zu bringen. Diese Schwierigkeit wird durch Kapitel 13 noch erhöht. Rein literarisch betrachtet geht Kapitel 12 bruchlos in Kapitel 13 über, keinerlei Abschlußformel am Ende von 12, kein Signal eines Neueinsatzes am Anfang von 13. Kein zeitlicher Abstand wird angedeutet; die »die in allen Ländern Israels verblieben sind (הנשארים)« von 13,2 lassen sich identifizieren mit dem »ganzen verbliebenen (שרית) Israel« von 12,39. So wird zwar die Überführung der Lade im unmittelbaren Anschluß an die Krönungsfeierlichkeiten in Hebron dargestellt, aber aus der implizierten historischen Situation geht hervor, daß Jerusalem bereits erobert ist und daß David sogar schon seinen Wohnsitz dort genommen hat, vgl. 13,13: »Und David ließ die Lade nicht zu sich ziehen in die Davidsstadt«. Aus theologischen Erwägungen heraus hat der Chronist alles, was mit Jerusalem und dem Haus Gottes dort zusammenhängt, an den Anfang von Davids Herrschaft gestellt, wodurch ein literarisches Gebilde zustande kommt, in dem die historische Abfolge unklar bleibt.

Quellen

Was die Quellen betrifft, besteht Kapitel 13 aus zwei Teilen. V 6–14 sind nahezu wörtlich aus 2 Sam 6,2–11 (zur Textkritik dieses Abschnitts und seiner Beziehung zum MT von 2 Sam und zu 4QSam[a] vgl. *E. C. Ulrich*, The Qumran Text 1978, 193–221) übernommen. Im Gegensatz dazu haben V 1–5 keine biblische Parallele und sind ein gutes Beispiel für Sprache, Stil und Anschauungen des Chronisten. Diese Verse bilden seine eigene Einleitung zur ganzen Texteinheit und der neue Kontext rückt die Erzählung in ein neues Licht.

Aufbau

Vom Aufbau her besteht das Kapitel aus zwei ungleichen Hälften:

a) 13,1–4 Die Einleitung (wo der Beschluß gefaßt wird)
b) 13,5–14 Die eigentliche Handlung. Die zweite Hälfte besteht aus drei kleineren Einheiten:
   - 13,5–6 Die Fahrt nach Kirjat-Jearim
   - 13,7–11 Die Überführung der Lade, abgebrochen durch Usas jähen Tod
   - 13,12–14 Abstellung der Lade im Haus von Obed-Edom

Übernommene und von Chr selbst verfaßte Elemente

Die übernommenen und die originellen Elemente sind deutlich unterschieden. Das Stück aus 2 Sam wird in gedrängter Kürze dargeboten (V 6–14): Vor den Augen des Lesers zieht eine Reihe von Szenen in rascher Folge vorüber. Die Hauptfiguren dieser Szenen wechseln, und die Ereignisse werden immer dramatischer, bis schließlich der ursprüngliche Plan, die Lade nach Jerusalem zu überführen, völlig aufgegeben wird. Die Erzählung enthält nichts Dialogisches; das einzige Vorkommen von direkter Rede ist Davids rhetorische Frage: »Wie soll ich die Lade Gottes zu mir bringen?« Dagegen wirkt der vom Chronisten selbst verfaßte Teil (V 1–5) ganz anders. Die Erzählung ist eher statisch, umfaßt im Grunde nur eine einzige Szene: die Ratssitzung, in der die Überführung der Lade beschlossen wird. Den größten Teil des Abschnitts nimmt Davids Rede ein. Das ist die Schreibweise des Chronisten: arm an Dramatik, aber reich an theologischen Implikationen.

Auslegung

V 1–4: Einleitung

Laut 2 Sam 6 war die Überführung der Lade im wesentlichen Davids Sache. 13,1–4
Entscheidung und Durchführung stammen von ihm. Das Volk wird zwar als anwesend geschildert (V 2.5 und dann 15,18–19), spielt aber keine Rolle. Im Brennpunkt der Erzählung steht David: sein Tun, Empfinden und Reden. Die Einstellung des Chronisten in 13,1–4 ist eine andere, spürbar nicht nur in den Schwerpunkten seiner hinzugefügten Einleitung (V 1–4), sondern auch in den Spannungen zwischen der Einleitung und der eigentlichen Handlung, die exakt aus 2 Sam übernommen ist.

13,1 Nach den einführenden Bemerkungen des Chronisten gingen nur der Gedanke und die Anregung von David aus, während die eigentliche Entscheidung vom ganzen Volk gefällt werden mußte. Dies erfordert eine langwierige, ziemlich umständliche Prozedur. Zunächst zieht David die »Anführer der Tausendschaften und der Hundertschaften, mit jedem Fürsten« (V 1) zu Rate; dann bringt er seinen Vorschlag vor »die ganze Gemeinde Israel« (V 2), wobei nicht nur die Überführung der Lade zur Debatte steht, sondern auch die vorbereitende Volksversammlung. Schließlich lassen sich die Anwesenden überreden und nehmen Davids Antrag an. »Die ganze Gemeinde sprach, man solle so tun« (V 4), und erst auf ihre Zustimmung hin wird der erste Schritt zur Ausführung getan: die Einberufung der Volksversammlung. Zusätzlich zu dem Wunsch, das als geschlossene Einheit verstandene Volk Israel im weitesten Sinne darzustellen, kommt hier eine weitere Tendenz ins Spiel, die man geradezu als »Demokratisierung« bezeichnen könnte. In Chr wandelt sich die Einstellung zur Rolle des Volkes im politischen Leben Israels gegenüber dem König. Das Volk wird hier nicht auf eine begleitende oder Zuschauer-Rolle beschränkt; vielmehr ist es partnerschaftlich an Beratung und Entscheidung beteiligt. »Demokratisierung« beim Fällen von Entscheidungen setzt zwei Elemente voraus: Beratung und Überredung. Die führende Persönlichkeit – wer immer es sein mag – berät sich mit anderen, bevor sie etwas unternimmt. Daher spielt Überredung, die Kunst des Argumentierens und Plausibel-Machens, eine so wichtige Rolle im sozialen Gefüge. Der Chronist eröffnet seine Erzählung also nicht mit der Volksversammlung, die erst in V 5 erwähnt wird, sondern mit den Schritten, die deren Zustandekommen ermöglichten.

13,2–3 Nach 13,2–3 entfaltet David seinen Plan, eingeleitet durch zwei Bedingungssätze: »wenn es euch gut scheint« und »wenn es von JHWH unserem Gott ist«. Im folgenden wird allerdings nur die Erfüllung der ersten Bedingung geschildert: »Denn die Sache war richtig in den Augen des ganzen Volkes« (V 4). Die zweite Bedingung bleibt in der Schwebe und erfüllt sich erst gegen Ende der erfolgreichen Überführung der Lade: »Da Gott den Leviten half« (15,26). Allerdings wird auch dazwischen die grundsätzliche göttliche Zustimmung zu Davids Plan angedeutet: 13,14 (s.u.). Dem Hauptanliegen Davids, Überführung der Lade nach Jerusalem, wird die Einladung an das ganze Volk Israel, sich an diesem bedeutenden Ereignis zu beteiligen, vorangestellt. Daher sind die beiden Anliegen von Davids Rede ähnlich formuliert: »Daß sie sich zu uns versammeln« (V 2) und »wir wollen die Lade unseres Gottes zu uns überführen« (V 3). Die Redewendung אם עליכם טוב »wenn es euch gut scheint« (die auch Neh 2,5.7, Est 1,19; 3,9 u.ö. vorkommt) ist zweifellos spät und durch aramäische Parallelen beeinflußt. Das ältere Gegenstück dazu lautet … טוב בעיני »gut in den Augen von …«, vgl. 1 Kön 21,2; Jer 40,4 u.ö. Der adverbiale Gebrauch zweier aufeinanderfolgender Verbformen נפרצה נשלחה (wörtlich: »wir wollen ausbrechen, wir wollen senden«) ist im biblischen Hebräisch üblich (*Gesenius* § 120d ff.). Ungewöhnlich ist hier die spezielle Verwendung der Verbalwurzel פרץ »ausbrechen«. Sie findet sich bereits in 2 Sam 5,20 und 6,8, aber beim Chronisten erhält sie mehr Gewicht. Hier erinnert ihr erstes Auftreten an Gen 28,14 »du sollst ausbrechen gen Westen, gen Osten, gen Norden, gen Süden«. Darauf folgt die dreifache Verwendung derselben Wurzel in V 11 beim gewaltsamen Tod des Usa (= 2 Sam 6,8), danach wieder bei Davids Sieg über die Philister (14,11), wo sie nicht weniger als viermal vorkommt (= 2 Sam 5,20); schließlich bezeichnet das Verb noch einmal die göttliche Strafe für unzulässigen Umgang mit der Lade (1 Chr 15,13). So werden die Überführung der Lade und die Philisterkriege in einen literarischen Komplex zusammengebunden, wobei Israel im weitesten Sinne begriffen wird.

Davids Aufruf richtet sich an »unsere Brüder, die … verblieben sind« (אחינו הנשארים). Der Zusammenhang dieser Benennung mit dem »ganzen verbliebenen (שרית) Israel« von 12,39 liegt nahe. Manche Forscher betrachten die Verwendung dieses Terminus als bewußten oder zufälligen Anachronismus, als Bezeichnung der gesamten Einwohnerschaft Israels unter David mit einem Begriff aus dem Wortschatz der Restauration. Allerdings unterstützt der hier vorliegende Sprachgebrauch des Chronisten diese Deutung nicht. An beiden Stellen handelt es sich bei den »Verbliebenen« um diejenigen, die an der vorigen Versammlung in Hebron nicht teilgenommen hatten; von daher ist der Ausdruck ganz in seinen Kontext eingebunden und braucht keine weiteren theologischen Implikationen zu haben. In der Ortsangabe »in allen Ländern Israels« ist die Verwendung von ארצות im Plural zur Bezeichnung sämtlicher Landesteile bzw. des Landes insgesamt eine Eigentümlichkeit des Chronisten; sie findet sich zwei weitere Male: 2 Chr 11,23: »in alle Lande von Juda und Benjamin« und 2 Chr 34,33: »von allen Landen, die den Israeliten [gehörten]«. Es ist auch bemerkenswert, daß von den zehn Malen in der ganzen Bibel, wo das Land mit der Wortverbindung »Land Israel« bezeichnet wird, vier in Chr vorkommen (vgl. auch Auslegung zu 1 Chr 22,2). Die Verwendung des Plurals reflektiert vielleicht nicht nur die allgemeine sprachliche Tendenz, lieber Plural als Singular zu verwenden, sondern auch eine historisch-theologische Vorstellung, der Wunsch, das Territorium der Israeliten möglichst weit zu fassen (vgl. unten zu V 5). Wie schon oben (zu 1 Chr 6) beobachtet, bietet die Erwähnung der Leviten-Städte (V 2: »die Priester und Leviten in den Städten ihrer Weideplätze«) in Chr Aufschluß über die Vorstellung des Chronisten von der Ansiedlung der Israeliten im Lande: Laut Chr waren die Priester und Leviten schon zu Beginn von Davids Regierung fest in ihren Städten etabliert. Im ersten Teil der Erzählung, der aus 2 Sam übernommen ist, haben die Priester und Leviten keinerlei Funktion; im zweiten Teil dagegen spielen sie eine zentrale Rolle (vgl. unten zu 1 Chr 15).

Der markante Ausdruck in 13,3, den David für die Überführung der Lade 13,3 verwendet (ונסבה ... אלינו »wir wollen ... zu uns überführen«), erweckt den Eindruck, als ob sich die Lade bis zu David hin nicht in israelitischem Besitz befunden hätte, so daß Davids Plan darin bestanden hätte, sie von irgendwo außerhalb Israels wiederzuholen, nicht nur, sie von einem Ort zum andern zu transferieren. Da der derzeitige Ort der Lade bald darauf erwähnt wird – »Kirjat-Jearim in Juda« (V 6) – ist dieses »zu uns« wohl eher in geistigem Sinne zu verstehen: Wir wollen uns die Lade zu eigen machen. Diese Deutung wird verstärkt durch Davids ausdrückliche Erklärung: »denn wir haben sie nicht gesucht in den Tagen von Saul«. Demnach geht es nicht um die physische Plazierung der Lade – sie hatte sich die ganze Zeit über auf judäischem Territorium befunden, sondern um ihre Funktion als Kultgegenstand, als ein Objekt, das »gesucht« wird wie Gott. Die volle Bedeutung der Überführung der Lade besteht also nicht in ihrem Verbringen »ins Innere des Zeltes« (1 Chr 16,1//2 Sam 6,17), sondern in der Errichtung eines ständigen Kultes vor der Lade, wie in Kapitel 16 ausführlich geschildert. V 3 ordnet sich in den theologischen Rahmen von Chr ein durch die markante Wiederholung der Motive »Suchen« und »Überführen«: Sauls Schicksal wurde dadurch besiegelt, daß »er JHWH nicht suchte«, woraufhin Gott »sein Königtum an David übergehen ließ«. Nach Sauls Tod ging das Volk einen Schritt weiter: »Sauls Königtum an ihn zu übertragen (להסב)« (12,24). Nun war es an David, JHWH zu suchen, indem er die Lade überführen ließ (נסבה) an den Ort, wo Gott gesucht werden sollte. In Kapitel 17 mit der Verheißung dauernden Bestands für die davidische Dynastie erreicht diese dramatische Steigerung ihren Höhepunkt. Diese Verheißung wird David zuteil, weil er Gott gesucht hat, konkretisiert durch die Überführung der Lade.

13,4 Das Volk geht auf Davids Vorschlag bereitwillig ein (13,4). Von nun an ist die Überführung der Lade nicht mehr Davids Privatunternehmen, sondern das Anliegen des ganzen Volkes, das gegenüber dem König politisch wie theologisch eine eigenständige Position hatte.

V 5–6: Der Beginn der Überführung

13,5 Mit V 5 setzt das eigentliche Unternehmen (13,5–14) ein. Im Unterschied zu 2 Sam 6,1, wo am Anfang Davids militärische Macht erwähnt war, eröffnet der Chronist den Bericht mit dem Hinweis auf die versammelten Volksmassen, eine ausgezeichnete Überleitung von der Einleitung V 1–4 zur eigentlichen Erzählung. »Vom ägyptischen Schihor bis wo man nach Hamat kommt« ist die klassische Formel einer Grenzbezeichnung, wobei nur zwei Punkte des intendierten Territoriums genannt werden, der ägyptische Schihor im Südwesten und der Zugang nach Hamat im Nordosten; dazwischen liegt das, was der Chronist unter »Land Israel« versteht. Das durch diese zwei Punkte abgesteckte geographische Bild ist recht ungewöhnlich (vgl. auch *S. Japhet*, Conquest 1979, 208 ff.). Beim ägyptischen Schihor handelt es sich zweifellos um den Nil – nach allen sonstigen biblischen Erwähnungen zu schließen (vgl. Jes 23,2; Jer 2,18); beim nördlichen Grenzpunkt dagegen handelt es sich allgemein um den »Zugang nach Hamat« oder, wie einige Forscher meinen, »Labu von Hamat«. Die Kombination dieser zwei Punkte zur Bezeichnung der Grenzen ist sehr selten; häufiger heißt es »vom Flußtal Ägyptens bis nach Lebo (oder: zum Zugang) von Hamat« (z. B. 1 Kön 8,65, auch Num 34,5; Ez 47,20 u. ö.). Manche Forscher wollen diese Lesart daher auch in unseren Text eintragen (so schon LXX). Derselbe Ausdruck findet sich allerdings ein weiteres Mal in der Bibel (Jos 13,3–5), und eine ähnliche geographische Vorstellung, nur anders ausgedrückt, findet sich in Gen 15,18: »von dem Flusse Ägyptens zu dem großen Fluß, dem Fluß Euphrat«. Die beiden Punkte Schihor von Ägypten und Lebo (oder: Zugang) von Hamat sind die Grenzpunkte des »verbliebenen Landes« (Jos 13,2), d. h. jener Teile des gelobten Landes, die von Josua nicht erobert wurden – nach dem redaktionellen Ansatz von Jos. Historisch gesehen wurden Teile dieses »verbliebenen Landes« später von David eingenommen, andere wiederum, etwa das Gebiet der Philister, wurden nie erobert. Der Chronist nimmt eben diese Vorstellung, die weitest gesteckten Grenzen des Landes, und behauptet, in diesem ganzen Territorium hätten die Israeliten gewohnt, und zwar nicht erst gegen Ende von Davids Herrschaft nach dessen erfolgreichen Kriegszügen, sondern gleich zu Anfang von Davids Königtum. Da dieses aber nach chronistischer Auffassung die unmittelbare Fortsetzung von Sauls Königtum darstellte, müßten dieselben territorialen Verhältnisse bereits unter Saul bestanden haben.

V 6 entspricht 2 Sam 6,2 mit einem Unterschied, der sämtlichen Exegeten 13,6
aufgefallen ist. Aus »David ... mit all dem Volk, das mit ihm war« wird »David und ganz Israel«. Für den Chronisten versteht es sich von selbst, daß es sich bei »all dem Volk, das mit ihm war« um »das ganze Volk«, also um »ganz Israel« handelte. So fügt sich der Vers in das allgemeine chronistische Geschichtsbild, das bereits in den einleitenden Versen zum Zuge kommt. 2 Sam 6,2 hat die Gottesbezeichnung »JHWH der Heerscharen«, das Attribut צבאות »Heerscharen« fehlt in Chr und allem Anschein nach auch in 4QSam[a]. Wie schon beobachtet, tilgt der Chronist dieses Attribut in drei der sechs Fälle, wo es in seiner Vorlage stand, und in seinem eigenen Text verwendet er es nie. Dahinter steht eine weiter reichende Vorstellung in Bezug auf göttliche Hoheitstitel, die auch in anderen biblischen Texten zum Ausdruck kommt.

Die Ortsangabe in 2 Sam 6,2 MT מבעלי יהודה »von den Herren *(baʿalej)* Judas« ist vermutlich die verderbte Form entweder einer kurzen Angabe wie מבעלה אשר ליהודה »aus Baala, das in Juda liegt«, oder einer längeren wie »Baala, das ist Kirjat Jearim, das in Juda liegt«, was in 4 QSam4[a] (*Ulrich* 194) belegt ist. Im Grunde bietet Chr hier eine bessere Lesart als 1 Sam MT. Dagegen scheint das Ende dieses Verses in Chr verderbt, dort steht nämlich »wo der Name genannt wird« (אשר נקרא שם) – da scheint etwas zu fehlen. Gegen die Annahme, die Wortfolge stehe an der falschen Stelle, spricht das

Fehlen einer Präposition wie etwa עליו (»über ihn«). Überzeugender wirkt die Vermutung, die Version des Chronisten habe – aufgrund redaktioneller Bearbeitung oder anders lautender Vorlage – zunächst anders gelautet, nämlich אשר נקרה שם (»die zufällig dort war«). Durch ein Mißverständnis wurde die Vokabel שָׁם (»dort«) später als שֵׁם (»Name«) vokalisiert.

V 7–11: Die Überführung der Lade und Usas jäher Tod

13,7 1 Chr 13,7 entspricht 2 Sam 6,3–4a, aber die Lesart von Chr scheint besser, weil sie nicht die Dittographie enthält, die dort am Ende von V 3 und Anfang von V 4 steht (die Wiederholung fehlt in den meisten LXX-Handschriften). Auf der anderen Seite fehlen in Chr die Worte »mit der Lade Gottes, und Achjo ging vor der Lade her« (2 Sam 6,4b), belegt in 4QSam^{a} (*E. C. Ulrich*, The Qumran Text 1978, 195). Das ist ein weiteres Beispiel für die stilistische Tendenz des Chronisten, die Erzählung zu kürzen und anscheinend überflüssige Einzelheiten wegzulassen.

13,8 In Parallele zu 2 Sam 6,5 schildert V 8 die große Freude, die mit der Überführung der Lade einherging. Gezeichnet wird das Bild eines gedrängten Festzugs – in der Mitte die Lade, ringsherum singend und tanzend das Volk und der König. Der Grundgedanke des ganzen Ereignisses, daß die Lade der Träger von Gottes Gegenwart inmitten seines Volkes ist, kommt im Sprachgebrauch dieses Verses zum Ausdruck. Die vor der Lade singende und tanzende Volksmenge ist »fröhlich vor Gott«. In der Version von 2 Sam 6 ist diese Gleichsetzung der Lade mit der göttlichen Gegenwart wiederholt in V 14 und V 16, unmißverständlichen und nachdrücklichen Ausdruck findet sie in Davids Erwiderung auf Michals Vorwurf: »Vor JHWH, der mich … erwählt hat, vor JHWH will ich fröhlich sein« (2 Sam 6,21). In Chr wird diese Gleichsetzung etwas abgewandelt; beibehalten ist sie hier und danach V 10: »und er starb ebendort vor Gott«. 2 Sam 6,7 liest im entsprechenden Zusammenhang »bei der Lade Gottes«, aber Chr bietet die bessere Lesart, wie jetzt auch durch 4QSam^{a} belegt ist (*Ulrich* 196). Allerdings ist in 1 Chr 15,27.29 (// 2 Sam 6,14.16) die Angabe »vor Gott« nicht beibehalten, und Davids Erwiderung ist völlig weggelassen. In speziellen Einzelheiten weicht dieser Vers in zweierlei Hinsicht von seiner Parallele 2 Sam 6,5 ab: a) der Ausdruck בכל עז ובשירים »mit aller Macht und mit Gesängen« lautet in 2 Sam 6,5 MT בכל עצי ברושים »mit allen Fichtenhölzern«; die Abhängigkeit der einen Lesart von der anderen ist deutlich: Die Buchstaben י und ו, צ und ז sind vertauscht. Die meisten Exegeten bevorzugen die Lesart von Chr (unterstützt durch 4QSam). b) Der Chronist hat vermutlich die ursprünglichen Musikinstrumente במנענעים ובצלצלים »mit Kastagnetten und Cymbeln« ersetzt durch במצלתים ובחצצרות »mit Cymbeln und mit Trompeten«. Letztere kommen im musikalischen Vokabular des Chronisten häufiger vor (»Cymbeln« elfmal, dann nur noch zweimal bei Esra-Nehemia; »Trompeten« 21mal in Chr, aber auch sonst). Die beiden anderen Instrumente sind recht selten, מנענעים kommt nur hier in 2 Sam 6,5 vor und צלצלים nur zwei weitere Male, Ps 150,5. Ist die Variation hier rein wortschatzbedingt, oder handelt es sich tatsächlich um verschiedene Instrumente? Letzteres scheint beim Übergang von מנענעים »Kastagnetten« zu חצצרות »Trompeten« der Fall zu sein, doch eine eindeutige Entscheidung läßt sich nicht treffen.

Mit den Versen 9–11 erreicht die Erzählung ihren Wendepunkt – die tra- 13,9–11
gische Krise. Der Festzug kommt unvermittelt zum Stehen und die gehobene Stimmung schlägt jäh um. Anlaß ist ein plötzliches Straucheln der Transporttiere. Usa streckt die Hand aus, Gott tötet ihn, und David bricht das ganze Unternehmen ab. Die Handlung verläuft in einem Wechsel von Aktion und Reaktion, ausgedrückt durch raffinierte Verwendung ambivalenter verbaler Wendungen: שלח יד »reckte seine Hand aus« in V 9 und 10, ויחר »entbrannte« in V 10 und 11, und das wiederholte Vorkommen von Kausalsätzen: »denn das Vieh strauchelte«, bzw. »denn er strauchelte« (V 9), »darob daß er seine Hand ausreckte« (V 10), »denn JHWH war ausgebrochen« (V 11). Die Bedeutung des Ausdrucks שלח יד »Hand-Ausrecken« ist an den zwei Stellen hier im Kontext etwas verschieden. An der ersten Stelle ist sie neutral, ein bloßes Ausstrecken der Hand (vgl. BDB 3,1018), hier auf Usas Tat bezogen. An der zweiten Stelle zusammen mit der Präposition על hat der Ausdruck eine negative Konnotation, etwa »gegen etwas oder jemand die Hand erheben« (vgl. Ex 24,11; Ps 138,7). Usas Handlung wird neutral geschildert, als spontane Reaktion; doch diese harmlose Gebärde wird von Gott als Übertretung aufgefaßt, als ein »Erheben der Hand gegen die Lade«, worauf die härteste Strafe steht, sofortiger Tod. Das bloße Berühren eines heiligen Gegenstands ist ein Sakrileg, das entweder durch die dem heiligen Gegenstand selbst innewohnende Macht geahndet wird, oder, wie hier offenbar der Fall, durch Gott, der auf die Entweihung des Heiligen mit unversöhnlicher Härte reagiert. Hier handelt es sich um einen objektiven und absoluten Verstoß gegen ein Tabu, woraufhin Aspekte wie Wille, Absicht und moralische Erwägungen völlig aus dem Spiel bleiben. Davids emotionelle Reaktion wird mit demselben Verb beschrieben wie Gottes Reaktion: ויחר לדוד . Allerdings scheint das Verb auch hier an der zweiten Stelle eine leicht abweichende Bedeutung zu haben: חרה אף bedeutet »sein Zorn entbrannte«, aber חרה + ל kann auch heißen »empört sein, zornig werden« (vgl. Gen 4,5; 34,7; 45,5; Jona 4,1.9). David interpretiert Gottes Reaktion als Zeichen für sich und bricht daher das ganze Unternehmen ab (vgl. unten, zu V 13).

Der Ort, wo Usa erschlagen wurde, heißt in 1 Chr 13,9 MT *Kidon* (כידן), in 2 Sam 6,6 MT heißt er *Nachon* (נכון), in 4QSam^{a} *Nodan* (נודן), in LXX^{B} zu Sam *Nodav*. All diese Lesarten stehen einander orthographisch nahe, nur der Grad der Nähe schwankt. Chr, 4QSam^{a} und LXX^{B} bilden eine Gruppe für sich (נודב <–> נודן bzw. כידן <–> נודן), die Form im MT von Sam steht etwas abseits (נודן –> נכון). Verschiedene orthographische Abläufe lassen sich rekonstruieren, aber keiner kann einen entscheidenden Vorzug beanspruchen. Die in V 9 MT stehende Angabe »sie strauchelten« (שָׁמְטוּ) dürfte kaum richtig sein. Die wenigen Fälle, wo diese Verbalwurzel vorkommt, machen eine transitive Bedeutung wahrscheinlicher (vgl. 2 Kön 9,33). Daher dürfte »ließ herabfallen« (שְׁמָטוֹ) wohl die bessere Lesart sein. Wenn das Verhalten des Transportviehs die Lade fast zum Sturz vom Wagen gebracht hätte, wäre Usas Spontanreaktion um so verständlicher.

V 12–14: Abstellung der Lade in Obed-Edom

13,12–13 Davids folgendes Verhalten (13,12–13) läßt darauf schließen, daß er Gottes »Ausbruch« als Ausdruck von Gottes Mißbilligung des Unternehmens als solchem, nämlich der Überführung der Lade, betrachtete. Man hat Davids Worte »Wie soll ich die Lade Gottes zu mir bringen?« gedeutet als Ausdruck seiner primitiven Furcht vor der heiligen, geradezu ansteckenden Macht der Lade, die ihm erst jetzt bewußt geworden wäre, doch scheint diese Sicht zu eng, dem Kontext von 2 Sam 6 oder gar 1 Chr 13 ff. unangemessen. Die Heiligkeit der Lade und die darin verkörperte Gegenwart Gottes war der eigentliche Anlaß zur Überführung der Lade nach Jerusalem, von daher überzeugt es kaum, daß David um die mit deren heiliger Potenz verbundenen Traditionen nicht gewußt haben sollte. Vielmehr scheint David Usas jähen Tod als göttliches Votum gegen den Transfer der Lade aufgefaßt zu haben, wodurch das Unternehmen überhaupt in Frage gestellt war. In seiner rhetorischen Frage »Wie soll ich die Lade Gottes zu mir bringen?« betont David seine Unfähigkeit, die Lade zu transferieren. Wenn Usa, Abinadabs Sohn, nicht dazu imstande war, wer sonst sollte es sein? Von daher wird Davids nächster Schritt verständlich, er stellt die Lade am nächsten verfügbaren Platz ab, nämlich bei »Obed-Edom, dem Gittiten«, der nach Name und Herkunft ein Nicht-Israelit, vermutlich ein Philister, zu sein scheint. Der levitische Stammbaum, den der Chronist Obed-Edom zulegt (1 Chr 26,4 ff.), wobei er »Gittit« als Ortsname und nicht als Stammeszugehörigkeit auffaßt, gilt in der Regel als Erfindung des Chronisten, könnte aber durchaus auf eine ältere Überlieferung zurückgehen. Wie dem auch sein mag, das Abstellen der Lade bei Obed-Edom signalisiert deutlich Davids Unterwerfung unter den göttlichen Willen.

13,14 Die Bedeutung des nahezu wortwörtlich aus 1 Sam übernommenen V 14, mit dem das erste Stadium im Transfer der Lade endet, liegt ebenso sehr in dem nicht Berichteten, wie in dem Berichteten. David befindet sich in einer fürchterlichen Situation: »das ganze Haus Israel« (2 Sam 6,5) bzw. »ganz Israel vom ägyptischen Schihor bis wo man nach Hamat kommt« (1 Chr 13,5) sind zu diesem feierlichen Anlaß zusammengekommen, und nun ist das Unternehmen gescheitert. Gott hat sein Mißfallen geäußert, und die Lade ist sang- und klanglos bei einem »Gittiten« untergestellt worden. Doch in beiden Versionen ist nicht von einem Fehlschlag die Rede; vielmehr heißt es nur, Gott habe »das Haus des Obed-Edom und alles, was er hatte« gesegnet. Wie aus dem Kontext von 2 Sam 6 hervorgeht, wird dieser Segen nicht »automatisch« durch das Vorhandensein der Lade bewirkt, sondern durch direkte göttliche Vorsehung. Außerdem ist er ein an David gerichtetes Zeichen, daß das Entfernen der Lade aus dem Haus des Abinadab keine Sünde war, denn die Lade kann sich anderswo befinden, ohne daß ein Schaden entsteht. Daher fährt die Erzählung in 2 Sam 6,12–13 fort: »Und es ward König David gesagt: JHWH hat das Haus des Obed-Edom gesegnet ... um der Lade willen ... So ging David hin und brachte die Lade hinauf.« Diese Reaktion Davids ist kein egozentrischer Akt – als ob er den Segen für sich beansprucht hätte – vielmehr eine Äußerung des Vertrauens in das ihm von Gott gewordene Zeichen. Daß der Grimm vorüber war, offenbar nicht durch die Ortsveränderung der Lade ausgelöst. Daher kann David nun seinen ursprünglichen Plan weiter verfolgen: die Lade nach Jerusalem zu bringen. In Chr ist der Übergang von der ersten zur zweiten Phase der Überführung der Lade anders gefaßt. Die Mitteilung an König David aus 2 Sam 6,12a kommt in Chr nicht vor, denn für den Chronisten ist der Segen über Obed-Edom nicht ausreichend. Anstelle dieses Verses fügt der Chronist einen längeren Abschnitt ein, von 14,1 bis 15,24.

1 Chr 14,1–17: Festigung des Königtums Davids durch Gott

Literatur

T. C. Eskenazi, A Literary Approach to Chronicles' Ark Narrative in 1 Chronicles 13–16, in: A. B. Beck (Hg.), Fortunate the Eyes that See. FS D. N. Freedman, Grand Rapids 1995, 258–274. – *M. Garsiel*, David's Warfare against the Philistines in the Vicinity of Jerusalem (2 Sam 5:17–25; 1 Chron 14:8–16), in: G. Galil/M. Weinfeld (Hg.), Studies in Historical Geography and Biblical Historiography. FS Z. Kallai (VT.S 81), Leiden 2000, 150–164.

Text

Übersetzung

14[1] Und Hiram, der König von Tyrus, sandte Boten zu David und Zedernbäume und Steinmauerarbeiter und Holzarbeiter, um ihm ein Haus zu bauen. [2] Und David erkannte, daß JHWH ihn zum König über Israel eingesetzt hatte, denn sein Königtum war hoch erhaben um seines Volkes Israel willen.

[3] Und David nahm noch mehr Frauen in Jerusalem und David zeugte noch mehr Söhne und Töchter. [4] Und dies sind die Namen der Kinder, die er in Jerusalem bekam: Schammua und Schobab, Natan und Salomo [5] und Jibhar und Elischua und Elpalet [6] und Nogah und Nefeg und Jafia [7] und Elischama und Beeljada und Elifalet.

[8] Als die Philister hörten, daß David über ganz Israel zum König gesalbt

worden war, zogen alle Philister hinauf, um David zu suchen. Und David hörte es und er zog aus, ihnen entgegen. [9] *Und die Philister kamen und sie drangen in das Tal Refaim ein.* [10] *Und David befragte Gott, indem er sprach: »Soll ich hinaufziehen gegen die Philister und gibst du sie in meine Hand?« Und JHWH sprach zu ihm: »Ziehe hinauf und ich gebe sie in deine Hand.«* [11] *Und sie zogen hinauf nach Baal-Perazim und David schlug sie dort. Und David sprach: »Gott hat meine Feinde durchbrochen durch meine Hand, wie Wasserfluten durchbrechen.« Daher nannte man den Namen jenes Ortes Baal-Perazim.* [12] *Und sie ließen dort ihre Götter zurück, und David befahl, und sie wurden im Feuer verbrannt.*

[13] *Und abermals drangten die Philister in das Tal ein.* [14] *Und David befragte abermals Gott, und Gott sprach zu ihm: »Ziehe nicht gerade gegen sie. Wende dich von ihnen weg und gehe sie von gegenüber den Baka-Bäumen an.* [15] *Und es geschehe, wenn du den Marschtritt in den Wipfeln der Bakas hörst, dann ziehe in den Kampf, denn dann ist Gott vor dir ausgezogen, das Lager der Philister zu schlagen.«* [16] *Und David tat, wie Gott ihm geboten hatte. Und sie schlugen das Lager der Philister von Gibeon bis nach Geser.*

[17] *Und Davids Name ging aus in alle Länder. Und JHWH legte den Schrecken vor ihm über alle Völker.*

Zu Text und Übersetzung

1 וחרשׁי קיר »und Wandbearbeiter«: schwierig (= 4QSam), 2 Sam 5,11 וחרשׁי אבן קיר »und Steinmauerarbeiter«.

Analyse

Kontext und Inhalt

Kapitel 14 ist mit leichten Abweichungen (und unter Hinzufügung von V 17) aus 2 Sam 5,11–25 übernommen. Seine eigentliche Bedeutung erhält dieser Abschnitt in Chr erst aus seinem neuen Kontext. Der Chronist hat das fünfte Kapitel aus 2 Sam ganz in sein eigenes Werk eingearbeitet, allerdings nicht in dessen ursprünglicher redaktioneller Anordnung. Den ersten Teil hat er an den Anfang von Davids Geschichte gestellt (11,1–9), den zweiten in den Zwischenraum zwischen die beiden Etappen bei der Überführung der Lade (14,1–17). Was den historischen Rahmen betrifft, ist diese Aufspaltung nicht gravierend, das Ganze fällt immer noch in die Frühzeit von Davids Regierung. Doch mit der Durchbrechung der thematischen Abfolge wird die historische Frage akuter, da alle in diesem Zusammenhang berichteten Ereignisse in einen Zeitraum von drei Monaten zusammengedrängt werden. Noch gewichtiger ist dieses redaktionelle Arrangement jedoch in Bezug auf die historische und theologische Weltschau des Chronisten: Die Überführung der Lade ist mißlungen; Usas Tod hat dem Unternehmen ein jähes Ende gesetzt. Der Chronist begreift jegliches Scheitern als Strafe Gottes für menschliche Verfehlungen; daher erblickt er in Usas gewaltsamem Tod und dem Stillstand des ganzen Projekts eine göttliche Strafe sowohl für David als auch für Usa. Auf diesem gedanklichen Hintergrund erhält die ganze Geschichte ihre Struktur und ihren Sinn.

Theologisches Konzept

Wie schon erwähnt, wird in 2 Sam 6 der Übergang vom ersten zum zweiten Stadium der Überführung der Lade durch einen einzigen Satz markiert: »Und es ward König David gesagt: Gesegnet hat JHWH das Haus des Obed-Edom und all seinen Besitz um der Lade Gottes willen« (V 12a). An die Stelle dieses einen Satzes tritt in Chr ein längerer zweiteiliger Abschnitt, 14,1–17 und 15,1–24, wobei die Abfolge eine streng theologische ist. Kapitel 14 soll eindeutig klarstellen, daß die göttliche Gnade nicht von David gewichen ist. Daß die Anwesenheit der Lade Gottes Segen über Obed-Edom und sein Haus brachte, war für Chr nicht genug, denn diese unmittelbare Wirkung galt als selbstverständlich. David brauchte einen persönlichen Beweis, daß nicht die Überführung der Lade den göttlichen Zorn heraufbeschworen hatte und daß ihm die göttliche Gnade daraufhin nicht entzogen war. Dabei äußert sich die Gnade Gottes, wie in Chr überhaupt, in praktisch-konkreten Dingen wie Bauunternehmungen, Nachkommenschaft, militärischen Erfolgen, etc. (vgl. *Welten* 4–5). Solche Elemente fanden sich in den Quellen des Chronisten, allerdings in anderem Kontext; er brauchte sie nur an die gegenwärtige Stelle zu transferieren. Sie bezeichnen weiterhin die Festigung von Davids Herrschaft wie in Sam 5; außerdem stellen sie seine Belohnung dar und die Versicherung der göttlichen Gnade. Das ist es (und nicht so sehr Gottes Segen über Obed-Edom), was David veranlaßt, seinen ursprünglichen Plan, die Lade nach Jerusalem zu bringen, wieder aufzunehmen. Wenn nicht die Überführung der Lade als solche der Fehltritt gewesen war, woran war der erste Versuch dann gescheitert? David kam zu dem Schluß, Mängel des Verfahrens hätten die Katastrophe ausgelöst; daraufhin achtete er peinlich genau auf Einhaltung eines korrekten Rituals, um das Gelingen des zweiten Versuchs zu gewährleisten. Dieser neue *modus operandi* wird in Kapitel 15 ausführlich geschildert.

Kapitel 14 besteht aus fünf Teilen:

a) 14,1–2 (2 Sam 5,11–12): Bau eines Hauses für David samt der politischen und religiösen Bedeutung dieses Unternehmens
b) 14,3–7 (2 Sam 5,13–16): Davids in Jerusalem geborene Kinder
c) 14,8–12 (2 Sam 5,17–21): Der erste Krieg gegen die Philister
d) 14,13–16 (2 Sam 5,22–25): Der zweite Krieg gegen die Philister
e) 14,17 Schluß: Davids Ruhm

Gattung

Insgesamt gehört Kapitel 14 zur Gattung der historischen Erzählung. Außerdem enthält es eine Liste und eine theologische Wertung, die sich schon in 2 Sam 5,12 findet. Unterstrichen wird der theologische Charakter dieses Abschnitts in Chr durch die Hinzufügung des abschließenden Verses 14,17.

Auslegung

V 1–2: Bau eines Hauses für David

Hiram schickte David sowohl Baumaterial als auch Bauhandwerker. In 14,1–2
2 Sam 5,11 wird weder der historische noch der wirtschaftliche Hintergrund dafür dargelegt. In 2 Sam 5 ist der Bau von Davids Haus eingerahmt von zwei Wertaussagen: davor »und David wurde immer größer, und JHWH … war mit ihm« (V 10), danach »Und David erfuhr, daß JHWH ihn zum König über Israel eingesetzt hatte und daß sein Königtum erhaben war …« (V 12). Nicht gesagt wird jedoch, ob und inwiefern der Bau des Hauses ein Zeichen

für göttliche Einsetzung und erhabenes Königtum war. Der Chronist übernimmt diesen Abschnitt in 14,1–2 unverändert, stellt ihn aber in einen anderen Kontext. Der Bau von Davids Haus erfolgt im unmittelbaren Anschluß nicht an die Eroberung Jerusalems, sondern an die Deponierung der Lade bei Obed-Edom. Die Aussage »David erkannte, daß JHWH ihn zum König über Israel eingesetzt hatte ...« (1 Chr 14,2) steht in ganz besonderem Zusammenhang mit der Überführung der Lade. Nach dem Scheitern des ersten Versuchs war der Bau des Hauses der konkrete Beweis dafür, daß Gott David seine Gnade nicht entzogen hatte und daß Davids Königtum so fest bestand wie eh und je. In 2 Sam 5,12 werden die beiden Umstände, die David »erfuhr«, durch »und« koordiniert. Der Chronist stellt zwischen den beiden eine Kausalbeziehung her: »David erkannte, daß JHWH ihn zum König über Israel eingesetzt hatte, *denn* sein Königtum war hoch erhaben ...« (14,2). Diese geringfügige sprachliche Veränderung bringt ein Hauptthema der chronistischen Geschichtsschau zum Ausdruck: Die politische und materielle »Erhabenheit« des Königtums ist ein Zeichen für göttliche Erwählung. Aus der Erhabenheit seines Königtums zog David den Schluß, daß Gott ihm weiterhin gewogen war, »daß er ihn zum König eingesetzt hatte«.

14,3–7 Eingeleitet wird die Liste der David in Jerusalem geborenen Kinder (14,3–7) durch die Hervorhebung des »noch mehr«: »noch mehr Frauen ..., noch mehr Söhne und Töchter« (V 3). Zahlreiche Nachkommenschaft ist einer der offenkundigsten Segenserweise in der Hebräischen Bibel, so auch beim Chronisten. An dem Vorkommen der Liste hier läßt sich beobachten, wie der Chronist ein und dieselbe Liste in verschiedenem Zusammenhang zu unterschiedlichen Zwecken einsetzt. In 1 Chr 3,5–9 bildet die Liste einen Teil im ausführlichen Stammbaum der davidischen Dynastie; im gegenwärtigen Kontext erscheint sie als Beleg für die David in Jerusalem zuteilgewordene göttliche Gnade. Einzelheiten der Liste sind oben, bei der Auslegung von 1 Chr 3,5–9, behandelt.

V 3–7: Davids in Jerusalem geborene Kinder

Davids Philisterkriege waren historisch und politisch höchst bedeutsam. Durch seine Siege errang er die Position eines eigenständigen Herrschers ohne jegliche Abhängigkeit von den Philistern. Allerdings waren diese militärischen Entscheidungen nicht endgültig; zu kriegerischen Zusammenstößen mit den Philistern kam es noch einige Zeit danach (2 Sam 8,1//1 Chr 18,1 u.ö.). Der Bericht in Chr 14,8–16 entspricht im Grunde 2 Sam 5,17–25. Die markanten Abweichungen sind im folgenden aufgeführt.

V 8–16: Davids Philisterkriege

14,8 Der Anlaß zum kriegerischen Vorgehen der Philister war offenbar deren Beobachtung, daß David König »über ganz Israel« geworden war (14,8). Solange David nur über Juda regierte, sahen die Philister anscheinend keine Notwendigkeit, ihm die Flügel zu stutzen. Durch seinen Aufstieg zum König »über ganz Israel« war er zu einem bedrohlichen Faktor geworden: Zum einen war er als Nachfolger von Saul ein potentieller Konkurrent und Feind,

V 8–12: Der erste Krieg gegen die Philister

zum anderen verfügte er nun über mehr Macht, als den Philistern genehm war. Schon in 2 Sam 5 und noch deutlicher in Chr stehen Davids Philisterkriege hinter der Einnahme Jerusalems. Diese Darstellung scheint chronologisch schwierig. Denn wie sollte David einen Eroberungszug gegen die Stadt Jerusalem geführt haben, solange er politisch noch unter der Oberhoheit der Philister stand? Daher ist trotz der entgegengesetzten Aussage der biblischen Berichte die Annahme wahrscheinlicher, daß die Philisterkriege der Einnahme Jerusalems vorangingen und von Hebron aus geführt wurden. Die sich daraus ergebende historische Abfolge wirkt überzeugend: zunächst Abschüttelung des Philisterjochs, dann Einnahme Jerusalems, danach die Überführung der Lade. Diese These kann sich auf die Eröffnung des Berichts über Davids Philisterkriege in 2 Sam 5 stützen: »Sämtliche Philister zogen hinauf, David zu suchen; David hörte das und zog hinab in die Festung« (V 17b). Die »Festung« kann eigentlich nicht die auf dem Zionsberg gewesen sein, denn dorthin wäre David nicht »hinab« gezogen; auch hätten ihn die Philister nicht zu suchen brauchen, wenn er seinen Sitz bereits in Jerusalem gehabt hätte. Vielmehr dürfte es sich bei der »Festung« um seinen Stützpunkt aus der Zeit seines unsteten Aufenthalts in der Wüste Juda handeln (1 Sam 22,4; 24,22).

In 2 Sam 5,18 und 22 wird das Anrücken der Philister mit der seltenen 14,9
Verbform וינטשו »sie schwärmten aus, sie breiteten sich aus« (vgl. 1 Sam 30,16; Jes 16,8) bezeichnet. In Chr 14,9 wird das Verb ויפשטו »sie drangen ein und plünderten« verwendet, d. h. der kriegerische Einfall wird noch drastischer geschildert: Die Philister schwärmten nicht nur aus im Tal, sie plünderten auch.

Dieser Vers (V 10) ist ein ausgezeichnetes Beispiel für die sprachlich-sti- 14,10
listische Überarbeitung, die der Chronist an seiner Vorlage vornimmt. 2 Sam 5,19 ist kunstreich angelegt: Davids Frage an Gott ist zweigliedrig: »Soll ich gegen die Philister hinaufziehen, wirst du sie in meine Hand geben?«, wobei die Philister im ersten längeren Teil ausdrücklich, im zweiten kürzeren nur als Pronomen erwähnt sind. Gottes Antwort nimmt die Verben aus Davids Frage wieder auf »Zieh hinauf, denn geben will ich die Philister in deine Hand«, nur die Struktur ist umgekehrt: Erst im zweiten, längeren Teil sind die Philister genannt. In der Version von Chr sind die meisten dieser Feinheiten verlorengegangen. Die Frage erscheint einteilig, die Verbformen in anderer Zeitenfolge, und Gottes Antwort ist knapper formuliert. Wesentliche Details sind zwar beibehalten, der Inhalt sowie die Verben »hinaufziehen« und »in die Hand geben«; doch sind Veränderungen zu beobachten, die für die Arbeitsweise des Chronisten charakteristisch sind: Neigung zu lakonischer Formulierung, Weglassung des in seinen Augen Unwesentlichen (*Willi* 92 ff.); Tendenz zu sprachlicher Angleichung, wodurch hier ein Parallelismus zwischen Frage und Antwort entsteht (*Willi* 146 f.); Vermeidung von *infinitivus absolutus* zusammen mit der finiten

Verbform (vgl. auch 2 Chr 6,2 vs. 1 Kön 8,13 u.ö.), und weniger Verwendung von *he interrogativum* (vgl. oben, zu 12,19).

14,11 In MT steht in 14,11 die Form des Verbs »hinaufziehen« im Plural, wozu entweder die Philister das Subjekt bilden (was jedoch dem Kontext zuwiderläuft) oder aber ein unbestimmteres »man«. Die Wiedergabe der Verbform im Singular, wie die antiken Versionen sie haben, wirkt syntaktisch nicht überzeugend, denn David wird als Subjekt der folgenden Verbform ausdrücklich genannt. Die Verwendung der Verbalwurzel עלה »hinaufziehen« anstelle von בוא »kommen« wie in 2 Sam 5,20 scheint ursprünglicher, denn das Hinaufziehen, d.h. die Erhebung gegen die Philister bildet eine Art Leitwort in diesem ganzen Zusammenhang (V 8.10; zweimal in V 11; V 14). Anstelle von Davids Feststellung »JHWH hat ... durchgebrochen *vor mir*« (2 Sam 5,20), liest der Chronist in V 11 »Gott hat ... durchbrochen *durch meine Hand*«, wodurch die theologische Implikation deutlicher wird. Der Sieg kommt nicht nur dadurch zustande, daß Gott David beisteht und ihm hilft, sondern auch durch Davids Rolle als Werkzeug von Gottes Willen im Kampf gegen die Philister.

14,12 Dieser Vers (V 12) ist eines der bekanntesten Beispiele für die Auslegungstechnik, durch die der Chronist seine Quellen den Geboten des Pentateuch anpaßt. Auf der Flucht vor dem israelitischen Heer lassen die Philister ihre Götterbilder zurück, und laut 2 Sam 5,21 nehmen David und seine Männer diese mit. Literarisch und historisch bildet dieses Ereignis das Gegenstück zu 1 Sam 4,10f. und gilt in der Regel als authentisch. Die Erbeutung der Götterstatuen samt dem Edelmetall und den Edelsteinen, aus denen sie angefertigt waren, hatte für das siegreiche Heer nicht nur religiösen, sondern auch materiellen Wert (vgl. auch 2 Sam 12,30). Doch was für Sam selbstverständlich schien, war für den Chronisten ein Problem: Die Mitnahme der Götterbilder bildete eine Übertretung des Gebots, die Bildstatuen der kanaanäischen Völker »mit Feuer zu verbrennen« (Dtn 7,5). Durch eine leichte Veränderung des Textes bringt der Chronist Davids Verhalten in Einklang mit der deuteronomistischen Vorschrift: »David befahl, und sie wurden im Feuer verbrannt«. Die Bedeutung dieser Anpassung liegt in der Entfaltung der Auslegungspraxis, in den verwendeten literarischen Techniken und im Verständnis von Chr als einem Stadium in der schrittweisen Entwicklung des Midrasch. Ein weiterer Unterschied zwischen diesem Vers und seiner Parallele in 2 Sam 5 besteht in der Lesart »Götter« statt »Götzen«. Vermutlich gibt der Chronist hier die ursprüngliche Textgestalt wieder, denn er hatte keine Hemmungen, Namen und Attribute heidnischer Gottheiten zu nennen, wohingegen die Redaktion von Sam auf diesem Gebiet ausgesprochen empfindlich scheint.

V 13–16: Der zweite Krieg gegen die Philister

14,13–16 In 2 Sam und in 1 Chr erscheint der Bericht über die zweite Schlacht relativ kurz. Im Unterschied zu dem Bericht über den vorangegangenen Kampf mit den Philistern gibt Gott hier nach 14,14–15 auf Davids Anfrage keine allgemeine Zusicherung, er werde siegen, sondern detaillierte Anweisungen: Er solle nicht direkt gegen die Philister vorrücken, sondern sie »von gegenüber den Baka-Bäumen« angehen. Aus der Ankündigung, Marschtritte würden »in den Häuptern (Wipfeln?) der Bakas« zu vernehmen sein, haben die Exegeten auf Bäume geschlossen, deren Identifizierung allerdings ungewiß ist. Die Vokabel erscheint nur noch ein Mal und zwar im Singular (Ps 84,7). Gottes Rede enthält hier Elemente, die stark anthropomorph wirken: Das Geräusch von Marschtritt in den Bakas ist das Zeichen dafür, daß »Gott vor dir ausgezogen ist, das Lager der Philister zu schlagen«. Die Frage bleibt bestehen: Was für eine Bewandtnis hat es mit diesem »Marschtritt«; liegt hier eine Anspielung auf einen verlorenen mythologischen Kontext vor? Nach der siegreichen Schlacht schlägt David die Philister in weiteren Gegenden des Landes (14,16). Die hier angegebenen Grenzen »von Geba/Gibeon bis nach Geser« bezeugen, daß es David gelungen ist, die Philister aus dem Stammesgebiet von Benjamin und Efraim zu vertreiben – wodurch er das ihm bei seiner Krönung entgegengebrachte Vertrauen in seine militärischen Fähigkeiten voll und ganz rechtfertigt (2 Sam 5,2//1 Chr 11,2).

V 17: Schluß: Davids Ruhm

Der Vers 14,17 hat kein Gegenstück in 2 Sam 5. Von Inhalt und Formu- 14,17
lierung her gleicht er anderen Versen in Chr, etwa 2 Chr 17,10; 20,29; 26,8 u.a.m. Der Chronist stellt den Ausgang der Philisterkriege in einen weiteren Kontext: Davids Siege ersparen ihm zusätzliche kriegerische Auseinandersetzungen, denn »JHWH legte den Schrecken vor ihm über alle Völker«. Davids Größe hat ihren Höhepunkt erreicht: Nicht er allein ist sich dessen bewußt, daß JHWH ihn »zum König eingesetzt hat« (V 2), sondern alle umliegenden Völkerschaften wissen darum, denn »Davids Name ging aus in alle Länder«. Dies war der rechte Zeitpunkt für David, seine Aufmerksamkeit wieder dem so wichtigen, unfreiwillig abgebrochenen Projekt zuzuwenden, der Überführung der Lade.

1 Chr 15,1–29: Die zweite Überführung der Lade

Literatur

P. Dirksen, The Development of the Text of I Chronicles 15:1–24: Hen. 17, 1995, 267–277. – *T. C. Eskenazi,* A Literary Approach to Chronicles' Ark Narrative in 1 Chronicles 13–16, in: A. B. Beck (Hg.), Fortunate the Eyes that See. FS D. N. Freedman, Grand Rapids 1995, 258–274. – *P. D. Hanson,* 1 Chronicles 15–16 and the Chronicler's Views on the Levites, in: M. Fishbane (Hg.), »Sha'arei Talmon«: Studies in the Bible, Qumran, and the Ancient Near East, Winona Lake 1992, 69–77. – *F. E. Peiser,* Miscellen: I Chron. 15:17: ZAW 17, 1897, 347–351. – *R. Weiss,* A Peculiar Textual Phenomenon: Textus 18, 1995, 27–32.

Text

Übersetzung

*15 1 Und er machte sich Häuser in der Davidsstadt und er bereitete eine
Stätte für die Lade Gottes und er schlug für sie ein Zelt auf. 2 Damals befahl
David: »Niemand darf die Lade Gottes tragen außer den Leviten, denn sie
hat JHWH erwählt, die Lade JHWHs zu tragen und ihm zu dienen auf
ewig.« 3 Und David versammelte ganz Israel nach Jerusalem, um die Lade
JHWHs hinaufzubringen zu ihrer Stätte, die er für sie bereitet hatte. 4 Und
David sammelte die Söhne Aarons und die Leviten.*

*5 Von den Söhnen des Kehat: Uriel als Vorsteher und seine Brüder, 120.
6 Von den Söhnen des Merari: Asaja als Vorsteher und seine Brüder, 220.
7 Von den Söhnen des Gerschom: Joël als Vorsteher und seine Brüder, 130.
8 Von den Söhnen des Elizafan: Schemaja als Vorsteher und seine Brüder,
200. 9 Von den Söhnen des Hebron: Eliël als Vorsteher und seine Brüder,
80. 10 Von den Söhnen des Usiël: Amminadab als Vorsteher und seine Brü-
der, 112.*

*11 Und David rief Zadok und Ebjatar, die Priester, und die Leviten Uriël,
Asaja und Joël, Schemaja und Eliël und Amminadab. 12 Und er sprach zu
ihnen: »Ihr seid die Häupter der Vaterhäuser der Leviten. Heiligt euch, ihr
und eure Brüder, und bringt hinauf die Lade JHWHs, des Gottes Israels, an
die Stätte, die ich ihr bereitet habe. 13 Denn weil ihr es beim ersten Mal nicht
waret, brach JHWH, unser Gott, herein über uns, denn wir haben sie nicht
nach der Vorschrift gesucht.« 14 Da heiligten sich die Priester und die Levi-
ten, um hinaufzubringen die Lade JHWHs, des Gottes Israels. 15 Und die
Söhne der Leviten trugen die Lade Gottes, wie Mose geboten hat nach dem
Wort JHWHs, auf der Schulter an Stangen auf ihnen.*

*16 Und David befahl den Vorstehern der Leviten, ihre Brüder, die Sänger
mit ihren Musikinstrumenten aufzustellen, mit Harfen und Leiern und
Cymbeln, damit sie lauten Freudenjubel ertönen lassen. 17 Und die Leviten
stellten Heman, den Sohn des Joël, und von seinen Brüdern Asaf, den Sohn
des Berechja, und von den Söhnen des Merari ihren Brüdern Etan, den Sohn
des Kuschaja, auf 18 und mit ihnen ihre Brüder des zweiten Ranges, nämlich
Secharja (…) und Jaasiël und Schemiramot und Jehiël und Unni [und] Eliab
und Benaja und Maaseja und Mattitja und Elifelehu und Mikneja und
Obed-Edom und Jëiël [und Asasja], die Torhüter. 19 Und zwar die Sänger
Heman, Asaf und Etan mit bronzenen Cymbeln zu spielen; 20 und Secharja
und Asiël und Schemiramot und Jehiël und Unni und Eliab und Maaseja
und Benaja zu spielen mit Harfen nach Alamot; 21 und Mattitja und Elifele-
hu und Mikneja und Obed-Edom und Jëiël und Asasja mit Leiern nach der
Scheminit zum Führen des Gesangs. 22 Und Kenanja, ein Vorsteher der Le-
viten beim Erheben, er unterweist im Erheben, denn er ist ein Fachmann.
23 Und Berechja und Elkana als Torhüter der Lade. 24 Und die Priester Sche-
banja und Joschafat und Netanel und Amasai und Secharja und Benaja und*

Eliëser: mit den Trompeten zu blasen vor der Lade Gottes. Und Obed-Edom und Jehija als Torhüter der Lade.

25 Und es waren David und die Ältesten Israels und die Befehlshaber der Tausendschaften, die hingingen, um hinaufzubringen die Lade des Bundes JHWHs aus dem Hause des Obed-Edom, voll Freude.
26 Und es geschah, da Gott den Leviten half, welche die Lade des Bundes JHWHs trugen, daß sie sieben Farren und sieben Widder opferten.
27 David aber war gehüllt in ein Gewand aus feinem Leinen, ebenso alle Leviten, die die Lade trugen, und die Sänger und Kenanja, der Vorsteher beim Erheben der Sänger, und David trug ein leinenes Efod.
28 So brachte ganz Israel die Lade des Bundes JHWHs hinauf mit Jubel und mit Klang des Schofarhorns und mit Trompeten und mit Cymbeln und mit lautem Spiel von Harfen und Leiern.
29 Und es geschah, als die Lade des Bundes JHWHs zur Davidsstadt kam, da blickte Michal, die Tochter des Saul, aus dem Fenster, und als sie den König David springen und tanzen sah, verachtete sie ihn in ihrem Herzen.

Zu Text und Übersetzung

13 Die Buchstabenfolge למבראשונה ist schwierig. Sinnvoller als Bemühungen, die ersten beiden Buchstaben zu deuten, ist wohl die Annahme einer Korruption und Beschränkung auf die übliche Zeitangabe בראשונה »zuerst, beim ersten Mal«.

18 בן »Sohn«: auszulassen mit etlichen hebräischen MSS und LXX; אליאב »Eliab«: hinzuzufügen ו »und« mit etlichen MSS; der Name »Usija« oder »Asasja« ist wohl zu ergänzen mit LXX, vgl. V 21; »die Torhüter«: vermutlich Glosse.

23 Glosse?

25 ההלכים: zu lesen הלכים, Dittographie des ה.

27 השר: zu lesen שר, Dittographie des ה; המשררים: Dittographie? vgl. Auslegung.

Analyse

Quellen und Aufbau

Von seinen Quellen her ist das Kapitel in zwei Teile gegliedert: V 25–29 beruhen auf dem weiteren Bericht von der Überführung der Lade aus 2 Sam 6,12b–16. V 1–24 dagegen haben keine Parallele in einer biblischen Quelle. Dort sind die Vorbereitungen zur zweiten Überführung der Lade behandelt.

Beziehung von 15,1–24 zu 2 Sam 6

Die in V 1–24 gebotenen Einzelheiten sind in der Erzählung von 2 Sam zwar impliziert, aber nicht ausdrücklich angesprochen. Es handelt sich um das Aufschlagen eines Zeltes für die Lade (1 Chr 15,1) und das Versammeln des ganzen Volkes (15,3); besonders betont sind zwei Elemente: zum einen der Transport der Lade »nach Vorschrift« (כמשפט) (15,13) und die Begleitung des festlichen Zuges mit Musik und Gesang. Der erste Versuch der Überführung war nach Auffassung des Chronisten am falschen Umgang mit der Lade gescheitert, aus Nachlässigkeit. Daher wird diesmal besonders sorgfältig darauf geachtet (15,2.4.15). Was mit der Überführung der Lade zusammenhängt – das Tragen sowie die musikalische Begleitung ist Aufgabe der Leviten, die entsprechend in zwei Gruppen eingeteilt sind: die Träger der Lade (15,5ff.) und die Sänger (15,17ff.). Die beiden Hohenpriester Zadok und Abjatar sind an der Organisation und Überwachung des Unternehmens beteiligt (15,4.11, dazu unten). Den Priestern vorbehalten bleibt auch das Blasen der Trompeten (15,24); außerdem sind die Torhüter erwähnt (15,23 f.). Die Darbringung von Opfern (15,26; 16,1) ist offenbar schon so selbstverständlich ein Privileg der Priester, daß dies nicht ausdrücklich gesagt werden muß.

Beziehung von 15,25–29 zu 2 Sam 6,12b–16

Die im Vorbereitungsstadium ausführlich geschilderten Einzelheiten treten in V 25–29 bei der Schilderung der Lade-Überführung dann allesamt in Aktion. Diese Schilderung ist im Prinzip aus 2 Sam 6,12b–16 übernommen, mit markanten Überarbeitungen:

a) David ist nicht mehr die einzige handelnde Person (vgl. 2 Sam 6,12b), vielmehr ist ein viel weiterer Personenkreis beteiligt, Vertreter des ganzen Volkes (1 Chr 15,25).

b) Die »Träger der Lade« (2 Sam 6,13) werden ausdrücklich identifiziert als »die Leviten, welche die Lade trugen« (1 Chr 15,26).

c) Das Opfer (vgl. 2 Sam 6,13) wird 1 Chr 15,26b erwähnt.

d) Statt David, der vor JHWH mit all seiner Macht tanzte (2 Sam 6,5a), wird die musikalische Begleitung der levitischen Sänger eingeführt (1 Chr 15,27b), und zusätzlich zu Jubel und Klang des Horns (2 Sam 6,15//1 Chr 15,28a), werden auch »Trompeten, Cymbeln, Harfen und Leiern« (die Instrumente aus 15,19–24) erwähnt (15,28b). Die Veränderungen des chronistischen Berichts von der Überführung der Lade berücksichtigen also den weiteren Kontext, der durch die Voranstellung von 15,1–24 geschaffen ist.

Einheitlichkeit?

Die Betrachtung des ganzen Abschnitts erweist ihn als eine literarische Einheit, deren Bestandteile ein geschlossenes Ganzes bilden und in den Kontext eingepaßt sind. Etwas ungereimt wirkt nur die Erwähnung der Torhüter in 15,18.23.24 (dazu unten). Ob wir dem Chronisten das ganze Kapitel 15 zuschreiben oder ihn nur als den Verfasser der meisten erzählerischen Partien betrachten, so scheint doch sicher, daß die neuen erzählenden Elemente einschließlich der Reden völlig aus seiner Feder geflossen sind. Sie geben sein Verständnis der Ereignisse wieder und folgen aus seinen theologischen Voraussetzungen. Anders steht es mit den Listen; in Bezug auf sie stellt sich die Quellenfrage.

Art und Funktion der beiden Listen 15,5–10 und 15,17–22

Die beiden Listen in Kapitel 15 unterscheiden sich in ihrer Art und Funktion. In der ersten (15,5–10) sind die Namen von sechs führenden Leviten aufgeführt, jeweils das Familienoberhaupt mit seinen »Brüdern«. Dahinter mag eine Kopfsteuer stehen, die in einem bestimmten Stadium von den Leviten erhoben worden ist; hier könnte es sich um einen realen Sachverhalt aus der Epoche des Zweiten Tempels handeln, vor, nach oder gleichzeitig mit dem Chronisten. Die Tatsache, daß in V 11 dieselben Namen in der gleichen Reihenfolge erscheinen, mag dafür sprechen, daß der Chronist eine vorhandene Liste verwendet hat.

Die zweite Liste (15,17–22) ist von ganz anderer Art. Hier wird das gesamte Personal der Kultmusik vorgestellt, gegliedert nach drei Kategorien: 1. die Namen der Musiker, sowohl der führenden als auch der zweitrangigen (15,17–18); 2. eine Auflistung der Musiker nach den von ihnen gespielten Instrumenten – Cymbeln, Harfen und Leiern (15,19.20.21.22) – samt dem Namen ihres Vorstehers (15,22); 3. die Namen der Trompete blasenden Priester (15,24). Außerdem sind zweimal Torhüter erwähnt (15,23.24b). Diese Liste ist im gegenwärtigen Kontext fest verankert. Die Anführer der Sänger, Heman, Asaf und Etan, die Schläger der »bronzenen Cymbeln«, kommen auch sonst als Vorfahren der Sänger vor (vgl. bes. 1 Chr 6,16–32, sowie unten); sie galten als die Ahnväter der Familien, von denen sämtliche Tempelmusiker ihre Abstammung herleiteten. Nach der biblisch üblichen genealogischen

Rekonstruktion waren diese »Vorsteher« also schon unter David tätig, von ihm persönlich in ihr Amt eingesetzt (vgl. 1 Chr 25,1; 2 Chr 29,25 u.ö.). Die Darstellung dieser eponymen Väter als historische Gestalten, die gemeinsam bei einer markanten Veranstaltung auftraten, ist demnach ein literarisches Mittel historiosophischer und theologischer Art, keine authentische Wiedergabe einer historischen Situation. Daraufhin ist die Historizität aller übrigen Namen in Frage zu stellen. Die einzelnen Namen oder gewisse Namenverbindungen können durchaus authentisch sein; fiktiv ist der historische Zusammenhang, aus dem die Liste in ihrer namentlichen Zusammensetzung angeblich stammt.

Historische Relevanz im Hinblick auf die Tempelmusik am Zweiten Tempel

Historisch relevant sind die Angaben dieser Liste also nicht in Bezug auf spezielle Namen oder auf ein bestimmtes historisches Ereignis, mit dem sie zusammenhängen, sondern im Hinblick auf die Organisation der Tempelmusik am Zweiten Tempel überhaupt: die Gliederung der »Sänger« in drei »Vaterhäuser« benannt nach Heman, Asaf und Etan; die Abstufung in Musiker ersten und zweiten Ranges; die Verteilung der Instrumente: Cymbeln waren den erstrangigen Musikern vorbehalten, die zweitrangigen spielten Harfe und Leier; die Beteiligung von Priestern durch Blasen der Trompeten; und die Existenz eines Vorstehers, der den gesamten Musikbetrieb unter sich hatte.

Auslegung

V 1–24: Die Vorbereitungen

Die Formulierung von 15,1 im masoretischen Text ist weniger klar als sein 15,1
Inhalt. Da kein neues Subjekt genannt ist (»er machte sich Häuser«), wirkt der Vers wie eine direkte Fortsetzung von 14,17; das dort zuletzt genannte Subjekt war allerdings Gott. Das Hauptanliegen dieses Verses ist die Feststellung, daß David die Überführung der Lade nicht aus dem Auge verloren hatte; unter seinen Bauunternehmen in Jerusalem war auch die Errichtung eines Zeltes für die Lade.

Der zweite Schritt zur Vorbereitung ist die Entscheidung über die Trans- 15,2
portmittel in 15,2. Durch das Scheitern des ersten Überführungsversuchs zusammen mit der anhaltenden Zuwendung der göttlichen Gnade war David zu dem Schluß gekommen, der Fehler habe in der Weise des Transfers gelegen. Darauf geht der Chronist ausführlich ein. Zum einen greift er auf Traditionen aus dem Pentateuch zurück, zum anderen hebt er Rang und Bedeutung der Leviten stark hervor. Sprachlich knüpft die Vorschrift, wonach ausschließlich Leviten zum Umgang mit der Lade zugelassen waren, an deuteronomistische Vorbilder an: die erste Hälfte des Verses an Dtn 10,8, die zweite an Dtn 18,5. Daran läßt sich wieder der anthologische Stil des Chronisten beobachten: er wählt fertige Textelemente aus verschiedenen Kontexten und gestaltet daraus ein neues Gebilde zur Wiedergabe eigener Gedanken und Vorstellungen. Auch sachlich ist die Herkunft der Vorschrift von Interesse. Einerseits legt der sprachliche Rückgriff auf deuteronomistische Formulierungen den Schluß nahe, daß David die bestehende Norm über-

nahm. Andererseits deutet die markante Eröffnung des Verses »Damals befahl David ...« darauf hin, daß David hier erstmals die von da an gültige Regelung traf.

15,3 Die eigentlichen Vorbereitungen setzen mit der Versammlung des Volkes in Jerusalem ein. V 3 beginnt parallel zu 1 Chr 13,5, folgt dann aber seiner eigenen Logik.

15,4 Wieder parallel zu 1 Chr 13,2–5 läßt David die Priester und Leviten nach 15,4 nach Jerusalem kommen. Da in den folgenden Versen die Vorsteher der Leviten namentlich genannt sind, während die Priester beim gesamten Unternehmen der Überführung der Lade überhaupt nicht erwähnt sind, betrachten einige Forscher die Ausdrücke »die Söhne Aarons« (V 4) sowie »Zadok und Abjatar, die Priester« (V 11) als »priesterliche Zusätze« (*A. C. Welch*, The Work of the Chronicler 1939, 65f.; *Rudolph* 115; *Williamson* 123). Diese Annahme scheint mir unbegründet; zwar zeigt der Chronist eine deutliche Vorliebe für die Leviten, aber deshalb braucht er die Priesterschaft und ihren Status nicht völlig zu ignorieren. Den Priestern sind klar umrissene Aufgaben vorbehalten: das Blasen der Trompeten und die Darbringung der Opfer (15,24 und 15,39–40). Daher ist die Nicht-Erwähnung der Priester in 15,4 und 15,11 nicht allzu hoch zu veranschlagen, weder in textkri-
15,5–10 tischer noch in ideologischer Hinsicht. Die sechs Gruppen von Leviten werden in 15,5–10 nach einem festen Schema eingeführt: »von den Söhnen des X, Y als Vorsteher und seine Brüder, Z [an Zahl]«. Die Gliederung der Leviten ist eigenartig. Nach der herkömmlichen Genealogie der Leviten, die sich im Pentateuch sowie in Chr findet, bestehen die Leviten aus drei Familien mit drei »Vätern« an der Spitze: Gerschom, Kehat und Merari. Diese erscheinen hier in anderer Reihenfolge – Kehat, Merari, Gerschom – außerdem drei weitere Familien: Elizafan, Hebron und Usiël. Von diesen sind Hebron und Usiël in Ex 6,18 als Söhne von Kehat erwähnt (zusammen mit Amram und Jizhar), wohingegen Elizafan als Usiëls Sohn, also Kehats Enkel erscheint. Vorliegende Liste gibt also eine gewisse Aufspaltung der Familie Kehat wieder, wobei einzelne Zweige (sonst als »die übrigen Kehatiten« bezeichnet, etwa Jos 21,20) selbständig geworden sind. Die Familien Hebron und Usiël sind auch 1 Chr 23,19f. und 1 Chr 24,23f. erwähnt. Elizafan (Num 3,30 »Haupt des Vaterhauses der Kehatiten« genannt) erscheint 2 Chr 29,13 als eigener levitischer Zweig; dort wird er als einziger zu den drei »etablierten« Levitenfamilien Kehat, Merari und Gerschom hinzugefügt.

15,11–24 Art und Reihenfolge von Davids in 15,11–24 geschilderten Vorkehrungen erinnern an vergleichbare Ereignisse, die speziell in Chr geschildert sind. Die bedeutendsten darunter sind die Reinigung des Tempels unter Hiskia 2 Chr 29 und die Feier des Pessach unter Joschija 2 Chr 35. Die Einzelheiten sind zwar von Fall zu Fall verschieden, aber die markanten Züge und deren Reihenfolge sind doch gemeinsam. Vergleichbar sind vor allem die

Anregung des Unternehmens durch den König, die Vorladung von Priestern und Leviten samt Aufforderung zur Mitarbeit und eine Rede des Königs, worin dieser die Bedeutung des Akts und die Rolle des Kultpersonals darin erläutert. Ebenso ist diesen Erzählungen die hervorgehobene Position der Leviten (im Unterschied zum sekundären Rang der Priesterschaft) und die Heiligung der Beteiligten gemeinsam.

Nachdem Priester und Leviten versammelt sind (15,4–10), richtet David seine Rede nur an deren Anführer, d.h. an die Priester Zadok und Abjatar sowie an sechs namentlich genannte Leviten. Die einzelnen Schritte sind klar gegliedert: Zunächst gibt David Anweisungen für den Transport der Lade (15,12–13), anschließend wird deren Durchführung berichtet (15,14–15); dann bestimmt David, wie die Sänger bestellt werden sollen (15,16), was dann ausführlich beschrieben wird (15,17–24). Danach kann der eigentliche Festzug beginnen.

Der enge Zusammenhang zwischen den beiden Anweisungen wird durch ihre Plazierung in der Erzählung und durch ihre Länge betont. Die Sorge für den sachgemäßen Transport der Lade steht im Zentrum von Davids Rede und wird ausführlich behandelt. Die Einsetzung der Musikanten schließt unmittelbar an diese Sorge an. Das Kultpersonal, besonders die Leviten, erhält in diesem Zusammenhang großes Gewicht.

Der Terminus »Leviten« wird hier in seinen zwei auch anderswo belegten Grundbedeutungen verwendet: Zum einen bezeichnet er die Angehörigen des Stammes Levi, die nicht Priester sind; das gilt zweifellos für alle Stellen, an denen die Priester eigens, zusätzlich zu den »Leviten« genannt sind (15,4.11.14). Zum anderen bezeichnet er den Stamm Levi einschließlich der Priester, so etwa in 15,12.

Davids Rede in 15,12–13 besteht aus zwei Teilen, wobei der erste die Anweisung enthält, der zweite die Erläuterung. Einige Punkte fallen ins Auge: Es besteht eine klare Entsprechung zwischen Davids Worten und deren Ausführung; nahezu wörtliche Wiederaufnahme markiert das Verhältnis von Auftrag und Erfüllung (V 12.14; V 13.15). Ein Ausdruck aus V 12 kommt in V 14 nicht vor: »an die Stätte, die ich ihr bereitet habe«. Diese Ortsangabe weist nicht nach vorne, sondern zurück zu 15,1.3, wo schon von der Bereitung eines Ortes für die Lade die Rede war. Auffallend ist in der Anrede die Hervorhebung des Plurals »ihr« (אתם): »Ihr, euch, ihr und eure Brüder«. Die Fokussierung der Aussage ist deutlich: »als nicht *ihr* die Lade getragen habt, hat JHWH *uns* geschlagen, daher geben *wir* jetzt *euch* den Auftrag«. Schlüsselwort dieses Abschnitts ist »die Lade JHWHs«, das dreimal vorkommt (15,12.14.15). 15,12–1

Davids Erläuterungen 15,13 beziehen sich direkt auf zuvor geschilderte Ereignisse. Die Worte »denn wir haben sie nicht nach Vorschrift gesucht« erinnern an 1 Chr 13,3: »denn wir haben sie nicht gesucht in den Tagen von Saul«. Der Anklang markiert Etappen im Verhältnis des Volkes zu Gott: Zu

Sauls Zeiten suchte das Volk die Lade gar nicht; beim ersten Überführungsversuch unter David suchte es die Lade, aber noch nicht »nach Vorschrift«. Der erste Teil des Verses »JHWH ... brach herein über uns« greift zurück auf 13,11: »denn JHWH war ausgebrochen über Usa«. Doch während dort das Objekt der göttlichen Strafe in dritter Person genannt ist (Usa), wechselt die Perspektive hier zum Wir: Usas Tod war Gottes Strafe über uns. Hier wird Verantwortung für die Verfehlung des Einzelnen übernommen; nicht Usa allein hat gesündigt, sondern »wir«.

Die korrekte Weise des Transports wird zunächst allgemein mit »nach Vorschrift« charakterisiert, die Konkretisierung folgt in Vers 15.

15,14–15 V 14 entspricht V 12–13, während V 15 genauer ausführt, was mit Transport der Lade »nach Vorschrift« gemeint ist. Die Ausführung enthält zwei Komponenten: das Tragen »auf der Schulter an Stangen« und die Herkunft dieser Transportweise: »wie Mose geboten hat nach dem Wort JHWHs«. Vom Tragen der Lade »auf den Schultern« ist auch in 2 Chr 35,3 die Rede. Diese Technik entspricht den Anweisungen des Pentateuch, dort nur ein einziges Mal erwähnt: Num 7,9. Zwischen dem Transport der Lade in Chr und den einschlägigen Stellen im Pentateuch besteht allerdings keine wörtliche Entsprechung; insofern ist die Wendung »wie Mose geboten hat« nicht im engeren Sinne auf einen bestimmten Vers zu beziehen, sondern soll ganz allgemein besagen, daß der Transport genau nach Vorschrift durchgeführt wurde, in voller Übereinstimmung mit dem göttlichen Willen, wie in den durch Mose übermittelten Geboten enthalten.

15,16 Als die Vorkehrungen für den vorschriftsmäßigen Transport der Lade getroffen sind, wendet sich David einer anderen wichtigen Komponente des Staatsakts zu: die Überführung der Lade soll unter Gesang und Instrumentalmusik (15,16) vonstatten gehen. Erwähnt ist die Begleitung durch Musik auch 2 Sam 6,12–15, aber die Angaben in Chr sind viel ausführlicher; die Aufgabe wird den Fachleuten übertragen: den levitischen Sängern. Mit der Einsetzung der Sänger beauftragt David die »Vorsteher der Leviten«, die wiederum die Obersänger Heman, Asaf und Etan bestellen. Demnach handelt es sich bei letzteren nicht um Vorgesetzte, vielmehr unterstehen sie den Vorstehern und werden als deren »Brüder« bezeichnet. Einerseits spricht dies dafür, daß die professionellen Sänger ganz in die Gruppe der Leviten eingegangen sind (im Unterschied zu Esra 2,41 u.a., wo sie noch als eine eigenständige, nicht-levitische Gruppierung gelten). Andererseits werden diese Obersänger ungeachtet ihrer Bedeutung in Chr doch nicht als »Vorsteher« betrachtet, sondern stellen nur eine Untergruppe im gesamten levitischen Verband dar.

Die Musikinstrumente werden sorgfältig verzeichnet: Harfen und Leiern, danach Cymbeln (15,19–21 in abweichender Reihenfolge: erst Cymbeln, dann Harfen und Leiern). Dies sind natürlich die rein »levitischen« Instrumente, die Trompeten bleiben den Priestern vorbehalten. Die Terminologie ist die im Zusammenhang mit Kultmusik übliche: sie sollen »lauten Freudenjubel ertönen lassen« (vgl. auch 15,28; 16,5.42; 2 Chr 5,13 u.ö.).

Die zwischen V 14 und V 12 zu beobachtende Entsprechung zwischen 15,17
Durchführung und Auftrag besteht auch zwischen V 17 und V 16. Die Anführer der Sängerschaft sind die drei folgenden: Heman, der Sohn des Joël, Asaf, der Sohn des Berechja, Etan, der Sohn des Kuschaja. Sowohl die Namen als auch deren Reihenfolge bringen dieses Kapitel eng mit 1 Chr 6,16–32 zusammen. Bei den ersten beiden ist die Familienzugehörigkeit nicht angegeben, dagegen wird Etan Merari zugerechnet und als »Bruder« der anderen beiden bezeichnet. Ganz ähnlich lautet die Formulierung in 1 Chr 6,16ff., obwohl der Stammbaum dort auf Kehat, Gerschon und Merari zurückgeführt wird: »Heman ... und von seinen Brüdern Asaf ... und von den Söhnen des Merari ihren Brüdern Etan.« Die beiden eng miteinander verwandten Texte bieten dasselbe Bild von der Sängerschaft, die David einsetzte, nachdem »die Lade zur Ruhe gekommen« war (1 Chr 6,16ff.). Die leicht abweichende Namensform Kischi/Kuschaja mag eine Variante desselben Namens sein, was in solchen Listen häufiger zu beobachten ist.

Hier werden die Sänger zweiten Ranges aufgeführt, vierzehn an der Zahl 15,18
(unter Auslassung von Ben, mit etlichen hebräischen MSS und LXX, und unter Hinzufügung von Usija). Die Erwähnung der Torhüter am Ende des Verses scheint eine spätere Glosse. Wie aus V 21 klar hervorgeht, gehören Obed-Edom und Jëiël mit zu den Sängern. Allerdings gibt es eine gute Überlieferung, die Obed-Edom als eine der führenden Familien der Torhüter identifiziert (1 Chr 26,4), vermutlich ein Nachfahre jenes Gittiten Obed-Edom, bei dem die Lade abgestellt worden war. Dies hat den Glossator vermutlich dazu veranlaßt, den Sänger Obed-Edom als Torhüter zu bezeichnen. Der Name war zwar charakteristisch für Torhüter, aber vielleicht doch nicht auf diese beschränkt.

Nachdem in V 17–18 die Leviten namentlich vorgestellt wurden, geglie- 15,19–21
dert in Sänger ersten und zweiten Ranges, enthalten die Verse 19–21 aber auch eine namentliche Liste, diesmal in drei Gruppen nach den Musikinstrumenten. In der ersten Gruppe erscheinen die Obersänger, denen die Cymbeln anvertraut sind, während sich die übrigen Musiker in die Harfen »nach Alamot« und die Leiern »nach der Scheminit« teilten. So ergibt sich ein klares Bild der Kultmusik: der Obermusiker ließ die Cymbeln ertönen (vgl. auch 16,5), was anscheinend eine führende Funktion war, die übrigen Musiker spielten die beiden anderen Instrumente. Hier ist sozusagen das ganze Musikkorps aufgeführt, mit den drei Obersängern und sämtlichen Musikern zweiten Ranges. Später bei der regulären Durchführung des musikalischen Betriebs werden die Zahlen der Beteiligten geringer. Die Ausdrücke »Alamot«, »Scheminit« und das Verb נצח (modern: »dirigieren«), die auch in den Psalmen vorkommen und zur Terminologie der Tempelmusik gehören, sind noch nicht völlig geklärt. Ihre Bedeutung dürfte bereits

damals unklar gewesen sein, und ihre Verwendung hier scheint archaisierend.

15,22 V 22 ist schwierig, da er vom Wortschatz her nicht eindeutig verständlich ist. Der hier eingeführte zusätzliche »Vorsteher« hat eine spezielle Funktion bei der Überführung der Lade, die mit der Vokabel משא bezeichnet wird. Diese Vokabel (von der Wurzel נשא »tragen«) könnte sich entweder auf das Tragen der Lade beziehen (vgl. 15,2.15.26.27 sowie das Vorkommen von משא in Num 4,15.24 u.ö.) oder aber auf ein Erheben der Stimme, was möglicherweise mit Prophetie in Zusammenhang steht. Letztere Möglichkeit scheint besser in den unmittelbaren Kontext zu passen, obwohl im weiteren literarischen Umfeld die Verbalwurzel נשא in der Bedeutung »tragen« verwendet wird. Für eine Deutung im semantischen Bereich von Musik und Gesang spricht auch die Charakterisierung jenes »Vorstehers« als מבין (»Fachmann«, wörtlich: »der sich darauf versteht«), was in 1 Chr 25,7–8 wieder vorkommt.

15,23 Die Erwähnung von Berechja und Elkana als »Torhüter der Lade« ist aus verschiedenen Gründen schwierig. Da hier die Aufzählung der Musikanten durch eine völlig andere Art von Aufgabe unterbrochen wird, erscheint der Einschub von Vers 23 als eine spätere Glosse. Die beiden Namen erscheinen noch einmal in einem Stammbaum 1 Chr 9,16; die exakte Funktion der Glosse läßt sich wohl nicht mehr feststellen.

15,24 Nach den Sängern sind in 15,24 sieben Priester namentlich aufgeführt, denen das Blasen der Trompeten oblag. Trompeten gelten auch im Pentateuch als das priesterliche Instrument (Num 10,2.8.9.10; 31,6); dort sind es allerdings nur zwei und ihre Anwendung ist auf ganz bestimmte Gelegenheiten beschränkt. Nach anderen Texten wurden die Trompeten jedoch noch zu weiteren Anlässen geblasen (2 Kön 11,14; 12,14; Ps 98,6 u.a.m.). In nachexilischen Texten erscheinen die Trompeten zusammen mit anderen Instrumenten beim Tempelkult; geblasen werden durften sie nur von Priestern (Esra 3,10; Neh 12,35.41; 1 Chr 16,6; 2 Chr 5,12; 7,6; 13,12.14; 29,26). Eine Siebenzahl von Priestern ist auch für die Einweihung der Stadtmauer von Jerusalem unter Nehemia belegt (Neh 12,33–35a.41). Mit diesem Vers sind also die Vorbereitungen zur feierlichen Prozession abgeschlossen.

Am Ende dieses Verses werden noch Obed-Edom und Jehija als »Torhüter der Lade« genannt. Anscheinend wollte der Chronist bei einem Staatsakt wie der feierlichen Einholung der Lade das gesamte Kultpersonal aufführen und erwähnte deshalb auch die Torhüter, obwohl sie am Transport der Lade wohl nicht direkt beteiligt waren. Außerdem wurde so der Zusammenhang betont zwischen der Familie Obed-Edom und dem Mann, bei dem die Lade abgestellt worden war.

V 25–29: Die Überführung der Lade

15,25 Mit V 25 kehrt der Chronist zurück zu seiner Quelle 2 Sam 6 und verfolgt den Bericht von der Überführung der Lade bis zum erfolgreichen Abschluß.

Die markanteste Abweichung besteht hier darin, daß er statt »David ging hin und brachte …« (2 Sam 6,12) schreibt: »David und die Ältesten Israels und die Befehlshaber der Tausendschaften …« – eine Textänderung, die fest
in einem chronistischen Charakteristikum gründet. Laut 2 Sam 6 verlief die 15,26
Überführung der Lade problemlos, sobald der Transport ordnungsgemäß durchgeführt wurde. In 15,26 ist der Erfolg der Überführung ungeachtet der sorgfältigen, ausführlich wiedergegebenen Vorbereitungen letzten Endes dem Umstand zu verdanken, daß »Gott den Leviten half, welche die Lade trugen«. Für den Chronisten war dies der entscheidende Unterschied zwischen den beiden Versuchen, die Lade nach Jerusalem zu bringen. Trotz guten Willens führt nicht eigenmächtiges Verhalten zum Erfolg, sondern nur die gewissenhafte Befolgung der göttlichen Vorschrift. Auch die Opfer werden in Chr anders geschildert: Der Wortschatz von 2 Sam 6,13 ist nicht priesterlich und stammt nicht aus dem Bereich des Tempelkults; er findet sich auch in 1 Kön 1,9.19.25; Jes 1,11. Auf der anderen Seite ist die Kombination von Stier und Widder ausgesprochen priesterliche Terminologie, die allerdings auch in nicht-priesterlichem Kontext vorkommt. Die Abweichung findet sich auch in 4QSam. Ein weiterer Unterschied zwischen den parallelen Versen ist die Ersetzung des Singulars »er opferte« von 2 Sam durch den Plural »sie opferten«. In Chr ist es undenkbar, daß David die Opfer persönlich dargebracht haben sollte; als Subjekt der unpersönlichen Verbform sind wohl die Priester gedacht.

V 27 ist aus 2 Sam 6 übernommen, aber vor lauter Veränderungen fast 15,27
nicht wiederzuerkennen. In 2 Sam 6,14 heißt es »und David tanzte« sowie »und David hatte ein leinenes Efod an«. Die Ersetzung der Partizip-Form מכרכר »tanzend« in 2 Sam 6,14 durch מכרבל »gehüllt« in 1 Chr 15,27 ist wiederum charakteristisch für die Textbearbeitung des Chronisten; frappant ist die graphische Ähnlichkeit zwischen den beiden Wörtern. Der Chronist präzisiert dann weiter: »gehüllt in ein Gewand aus feinem Leinen«. בוץ »feines Leinen, Byssus« ist eine späte Vokabel (Ez 27,16; Est 1,6; 8,15; 1 Chr 4,21; 2 Chr 5,12 u.ö.) und entspricht dem älteren שש »Byssus«. Es erhebt sich die Frage, ob unter dem Gewand aus feinem Leinen, in das David hier gehüllt war, ein priesterliches Gewand zu verstehen ist. Dies gilt schon für 2 Sam 6, wo David ein leinenes Efod trägt wie die Priester. Der Chronist behält dieses Kleidungsstück bei und erwähnt außerdem noch ein »Gewand aus feinem Leinen«, was kein Priestergewand zu sein braucht. Das Efod-Gewand des Hohenpriesters war »ganz blau« gemacht (Ex 28,31) bzw. gewebt (Ex 39,22); die übrigen Priester dagegen trugen »Gewänder aus feinem Leinen gewebt« (Ex 39,27). Das Gewand aus feinem Leinen dürfte ein vornehmes Festgewand gewesen sein, aber nicht ausschließlich priesterlich. Was der Chronist hier schildert, ist eine Art Amtstracht aus feinem weißem Leinen, worin all diejenigen gekleidet waren, die direkt mit der Überführung der Lade zu tun hatten – David, die Leviten, die Sänger und der Obermusi-

ker. Die zweite Erwähnung der Sänger in V 27b scheint überflüssig; die meisten Exegeten erblicken darin entweder eine erläuternde Glosse oder eine Verschreibung aus והשערים »und die Torhüter«.

15,28 Die Personengruppe »David und das ganze Haus Israel« aus 2 Sam 6,15 erscheint in 15,28 als »David und ganz Israel«. David war im vorangehenden Vers zusammen mit dem ganzen »Team« beim Transport der Lade genannt worden. Hier wird nun die israelitische Bevölkerung angesprochen, die den Festzug mit Musik und Gesang begleitete. Zu dem Jubel und dem Klang des Horns fügt der Chronist noch die ihm geläufigen, bereits zuvor erwähnten Instrumente hinzu: Cymbeln, Harfen und Leiern.

15,29 Die dramatische Episode zwischen David und Michal, die 2 Sam 6,20–22 zum Abschluß der erfolgreichen Überführung der Lade berichtet wird, sowie den Hinweis auf Michals Kinderlosigkeit hat der Chronist nach 15,29 weggelassen. Da die Konfrontation fehlt, braucht auch deren Anlaß nicht hervorgehoben zu werden. In 2 Sam 6,14 steht, David habe »vor JHWH getanzt mit all seiner Macht«, und daran habe Michal Anstoß genommen (2 Sam 6,16). In Chr dagegen ist Davids Tanzen verändert in die Erwähnung seiner feierlichen Kleidung (s.o. zu 15,27), so daß Davids Tanzen und Fröhlichsein am Schluß nurmehr in losem Zusammenhang mit dem Festakt steht. Demnach erscheint 15,29 als isoliertes Überbleibsel einer anderen Tradition; dafür spricht auch die Tatsache, daß dieser Vers im Unterschied zu anderen im gleichen Kontext nahezu unverändert geblieben ist. Seine Übernahme in Chr an die erzählerisch gleiche Stelle wie in Sam und die leichte textliche Abwandlung sind wiederum Beispiele für die Textarbeit des Chronisten. Zu klären bleibt seine Bedeutung und Aussage in seinem neuen Kontext. Die Episode aus 2 Sam 6 ist ätiologisch ausgerichtet, will Michals Kinderlosigkeit begründen (2 Sam 6,23), die in Sam für die Gesamtanlage der Erzählung sowie für die Übertragung des Königtums von David auf Salomo wichtig ist. In Chr dagegen ist dieses Detail nur für den engeren Kontext relevant, für die Überführung der Lade und was damit zusammenhängt. Michal, die hier als »die Tochter des Saul« eingeführt wird, erscheint in Chr nirgends als Davids Ehefrau, und das Problem von Davids Nachfolge wird in Chr aus anderer Perspektive angegangen. Von daher repräsentiert Michal hier nur die traditionelle Einstellung von Sauls Dynastie: negativ zur Lade JHWHs (1 Chr 13,3). Noch im letzten Augenblick, als die Lade in der »Davidsstadt« anlangt, hält die überlebende Vertreterin von Sauls Haus an dieser verächtlichen Haltung fest – ganz im Gegensatz zu David, der tut, was in seiner Macht steht, um »Gott zu suchen«.

1 Chr 16,1–43: Die große Liturgie vor der Lade

Literatur *W. Altink*, 1 Chronicles 16,8–36 as Literary Source for Revelation 14,6–7: AUSS 2, 1984, 187–196. – *P. Auffret*, Merveilles à nos yeux. Etude structurelle de vingt psaumes dont celui de 1 Ch 16,8–36 (BZAW 235), Berlin 1995. – *T. C. Butler*, A Forgotten Passage from a Forgotten Era (1 Chr 16:8–36): VT 28, 1978, 142–150. – *P. B. Dirksen*, 1 Chronicles 16:38: Its Background and Growth: JNWSL 2, 1996, 85–90. – *T. C. Eskenazi*, A Literary Approach to Chronicles' Ark Narrative in 1 Chronicles 13–16, in: A. B. Beck (Hg.), Fortunate the Eyes that See. FS D. N. Freedman, Grand Rapids 1995, 258–274. – *B. Gosse*, Les citations de Psaumes en 1 Ch 16,8–36 et la conception des relations entre Yahvé et son peuple dans la rédaction des livres des Chroniques: Eglise et théologie 27, 1996, 313–333. – ders., L'Alliance avec Abraham et les relectures de l'histoire d'Israël en Ne 9, Ps 105–106, 135–136 et 1 Ch 16: Transeuphratène 15, 1998, 123–135. – *P. D. Hanson*, 1 Chronicles 15–16 and the Chronicler's Views of the Levites, in: M. Fishbane (Hg.), »Sha'arei Talmon«. Studies in the Bible, Qumran, and the Ancient Near East, Winona Lake 1992, 69–77. – *J. Hausmann*, Gottesdienst als Gotteslob. Erwägungen zu 1 Chr 16,8–36, in: H. Wagner (Hg.), Spiritualität. Theologische Beiträge, Stuttgart 1987, 83–92. – *P. E. Hill*, Patchwork Poetry or Reasoned Verse? Connective Structure in 1 Chronicles 16: VT 3, 1983, 97–100. – *J. A. Loader*, Redaction and Function of the Chronistic »Psalm of David«, in: W. C. van Wyk (Hg.), Studies in the Chronicler (Die Ou-Testamentiese Werkgemeenskap in Suid-Afrika 19), Pretoria 1978, 65–75. – *K. Nielsen*, Whose Song of Praise? Reflections on the Purpose of the Psalm in 1 Chronicles 16, in: M. P. Graham/S. L. Mc Kenzie, The Chronicler as Author. Studies in Text and Texture (JSOT.S 263), Sheffield 1999, 327–336. – *R. Weiss*, A Peculiar Textual Phenomenon: Textus 18, 1995, 27–32.

Text

Übersetzung *16[1] Und sie brachten die Lade Gottes hinein und stellten sie in das Innere des Zeltes, das David für sie aufgeschlagen hatte. Und sie opferten Brandopfer und Gemeinschaftsopfer vor Gott. [2] Und als David aufgehört hatte, das Brandopfer und die Gemeinschaftsopfer zu opfern, segnete er das Volk mit dem Namen JHWHs [3] und er verteilte an alle Israeliten, ob Mann oder Frau, je ein Ringbrot und einen Dattel- und einen Rosinenkuchen.*

[4] Und er bestimmte von den Leviten Diener vor der Lade JHWHs, um zu erinnern und zu danken und zu preisen JHWH, den Gott Israels: [5] Asaf als Haupt und an seiner zweiten Stelle Secharja, [Jaasiël] und Schemiramot und Jehiël und Mattitja und Eliab und Benaja und Obed-Edom und Jëiël mit Harfen und mit Leiern und Asaf, der die Cymbeln erklingen ließ, [6] und Benaja und Jahasiël, die Priester, mit den Trompeten, regelmäßig vor der Bundeslade Gottes.

7 *An jenem Tage, damals, ließ David unter der Leitung von Asaf und seinen Brüdern JHWH danken:*

8 Danket JHWH, ruft seinen Namen an.
Macht bekannt unter den Völkern seine Taten.
9 Singt ihm, spielt ihm auf,
redet von all seinen Wundern.
10 Rühmt euch seines heiligen Namens,
es freue sich das Herz derer, die JHWH suchen.
11 Sucht JHWH und seine Kraft,
sucht sein Angesicht allezeit.
12 Gedenkt seiner Wunder, die er getan,
seiner Zeichen und der Rechtssprüche seines Mundes,
13 Same seines Knechtes Israel,
Söhne Jakobs, seine Erwählten.
14 Er, JHWH, ist unser Gott,
auf der ganzen Erde sind seine Rechtssprüche.
15 Gedenkt auf ewig seines Bundes,
des Wortes, das er geboten hat für tausend Geschlechter,
16 den er schloß mit Abraham,
und seines Schwurs mit Isaak,
17 und er bestimmte ihn dem Jakob als Satzung
und Israel als ewigen Bund,
18 indem er sprach: »Dir gebe ich das Land Kanaan
als Los eures Erbbesitzes,
19 obwohl ihr waret gering an Zahl,
nur wenige und fremd in ihm.«
20 Und sie zogen von Nation zu Nation
und von einem Reich zu einem anderen Volk.
21 Nicht ließ er jemand zu, sie zu unterdrücken,
und er züchtigte ihretwegen Könige:
22 »Nicht rühret an meine Gesalbten
und meinen Propheten tut nichts Böses!«
23 Singt JHWH, alle Erde,
verkündet von Tag zu Tag sein Heil.
24 Erzählt unter den Nationen seine Herrlichkeit
unter allen Völkern seine Wunder.
25 Denn groß ist JHWH und sehr gepriesen,
und furchtbar ist er über allen Göttern.
26 Denn alle Götter der Völker sind Nichtse,
doch JHWH, Himmel hat er gemacht.
27 Erhabenheit und Pracht sind vor seinem Angesicht,
Kraft und Freude sind an seiner Stätte.
28 Bringt dar JHWH, ihr Familien der Völker,

bringt dar JHWH Herrlichkeit und Kraft.
29 *Bringt dar JHWH die Herrlichkeit seines Namens,*
bringt eine Gabe und kommt vor sein Angesicht.
Werft euch nieder vor JHWH in heiliger Pracht,
30 *bebt vor seinem Angesicht, alle Erde,*
ja fest gegründet ist der Erdkreis, er wird nicht wanken.
31 *Freuen sollen sich die Himmel und jauchzen soll die Erde,*
und sie sollen sagen unter den Nationen: »JHWH ist König.«
32 *Es soll brausen das Meer und seine Fülle,*
es soll froh sein das Feld und alles, was auf ihm ist.
33 *Dann sollen jubeln die Bäume des Waldes*
vor dem Angesicht JHWHs, denn er kommt,
um zu richten die Erde.
34 *Dankt JHWH, denn er ist gut,*
denn auf ewig ist seine Gnade.
35 *Und sprecht: »Hilf uns, Gott unseres Heils,*
und sammle uns ein und rette uns aus den Nationen,
damit wir deinem heiligen Namen danken,
damit wir uns rühmen in deinem Lobpreis.«
36 *Gepriesen sei JHWH, der Gott Israels,*
von Ewigkeit bis Ewigkeit.
Und das ganze Volk sprach »Amen« und »Lobpreis sei JHWH«.

37 *Und er ließ dort vor der Lade des Bundes JHWHs den Asaf und seine*
Brüder, damit sie vor der Lade Dienst tun, regelmäßig wie es jeder Tag er-
forderte, 38 *und den Obed-Edom und ihre Brüder, 68, und Obed-Edom, den*
Sohn des Jedutun, und Hosa als Torhüter. 39 *Und den Priester Zadok und*
seine Brüder, die Priester, bestellte er vor die Wohnstatt JHWHs auf der
Höhe von Gibeon, 40 *damit sie JHWH Brandopfer darbringen auf dem*
Brandopferaltar, regelmäßig, am Morgen und am Abend, und alles, was
geschrieben ist in der Tora JHWHs, die er Israel geboten hat. 41 *Und mit*
ihnen waren Heman und Jedutun und die übrigen Auserlesenen, die mit
Namen verzeichnet sind, JHWH zu danken: »Denn auf ewig ist seine Gna-
de«. 42 *Und mit ihnen, mit Heman und Jedutun, waren Trompeten und*
Cymbeln für die Musikanten und die Instrumente für die Gotteslieder.
Und Söhne des Jedutun waren da für das Tor.

43 *Und das ganze Volk, ein jeder, ging nach seinem Hause. Auch David*
wandte sich, um sein Haus zu segnen.

Zu Text und Übersetzung

5 **יעיאל** »Jëiël«: lies **יעזיאל** »Jaasiël« wie in 15,18.
15 **זכרו** »gedenkt«: Ps 105,8 **זכר** »er gedenkt«.
19 **בהיותכם** »ihr waret«: Ps 105,12 **בהיותם** »sie waren«.
31 **ויאמרו בגוים יהוה מלך** »und sie sollen sagen unter den Nationen: JHWH ist König«: Glosse?

35 וקבצנו »und sammle uns ein«: Glosse? vgl. LXX.
38 Vgl. Auslegung.
42 הימן וידותון »Heman und Jedutun«: Dittographie?

Analyse

Inhalt und Aufbau

Das Kapitel 1 Chr 16 gliedert sich folgendermaßen:

a) V 1–3 Abschluß der Überführung der Lade
b) V 4–38 Die Bestimmungen für die Musik vor der Lade sowohl für diesen Tag als auch für die Zukunft
c) V 39–42 Die Regelung des Kults am Heiligtum zu Gibeon
d) V 43 Abschluß, Heimkehr

Beziehung von 16,1–3 zu 2 Sam 6,17–20a: Redaktionelle Technik von Chr

Von der Quellenlage her weist der Aufbau des Kapitels ein interessantes Muster auf: die oben mit a) und d) bezeichneten Stücke (16,1–3.43) sind mit leichten Abweichungen aus 2 Sam 6,17–20a übernommen und fungieren als »Grundquelle« des Abschnitts. Hier ist eine Redaktionstechnik des Chronisten zu beobachten: Der ursprünglich zusammenhängende Text ist an einem bestimmten Punkt zerschnitten, und an der Schnittstelle wird ein Stück Text von unterschiedlicher Länge eingefügt; im Anschluß an die Einschaltung wird die Erzählung in ihrer ursprünglichen Form wieder aufgenommen, genau wo sie abgebrochen war.

Graphisch ließe sich das etwa folgendermaßen darstellen:

2 Sam 6: 17 – 18 – 19a - - - - - - - - - 19b – 20

1 Chr 16: 1 – 2 – 3 4 –42 43

Struktur von 16,4–42

Der Einschub 16,4–42 seinerseits ist ähnlich strukturiert. Die Verse 4–6 zusammen mit V 38–42 bilden eine thematische Folge. In V 4–6 wird der ständige Kult vor der Lade in Jerusalem geregelt; in V 38–42 endet diese Beschreibung und es folgt die analoge Regelung für das Heiligtum zu Gibeon. Darin eingeschoben ist ein langes Textstück, V 7–37. Innerhalb dieses Einschubs ist wiederum eine analoge Gliederung zu beobachten: den Hauptteil bildet ein Psalm (V 8–36) mit vorangestellter Einleitung (V 7) und nachgestelltem Abschluß (V 37).

Somit weist dieses Kapitel eine raffinierte literarische Struktur auf, die zur Verknüpfung von zwei Dingen dient: die dauernde Regelung für die Lade sowie der Psalm, der »an jenem Tage« vor der Lade JHWHs gesungen wurde. Der Zusammenhang zwischen V 7 und 37 ist deutlich; in beiden ist von Asaf und seinen Brüdern die Rede, wobei sich der eine auf »jenen Tag« (ביום ההוא) bezieht und der andere auf »ständig« (תמיד). V 7 gehört zum Vorangehenden, V 37 zum Folgenden. Graphisch läßt sich das folgendermaßen darstellen:

Psalm 8–36
/ \
7 Verbindungsstücke 37
/ \
4–6 Dauerregelung 38–42
/ \
1–3 Grundquelle (2 Sam 6,17–20a) 43

Quellen

Die Verse 4–42 bestehen aus zweierlei Material: a) einem Psalm, dessen Teile allesamt im Psalmenbuch stehen; b) einer Schilderung des Kultbetriebs, die speziell in diesen Kontext gehört. Mit Ausnahme von zehn Versen (V 4–7.37–42), die keine textliche Parallele haben, sind die Hauptbestandteile von Kap. 16 also aus verschiedenen biblischen Quellen genommen und zu einem raffinierten literarischen Gebilde verwoben.

Zusammenstellung vorgegebener Psalmen-Teile

Der Dankpsalm in V 8–36 stellt literarisch einen Sonderfall dar. Seine drei Komponenten sind: V 8–22 = Ps 105,1–15; V 23–33 = Ps 96,1–13; V 34–36 = Ps 106,47–48. Dieses literarische Phänomen, nämlich die Zusammenstellung von Teilen vorgegebener Psalmen zu einem neuen Psalm, ist bereits im Psalter zu beobachten; das markanteste Beispiel bietet Ps 108, der aus Teilen von Ps 60 und Ps 57 besteht. Ebenfalls anzutreffen ist die Technik in der Psalmenrolle von Qumran, wo aus Teilen von Ps 118 ein neuer Psalm gestaltet ist. Manches spricht dafür, daß nicht nur die Verwendung des Psalms an dieser Stelle, sondern auch dessen literarische Komposition das Werk des Chronisten ist. Was auffällt, ist die grundlegende Ähnlichkeit im literarischen Vorgehen beim Kompilator des vorliegenden Psalms sowie beim Chronisten überhaupt: vorhandenes Material wird so ausgewählt, zusammengestellt und überarbeitet, daß ein neues, eigenständiges literarisches Gebilde entsteht.

Struktur des Dankpsalmes 8–36

In seiner vorliegenden Form läßt sich der Psalm in 16,8–36 in zwei Teile gliedern: ein Lobgesang (V 8–33), Dank und Bitte (V 34–36). Jeder von beiden Teilen beginnt mit dem Aufruf »Danket JHWH« (V 8.34); beim ersten Teil handelt es sich um allgemeineren Lobpreis, der zweite ist eher auf die spezifische Situation bezogen; er endet mit der Doxologie »Gepriesen sei JHWH, der Gott Israels, von Ewigkeit bis Ewigkeit«. Sämtliche Elemente dieses Gebets finden sich auch im Psalter. Dabei besteht allerdings ein Unterschied zwischen den Komponenten des ersten und denen des zweiten Teils. V 8–33 enthalten geschlossene Psalmen, die vermutlich während des Tempeldienstes gesungen wurden; V 34–36 dagegen bilden eine Art Mosaik aus kleineren Teilen. V 34 ist ein Refrain, wahrscheinlich die Erwiderung des Publikums auf den Gesang der Leviten. Mit dieser Antiphon beginnen und enden etliche Psalmen (vgl. Ps 106,1; 107,1; 118,29 und bes. 118,1–4; 136). V 35–36a bilden eine Doxologie, wohl auch von den Teilnehmern am Gottesdienst am Ende des Gebets gesprochen. Solche eigenständigen Doxologien finden sich in Ps 72,18–19; 89,53 sowie 106 (dieser Vers).

Vergleich mit Ps 96 und 105

Die zwei Psalmen, 96 und 105, aus denen der Psalm hier zusammengesetzt ist, sind beide Loblieder. In Chr sind die Aufrufe zu Lob und Dank aus den ursprünglichen Psalmtexten beibehalten: »danket, machet kund, singet, erzählet, preiset, es freue sich das Herz, suchet, suchet« (Ps 105); »singet, verkündet, erzählet, gebet, gebet, bringet dar, kommet, werft euch nieder« (Ps 96). Außerdem macht der Chronist durch Verwandlung der Verbform von Aussage im Singular (זכר »er gedachte«) in Imperativ Plural (זכרו »gedenket«) Ps 105,8 »er gedachte seines Bundes« zur selben Form von Aufruf an die Gemeinde »gedenkt auf ewig seines Bundes« (1 Chr 16,15).

Auslegung

16,1–3 Die Verse 16,1–3 sind parallel zu 2 Sam 6,17–19, spielen jedoch im gegenwärtigen Kontext eine andere Rolle. In Chr schaffen sie, obwohl im wesentlichen unverändert, einen Bezug zum Anfang von Kap. 15: das Verbringen der Lade in ihr Zelt (16,1, vgl. 15,1) sowie die Kulthandlungen in Bezug auf die Lade (16,1b, vgl. 15,2) und das Volk (16,2–3, vgl. 15,8). Abgesehen von der Vertauschung der göttlichen Attribute und der Wortfolge unterscheidet sich V 1 von seiner Parallele hauptsächlich durch den Übergang vom Singular »und David opferte« (2 Sam 6,17) zum Plural »und sie opferten«.

V 1–3: Abschluß der Überführung der Lade

Das in 2 Sam 6,17–19 Berichtete bildet den Abschluß der Überführung der Lade. David segnet alle Beteiligten und läßt jedem einen Anteil am Festmahl zukommen; daraufhin gehen die Leute nach Hause. In Chr fungieren dieselben Tatsachen nur als Durchgangsstadium in einem weiter angelegten Vorgang: nach den Opfern, dem Segen und dem Festmahl gehen die Leute nicht nach Hause, sondern bleiben, um Gott zu danken; die levitischen Sänger tragen einen Lobgesang vor und das Volk respondiert. Darauf folgen die Bestimmungen für den ständigen Gottesdienst; erst dann zerstreuen sich die Teilnehmer. Diese unterschiedliche Auffassung der Ereignisse ist kein Zufall. So wie das Zustandekommen des gesamten Unternehmens erst durch göttliche Hilfe ermöglicht wird (15,26), endet dieses selbstverständlich mit einem Lobgesang für Gott (16,7). Andere größere Unternehmungen in Chr schließen ebenso (vgl. 2 Chr 20,26.28; 29,30; 30,21.27). Aber während dort das Danklied nur erwähnt ist, wird hier der Psalm ganz zitiert. Das braucht nicht zu verwundern, denn für den Chronisten wurde bei dieser Gelegenheit die musikalische Tätigkeit der Sänger im kultischen Zusammenhang überhaupt geregelt; und da es sich hier um die Gründungsveranstaltung der Jerusalemer Tempelmusik handelt, wird sie ausführlich und in aller Pracht geschildert.

16,4–6 Der Aufbau des Abschnitts 16,4–6 ist klar: nach einer allgemeinen Aussage (V 4) folgen die Namen der Sänger, alle aus der Liste 1 Chr 15,17–18.19–21.24 übernommen. Die Untergliederung der Sängerschaft geht davon aus, daß die Gesamtheit der Priester und Leviten nun in zwei Gruppen geteilt ist, deren eine vor der Lade in Jerusalem Dienst tut, die andere am Heiligtum zu Gibeon. Beide Gruppen bestehen aus Sängern, Trompete blasenden Priestern und Torhütern; in Gibeon gab es auch Priester, die für den Opferdienst zuständig waren, und Leviten. Aus der Sicht von Chr bestand Davids Neuerung nicht in der Errichtung des Höhenheiligtums in Gibeon, sondern in dem Zelt, das in Jerusalem für die Lade aufgeschlagen wurde. So wie der Chronist die Geschichte des Kultes verstand, hatte sich die Stiftshütte seit eh und je in Gibeon befunden; der Kult dort brauchte also nicht näher vorgestellt zu werden. Neu dagegen war die Plazierung der Lade in dem Zelt zu Jerusalem; daher mußten dessen kultische Anordnungen vollständig wiedergegeben werden.

V 4–38: Bestimmungen für die Musik vor der Lade

V 4 ist sorgfältig formuliert. David setzt hier »Leviten« ein, nicht »Sän- 16,4
ger«; die Termini sind klar unterschieden. Deren Aufgabe besteht darin, JHWH »zu erinnern, zu danken und zu preisen«, was eine Kombination von zwei unterschiedenen Funktionen ist. Das Erinnern ist eine priesterliche Funktion laut Num 10,10: »Ihr sollt die Trompeten blasen … sie seien euch *zur Erinnerung* vor eurem Gott« (לזכרון »zur Erinnerung« von derselben Wurzel wie das Verb להזכיר »erinnern«). Preis und Dank dagegen ist eine Funktion der Leviten, genauer gesagt: der Sänger. Die Leviten in V 4 bezeichnen also sowohl Asaf und dessen Brüder in V 5 als auch die Priester mit ihren Trompeten in V 6; die Aufgaben und deren Durchführende sind chiastisch präsentiert.

Zehn Sänger sind in 16,5 aufgeführt: deren Vorsteher Asaf, an zweiter 16,5
Stelle Secharja und weitere acht. Aus der Formulierung von MT geht nicht eindeutig hervor, ob die Plazierung an zweiter Stelle nur Secharja oder alle übrigen betrifft. Wie schon in 15,19–21 ausgeführt, war Asaf für die Cymbeln zuständig, während die übrigen Harfe bzw. Leier spielten. Hier sind sie zwar nicht nach Instrumenten gegliedert, doch läßt sich das leicht durch Vergleich mit der Liste 15,20–21 ergänzen: Sechs unter den Sängern – Secharja, Jëiël/Usiël, Schemiramot, Jehiël, Eliab und Benaja – spielten Harfe, drei andere – Mattitja, Obed-Edom und Jëiël – spielten Leier.

An Priestern sind zwei in 16,6 genannt: Benaja und Jahasiël. Letzterer 16,6
kommt in 15,24 nicht vor; doch da die Zahl der Priester dort sieben beträgt, ist die Annahme unwahrscheinlich, daß ein Name ausgefallen sein sollte. Daher dürfte es sich bei diesem Namen um eine Korruption handeln, entweder hier oder in 15,24. Die Formulierung von V 6 ist nahezu wörtliche Wiederholung von 15,24b, mit Ausnahme der Hinzufügung von תמיד, was hier als »regelmäßig« wiederzugeben ist. 15,24 bezieht sich nämlich auf die einmalige Veranstaltung, wohingegen hier von der dauernden Regelung die Rede ist. Hier reduziert der Chronist die Anzahl der Trompeten auf zwei (vgl. Num 10,10).

V 7 – nicht Wiederholung von V 4–5, sondern Neueinsatz – unterbricht 16,7
die Schilderung der festen Regelung durch Bezugnahme auf die Ereignisse »jenes Tages«. בראש ist nicht mit »zuerst« wiederzugeben, da dieser Sprachgebrauch biblisch nicht belegt ist, sondern mit »an der Spitze, unter der Leitung«; es bezieht sich auf Asaf und dessen Brüder, die den kultischen Lobpreis »an jenem Tage« zu leiten hatten. Der Psalm wird in V 7 als Dankgebet eingeführt, was mehrere Anhaltspunkte im Text hat: in der Eröffnung »Danket JHWH« (16,8), wiederholt im Schlußabschnitt (16,34), dann wieder in der abschließenden Doxologie »damit wir deinem heiligen Namen danken.« (16,35b).

Mit der Übertragung von Ps 105,1–15 als 1 Chr 16,8–22 in den vorliegenden Kontext verschiebt sich der theologisch-historische Schwerpunkt. Die Aufzählung der historischen Ereignisse bricht ab, bevor sie zu Josef kommt, so daß nur die drei Erzväter erwähnt sind. Die enge Beziehung zwischen dem »Bund« am Anfang des Psalms und dessen Erfüllung am Ende ist aufgehoben. Außerdem ist die Aussage »er gedachte« ersetzt durch den Imperativ »gedenket«, der eine Aufforderung an die Gemeinde bildet (1 Chr 16,15). So wie er hier in 1 Chr 16 steht, ist der Psalm verknüpft mit dem konkreten historischen Ereignis, der Überführung der Lade. Er richtet sich an die Festgemeinde, die als direkte Nachkommenschaft der Erzväter angesprochen wird; der Zeitraum von den Patriarchen bis auf Davids Gegenwart ist übersprungen. Die Verheißung »euch will ich das Land Kanaan geben« ist erfüllt in der Gemeinde, wie sie hier steht, Gott lobt und ihm dankt für seine wunderbaren Taten.

16,11 Die Aufforderung »suchet JHWH und seine Kraft« scheint den Gedankenfluß zu stören. Im unmittelbaren Kontext ist die Rede von denen, die JHWH suchen (16,10), und die parallelen Kola lauten »suchet JHWH« (דרשׁו יהוה) und »sucht sein Antlitz auf« (בקשׁו פניו). Insofern wirkt die Erwähnung von Gottes »Kraft« etwas fehl am Platz, und in LXX ist das Substantiv »seine Kraft« tatsächlich ersetzt durch die Verbform »seid stark«. JPS dagegen betrachtet die Vokabel עזו aus MT als eine Bezeichnung der Lade in Parallele zu Ps 78,61, wo sich עזו zweifellos auf die Lade bezieht, die nach der Zerstörung von Schilo in die Gewalt der Feinde geraten war (vgl. auch Ps 132,8 mit Parallele in 2 Chr 6,41). Die Terminologie dieses Verses, die Verben »suchen« und »aufsuchen« (בִּקֵּשׁ, דרשׁ) und die Anspielung auf die Lade, verankern den Psalm in seinem derzeitigen Kontext und betten ihn ein in Wortschatz und Weltanschauung des Chronisten.

16,13 »Same seines Knechtes Israel« nach 16,13 ist eine der interessanten Textvarianten zwischen unserem Text und Ps 105. Für den Chronisten ist das Volk »Israel« nicht die entfernte Nachkommenschaft Abrahams, sondern die unmittelbaren Abkömmlinge des Erzvaters Jakob/Israel. Somit gehen die Israeliten auf Israel zurück, nicht auf Abraham, und daher rührt ihr Name. Bei der Erwähnung des Bundes sind Abraham und Isaak allerdings zusammen mit Jakob genannt (16,16).

16,19 Die Version von Ps 105,12 »als sie waren« verknüpft diesen Vers mit dem folgenden, die Version »als ihr wart« in 16,19 setzt ihn in Zusammenhang mit dem vorangehenden, woraufhin das neue Thema erst im nächsten Vers (16,20) einsetzt. Beide Lesarten scheinen gleichermaßen sinnvoll.

16,22 In Ps 105 sind die Erzväter als »meine Gesalbten« und als »Propheten« bezeichnet. Unter den Erzvätern trägt sonst nur Abraham den Titel »Prophet«, und zwar nur einmal, bei seiner Begegnung mit Abimelech (Gen 20,7). Auf diese Episode scheint in 16,22 tatsächlich angespielt, aber die Benennung wird auf die beiden anderen Erzväter ausgedehnt. Ungewöhnlich ist die Bezeichnung »meine Gesalbten«. Keiner der Erzväter wird so benannt; dies ist der einzige biblische Beleg, wo der Ausdruck im Plural vorkommt, auch der einzige, wo »Prophet« und »Gesalbter« in parallelen Kola stehen. Salbung als Akt der Einsetzung zum Propheten erscheint biblisch beim Übergang des Amtes von Elija an Elischa (1 Kön 19,16) sowie in Jes 61,1. Der Terminus »Gesalbter« dagegen bezieht sich nur auf Könige oder Priester. Insofern stellt der vorliegende Kontext eine doppelte Ausweitung in der Verwendung des Terminus dar: die volle Parallele zwischen »Prophet« und »Gesalbter« (vermutlich auch CD 5,21 – 6,1) und die Einreihung der Patriarchen unter die Propheten.

Der zweite Teil, Ps 96, ist in 1 Chr 16,23–33 zur Gänze übernommen: ein 16,23–33
Lied von Gottes Macht und Wundertaten. Die ganze Natur stimmt ein in den Jubel, singt gemeinsam mit der versammelten Menge. Da Ps 96 ganz zitiert wird, sind die textlichen Abweichungen in 1 Chr 16 besonders bemerkenswert. V 23, bestehend aus Ps 96,1b und 2b, bringt das Gotteslob zu Beginn in verkürzter Form. V 27b liest »Kraft und Freude sind an seiner Stätte« statt »Kraft und Schönheit sind in seinem Heiligtum« (Ps 96,6), und V 29 hat »bringt eine Gabe und kommt vor sein Angesicht« statt »bringet eine Gabe und kommet in seine Höfe« (Ps 96,8). Beide Textänderungen sind Anpassungen an die vorliegende Situation. Zu Davids Zeiten kam die Gemeinde noch nicht an ein »Heiligtum« mit »Höfen« (die waren noch nicht gebaut), sondern in ein Zelt, an seinen »Ort«, wobei die Vokabel מקום nicht einen beliebigen Ort bezeichnet, sondern vermutlich eine heilige Stätte (vgl. *W. Baumgartner*, Lexikon 1967–1990, 592 f.). Zwei Sätze aus Ps 96 fehlen in dem Psalm hier: 96,10 und 96,13b. Da die beiden Verse nicht benachbart, aber thematisch verwandt sind, dürfte die Auslassung auf einem redaktionellen Eingriff beruhen. Vermutlich handelt es sich auch hier um Anpassung an den neuen Kontext, denn die Vorstellung von Gott als Richter paßt nicht so recht zum vorliegenden Anlaß.

Mit 16,34–36 geht der Psalm zum aktuellen Anlaß über. Auf den Refrain 16,34–36
»Danket JHWH …« folgt die direkte Aufforderung an die Gemeinde »Saget …«, woran die Doxologie anschließt. Diese weicht in einigen Einzelheiten ab von Ps 106,47; der markanteste Punkt ist die Einsammlung der Zerstreuten: »sammle uns ein und rette uns aus den Nationen«. Diese Bitte reicht weit über den angenommenen historischen Kontext hinaus, und da die textliche Überarbeitung sonst so sorgfältig vorgenommen ist, stellt sich die Frage, ob diese auffallende Ausnahme original ist. Die »Einsammlung der Zerstreuten« ist eine für Chr überhaupt ungewöhnliche Vorstellung; sie kommt nur ein einziges Mal vor, ziemlich anders gefaßt, 2 Chr 30,9 in Bezug auf die Bevölkerung des Nordreichs. In V 36b wird beschrieben, wie die Gemeinde auf den Aufruf zum Lobpreis reagiert: »Und das ganze Volk sprach«, anstelle von »und das ganze Volk spreche« aus Ps 106,47. Wieder keine reine Wiederholung von Ps 106, sondern eine sorgfältige Anpassung an die spezifische Situation.

Mit V 37 kommen wir zurück zu »jenem Tage« und zu den allgemeineren 16,37
Umständen: die Einsetzung von Asaf und seinen Brüdern in ihren regel-

mäßigen Dienst. Der Vers selbst bietet uns keine neue Information, sondern dient als Verbindungsglied zwischen dem »an jenem Tage« rezitierten Psalm und dem allgemeineren Kontext. Wieder im Zusammenhang mit der Überführung der Lade bleibt nur noch ein weiteres Detail zu erwähnen: die Torhüter, denen V 38 gewidmet ist.

16,38 V 38 enthält etliche Schwierigkeiten. 1. Obed-Edom ist zweimal genannt, einmal zusammen mit seinen 68 Brüdern und dann zusammen mit Hosa. 2. MT liest »ihre Brüder« anstelle des zu erwartenden »seine Brüder«. 3. Die Herkunft des Obed-Edom von Jedutun ist neu, wobei Jedutun selbst als Sänger bekannt ist. 4. Eine neue Figur, Hosa, wird eingeführt. Offenbar hat der Vers in seiner gegenwärtigen Gestalt diese oder jene Interpolation erfahren, um ihn mit anderen Erwähnungen der Torhüter in Einklang zu bringen. Eine mögliche, aber keineswegs zwingende Annahme betrachtet die Wiederholung in V 38b »und Obed-Edom, der Sohn des Jedutun, und Hosa« als Glosse, deren Tilgung einen glatten Text ergäbe: »und Obed-Edom samt seinen 68 Brüdern zu Torhütern« (vgl. auch 1 Chr 15,24 mit Auslegung z. St.). Eine andere Lösung würde 38a als Glosse betrachten (unter dem Einfluß von 1 Chr 26,4) sowie die Herkunftsangabe »Sohn des Jedutun« (unter dem Einfluß von 16,42), was zu folgender Lesart führte: »Obed-Edom und Hosa zu Torhütern«. Zu den Schwierigkeiten mit der Gruppe der Torhüter vgl. unten die Auslegung zu 1 Chr 26.

16,39–42 Zum Abschluß der offiziellen kultischen Regelung für die Lade an ihrem neuen Standort, wofür einiges Kultpersonal nach Jerusalem transferiert worden war, kommt der Chronist in 16,39–42 auf das Heiligtum in Gibeon zu sprechen. Dieses Thema taucht abrupt auf, wie ein Zusatz zum eigentlichen Anliegen des Textes, der schnell noch eingeführt werden sollte. An dem Höhenheiligtum zu Gibeon in der Stiftshütte war der vollständige Kult mit sämtlichen rituellen Funktionen zu zelebrieren: a) ein Hoherpriester und zusätzliche Priester waren für den Opferdienst zuständig; b) Sänger besorgten die Kultmusik; c) Torhüter. In dieser Aufzählung fehlen nur »die Leviten«, doch hängt diese Auslassung vermutlich mit der Kürze des ganzen Abschnitts zusammen sowie mit der Tatsache, daß deren Aufgabe schon in 1 Chr 9,31 ff. ausführlich behandelt war. Von den Priestern ist nur der Hohepriester Zadok mit Namen genannt, die übrigen sind pauschal als »seine Brüder, die Priester« bezeichnet. Auch ihre Aufgabe wird sehr knapp umrissen: »JHWH Brandopfer darbringen … und alles, was geschrieben ist in der Tora JHWHs, die er Israel geboten hat«. Von den Sängern werden nur die beiden Obersänger namentlich erwähnt; die übrigen, deren Namen bereits in 1 Chr 15,20–21 aufgeführt waren, erscheinen nur noch als »die übrigen Auserlesenen, die mit Namen verzeichnet sind«, und ihre Aufgabe lautet: »JHWH zu danken: ›denn auf ewig ist seine Gnade‹«. Es gibt keinen gesonderten Hinweis darauf, daß das Blasen der Trompeten den Priestern vorbehalten war. Man könnte diese Auslassung als Beleg für eine abweichende

V 39–42: Regelung des Kults am Heiligtum zu Gibeon

Überlieferung werten (so *Williamson* 128, zu V 6), aber es will doch nicht recht einleuchten, innerhalb einer so konsistenten Schilderung der Kultmusik einen abweichenden Brauch nur aus einer Nicht-Erwähnung ableiten zu wollen. Wahrscheinlicher ist doch wohl, daß das Heman und Jedutun unterstehende, nicht namentlich genannte Kultpersonal sowohl die Sänger mit den Begleitinstrumenten für den kultischen Gesang als auch die Priester mit den Trompeten umfaßte. Am Ende des Abschnitts sind wieder nur ganz kurz die Torhüter, die »Söhne des Jedutun«, erwähnt.

Die wichtige Frage, die sich aus diesen Versen erhebt, ist die nach Ursprung und Wert der Überlieferung von der »Wohnstatt JHWHs auf der Höhe bei Gibeon«. Bevor wir Art, Quellen und Zuverlässigkeit dieses Abschnitts zu klären suchen, halten wir die zugrundeliegenden Voraussetzungen fest:

1. Angenommen wird das Weiterbestehen und vollständige Funktionieren der Stiftshütte über die Zeit der Wüstenwanderung hinaus, nach der Landnahme bis hin zur Erbauung des Tempels durch Salomo.

2. Das Höhenheiligtum zu Gibeon war eine israelitische Kultstätte schon zur Zeit der Landnahme und sicherlich danach.

3. Zadok, der seit Davids Zeiten bekannte Hohepriester, hatte ursprünglich mit Gibeon und dem dortigen Kult zu tun.

Diese Annahmen werden zu einer Gesamtkonzeption verdichtet: das Bestehen und Funktionieren der Stiftshütte JHWHs an dem Höhenheiligtum zu Gibeon unter kultischer Leitung von Zadok. Hinter der Schaffung dieser Tradition und ihrer Aufnahme in Chr standen offenbar weitreichende theologische und historische Interessen.

Hauptzweck der Tradition über die göttliche »Wohnstatt zu Gibeon« ist die Behauptung einer Kontinuität des israelitischen Kultes von seinen Anfängen unter Moses an bis hin zum Königtum von David und Salomo. Über diesen gesamten Zeitraum hin wurde der Dienst JHWHs an einem zentralen Ort ausgeübt und zwar in vollem Umfang. Diese Kultkontinuität ist ein wesentlicher Bestandteil der chronistischen Auffassung von der Geschichte des israelitischen Kults. Außerdem wird Gibeon durch seine Erhebung zum Standort der Stiftshütte als eine von vornherein israelitische Stätte ausgewiesen, im markanten Unterschied zur Aussage von Jos. Diese polemische Haltung bezüglich der Besiedlung des Landes in ethnischer Hinsicht ist für Chr charakteristisch und findet sich dort auch anderswo belegt, etwa 1 Chr 7,28f. Zusätzlich zu diesen zwei Punkten bietet der Abschnitt Antworten auf etliche Fragen zur Geschichte Israels: etwa die Frage, was aus der Stiftshütte und ihren Gerätschaften geworden war, die einen späteren Leser durchaus beschäftigen konnte, zumal im deuteronomistischen Geschichtswerk nur von der Lade die Rede ist; die anstößige Tatsache, daß Salomo in einem Höhenheiligtum Opfer darbrachte, was irgendwie befriedigend erklärt werden muß; und die dunkle Herkunft der hohepriesterlichen Familie

Zadok, deren Auftreten auf der historischen Bühne in Sam recht unvermittelt wirkt. (Letzteres wird von vielen Forschern als echter Bestandteil des Ganzen betrachtet.) Es könnte durchaus sein, daß das ganze Gebilde keine ad-hoc-Erfindung des Chronisten war, sondern das Endprodukt eines längeren exegetischen Vorgangs, der verschiedene ursprünglich unabhängige Elemente unter einem gemeinsamen theologischen Dach vereinte. Diese Zusammenstellung, wie so viele andere Materialien, hat der Chronist für seine eigenen theologisch-historischen Anliegen verwendet.

Die Hauptschwierigkeit in diesem Abschnitt ist das wiederholte Vorkommen von Jedutun, sowohl als Vorsteher der Sänger als auch als Torhüter (16,38.41.42.43). In der vorangegangenen Erzählung waren die Sänger in drei Gruppen eingeteilt mit Heman, Asaf und Etan an der Spitze (15,17.19). Da Asaf nun zum Dienst vor der Lade in Jerusalem vorgesehen ist, wäre damit zu rechnen, die Namen der beiden anderen hier zu finden. In V 41 erscheint jedoch Jedutun zusammen mit Heman und nicht Etan. Eine völlig zufriedenstellende Erklärung ist noch nicht gefunden worden (vgl. aber *G. Steins*, Die Chronik 1995). Was sich anbietet, ist entweder eine ursprünglich abweichende Lesart für V 41, etwa »Heman und Etan«, was dann in »Jedutun« verschrieben worden wäre (im Hebräischen sind die Namen graphisch recht ähnlich), oder aber die Annahme, daß Etan und Jedutun für den Chronisten identisch waren, weshalb er die beiden Namen alternierend verwendet.

Was die Erwähnung von Jedutun als Torhüter betrifft (16,42), so haben wir bereits beobachtet, daß die Gruppe der Torhüter etliche Veränderungen erfahren hat, so daß keine Kontinuität der ursprünglichen bei Esra erwähnten Familien besteht. Die meisten von ihnen sind verschwunden; nur Schallum, deren Abstammung auf Korach zurückgeführt wird, hat sich erhalten (1 Chr 9,17). Zu dieser etablierten Familie kamen zwei weitere hinzu: Obed-Edom (1 Chr 26,4), dessen levitische Abstammung nicht belegt ist, und Hosa (1 Chr 26,10), ein Nachfahre von Merari. Im Zuge der Entwicklung gab es dann vermutlich Wechsel von Sängern zu Torhütern und umgekehrt; und wie die Korachiten, eindeutig Sänger laut Ps 42,1; 44,1; 45,1 u.ö., schließlich Torhüter wurden, wie aus 1 Chr 9,19; 16,1 ff. hervorgeht, so könnte man auch für »Jedutun« diese doppelte Funktion wechselweise annehmen. Jedutun ist nur in diesem Vers und in der Glosse 16,38 als Torhüter ausgewiesen.

V 43: Abschluß: Heimkehr des ganzen Volkes und Davids

16,43 Nach der umfangreichen Einschaltung von 16,4–42 nimmt der Chronist die Erzählung von 2 Sam 6,19f. mit 16,43 genau da wieder auf, wo er sie verlassen hat. Als Abschlußformel ist der Satz »und David wandte sich, sein Haus zu segnen« einzigartig. Die Erzählung von 2 Sam 6 endet mit der üblicheren Formel »und das ganze Volk ging, jedermann zu seinem Hause«. Die Formulierung von Chr, die in 2 Chr 30,27 eine Parallele hat, wirkt eher wie eine Neueröffnung für die Episode mit Michal. Doch da diese hier nicht vorkommt, steht dieser Eröffnungssatz als Abschluß. Im Kontext hier hat er mehrere Funktionen: Nun schließen die beiden Etappen der Überführung der Lade mit Segen, die erste mit Gottes Segen über Obed-Edom und dessen Haus (1 Chr 13,14), die zweite mit Davids Segen über sein Haus, nachdem er das Unternehmen diesmal zum glücklichen Abschluß gebracht hat. Außerdem dient der Vers als ausgezeichnete Ausgangsbasis für das folgende Kapitel, das damit anhebt, daß David »in seinem Hause« saß.

1 Chr 17,1–27: Natans Prophezeiung und Davids Gebet

Literatur *W. J. Beecher,* Three Notes I: 1 Chron. 17:17: JBL 8, 1899, 137–139. – *E. Cortese,* 2 Sam 7 e 1 Cr 17: Prospettive attuali dell'esegesi: Antonianum 69, 1994, 142–155. – *J. L. McKenzie,* The Dynastic Oracle (2 Sam 7; 1 Chr 17; Ps 89): TS 8, 1947, 187–218. – *H. van den Bussche,* Le texte de la prophétie de Nathan sur la dynastie davidique (2 Sam 7 – 1 Chron 17): EThL 24, 1948, 354–394.

Text

Übersetzung
17[1] Und es geschah, als David in seinem Hause saß, sprach David zu Natan,
dem Propheten: »Siehe, ich sitze in einem Haus aus Zedernholz, aber die
Lade des Bundes JHWHs ist unter Zeltplanen.« [2] Und Natan sprach zu Da-
vid: »Alles, was du in deinem Herzen hast, das tu, denn Gott ist mit dir!«
[3] Und es geschah in jener Nacht, da erging das Wort Gottes an Natan also:
[4] »Geh und sprich zu David meinem Knecht: So hat JHWH gesprochen:
Nicht du sollst mir bauen das Haus zum Wohnen. [5] Denn ich habe nicht in
einem Haus gewohnt von dem Tage an, da ich Israel heraufgeführt habe, bis
auf diesen Tag, sondern [ich zog] von Zelt zu Zelt und von Wohnstatt [zu
Wohnstatt]. [6] Als ich in ganz Israel herumzog, habe ich da zu einem der
Richter Israels, denen ich geboten habe, mein Volk zu weiden, ein Wort ge-
sprochen: Warum habt ihr mir kein Haus aus Zedernholz gebaut? [7] Und
nun, so sollst du sprechen zu meinem Knecht, zu David: So hat gesprochen
JHWH der Heerscharen: Ich habe dich von der Weide von den Schafen weg-
genommen, damit du Fürst über mein Volk Israel seist. [8] Und ich war mit
dir, wo immer du gingst, und ich habe alle deine Feinde ausgerottet vor dir.
Und ich will dir einen Namen machen gleich dem Namen der Großen auf
der Erde. [9] Und ich will meinem Volk Israel eine Stätte bereiten und ich will
es einpflanzen, so daß es unter sich wohnt und sich nicht mehr zu beunru-

higen braucht und daß Söhne des Unheils es nicht mehr aufreiben wie zu Anfang [10] *von den Tagen an, da ich Richter eingesetzt hatte über mein Volk Israel, und ich werde alle [seine] Feinde unterwerfen. Und ich verkünde dir [daß] JHWH dir ein Haus bauen wird.* [11] *Und es wird geschehen, wenn voll sind deine Tage, um zu deinen Vätern zu gehen, werde ich aufrichten deinen Samen nach dir, der aus deinen Söhnen sein wird, und ich werde fest machen sein Königtum.* [12] *Er wird mir ein Haus bauen und ich werde seinen Thron fest machen auf ewig.* [13] *Ich werde ihm zum Vater sein und er wird mir zum Sohn sein. Und meine Gnade werde ich nicht weichen lassen von ihm, wie ich sie habe weichen lassen von dem, der vor dir war.* [14] *Und ich werde ihm Bestand geben in meinem Hause und in meinem Königtum auf ewig und sein Thron wird festgemacht sein auf ewig.«* [15] *Genau nach all diesen Worten und nach all dieser Schauung, also redete Natan zu David.*

[16] *Und der König David ging und setzte sich hin vor JHWH und sprach: »Wer bin ich, JHWH Gott, und was ist mein Haus, daß du mich bis hierher gebracht hast?* [17] *Und es war dies zu klein in deinen Augen, Gott, und so hast du geredet über das Haus deines Knechtes für ferne Zeit und siehst mich an als einen Menschen von hoher Stellung, JHWH Gott.* [18] *Was kann ein David dir noch hinzufügen zur Ehre – deinen Knecht? Du selbst kennst deinen Knecht.* [19] *JHWH, um deines Knechtes willen und nach deinem Herzen hast du all dies Große getan, um bekannt zu machen all dies Große.* [20] *JHWH, keiner ist wie du und es ist keiner Gott außer dir, nach allem was wir gehört haben mit unseren Ohren.* [21] *Und wer ist wie dein Volk Israel ein einziges Volk auf der Erde, daß Gott hinging, um es sich als Volk freizukaufen, um dir zu machen einen Namen für Großes und Furchtbares, Völker zu vertreiben vor deinem Volk her, das du freigekauft hast aus Ägypten?* [22] *Doch du hast dein Volk Israel dir zum Volk gegeben auf ewig und du, JHWH, bist für sie zum Gott geworden.* [23] *Und nun, JHWH, das Wort, das du geredet hast über deinen Knecht und über sein Haus, möge sicher werden auf ewig, und tue, wie du geredet hast.* [24] *Und gewiß und groß sei dein Name auf ewig, daß man spreche: ›JHWH der Heerscharen, der Gott Israels, ist Gott für Israel. Und das Haus Davids, deines Knechtes, habe Bestand vor deinem Angesicht.‹* [25] *Denn du, mein Gott, hast dem Ohr deines Knechtes geoffenbart, ihm ein Haus zu bauen. Darum wagte dein Knecht, vor dir zu beten.* [26] *Und nun, JHWH, du bist Gott und du hast über deinen Knecht dieses Gute geredet.* [27] *Und nun hast du geruht, das Haus deines Knechtes zu segnen, daß es auf ewig sei vor deinem Angesicht, denn du, JHWH, hast gesegnet und du bist gesegnet auf ewig.«*

Zu Text und Übersetzung

5 **ואהיה מאהל אל אהל וממשכן** »und ich war von Zelt zu Zelt und von Wohnstatt«: korrupt, 2 Sam 7,6: **ואהיה מתהלך באהל ובמשכן** »und ich bin gezogen in einem Zelt und in einer Wohnstatt«, vorgeschlagen »und [ich zog] von Zelt zu Zelt und von Wohnstatt [zu Wohnstatt]«.

10 אויביך »deine Feinde«: vorgeschlagen אויביו »seine Feinde«; ובית »und ein Haus«: zu lesen כי בית »daß … ein Haus«.

11 מלאו: zu lesen ימלאו.

18 את עבדך »deinen Knecht«: fehlt in LXX; irrtümlich übernommen aus V 19?

21 אחד »einziges«: LXX אחר »anderes«.

Analyse

Beziehung von 1 Chr 17 zur Vorlage 2 Sam 7

Abgesehen von vereinzelten Veränderungen ist Kap. 17 als ganzes wörtlich aus 2 Sam 7 übernommen, es steht auch im selben allgemeinen Kontext. Beide Versionen scheinen stellenweise textlich verderbt; insgesamt bietet Chr die bessere Textüberlieferung. Auf jeden Fall ist bei der Analyse dieses Kapitels besondere Vorsicht geboten.

Wie seine Vorlage, 2 Sam 7, bietet Kap. 17 die direkte Fortsetzung an die Überführung der Lade, und seine ersten zwei Verse entsprechen (mit leichten Abweichungen) 2 Sam 7,1–3. Trotzdem ist es im Erzählverlauf etwas anders plaziert. In 2 Sam 6 endet die Überführung der Lade mit der Konfrontation zwischen David und Michal und mit der Betonung von Michals Kinderlosigkeit (6,23). Die Eröffnung von 2 Sam 7 »Und es geschah, als der König in seinem Hause saß, und JHWH hatte ihm Ruhe verschafft ringsumher von all seinen Feinden« schließt in keiner ersichtlichen Weise an Kap. 6 an; sie könnte ebenso gut oder sogar noch besser an anderer Stelle in 2 Sam stehen. Anders in 1 Chr, wo Kap. 16 mit Davids Segen »über sein Haus« endet, woran Kap. 17 anschließt mit »Und es geschah, als David in seinem Hause saß« und die ursprüngliche Fortsetzung des Verses fehlt. Durch die markante Wiederholung von »sein Haus« wird eine enge Verbindung von der einen Erzähleinheit zur nächsten hergestellt.

Verknüpfung mit der vorangehenden Erzählung 1 Chr 16

Diese engere erzählerische Verknüpfung äußert sich nicht nur in der literarischen und chronologischen Kontinuität, sondern auch thematisch: Nachdem die Lade in ihrem Zelt abgestellt (16,1) und David in sein Haus zurückgekehrt ist (16,43), wird dem König der Kontrast zwischen seinem eigenen Haus aus Zedernholz und dem bescheidenen Aufbewahrungsort der Lade bewußt.

Zwei weitere Elemente aus 1 Chr 16,43 sind in 1 Chr 17 wiederaufgenommen: zum einen die Erwähnung des »Volkes«, das sowohl in Natans Prophezeiung als auch in Davids Gebet an markanter Stelle vorkommt, zum anderen der »Segen«, mit dem auch Kap. 17 abschließt. So bildet der Vers 1 Chr 16,43, ursprünglich Teilparallele zu 2 Sam 6,19b–20a, die Ausgangsbasis für das ganze Kap. 17.

Aufbau

Der kurze Dialog am Anfang zwischen David und Natan (17,1–2) fungiert als Grundlage für Natans Prophezeiung (17,3–15) sowie für Davids Gebet (17,16–27). Diese zwei Komponenten sind in beiden Versionen ungefähr gleich lang; diese Ausgewogenheit scheint beabsichtigt zu sein, denn sie ist trotz der vorgenommenen Veränderungen in Chr beibehalten.

Auslegung

17,1 Davids Anrede an Natan in 17,1 entspricht 2 Sam 7,1; nur die deuteronomistische Wendung »und JHWH hatte ihm Ruhe verschafft ringsumher von all seinen Feinden« ist weggelassen. Für den Chronisten wird nämlich die im deuteronomistischen Geschichtswerk als Voraussetzung für den Tempelbau erforderliche »Ruhe« erst unter Salomo erreicht sein: »Er wird ein Mann der Ruhe sein, und ich werde ihm Ruhe verschaffen von all seinen Feinden ringsumher« (1 Chr 22,9). Das Erreichen des Ruhezustands bereits unter David paßt also nicht in sein Geschichtsbild und wird deshalb hier getilgt (vgl. unten zu 17,10). Somit bleibt die Vokabel »Haus« das einzige Leitwort des Verses. Bemerkenswert ist auch die Technik der Auslassung: ein Stück des Textes ist herausgeschnitten, und die Fortsetzung setzt direkt an der Schnittstelle an, ohne jegliche Veränderung gegenüber dem Original. Davids suggestive Gegenüberstellung »Hier sitze ich in einem Haus aus Zedernholz, und die Bundeslade JHWHs unter Zeltplanen« hebt das Unpassende dieser Situation hervor und signalisiert den Wunsch, sie zu verändern. Interessant das unterschiedliche Gewicht der parallelen Glieder. Aufenthaltsort: schlichte »Zeltplanen« gegenüber einem prächtigen »Haus aus Zedernholz«. Subjekt: die »Bundeslade JHWHs« gegenüber dem bescheidenen »ich«. Gottes Erhabenheit gegenüber dem Menschen wird dann auch in Davids Gebet hervorgehoben.

V 1–2: Dialog zwischen David und Natan

17,2 Natan hat Davids Absicht zwar verstanden, geht aber nach 17,2 nicht ausdrücklich darauf ein, sondern entgegnet nur »Alles, was du in deinem Herzen hast, das tu«. So kommt das eigentliche Anliegen des kurzen Dialogs, der Bau eines Hauses für JHWH, hier nicht zur Sprache. Natan wird als »Prophet« eingeführt, und in seiner Antwort nimmt er Bezug auf Gottes Hilfe: »denn Gott ist mit dir«. Allerdings findet sich in der Einleitung seiner Rede keinerlei Hinweis darauf, daß sie göttlich autorisiert sei; vielmehr spricht er als eine Art Ratgeber nach eigenem Dafürhalten.

17,3–15 Die zwei Teile von Natans Rede (17,3–15) haben jeweils eine eigene Eröffnung (17,4.7) und erfüllen eine je eigene Funktion innerhalb der Prophezeiung. Der erste kürzere Teil (V 4–6) enthält die negative Mitteilung: Davids Initiative wird zurückgewiesen »Nicht du sollst mir das Haus bauen«; der zweite längere (V 7–15) bringt die positive Verheißung »JHWH wird dir ein Haus bauen«.

V 3–15: Natans Prophezeiung

17,3 Gottes Antwort (17,3) auf das Gespräch zwischen David und Natan erfolgt unverzüglich: »Es geschah in jener Nacht«. Die göttliche Rede wird zwar nicht als Antwort auf eine spezielle Anfrage dargestellt, ist aber doch wohl als Gottes Reaktion auf Davids implizites Angebot zu verstehen, das an Natan in dessen Eigenschaft als Prophet gerichtet war.

17,4–6 Der Teil der Prophezeiung 17,4–6 gliedert sich in drei Etappen mit behutsamen Übergängen und dem durchgängigen Leitwort »Haus«: Gott erklärt

David, daß nicht er ihm ein Haus erbauen werde (17,4), daß Gott nie in einem Haus gewohnt habe (17,5) und daß er nie den Wunsch geäußert habe, sich ein Haus bauen zu lassen (17,6). Auf den ersten Blick wirkt das wie eine scharfe Zurückweisung: Davids Angebot widerspricht sowohl der Tradition als auch dem göttlichen Willen. Gemildert wird die Schärfe durch die Bezeichnung »mein Knecht David«, d.h. die Ablehnung richtet sich nicht gegen David persönlich. Verstärkt wird der Eindruck der unveränderten göttlichen Zuwendung durch die Benennung von Israel als »mein Volk«.

Die Verwandlung der rhetorischen Frage aus 2 Sam 7,5 (»*Du* willst *mir* 17,4
ein Haus bauen?«) in eine Feststellung (»nicht du sollst mir ein Haus bauen«) in 17,4 ist keine rein sprachlich-literarische Erscheinung. Die Formulierung von 2 Sam deutet auf grundsätzliche Bedenken; es scheint schlechterdings unmöglich, daß ein Mensch für Gott ein Haus bauen soll. In Chr dagegen ist es in erster Linie eine Frage des rechten Zeitpunkts: Nicht du, erst dein Nachfolger soll das Haus erbauen. Erst wenn die Zeit des Friedens und der »Ruhe« gekommen ist, soll Gottes Haus errichtet werden.

Während in 2 Sam 7,6 die Art der Behausung im Vordergrund steht – 17,5
Gott wohnt in einem Zelt, nicht in einem Haus – liegt der Schwerpunkt in 17,5 auf Gottes Mobilität: Gott sei umhergezogen »von Zelt zu Zelt, von Wohnstatt zu Wohnstatt«. Solange das Volk noch nicht seßhaft war, begleitete es sein Gott auf all seinen Wegen. Charakteristisch für den Zeitraum vor der Errichtung des Jerusalemer Tempels war der Umstand, daß weder Gottes Volk noch Gottes Bundeslade »ihre Ruhestätte und ihren Erbgrund erreicht« hatten (Dtn 12,9).

Gottes Ablehnung von Davids Angebot gipfelt in zwei Argumenten in 17,6
17,6: zum einen die historische Beobachtung, daß Gott nie den Wunsch nach einem Haus geäußert habe; zum anderen kommt es auf den Ursprung der Initiative an, wobei anscheinend impliziert ist, daß sie hätte von Gott ausgehen sollen und nicht vom Menschen: »Habe ich ein Wort gesprochen?« Interessant ist auch die Struktur dieses Verses, er enthält nämlich zwei Elemente direkter Rede, d.h. sogar die Frage, die Gott den Richtern *nicht* gestellt hat, wird direkt zitiert. Mit diesem rhetorischen Kunstgriff schließt dieser Teil der Prophezeiung.

Der zweite Teil von Natans Prophezeiung (17,7–14) setzt mit neuerlicher 17,7–14
Anrede ein, noch feierlicher als die von 17,4, was ihren Signalwert erhöht.

Nach der raffinierten Verteilung der Verbaltempora entfaltet sich die Argumentation dieses Abschnitts in drei Etappen:

1. 17,7–8a schildert die Wohltaten, die Gott David in der Vergangenheit erwiesen hat.
2. 17,8b–10a verheißt das weitere Andauern der göttlichen Gnade für David und das Volk Israel in der Zukunft.
3. 17,10b–14 bekräftigen Gottes Verheißung, daß er David ein Haus erbauen werde.

17,7–8a Bei der Aufzählung der David von Gott in der Vergangenheit in 17,7–8a erwiesenen Wohltaten könnte der Hörer eine negative Konnotation wahrnehmen, im Sinne von »ich habe all das für dich getan, aber du …«, was ein übliches Muster prophetischer Rede ist. Doch die Eröffnung mit »mein Knecht David« sowie die folgende Ankündigung künftiger Wohltaten schließt eine solche Deutung aus. Demnach scheinen die Rückgriffe in erster Linie eine zeitliche Abfolge zu markieren, wobei das Vergangene als Gewähr für das Künftige fungiert: »Ich habe schon viel für dich getan und werde noch mehr tun«. Die Überlieferung, wonach David »von den Schafen weg« auf den Königsthron gelangt sei, ist in den biblischen Quellen gut belegt und wirkt echt. Hier hat sie außerdem noch eine literarische Funktion, sie stellt die Verbindung her von V 7 zum vorangehenden V 6. Dort wird das Motiv des Schafhirten metaphorisch auf die Richter angewendet: »denen ich geboten habe, mein Volk zu weiden«, wohingegen das Bild bei David auf konkrete Realität zurückgeht: der ehemalige Schafhirt ist König geworden. In 17,8a werden Gottes Rettungstaten für David allgemein angesprochen: gemeint sind offenbar Unbilden und Spannungen in Davids Leben vor seinem Aufstieg zur Königswürde. Innerhalb von Sam verweisen diese Andeutungen den Leser auf ausführlichere Schilderungen von 1 Sam 16 bis 2 Sam 5; in Chr, wo kaum etwas von diesem Material vorkommt (doch vgl. oben zu 1 Chr 12), bleiben diese Verweise ohne klaren Bezugspunkt.

7,8b–10a In 17,8b–10a wechselt die Rede von der Vergangenheit in die Zukunft, und der Schwerpunkt verlagert sich auf politische Vorzüge: David wird ein großer Name verheißen, dem Volk Israel ein Ort, wo es in Frieden wohnen kann. Im Zusammenhang mit der Verheißung einer gesicherten Zukunft für das Volk findet sich als Kontrast eine Bezugnahme auf die Zeit der Richter, als Israels Karriere ihren Tiefstand erreicht hatte. »Zu Anfang« und »von den Tagen an, da ich Richter eingesetzt hatte« sind komplementäre Zeitangaben; das ו vor למימים ist explikativ, braucht also in der Übersetzung nicht wiedergegeben zu werden. Der idealste Zustand, in dem sich das Volk befinden kann, wird hier in die Worte gekleidet »ich will es einpflanzen, so daß es unter sich wohnt«. Diese Metapher betont nicht nur die feste Verwurzelung des Volkes im Lande, sondern bildet den Abschluß einer Prophezeiung, wo Gott zunächst nomadisch geschildert wird, wie er »von Zelt zu Zelt« zieht (17,5). Davids Regierung soll im Schicksal seines Volkes den Wendepunkt bilden, den Beginn dauerhafter Seßhaftigkeit. Aber indem er statt »ich werde dir Ruhe verschaffen« (2 Sam 7,11) schreibt »ich werde unterwerfen«, spart der Chronist das Motiv der »Ruhe« aus; die Erreichung dieses Ideals bleibt Salomo vorbehalten.

,10b–14 Im letzten Abschnitt 17,10b–14 erreicht die Prophezeiung, indem sie auf das Motiv des Hauses zurückkommt, ihren Höhepunkt mit Gottes Verheißung einer davidischen Dynastie, des »Hauses David«. In 2 Sam 7 ist dies das einzige Thema (mit Ausnahme von V 13, vermutlich einem späteren deuteronomistischen Zusatz), worauf alle Einzelheiten des Abschnitts zentriert sind. Wie die vorangehende Verheißung für das Volk wird auch Gottes Gnade über David mit der Vergangenheit kontrastiert, als Davids Vorgänger, Saul, die göttliche Gnade entzogen wurde. Wenn Davids Tage voll sein werden, soll einer seiner Söhne nach ihm regieren, so daß sein Thron feststehen soll auf ewig (2 Sam 7,16). Der Chronist hat an diesem Abschnitt einiges verändert, was auf die Verschiedenheit seiner historischen Voraussetzungen zurückgeht. Da die Ablehnung von Davids Angebot keine grundsätzliche ist, sondern nur eine Frage des Zeitpunkts und der ausführenden Person, wird die Aufmerksamkeit auf diesen Aspekt gerichtet: »nicht du sollst mir ein Haus bauen, sondern dein Sohn«. Die Zeitenfolge ist deutlich: Ich baue dir ein Haus (durch Errichtung des Königtums deines Sohnes), und daraufhin wird dein Sohn mir ein Haus bauen. In 2 Sam richtet sich die Verheißung in erster Linie an David: die Begründung von Davids Dynastie und Königtum. In Chr ist der Schwerpunkt verschoben auf »Haus und Königtum« von Davids Sohn. Davids Zeit ist eine Vorstufe, sozusagen die Vorhalle; das eigentliche Heiligtum von Frieden und Ruhe – mit allem, was dazugehört – soll erst unter Salomo erreicht werden.

Die idiomatische Wendung aus 2 Sam 7,11 JHWH »wird dir ein Haus 17,10b
machen« im Sinne von sicherem Stand für Familie und Nachkommen lautet in Chr 17,10b »wird dir ein Haus bauen« (17,12) und für »ich will ihn stehen lassen in meinem Hause« (17,14). Linguistisch ist anscheinend ein seltenerer Sprachgebrauch durch einen üblicheren ersetzt.

Die feierliche Erklärung von 17,10 wird in 17,11 konkreter ausgeführt. 17,11
Häufiger beobachtet wurde in diesem Vers die Ersetzung des Ausdrucks **אשר יצא ממעיך** (wörtlich: »der aus deinen Eingeweiden hervorgeht«) in 2 Sam 7,12 durch **אשר יהיה מבניך** (»der aus deinen Söhnen sein wird«). Semantisch besteht wohl kein Unterschied, vermutlich benützt Chr die dezentere Formulierung (vgl. 2 Chr 32,21 mit Jes 37,38 und 2 Kön 19,37 und Jes 39,7 in 1QIsa[a]). Auch eine literarische Erwägung mag mitgespielt haben: So wird die Beziehung zwischen diesem Vers »einer von deinen Söhnen« und 17,13 »er soll mein Sohn sein« verstärkt.

Die Erwähnung des Tempelbaus durch den Sohn ist in Chr 17,12 besser in 17,12
den Kontext integriert (durch Parallele zu 17,10b) als in 2 Sam 7,13, wo sie wie eine Glosse wirkt.

Die Einschränkung von 2 Sam 7,14 »wenn er Verfehlungen begeht, wer- 17,13
de ich ihn züchtigen ...« fehlt in Chr 17,13; das entspricht der häufiger beobachteten Technik des Chronisten, bei Amputation von einzelnen Textelementen den verbleibenden Text möglichst unverändert beizubehalten. Durch Auslassung dieses Details vermeidet der Chronist dessen sämtliche Implikationen: 1. den Hinweis auf Salomos Sünde, der ohnehin nicht mit der Version von Chr im Einklang stünde, da die Schilderung von Salomos Verfehlungen (1 Kön 11) dort nicht vorkommt; 2. die besondere Betonung

des Kontrasts zwischen Saul und David; dadurch daß Saul nicht namentlich genannt wird, ist der Kontrast etwas abgeschwächt; 3. die göttliche Verheißung ist nicht mehr unabhängig vom Verhalten des Empfängers. Die Voraussetzungen für die Zuwendung der göttlichen Gnade werden zwar nicht hier ausgeführt, sondern an anderer Stelle (1 Chr 22,12; 28,7 u.ö.), aber deren Bedingtheit wird deutlich. Insofern verläßt der Chronist die ideologische Grundlage von 2 Sam 7 und kommt der deuteronomistischen Redaktion von 1 Kön näher, wo die göttliche Verheißung als bedingt dargestellt wird (vgl. *S. Japhet*, Ideology 1989, 460ff.). Die Wendung »Ich will sein Vater sein und er soll mein Sohn sein« ist seit langem als Adoptionsformel bekannt. Der Chronist verwendet sie häufig, denn Natans Prophezeiung dient ihm als eine Art Reservoir, aus dem heraus er seine rhetorischen Kompositionen gestaltet. Die Formel besagt ein besonders hohes Maß an göttlicher Zuwendung ohne jegliche Konnotation von Vergöttlichung des betroffenen Menschen.

17,14 V 14 weicht an etlichen markanten Punkten von seiner Vorlage 2 Sam 7,16 ab. In Chr ist nicht mehr David die Hauptfigur, die Verheißung ist auf Salomo übertragen. In der überarbeiteten Form des Verses sind es nicht mehr Davids Haus und Königtum, die Bestand haben sollen, sondern Salomo soll ewigen Bestand haben im Haus und im Königtum Gottes. In diesen Veränderungen äußern sich zwei zentrale Aspekte im Geschichtsbild des Chronisten: sein Verständnis der Institution des Königtums (vgl. dazu Auslegung zu 2 Chr 13) und seine Auffassung von der Funktion Davids und Salomos in der Geschichte Israels. Dem deuteronomistischen Geschichtsbild zufolge, das sich in Sam und in Kön äußert, war David der Musterkönig in der Geschichte Israels, mit dem die Könige von Juda wiederholt verglichen werden. In Chr hat sich diese Wertung gewandelt. Die Tatsache, daß David den Tempel nicht erbaute, stellte den Chronisten vor ein theologisches Dilemma. Dem suchte er mit verschiedenen Mitteln entgegenzuwirken: er erhöhte Davids Anteil an dem Projekt, indem er ihm sämtliche Vorarbeiten für den eigentlichen Bau zuschrieb (vgl. unten zu 1 Chr 22); er reduzierte das Idealbild, einerseits durch den Hinweis, daß die Zeit unter David noch nicht reif gewesen sei für den Tempelbau, andererseits durch Verzicht auf den Vergleich mit den judäischen Königen; außerdem legte er Wert darauf, Salomo als von Gott erwählt darzustellen, so daß dieser als gleichwertige Ergänzung zu David erscheint. Der vorliegende Vers 14 gibt diese neue Auffassung wider: nicht Davids Königtum allein, sondern die Regierungszeit von David und Salomo bildet den Höhepunkt der israelitischen Geschichte, und erst in Salomo erfüllt sich die Verheißung. In 2 Sam 7,16 steht »sicher sein soll dein Haus ... auf ewig« (ונאמן ביתך). In Chr gibt es kein »sicheres Haus«, und die Verbalwurzel אמן »sicher/gewiß sein« wird in Davids Gebet und in andere Kontexte übertragen (vgl. zu 17,23). Die Oberhoheit über Israel gebührt Gott, und in dessen Haus soll Salomos Thron errichtet werden. So hat sich der Schwerpunkt von der Dynastie als dem »sicheren Haus« für David verlagert auf den erwählten Regenten Salomo, dessen Thron »auf ewig« im »Haus« JHWHs bestehen soll.

Stilistisch bestätigt der letzte Abschnitt der Prophezeiung unsere bereits oben gemachte Beobachtung: die durchgängige Verwendung von Leitworten. In 17,12–14 kommen folgende mit dem Kern der prophetischen Aussage zusammenhängende Vokabeln bzw. Wurzeln mehr als einmal vor: Thron (12.14), Königtum (11.14), Haus (12.14), »auf ewig« (12.14.14), Vater (11.13), feststehend (כון 11.12.14), sein (היה 11.13.13.14), weichen lassen (סור 13.13).

Der Übergangsvers 17,15 setzt die notwendige Zäsur zwischen der gött- 17,15
lichen Anrede und Davids Erwiderung. Diese Notwendigkeit kam dadurch zustande, daß der Autor von Sam die prophetische Aussage von 2 Sam 7,5–16 (= 1 Chr 17,4–14) als göttliche Offenbarung an Natan darstellt und nicht als Natans Rede zu David (wie etwa 1 Sam 12,1 ff.). Daher muß in Chr ein Zwischenglied eingeschaltet werden, wonach Natan David die göttliche Botschaft getreulich übermittelt habe.

V 16–27: Davids Gebet

Die göttliche Reaktion auf das Angebot des Tempelbaus hat in David 17,16–27
zwiespältige Gefühle erweckt. Einerseits wird sein Angebot abgelehnt, nicht einmal die gute Absicht anerkannt (vgl. dagegen 1 Kön 8,18). Auf der anderen Seite werden ihm unerbetene Verheißungen zuteil. Von daher ist sein Gebet (17,16–27) kein eigentliches Dankgebet. Ausgedrückt wird nicht Freude, Preis und Dank; vorherrschend ist vielmehr die Anerkennung von Gottes Größe im Kontrast zu Macht- und Bedeutungslosigkeit des Menschen. David findet sich mit der göttlichen Entscheidung ab, indem er sich lediglich als Gottes Knecht betrachtet.

1. Das Gebet ist zwar in Prosa gehalten ohne Parallelismen oder sonstige poetische Ausdrucksmittel, aber einige stilistische Erscheinungen fallen doch ins Auge:

a) Die Erregung, aus der heraus David diese Worte spricht, äußert sich in den insgesamt zehn Malen, die Gott in verschiedenen Formen angeredet wird (17,16.17.17.19.20.22.23.25.26.27). Dieses Gebet besteht also nicht aus einer Anrufung zu Anfang gefolgt von einer fortlaufenden Darstellung, sondern aus einer Reihe von Einzeläußerungen, jeweils markiert durch eine neuerliche Anrufung Gottes; diese gliedern sich in rhetorische Fragen (17,17.18a.21) und Bitten (17,17.18b.20–27).

b) Ebenfalls hervorstechend ist das Element der Wiederholung und zwar in zweierlei Hinsicht. Zum einen nimmt das Gebet sämtliche Hauptpunkte von Natans Prophezeiung wieder auf: »das Haus deines Knechtes David hat Bestand vor dir« (17,24), »ihm [deinem Knecht] ein Haus zu bauen« (17,25), »zu segnen das Haus deines Knechtes, daß es sei auf ewig vor dir« (17,27) u.a.m. Zum anderen sind in dem Gebet etliche Wendungen und Motive wiederholt: die Gottesnamen »JHWH« und »Gott« in verschiedenen

Kombinationen kommen nicht weniger als zwanzigmal vor; »dein Knecht« zehnmal, »Haus« sechsmal, »auf ewig« fünfmal usw.

c) Nach dem ersten Vers enthält das Gebet Personalpronomina nur noch in 2. und 3. Person; die 2. Person ist an Gott gerichtet, die 3. bezieht sich auf David bzw. auf das Volk. Dabei kommen Pronomina der 2. Person mehr als zwanzigmal vor (»deine Augen«, »dein Knecht« u.a.m.), und es gibt mindestens dreizehn Verbformen in 2. Person. Im markanten Unterschied dazu steht »ich« nur ein einziges Mal, nämlich im Eröffnungsvers (17,16), und Pronominalsuffixe der 1. Person finden sich nur drei: »mein Haus«, »mich gebracht« (17,16) und »und siehst mich an« (17,17). In einem einzigen Fall kommt 1. Person Plural vor (17,20). David ist zwar der Sprecher, aber vom zweiten Vers an spricht er über sich selbst in 3. Person: »Was kann David dir noch hinzufügen« (17,18), »dein Knecht hat es gewagt vor dir zu beten« (17,25) u.ö. David ist sich seines Status als »dein Knecht« durchgängig bewußt; jede Erwähnung seiner selbst geschieht im Hinblick auf Gott, dem alleinigen Brennpunkt des Gebetes.

2. Nachdem das Gebet Grundmotive von Natans Prophezeiung wieder aufnimmt, ist es umso erstaunlicher, daß weder Salomo (oder der »Sohn«) noch der Tempelbau erwähnt werden. Der Kern von Gottes Verheißung, Davids Haus zu bauen, ist die Bestätigung des Königtums für seinen Sohn. Natans Prophezeiung macht dies unmißverständlich klar: »Wenn deine Tage voll sind ... will ich deinen Samen aufrichten ... Ich werde sein Vater sein ...« (17,11ff.). In seinem Gebet nimmt David mehrmals Bezug auf »das Haus deines Knechtes« (17,17.23.24.25.27), aber jeweils allgemein und abstrakt, ohne jeglichen Hinweis auf seinen Nachfolger. Der Tempelbau ist in den ersten Versen des Kapitels impliziert (17,1.2), wird in Gottes Erwiderung zurückgewiesen (17,5.6) und dann noch einmal in dem redaktionellen Zusatz zu Natans Prophezeiung erwähnt (2 Sam 7,13//1 Chr 17,12). In Davids Gebet kommt keins dieser Elemente vor: weder der von David vorgebrachte und von Gott abgelehnte Plan noch die Übertragung der Aufgabe an Salomo in der sekundären Textschicht, der keine textliche Überarbeitung des Gebets entspricht. Da die beiden Versionen des Gebets in Sam und in Chr parallel laufen, ist das Fehlen dieser Motive in Chr umso signifikanter. Wie oben beobachtet, hat der Chronist an Natans Prophezeiung etliche Veränderungen vorgenommen, die Salomo mehr in den Vordergrund treten lassen, und der Tempelbau nimmt in seiner historisch-theologischen Sicht eine zentrale Stellung ein. Doch in Davids Gebet sind diese beiden Elemente ausgespart; dieses enthält nichts als Davids Gefühl der Ohnmacht und Unwürdigkeit angesichts von Gottes Güte, die Offenbarung von Gottes Größe in der Geschichte seines Volkes und eine demütige Bitte um die Erfüllung der Verheißung.

3. Die markanten textlichen Differenzen zwischen 2 Sam 7,18–29 und dem Text in Chr werden unten bei der Einzelauslegung zu den einzelnen

Versen ausgeführt, doch eine allgemeinere Beobachtung ist hier schon am Platze: die zahlreichen Varianten von Gottesnamen, und zwar einzeln, miteinander kombiniert und in Form von Komposita. In Sam kommen 25 Gottesnamen vor, in Chr 23, wobei nur in acht Fällen eine exakte Übereinstimmung zwischen den beiden Versionen besteht. In den übrigen Fällen liegen verschiedenste Änderungen und Varianten vor, an denen sich einige markante Züge beobachten lassen. In 2 Sam 7 steht acht Mal (in manchen Manuskripten nur sieben Mal) der Titel אדני + Tetragramm »mein Herr JHWH«, eine gebräuchliche Form in Gebeten und Anrufungen, reichlich belegt in Davids Gebet: 2 Sam 7,18.19.19.20.28.29, außerdem 7,22 (andere haben dort Tetragramm + אלהים) und 7,25 (nicht in allen Manuskripten). Diese Form verwendet der Chronist nie; wo sie in seiner Vorlage steht, ersetzt er sie durch JHWH, JHWH Gott (Tetragramm + אלהים) oder Gott. Dies gilt für sämtliche Vorkommen in Davids Gebet, ebenso für 1 Kön 22,6, wo sie in 2 Chr 18,5 durch »Gott« ersetzt wird. Diese systematische Vermeidung geht zweifellos auf theologische Erwägungen zurück, rührt wohl aus dem Bedenken her, die Form אדני (wörtlich: »meine Herren«) niederzuschreiben. Eine gewisse Empfindlichkeit gegenüber diesem Titel, allerdings keine systematische Überarbeitung des Textes, ist auch in der Jesaja-Rolle aus Qumran zu beobachten. Ähnliches, wenn auch weniger systematisch durchgeführt, trifft wohl auch auf die Tilgung von »Heerscharen« in 1 Chr 17,25 zu (s. a. oben, zu 1 Chr 13,6).

4. Das Gebet erscheint zwar als fortlaufender Text, aber es lassen sich drei gesonderte Abschnitte unterscheiden: a) 17,16–19: annähernd ein Dankgebet; b) 17,20–22: Verkündigung von Gottes Größe und Macht über sein Volk; c) 17,23–27: Bitte um Erfüllung der Verheißung.

In Davids ersten Worten (17,16–19) ist bereits der psychologische Be- 17,16–1
zugsrahmen des ganzen Gebets abgesteckt: »Wer bin ich und was ist mein Haus?« Dies mag auf den ersten Blick als eine konventionelle Floskel erscheinen, wie sie auch sonst anzutreffen ist (vgl. Ri 9,28.38). Doch hier ist sie echt, wie die Fortsetzung bestätigt. Außerdem erinnert die Wendung an Nabals provokative Frage »Wer ist David? Wer ist der Sohn Isais?« (1 Sam 25,10); so empfindet David in Bezug auf sich selbst, allerdings nicht gegenüber anderen Menschen, sondern vor Gott. Dies ist seine angemessene Erwiderung auf die göttliche Erinnerung: »Ich habe dich von der Weide genommen, von hinter dem Vieh her« (1 Chr 17,7). Wie in Natans Prophezeiung gehen auch Davids Worte aus von der Erinnerung an Gottes Hilfe in der Vergangenheit und führen über die Gegenwart bis in die Verheißung einer fernen Zukunft: למרחוק (wörtlich: »in von der Ferne«). In Aufnahme der göttlichen Rede von »mein Knecht David« bezeichnet sich David mehrmals als »dein Knecht David«. Dabei erfährt diese Benennung eine Umwertung: Wenn sie von Gott ausgeht, ist sie ein Zeichen ehrenvoller Vertrautheit, in Davids Mund dagegen ein Ausdruck von Demut. Passender-

weise endet dieser Teil des Gebets mit der Anerkennung, daß Gottes große Taten allesamt »nach deinem Herzen« und »um deines Knechtes willen« geschehen sind. Der Ausdruck וראיתני כתור האדם המעלה (17,17b) ist syntaktisch und semantisch schwierig. Die Parallele in 2 Sam 7,19 וזאת תורת האדם »und dies ist die Lehre des Menschen« ist womöglich noch unklarer. Ungeachtet aller Schwierigkeiten ist der Text doch wohl mehr oder weniger wörtlich zu verstehen: »du siehst mich an als einen Menschen von hoher Stellung«. 17,18a ist ebenfalls schwierig wegen seines elliptischen Charakters, wegen der ungewöhnlichen Verwendung der Präposition ל und der Nominalität des letzten Satzteils, ungefähr wiederzugeben als »zur Ehre – deinen Knecht«. In der Übersetzung müssen hier notgedrungen einige Zugeständnisse gemacht werden.

17,20–22 Der folgende Teil des Gebets in 17,20–22 spricht von Gottes Einzigkeit und Größe, wie sie sich in seinen gewaltigen Taten offenbart. Gottes Einzigkeit wird im Indikativ festgestellt (17,20), während Israels Einzigkeit als Gottes Volk als rhetorische Frage formuliert wird (17,21). Hier wie in Natans Prophezeiung greift das Gebet zurück in die Vergangenheit des Volkes, und zwar in die Frühzeit – nicht in die unglückliche Zeit der Richter, sondern in die große Zeit des Exodus, als das Band zwischen dem Volk Israel und seinem Gott geknüpft wurde. Der Zeitraum dazwischen, vom Auszug aus Ägypten bis in Davids Zeit, wird in einem einzigen Satz zusammengefaßt: »Völker zu vertreiben vor deinem Volk her« (17,21). Wie in 17,19 Gott dafür gepriesen wird, »bekannt zu machen all dieses Große«, hat Gott auch hier dies alles für Israel getan, »dir zu machen einen Namen für Großes und Furchtbares« (17,21). Wie an anderen Stellen dieses Kapitels bestehen auch hier Unterschiede zwischen den beiden Versionen (2 Sam bzw. 1 Chr). Wörter sind ausgetauscht, deren Stellung verändert, Auslassungen u.a.m. Bemerkenswert sind die folgenden Fälle: »Gott ging« ist in 2 Sam 7,23 durch eine Verbform im Plural (הלכו) ausgedrückt, in 1 Chr 17,21 dagegen im Singular (הלך). Unabhängig davon, ob es sich in Chr um Wiedergabe eines korrekteren Originaltextes oder um eine Überarbeitung des Chronisten handelt, stellt die Verbform im Singular klar, daß es sich nicht um einen Gott der Völker handelt, sondern um den Gott des Volkes Israel, dessen Einzigartigkeit darin besteht, daß sein Gott es erlöst hat, um es zu seinem Volk zu machen. Am Ende des Verses 2 Sam 7,23 steht גוים ואלהיו »Völker und deren Gott«, der mit den »Göttern« zusammen die Völker austreibt. 4QSam^{a} liest ואהלים »und Götter« statt ואלהיו »und deren Gott«, was auch den antiken Versionen entspricht. Die Vokabel findet sich nicht in Chr, was darauf deuten könnte, daß die Vorlage des Chronisten ואלהים »und Götter« hatte, einen Ausdruck, den er lieber nicht übernahm.

17,23–27 Mit dem letzten Teil des Gebets (17,23–27) »und nun …« kommt David auf das eigentliche Thema zurück, das im Mittelteil völlig zurückgetreten war, nämlich Gottes Verheißung, ihm ein Haus zu bauen. David bittet ganz demütig um Erfüllung der bereits an ihn ergangenen Verheißung, wobei er die Größe des göttlichen Namens in den Vordergrund stellt. Wie an anderen Stellen in diesem Kapitel finden sich auch hier zahlreiche Wiederholungen, die eine deutlich literarische Funktion haben: So kommt die Wurzel דבר »reden« viermal vor, »dein Knecht« in jedem einzelnen Vers mindestens einmal, insgesamt fünfmal; die Wurzel ברך »segnen« dreimal, »Haus« viermal, »auf ewig« viermal usw.

An Unterschieden zwischen den Paralleltexten sind hier zwei hervorzuheben. Zum einen die Einführung der Verbalwurzel אמן »sicher/gewiß«, die sich in den Parallelversen in 2 Sam 7 nicht findet; »das Wort … möge sicher werden« (יאמן 17,23) und »gewiß und gewaltig sei dein Name« (יאמן 17,24). Die Verwendung derselben Verbform in zwei aufeinanderfolgenden Versen stellt eine engere Beziehung zwischen den beiden Vorstellungen her: »Vergewisserung« von Gottes Wort und Gottes Namen. Oben in Natans Prophezeiung hatte der Chronist die Vokabel ausgespart, nicht von Davids »sicherem Hause« gesprochen (1 Chr 17,14//2 Sam 7,16), doch hier führt er sie ein, um den Zusammenhang von Gottes Treue und Gottes Herrlichkeit hervorzuheben. Der zweite Unterschied findet sich am Ende des Gebets. In 2 Sam 7 schließt das Gebet mit einer Bitte: »geruhe zu segnen … denn … durch deinen Segen wird das Haus deines Knechtes gesegnet sein auf ewig« (7,29). Der Chronist geht den Schluß des Gebets aus anderer Perspektive an: David erwartet nicht erst, den Segen zu empfangen, sondern fühlt sich bereits gesegnet durch Gottes Wort. Daher enden Davids Worte mit Anerkennung der empfangenen Güte, und er seinerseits segnet Gott: »denn du, JHWH, hast gesegnet und bist gesegnet auf ewig«. So schließt der Chronist Davids Gebet mit einem neuen Element: einer Benediktion Gottes. Eine vollständigere Version einer solchen Benediktion findet sich in anderen Kontexten, etwa »Gesegnet sei der Name JHWHs« (Ps 113,2; Ijob 1,21).

1 Chr 18,1–17: Davids Kriegszüge

P. B. Dirksen, Chronistic Tendency in 1 Chr 18:10–11: Bib. 80, 1999, 269–271. Literatur

Text

Übersetzung

18 1 Und es geschah danach, da schlug David die Philister und er bezwang sie
und er nahm Gat und seine Tochterstädte aus der Hand der Philister. 2 Und
er schlug Moab und die Moabiter wurden Gaben bringende Sklaven Davids.
3 Und David schlug Hadad-Eser, den König von Zoba-Hamata, als dieser
auszog, um sein Denkmal am Eufratstrom aufzurichten. 4 Und David er-
griff von ihm 1000 Streitwagen, 7000 Reiter und 20000 Fußsoldaten. Und
David lähmte alle Wagenpferde und ließ von ihnen nur 100 übrig.
5 Als die Aramäer von Damaskus kamen, um Hadad-Eser, dem König von
Zoba zu helfen, schlug David von Aram 22000 Mann. 6 Und David setzte
[Statthalter] in Aram-Damaskus ein und die Aramäer wurden Gaben brin-
gende Sklaven Davids. Und JHWH gab David Sieg, wo immer er ging. 7 Und
David nahm die goldenen Schilde, die die Knechte des Hadad-Eser trugen,
und brachte sie nach Jerusalem. 8 Und aus Tibhat und aus Kun, den Städten
des Hadad-Eser, nahm David sehr viel Bronze. Mit ihr machte Salomo das
Eherne Meer und die Säulen und die bronzenen Geräte.
9 Als Tou, der König von Hamat, hörte, daß David das ganze Heer des
Hadad-Eser, des Königs von Zoba, geschlagen hatte, 10 sandte er Hadoram,
seinen Sohn, zu König David, um nach seinem Wohlergehen zu fragen und
ihn zu beglückwünschen dafür, daß er mit Hadad-Eser gekämpft und ihn
geschlagen hatte – denn Hadad-Eser war ein Gegner des Tou –, mit allerlei
Geräten aus Gold und Silber und Bronze. 11 Auch diese weihte der König
David JHWH zusammen mit dem Gold und dem Silber, das er von allen
Völkern genommen hatte, von Edom und von Moab und von den Söhnen
Ammons und von den Philistern und von Amalek.
12 Und Abschai, der Sohn der Zeruja, schlug Edom im Salztal, 18000
Mann. 13 Und er setzte in Edom Statthalter ein und alle Edomiter wurden
Sklaven Davids. Und JHWH gab David Sieg, wo immer er ging. 14 Und Da-
vid herrschte als König über ganz Israel und er tat Recht und Gerechtigkeit
seinem ganzen Volk.
15 Und Joab, der Sohn der Zeruja, war Anführer des Heeres, und Joscha-
fat, der Sohn des Ahilud, war Sekretär, 16 und Zadok, der Sohn des Ahitub,
und [Ahimelech] der Sohn des Ebjatar, waren Priester, und Schawscha war
Schreiber, 17 und Benaja, der Sohn des Jojada, war Anführer der Kereter und
Peleter, und die Söhne Davids waren die Ersten an der Seite des Königs.

Zu Text und Übersetzung

6 einzufügen נציבים »Statthalter« laut den antiken Versionen und 2 Sam 8,6.
10 וכל »und allerlei«: schwierig, 2 Sam 8,10 ובידו היו »und in seiner Hand waren«, vorgeschlagen בכל »mit allerlei« (*Rudolph*, vgl. BHS).
12 ואבשי בן צרויה »und Abschai, der Sohn des Zeruja«: schwierig, 2 Sam 8,13 vermutlich ebenfalls verderbt, vorgeschlagen בשבו מצובה »als er von Zoba zurückkehrte« (*Rudolph*, vgl. BHS).
16 ואבימלך »und Abimelek«: zu lesen ואחימלך »und Ahimelek« mit einigen Manuskripten, allen Versionen und 2 Sam 8,17, s. Auslegung.

Analyse

Beziehung von 1 Chr 18–20 zu 2 Sam 8–21

Die Kapitel 18 bis 20, deren Material ganz und gar aus 2 Sam übernommen ist, behandeln Davids kriegerische Unternehmungen. Folgende Entsprechungen lassen sich beobachten: 1 Chr 18 = 2 Sam 8; 1 Chr 19 = 2 Sam 10; 1 Chr 20 = 2 Sam 11,1 + 12,26.29b–31 + 2 Sam 21,19–22. Von daher decken diese drei kurzen Kapitel den Stoff von 2 Sam 8–21 ab. Dies wird besonders deutlich durch den Mosaik-Charakter von Kapitel 20, wo Stücke aus 2 Sam 11; 12 und 21 kombiniert sind, sowie durch das völlige Fehlen von chronistischem Sondergut, d.h. der Chronist hat nichts Eigenes hinzugefügt. Daher sollten wir nicht nur auf das achten, was der Chronist weggelassen hat (an Bemerkungen dazu ist die Geschichte der Exegese reich), sondern vielmehr was er aus dem ursprünglichen Kontext von 2 Sam 8–21 beibehalten hat. Man hat viel darauf hingewiesen, daß die Auslassung des Hauptteils von 2 Sam 9–20, einer literarischen Einheit, die als die »Thronfolge-Erzählung« bekannt ist, dazu dient, Davids Bild in Chr zu idealisieren und zu beschönigen, insofern als Negatives in seinem Verhalten und seine prekäre Stellung in der Thronfolge-Erzählung einfach übergangen werden. Manche Exegeten erblicken in dieser Idealisierung sogar das Hauptanliegen des Chronisten bei seiner Überarbeitung der Geschichte Davids. In einigen der ausgelassenen Stellen erscheint David allerdings in durchaus positivem Licht (z.B. 2 Sam 9). Daher sind weitere Kriterien des Chronisten in Rechnung zu stellen: seine Abneigung, auf die privaten Angelegenheiten seiner Helden einzugehen, und seine Vorliebe für die öffentlichen und politischen Aspekte ihrer Karriere.

Interesse von Chr an Davids militärischen Aktionen und politischen Kontakten

Wie oben gezeigt, hat der Chronist aus der »Thronfolge-Erzählung« nur ausgewählte Stücke beibehalten, nämlich: 2 Sam 10; 11,1; 12,29b–31 und 21,19–22. Mit Ausnahme von 2 Sam 21,15–17, wo Davids Leben bedroht erscheint, hat der Chronist also Davids sämtliche Kriegszüge in seinen Bericht aufgenommen. Die Sorgfalt, mit der er die Einzelheiten des Feldzugs gegen die Ammoniter durch Kombination von 2 Sam 11,1 mit 12,26.29b–31 zusammengestellt hat, ist aufschlußreich. Daraus geht hervor, daß er offenbar besonders an der Schilderung von Davids militärischen Aktionen und politischen Kontakten interessiert war. Dieses Prinzip ist auch sonst in der Darstellung von Davids Geschichte zu beobachten. Der Chronist hat aus 2 Sam sämtliche Bezugnahmen auf die Einnahme Jerusalems und die Philisterkriege (2 Sam 5) zusammengestellt, dabei nicht einmal die Episoden um Davids Helden aus 2 Sam 21,23 übergangen. Es gibt kaum weitere Kontexte aus Sam, die mit derselben Gründlichkeit nach Chr übertragen sind. Außerdem führt die neue historische Sicht des Chronisten dazu, daß das vollständig übernommene Material in historische Zusammenhänge gestellt wird, die nicht mit denen von 2 Sam identisch sind. Dabei fügt der Chronist nichts zu den Berichten hinzu, sondern führt sie an, wie sie dort stehen. Dies ist bedeutsam für die allgemeine historiographische Einstellung und Motivation des Chronisten. Er macht literarische Anstrengungen, politische Aspekte in der Geschichte Israels beizubehalten (und später sogar zu ergänzen).

Inhalt und Aufbau von 1 Chr 18–20

Die Kapitel 1 Chr 18–20 bestehen aus drei gesonderten literarischen Einheiten: 18; 19,1–20,3; 20,4–6. Kapitel 18 ist eine Sammlung von einzelnen Berichten über einige von Davids Kriegszügen. 19,1–20,3 enthält die Geschichte eines Krieges, wiedergegeben im künstlerischen Erzählstil von Sam; es gibt nur drei weitere Beispiele dieser Art in Chr (1 Chr 10; 13 + 15; 21). 20,4–8 schließlich ist eine Sammlung von drei Episoden, Berichte über die Taten von Davids Helden, parallel zu denen in 1 Chr 11,10ff. (aus 2 Sam 23). Jede dieser literarischen Einheiten setzt mit der Formel ein ויהי אחרי כן »und es geschah danach« (18,1; 19,1; 20,4). So entsteht eine eher lose Verbindung zwischen den verschiedenen Elementen; gleichzeitig erhalten diese drei Kapitel eine gewisse Einheitlichkeit, die noch dadurch unterstrichen wird, daß die Formel in Chr nur an diesen drei Stellen vorkommt. Es fällt auf, daß sich die Formel bereits in der literarischen Quelle des Chronisten in Sam findet (2 Sam 8,1; 10,1; 21,18), allerdings wirkt sie dort nicht als Mittel literarischer Vereinheitlichung.

Sorgfältige Editionstechnik

Diese Beobachtungen bezeugen die sorgfältige Editionstechnik des Chronisten. Er hat aus verschiedenen Kontexten in Sam Stücke ausgewählt, deren Reihenfolge im Grunde beibehalten, aber der neuen Komposition eine eigene Kohärenz verliehen. Dazu tragen folgende Faktoren bei: a) das gemeinsame Thema: Davids Kriegszüge; b) die Plazierung dieses Abschnitts als ein gesondertes Element zwischen zwei literarische Einheiten, die vom Tempelbau handeln (1 Chr 17 und 21); c) die durchgängige Einleitungformel »und es geschah danach«.

Auslegung

V 1: Gegen die Philister

18,1 Davids erster Kriegszug (18,1) richtet sich gegen die Philister, von denen seine Herrschaft am unmittelbarsten bedroht ist. Die Einleitungsformel »und es geschah danach« markiert keine chronologische Anknüpfung an Kapitel 17, sondern eher einen literarischen Neueinsatz. Ungeachtet seiner zahlreichen berichteten siegreichen Kriegszüge gelang es David nicht, die militärische Bedrohung durch die Philister völlig abzuwenden. Die Philister blieben in ihren Siedlungen an der Mittelmeerküste verschanzt. Die exakten Grenzen des von den Philistern dominierten Territoriums und ihre etwaige Unterwerfung unter David gehen aus unseren Quellen nicht eindeutig hervor. Der Vers spricht davon, David habe die Philister »bezwungen«, ohne dies näher auszuführen. Im Unterschied zu der dunklen Aussage von 2 Sam 8,1 »und David nahm Meteg Ha-Amma aus der Hand der Philister«, wo MT den problematischen Ausdruck מתג האמה als Ortsnamen versteht, liest der Text in Chr: »er nahm Gat und die zugehörigen Ortschaften aus der Hand der Philister«. Die Tatsache, daß sich der rätselhafte Ausdruck Meteg

Ha-Amma auch in 4QSam[a] findet, sowie die Erwähnung von »Achisch, König von Gat« in 1 Kön 2,39 könnte dafür sprechen, daß David die Stadt Gat doch nicht eingenommen hat. In diesem Falle wäre der Text von 1 Chr 18,1 (ויקח את גת) als Vereinfachung der Vorlage von 2 Sam (את מתג האמה ויקח...) zu betrachten, nämlich als Wiedergabe durch eine orthographisch ähnliche Buchstabenkombination.

V 2: Gegen Moab

Der Krieg gegen Moab wird in 18,2 in abgekürzter Form wiedergegeben. 18,2
Ausgelassen ist die Tötung eines Teils der Bevölkerung (2 Sam 8,2b) – ob aus theologischen, textlichen oder literarischen Gründen.

V 3–4: Gegen das Königreich Zoba

Sowohl aus V 3–4 als auch aus dem folgenden Kapitel wird deutlich, daß 18,3–4
David das Königreich Zoba nicht unterwarf, sondern ihm nur eine einmalige Niederlage zufügte. Das damalige historische Interim, als die beiden »Weltmächte« Ägypten und Assur offenbar aus internen Gründen vorübergehend von der Bildfläche verschwunden waren, nützen beide Staaten, Zoba und Israel, zur territorialen Expansion. David rechtfertigte seinen Überfall damit, daß Hadad-Eser unterwegs gewesen sei, »sein Denkmal am Eufrat aufzurichten«, worunter wohl die offizielle Ausdehnung seines Herrschaftsgebiets bis zum Strom zu verstehen ist, was David verständlicherweise nicht billigte. Hadad-Eser wird in Chr als »König von Zoba-Hamata« präsentiert, wobei die verwendete Form des Ortsnamens »Zoba-Hamata« wohl identisch ist mit »Hamat-Zoba« in 2 Chr 8,3. Wenn Hadad-Eser laut Chr also über Zoba und über Hamat herrschte, war Tou, der König von Hamat, offenbar nicht einfach ein Feind Hadad-Esers (V 9), sondern ein aufständischer oder abtrünniger Vasall. Die Angaben in Chr über Gefangene und Beute Davids bei diesem Feldzug weichen von denen in 2 Sam ab. Die ausdrückliche Erwähnung von Streitwagen wird durch 4QSam[a] und durch LXX zu 2 Sam gestützt, ist also vorzuziehen. Was die Zahlen betrifft, scheint Chr die bessere Lesart zu haben, was allerdings keine Historizität verbürgt.

V 5–8: Sieg über Damaskus

Der Sieg über Damaskus scheint in 18,5–6 nachhaltiger gewesen zu sein: 18,5–6
Dort stationiert David Truppen und macht sich die Aramäer untertan – der Terminus עבדים נשאי מנחה »Gaben bringende Sklaven« bezeichnet wohl einen speziellen politischen Status. Die Erzählung endet mit einer Formel (»und JHWH verschaffte David Sieg, wo immer er ging«, 6b), die in 13b wiederkehrt. Von Inhalt und Formulierung her erinnert sie an die Wendung »und JHWH brachte einen großen Sieg zuwege« in 2 Sam 23,10.12 und
1 Chr 11,14. Die Beute, von der David nur das Edelmetall nach Jerusalem 18,7
bringt (18,7–8), stellt einen anderen Aspekt der kriegerischen Tätigkeit dar. Der Ausdruck שלטי הזהב wird mit »goldene Schilde« wiedergegeben. Was immer die ursprüngliche Bedeutung gewesen sein mag, die Auffassung von שלט als »Schild« ist wohl schon durch 4QSam[a] und LXX zu Sam belegt, die beide an dieser Stelle (2 Sam 8,7) einen ähnlichen Zusatz enthalten: »Und Schuschak, der König von Ägypten, nahm sie, als er gegen Jerusalem zog in den Tagen von Salomos Sohn Rehabeam«, was deutlich auf 1 Kön

14, 26 Bezug nimmt, wo die »goldenen Schilde« (מגני הזהב) erwähnt sind, die Schischak aus Jerusalem erbeutete. Es bietet sich an, die Bedeutung »Schilde« für שלטים als Anlaß für den Interpolator von 4QSam[a] zu sehen, die »Schilde« von Hadad-Eser mit den später von Schischak erbeuteten gleich-
18,8 zusetzen. V 8 enthält den ersten Hinweis auf das Metall, Bronze oder Kupfer, das für die Herstellung der Geräte am Salomonischen Tempel eine so wichtige Rolle spielte. Die Namen von Hadad-Esers Städten, aus denen dieses Metall kam, variieren in den Quellen: 2 Sam 8, 8 hat Betach und Berotai, in Chr heißen sie Tibhat und Kun. Der Übergang von Betach zu Tibhat oder umgekehrt ist höchstwahrscheinlich eine Textverderbnis, wobei die Namensform Tibhat vorzuziehen ist (vgl. Gen 22, 24: Tebach, vermutlich die 2 Sam zugrundeliegende Form). Berotai ist in Ez 47, 16 belegt als in der Nähe von Hamat gelegen, während Kun in außerbiblischen Quellen erwähnt ist (*Willi* 20). Der Wechsel von Berotai zu Kun läßt sich weder textlich, noch literarisch oder theologisch erklären; anscheinend handelt es sich um eine »Modernisierung« des historischen Belegs.

V 8b stellt den einzigen Zusatz dar, den Chr am Text von 2 Sam 8 anbringt; zweifellos handelt es sich um eine anachronistische Äußerung: das aus Hadad-Esers Städten erbeutete Metall (Bronze oder Kupfer) sei später von Salomo zur Anfertigung von Tempelgeräten verwendet worden. Die allgemeine Tendenz hier geht genau zusammen mit der Neigung des Chronisten, möglichst viel von den Vorbereitungen zum Tempelbau David zuzuschreiben, sehr im Unterschied zu Kön (vgl. unten zu 1 Chr 22, 3.14); daß Kriegsbeute Gott geweiht wird, ist für den Chronisten ebenfalls wichtig (vgl. auch 1 Chr 26, 26–28). Andererseits ist eine solche Vorwegnahme, die Erwähnung eines Details, das erst im weiteren Verlauf der Erzählung relevant wird, für Chr nicht charakteristisch; von daher stellt sich die Frage, woher dieser Zusatz rühren mag. Da die Frage von allgemeiner Bedeutung ist, soll sie etwas ausführlicher behandelt werden. Der Textbefund liegt folgendermaßen:

a) MT von 2 Sam 8, 7–8 enthält keinerlei Vorwegnahmen.

b) LXX von 2 Sam 8, 7–8 enthält zwei: in V 7 den Hinweis auf den Feldzug des Schischak unter Rehabeam; in V 8 die Vorausschau auf die Erbauung des Tempels unter Salomo.

c) 4QSam[a] enthält zweifellos den Zusatz zu V 7; ob auch den Zusatz zu V 8 läßt sich nicht feststellen, da der Text zu fragmentarisch ist.

d) Der Text von 1 Chr 18, 8 enthält nur den zweiten Zusatz.

Es handelt sich also um drei oder vier verschiedene Versionen: MT von 2 Sam 8 bietet die kürzeste, LXX von 2 Sam die längste, Chr hat nur einen Zusatz (den von V 8) und 4QSam[a] hat entweder beide (wie LXX zu 2 Sam) oder nur den ersten (den von V 7). Ganz offensichtlich kann 4QSam[a] nicht die Textvorlage für Chr gewesen sein. Wahrscheinlich ist auch, daß LXX von 2 Sam auf eine hebräische Vorlage zurückgeht (wobei 4QSam[a] als Möglichkeit nicht ganz von der Hand zu weisen ist). Folglich stellt sich die Frage in Bezug auf den Zusatz zu V 8: Stammt dieser aus einer noch unbekannten Redaktion von 2 Sam, von wo er in LXX und in Chr übernommen wurde? Oder hat er seinen Ursprung in Chr und drang von dort in eine hebräische Version von 2 Sam 8,8 ein, die wiederum als Vorlage für LXX diente? Im Grunde sind beide Möglichkeiten gleichermaßen wahrscheinlich. Der Zusatz könnte aus der Redaktionstätigkeit des Chronisten hervorgegangen und im Zuge der Harmonisierung in den Text von 2 Sam eingetragen worden sein; er könnte allerdings auch aus Sam stammen, eingetragen durch einen anonymen Redaktor, dessen Theologie der chronistischen Auffassung nahestand, die David den Hauptanteil am Tempelbau zuschrieb. Wenn letzteres zutreffen sollte, wäre dies ein Beleg dafür, daß »chronistische« Anschauungen in weiteren Kreisen verbreitet waren.

V 9–10: Die Beziehungen zu Hamat

Syntaktisch und literarisch bilden die Verse 9–11 zwar eine Einheit, aber thematisch zerfallen sie in zwei Teile: a) die Beziehungen zu Hamat (V 9–10), b) die Kriegsbeute wird JHWH geweiht (V 11). Die diplomatische Annäherung an Hamat erscheint als ein singuläres Ereignis: Der König von Hamat sendet seinen Sohn an der Spitze einer Delegation zu David, um ihn zu seinem Sieg über Hadad-Eser zu beglückwünschen. Nach damaligem Brauch bringt diese Delegation Geschenke mit. Der Grund für diese Anerkennung Davids auf internationaler Ebene wird ausdrücklich angegeben: Hamat profitierte von Hadad-Esers Niederlage. So ist diese Episode eng mit dem Feldzug gegen Zoba verknüpft. Weitere Delegationen dieser Art werden unter Davids Regierung nicht erwähnt. In Chr heißt der König von Hamat Tou, in 2 Sam Toï. Eine ähnliche Variante in der Wiedergabe von aramäisch »i« ist auch bei dem Namen des sidonischen Königs zu beobachten, der in 1 Kön »Hiram« heißt, in Chr dagegen »Huram«. Wenn es sich nicht um Abschreibfehler handelt (was bei den hebräischen Buchstaben ו und י häufig vorkommt), könnte die phonetische Abweichung eine Dialektform widerspiegeln. 18,9–11

V 11: Weihung der Kriegesbeute

Trotz der syntaktischen Anknüpfung an V 10 wird in V 11 auf dem Wege der Assoziation ein neues Thema eingeführt: die Weihung der Kriegsbeute an JHWH. Die hier aufgezählten Völkerschaften umfassen Edom (das erst in der Fortsetzung des Kapitels erwähnt wird), Ammon (das in diesem Kapitel nicht vorkommt) und Amalek (das in diesem Kontext überhaupt nicht angesprochen wird; Bezugspunkt mag 1 Sam 30 gewesen sein oder ein uns unbekannter Bericht von anderswo). Der Text weicht in zwei Einzelheiten von 2 Sam 8,12 ab: Anstelle von Aram wird Edom genannt, und »die Beute von Hadad-Eser, Sohn des Rehob, König von Zoba« wird nicht erwähnt. Die Vertauschung Edom/Aram ist orthographisch so leicht möglich, daß die ursprüngliche Version auf textlicher Basis allein nicht auszumachen ist. Auch 18,11 in Bezug auf die Beute von Hadad-Eser fällt die Entscheidung schwer, obwohl die Annahme eines Zusatzes zu 2 Sam 8,12 die plausibelste Lösung scheint. Dieser Vers geht davon aus, daß sämtliche Kriegsbeute Gott geweiht worden sei; aus der Formulierung von 1 Chr 26,27 dagegen scheint hervorzugehen, daß nur ein Teil der Beute geweiht wurde: »von den Kriegszügen, von der Beute weihte man (einiges)«. Die in diesem Kapitel wiedergegebene Auffassung geht aus vom Begriff des Heiligen Krieges, in dessen Verlauf »alles Silber und Gold, alle bronzenen und eisernen Geräte JHWH heilig sind, sie kommen in den Schatz JHWHs« (Jos 6,19).

V 12–13: Krieg gegen Edom

18,12–13 Der Krieg gegen Edom bzw. Aram wird in 18,12–13 mit ähnlichen Worten geschildert, was der Historizität des jeweiligen Konflikts jedoch keinen Abbruch tut. Die entsprechenden Texte in Chr und Sam beginnen unterschiedlich. 2 Sam 8,13 liest (laut MT): »David machte sich einen Namen bei seiner Rückkehr vom Sieg über Aram«; in der Fortsetzung des Berichtes dort ist jedoch von Edom die Rede; auch die Angabe des Schlachtorts, »Salztal«, läßt eher auf Edom schließen, was in der Parallel-Version von Chr durchgängig steht. Im ersten Satz von 2 Sam bildet David das Subjekt, in Chr dagegen Abischai. Das wirft textuelle und historische Fragen auf: Welcher Text ist der bessere, und wer hat den siegreichen Kampf gegen Edom geführt? Subjekt des folgenden Satzes »und er setzte in Edom Statthalter ein« ist zweifellos David; Abischai könnte zwar der Anführer der Truppen gewesen sein, aber es scheint doch unwahrscheinlich, daß der Krieg unter seinem Namen lief (vgl. bes. 2 Sam 12,26–28). In Ps 60,2 wird der Sieg über Edom Joab zugeschrieben; ähnliches findet sich in 1 Kön 11,15–16. Demnach haben wir wohl auch hier mit einer Textverderbnis zu rechnen, wobei die Konjektur von Rudolph einiges für sich hat: »bei seiner Rückkehr aus Zoba« (בשבו מצובה verschrieben zu אבשי בן צרויה). Wenn dies zutrifft, sind beide Parallel-Versionen korrupte Wiedergaben des Originals, während LXX zu 2 Sam noch eine klarere Formulierung bewahrt hat.

V 14: Theologische Zusammenfassung

18,14 18,14 ist eine theologische Zusammenfassung von Davids Regierung; sie enthält zwei der wichtigsten Aspekte: die Herrschaft über »ganz Israel« (was von Chr immer hervorgehoben wird) und das Tun von »Recht und Gerechtigkeit«. Letzteres ist die Bestätigung dafür, daß David den Erwartungen des Volkes an den idealen, gerechten Herrscher entspricht. Die engste Parallele findet sich in Bezug auf Joschija: »dein Vater hat doch … Recht und Gerechtigkeit getan« (Jer 22,15).

V 15–17: Aufzählung von Davids Beamten

18,15–17 An die Gesamtbewertung von Davids Regierung schließt in V 15–17 die Aufzählung seiner Beamten an; es handelt sich um a) den Anführer der Armee, b) den Sekretär (מזכיר), c) die Priester, d) den Schreiber (סופר), e) den Anführer der Kereter und Peleter, f) Davids Söhne. Diese Liste ist eine knappe schematische Wiedergabe des wachsenden Verwaltungsapparats am königlichen Hofe. Eine ähnliche findet sich 2 Sam 20,23, eine ausführlichere für Salomos Regierungszeit 1 Kön 4,3–19. Die beiden letztgenannten fehlen allerdings in Chr; dort wird die Darstellung von Davids Verwaltung in 1 Chr 27 abgerundet (vgl. unten z. St.). Zwei Einzelheiten in der Liste verdienen eingehendere Behandlung:

a) 2 Sam 8,17 liest »Zadok, der Sohn des Ahitub, und Ahimelech, der Sohn des Abjatar«; folglich (dazu unten) ist auch in Chr »Ahimelech« zu lesen. Allerdings steht die Behauptung, der zu Davids Regierungszeit mit Zadok zusammen amtierende Priester sei Ahimelech, der Sohn des Abjatar, gewesen, in Widerspruch zu der Aussage der anderen Liste aus 2 Sam 20,25 sowie zum Bericht von Sam, wo Abjatar selbst noch gegen Ende von Davids Regierung eine bedeutende Rolle spielt (vgl. u.a. 1 Kön 1,7ff.). Außerdem ist es der Name von Zadoks Vater, der auf den Stammbaum von Abjatar zurückgeht, und dieser ist »der Sohn des Ahimelech, Sohn des Ahitub« (vgl. 1 Sam 22,20). Daher hat man vermutet, daß die ursprüngliche Lesart, die nachträglich zu der uns vorliegenden Textgestalt verderbt ist, lautete: »Abjatar, Sohn des Ahimelech, Sohn des Ahitub, und Zadok« (vgl. z.B. *Driver* 283). Historisch mag dieser Ansatz richtig sein, aber es scheint doch recht unwahrscheinlich, daß eine so unausgewogene Formulierung, die nirgends sonst belegt ist, die ursprüngliche Lesart darstellt. Eher dürfte die Bezeichnung Ahitubs als Zadoks Vater bewußt in die Liste eingetragen worden sein, um diesem mehr Würde zu verleihen und zwischen ihm und dem berühmten Abjatar eine Art Gleichgewicht zu schaffen; die Vertauschung der Reihenfolge von Ahimelech und Abjatar könnte eine Textverderbnis sein. Wie dem auch sei, die umgekehrte Folge stand bereits in der Vorlage des Chronisten von 2 Sam und wurde dann nach 1 Chr 24,3.6 übernommen; dort ist Ahimelech, nicht Abjatar, der Hohepriester zusammen mit Zadok.

b) Davids Söhne werden 2 Sam 8,18 als »Priester« bezeichnet, in Chr dagegen als »Erste«, d.h. wohl führende Beamte. Es leuchtet ein, daß der Chronist die Bezeichnung von Davids Söhnen als Priester nicht akzeptieren konnte, auch wenn David und Salomo in Chr gewisse kultische Funktionen zugesprochen werden. Außerdem ist die Bezeichnung von Davids Söhnen als »Priester« überhaupt suspekt, sie findet sich in Bezug auf keinen anderen König. Im allgemeinen sind die Priester bekannte Persönlichkeiten, die jeweils mit vollem Namen genannt werden, nie so allgemein und kollektiv (vgl. 1 Kön 4,4f.). Daher dürfte bereits der Wortlaut von 2 Sam 8,18 die verderbte Version einer ursprünglichen Formulierung sein, die der Chronist durch »die Ersten« ersetzt hat. *G. J. Wenham* (Were David's Sons Priests?: ZAW 87, 1975, 79–82) nimmt סוכנים »Verwalter« als die ursprüngliche Vokabel an, die in 2 Sam zu כהנים »Priester« verschrieben worden sei.

1 Chr 19, 1–20, 3: Davids Krieg mit den Ammonitern

Text

Übersetzung

19 1 Und es geschah danach, da starb Nahasch, der König der Ammoniter,
und sein Sohn wurde König an seiner Statt. 2 Da sprach David: »Ich will
Wohlwollen erweisen Hanun, dem Sohn des Nahasch, weil sein Vater mir
Wohlwollen erwiesen hatte.« Und David sandte Boten, ihn zu trösten we-
gen seines Vaters. Als aber die Knechte Davids in das Land der Ammoniter
zu Hanun kamen, um ihn zu trösten, 3 sprachen die Fürsten der Ammoniter
zu Hanun: »Ist es, daß David, um deinen Vater in deinen Augen zu ehren,
dir Tröster gesandt hat? Nein, um zu durchforschen und zu untersuchen und
auszukundschaften das Land sind seine Knechte zu dir gekommen.« 4 Da
nahm Hanun die Knechte Davids und ließ sie scheren und ihre Kleider ab-
schneiden in der Hälfte bis zum Hüftbein und schickte sie fort. 5 Und sie
gingen und man berichtete dem David wegen der Männer und er sandte
ihnen entgegen, denn die Männer waren sehr geschändet, und der König
ließ ihnen sagen: »Bleibt in Jericho, bis euer Bart gewachsen ist, und dann
kehrt zurück.«

6 Als die Ammoniter sahen, daß sie sich bei David verhaßt gemacht hat-
ten, schickten Hanun und die Ammoniter 1000 Talente Silber, um von
Aram-Naharaim, von Aram-Maacha und von Zoba Wagen und Reiter an-
zuwerben. 7 Und sie warben für sich 32 000 Wagen an sowie den König von
Maacha und sein Volk und sie kamen und lagerten vor Medeba. Und die
Ammoniter wurden versammelt aus ihren Städten und kamen zum Kampf.
8 Und als David davon hörte, entsandte er Joab und das ganze Heer der Hel-
den.

9 Und die Ammoniter zogen aus und stellten geordnet sich zum Kampf
auf am Eingang der Stadt, und die Könige, die gekommen waren, waren
jeweils für sich auf dem Feld. 10 Als Joab sah, daß ihm der Kampf von vorne
und von hinten drohte, machte er eine Auswahl aus der ganzen Elitetruppe
Israels und stellte sich mit ihnen auf, den Aramäern entgegen. 11 Und den
Rest des Volks gab er in die Hand des Abschai seines Bruders und diese stell-
ten sich auf, den Ammonitern entgegen. 12 Und er sprach: »Wenn die Ara-
mäer zu stark werden für mich, sollst du mir zu Hilfe sein, und wenn die
Ammoniter zu stark werden für dich, werde ich dir Hilfe geben. 13 Sei stark
und laß uns stark sein für unser Volk und für die Städte unseres Gottes. Und
JHWH tue, was gut ist in seinen Augen!« 14 Und als Joab und das Volk, das
mit ihm war, vorrückte gegen Aram zum Kampf, da flohen diese vor ihm.
15 Und als die Ammoniter sahen, daß Aram floh, da flohen auch sie vor Ab-
schai seinem Bruder in die Stadt hinein. Da ging Joab nach Jerusalem.

*[16] Als die Aramäer sahen, daß sie von Israel geschlagen waren, sandten
sie Boten und ließen ausziehen die Aramäer von jenseits des Stromes, und
Schofach, der Anführer des Heeres des Hadad-Eser, zog vor ihnen her.*
*[17] Und es wurde dem David gemeldet und er sammelte ganz Israel und er
zog durch den Jordan und er ging auf sie zu und stellte sich gegen sie auf.
Als David sich gegen Aram zum Kampf aufstellte, kämpften sie mit ihm,*
*[18] und Aram floh vor Israel und David erschlug von Aram 700 Wagen und
40 000 Fußsoldaten, und den Schofach, den Anführer des Heeres, tötete er.*
[19] Als die Knechte des Hadad-Eser sahen, daß sie von Israel geschlagen waren, schlossen sie Frieden mit David und wurden seine Knechte. Und nicht mehr wollte Aram fortan den Ammonitern zu Hilfe kommen.

20[1] Und es geschah zur Zeit der Rückkehr des Jahres, zur Zeit, da die Könige auszurücken pflegen, da führte Joab das Heer der Truppen an und verwüstete das Land der Ammoniter. Und er ging und belagerte Rabba – David aber saß in Jerusalem – und Joab schlug Rabba und riß es nieder. *[2] Und
David nahm die Krone ihres Königs von dessen Haupt und fand sie ein Talent Gold schwer und an ihr einen wertvollen Stein und sie war nun auf seinem Haupt. Und aus der Stadt führte er sehr viel Beute heraus.* *[3] Und
auch das Volk, das in ihr war, führte er heraus und stellte sie zur Arbeit an der Säge und an den eisernen Spitzhacken und an den [Äxten]. So machte es David mit allen Städten der Ammoniter. Dann kehrten David und das ganze Volk nach Jerusalem zurück.*

Zu Text und Übersetzung

19,8 צָבא »Heer« (status absolutus): vorgeschlagen צְבא »Heer« (status constructus), nach Manuskripten und Versionen, andere: הצבא והגברים »das Heer und die Helden«.

19,17 ויערך דויד לקראת ארם »und es stellte sich David gegen Aram«: 2 Sam 10,17 umgekehrt: ויערכו ארם לקראת דוד »und es stellte sich Aram gegen David«.

20,3 וישר »und er zersägte sie«: 2 Sam 12,31 וישם »und er stellte sie«, vermutlich besser; במגרות »an den Sägen«: 2 Sam 12,31 במגזרות »an den Äxten«, vermutlich besser.

Analyse

Beziehung zu 2 Sam 10–12*

Wie bereits ausgeführt, bilden 19,1 – 20,3 eine literarische Einheit, die aus 2 Sam 10,1–11,1; 12,16.29b–31 übernommen ist und den Krieg mit den Ammonitern zum Gegenstand hat. Abgesehen vom Hauptunterschied der beiden Fassungen, dem Fehlen der Episode zwischen David und Batscheba (2 Sam 11,2 – 12,25) in Chr, weist der Abschnitt keine markanten redaktionellen Eingriffe auf.

Inhalt und Aufbau

Das Kapitel, das um den Ammoniterkrieg kreist, aber auch den Sieg über die aramäischen Truppen enthält, besteht aus fünf Teilen:

19,1–5 Hintergrund: die Beleidigung von Davids Kondolenz-Delegation
19,6–8 Anwerbung von Hilfstruppen durch die Ammoniter

19,9–15 Die erste Schlacht gegen Aramäer und Ammoniter
19,16–19 Umfassender Kriegszug Israels gegen die Aramäer
20,1–3 der abschließende Kampf gegen Ammon

Wie aus diesem Schema hervorgeht, wechseln Israels Angreifer von einem Stadium des Krieges zum andern: Ammon, Ammon + Aram, Aram, Ammon. Während der »Hauptfeind« die Ammoniter sind, betreten die Aramäer die Schlachtenbühne in der zweiten Szene und verlassen sie wieder in der dritten, nun freilich als Verbündete Davids.

Abweichende Vorlage gegenüber 2 Sam 10

Dieses Kapitel hat zwar keine theologische Überarbeitung seiner Vorlage erfahren, aber es enthält doch nur wenige Verse, die wörtlich aus 2 Sam 10 übernommen sind. Ein Vergleich von 19,5–8 mit 4QSam[a] unterstützt die – zuvor nur auf die Übereinstimmungen zwischen LXX zu Sam und Chr gegründete – These von einer abweichenden Vorlage zu 2 Sam, die der Chronist benützt haben dürfte. Allerdings sollte man dieses Argument nicht überziehen; ungeachtet der Unterschiede zwischen den verschiedenen Texten und der zunehmenden Tendenz, von unabhängigen Textüberlieferungen zu sprechen, gibt es doch klare Anzeichen für gegenseitige Abhängigkeit und direkte textliche Ableitung.

Auslegung

V 1–5: Hintergrund: Beleidigung von Davids Kondolenz-Delegation

19,1 In 2 Sam 10,1 ist nur der Sohn des Ammoniter-Königs namentlich genannt,
19,2 in 19,1 nur der Vater; in V 2 bieten beide Versionen beide Namen. Aus dem uns zur Verfügung stehenden Material geht nicht hervor, worin das »Wohlwollen« bestand, das der König von Ammon David erwiesen hatte (19,2). Es könnte sich auf den Zeitraum beziehen, bevor David König wurde, als er mit seiner Familie vorübergehend nach Transjordanien ziehen mußte; allerdings ist 1 Sam 23,3–4 der »König von Moab« erwähnt, nicht der von Ammon. In V 2 sind Davids Überlegungen aufgeführt, die ihn zur Entsendung jener Delegation veranlaßten – ein deutliches Anzeichen dafür, daß hier keine historischen Aufzeichnungen vorliegen, sondern eine Erzählung. Entsprechend sind die Gedanken des Ammoniterfürsten in V 3 dargelegt, bevor in V 4 die daraus hervorgehenden Taten geschildert werden. Vermutlich war die Entsendung von Kondolenz-Delegationen nicht nur eine persönliche Geste, sondern auch ein politischer Akt, der Anerkennung und friedliche Ab-
19,3 sichten signalisierte. Aus der Sicht des Erzählers, dessen Sympathien natürlich auf Davids Seite liegen, war der Verdacht, den der ammonitische Fürstenhof Davids Boten entgegenbrachte, eine grobe Verkennung von Davids Intentionen. Die in 19,3 geschilderte Situation mit ihren weitreichenden Folgen für die Ammoniter bildet eine verblüffende Parallele zu einer anderen Erzählung, der Teilung des Reiches 1 Kön 12. In beiden Fällen handelt es sich um einen jungen König, der nach dem Tod seines Vaters auf den Thron gekommen ist und sich infolge seiner eigenen Unerfahrenheit auf den Rat von Gewährsleuten verläßt, deren Fehleinschätzung der Lage für

ihn und sein Königtum verhängnisvoll wird. In beiden Fällen handelt der junge König voreilig, machthungrig und überheblich, scheint beseelt von dem Wunsch, die eigene Autorität auf Kosten der Gegenpartei hervorzukehren. Die Demütigung der anderen Seite ist das hervorstechendste Merkmal. Selbst wenn Davids Boten tatsächlich den Auftrag gehabt hätten, das ammonitische Territorium auszukundschaften, hätte Hanun diplomatischere Lösungen finden können. Die Kränkung von Davids Gesandten war in erster Linie ein Ausdruck von Verachtung und übersteigertem Selbstbewußtsein auf Hanuns Seite. Dieser Akt muß in Davids Augen eine bewußte Provokation und direkte Kriegserklärung gewesen sein, woraufhin das Ausbleiben einer angemessenen Reaktion als Schwäche ausgelegt worden wäre. Daher handelt es sich um kein persönliches Mißverständnis, sondern um eine unverkennbare Provokation, was auch dadurch bestätigt wird,
daß die Ammoniter sogleich Vorkehrungen zum Krieg treffen. Hanuns Tun 19,4
war eine Reihe von wohlberechneten Demütigungen, zumal auf dem Hintergrund der Konventionen und Normvorstellungen jener Zeit. In 2 Sam steht, er habe den Boten »den halben Bart scheren lassen«, in 19,4, er habe »sie« scheren lassen, womit wohl Kopf- und Barthaar gemeint ist. Das Abschneiden ihrer Gewänder bis zur Hälfte, so daß ihre Blöße nur noch teilweise bedeckt war, stellte eine schwere Beschämung dar (Jes 47,2–3; Nah 3,5 u.ö.). Dieses Verhalten gegenüber Gesandten stand in eklatantem Kontrast zu der Höflichkeit, die gegenüber Boten eines fremden Fürstenhofes
angebracht gewesen wäre. Der Abschnitt endet in V 5 mit Davids Anwei- 19,5
sung an seine geschändeten Boten, sie sollten einstweilen in Jericho bleiben. Wie in V 2 ist sein Tun von humanen Gefühlen geleitet: Er empfindet Mitleid mit diesen Männern wie anfänglich mit Hanun. Diese Anweisung ist nicht von politischen Erwägungen diktiert; was Hanun ihnen angetan, wird nicht mehr erwähnt. Die Absicht des Erzählers ist deutlich: David läßt Zurückhaltung walten, die Initiative zur bewaffneten Auseinandersetzung geht ganz und gar von Ammon aus. David ist ein Mann des Friedens; selbst unter so gravierenden Umständen sinnt er nicht auf Rache.

V 6–8: Anwerbung von aramäischen Hilfstruppen durch die Ammoniter

Der zweite Abschnitt beginnt in V 6–8 mit Ammons ersten Vorkehrun- 19,6–8
gen zum Kampf, nämlich mit der Anwerbung von aramäischen Hilfstruppen.

Komplizierte Textlage

Die Textlage ist hier reichlich kompliziert, sowohl was das Verhältnis von Chr und 2 Sam MT angeht als auch was die Textgestalt in 4QSam[a] betrifft. Aufgrund sorgfältiger Textbeobachtung läßt sich sowohl die ursprüngliche Textgestalt als auch das Zustandekommen sämtlicher erhaltener Versionen rekonstruieren. Die vorliegenden Texte bieten folgenden Befund:

Sowohl in 2 Sam 10 als auch in 1 Chr 19 beginnt V 6b mit den Worten »schickten [Hanun und] die Ammoniter«; darauf folgt in 2 Sam MT »*und warben an*«, während Chr ausführlicher ist: »1000 Talent Silber, um von Aram-Naharaim, von Aram-Maacha und von Zoba Wagen und Reiter anzuwerben. *Und [sie] warben … an …*«

Der längere Text in Chr enthält eindeutig zusätzliches Material. Zum Teil sind diese Zusätze allerdings in 4QSam[a] belegt, was darauf schließen läßt, daß der Text von Chr auf eine andere Vorlage von Sam zurückgeht. Stellt also der Text von 4QSam[a] und Chr eine erweiterte Form dar oder Sam MT eine gekürzte?

In der Fortsetzung liegen die Verhältnisse umgekehrt: 2 Sam 10,6b MT bietet die längere Version, 4QSam[a] und Chr die kürzere.

2 Sam MT	»und warben die Aramäer von Bet-Rehob und die Aramäer von Zoba an, 20000 Fußsoldaten, und den König von Maacha mit 1000 Mann, und die Männer von Tob, 12000 Mann.«
1 Chr	»und warben 32000 Wagen an sowie den König von Maacha und sein Volk …«

Hier ist deutlich, daß es sich in Chr um eine gegenüber der Version von 2 Sam bewußt gekürzte Form handelt, denn die Zahl 32000 ist durch Addition der dort erwähnten zwei Zahlen, 20000 und 12000, zustande gekommen. Außerdem bezieht sich die Zahlenangabe nicht auf Fußsoldaten, sondern auf Streitwagen; so lautet auch der Text in 4QSam[a].

Während im ersten Fall der Text von Chr (und 4QSam[a]) vermutlich die ursprüngliche, längere Version darstellt, die in Sam MT durch Auslassung (oder Homoioteleuton) um einen ganzen Satz gekürzt ist, bildet im zweiten Fall Sam MT die ursprüngliche Form, die in Chr gekürzt und leicht abgewandelt worden ist.

In 1 Chr 19,7b ist der Text wiederum etwas erweitert, der Zusatz lautet: »und sie kamen und lagerten vor Medeba. Und die Ammoniter wurden versammelt aus ihren Städten und traten zum Krieg an«. Dieses Textstück fehlt in 2 Sam MT; in 4QSam[a] gibt es Anzeichen dafür, daß es vorhanden war.

1 Chr 19,9 bietet wieder eine gekürzte Zusammenfassung »und die Könige, die angetreten waren, für sich auf freiem Feld« statt der viel längeren Aufzählung von 2 Sam 10,8b MT: »und Aram von Zoba und von Rehob und die Männer von Tob und Maacha für sich auf freiem Feld«.

Zusammenfassend bleibt festzuhalten: a) Anscheinend überliefert keiner der vorliegenden Texte die ursprüngliche Erzählung vollständig und präzise. b) Die Gesamtlänge der Texte von 2 Sam und Chr ist jeweils ungefähr gleich, aber sie unterscheiden sich in der Menge des aus der ursprünglichen Fassung erhaltenen Materials. c) Offenbar stellen beide Texte gekürzte Versionen dar, allerdings erfolgte die jeweilige Textbearbeitung nach unterschiedlichen Kriterien. In 2 Sam MT kommt die Kürzung dadurch zustande, daß Stücke ausgelassen sind. Aus dem uns vorliegenden Text von 2 Sam MT sind zwei längere Stücke spurlos verschwunden. Im Unterschied dazu sind die Kürzungen in Chr MT (und in 4QSam[a]) nicht durch Streichung, sondern durch Raffung erreicht: Zwei Abschnitte aus der ursprünglichen Version erscheinen als gekürzte Zusammenfassung. d) Wie ich oben gezeigt habe, bieten 4QSam[a] und Chr dieselbe Textüberlieferung.

19,6 Noch vor Einsetzen der Kampfhandlungen wird in 19,6 deutlich, daß Hanuns Überheblichkeit auf falschen Voraussetzungen beruhte; die Ammoniter wagen es nicht, den Kampf allein aufzunehmen, sie sehen sich gezwungen, aramäische Hilfstruppen anzuwerben. Laut dem Bericht hier beruhte diese militärische Unterstützung nicht auf einem vorangegangenen Bündnis oder Abkommen; vielmehr handelt es sich bei den Aramäern um Söldner, die sich zum Kriegsdienst verdingen. Dies zeigt sich noch einmal in einer anderen politischen Situation, als der judäische König Asa aramäische Truppen zum Kampf gegen Israel anwirbt (1 Kön 15,18–20). Von den vier in Sam erwähnten Königtümern erscheinen in Chr nur zwei: Aram-Maacha und Zoba. Tob ist völlig weggelassen, Aram von Bet-Rehob ersetzt durch Aram-Naharaim.

32 000 Streitwagen (19,7a)ist eine ungewöhnlich große Menge, vgl. 1 Chr 19,7
18,4; 2 Sam 8,4 und 1 Chr 19,18. In 2 Sam 10,6 dagegen sind nur 32 000 Fußsoldaten erwähnt und keine Wagen. Diese Zahl wirkt zwar realistischer, aber daß keinerlei Streitwagen beteiligt gewesen sein sollten, erscheint wiederum unwahrscheinlich. In Anbetracht der zahlreichen Veränderungen, die der ursprüngliche Text offenbar erfahren hat, ist wohl davon auszugehen, daß er sowohl von Fußsoldaten als auch von Streitwagen berichtete, deren genaue Anzahl sich allerdings nicht mehr ausmachen läßt. 19,7b findet sich zwar nicht in 2 Sam, braucht aber deshalb nicht sekundär zu sein, denn der Halbvers fügt sich ausgezeichnet in den Erzählverlauf. Problematisch ist nur die Erwähnung des Ortes Medeba. Diese Stadt lag im Gebiet von Moab, südlich von Ammon (Num 21,30; Jos 13,9 u.ö.), und der Kampf dürfte sich kaum so weit nach Süden ausgedehnt haben. Daß diese Schlacht vor einer ummauerten Stadt stattfand, geht aus der Erzählung jedoch eindeutig hervor. Die Israeliten waren mit zwei getrennten militärischen Formationen konfrontiert: mit den Ammonitern vor der Stadt und mit den Königen außerhalb auf freiem Feld.

Auf die militärische Herausforderung durch die Ammoniter reagierte Da- 19,8
vid unverzüglich. Er entsandte »Joab und das ganze Heer der Helden« (19,8), d.h. offenbar das stehende Heer, im Unterschied zu »ganz Israel« (19,17) oder »das ganze Volk« von 2 Sam 12,29. Sogar in diesem Stadium gilt die Aktion nicht als ein umfassender Krieg gegen die Ammoniter, sondern als eine Militäraktion, zu der nicht die ganze waffenfähige Bevölkerung aufgeboten werden mußte.

V 9–15: Erste Schlacht gegen Aramäer und Ammoniter

Die Aufstellung der Truppen zum Kampf wird in V 9–11 knapp und exakt 19,9–11
geschildert. Die Ammoniter bezogen Stellung am Eingang zur Stadt (2 Sam: »am Tor«); die Israeliten ihnen gegenüber, und die aramäischen Truppen waren draußen im Gelände stationiert. Im Grunde waren Joab und seine Leute in eine Falle zwischen den beiden feindlichen Heeren geraten. Doch Joab, unerschrocken, kehrte die Situation zu seinen Gunsten um. Er teilte seine Schar: die Elitetruppe ließ er gegen die Aramäer vorgehen und »das übrige Volk« unter dem Oberbefehl seines Bruders Abschai gegen die Ammoniter. So verwandelte er die potentielle Zange in einen Zweifrontenkampf (19,14). Dabei hielten die beiden Teile seiner Schar Kontakt zueinander und unterstützten sich gegenseitig. Wie stark gefährdet die Israeliten 19,12–1
waren, geht nicht nur aus den strategischen Einzelheiten hervor, sondern auch aus Joabs Worten (19,12–13). Diese spielen eine zentrale Rolle innerhalb der Erzählung, in Chr bilden sie deren Kernstück. Bis zu diesem Punkt

waren ausschließlich politische und militärische Umstände erwähnt. Das Geschehen vollzog sich außerhalb des israelitischen Territoriums, die Bevölkerung im Lande war nicht daran beteiligt, der Name Gottes war nicht genannt. Doch im kritischen Augenblick wird die volle Tragweite der Ereignisse deutlich: Gekämpft wird »für unser Volk und unsere Städte«; auf israelitischer Seite steht kein Söldnerheer, sondern Vertreter der Bevölkerung. Hier äußert sich der Geist der davidischen Epoche: Es obliegt dem Menschen zu tun, was in seiner Macht steht – Hilfe wird ihm letztendlich von Gott zuteil. Die ausführlich geschilderten politischen, wirtschaftlichen und gesellschaftlichen Faktoren, die zu Davids Aufstieg beitrugen, tun den menschlichen und religiösen Faktoren, durch die das politische Potential ak-
19,14–15 tualisiert wird, keinen Abbruch. Der Ausgang des Kampfes (19,14–15) wird buchstäblich durch Joabs Worte entschieden. Die Schlacht endet mit einer völligen Niederlage der Aramäer und Ammoniter, unterstrichen durch das dreifache Vorkommen des Verbs »fliehen«. Die Episode schließt mit der lakonischen Bemerkung: »Da ging Joab nach Jerusalem«.

V 16–19: Umfassender Kriegszug gegen die Aramäer

19,16–19 Nach dem in 19,16–19 vorliegenden Bericht waren die Aramäer die ersten, die sich von der Niederlage erholten, da sie sich durch weitere Fortschritte Davids bedroht sahen. Was als bezahlter Militärdienst im Dienste eines fremden Herrschers begonnen hatte, wurde zu einem eigenen Anliegen der Aramäer; sie waren bestrebt, Davids Vorrücken so bald wie möglich zum Stillstand zu bringen. David seinerseits verfolgte bei diesem Feldzug drei Ziele: die Bedrohung durch die aramäische Militärmacht zu reduzieren; Hadad-Esers Oberhoheit zu erschüttern durch Aufsprengen der aramäischen Einheit; das Zustandekommen eines Bündnisses zwischen Aram und Ammon zu verhüten. Die Verwirklichung dieser Anliegen wird in 19,18f. geschildert. Das Heer rekrutiert sich aus »ganz Israel« und wird von David persönlich befehligt. Der Ort des Kampfes wird in 2 Sam 10,16 als »Helam« angegeben, beide Angaben fehlen in Chr. Allerdings wirkt der Wortlaut von 19,17 ויבא אלהם ויערך אלהם »und er ging auf sie zu und stellte sich gegen sie auf« entstellt; ursprünglich könnte dort statt אלהם »auf sie zu« der Ortsname »Helam« gestanden haben.

19,18 Die Verluste der Aramäer werden unterschiedlich angegeben: In 2 Sam ist von 700 Wagen und 40000 Reitern die Rede, in 19,18 von 7000 Wagen und 40000 Fußsoldaten. Die Texte sind nicht unabhängig voneinander. Das Problem ihrer Beziehung ist eher auf historiographischer und literarischer Ebene anzugehen, nicht so sehr mit der Frage nach historischer Richtigkeit. Der Vergleich mit 2 Sam 8,4 und 1 Chr 18,4 unterstützt die Lesart »Fußsoldaten« gegenüber »Reitern«; die Anzahl der Streitwagen läßt sich schlechterdings nicht bestimmen. Der Unterschied zwischen der Namensform »Schobach« in 2 Sam und »Schofach« in Chr geht entweder auf Dialekt- oder auf orthographische Varianten zurück; im allgemeinen gilt die Form von Chr als die ursprünglichere (vgl. *Willi* 82).Die Hauptbedeutung dieses

Feldzugs besteht darin, daß Zobas Vormachtstellung gebrochen ist und die
aramäischen Königtümer in gewisser Weise überwunden sind. Der Ab- 19,19
schnitt (und das Kapitel) schließen in V 19 mit dem Hinweis, daß Davids
Hauptziel erreicht ist: Vereitelung des Bündnisses zwischen Ammon und
Aram, wodurch die Hauptbedrohung von Osten aufgehoben ist.

20,1–3: Abschließender Kampf gegen Ammon

Der Abschnitt 20,1–3 ist ein gutes Beispiel für die Schwierigkeiten, mit 20,1–3
denen die Textbearbeitungsweise des Chronisten den Exegeten konfrontiert. In Chr ist die Affäre zwischen David und Batscheba weggelassen, nur die Eröffnungsformel »David aber saß in Jerusalem« ist aus 2 Sam 11,1 übernommen. Da sie ihre ursprüngliche Funktion eingebüßt hat, erhält sie nun einen neuen Sinn: nicht David hat den Sieg über Rabba errungen, sondern Joab! Weil aber Joabs Rückberufung zu David nicht erzählt wird, wirken die Angaben aus 20,2–3a recht unvermittelt: Wie konnte David dem Ammoniterkönig die Krone abnehmen, wenn er überhaupt in Jerusalem geblieben war? Und die Abschlußbemerkung aus 2 Sam 12,31 »Dann kehrten David und das ganze Volk nach Jerusalem zurück« ist in 1 Chr 10,3b irgendwie fehl am Platz. Diese problematische Situation ist eindeutig durch literarische Überarbeitung zustande gekommen, wobei sich die Erzählung auf vorhandene Quellen stützt, deren Redaktion der Autor als seine Hauptaufgabe sieht. Strenges Festhalten am ursprünglichen Text und gleichzeitige Anpassung an diese oder jene ideologische Tendenz mag zu einer vordergründigen Inkohärenz führen, wie hier zu beobachten ist. Selbst wenn wir annehmen wollen, die Leser hätten die ursprüngliche Erzählung gekannt und sich deshalb durch die Inkohärenz nicht irritieren lassen, sondern die informativen und historischen Mängel ausgeglichen, bleibt der Zusammenhang der vorliegenden Texteinheit doch gestört. Angesichts dieses Befunds hat der Exeget zwei Möglichkeiten: a) Er kann davon ausgehen, daß der Autor einen in sich stimmigen Text produziert hat, von dem die vorliegende Fassung eine entstellte Form bietet; demnach hätten wir hier nicht den Text vor uns, wie der Chronist ihn schuf, sondern müßten ihn in irgendeiner Form rekonstruieren (vgl. *Rudolph*). b) Um keine unnötigen Eingriffe in den Text anzunehmen, kann der Exeget auch den vorliegenden Text als authentisch betrachten, was impliziert, daß dessen Gestaltung nicht ganz gelungen ist, weil zwei gegenläufige Tendenzen an der Überarbeitung beteiligt waren: zum einen die literarische Treue, zum anderen die theologische Adaption. Aus dieser Sicht wäre der Text von Chr trotz seiner literarischen Schwächen (unter Absehung von offenkundiger Textverderbnis) als das Werk des Chronisten anzusehen, das im Rahmen von dessen Weltanschauung zu bewerten ist. Welche von beiden Möglichkeiten ein Exeget bevorzugt, hängt von seiner Grundhaltung ab.

Der entscheidende Waffengang mit Ammon folgt nicht unmittelbar auf 20,1
den Krieg gegen Aram. Zu einem taktisch gewählten Zeitpunkt, um die »Rückkehr des Jahres«, zieht Joab gegen die ammonitischen Hauptstadt zu

Felde. Während in 2 Sam 11,1 David die Hauptrolle spielt, tritt David in 20,1 durch die überraschend veränderte Formulierung völlig in den Hintergrund, und die Hauptfigur wird Joab: »da führte Joab das Heer der Truppen an«. Außerdem stehen in 2 Sam die Verbformen im Plural, »sie vernichteten ... sie belagerten«, und die Kämpfenden rekrutieren sich aus »ganz Israel«; in Chr dagegen stehen die Verbformen im Singular, so daß Joab zum Subjekt wird, und die Kämpfenden werden nur als »das Heer« bezeichnet. Daraufhin erhebt sich die Frage, ob die Unterschiede auf gezielte Textänderungen in Chr zurückgehen, wo der Schwerpunkt von David auf Joab verlagert ist, oder ob Chr die ursprünglichere Fassung darstellt, von der aus 2 Sam bearbeitet worden ist. Die Entscheidung ist nicht leicht zu treffen, doch mir scheint, daß in diesem Fall der Chronist die ursprünglichere Version der Erzählung bewahrt hat. Diese Vermutung stützt sich auf die Fortsetzung des Berichts in 2 Sam 12,26, wo der Sieg über Rabba Joab zugeschrieben wird und nicht »ganz Israel«. Wie schon mehrfach beobachtet, tendiert der Chronist in der Regel dazu, den Umkreis der berichteten Ereignisse zu erweitern und die Teilnahme auf »ganz Israel« auszudehnen. Von daher ist kaum anzunehmen, daß er hier ohne ersichtlichen Grund eine Umarbeitung mit entgegengesetzter Tendenz vorgenommen haben sollte.

20,2 Von V 2 an läuft die Erzählung mit 2 Sam 12,30ff. parallel, und David wird zum handelnden Subjekt. Der größere Teil dieses Verses ist einem einzelnen Gegenstand gewidmet, nämlich der »Krone ihres Königs«, während die übrige Beute nur summarisch als »sehr viel« bezeichnet wird. Um wessen Krone handelte es sich? Die scheinbar natürliche Angabe des Besitzers, »ihres Königs«, bietet einige Schwierigkeiten: Es ist nicht klar, auf wen sich das Possessivum »ihr« bezieht, denn unmittelbar davor war der Ort erwähnt, nicht die Ammoniter, und das Gewicht der Krone, das ausdrücklich als »ein Talent Gold« angegeben wird, würde sie für den Kopf eines menschlichen Fürsten viel zu schwer machen. Eine alternative Deutung betrachtet מלכם als den Eigennamen des ammonitischen Hauptgotts, gewöhnlich »Milkom« genannt (1 Kön 11,5; 2 Kön 23,13), aber auch die Namensform »Malkam« kommt vor (Jer 49,1). LXX zu 2 Sam 12,30 sowie zum vorlie-
20,3 genden Text hat beides verschmolzen: »Melchol, ihr König«. In V 3 streiten
sich die Gelehrten um Davids Behandlung der besiegten Ammoniter. Bedeutet die Verbform וישר tatsächlich »er ließ sie zersägen«, was eine brutale Folter wäre, oder handelt es sich um Sägen als Zwangsarbeit? Linguistisch muß die Frage unentschieden bleiben. Die meisten Exegeten nehmen an, David habe die Besiegten zu Zwangsarbeit verpflichtet, wobei »Säge«, eiserne »Spitzhacken« und »Äxte« ihnen als Werkzeuge dienten. Die Eroberung der Hauptstadt bildete den Auftakt zur systematischen Unterjochung und gründlichen Plünderung sämtlicher Städte von Ammon. Anscheinend hat David die Gelegenheit, sich für die durch Hanun erfahrene schwere Kränkung zu rächen, voll ausgekostet.

1 Chr 20,4–8: Drei Taten von Davids Helden im Kampf mit den Philistern

Literatur *D. M. Fouts,* Who Really Killed Goliath? 2 Samuel 21:19 versus 1 Chronicles 20:5: Journal of Translation and Textlinguistics 13, 2000, 14–24.

Text

Übersetzung 20[4] *Und es geschah danach, da erhob sich noch ein Krieg in Geser mit den Philistern. Damals erschlug Sibbechai, der Huschatit, den Sippai von den Abkömmlingen der Refaim. Und sie kapitulierten.*

[5] *Und es war noch ein Krieg mit den Philistern. Und es schlug Elhanan, der Sohn des Jaïr, den Lachmi, den Bruder des Goljat, des Gittiten, und der Schaft von dessen Lanze war wie ein Weberbaum.*

[6] *Und es war noch ein Krieg in Gat. Und es war ein Mann von gewaltigen Ausmaßen, und seine Finger und Zehen waren je sechs, vierundzwanzig,*
und auch er war geboren von Rafa. [7] *Und als er Israel verhöhnte, schlug*
ihn Jonatan, der Sohn des Schima, des Bruders Davids.

[8] *Diese waren Nachfahren von Rafa in Gat und sie fielen durch die Hand Davids und durch die Hand seiner Knechte.*

Analyse

Beziehung zur Quelle 2 Sam 21,18–22

In literarischer Hinsicht zeichnet sich dieser Abschnitt aus durch die Eröffnung »und es geschah danach« (20,4) und durch das abschließende Resümee »diese waren Nachfahren … und sie fielen …« (20,8). Der Text ist übernommen aus 2 Sam 21,18–22, wo er (von V 15 an) für sich steht, als einer der »Anhänge« an Sam, ohne unmittelbaren literarischen und historischen Rahmen. Im Unterschied dazu ist der Bericht in Chr in den Kontext von Davids militärischen Aktionen eingebunden.

Inhalt und Aufbau

Der Abschnitt dreht sich um ein bestimmtes Thema: die Gefechte mit den Nachfahren von Rafa. In 2 Sam 21,15–22 werden vier einzelne Fälle berichtet, in Chr nur drei. Der Text gliedert sich demnach in folgende Teile:

a) 20,4 Sippai
b) 20,5 Lachmi, der Bruder des Goljat
c) 20,6–7 »Ein Mann von gewaltigen Ausmaßen«
d) 20,8 Abschluß.

Literarische Technik

Der Stoff hier erinnert literarisch und thematisch an 2 Sam 23,8–23 (1 Chr 11,11–24). Es handelt sich jeweils um Zusammenstellungen von kleineren literarischen

Einheiten, in denen Kämpfe von Einzelnen überwiegend gegen Philister während der Frühzeit von Davids Regierung geschildert werden.

Auslegung

In Bezug auf die philistäischen Kämpfer ist der Sprachgebrauch in 2 Sam 21,15 f. konsequent: Sie werden als Abkömmlinge oder Nachfahren von Rafa bezeichnet (V 16.18.20.21). Dieses »Matronym« wird am Anfang und am Ende mit ה geschrieben, wobei das vorangestellte ה meist als bestimmter Artikel aufgefaßt wird. Chr weicht von dieser Schreibweise ab. Zum einen wird das Matronym mit auslautendem א geschrieben, und 1 Chr 20,4 liest überhaupt »von den Abkömmlingen der Refaim«, wodurch eine deutliche Beziehung zwischen diesen drei Philistern und den Refaim hergestellt wird, die in Dtn 2,11.20–21; 3,11–13 ausdrücklich als Riesen geschildert sind.

20,4 Der Wechsel von »da war noch [ein Krieg]« (ויהי) in 2 Sam 21,19 zu »da 20,4: Sippai
erhob sich noch [ein Krieg]« (ותעמד) in 1 Chr 20,4 ist vermutlich dadurch bedingt, daß es sich hier um einen Neueinsatz handelt, nicht um eine Fortsetzung wie in 2 Sam. Selbst in dieser geringfügigen Veränderung äußert sich die Technik des Chronisten: Er setzt ein graphisch und phonetisch ähnliches Wort an die Stelle des ursprünglichen; außerdem ist das gewählte Verb im chronistischen Wortschatz reichlich vertreten. Laut Chr spielte dieser erste Kampf in Geser, ein geographisch sinnvolles Äquivalent für Gob, das nur in 2 Sam 21,18.19 belegt ist. Allerdings war Geser laut 1 Kön 9,16 damals eine kanaanitische Stadt, keine philistäische. Dies mag ein weiterer Fall sein, wo der Chronist einen unbekannten Namen durch einen bekannteren, orthographisch ähnlichen, ersetzte. Obwohl der Kampf als ein Waffengang im Zuge von »Krieg mit den Philistern« eingeführt wird, beschränkt er sich in 2 Sam auf die Erschlagung von Saf/Sippai. In Chr werden weitere militärische Konsequenzen erwähnt: »Und sie kapitulierten«. Diese Darstellung mag durch Davids Zweikampf mit Goljat (der ebenfalls von »Harafa« abstammte) bedingt sein, denn dort markiert dessen Tod die allgemeine Niederlage der Philister (1 Sam 17,52–53).

20,5 V 5 und seine Parallele 2 Sam 21,19 werden in allen Handbüchern der 20,5: Lachmi
Text- und Redaktionsgeschichte diskutiert. Trotz seiner Verderbtheit (das zweimalige Vorkommen von ארגים beruht auf Dittographie) bildet der Text eine unverkennbare Parallelüberlieferung zu 1 Sam 17. In beiden Versionen wird der Held auf Seiten der Philister mit vollem Namen eingeführt, Goljat der Gittit; seine Waffe wird ähnlich geschildert (»der Schaft von dessen Lanze war wie ein Weberbaum«), und bei dem israelitischen Helden, der ihn überwindet, handelt es sich jeweils um »X, Sohn des Y« aus Bethlehem: in der einen Überlieferung um David, Sohn des Isai, in der anderen um Elha-

nan, Sohn des Jaïr. Daß es für ein so spektakuläres Ereignis zwei parallele Überlieferungen gibt, ist eigentlich nicht erstaunlich; ein Problem ergibt sich erst dann, wenn diese als historische Quellen für die Rekonstruktion dieses Zeitraums in Anspruch genommen werden. In diesem Fall kann nur eine von beiden als echt gelten, aber die Verwerfung der einen erschüttert die Zuverlässigkeit des Materials insgesamt. In Chr wird die Überlieferung von 2 Sam 21,19 separat von der aus 1 Sam 17 dargeboten. Dies geschieht durch einen leichten Eingriff in den Text, der auf den ersten Blick sogar als eine versehentliche Textverderbnis erscheinen mag: בית wird in את verwandelt, und der bestimmte Artikel vor לחמי ist weggelassen; so entsteht aus der Herkunftsbezeichnung »der Betlehemit« der Personenname Lachmi. Dann wird noch die Akkusativ-Partikel את durch das graphisch sehr ähnliche אחי (»Bruder des …«) ersetzt. Die so entstandenen Berichte haben scheinbar nichts mehr miteinander zu tun, denn David erschlägt Goljat und Elhanan dessen Bruder Lachmi.

2 Sam ויך אלחנן בן יערי (ארגים) בית הלחמי את גלית הגתי
1 Chr ויך אלחנן בן יעיר את לחמי אחי גלית הגתי

Diese Differenzierung der Überlieferungen braucht nicht vom Chronisten zu stammen, zumal sie keine theologischen Implikationen hat, sondern nur auf die historischen Implikationen der konkurrierenden Überlieferungen bedacht scheint. Sie könnte sich bereits in der Vorlage des Chronisten befunden haben.

20,6–7: »Ein Mann von gewaltigen Ausmaßen«

In 20,6–7 wird die dritte Episode erzählt: Wie Davids Neffe (vermutlich 20,6–7
Jonadabs Bruder, vgl. 2 Sam 13,3) einen »Mann von gewaltigen Ausmaßen« erschlägt, wobei der Philister im Unterschied zu den vorigen Berichten namenlos bleibt. An zwei Punkten ist die Ähnlichkeit zum Kampf zwischen David und Goljat besonders markant: die ungewöhnliche, furchteinflößende Gestalt des Kämpfers, hier unterstrichen durch die Anzahl seiner Finger und Zehen, und sein anmaßendes Auftreten, hier dadurch charakterisiert, daß er »Israel verhöhnte« (vgl. 1 Sam 17,10.25 u.ö.).

20,8: Abschluß

Da in Chr von den vier in 2 Sam 21 berichteten Zweikämpfen einer weg- 20,8
gelassen ist (2 Sam 21,15–17), kommt die Zahl »vier« in der abschließenden Zusammenfassung in V 8 nicht vor.

1 Chr 21,1–22,1: Bestimmung des Ortes für den Bau des Tempels

Literatur

P. Abadie, David, innocent ou coupable? Noveau regard sur 1 Chroniques 21: Foi et vie 96, 1997, 73–83. – *N. Bailey,* David and God in 1 Chronicles 21: Edged with Mist, in: M. P. Graham/S. L. McKenzie (Hg.), The Chronicler as Author. Studies in Text and Texture (JSOT.S 263), Sheffield 1999, 337–359. – ders., David's Innocence: A Response to J. Wright: JSOT 64, 1994, 83–90. – *P. L. Day,* An Adversary in Heaven. Satan in the Hebrew Bible, Atlanta 1988. – *P. E. Dion,* The Angel with the Drawn Sword (I Chr 21:16). An Exercise in Restoring the Balance of Text Criticism and Attention to Context: ZAW 97, 1985, 114–117. – *W. Johnstone,* Prospective Atonement. The Use of Exodus 30:11–16 in 1 Chronicles 21, in: ders., Chronicles and Exodus. An Analogy and its Application (JSOT.S 275), Sheffield 1998, 128–140. – *A. A. Liebermann,* »Again: The Words of Gad the Seer«: JBL 1, 1992, 313–314. – *A. Rofé,* 4QSam[a] in the Light of Historico-literary Criticism. The Case of 2 Sam 24 and 1 Chr 21, in: A. Vivian (Hg.), Biblische und Judaistische Studien. FS P. Sacchi, Frankfurt 1990, 109–119. – *J. W. Wright,* The Innocence of David in 1 Chronicles 21: JSOT 60, 1993, 87–105.

Text

Übersetzung

21[1] Und es trat ein Gegner gegen Israel auf und verleitete David, Israel zu
zählen. [2] Da sprach David zu Joab und zu den Fürsten des Volkes: »Geht,
zählt Israel von Beerscheba bis Dan und bringt mir, daß ich ihre Zahl wis-
se!« [3] Joab aber sprach: »Möge JHWH hinzufügen zu seinem Volk, so viel
ihrer sind, das Hundertfache! Sind nicht, mein Herr, o König, sie alle mei-
nes Herrn Knechte? Wozu verlangt dies mein Herr? Wozu soll es zur Schuld
werden für Israel? [4] Aber das Wort des Königs blieb fest gegen Joab. Und
Joab ging hinaus und zog durch ganz Israel und er kam nach Jerusalem.
[5] Und Joab gab die Zahl des gemusterten Volkes an David: Und es war ganz
Israel tausend mal tausend und hunderttausend Männer, die das Schwert
ziehen konnten, und Juda war vierhundertsiebzigtausend Männer, die das
Schwert ziehen konnten. [6] Und Levi und Benjamin hatte er unter ihnen
nicht gemustert, denn das Wort des Königs war dem Joab ein Greuel.
[7] Und es war diese Sache böse in den Augen Gottes und er schlug Israel.
[8] Und David sprach zu Gott: »Ich habe sehr gesündigt, daß ich diese Sache
getan habe, und nun, nimm doch hinweg die Schuld deines Knechtes, denn
ich habe sehr töricht gehandelt!« [9] Und JHWH redete zu Gad, dem Seher
Davids, also: [10] »Gehe und rede zu David also: So hat JHWH gesprochen:
›Drei lege ich dir vor, wähle dir eines davon, und ich will es dir tun!‹« [11] Da
ging Gad zu David hinein und sprach zu ihm: »So hat JHWH gesprochen:

›Nimm dir [12] entweder drei Jahre Hunger oder drei Monate Flucht vor deinen Gegnern, wobei das Schwert deiner Feinde dich einholt, oder drei Tage das Schwert JHWHs, Pest im Lande, den Engel JHWHs vertilgend im ganzen Gebiet Israels!‹ Und nun sieh zu, was ich dem, der mich gesandt hat, antworten soll!« [13] Und David sprach zu Gad: »Meine Bedrängnis ist groß! Ich will lieber in die Hand JHWHs fallen, denn sehr groß ist seine Barmherzigkeit, aber in die Hand von Menschen will ich nicht fallen!« [14] Da gab JHWH eine Pest über Israel und es fielen aus Israel siebzigtausend Mann.

[15] Da sandte Gott einen Engel gegen Jerusalem, um es zu vertilgen; als der am Vertilgen war, sah es JHWH und es reute ihn das Böse und er sprach zu dem Vertilger-Engel: »Genug! Laß nun deine Hand!« Der Engel JHWHs aber stand bei der Tenne des Jebusiten Ornan. [16] Und David erhob seine Augen und er sah den Engel JHWHs stehend zwischen Erde und zwischen Himmel und sein ausgezogenes Schwert in seiner Hand gerichtet gegen Jerusalem. Da fielen David und die Ältesten, in Bußgewänder gehüllt, auf ihr Angesicht. [17] Und David sprach zu Gott: »War nicht ich es, der befohlen hat, das Volk zu zählen, und war nicht ich es, der gesündigt hat? Ich, böse, böse habe ich gehandelt, doch diese Schafe, was haben sie getan? JHWH mein Gott, deine Hand sei ausgestreckt gegen mich und gegen meines Vaters Haus, aber nicht gegen dein Volk zur Plage!« [18] Der Engel JHWHs aber hatte zu Gad gesprochen, er solle zu David sprechen, daß David hinaufgehe, um JHWH einen Altar zu errichten auf der Tenne des Jebusiten Ornans. [19] Und David war hinaufgegangen gemäß dem Wort Gads, das der geredet hatte im Namen JHWHs. [20] Und Ornan wandte sich um und sah den Engel, während sich seine vier Söhne, die bei ihm waren, versteckten. Ornan war gerade beim Weizendreschen. [21] Und David kam zu Ornan heran und Ornan blickte auf und er sah David. Da ging er aus der Tenne heraus und warf sich nieder vor David, das Angesicht zur Erde.

[22] Und David sprach zu Ornan: »Gib mir doch den Ort der Tenne, auf daß ich auf ihm einen Altar für JHWH baue, gegen vollen Preis gib ihn mir, damit die Plage von dem Volke weiche.« [23] Und Ornan sprach zu David: »Nimm ihn dir, und es tue mein Herr, der König, was gut ist in seinen Augen. Siehe, ich gebe die Rinder für die Brandopfer und die Dreschschlitten als Brennholz und den Weizen als Speiseopfer, alles gebe ich!« [24] Aber der König David sprach zu Ornan: »Nein, sondern kaufen will ich gegen vollen Preis, denn ich kann nicht, was dein ist, für JHWH nehmen und ein Brandopfer opfern, das mich nichts kostet!« [25] Und David gab dem Ornan für den Ort 600 Schekel in Gold.

[26] Und David baute dort einen Altar für JHWH und er opferte Brandopfer und Gemeinschaftsopfer. Und er rief zu JHWH und er antwortete ihm durch Feuer vom Himmel auf dem Brandopferaltar. [27] Und JHWH sprach zu dem Engel und er steckte sein Schwert wieder in die Scheide. [28] Zu jener Zeit, als David sah, daß JHWH ihm auf der Tenne des Jebusiten Ornan ge-

antwortet hatte, opferte er ihm daselbst. [29] *Und die Wohnstatt JHWHs, die Mose in der Wüste angefertigt hatte, und der Brandopferaltar waren zu jener Zeit auf der Höhe von Gibeon.* [30] *David aber konnte nicht dorthin gehen um Gott zu suchen, denn er war erschrocken vor dem Schwert des Engels JHWHs.* *22*[1] *Und David sprach: »Dies ist das Haus JHWHs, des Gottes, und dies ist der Brandopferaltar für Israel.«*

Zu Text und Übersetzung

1 Entgegen der langen exegetischen Tradition ist שׂטן hier nicht der Eigenname »Satan«, sondern bezeichnet einen »Widersacher«, der Israel schaden will (s. u. die Auslegung).

12 M נִסְפֶּה »weggerafft« (Partizip Nifal von ספה) ist inhaltlich schwierig; mit antiken Versionen ist zu lesen נֻסְכָה »dein Fliehen« (Infinitiv von נוס + Suffix).

15 Während 2 Sam 24 den Eigennamen »Arauna« hat, nennt 1 Chr 21 ihn »Ornan«.

17 Zwei Worte sind textkritisch von besonderem Interesse: הרע הרעותי (»böse, böse habe ich gehandelt«) gegenüber העויתי (»ich habe gesündigt«) in 2 Sam 24,17. Auf diese Variante aufmerksam gemacht hatte die abweichende Lesart der LXX »ich, der Hirt, habe böse gehandelt«, was auf eine hebräische Vorlage הרעה הרעותי schließen läßt, die in 4QSam[a] ihre Bestätigung gefunden hat. Die textliche Abhängigkeit der Lesarten ist unverkennbar: הרעה (von 4QSam[a] und LXX zu 2 Sam) und הרע (von Chr) unterscheiden sich nur durch Dittographie bzw. Haplographie des Buchstabens He (ה) am Ende. Dagegen ist MT von 2 Sam (העויתי) deutlich eine spätere Entwicklung, Ersetzung eines Ausdrucks »ich habe gesündigt« durch einen anderen. So läßt sich textkritisch folgende Linie annehmen: הרעה הרעותי → הרע הרעותי → העויתי. Somit hätten wir einen weiteren Fall, wo Chr ein älteres Stadium der Textüberlieferung bewahrt hat als 2 Sam MT.

Analyse

Verhältnis zur Vorlage 2 Sam 21–24

Kapitel 21 ist zwar aus 2 Sam 24 übernommen, aber sein Stellenwert wird hier noch mehr als bei anderen Übernahmen durch seinen neuen Kontext bestimmt: durch den Grundklang der chronistischen Geschichte Davids insgesamt und durch den unmittelbaren erzählerischen Zusammenhang insbesondere. 2 Sam 24 gehört zu dem Anhang 2 Sam 21–24, einer komplexeren literarischen Einheit; dort wirkt es relativ unbedeutend. Es handelt von einer der Katastrophen, von der Davids Reich heimgesucht wurde: von der Pest, die Israel befiel, und von deren Abwendung. Es ist auch eine ätiologische Erzählung, die es als Begründung für das Bestehen eines Altars auf Araunas Tenne gibt, aber der Altar hat nur eine Randfunktion und keine weiterreichende Bedeutung. Der Chronist löst den ursprünglichen literarischen Zusammenhang von 2 Sam 21–24 völlig auf: Die Abschnitte 2 Sam 21,1–14; 22; 23,1–7 sind ganz und gar weggelassen; die Taten von Davids Helden sind zwischen den Anfang von Davids Regierung (1 Chr 11,10–41) und die Berichte über Davids Kriege (1 Chr 20,4–8) verteilt, und Kap. 24 wird im chronistischen Kontext umfunktioniert zu einer Einführung in das letzte Stadium von Davids Geschichte, die Vorbereitungen zum Tempelbau.

Der Schwerpunkt der Erzählung

Der Schwerpunkt des Kapitels liegt in dem vom Chronisten zur ursprünglichen Erzählung hinzugefügten Schlußabschnitt, in dem von der Einweihung des Altars berichtet ist und von der Bestimmung des heiligen Bezirks zum Ort des künftigen Tempels. Diese entscheidende Initiative zum Tempelbau wird hier David zugeschrieben.

Das Problem der Textvorlage

Bei der Erörterung der Beziehung zwischen den parallelen Texten war man lange Zeit davon ausgegangen, der Chronist habe den gleichen (oder nahezu gleichen) Text benutzt, wie er in 2 Sam 24 MT vorliegt. Mit der Entdeckung von 4QSam[a] und der Veröffentlichung eines kleinen Teils des entsprechenden Kapitels in der Version dieser Rolle (vgl. *W. E. Lemke*, The Synoptic Problem 1965, 355–357; *E. C. Ulrich*, The Qumran Text 1978, 156f.) ist die Sache komplizierter geworden, zumal in 4QSam[a] der Engel mit dem gezogenen Schwert vorkommt (wie in 1 Chr 21,16; dazu *E. Dion*, The Angel 1985). Daher läßt sich von vornherein keine sichere Aussage über die Vorlage des Chronisten machen; vielmehr muß jeder Punkt für sich untersucht werden.

Aufbau

Innerhalb des Kapitels zeichnet sich folgende Struktur ab:

a) 21,1–6	die Volkszählung (vgl. 2 Sam 24,1–9)		
b) 21,7–14	die Bestrafung (vgl. 2 Sam 24,10–15)		
c) 21,15–22,1	die Abwendung der Pest (vgl. 2 Sam 24,16–25)		
	21,15–21	Davids Ankunft an der Tenne	
	21,22–25	Verhandlungen mit Ornan	
	21,26–22,1	Errichtung des Altars, Abwendung der Pest und Weihung der heiligen Stätte	

Auslegung

Die Volkszählung (V 1–6)

21,1 In 2 Sam 24,1 setzt die Erzählung ein mit der Erwähnung von Gottes wiederholtem Zorn als auslösendem Faktor für die Volkszählung; so wird die Beziehung zum vorangegangenen göttlichen Zorn hergestellt, der sich in Hungersnot geäußert hatte (vgl. 2 Sam 24,1–14). Durch diese Eröffnung wird auch der theologische Rahmen abgesteckt: Die Volkszählung erscheint als eine Übertretung Davids, zu der Gott selbst ihn aus Zorn über Israel angeregt hatte.

Der Chronist hat die Erzählung aus dem vorigen Kontext gelöst und die Eröffnung in V 1 in zweierlei Hinsicht verändert: Gottes Zorn erscheint bei ihm nicht, vielmehr wird die Anregung zur Volkszählung auf einen anderen Faktor zurückgeführt. Die erste Änderung führt dazu, daß die Verantwortung für das folgende Geschehen ausschließlich David zufällt; die zweite Änderung hat so viel Aufmerksamkeit auf diesen Vers gelenkt, daß sie eingehendere Behandlung verlangt: Es handelt sich um die Deutung von שטן und die Implikationen, welche die Einführung dieser Figur für die Gesamtkonzeption von Chr hat.

Diskussion über »Satan«

Die modernen Übersetzungen folgen allesamt einer langen exegetischen Tradition, indem sie שטן als Eigennamen auffassen und mit »Satan« wiedergeben. Diese Deutung stützt sich auf verschiedene Überlegungen und Annahmen. Als Mitglied des göttlichen Hofstaats erscheint der Satan in der Bibel in Sach 3,1 f. und Ijob 1–2. In dem visionären Prozeß des Hohenpriesters Jeschua tritt er als der übernatürliche Ankläger vor dem himmlischen Gerichtshof auf (Sach 3,1). Auch bei Ijob (1,6 f.) ist der Satan einer der »Söhne Gottes« und hetzt Gott gegen Ijob auf. An diesen beiden Stellen steht die hebräische Vokabel mit bestimmtem Artikel, im Unterschied zu unserem Vers in Chr, wo sie keinen Artikel hat. Diese Beobachtung hat die Gelehrten dazu veranlaßt, das Wort hier als Eigenname aufzufassen: Satan. Diese scheinbar sprachliche Entscheidung hatte weitreichende Folgen: Manche meinen, in diesem Falle habe das Appellativ seine allgemeine Bedeutung »Widersacher« völlig eingebüßt und sei ganz und gar Eigenname geworden, Bezeichnung des »Bösen« als eigenständige Größe. Demnach gilt 1 Chr 21,1 als das Endstadium in der Herausbildung der Gestalt des Satan als Verkörperung des Bösen und als die biblische Stelle, die einer dualistischen Gottesauffassung am nächsten kommt.

Diese allgemein anerkannte Meinung ist nicht unanfechtbar. Zunächst ist zu bemerken, daß in linguistischer Hinsicht die Verwandlung eines Appellativs in einen Eigennamen im Hebräischen anders verläuft als oben angenommen. In der Regel vollzieht sich der Übergang im Hebräischen durch Zufügung des bestimmten Artikels, wofür es nicht an Beispielen fehlt (vgl. *Gesenius* § 126e, 405). Dasselbe Verfahren ist im nachbiblischen Hebräisch üblich. Erst wenn das Nomen seine ursprüngliche Bedeutung ganz und gar verloren hat, kann es als Eigenname ohne Artikel vorkommen; doch dies ist hier nicht der Fall. Die Verwendung von שטן als Appellativ in der Bedeutung »Widersacher« findet sich weiterhin. Daher muß שטן zur Bezeichnung des Bösen als eines eigenen göttlichen Wesens *mit* Artikel verwendet werden – was durch die Stellen bei Sacharja und Ijob belegt ist. In der nachbiblischen Literatur, wo der Satan als Verkörperung des Bösen fungiert, kommt der Name immer noch mit Artikel vor (vgl. *Jastrow* II,1554). Rein linguistisch betrachtet sollte also gerade das Fehlen des Artikels das Verständnis als Eigenname hier zweifelhaft erscheinen lassen.

Dazu kommen weitere Überlegungen. In der Regel betrachtet man die Figur des Satan hier als die Verkörperung des Bösen in ihrem am weitesten entwickelten Stadium, weiter als bei Sacharja und Ijob, dem rabbinischen Judentum schon relativ nahe. Diese Annahme findet im tatsächlichen Erzählverlauf allerdings keine Stütze. Während der Satan bei Sacharja und Ijob einer der »Söhne Gottes« ist und am himmlischen Hof auftritt, wo er den Menschen anklagt und Gott gegen ihn aufstachelt, bleibt die Gestalt in unserem Kontext völlig innerhalb der menschlichen Sphäre. Es gibt keinerlei Hinweis auf ein Agieren im göttlichen Bereich, und es ist David, den er anstachelt, nicht Gott.

Wenn eine so bedeutsame Entwicklung im Verständnis des Bösen und seiner Herkunft aber doch in 1 Chr 21,1 belegt wäre, sollte dies auch anderswo in Chr seinen Niederschlag gefunden haben. Das Problem des Bösen als ein Aspekt von Gottes Gerechtigkeit ist eine der heikelsten theologischen Fragen für den Chronisten. Aber nirgends im ganzen Buch findet sich irgendeine Anspielung auf den Satan oder auch nur der leiseste Hinweis auf die eigenständige Existenz des Bösen. Das Böse wie das Gute hat seinen Ursprung in Gott – so nach der allgemeinen Auffassung von Chr.

Außerdem würde eine solchermaßen angenommene Entwicklung im Begriff des Bösen und dessen Ansetzung als eigenständige Größe eine weit ausgeprägtere Angelologie voraussetzen, wo Engel markant als Mittler zwischen dem Göttlichen und dem Menschlichen fungieren. Eine solche Angelologie fehlt in Chr, wo Engel nur an Stellen erwähnt werden, wo der Chronist sie in seiner Vorlage fand. Der Text aus Qumran scheint dafür zu sprechen, daß die Rolle des Engels in diesem Kontext bereits in jener Vorlage eine Verstärkung erfahren hatte (dazu auch unten zu 1 Chr 21,16).

In Anbetracht all dieser theologischen wie sprachlichen Erwägungen komme ich zu dem Schluß, daß die dem Chronisten zugeschriebene Figur des »Satan« seinen religiösen und psychologischen Auffassungen völlig fern steht. In 1 Chr 21,1 fungiert die Vokabel שׂטן immer noch als Appellativ, ähnlich wie in 1 Kön 11,14.23.25 oder Ps 109,6, und bezeichnet einen »Gegner«, der Israel dadurch zu schaden sucht, daß er den König dazu verleitet, etwas Falsches zu tun.

Die Infinitivkonstruktion »Israel zu zählen« weist deutliche Züge chronistischer Überarbeitung auf: zum einen sprachlich den Übergang von direkter zu indirekter Rede; zum anderen theologisch die Verwendung von »Israel« statt »Israel und Juda«. Im Unterschied zu 2 Sam 24,1 bezeichnet »Israel« hier nicht mehr die Stämme des Nordreichs, sondern das ganze Volk.

Anstelle von »der König« wie in 2 Sam 24,2 steht in 1 Chr 21,2 »David«. 21,2
Diese Vertauschung findet sich im vorliegenden Kapitel mehrmals (1 Chr 21,5//2 Sam 24,9; 1 Chr 21,21//2 Sam 24,20), und in den Passagen von Chr, die keine Parallele haben, ist David in der Regel (wenn auch nicht ausschließlich) mit seinem Namen bezeichnet. Dieselbe Erscheinung ist auch 1 Chr 17//2 Sam 7 zu beobachten. Anscheinend gehört diese stilistische Veränderung eher zu Sam als zu Chr; d. h. mit der Bezeichnung »David« folgt der Chronist einfach seiner Vorlage, wohingegen MT-Sam an gewissen Stellen den schlichten Namen »David« durch »der König« ersetzt oder zu »König David« erweitert hat. Bestätigt wird diese Annahme durch Texte wie 2 Sam 8 (wo fast ausschließlich »David« steht), 2 Sam 10 u. a. m. In einigen Fällen läßt der Chronist solche Bezeichnungen völlig weg (1 Chr 21,3.4), da er stilistisch zu knapperer Formulierung tendiert.

Davids Worte an Joab in diesem Vers sind auch kürzer und schlichter wiedergegeben. Zwei markante Unterschiede sind zwischen den beiden Versionen zu beobachten: 1) Chr hat »Israel« im Unterschied zu »die Stämme Israels« in 2 Sam 24,2; 2) die Umkehrung der geographischen Angabe »von Dan bis Beerscheba«. Die erste Änderung geht wohl nicht so sehr aus dem Wunsch hervor, die Gliederung in Stämme herunterzuspielen, denn diese ist chronistisch durchaus belegt; dahinter steht wohl eher die Betonung der Einheit des Volkes. Die Verwendung des ungewöhnlicheren Ausdrucks »von Beerscheba bis Dan« dagegen läßt sich entweder theologisch deuten, wonach es sich um ein chronistisches Spezifikum handeln würde, um etwa die Bedeutung des Südens gegenüber dem Norden hervorzuheben, oder aber sprachlich-stilistisch, wobei es sich um keine chronistische Eigentümlichkeit zu handeln brauchte.

21,3 Joabs Antwort lautet in den beiden Versionen (1 Chr 21,3 bzw. 2 Sam 24,3) recht unterschiedlich, doch die Hauptaussage bleibt erhalten: Joab versucht, den König von seinem Vorhaben abzubringen. Als dieser Versuch scheitert, macht sich Joab an die Durchführung, allerdings zögernd und, laut Chr, mit gewissen Vorbehalten (s. auch unten zu 21,6). Der Zusatz in Chr »wozu soll es zur Schuld werden für Israel?« bildet den Schlüssel zur Umgestaltung des Textes durch den Chronisten. In 2 Sam sind zwar katastrophale Folgen der Volkszählung angedeutet, aber von »Sünde« ist nicht ausdrücklich die Rede. Dies ist in Chr der Fall, wo die Volkszählung als schuldhaftes Verhalten betrachtet wird. Außerdem geht das Bringen von Schuld über Israel auf die theologische Schwierigkeit ein, die sich aus dem Verlauf der Erzählung in ihrer vorliegenden Form erhebt. Indem David die Volkszählung durchführt, läßt er das Volk schuldig werden, denn auch das Gezählt-Werden ist Sünde!

Joabs Worte haben im Kontext der Erzählung eine weitere wichtige Funktion, die der *Warnung*, die in der chronistischen Auffassung der göttlichen Vorsehung von höchster Bedeutung ist: Strafbar macht sich der Mensch erst, wenn ihm bewußt ist, daß er eine Sünde begeht. In Chr enthalten Joabs Worte also die klare Aussage, daß David durch sein Tun über das ganze Volk Schuld bringen wird.

21,4 21,4 ist eine gekürzte Wiedergabe von 2 Sam 24,4–8. Dort werden Einzelheiten aus Joabs Mission angeführt, weil in der Erzählung etliche Motive bedeutsam sind. Dem Chronisten dagegen geht es nur um die Folgen und theologischen Implikationen der Volkszählung, deshalb begnügt er sich mit der Feststellung, daß diese vorgenommen wurde.

21,5 Die Zahlen in 21,5 sind problematisch – wie schon viele Kommentatoren bemerkt haben. Zu Anfang steht eine Zahl für »ganz Israel«, was Israel und Juda umfaßt; aber am Ende erscheint eine gesonderte Zahl für »Juda«. Die Bevölkerungszahl in Chr ist verständlich unter der Voraussetzung, daß die Gliederung in Nord- und Südreich zugunsten der Einheit Israels zurückgedrängt werden soll: Die Summe 1 100 000 kommt zustande durch Addition der beiden Zahlen aus 2 Sam 24,9 (500 000 + 800 000) minus 200 000 für die beiden nicht gezählten Stämme. Insofern läuft die getrennte Angabe einer Ziffer für »Juda« am Ende des Verses sowohl den zahlenmäßigen Daten als auch der theologischen Ausrichtung der Erzählung zuwider, woraufhin der letzte Teil des Verses als nachträgliche Glosse in Anlehnung an 2 Sam 24,9 eingestuft worden ist.

21,6 Der Vers 21,6 steht nicht in 2 Sam 24; vermutlich hat der Chronist ihn in Übereinstimmung mit seiner theologischen Konzeption hinzugefügt. Der gemeinsame Nenner der beiden Stämme Benjamin und Levi ist ihre Verbindung mit Jerusalem: Nach gewissen geographischen Vorstellungen gehört

Jerusalem zum Stammesgebiet von Benjamin (z.B. Jos 18,28; auch Dtn 33,12), während der Stamm Levi mit dem Tempelkult assoziiert ist. Daß Jerusalem von der Pest verschont bleibt, wird in 2 Sam 24 durch eine Änderung von Gottes Plan erklärt: »da reute es JHWH des Übels« (2 Sam 24,16). In Chr erhält diese Erklärung ihre Motivation im vorliegenden Vers, der die theologische Fortführung von 21,3 darstellt: Die Stämme Benjamin und Levi waren nicht schuldig geworden, daher blieb ihnen die Strafe erspart, die über die übrigen Stämme verhängt wurde, weil sie sich hatten zählen lassen.

Die Bestrafung (V 7–14)

In 2 Sam 24,10 steht »Da schlug Davids Herz …« im unmittelbaren Anschluß an die Volkszählung; er bereut sein Tun und bittet Gott um Vergebung, die jedoch nicht gewährt wird. In 1 Chr 21,7–8 wird der Ablauf anders dargestellt. Die Worte »da schlug Davids Herz« (ויך לב דוד אתו) sind ersetzt durch das graphisch ähnliche »und er schlug Israel« (ויך את ישראל). So ist Davids sofortige Reue ersetzt durch einen Hinweis auf Strafe. Danach geht die Erzählung wie in 2 Sam mit Davids Äußerung von Reue weiter. Durch dieses neue Arrangement gibt der Chronist zu verstehen, daß Reue durch einen klar faßbaren und ausdrücklich genannten Faktor ausgelöst sein muß: durch Äußerung eines Propheten, göttliche Strafe oder dergleichen. 21,7–8

Gads Mission (21,9–12) besteht darin, dem König die Wahl zwischen drei göttlichen Strafen anzubieten: Hungersnot, Krieg oder Pest. Während dieses Angebot sowie der Aufbau der Schilderung in beiden Versionen, 1 Chr 21 bzw. 2 Sam 24, im Grunde übereinstimmen, sind doch etliche textliche Abweichungen, sowohl sachlicher als auch sprachlicher Art, zu beobachten. 21,9–12

In 1 Chr 21,9 wird Gad mit dem Titel »Gad, der Seher Davids« eingeführt, während er in 2 Sam 24,11 als »der Prophet Gad, Davids Seher« bezeichnet wird. Die zunächst naheliegende Annahme, der Chronist habe den längeren Titel abgekürzt, scheint nicht zutreffend. In 1 Sam 22,5 heißt Gad »der Prophet Gad«, und in 2 Sam 24 (mit Ausnahme von V 11) ist er stets beim Namen genannt, ohne Titel. Der in Chr durchgängig verwendete Titel חוזה (»Visionär«) kommt in Sam nie vor, nur das Synonym רואה »Seher«. Dagegen heißt Gad in Chr überall חוזה (1 Chr 29,22; 2 Chr 29,25), und dieser Titel kommt in Chr häufiger vor als in allen anderen biblischen Büchern zusammen – zehnmal in Chr (1 Chr 25,2; 2 Chr 9,29; 12,15; 19, 2 u.ö.) gegenüber sechsmal anderswo. Demnach scheint die Abweichung anders zustande gekommen: Ursprünglich lautete die Bezeichnung in 2 Sam 24,11 »der Prophet Gad« in Einklang mit 1 Sam 22,5. Statt dessen schrieb der Chronist »Gad, der Seher«. Die vorliegende Version von 2 Sam 24,11 ist also eine Kombination des Titels »der Prophet Gad« mit dessen Ersatz in Chr. Daraus geht hervor, daß die Abhängigkeit der Paralleltexte voneinander auf Gegenseitigkeit beruhte; hier etwa dürfte der Text von Chr bereits auf Sam-MT eingewirkt haben.

Eine weitere Abweichung der parallelen Versionen voneinander ist die Dauer der Hungersnot: »drei Jahre« in 1 Chr 21,12 gegenüber sieben Jahren in 2 Sam 24,13. Hier geht man davon aus, daß Chr die ursprüngliche Lesart bewahrt hat, denn dort liegt die absteigende Folge von drei Jahren, Monaten bzw. Tagen vor.

Eine andere interessante Erscheinung in diesem Zusammenhang sowie im weiteren Verlauf des Kapitels ist die Vorstellung von der Pest. In 2 Sam 24,13 wird sie kurz als »Pest in deinem Land« angekündigt. Die uns vorliegende Version (21,12) ist ausführlicher und umfaßt drei Elemente: das »Schwert JHWHs; Pest im Lande; den Engel JHWHs vertilgend im ganzen Gebiet Israels«. Wie verhalten sich diese verschiedenen Auffassungen der Pest zueinander, besonders das »Schwert JHWHs« zum zerstörerischen »Engel JHWHs«?

Das Bild der Pest als eines Zerstörer-Engels findet sich bereits in 2 Sam 24 (nur 16–17); dagegen ist die Darstellung der Pest als »Schwert JHWHs« auf Chr beschränkt, wo dann weiter vom »Schwert des Engels« die Rede ist. So lassen sich in der Konsolidierung dieser Vorstellung mehrere Stadien unterscheiden.

In der Grundschicht der Erzählung erscheint die Pest einfach als göttliche Strafe, als ein Schlag von der »Hand JHWHs«, wie 2 Sam 24,13–15 (1 Chr 21,13–14) formuliert. Im folgenden Stadium wird die Pest als zerstörerischer Engel ausgewiesen (2 Sam 24,16–17). Die Vorstellung als solche spiegelt einen Konflikt zwischen zwei verschiedenen Betrachtungsweisen wider: eine dämonische übermenschliche Gestalt mit gewisser Autonomie (vgl. Hab 3,5) oder ein göttliches Wesen von geringerem Rang, Gott untergeordnet und in seinem Auftrag handelnd (vgl. Ex 12,13 vs. 12,23). 2 Sam 24,16 scheint eine Art Kompromiß darzustellen, obwohl das plötzliche Auftreten des Engels in 21,16 »und sein ausgezogenes Schwert in seiner Hand gerichtet gegen Jerusalem« immer noch ein gewisses eigenständiges Handeln des Engels vorzusehen scheint. In Chr kommt ein neuer Faktor hinzu: die Pest als Schwert. Dies wird zunächst als metaphorischer Ausdruck in Gads Rede eingeführt, was deren Formulierung beeinflußt. Während in 2 Sam 24 drei verschiedene Strafen zur Auswahl stehen (Hungersnot, Krieg, Pest), stehen in Chr die letzten beiden einander antithetisch gegenüber: das »Schwert deiner Feinde« bzw. das »Schwert JHWHs«. Diese Metapher wird dann ausgebaut zu dem konkreten Bild vom »Engel JHWHs« mit dem Schwert in der Hand (21,16.27.30). So erscheint die Pest als zerstörerischer Engel, als Gottes Schwert, oder als Kombination von beiden: als Schwert in der Hand des Engels.

Welche von diesen Entwicklungen ist wohl dem Chronisten zuzuschreiben? Wie schon erwähnt, findet sich das Bild vom Engel mit dem gezückten Schwert in der Hand auch in 4QSam[a], könnte also prä-chronistisch sein. Diese Annahme steht im Einklang mit dem mangelnden Interesse des Chronisten an Engeln überhaupt; wo er sie vorfindet, übernimmt er sie, würde sie aber nicht von sich aus hinzufügen.

In einem weiteren Zusatz zu Gads Worten wird beim Angebot der Pest bereits deren Wirkungskreis angesprochen: »im ganzen Gebiet Israels« (21,12). In 2 Sam 24,15 wütet die Pest »von Dan bis Beerscheba«, d.h. in genau dem Territorium, wo die Volkszählung vorgenommen worden war (2 Sam 24,2). Der chronistische Zusatz in 21,12 schafft eine ähnliche Korrespondenz, wenn auch nicht genau an der entsprechenden Stelle:

2 Sam 24		1 Chr 21	
2	Volkszählung »von Dan bis Beer-Scheba«	4	Volkszählung »in ganz Israel«
13	Ankündigung der Pest »in deinem Land«	12	Ankündigung der Pest »im ganzen Gebiet Israels«
15	Verlauf der Epidemie »von Dan bis Beer-Scheba«	14	Verlauf der Epidemie »über Israel«

Bemerkenswert ist auch die Umarbeitung der göttlichen Rede. In 2 Sam 24,12 handelt es sich um drei kurze, etwa gleichgewichtige Phrasen. In Chr dagegen ist jede der drei Strafandrohungen länger als die vorige. So suggeriert die literarische Struktur die unausweichliche Wahl: die letzte und schwerste Strafe, die direkt von Gott kommt.

Im Unterschied zu 2 Sam 24, wo nicht ganz klar wird, auf welche der drei 21,13–14
Strafandrohungen sich Davids Entscheidung, er wolle »in die Hand JHWHs fallen«, bezieht, hat David in Chr die Wahl zwischen dem »Schwert deiner Feinde« und dem »Schwert JHWHs« (21,12), woraufhin er die schrecklichste Strafe wählt, da sie direkt von Gott ausgeht (21,13). Anders als Davids Worte, die in Chr ausführlicher wiedergegeben werden, ist der Verlauf der Epidemie nur kurz angedeutet (21,14). Weder Dauer noch Wirkungsbereich werden erwähnt, und anstelle der Angabe »da starben aus dem Volk …« steht hier: »es fielen aus Israel …«. Das Verb (fallen) und die Bezeichnung des Volkes (Israel) sind wörtliche Wiederaufnahme aus Davids Rede – ein markanter Beleg für die sorgfältige sprachliche Gestaltung des Textes durch den Chronisten.

Die Abwendung der Pest (21,15–22,1)

Der Vers 21,15 bildet den Schauplatz für das Kernstück der gesamten Erzählung: die Abwendung der Pest von Jerusalem und die Vorgänge, die zur Wahl und Weihung des Tempelareals führten.

Davids Weg zur Tenne (V 15–21)

Die Eröffnung dieses Verses in 2 Sam 24,16 »und als der Engel seine 21,15
Hand ausreckte …« scheint dem Engel eine gewisse Autonomie zuzugestehen: Sobald er seinen Auftrag erhalten hat, führt er ihn ohne weitere göttliche Einwirkung durch. Erst als der Engel die tödliche Krankheit auch gegen Jerusalem richtet, reut es Gott und er gebietet ihm Einhalt. Allerdings besteht eine gewisse Spannung zwischen dem Stillstand der Epidemie, wie er hier berichtet ist, und dem weiteren Verlauf der Erzählung, wo die Pest erst mit Errichtung des Altars und Darbringung des Opfers auf der Tenne des Ornan endet; letztere Motivation erscheint ausdrücklich in Davids Rede an

Arauna (2 Sam 24,21) sowie zum Abschluß der Erzählung (24,25). In 24,16 dagegen ist Gottes Entschluß, den Vollzug der Strafe auszusetzen, unabhängig von der Errichtung des Altars, geht ihr sogar voran. Diese innere Unstimmigkeit der Erzählung in 2 Sam 24, zustandegekommen durch die nachträgliche Einfügung der Verse 16 und 17, wird in Chr geglättet: Die Eingangsworte aus 2 Sam 24 »da reckte seine Hand aus der Engel« (וישלח ידו המלאך) sind in Chr ersetzt durch »da sandte Gott einen Engel« (וישלח האלהים מלאך). Trotz der sprachlich-graphischen Nähe der beiden Versionen dürfte es sich um keine Verschreibung handeln, sondern um eine bewußt vorgenommene Textänderung: Für den Chronisten ist der Engel nicht autonom, sondern nur ein Werkzeug Gottes. Eine entsprechende Textänderung ist an der einzigen weiteren Stelle in Chr zu beobachten, wo Engel eine Rolle spielen, 2 Chr 32,21. Anstelle von »und in jener Nacht zog der Engel JHWHs aus und schlug ...« (2 Kön 19,35) schreibt der Chronist »da sandte Gott einen Engel gegen Jerusalem, um es zu vertilgen ...«.

21,16–17 Die Verse 21,16–17 bieten eine interessante Überarbeitung des Materials aus 2 Sam 24. Wie oben angedeutet, läuft der Erzählstrang dort nicht ganz glatt; Davids Bitte, die Strafe ganz auf ihn zu konzentrieren und nicht auf das unschuldige Volk, ist nicht voll in den Erzählverlauf integriert. Demgegenüber bemüht sich der Text von Chr (wie schon 4QSam[a]) um eine bessere Integration dieser Verse. Anstelle des Einschubs »als er den Engel sah« aus 2 Sam 24,17 gibt es hier einen Neueinsatz: »und David erhob seine Augen und er sah ...«. David und die Ältesten mit ihm werden geschildert, wie sie in Sack und Asche stehen, wo der Engel zum Stehen kam. Beim Anblick des Engels mit dem gezückten Schwert in der Hand fallen sie auf ihr Angesicht, überwältigt von der göttlichen Erscheinung. Literarisch handelt es sich hier um eine neue Szene. Deren Teilnehmer und Inhalt gehören speziell zu dieser Erzählung, dagegen sind einige Ausdrucksmittel aus anderen literarischen Kontexten entlehnt: die Ältesten in Sack und Asche aus der Erzählung von der Belagerung durch Sanherib (2 Kön 19,2, vgl. 4QSam[a], wo die Ähnlichkeit noch durch die identische Verbform unterstrichen wird), der Engel mit dem gezückten Schwert aus Jos 5,13. Der Ausdruck »aufs Angesicht fallen« findet sich biblisch an etlichen Stellen: Ez 1,28 u.a.m. Ez hat auch den Ausdruck »zwischen Himmel und zwischen Erde« (8,3), aber dazu findet sich die exaktere Parallele »zwischen Erde und zwischen Himmel« bei Sach (5,9). Hier haben wir nicht nur ein Beispiel für reichliche Verwendung anthologischen Stils vor uns, sondern ein neues literarisches Gebilde, worin zuvor isolierte Ausdrucksmittel vereinigt sind. Davids Bitte bereichert der Chronist um zwei Zusätze: am Anfang um ausdrückliche Bezugnahme auf seine Verfehlung »War nicht ich es, der befohlen hat, das Volk zu zählen ...« und am Ende um deren logische Folgerung, die Bitte, das Volk zu verschonen. Diese Worte stellen die Verbindung her zu dem göttlichen Beschluß, die Pest in Jerusalem zum Stillstand kommen zu lassen (21,15), was durch

Davids Bitte unterstrichen wird, und dem Kultakt, dessen Durchführung auf der Tenne stattfindet (21,22).

Trotz der Ähnlichkeit der Verse 21,18–19 mit 2 Sam 24,18–19 ist der 21,18–19
Ablauf des Vorgangs hier anders zu verstehen. Laut den vorangehenden Versen (21,15–17) befanden sich David und die Ältesten bereits auf der Tenne. Daher setzt 21,18 nicht mit einer Verbform im Imperfekt mit voranstehendem *Waw consecutivum* ein (wie 2 Sam 24,18), sondern mit einer Verbform im Perfekt, was hier als Vorvergangenheit fungiert, also wiederzugeben ist: »der Engel JHWHs … hatte … gesprochen«. Von daher bilden die Verse 18–19 nicht die Fortsetzung von V 17, sondern einen Einschub (der Vorfall hatte zwischen den in den Versen 15 und 16 berichteten Vorgängen stattgefunden); den Anschluß an 21,17 bietet dann 21,20.

Die Gestaltung der Verse 21,20–21 ist interessant. Sie entsprechen zwar 21,20–21
2 Sam 24,20, aber durch die besondere Art der Textbearbeitung ist hier eine neue Szene entstanden, die etlichen Aspekten des weiteren Erzählverlaufs zugrundeliegt. Laut 2 Sam 24,20 befindet sich Arauna in seinem Hause. Laut Chr ist Ornan nicht im Hause, sondern zusammen mit seinen vier Söhnen auf der Tenne, wo er Weizen drischt. Wie David und die Ältesten erblickt er den Engel, aus Furcht vor dem sich die Söhne verstecken. Daher wurde das Prädikat וישקף »blickte hinab« aus 2 Sam 24,20 ersetzt, zunächst durch וישב »wandte sich um« (21,20), dann durch ויבט »blickte auf« (21,21). Aus dem Objekt המלך »den König« wurde המלאך »den Engel« (21,20), in 21,21 dann ausdrücklich »David«. So entstand durch sprachlich-stilistische Ausgestaltung in Chr ein ganzer neuer Vers (21,20). Das Objekt aus 2 Sam 24,20 »den König und dessen Knechte zu ihm kommen« steht in Chr natürlich nicht, denn David und die Ältesten waren ja schon mit Ornan zusammen auf der Tenne.

Verhandlungen mit Ornan (V 22–25)

Auch in 21,22–24 wird ungeachtet der grundsätzlichen Ähnlichkeit mit 21,22–24
2 Sam 24,12–24a ein neues Verständnis der Vorgänge eingeführt. In 2 Sam 24,21 eröffnet Arauna das Gespräch, indem er eine höfliche Frage an David richtet. In Chr ist es David, der das Gespräch im Imperativ eröffnet: »Gib mir … auf daß ich … baue …«. Die Veränderung beruht auf zwei Faktoren. Erzähltechnisch hat sich die Frage erübrigt, da Ornan den Engel auf der Tenne gesehen hat und weiß, worum es geht. Inhaltlich ist Ornans Stellung gegenüber David in Chr eine andere als in Sam (s. u).

Zusätzlich zum Fehlen der Eröffnungsfrage weisen auch die Kaufverhandlungen zahlreiche Abweichungen auf. Laut 2 Sam 24,21–23 lehnt Arauna Davids Kaufgesuch höflich, aber bestimmt ab. Mit orientalischer Gastfreundschaft lädt er den König ein, den Altar bei ihm zu errichten, und bietet ihm sämtliches Opferzubehör an, aber von einem Verkauf der Tenne ist nicht die Rede. Im Zuge dieser Verbindlichkeit äußert Arauna sogar die Segensformel »JHWH dein Gott möge dir gewogen sein« (2 Sam 24,23). Auf Araunas Angebot erwidert David, er müsse die Tenne käuflich erwerben, was er dann auch tut (24,24). Laut der Erzählung in Chr kündigt David von vornherein an, er sei bereit, »vollen Preis« für den Platz zu bezahlen, wovon die Kaufverhandlungen ausgehen. Mit der Erwiderung »Nimm ihn dir ...« bestätigt Arauna bereits die Transaktion; außerdem bietet er dann noch an, die Ochsen, das Dreschgerät und den Weizen zur Verfügung zu stellen.

In Chr hat sich Ornans Status im Vergleich zu Sam gewandelt. Er trägt nicht mehr den Königstitel (vgl. 2 Sam 24,23), David redet ihn an (im Imperativ), sein Segenswunsch an David fehlt. Der Ornan von 1 Chr 21 ist nur noch ein Landwirt, der den Ertrag seiner Felder zusammen mit seinen Söhnen auf die Tenne trägt.

Wie schon vielfach beobachtet, liegt der Überarbeitung dieses Abschnitts auch die Erzählung vom Erwerb der Höhle Machpela, Gen 23, zugrunde. Die Ähnlichkeit basiert zum großen Teil auf Gleichheit des Sujets und des Milieus. Eine zusätzliche Angleichung wird erreicht durch Verwendung des Ausdrucks »gegen vollen Preis«, der sonst nur noch in Gen 23 vorkommt.

Stilistisch interessant ist die durchgängige Verwendung des hebräischen Verbs »geben« (נתן) beim Chronisten. Im entsprechenden Abschnitt in 2 Sam 24 kommt dieses Verb nur ein einziges Mal vor (24,23), in 1 Chr 21,22–25 dagegen nicht weniger als fünfmal, und zwar in dreierlei Bedeutung: verkaufen – schenken – bezahlen.

21,25 Der Vers 21,25, in dem das Geschäft zum Abschluß kommt, weicht in sämtlichen Einzelheiten von seiner Parallele 2 Sam 24,24b ab. Statt »da kaufte David« (ויקן דויד) steht »und David gab« (ויתן דויד). Selbst in dieser geringfügigen Veränderung wird die Technik des Chronisten deutlich: Durch eine kleine orthographische und phonetische Abwandlung baut er ein weiteres Mal das Schlüssel-Verb »geben« (נתן) ein. Bei dem erworbenen Gut handelt es sich nicht um »Tenne und Ochsen«, sondern um den »Ort« (מקום), eine Veränderung, die bereits 21,22 vorgenommen ist, wo es heißt »den Ort der Tenne« statt nur »die Tenne«. Diese veränderte Bezeichnung spielt zweifellos auf die doppelte Bedeutung des betreffenden Platzes an; er fungiert als »Ort« für die künftige Errichtung des Tempels, außerdem aber auch als »heilige Stätte«. Drittens beträgt der Kaufpreis nicht 50 Silberschekel, sondern 600 Schekel in Gold. Die Absicht des Wechsels zu der typologischen Zahl 600 (durch Multiplizierung mit 12) und von Silber zu Gold scheint deutlich: Wertsteigerung des Erwerbs und die Versicherung, daß tatsächlich ein »voller Preis« bezahlt wurde.

Errichtung des Altars und Weihung der Heiligen Stätte (21,26–22,1)

21,26–27 Der erste Teil von 21,26 entspricht 2 Sam 24,25, hat aber eine andere Funktion. In 2 Sam 24 schließen die Abschlußworte »so ward die Plage abgewandt von Israel« an 24,21 an. David befolgte Gads Anweisungen gewissenhaft, und das führte zum gewünschten Ziel. Die Phrase davor »da ließ sich JHWH erbitten für das Land« geht zusammen mit 2 Sam 24,14, läßt die Erzählung von der Pest anknüpfen an die von der Hungersnot. So wirkt dieser Vers als eine Art Zusammenfassung zweier Fälle von göttlichem Zorn und Versöhnung. Im Kontext von Chr wird der Vers anders aufgefaßt. Im Verlauf der Erzählung in 2 Sam 24 antwortet Gott David im unmittelbaren Anschluß an das Opfer – zwischen Opfer und göttlicher Reaktion besteht ein direkter Zusammenhang. In Chr dagegen antwortet Gott erst, nachdem David ihn ausdrücklich »angerufen« hat. Hier besteht die göttliche Antwort nicht nur in der Abwendung der Pest, sondern zunächst in der gnädigen Annahme des Opfers, bestätigt durch Feuer vom Himmel; erst dann erfolgt die Beendigung der Epidemie, dargestellt in personhafter Form als göttlicher Befehl an den Engel, sein Schwert wieder in die Scheide zu stecken (21,27). Die zusätzlichen Elemente in Chr sind somit mit dem kultischen Akt des Opfers verknüpft: einerseits »Anrufung JHWHs«, andererseits Erwiderung durch »Feuer vom Himmel«. Dadurch wird dokumentiert, daß der Altar selbst und die darauf dargebrachten Opfer JHWH genehm sind. So wird der Altar geweiht, was dann die Grundlage für Davids offizielle Erklärung in 22,1 bildet.

Die Beschreibung als solche ist höchstwahrscheinlich von 1 Kön 18,37f. abhängig, wo dieselben zwei Elemente vorkommen: Anrufung Gottes, woraufhin Feuer vom Himmel fällt. Dasselbe Motiv, diesmal deutlicher durch Lev 9,24 beeinflußt, fügt der Chronist der Einweihung des Altars in Salomos Tempel (2 Chr 7,1) hinzu. Demnach war dieses Element für die förmliche Anerkennung einer auf göttlichen Befehl errichteten Kultstätte in Chr notwendig.

Ein nachträglicher Einschub (V 28–30)?

Die Verse 21,28–30 unterbrechen die Erzählfolge zwischen 21,26–27 und 22,1 in mancher Hinsicht: sie enthalten zweimal (V 28. 29) die Eröffnungsformel »zu jener Zeit«; sie behandeln einen völlig neuen Gegenstand, das Höhenheiligtum zu Gibeon, das für die gegenwärtige Erzählung allenfalls von randhafter Bedeutung ist; und vor allem ihr apologetischer Ton steht im Kontrast zum Charakter der übrigen Erzählung. Davids Tun scheint einer Rechtfertigung zu bedürfen, die durch Hinweis auf die derzeitigen kultischen Erfordernisse sowie auf menschliche Beschränktheit geboten wird.

Demnach stellen die Verse 28–30 zweifellos eine gesonderte Einheit dar, die entweder einen parenthetischen Einschub im Text des Chronisten bildet oder aber einen nachträglichen Zusatz. Das Anliegen dieser Verse ist die Antwort auf eine naheliegende Frage: Wie konnte David auf Ornans Tenne Opfer darbringen, wo doch das Stiftszelt in Gibeon stand? Dahinter steht eine Annahme, die nicht in der vorliegenden Erzählung enthalten ist, sondern von außerhalb kommt: die Gesamtkonzeption der Kultzentralisierung. Es darf keine zwei Kultstätten nebeneinander in Israel geben; damals war das Heiligtum zu Gibeon der einzige »natürliche« Ort, wo David Opfer darbringen durfte, und die Tatsache, daß er dem zuwiderhandelte, erklärt sein Erschrecken beim Erscheinen des Engels. Die Tendenz dieser Verse steht der eigentlichen Erzählung entgegen, wo die Bestimmung von Ornans Tenne zum Ort des künftigen zentralen Heiligtums als göttliche Entscheidung dargestellt werden soll. Was die kultische Ausrichtung betrifft, widersprechen die eingeschobenen Verse dem Tenor der Erzählung.

Von Thema und Formulierung her wiederum gehen die Verse mit sonstigem chronistischem Material zusammen: Das Stiftszelt und der Altar zu Gibeon sind in anderen speziell chronistischen Kontexten erwähnt (1 Chr 16, 39–40; 2 Chr 1, 3 ff.); die Betonung der Kultzentralisierung findet deutlichen Ausdruck in dem Kultprogramm von 1 Chr 16, wo Gesang und Instrumentalmusik für Jerusalem vorgesehen sind, während der Opferkult auf Gibeon beschränkt wird. Außerdem ist die Zeitangabe »zu jener Zeit« (בעת ההיא) in Chr häufiger als in jedem anderen biblischen Buch mit Ausnahme von Dtn; von insgesamt zehn Belegen sind nur zwei aus den Quellen übernommen (2 Chr 7, 8//1 Kön 8, 65; 2 Chr 21, 10//2 Kön 8, 22, ferner 2 Chr 13, 18; 16, 7.10; 28, 16; 30, 3; 35, 17). Literarisch besteht eine gewisse Affinität zwischen 21, 29 und 22, 1, insofern als dieselben Gegenstände erwähnt werden: »das Haus JHWHs« und »der Brandopferaltar«. Die formale Nähe und die inhaltliche Spannung zwischen den beiden Versen sind unverkennbar; die Frage bleibt, ob diese Antithese ursprünglich chronistisch war oder erst nachträglich in Anlehnung an 22, 1 hergestellt wurde.

Daher besteht die Schwierigkeit, V 28–30 dem Chronisten zuzuschreiben, in der grundsätzlichen Haltung zur Festlegung des künftigen zentralen Kultortes: Ist diese im Sinne des Erzählkontexts als göttliche Wahl, als Gnadenakt zu betrachten, oder vielmehr im Sinne des Einschubs als ein Zugeständnis an menschliche Schwäche und Beschränktheit? Können diese beiden widersprüchlichen Vorstellungen bei einem Autor nebeneinander bestehen, oder ist die abweichende einem späteren Redaktor zuzuweisen, der seinen Zusatz allerdings auf die allgemein vorherrschende Position des Chronisten gründete?

21,28 Die in 21, 28 erwähnten Opfer sind vermutlich nicht die bereits in 21, 26 erwähnten: Jene hatten den Anlaß zur göttlichen Erwiderung durch Feuer vom Himmel geboten, und auf diese göttliche Antwort gründet David seine Opfer hier; insofern müßte es sich um weitere anschließend dargebrachte Opfer handeln. Zweifelhaft erscheint jedoch, daß dieser Abschnitt bereits Ornans Tenne als ständigen Ort zur Darbringung von Opfern unter David bezeugt: Salomo ging zum Opfern immer noch nach Gibeon (2 Chr 1, 3 ff.).

21,29–30 Die Verse 21, 29–30 sind abhängig von 2 Chr 1, 3–6; sie vertreten strengste Kultzentralisierung als durchgängiges Prinzip der israelitischen Geschichte. V 30 ist in diesem Kontext besonders schwierig. Dort wird Davids Opfer auf der Tenne auf Furcht zurückgeführt, und literarisch wird das »Schwert des Engels« als eigenständiges Element betrachtet, völlig losgelöst von der Pestmetapher mit gewissem Anklang an das Flammenschwert aus Gen 3, 24.

22,1 Der Vers 22, 1 bildet den Höhepunkt und im chronistischen Kontext den krönenden Abschluß der Erzählung: Gott hat die Tenne zur »heiligen Stätte« ausersehen. Stilistisch zeichnet sich Davids Proklamation aus durch Wiederholung von »dies«, durch parallelen Aufbau und metrische Form:

»Dies ist das Haus JHWHs, des Gottes,
und dies ist der Brandopferaltar für Israel«

– das Haus ist für Gott, der Altar ist für das Volk.

1 Chr 22, 2–19: Vorbereitungen Davids für den Tempelbau

Literatur *R. L. Braun,* Solomon, the Chosen Temple Builder: the Significance of 1 Chronicles 22:28 and 29 for the Theology of Chronicles: JBL 95, 1976, 581–590. – *P. B. Dirksen,* What are the m^{e}ḥabb^{e}rrôt in 1 Chron. 22:3?: BN 80, 1995, 23–24. – ders., Why was David Disqualified as Temple Builder? The Meaning of 1 Chronicles 22:8: JSOT 70, 1996, 51–56. – *B. E. Kelly,* David's Disqualification in 1 Chronicles 22:8: A Response to Piet B. Dirksen: JSOT 80, 1998, 51–56. – *S. Lasine,* Solomon and the Wizard of Oz: Power and Inversibility in a Verbal Palace, in: L. K. Handy (Hg.), The Age of Solomon. Scholarship at the Turn of Millennium (Studies in the History and Culture of the Ancient Near East 11), Leiden 1997, 375–391. – *J. Margain,* Observations sur 1 Chroniques 22 à propos des anachronismes linguistiques dans la Bible: Sem. 24, 1974, 35–43. – *H. P. Smith,* Old Testament Notes IV. 1 Chronicles 22:2: JBL 24, 1905, 29. – *H. G. M. Williamson,* The Accession of Solomon in the Books of Chronicles: VT 26, 1976, 351–361.

Text

Übersetzung 22[2] *Und David befahl, die Fremden im Lande Israel zu versammeln. Und er*
bestellte Steinhauer, um Quadersteine zurechtzuhauen für den Bau des
Hauses Gottes. [3] *Und Eisen in Menge zu Nägeln für die Torflügel und zu*
Klammern bereitete David vor und Bronze in Menge, nicht zu wiegen, [4] *und*
Zedernholz, nicht zu zählen, denn die Sidonier und die Tyrer brachten dem
David Zedernholz in Menge. [5] *Und David sprach: »Salomo, mein Sohn, ist*
jung und schwach, das Haus aber, das JHWH gebaut werden soll, muß
überaus groß werden an Ruhm und an Pracht in allen Ländern. So will ich
dafür die Vorbereitungen treffen!« Und David traf die Vorbereitungen in
Menge vor seinem Tod.

[6] *Und er rief Salomo, seinen Sohn, und er befahl ihm, ein Haus zu bauen*
JHWH, dem Gott Israels. [7] *Und David sprach zu Salomo: »Mein Sohn, ich*
hatte im Sinn, ein Haus zu bauen dem Namen JHWHs, meines Gottes. [8] *Da*
erging das Wort JHWHs gegen mich, also: ›Blut in Menge hast du vergos-
sen und große Kriege hast du geführt; du sollst nicht bauen ein Haus mei-
nem Namen, denn viel Blut hast du vergossen zur Erde vor mir. [9] *Siehe, ein*
Sohn wird dir geboren. Er wird ein Mann der Ruhe sein und ich werde ihm
Ruhe verschaffen von all seinen Feinden ringsum, denn Salomo soll sein
Name sein und Frieden und Ruhe will ich Israel geben in seinen Tagen.
[10] *Er soll ein Haus bauen meinem Namen, und er wird mir zum Sohn sein*
und ich werde ihm zum Vater sein und ich werde den Thron seines König-
tums über Israel errichten auf ewig!‹ [11] *Und nun, mein Sohn, JHWH sei mir*

dir, daß es dir gelinge und daß du das Haus JHWHs, deines Gottes, baust, wie er über dich verheißen hat. [12] *Fürwahr, JHWH möge dir Verstand und Einsicht geben und dich zum Befehlshaber über Israel machen und zu wahren die Tora JHWHs, deines Gottes.* [13] *Dann wird es dir gelingen, wenn du darauf achtest, die Satzungen und die Rechte zu tun, die JHWH dem Mose geboten hat für Israel. Sei stark und mutig, fürchte dich nicht und zage nicht!* [14] *Und siehe, trotz meiner Not habe ich für das Haus JHWHs vorbereitet: hunderttausend Talente Gold und tausend mal tausend Talente Silber und Bronze und Eisen, nicht zu wiegen, in solcher Menge war es, und Holz und Steine habe ich vorbereitet und du wirst noch hinzutun.* [15] *Und in Menge sind bei dir Handwerker, Steinhauer und Maurer und Zimmerleute und Kunstverständige in jeglicher Arbeit* [16] *mit Gold, Silber und Bronze und Eisen ohne Zahl. Erhebe dich und handle! Und JHWH sei mit dir!«*

[17] *Und David befahl allen Fürsten Israels, Salomo, seinem Sohn, zu helfen:* [18] *»War nicht JHWH, euer Gott, mit euch und hat er nicht euch ringsum Ruhe verschafft, dadurch daß er die Bewohner des Landes in meine Hand gab und so das Land erobert ist vor JHWH und vor seinem Volk?* [19] *Und nun, richtet euer Herz und eure Seele darauf, JHWH euren Gott zu suchen. Steht auf und baut das Heiligtum JHWHs, des Gottes, daß gebracht werden die Lade des Bundes JHWHs und die heiligen Geräte Gottes in das Haus, das dem Namen JHWHs gebaut wird!«*

Analyse

Kap. 22–29: Chronistisches Sondergut

Die Kapitel 22–29 bilden die längste Texteinheit ohne Parallele in anderen biblischen Texten; mit Ausnahme ganz weniger Verse am Ende handelt es sich durchweg um chronistisches Sondergut. Hier stellt sich die Quellenfrage dringlicher als an jeder anderen Stelle von Chr: Welcher Teil dieses langen Abschnitts ist aus außerbiblischen Quellen geschöpft und welcher stammt vom Chronisten selbst? Wie hat er das »entlehnte« Material bearbeitet, wie ist der Abschnitt – als ganzer wie auch im Detail – zu beurteilen? Unter dem Blickwinkel biblischer Forschung und Exegese ist interessant zu beobachten, daß nicht wenige Kommentatoren, insbesondere solche aus dem 20. Jh., dazu tendieren, nur einen geringen Teil dieser Texteinheit als echt »chronistisch« zu betrachten, wohingegen das meiste Material als »nach-chronistischer Zusatz« verschiedener Art gilt. Die eingehendere Darstellung der literarkritischen Untersuchungen, auf deren Grundlage viele Stücke als »sekundär« ausgeschieden werden, soll in der Einleitung zu Kapitel 23 erfolgen. Hier möchte ich nur zu bedenken geben, daß die entsprechende Entscheidung weitreichende Auswirkungen auf das Verständnis und die Beurteilung des chronistischen Werkes insgesamt hat. Wenn es sich bei dieser Texteinheit nur um eine Zusammenstellung verschiedener literarischer Schichten oder Stücke handelt, verliert sie viel von ihrer Bedeutung für das literarisch-historiographische Vorgehen des Chronisten und für seine Auffassung von zentralen Punkten der israelitischen Geschichte. Wer die Bedeutung dieser Texteinheit solchermaßen reduziert, braucht deren inneren Aufbau und Funktion im weiteren Kontext von Chr nicht weiter zu untersuchen, kann vielmehr nach eigenem literarischem Ermessen die Elemente bestimmen, die ihm für das Verständnis von Stil und Auffassungen des Chronisten relevant erscheinen. Da Kapitel 22 – als ganzes oder zum größeren Teil – in der Regel als »chronistisch« gilt, verschiebe ich die Erörterung der »Zusätze« samt ihrer Problematik in die Einleitung zu Kapitel 23.

Einziges Thema von Kap. 22–29

Die Texteinheit 1 Chr 22–29 kreist um ein einziges Thema: die von David »vor seinem Tode« (22,5) unternommenen Schritte, um die reibungslose Weiterführung seines Lebenswerks zu gewährleisten. Inhaltlich schließt dieser Kontext unmittelbar an Kap. 21 an, nimmt aber zwei Motive aus Kap. 17 wieder auf: die Errichtung der davidischen Dynastie mit der Thronfolge seines Sohnes und den Bau des Gotteshauses. Der Einfluß von 1 Chr 17 ist in Ausdruck, Stil und Thematik der vorliegenden Texteinheit zu spüren. Allerdings geht sie über die Aussagen und Voraussetzungen von 2 Sam 7//1 Chr 17 weit hinaus. Zwei Themen stehen im Zentrum von Kap. 17: a) nach Davids Tod wird Gott dessen Sohn auf Davids Thron erheben (1 Chr 17,11); b) dieser Sohn wird JHWH ein Haus erbauen (V 12). Dieselben Punkte werden hier wieder angesprochen, aber der Zugriff ist in beiden Fällen ein anderer als in Kap. 17. David sitzt nicht müßig und wartet auf seinen Tod, sondern trifft seine Vorkehrungen für die Verwirklichung der göttlichen Verheißungen: er selbst macht Salomo zum König, und er leistet alle möglichen Vorarbeiten für den Tempelbau.

Inhalt und Aufbau von Kap. 22–29

Unter der Gesamtüberschrift von Davids Vorbereitungen sind an erster Stelle zwei Dinge berichtet, die den König direkt betreffen: seine Rede zu Salomo und seine Ansprache an die Fürsten Israels (Kap. 22). Von hier geht der Bericht weiter zu einer komplexeren Aufgabe: Organisation des Kultpersonals. Vor dem Hintergrund von Salomos Thronfolge wird die Zusammenstellung, Zählung und Einteilung des Tempelpersonals geschildert: die Leviten (Kap. 23); die Priester (24,1–19 mit einem Anhang bezüglich der Leviten – 24,20–31); die Sänger (Kap. 25); die Torhüter (26,1–19); die Schatzmeister und übrigen Verwaltungsleute (26,20–32). Darauf folgt die Untergliederung des Volkes: die zwölf Abteilungen (27,1–15); die Stämme (27,16–24) und die Beamtenschaft (27,25–34). Nachdem all diese Dinge geregelt sind, ist der Zeitpunkt für Salomos Inthronisation gekommen, die in den Kapiteln 28–29 ausführlich beschrieben wird. Schließlich (29,26–30) folgt noch der Abschluß von Davids Regierung.

Aufbau und Inhalt von Kap. 22

Kapitel 22 besteht aus drei Teilen, die alle mit dem Tempelbau zu tun haben:

a) V 2–5 Davids eigene Vorbereitungen
b) V 6–16 Davids Rede zu Salomo
c) V 17–19 Davids Ansprache an die Fürsten Israels

Jeder dieser drei Teile kreist um einen Redekern: der erste um Davids Überlegungen (V 5); der zweite um Davids Worte an Salomo (V 7b–16) und der letzte um seine Rede vor den Fürsten (V 18–19). So besteht dieses Kapitel zu drei Vierteln aus Rede; nur ein Viertel ist Erzählung, überwiegend Verbindung der einzelnen Redeteile.

Literarische Technik

Eine stilistische Eigenart dieses Kapitels ist der auch sonst schon beobachtete Wechsel von Mannigfaltigkeit und Einheitlichkeit im Ausdruck. Hier liegt eine Vielfalt von Synonymen vor; der Tempel etwa wird zehnmal im Verlauf des Kapitels erwähnt – in direkter Fortsetzung von Davids Proklamation 22,1 – jeweils in leicht abweichender Form: »den Bau des Hauses Gottes« (V 2), »das Haus aber, das JHWH gebaut werden soll« (V 5), »ein Haus JHWH, dem Gott Israels« (V 6), »ein Haus dem Namen JHWHs meines Gottes« (V 7), »ein Haus meinem Namen« (V 8.10),

»das Haus JHWHs, deines Gottes« (V 11), »das Haus JHWHs« (V 14), »das Heiligtum JHWHs, des Gottes« (V 19), »das Haus, das dem Namen JHWHs gebaut wird« (V 19).

Neben dieser Vielfalt finden wir das rhetorische Mittel der Wiederholung: gewisse Schlüsselwörter kehren über das ganze Kapitel hin wieder. Zusätzlich zu der erwähnten Vokabel »Haus« (בית) findet sich wiederholt die Verbalwurzel »bauen« (בנה V 2.5.6.7.8.10.11.19), das Verb »vorbereiten« (הכין, V 3.5.10.14), der Name »Israel« (V 2.9.10.12.13.17), die Ausdrücke »in Menge« (לרב, V 3.4.5.14), »Sohn« (V 5.6.7.9.10.11.17) u.a.m. Durch die gehäufte Kombination dieser Ausdrücke kommt eine starke rhetorische Wirkung zustande.

Autor: Der Chronist

Die einheitliche Struktur dieses Kapitels, die vorherrschenden Gattungen und deren Verknüpfung, die besonderen literarischen Techniken – all dies deutet auf den Chronisten als Autor. Dies wird gestützt durch die einzige in diesem Kapitel gebotene neue Information: die Tatsache, daß David die Materialien für den Tempelbau bereitstellte (V 3–4. 14) und die Arbeitskräfte besorgte (V 2.15–16a). Diese Beobachtungen gehen genau mit der jeweiligen Rolle zusammen, die der Chronist David bzw. Salomo beim Tempel zuweist.

Auslegung

22,2–5: Davids eigene Vorbereitungen

22,2–5 Die eigentlichen Vorbereitungen zum Bau beginnen in 22,2–5 mit dem Besorgen der Arbeitskräfte und mit der Bereitstellung von Materialien.

22,2 Das Versammeln von Fremden (גרים) und die Anstellung von Steinmetzen werden in 22,2 MT als zwei getrennte Vorgänge beschrieben. Manche Übersetzungen jedoch folgen 1 Chr 22,15 und ziehen beides zusammen: »und machte sie zu Steinmetzen«.

22,3–4 Das Überraschendste in den Versen 3–4 sind die ungeheuren Mengen von Baumaterial. Die Angabe »in Menge« (לרב) erscheint nicht weniger als dreimal, in Bezug auf Eisen, Zedernholz und Bronze. Außerdem wird vom Metall gesagt, es sei »nicht zu wiegen« und vom Holz, es sei »nicht zu zählen«. Diese beiden Ausdrücke kehren in V 14–16 wieder, wo es um dasselbe Thema geht.

22,5 Der Vers 5 bildet eine Art Zusammenfassung des ersten Abschnitts, indem er einerseits das Motiv für Davids Handeln angibt (V 5a), andererseits die Vorbereitungen resümiert (V 5b). Davids Befürchtung, daß Salomo dem gewaltigen Projekt nicht gewachsen sei, steht als treibende Kraft hinter dem ganzen Abschnitt und wird in 1 Chr 28–29 noch ausgebaut. Die sprachliche Gestaltung dieser kurzen Rede ist typisch chronistisch: Zunächst handelt es sich um einen Nominalsatz mit einer Folge von Infinitiven mit ל: לבנות »bauen«, להגדיל »groß machen«; die ständige Wiederholung derselben Präposition ist markant: לבנות, ליהוה, להגדיל, למעלה, לשם, לתפארת, לכל, לו, לרב, außerdem kommen charakteristische Wendungen vor: כל הארצות »alle Länder«, הכין »vorbereiten«, לרב »in Menge«, למעלה »in die Höhe«, und bekannte Schlüsselwörter kehren wieder, hier das Verb הכין »Vorbereitungen treffen«. Auffällig ist die Bezeichnung Salomos als »Knabe« und als »zart«. Kön gibt keine Auskunft darüber, wie alt Salomo bei seiner Krönung war. Die häufige Erwähnung seiner Unerfahrenheit sowie seine völlige Passivität bei den Vorgängen, in deren Zentrum er stand, lassen den Schluß zu, daß er damals noch sehr jung war. Allerdings ist die biographische Aussagekraft dieses Umstands nicht zwingend; bezieht sich doch bei König Rehabeam die Charakterisierung als »Knabe« und als »weichherzig« (2 Chr 13,7) auf einen Mann, der laut biblischen Daten 41 Jahre alt war (1 Kön 14,21//2 Chr 12,13). Davids Wunsch, daß der Tempel »überaus groß werde[n], an Ruhm und an Pracht in allen Ländern«, bildet das Motto für den gesamten Kontext. Dieses Bauwerk sollte ein so gewaltiges Projekt werden, daß es weder von einem Einzelnen noch von einer Gruppe aus Israel zu bewältigen war und die Kapazität privater Spenden bei weitem überstieg. Nur willige Zusammenarbeit und gemeinsame Bemühungen sämtlicher Teile der Bevölkerung konnten es zustandebringen.

22,6–16: Davids Rede zu Salomo

Davids nächster Schritt besteht darin, daß er Salomo in sein künftiges 22,6–16
Amt als Thronfolger einführt. Diese Episode wird in V 6–16 als Gespräch unter vier Augen geschildert, und die anfängliche Anrede »mein Sohn« wird durchgängig beibehalten (V 6.7.11; mit Anklang »sein Sohn« in V 17). Der Abschnitt gliedert sich in zwei ungleich lange Teile: ein Einleitungsvers, der als eine Art Überschrift fungiert (V 6), und eine längere Rede (V 7–16). Von Salomos Seite ist keinerlei Erwiderung oder Reaktion berichtet. Die Rede besteht aus drei parallelen, inhaltlich und literarisch klar gegliederten Teilen:

1. V 7b–10: a) Einleitung: »mein Sohn«; b) Inhalt: David übermittelt Salomo die Worte des Herrn.
2. V 11–13: a) Einleitung: »nun, mein Sohn«; b) Inhalt: Auftrag des Tempelbaus an Salomo übertragen; c) Abschluß: »sei stark und mutig, fürchte dich nicht und zage nicht«.
3. V 14–16: a) Einleitung: »und siehe«; b) Inhalt: David informiert Salomo, was er schon vorbereitet hat; c) Abschluß: »erhebe dich und handle! Und JHWH sei mit dir!«

Der erste Teil der Rede (V 7b–10) bildet die Grundlage für die beiden übrigen Teile; er stellt auch den längsten und theologisch bedeutsamsten Teil dar. Die beiden folgenden Teile, jeweils gleich lang, enthalten die praktischen Folgerungen aus den theologischen Voraussetzungen des ersten im Hinblick auf Salomo (V 11–13) und auf David (V 14–16).

Der erste Teil der Rede (V 7b–10)

In diesem Kontext (V 7b–10) setzt sich der Chronist besonders klar und 22,7b–10
eingehend mit dem Problem auseinander, daß der Tempel von Salomo erbaut wurde und nicht von David. Die Vorstellung von David als dem schlechthin größten König Israels und Hoffnungsträger für die Zukunft, die Errichtung des Tempels als dem Zentrum von Israels religiösem Erleben

und das unauflösliche Band zwischen dem Hause Davids und der Stadt Jerusalem mit dem Tempel – all dies waren theologische Ecksteine geworden. Die unbestreitbare historische Tatsache, daß es Salomo war, der den Tempel erbaute, und nicht David, stellte also eine ständige theologische Herausforderung dar, die nach Erklärung verlangte.

2 Sam 7 und 1 Chr 17 bringen die Tatsachen als das Resultat von Gottes Willen, aber eine Erklärung bieten sie eigentlich nicht. In der deuteronomistischen Redaktion von Kön finden wir eher eine historische Rationalisierung als eine theologische Lösung, die in gewisser Spannung steht zu 2 Sam 7 und 1 Kön 8,18. Sie steht in Salomos Brief an Hiram: »David, mein Vater, konnte kein Haus dem Namen JHWHs, seines Gottes, bauen wegen des Krieges rings um ihn« (1 Kön 5,17). Hier wird der Aufschub des Bauprojekts mehr als durch historische Umstände bedingt aufgefaßt als durch göttliche Entscheidung. In diesem Abschnitt bietet der Chronist eine theologischere Begründung, die er als Gottes Wort an David einführt. Der Aufbau der Argumentation ist interessant. Zunächst wiederholt David vor Salomo den bereits aus 2 Sam 7//1 Chr 17 bekannten Tatbestand: seinen Wunsch, Gott ein Haus zu erbauen, und Gottes Verschiebung des Baus aus seiner Regierungszeit in die seines Nachfolgers. Doch nur der letzte Teil jenes »Wortes JHWHs« (V 8) ist aus 2 Sam 7 zitiert; die Aussage der V 8–9 findet sich weder beim Propheten Natan noch anderswo. Daß der Chronist eine weitere Quelle benutzt haben sollte, ist unwahrscheinlich. V 7b–10 samt Einleitung (V 7) und Abschluß (V 10) nehmen deutlich die Formulierung von 2 Sam 7 auf. So scheint es, daß das betreffende Textstück (V 8–9) die chronistische Deutung von Natans Worten enthält, d.h. der Chronist begreift historische Vorgänge als göttliche Äußerungen.

Der Schwerpunkt dieser Verse liegt in der Feststellung, der Tempel könne nur zu einer Zeit der »Ruhe« und durch einen »Mann der Ruhe« (איש מנוחה) erbaut werden, und dieser Titel trifft nur auf Salomo zu. Der Kern dieses Gedankens findet sich bereits Dtn 12; der Chronist hat ihn ausgebaut und mit weiteren theologischen Konnotationen versehen. In Dtn 12 steht, die Errichtung eines zentralen Kultes solle erfolgen, sobald Israel Ruhe von all seinen Feinden ringsum erlangt habe (Dtn 12,10). Und mit genau diesen Worten setzt in 2 Sam 7 die Begründung ein, weshalb David das Gotteshaus nun erbauen will. Wie schon beobachtet, steht dieser Satz in der Parallele 1 Chr 17,1 nicht, denn nach chronistischer Auffassung war Davids Regierungszeit noch keine Epoche der »Ruhe«. Im vorliegenden Kontext wird diese Vorstellung nun auf Salomos Zeit übertragen (22,9). Doch in Dtn 12 läßt sich die »Ruhe« als Vorbedingung für den Tempelbau als rein historisch-technisches Erfordernis verstehen (vgl. 1 Kön 5,4). Der Beitrag des Chronisten zur Entfaltung des Gedankens besteht darin, daß bei ihm der Zusammenhang zwischen »Ruhe« und Tempelbau ein essentieller ist: Wer kein »Mann der Ruhe« ist, der ist automatisch ein »Mann der Kriege« (vgl.

28,3) und einem solchen ist es nicht nur praktisch, sondern *prinzipiell* verwehrt, Gott ein Haus zu erbauen. Die theologische Hauptaussage des Chronisten, die Unvereinbarkeit von Gewalt mit der Errichtung von Altar oder Tempel, ist in V 8 nicht weniger als dreimal ausgedrückt. Von dieser Voraussetzung aus läßt sich Davids problematische Situation als die Tragödie seines Lebens begreifen: Ob historisch-rational oder theologisch betrachtet, David hat seine Kriege im Namen Gottes geführt, und sie waren es, die Israel zu dem erforderlichen Zustand der »Ruhe« verhalfen. Doch die Macht absoluter Werte ist stärker als menschliche Logik: Wie notwendig diese Kriege zur Durchführung des göttlichen Plans für Israel gewesen sein mochten, objektiv war Blut vergossen worden; dies war, laut Chr, das Paradox und der tragische Makel, der auf David lastete.

In diesem Zusammenhang stellt sich die Frage nach der Haltung des Chronisten gegenüber dem Phänomen Krieg überhaupt. Einerseits gilt ihm militärischer Erfolg als eines der deutlichsten Zeichen für göttlichen Beistand. »Krieg« und »Sieg« sind für ihn theologische Topoi; bei ihm zeichnen sich alle »guten« Könige durch erfolgreiche militärische Aktionen aus. Ungeachtet dessen ist die Bewertung von Krieg als solchem bei ihm negativ (2 Chr 16,9); das Ideal ist vielmehr ein Zustand von Ruhe und Frieden. Zwischen »Krieg« und »Tempel« sieht der Chronist einen unversöhnlichen Gegensatz, wobei allerdings moderne Begriffe wie »moralisch« oder »kultisch« kaum relevant scheinen.

V 9 bildet Fortsetzung und Antithese zu V 8. Im Anschluß an die Einlei- 22,9
tung »Siehe, ein Sohn wird dir geboren« werden die Eigenschaften dieses Sohnes in zwei Sätzen skizziert, jeweils untermauert durch die göttliche Zusage, die Voraussetzung dafür zu gewährleisten: »Er wird ein Mann der Ruhe sein, und ich werde ihm Ruhe verschaffen von all seinen Feinden ringsum, denn Salomo soll sein Name sein, und Frieden und Ruhe will ich Israel geben in seinen Tagen«. Das Wortspiel Salomo (שלמה) – Frieden (שלום) findet sich nur hier. Salomos Regierungszeit wird auch in 1 Kön 5,4 als eine Periode des Friedens geschildert, aber hier in Chr erhält die Verbindung essentiellen Charakter. Salomos Name, ihm schon vor seiner Geburt von Gott bestimmt, hat seine Wurzel im »Frieden«, der vorherbestimmten Qualität seines Königtums.

V 10 ist nahezu wörtlich aus 2 Sam 7,13–14 (1 Chr 17,12–13) übernom- 22,10
men. Dort enthalten Natans Worte vier Elemente: (a) »er soll ein Haus bauen«; (b) »ich will den Thron seines Königtums fest machen«; (c) »ich will sein Vater sein«; (d) »er soll mein Sohn sein«. Im vorliegenden Vers erscheinen alle vier Elemente, nur in veränderter Reihenfolge: (a), (d), (c), (b). Einige sprachliche Beobachtungen bezeugen, daß das Zitat auf der Formulierung von Natans Worten in 2 Sam 7 basiert, nicht auf der Version von 1 Chr 17. Die leichten Veränderungen, die der Chronist in Kap. 17 vorgenommen hat, sind hier nicht zu finden. So folgen etwa die Ausdrücke »meinem Na-

men« und »Thron seines Königtums« 2 Sam 7,13–14; dagegen sind die Veränderung der Verbform in הכינותי »ich errichte« und der Zusatz »(Königtum) über Israel« spezifisch für 1 Chr 22.

22,11–13 Im zweiten Teil seiner Rede (V 11–13) betraut David Salomo mit der Aufgabe des Tempelbaus, die nur gelingen kann, wenn drei untereinander verknüpfte Bedingungen erfüllt sind: (a) Gottes Hilfe, die als das grundlegendste Erfordernis dargestellt wird; (b) das Halten von Gottes Geboten, ebenfalls zweimal erwähnt; (c) und last but not least: persönlicher Mut und Durchhaltevermögen. Auf den ersten Blick mag dies wie eine Kombination stereotyper Phrasen wirken, doch kommt darin eine klare religiöse und psychologische Konzeption zum Ausdruck. Die göttliche Unterstützung ist Salomo nicht garantiert, weder durch Natans Prophetie noch durch die Verheißung an David; er muß sie sich durch Halten der »Satzungen und Rechte« verdienen. Doch um Gottes Gebote halten zu können, bedarf Salomo Gottes Hilfe in Form von »Verstand und Einsicht«. Hier baut der Chronist die Vorstellung vom Angewiesensein des Menschen auf die göttliche Gnade aus, was er noch markanter in 1 Chr 29,19 formuliert hat. Dabei beschränkt sich der Anteil des Menschen nicht auf Einhaltung von Geboten; auch Gottvertrauen und Mut sind erforderlich. In seiner gegenwärtigen Form ist V 12 syntaktisch schwierig. An den ersten Satz »JHWH möge dir Verstand und Einsicht geben« schließt der zweite »und dich zum Befehlshaber über Israel machen« ohne weiteres an, aber der Übergang zum dritten Satz »und zu wahren die Tora JHWHs, deines Gottes« ist mühsam. Das Problem läßt sich entweder dadurch lösen, daß im mittleren Satz eine Korruption angenommen wird (vgl. BHS), oder aber daß der dritte Satzteil nicht den zweiten weiterführt, sondern wieder an den ersten anknüpft; Verstand und Einsicht als Voraussetzung für das Wahren der göttlichen Lehre wäre sinnvoll.

Der zweite Teil der Rede (V 11–13)

Dieser Teil von Davids Rede scheint wie der vorige aus konventionellen Wendungen oder vorhandenen Versen zusammengebaut. »JHWH sei mit dir« ist eine übliche Segensformel. Im vorliegenden Kapitel erscheint sie noch einmal in V 16 zum Abschluß der Ermahnung. Die Formel kommt biblisch in den verschiedensten Variationen vor, doch der Chronist verleiht ihr eine markante Nuance in 2 Chr 15,2: »JHWH ist mit euch, wenn ihr mit ihm seid« »Sei stark und mutig, fürchte dich nicht und zage nicht« (V 13) ist wiederum eine verbreitete Formel, die biblisch entweder ganz oder zur Hälfte verwendet wird. Auch der Ausdruck die »Satzungen und die Rechte zu tun« (V 13) ist sehr gebräuchlich, überwiegend in der deuteronomistischen Literatur. All diese Elemente zusammen erscheinen allerdings nur noch in einem weiteren Kontext, nämlich in Gottes Rede an Josua (Jos 1). Dort finden sich die folgenden Elemente: »wie ich mit Mose war, werde ich mit dir sein« (V 5); »sei stark und mutig« (V 6); »sei nur ganz stark und mutig, zu wahren und zu tun gemäß all der Lehre …« (V 7); »denn dann sollst du Erfolg haben auf all deinen Wegen« (V 8); »sei stark und mutig … denn mit dir ist JHWH dein Gott« (V 9). Etwas weniger markant klingen Davids Worte hier auch an seine Rede zu Salomo 1 Kön 2,2 ff. an. So ist Davids Rede insgesamt konstruiert durch Übernahme vorhandener Modelle: zunächst Natans Verheißung an David, dann Gottes Worte zu Josua.

Der dritte Teil der Rede (V 14–16)

In V 14–16 erinnert David Salomo an alles, was er selbst bis dahin geleistet hat. 22,14–16 Interessant sind in diesem Abschnitt die Mengen- und Zahlenangaben. Nachdem der Chronist bereits Begriffe wie »viel«, »in Menge«, »nicht zu wiegen« und »nicht zu zählen« verwendet hat, macht er jetzt außerdem noch genauere Angaben, die in der Tat unglaublich erscheinen: einhunderttausend Talente Gold und eine Million Talente Silber! Angesichts dieser übertriebenen Zahlen und der Diskrepanz gegenüber denen aus 1 Chr 29, möchte *Rudolph* diesen Abschnitt dem Chronisten absprechen (151; *Braun* 582, u.a.). Doch das eigentliche Problem besteht in der Irrationalität und Unwahrscheinlichkeit der genannten Ziffern; literar-kritische Verweisung an einen anderen Autor bietet hier keine Lösung, sie spricht nur den Chronisten von der Verantwortung für die offensichtlich phantastischen Daten frei. Offenbar steckt dahinter dieselbe Idee, die den ganzen Kontext durchzieht: Das Haus Gottes ist so gewaltig und großartig, daß es jedes menschliche Vorstellungsvermögen übersteigt. Die Schilderung der Materialien und Arbeitskräfte in V 14–16 stimmt nicht genau mit der in V 2–4 überein. In 22,14 sind die Materialien nach absteigendem Wert aufgeführt: Gold, Silber, Bronze, Eisen, Holz und Stein – wobei die ersten beiden im Vergleich zu V 3–4 dazugekommen sind. An Handwerkern sind in 22,15 Steinmetzen, Maurer, Zimmerleute und sonstige Handwerksmeister verzeichnet, während V 2 nur von Steinmetzen spricht. Vers 16a ist schwierig. Die Versgliederung von MT trennt »Gold, Silber, Bronze und Eisen ohne Zahl« von 22,15 ab, wodurch 22,16a die Information von 22,14 verdoppelt. Wenn wir die masoretische Verstrennung ignorieren, wird 22,16a zur unmittelbaren Fortsetzung von 22,15, d.h. die Handwerker sind spezialisiert auf Arbeit mit den entsprechenden Materialien, und das abschließende »in Menge« bezieht sich auf die Arbeitskräfte. Diese Lesart würde die Extravaganz des Textes noch erhöhen: nicht nur die Baustoffe lassen sich weder zählen noch wiegen, auch die für das Projekt bereitgestellten Arbeiter sind »in Menge«. Die Rede endet mit der energischen Aufforderung an Salomo, er solle aufstehen und handeln, was von der Situation her etwas verfrüht wirkt, da Salomo das Königtum noch gar nicht angetreten hat. Doch in literarischer und psychologischer Hinsicht ist dies der notwendige Schluß aus allem, was vorher gesagt wurde. »Erhebe dich« ist eine übliche Ermunterungsformel, aber das Verb »handeln« im Imperativ ohne Objekt steht hier einzigartig.

22,17–19: Davids Ansprache an die Fürsten Israels

Erzählerisch ist der Abschnitt 22,17–19 nicht mit dem vorangehenden 22,17–19 verbunden, denn es war nicht davon die Rede, daß David die Fürsten zu sich bestellt hätte. In gewisser Weise wirkt er wie eine Dublette zu der Versammlung aller Fürsten, die in der unmittelbaren Fortsetzung (23,2) oder später in 1 Chr 28,1 berichtet ist, bzw. zu der Einforderung der freiwilligen Spenden in 1 Chr 29. Daher betrachten manche Forscher diesen Abschnitt als nicht-chronistische Interpolation auf der Grundlage von 1 Chr 29, doch handelt es sich nicht um eine eigentliche Dublette. Die Umstände hier sind andere als in 23,1 ff., denn hier fühlt David in einem informellen Treffen vor; die Königskrönung mit Versammlung des ganzen Volkes folgt erst in einem späteren Stadium. Außerdem richtet der König hier an die Fürsten keinen Aufruf zur Hilfeleistung, hier wird keine Reaktion wie die in 29,6–8 berichtete verlangt. David führt nur ein Vorgespräch, in dem er die Fürsten zu überzeugen sucht, daß nun die Zeit für den Tempelbau mit allem, was dazugehört, gekommen sei.

Übrigens geht die Stellung der Fürsten als eigenständige Größe innerhalb des politischen Systems durchaus zusammen mit einem der markanteren Züge von Chr. Im Gegenteil, es wäre geradezu erstaunlich, wenn die »Fürsten« an diesem aus der Sicht des Chronisten so bedeutenden Projekt nicht beteiligt wären. Darüber hinaus steht Davids Bitte um Hilfestellung für Salomo in Einklang mit dem ganzen Kontext, in dem Salomo als jung und unerfahren erscheint. Deshalb sucht David ihm möglichst viele Helfer zu verschaffen, darunter natürlich die Fürsten. Dieser Abschnitt ist auch ein gutes Beispiel dafür, wie der Chronist Zusammenarbeit durch Argumentieren und Überredung zustandekommen läßt.

Auch in einem anderen Punkt entspricht der Abschnitt der chronistischen Linie. Ein markanter Zug an der Erzählung des Chronisten ist seine polemische Darstellung von Salomos Königskrönung, um das in 1 Kön 1–2 gebotene Bild zurückzuweisen (vgl. 1 Chr 28,21 und bes. 29,24). Im Zuge dieser Polemik werden hier sowohl Salomos Inthronisation als auch die Gewinnung von Unterstützung durch das Volk für ihn als von langer Hand geplant dargestellt. Im Unterschied zu dem altersschwachen David aus 1 Kön 1, der sich durch die Intrigen von Natan und Batscheba manipulieren läßt, wird hier ein tatkräftiger Herrscher geschildert, der »vor seinem Tode« alle notwendigen Vorkehrungen trifft, um den nahtlosen Übergang des Königtums und der Regierungsgeschäfte an seinen Sohn sicherzustellen.

22,18–19 David legt den Fürsten den Tempelbau ans Herz (V 18–19), doch stellt er die Sache anders dar als gegenüber dem Sohn und Thronfolger. Er argumentiert, daß nun die Zeit reif sei für den Bau des Tempels. Theologisch ist hier das Thema von Dtn 12 wiederaufgenommen: Wenn Israel den Zustand der »Ruhe« erreicht haben wird, ist die Zeit gekommen, Gott ein Haus zu bauen. Der Wortschatz von V 18 stammt ganz und gar aus dem Vokabular der Landnahme; Anklänge bestehen etwa an Dtn 12,10; Jos 21,44; Ex 23,31; Num 32,22; Jos 18,1. Dies ist die einzige Stelle in Chr, wo ausdrücklich von Eroberung des Landes die Rede ist (dazu im folgenden). Allerdings ist die Terminologie, die im Pentateuch und in Jos mit der Landnahme verknüpft war, hier auf Davids Zeit übertragen. Hier wird »Landnahme« zu einer Leistung, die David vollbracht hat, indem er die Bewohner des Landes besiegte und unter seine Gewalt brachte. In der Geschichtsauffassung des Chronisten ist kein Raum für eine »Landnahme« unter Josua. Der Chronist geht ganz schlicht davon aus, daß die Israeliten sich in dem Lande vermehrten, wo sie von Jakobs Zeiten an saßen. Daher besteht »Eroberung des Landes« laut Chr in völliger Verwirklichung des Besitzanspruches durch endgültige Unterjochung der übrigen dort ansäßigen Bevölkerung. Insofern ist »Eroberung des Landes« gleichbedeutend mit »Ruhe«.

Wie bereits bemerkt, bietet V 18 den theologischen Hintergrund, V 19 zieht den Schluß, und in Parallele zu Davids Rede zu Salomo folgt nun der Aufruf an die Fürsten: »steht auf und baut«. Zum Dank für all das Gute, was Gott ihnen hat zukommen lassen, sollen sie ihm jetzt ein Haus erbauen.

Stilistisch sind in 1 Chr 22,18–19 zwei typische literarische Techniken des Chronisten zu beobachten. V 18 ist ausgesprochen anthologisch; sämtliche Bestandteile stammen aus vorhandenen Texten. Besonders deutlich zu sehen ist das an dem Satz »und so das Land erobert ist vor JHWH«, der wörtlich aus Num 32,22 übernommen ist. Allerdings handelt es sich bei der Verbform ונכבשה in Num um ein Perfekt mit *waw consecutivum*, woraufhin die Aussage auf die Zukunft gerichtet ist (»wird erobert sein«), während hier im Text Perfekt mit *waw copulativum* vorliegt, was einen abgeschlossenen Vorgang bezeichnet: »das Land ist erobert«. Ganz identisch ist der Satz hier aber nicht mit seiner Vorlage in Num 32,22; dort ist das Land »erobert vor JHWH«, denn vieles geschieht dort »vor JHWH« (5x). Durch den Zusatz »und vor seinem Volk« bringt der Chronist hier die Vorstellung von Num 32,29 und Jos 18,1 mit ein. V 19 weist charakteristische chronistische Wendungen auf: »richtet euer Herz und eure Seele darauf, JHWH euren Gott zu suchen«; »das Heiligtum JHWHs des Gottes« u. a. m.

Das Kapitel endet mit der Zweckbestimmung des Tempelgebäudes: »die Lade des Bundes JHWHs« zu bergen. Die Aussage ist abhängig von 1 Kön 8,4//2 Chr 5,5, was dort als Glosse gilt. Hier wird wiederum bis ins kleinste Detail geschildert, wie David Dinge ins Werk setzt, deren Ausführung erst in Salomos Zeit fällt (vgl. 1 Chr 18,8). Salomo brauchte nur noch zu vollenden, was David bereits aufs sorgfältigste vorbereitet hatte. Diese Absichtserklärung macht außerdem deutlich, daß die Hauptfunktion des Tempels darin bestehen soll, der Bundeslade einen festen Ort zu bieten. Diese Auffassung kommt auch bei der Schilderung der Tempeleinweihung 1 Kön 8,1–9 zum Ausdruck, ist im weiteren Kontext von 1 Kön 6–9 allerdings nicht explizit gemacht. In der Konzeption des Chronisten dagegen ist dies die vornehmste Aufgabe des Tempels überhaupt (vgl. 1 Chr 28,2).

1 Chr 23,1–32: Einteilung und Dienst der Leviten

Literatur

M. Berlin, Notes on the Genealogies of the Tribe Levi in 1 Chron. 23–26: JQR 12, 1990, 291–298. – *K. Hognesius,* A Note on 1 Chr. 23: SJOT 1, 1987, 123–127. – *J. W. Wright,* From Center to Periphery: 1 Chronicles 23–27 and the Interpretation of Chronicles in the Nineteenth Century, in: E. Ulrich (Hg.), Priests, Prophets and Scribes. Essays on the Formation and Heritage of Second Temple Judaism in Honour of Joseph Blenkinsopp (JSOT.S 149), Sheffield 1992, 20–42.

Text

Übersetzung

23[1] Und David war alt geworden und satt an Tagen. Und er machte Salomo, seinen Sohn, zum König über Israel. [2] Und er versammelte alle Fürsten Israels und die Priester und die Leviten. [3] Und die Leviten wurden gezählt von dreißig Jahren an aufwärts und ihre Zahl betrug, Kopf für Kopf gerechnet, 38 000 Männer. [4] Von diesen führten die Aufsicht über den Dienst im Hause JHWHs 24 000, und Beamte und Richter waren 6000. [5] Und 4000 waren Torhüter und 4000 waren Sänger des Lobpreises für JHWH mit den Instrumenten, die ich für den Lobgesang gemacht habe.

[6] Und David gliederte sie in Abteilungen nach den Söhnen des Levi, nach Gerschon, Kehat und Merari.

[7] Nach den Gerschoniten: Ladan und Schimi. [8] Die Söhne des Ladan: das Haupt Jehiël und Setam und Joël, drei. [9] Die Söhne des […]: Schelomit und Hasiël und Haran, drei. Dies sind die Häupter der Vaterhäuser von Ladan. [10] Und die Söhne des Schimi: Jahat, Sina und Jëusch und Beria. Dies sind die Söhne des Schimi, vier. [11] Und Jahat war das Haupt und Sisa der zweite, aber Jëusch und Beria hatten nicht viele Söhne und galten in der Zählung als ein einziges Vaterhaus.

[12] Die Söhne des Kehat: Amram, Jizhar, Hebron und Usiël, vier. [13] Die Söhne des Amram: Aaron und Mose. Und Aaron ward abgesondert, um ihn hochheilig zu machen, er und seine Söhne auf ewig, um Rauchopfer zu bringen vor JHWH, ihm zu dienen und in seinem Namen zu segnen auf ewig. [14] Und Mose, der Mann Gottes, seine Söhne wurden zum Stamm Levi gerechnet. [15] Die Söhne des Mose: Gerschom und Eliëser, [16] Die Söhne des Gerschom: Schebuel das Haupt. [17] Und es waren die Söhne des Eliëser: Rehabja das Haupt, und es waren dem Eliëser keine anderen Söhne, aber die Söhne des Rehabja waren überaus viele. [18] Die Söhne des Jizhar: Schelomit das Haupt. [19] Die Söhne des Hebron: Jerija das Haupt, Amarja der zweite, Jahasiël der dritte und Jekamam der vierte. [20] Die Söhne des Usiël: Micha das Haupt und Jischija der zweite.

[21] *Die Söhne des Merari: Machli und Muschi. Die Söhne des Machli: Eleasar und Kisch.* [22] *Und Eleasar starb und hatte keine Söhne, sondern Töchter; und diese heirateten die Söhne des Kisch, ihre Brüder.* [23] *Die Söhne des Muschi: Machli und Eder und Jeremot, drei.*

[24] *Dies sind die Söhne des Levi nach ihren Vaterhäusern, Häupter der Vaterhäuser, wie sie gezählt wurden, nach der Zahl der Namen, Kopf für Kopf, der das Werk tut zum Dienst am Hause JHWHs, von zwanzig Jahren an aufwärts.*

[25] *Denn David sprach: »Ruhe verschafft hat JHWH, der Gott Israels, seinem Volke, er hat Wohnung genommen in Jerusalem bis in Ewigkeit.* [26] *Und so haben auch die Leviten nicht mehr die Wohnung zu tragen und all ihre Geräte zum Dienst an ihr.* [27] *Denn nach Davids letzten Worten ist die Zahl der Söhne des Levi: von zwanzig Jahren an aufwärts.* [28] *Vielmehr ist ihr Platz an der Seite der Söhne Aarons zum Dienst des Hauses JHWHs, zur Aufsicht über die Höfe und über die Kammern und zur Reinhaltung alles Heiligen; und das Werk beim Dienst des Hauses Gottes* [29] *bezieht sich auf die Schaubrote und auf das Mehl zum Speiseopfer und auf die ungesäuerten Brote und auf das Backwerk und auf das Gemisch aus Mehl und Öl und auf alle Hohl- und Längenmaße,* [30] *und darauf, daß sie Morgen für Morgen stehen, um JHWH zu danken und zu loben, und so auch am Abend,* [31] *und bei jeder Darbringung von Opfern für JHWH, an den Sabbaten, an den Neumonden und an den Feiertagen, an Zahl nach der Vorschrift über sie, regelmäßig vor JHWH.* [32] *Und sie sollen die Wache wahren über die Stiftshütte und die Wache über das Heiligtum und die Wache über die Söhne Aarons ihre Brüder zum Dienst des Hauses JHWHs.«*

Zu Text und Übersetzung

3 שלשים »dreißig«: s. Auslegung.
5 עשיתי »die ich gemacht habe«: s. Auslegung.
9 שמעי »Schimi«: vermutlich verderbt, s. Auslegung.
10 זינא »Sina«: LXX und V lesen hier זיזה »Sisa«, vgl. MT 23,11.
16 שבואל »Schebuel«: LXX liest שובאל »Schubael«, vgl. MT 24,20.

Analyse

Diskussion über Einheitlichkeit und Herkunft von 1 Chr 23–27

Die Ansicht, die Textpartie 1 Chr 23,3–27,34 sei innerhalb von Chr sekundär, hat in der Forschung mehrfach Ausdruck gefunden, wobei verschiedene Vermutungen geäußert wurden, woher das Material komme und wie es interpoliert worden sei. An literarkritischen Argumenten werden im Grunde drei angeführt:

a) 28,1 sei eine Wiederholung, vielleicht gar eine »Wiederaufnahme« von 23,2; daraufhin wird alles dazwischen als Interpolation eingestuft (vgl. *M. Noth*, Überlieferungsgeschichtliche Studien 1943, 154 ff. u.a.).

b) Das Material der Kapitel 23–27 weise weder einheitliche Form noch inhaltliche

Kohärenz auf; dagegen sei es voll von inneren Widersprüchen (*A. C. Welch*, The Work of the Chronicler 1939, 81–96 mit Bezug auf Kap. 23–26; *Rudolph* 152 ff.).

c) Manche Einzelheiten daraus stünden in Widerspruch oder doch zumindest in Spannung zu typisch chronistischen Ideen und Vorstellungen.

Eine gewisse thematische und inhaltliche Ähnlichkeit zwischen 23,2 und 28,1 ist unverkennbar: in beiden Versen wird die israelitische Führungsspitze versammelt. Abgesehen von dieser losen erzählerischen Übereinstimmung weichen die beiden Verse jedoch in fast allen Einzelheiten und in jeder Hinsicht voneinander ab. Das einzige gemeinsame Element ist die recht verbreitete Wendung »alle Fürsten Israels« (כל שׂרי ישראל). Die Annahme einer »Wiederaufnahme« samt Implikationen ist auch methodisch zu hinterfragen. Selbst wenn mit Sicherheit eine wörtliche Wiederholung vorliegt, folgt daraus nicht notwendig, daß es sich um eine »Wiederaufnahme« handelt, d. h. das Material dazwischen braucht nicht nachträglich interpoliert zu sein. Wiederholung ist ein verbreitetes literarisches Mittel, das zu mancherlei Zwekken eingesetzt wird; auch der Chronist verwendet es oft und gern. Außerdem kommt »Wiederaufnahme« in der Bibel zwar häufig vor – in Chr hat schon Pseudo-Raschi darauf hingewiesen (vgl. seinen Kommentar zu 2 Chr 6,12–13 u. ö., *P. Welten*, Geschichte und Geschichtsdarstellung 1973, 190 f. und *Williamson*, z. B. 122), aber zweierlei ist zu bedenken: (a) nirgends im biblischen Schrifttum umfaßt eine »Wiederaufnahme« eine so große Textmenge wie hier; (b) »Wiederaufnahme« ist kein untrügliches Anzeichen für nachträgliche Einfügung einer Textpartie; sie könnte auch vom Verfasser selbst stammen, zumal in einem Werk wie Chr, bei dessen Abfassung zahlreiche »redaktionelle« Techniken verwendet sind (vgl. etwa Auslegung zu 1 Chr 5,2).

Was die beiden anderen Argumente betrifft, die Unstimmigkeiten in sich und die Widersprüche zu den sonstigen Auffassungen des Chronisten, so sollten diese jeweils für sich untersucht werden. Dabei könnte sich herausstellen, daß es sich bei der einen oder anderen Stelle um einen nachträglichen redaktionellen Eingriff handelt; aber die Ausscheidung ganzer Kapitel en bloc scheint methodisch unzulässig. Formkritisch betrachtet gehören die Kapitel 23–27 einer anderen Gattung an als 28–29. Sie bestehen überwiegend aus Listen verschiedenster Art und Herkunft, und manche Forscher nehmen Anstoß an mangelnder Einheitlichkeit der Listen bzw. der Texteinheit insgesamt. Wie schon beobachtet, tendieren eben die Forscher, die 23–27 als »sekundär« ausscheiden möchten, zu einem ähnlichen Urteil in Bezug auf 1 Chr 1–9 (ganz oder zum großen Teil) oder auf gewisse Partien in 1 Chr 15–16, wo entsprechende literarische Züge vorliegen. So mag der Eindruck entstehen, hinter den explizit gemachten Argumenten stehe das unbewußte Bedürfnis, die literarische Gestalt des Chronisten einem vorgegebenen Modell anzupassen, ihm das »un-systematische« Listenmaterial abzusprechen, ihn dem Bild des deuteronomistischen Geschichtsschreibers möglichst nahe und dem P-Material möglichst fern zu rücken. Auf derselben Linie, wenn auch anders begründet, läge der Versuch, das Interesse des Chronisten am Kult in seiner priesterlichen Ausprägung (*A. C. Welch*, ebd.) oder überhaupt (*Willi*) herunterzuspielen – was bestätigt würde, wenn Kap. 23–27 ganz oder zu großen Teilen wegfielen. Eine unvoreingenommene Untersuchung von Kap. 23–27 ergibt jedoch, daß sie durchsichtig aufgebaut sind, sich ohne weiteres ins literarische Muster des Werkes einfügen, ähnliche Auffassungen widerspiegeln und klare Berührungspunkte zu anderen Teilen von Chr aufweisen.

Funktion von 23,1 für Kap. 23–29

1 Chr 23,1 fungiert als Einleitung des ganzen Textzusammenhangs 23–29 und als Ausgangspunkt für die Kapitel 23–27. Mit der Ernennung von Salomo zum Thron-

folger übergibt David seinem Sohn ein durchorganisiertes Königreich, gegliedert in eine säkulare und eine religiöse Sphäre. Die säkulare Administration umfaßt militärische Einheiten, Stammesverbände und eine zentrale Behörde (Kap. 27, dazu unten); im klerikalen Bereich besteht die primäre Unterscheidung zwischen Priestern und Leviten, außerdem eine Unterteilung der Leviten in vier Gruppen: Sänger, Torhüter, Beamte und Richter. Im Hinblick auf den bevorstehenden Tempelbau unternimmt David die notwendigen Schritte, um das Tempelpersonal für den künftigen Gottesdienst bereitzustellen.

Gemeinsamkeiten und Unterschiede in den Kap. 23–29

Gewisse elementare Züge finden sich in jedem oder fast jedem der folgenden Kapitel: Gliederung in vierundzwanzig Abteilungen, Auslosen, Erfassung nach Vaterhäusern, Rückführung sämtlicher Maßnahmen auf David u.a.m., aber keine zwei Kapitel sind genau nach demselben Muster angelegt. Wie in Chr überhaupt gibt es auch hier kein einheitliches Modell, nach dem alles gestaltet wäre. Im Gegenteil, dieselbe Art von Daten wird für jede Gruppe des Kultpersonals unterschiedlich dargeboten, je nach dem verfügbaren Material, den historischen Umständen zur Abfassungszeit und dem literarischen Gestaltungsvermögen des Autors.

Funktion von 23,1–5 für den Kontext

Da der erste Abschnitt von Kap. 23 die Ausgangsbasis für die ganze folgende Texteinheit bildet, ist sein literarischer Aufbau sorgfältig untersucht worden. Laut *Curtis* etwa bildet 1 Chr 23,1–5 den Aufriß von vier Themen (Salomos Thronbesteigung, die israelitische Führung, die Priester und die Leviten), die anschließend in chiastischer Reihenfolge ausführlicher behandelt werden: Leviten (Kap. 23), Priester (Kap. 24), Führungspersonal (Kap. 27) und Königskrönung (Kap. 28–29), wobei die Kapitel 25–26 sich allerdings nicht ins Schema fügen.

Funktion von Kap. 24 im Kontext?

Eine der Schwierigkeiten im Gesamtaufbau der Kapitel 23–27 besteht in der Plazierung von Kap. 24, wo es um die Priester geht. Auf den ersten Blick erscheint es fehl am Platze: Die Aufzählung der Priesterordnungen wäre eigentlich vor den levitischen zu erwarten, und nicht mitten darin. Doch nach der ausdrücklichen Auffassung des Chronisten vom Stamme Levi hat die Anlage des Kapitels ihren Sinn. In 1 Chr 23,13–14 unterscheidet der Chronist innerhalb des Stammes Levi die Nachkommen der beiden Söhne Amrams, Aaron und Mose, und erläutert die doppelte Bedeutung des Terminus »Levite«, woran die Struktur dieser Kapitel orientiert ist. Genealogisch betrachtet gehören auch die Priester zum Stamm Levi, denn sie stammen über Aaron, Amram und Kehat direkt von Levi ab. Von ihrer Funktion her allerdings bilden sie eine Gruppe für sich, denn sie waren abgesondert für spezielle Aufgaben. So werden zunächst in 1 Chr 23,6ff. die »Leviten« im weiteren Sinne vorgestellt, nämlich sämtliche Nachkommen Levis, gegliedert nach den drei Familien Gerschon, Kehat und Merari. In diesem Zusammenhang (V 13) wird darauf hingewiesen, daß die Söhne Aarons wegen ihrer priesterlichen Funktion nicht unter die Leviten gerechnet werden, obwohl sie zweifellos dem Stamm Levi angehören. Nach dieser allgemeinen Einführung der levitischen Familien werden sekundäre Gruppierungen verzeichnet: die Nachfahren Aarons fungieren als Priester (24,1–19.31); die von Asaf, Heman und Jedutun als Sänger (25,1–31); die von Korach, Obed-Edom und Merari als Torhüter (26,1–19); und schließlich noch die Schatzmeister (26,20–28), Richter und sonstigen Beamten (26,29–32).

Aufbau von Kap. 23

Kapitel 23 ist folgendermaßen aufgebaut:

a) V 1–5 Einleitung. Das Subjekt »David« steht markant an der Spitze; die Einleitung stellt insgesamt eine literarisch gestaltete Abfolge von Sätzen dar, die auf drei sich schrittweise verengende Bereiche bezogen sind:

V 1 Einführung in den ganzen Abschnitt bis einschließlich 1 Chr 29,25
V 2 Einleitung in die Kap. 23–27, wo die Priester, Leviten und sonstigen Kultbeamten aufgeführt sind
V 3–5 Einleitung in die Levitenordnungen, die anschließend in den Kapiteln 23 und 25–26 ausführlicher geschildert werden

b) V 6–24 Dieser Abschnitt setzt mit einer neuen Eröffnung ein, gefolgt von einer Auflistung der levitischen Familien.

c) V 24–32 Die Aufgaben der Leviten (zur Doppelfunktion von V 24 s. u. in der Auslegung)

Auslegung

23,1 V 1 bildet sozusagen die Gesamtüberschrift der Kapitel 1 Chr 23–29. Die Worte »er machte Salomo, seinen Sohn, zum König über Israel« bezeichnen ganz allgemein Salomos Einsetzung zum Thronfolger, nicht einen Staatsakt – dessen Beschreibung erfolgt erst später. Insofern spricht der Vers nicht für die Annahme von Thronfolge in zwei Etappen oder von zwei Krönungsfeiern (vgl. auch zu 1 Chr 29,22). Hier wird ganz allgemein festgestellt, daß er im Vollbesitz seiner Kräfte von sich aus daran ging, die Erfüllung der göttlichen Verheißung aus 1 Chr 17 zu gewährleisten. Nun folgen die einzelnen konkreten Schritte. Der Ausdruck »alt und satt an Tagen« ist biblisch etliche Male belegt (Gen 25,8 für Abraham; Gen 35,29 für Isaak; Ijob 42,17 für Ijob und 1 Chr 29,28 für David). Im zuletzt genannten Fall verwendet der Chronist den Ausdruck in leicht abgewandelter Form, während er hier (und etwas anders in 2 Chr 24,15) eine eigene Ausdrucksvariante prägt, indem er perfektische Verbformen verwendet und nicht Adjektive; wörtlich heißt es hier also: »David war alt geworden und satt an Tagen«. So kommt die Formulierung hier in die Nähe von 1 Kön 1,1: »David war alt und hochbetagt«, nur hat unser Text statt »hochbetagt« (בא בימים) »satt an Tagen« (שׂבע ימים), wodurch Davids hohes Alter positiver dargestellt wird als in 1 Kön 1–2. Im vorliegenden Vers sowie in den anschließenden Kapiteln zeichnet der Chronist ein vorteilhaftes Bild von Davids Unternehmungen in diesem Lebensabschnitt, wodurch er sich von der negativen Einstellung seiner Quellen in Kön bewußt distanziert. 23,1–5: Einleitung

23,2 Die Versammelten werden in V 2 ganz präzise angegeben: von Israel nur die »Fürsten«, die Priester und Leviten dagegen vollzählig. Dies deutet bereits darauf hin, daß der Schwerpunkt der folgenden Kapitel auf Priestern und Leviten liegen wird.

23,3 In 23,3–5 wird von der Zählung der Leviten und ihrer Einteilung nach kultischen Funktionen berichtet. Die Haltung des Chronisten gegenüber der zahlenmäßigen Erfassung der Leviten kommt der von P im Pentateuch nahe. Bei der Zählung des Volkes in der Wüste erhält Mose ausdrücklich die Anweisung, die Leviten nicht mitzuzählen (Num 1,49), mit der Begründung, sie gehörten nicht zu denjenigen, »die zum Kriegsdienst ausziehen« (יצא צבא, Num 1,3); sie leisten ihren Dienst (צבא) am Heiligtum. Demnach werden die Leviten nur im Zusammenhang mit ihren jeweiligen Obliegenheiten gezählt: »zähle die Leviten nach ihren Vaterhäusern und Familien; jedes männliche Wesen im Alter von über einem Monat sollst du zählen« (Num 3,15). Danach werden die genauen Zahlen nach Altersgruppen gestaffelt angegeben (Num 3,39; 4,1 ff.48). Eine andere Einstellung zur Zählung ist in 2 Sam 24 zu beobachten; doch bei seiner Überarbeitung dieser Quelle (1 Chr 21) und in der Auflistung der Leviten hier folgt der Chronist der Tendenz von Num: Er weist darauf hin, Joab habe die Leviten bei der allgemeinen Volkszählung bewußt nicht erfaßt (1 Chr 21,6), doch hier, wo sie ihre Aufgaben zugeteilt erhalten, hat er keine Bedenken, sie zählen zu lassen. Das Alter der Leviten bei Dienstantritt wird hier mit »dreißig« angegeben. Zu diesem Punkt sind biblisch drei verschiedene Überlieferungen belegt. In Num wird die Zahl 30 am häufigsten genannt (Num 4,3.23.30. u. ö.), aber auch 25 kommt vor (Num 8,24) und 20 (Esra 3,8; 1 Chr 23,24.27 und 2 Chr 31,17). Historisch lassen sich die verschiedenen Altersangaben mit wechselnden Umständen erklären; je nach Angebot und Nachfrage wurden die Leviten ein paar Jahre früher oder später zum Dienst herangezogen. Literarisch besteht die Schwierigkeit, das Vorkommen von zwei verschiedenen Zahlen im selben Kapitel zu erklären: in 1 Chr 23,3 steht »dreißig« und in 1 Chr 23,24.27 »zwanzig«. Die Annahme von verschiedenen Quellen wäre eine mögliche Lösung; entweder V 3 oder V 24 und V 27 oder beide Stellen werden jeweils auf eine nicht-chronistische Quelle zurückgeführt. Allerdings macht die enge Nachbarschaft der beiden Stellen den Widerspruch so eklatant, daß auch mit einer Textverderbnis gerechnet werden sollte. Ich würde annehmen, daß V 24 die chronistische Position in dieser Sache widergibt (zu V 27 s. u.). Die Gesamtzahl der Leviten ist außerordentlich hoch, weit höher als die im Pentateuch angegebene (Num 4,48: 8580), sie trägt eindeutig typologischen Charakter; sämtliche Zahlen basieren auf 4, 6 und deren Vielfachen: 4000, 6000, 24000. Anscheinend wollte der Chronist die Ordnungen der Leviten im zahlenmäßig wie organisatorisch weitesten Umfang darstellen.

Im Unterschied zur sonst üblichen Anlage von Genealogien nach Vater- 23,4–5
häusern ist die Aufzählung der Leviten in 23,4–5 rein funktional gegliedert. Zwar greift der Text in der Fortsetzung wieder auf die herkömmliche Einteilung nach Vaterhäusern zurück, aber die nach Aufgaben bleibt auch für die folgenden Kapitel bestimmend. So können wir unterscheiden zwischen der demographisch orientierten Erfassung nach Familien und einer (vermutlich) zuvor von David angeregten Zählung, die auf abstrakteren theoretischen Prinzipien basiert. Zusätzlich zu der vorherrschenden Dreigliederung der

Levitenordnungen (Leviten, Sänger und Torhüter) nennt der vorliegende Kontext eine vierte: Beamte und Richter. Die ungewöhnliche Reihenfolge (Leviten, Beamte und Richter, Torhüter und Sänger) geht zusammen mit der absteigenden Mitgliederzahl der einzelnen Ordnungen: 24000, 6000 und zweimal 4000. Der Schluß von 23,5 »Instrumente, die ich ... gemacht ...« ist textlich schwierig, denn die übrigen Verbformen stehen durchwegs in dritter Person, und der plötzliche Übergang in die erste Person scheint unmotiviert. LXX gibt auch diese Verbform in dritter Person, was auf eine hebräische Vorlage [עשה ל[יהוה »er machte für JHWH« anstelle von עשיתי »ich machte« in MT zurückgehen könnte. Manche Kommentatoren lösen das Problem, indem sie in V 4 oder V 5 einen Redeeinsatz »David sprach« einfügen.

23,6–23 Die längere Texteinheit 23,6–23 gibt die Gliederung des ganzen Stammes Levi in »Abteilungen«, diesmal nach »Vaterhäusern« aufgeführt, angefangen mit den drei Stammvätern Gerschon, Kehat und Merari. Ungeachtet einiger Schwierigkeiten mit einzelnen Angaben innerhalb der Liste ist deutlich zu erkennen, daß sie 24 »Vaterhäuser« umfaßt: 10 von Gerschon, 9 von Kehat und 5 von Merari. Die Zahl 24 ist ein ursprüngliches Charakteristikum dieser Liste, nicht sekundär übergestülpt. Dies geht zusammen mit der Überschrift: »Und David gliederte sie in Abteilungen«. Im Unterschied zu den priesterlichen Ordnungen sind die der Leviten allerdings nicht durchnumeriert, auch wird die Koordination mit den Priestern nicht deutlich gemacht.

23,6–23: Auflistung der levitischen Familien

23,6 Die literarische Funktion von 23,6 ist unterschiedlich bestimmt worden: als Abschluß des Vorangegangenen, als Eröffnung des Folgenden (*Curtis/Madsen* 263; *Galling* 72) oder in beiden Funktionen: die erste Vershälfte als Abschluß und die zweite als Neueröffnung (MT; *Rudolph* 152–4; *Williamson* 157). Mir scheint die Auffassung als Einleitung zum Folgenden die überzeugendste, denn:

a) der Vers setzt mit einer erneuten Nennung des Subjekts »David« ein, das in den vorangehenden Versen (23,1–5) nur impliziert war;

b) die Eröffnung »Und David gliederte sie in Abteilungen« ist eine klare Ankündigung dessen, was im nächsten Abschnitt (V 7ff.) folgt;

c) nach der soeben berichteten Zählung der Leviten bildet deren Einteilung die zweite Etappe von Davids Organisierung des Kultpersonals.

Das Bestehen von »Abteilungen« innerhalb des Kultpersonals ist spezifisch für Chr; in Esra-Neh sind nur wenige Ansätze dazu zu beobachten. Diese Gliederung gibt offenbar die Verhältnisse zur Zeit des Zweiten Tempels wider, wo sie zunächst nur auf die Priester angewandt wurde, später dann auf die Leviten ausgedehnt. Da Prinzipien, Entwicklung und Anwendung der »Abteilungen« in erster Linie für die Priester galten, sollen sie unten im Zusammenhang mit Kap. 24 eingehender behandelt werden.

Die Schilderung der Gerschoniten in V 7–11 stimmt mit den Angaben über diese Familie aus anderen biblischen Quellen nicht genau überein. Nach der üblicheren Darstellung waren die beiden Hauptzweige der Gerschoniten Libni und Schimi (Ex 6,17; 1 Chr 6,2), während hier Ladan an erster Stelle steht und Libni gar nicht vorkommt (1 Chr 23,7–10). In historisch-soziologischer Hinsicht ist dieser Wechsel als das Ergebnis gewandelter sozialer Umstände und einer Verschiebung des Kräftegleichgewichts innerhalb der Familie zu betrachten; solche Erscheinungen haben in den genealogischen Listen häufigen Niederschlag gefunden. Die einzige Schwierigkeit ist die der literarischen Überlieferung, d.h. die Abweichung vom überkommenen Muster und das Nebeneinander von zwei verschiedenen Aussagen innerhalb desselben literarischen Werks. Es geht also darum abzuschätzen, wie weit der Chronist eine Harmonisierung des ihm vorliegenden Quellenmaterials für nötig hielt. Aufgrund der Beobachtung, daß solche Verschiebungen in den konkreten Verhältnissen sowie in den genealogischen Systemen häufiger anzutreffen sind, scheint die Koexistenz der beiden Angaben nicht sonderlich problematisch. 23,7–11

Die Eröffnung des Verses 9 mit »die Söhne Schimis« erscheint schwierig. Damit kann nicht Gerschons Sohn Schimi, der zweite Zweig der Gerschoniten, gemeint sein, denn zum einen endet V 9 mit den Worten »dies sind die Häupter der Vaterhäuser von Ladan«, was impliziert, daß die in den V 8–9 genannten einschließlich dieser »Söhne Schimis« zur Familie Ladan gehören, und zum anderen werden die Söhne Schimis erst in V 10 gesondert aufgeführt. In Anbetracht der Art, wie diese Aufzählung insgesamt angelegt ist, steht zu vermuten, daß die in V 9 genannten Namen Abkömmlinge der zuvor in V 8 erwähnten Familien, d.h. Jehiël, Setam oder Joël waren. In diesem Fall wäre »Schimi« die unter dem Einfluß von V 10 verderbte Form eines dieser Namen. Die Nachkommen von Ladan bilden die größte Gruppe unter den levitischen Ordnungen, insgesamt sechs Familien: das Haupt Jehiël, nach ihm Setam, Joël, Schelomit, Hasiël und Haran. 23,8–9

Die Angaben über den zweiten Zweig der Gerschoniten, Schimi (23,10–11), enthalten einen Hinweis auf deren Entwicklung. Ursprünglich umfaßten die Nachkommen von Schimi vier Familien: Jahat, Sina/Sisa, Jëusch und Beria. Doch aus biologischen und sozialen Gründen schrumpften die letzten beiden so stark zusammen, daß sie als nurmehr ein Vaterhaus gerechnet wurden. Daraufhin wäre zu erwarten, daß eine andere, mehrköpfigere Familie schließlich den Platz der ausgefallenen einnehmen sollte, doch in der vorliegenden Liste ist ein solcher Ersatz nicht vorgesehen; V 11 erscheint als eine Art Nachbemerkung, deren Konsequenzen sich auf die Gestaltung der Liste nicht ausgewirkt haben. Die Schimiten werden weiterhin als vier Familien gerechnet, woraufhin sich die Gesamtzahl der Gerschoniten auf zehn Vaterhäuser beläuft. 23,10–11

Nach allgemeiner Nennung der vier Söhne Kehats (V 12) werden deren 23,12–20

Vaterhäuser einzeln aufgeführt: Amram (V 13–17), Jizhar (V 18), Hebron (V 19) und Usiël (V 20).

23,13–14 In V 13–14 wird zwischen den Nachkommen der beiden Söhne Amrams, Aaron und Moses, eine klare Trennlinie gezogen. Aarons Söhne sind ihrer Herkunft nach zwar Leviten, aber sie genießen einen Sonderstatus und sind deshalb nicht in die vorliegende Liste mitaufgenommen. Dagegen hatten Moses Söhne, obwohl er ein »Mann Gottes« war, keine Sonderstellung, sondern wurden unter die Leviten gerechnet, d. h. ihre Vaterhäuser gehörten zu den levitischen Ordnungen.

Aarons Nachkommenschaft ist abgesondert, sie »hochheilig zu machen«. Obwohl dies hier nicht ausdrücklich steht, galt der ganze Stamm Levi als »heilig« (קדש), die Priester dagegen als »hochheilig«' (קדש קדשים). Diese Verwendung des Ausdrucks ist ungewöhnlich, denn sonst werden zwar etliche Gegenstände als »hochheilig« bezeichnet (der Altar etwa, Ex 29,37 u. ö.; das Heiligtum und seine Geräte, Ex 30,29 u. ö.), aber nie Personen. Der Sprachgebrauch ist anscheinend durch den homiletischen Charakter von V 13 bedingt; es handelt sich nämlich um einen Midrasch zu Ex 30,29–30. In Ex 30,22 ff. wird Moses geboten, heiliges Salböl herzustellen, um einerseits das Stiftszelt und dessen Zubehör, andererseits Aaron und dessen Söhne damit zu salben. Die Salbung des Zelts und seiner Gerätschaften wird folgendermaßen geboten: »Du sollst sie heiligen, *daß sie hochheilig werden*« (Ex 30,29), und die der Priester: »Und Aaron und seine Söhne sollst du salben und sie heiligen, *daß sie mir als Priester fungieren*« (Ex 30,30). Der Chronist kombiniert die beiden Vorstellungen, indem er sie vom einen Objekt der Salbung auf das andere überträgt: So wie das Zelt und sein Zubehör durch die Salbung mit dem heiligen Öl hochheilig geworden sind, werden auch Aaron und seine Söhne dadurch hochheilig. Außerdem ist deren Bestimmung »daß sie mir als Priester fungieren« erweitert zu »Rauchopfer zu bringen vor JHWH, ihm zu dienen und in seinem Namen zu segnen auf ewig«. Die Worte von V 13 »und Aaron ward abgesondert, um ihn hochheilig zu machen« sind in priesterlicher Phraseologie gehalten, während die zweite Vershälfte eher deuteronomistisch geprägt ist, wobei Dtn 10,8 und Dtn 21,5 als Muster dienen. Bei der Niederlegung seiner eigenen Definition der priesterlichen bzw. levitischen Funktion geht der Chronist von Dtn 10,8 aus; danach nimmt er die Unterscheidung zwischen deren jeweiligen Aufgaben vor:

1 Chr 15,2: »... denn sie [die Leviten] hat JHWH erwählt, die Lade JHWHs zu tragen und ihm zu dienen auf ewig«;

1 Chr 23,13: »und Aaron [der Priester] ward abgesondert ... Rauchopfer zu bringen vor JHWH, ihm zu dienen und in seinem Namen zu segnen auf ewig«.

Sowohl Leviten als auch Priester sind demnach erwählt, »JHWH zu dienen«; erstere hatten die Lade zu tragen, letztere sollten »vor JHWH stehen«

(deuteronomistisch), was der Chronist näher ausführt als »Rauchopfer bringen« und »in seinem Namen segnen«. Von daher stellt V 13 eine Kombination aus Ex 30,29f. und Dtn 10,8 dar, wodurch Status und Funktion der Priester eindeutig klargestellt wird.

Nach der in den V 13–14 vorgenommenen Klarstellung beschränkt sich 23,15–17
der Stammbaum der Nachfahren Amrams in den V 15–17 also auf die Familien, die ihre Herkunft auf Mose zurückführten, und zwar über dessen zwei Söhne, die auch aus den Erzählungen des Pentateuch bekannt sind (Ex 18,3–4). In Ri 18,30 ist ein Priester Jonatan, Sohn von Moses Sohn Gerschom erwähnt, der eine Priesterdynastie im Stamme Dan begründet habe, aber abgesehen davon werden Moses Nachkommen nur hier und in den hiermit zusammenhängenden Versen 1 Chr 26,24–25 erwähnt. In dem parallelen Stammbaum 1 Chr 24,20–21 springt dieselbe levitische Linie direkt von Amram zu Schubaël, unter Übergehung von Mose. Die exakten genealogischen Konstruktionen, wie sich die levitischen Familien Schubaël und Rehabja von Moses Söhnen Gerschom und Eliëser herleiteten, sind nicht erhalten. Wenn es sie je gab, dürften sie ähnlich ausgesehen haben wie die der Obersänger in 1 Chr 6. Die zweite von Amram abstammende Familie wird als sehr zahlreich geschildert: »aber die Söhne des Rehabja waren überaus viele«, wobei es sich zweifellos um eine Volksetymologie zu dem Namen רחביה handelt: »denn der Herr macht weiten Raum (הרחיב) für ihn«, (vgl. bes. Gen 26,22). Diese reiche Nachkommenschaft hatte jedoch keinen Einfluß auf die Anzahl der zu Rehabja gehörigen Vaterhäuser, ebensowenig wie die mangelnde Nachkommenschaft von Jëusch und Beria (V 11) deren Vaterhäuser reduzierte.

Von den Jizhariten wird in V 18 zwar nur ein einziges Vaterhaus genannt, 23,18
Schelomit aber doch als »Haupt« bezeichnet (vgl. auch V 16.17). Bei der Wiederholung derselben genealogischen Angabe in 1 Chr 24,22 (Schelomot) folgt ein Sohn: Jahat. Ein Vaterhaus dieses Namens findet sich auch unter den Nachfahren Gerschoms (23,9), doch sind die beiden nicht zu verwechseln.

Mit den vier Söhnen von Hebron (V 19) und den zweien von Usiël (V 20) 23,19
beläuft sich die Anzahl der Vaterhäuser aus der Linie Kehat also auf insge- 23,20
samt neun.

Merari umfaßt fünf Vaterhäuser (V 21–23): zwei von Machli (Eleasar 23,21–23
und Kisch) und drei von Muschi (Machli, Eder und Jeremot). Interessant ist V 22, wo ganz knapp ein Fall von Anwendung des Erbrechts berichtet wird, wie es in dem pentateuchischen Präzedenzfall der Töchter des Zelofhad festgesetzt ist. Die Erzählung Num 27 handelt von einem Vater, der fünf Töchter hinterließ, aber keinen Sohn. Die Argumentation der Töchter bewegt sich ganz in biblischen Kategorien: »Warum sollte der Name unseres Vaters aus seiner Familie getilgt werden, weil er keinen Sohn hatte?« (Num 27,4); dem entspricht die göttliche Antwort: »gib ihnen Erbland un-

ter den Brüdern ihres Vaters« (Num 27). In unserem Text geht es nicht um Land oder sonstigen Erbbesitz, sondern nur um den »Namen«, d.h. das Recht, den Status eines eigenen Vaterhauses beizubehalten, obwohl keine männlichen Nachkommen mehr da sind. Zur Entscheidung dieser Angelegenheit wird der Präzedenzfall aus Num als eine Art juristischer Midrasch eingesetzt: Obwohl die Töchter des Eleasar ihre Verwandten aus der Familie Kisch heirateten, führte dies nicht zu einer Verschmelzung der Vaterhäuser Kisch und Eleasar zu einem einzigen Hause Machli. Kraft ihres Erbrechts bildeten die Töchter vielmehr ein eigenes Haus Eleasar. Daß diese juristische Regelung sich von Num 27 herleitet, wird durch die ähnliche Formulierung deutlich: »Und Eleasar starb und hatte keine Söhne« (vgl. Num 27,3). Damit ist die Gesamtzahl von 24 Leviten-Abteilungen erreicht. Die bloßen Daten dieser Namensliste samt den kurzen Erläuterungen machen deutlich, daß hier soziologische und politische Entwicklungen innerhalb der levitischen Ordnung formalisiert sind. Einige grundsätzliche Dinge im Zuge dieser Entwicklung waren zu klären, etwa die geringere Anzahl der Söhne Schimis (V 10), der Zuwachs zum Vaterhaus Rehabjas (V 16) und die Verschwägerung der Häuser Eleasar und Kisch untereinander (V 22). In der vorliegenden Aufzählung haben sich diese Daten allerdings nicht auf den Rahmen und das System der Gliederung ausgewirkt.

23,24–32: Aufgaben der Leviten

23,24 V 24 hat eine doppelte Funktion im Kontext: Zum einen faßt er die Einzelheiten der vorangegangenen Aufzählung zusammen, zum anderen bildet er die Einleitung zum folgenden (V 25–32). Wie in V 13–14 und 22 basiert die Formulierung auch hier auf biblischen Vorbildern, wodurch das Vorgehen und die Anschauungen des Chronisten verdeutlicht werden. Auffallend ist die typische »Volkszählungsterminologie« dieses Verses, was unmittelbar an Texte wie Num 1,2ff. erinnert. Im Hinblick auf den Wortschatz bestehen zahlreiche Anklänge an Num: »Vaterhäuser«, »wie sie gezählt wurden« (פקודיהם, Num 1,21ff.), »nach der Zahl der Namen«, »Kopf für Kopf« (לגלגלתם), »von zwanzig Jahren an aufwärts«. Die Übereinstimmung geht so weit, daß manche dieser Ausdrücke für einen dieser Kontexte oder für beide spezifisch sind. Ungeachtet dieser Volkszählungsterminologie hat der Chronist auch einige Elemente verändert. Statt »nach Familien« steht der chronistisch üblichere Ausdruck »Häupter der Vaterhäuser«; bedeutsamer jedoch ist ein anderer Ausdruckswechsel: gezählt wird nicht »jeder, der zum Kriegsdienst auszieht« (כל יצא צבא), sondern »der das Werk tut zum Dienst am Hause JHWHs«. So bringt der Chronist die Zählung der Leviten zum Abschluß mit Wortschatz aus dem Kontext der Volkszählung, wobei er das Gewicht von der militärischen Erfassung der ganzen Bevölkerung verlagert auf die kultische Einteilung der Leviten. Nebenbei ergibt sich aus diesen Betrachtungen, daß die Angabe »von zwanzig Jahren an aufwärts« einen integralen Bestandteil des Textes bildet. Dadurch wird nämlich das Alter der Zählbarkeit für die Leviten in Analogie gesetzt zu dem sämtlicher Israeliten.

Die Verse 25–32 bilden eine Einheit, die im unmittelbaren Anschluß an V 24 die Aufgaben der Leviten schildert. Mit Ausnahme der Glosse in V 27 ist die Einheit kohärent; es geht um zwei Dinge: um eine vorläufige theoretische Begründung, weshalb der Aufgabenbereich der Leviten über das im Pentateuch Gebotene hinaus ausgedehnt ist (V 25–26), und um eine Beschreibung der Aufgaben selbst (V 28–32). Während V 24 auf Num 1 beruht, hängen die Verse 25–26 mit Num 3–4 zusammen, und der ganze Kontext ist eine Überarbeitung von Num 1–4, wodurch Davids Zählung und Organisation der durch Mose vorgenommenen gegenübergestellt wird. 23,25–32

Die Voraussetzung für die Entwicklung und Erweiterung der levitischen Funktionen stand bereits in 1 Chr 15 und wird wieder erwähnt in 2 Chr 35. Laut 23,25–26 bedingen die gewandelten historischen Umstände eine Reform des levitischen Systems; die institutionellen Folgerungen aus diesem Wandel werden im traditionellen Wortschatz dargeboten. Der Wandel ist der in Dtn 12 angekündigte: Sobald das Endstadium von Ruhe und Frieden erreicht sein wird, wenn das Volk »sicher wohnen« wird (Dtn 12,10), wird das Kultwesen dem neuen Zustand angepaßt werden müssen. Die speziell chronistische Elaboration dieses Gedankens besteht in einer anderen Auffassung von »Landnahme« und in der Anwendung der Umgestaltung des Kults auf die besonderen Obliegenheiten der Leviten. Wie schon erwähnt, sind die Aufgaben der Leviten in Num 3–4 als Transport des Stiftszelts und seines Zubehörs geschildert (Num 3,25.31.36–37; 4); auch die Arbeitsteilung zwischen Priestern und Leviten ist dort geregelt (Num 4,25–27). Ausgangspunkt für die Verse in Chr ist die deuteronomistisch formulierte Verkündung: »Ruhe verschafft hat JHWH, der Gott Israels, seinem Volke, er hat Wohnung genommen in Jerusalem bis in Ewigkeit«; das heißt: der Zustand der »Ruhe« ist erreicht, und die Erwählung des Ortes, da der Name JHWHs wohnen soll (Dtn 12,11), ist vollzogen. Daraus folgt zunächst, daß sämtliche in Num 3–4 genannten levitischen Funktionen sich erübrigt haben. Dies dient zur theologischen Grundlage für Rechtfertigung und Ausbau gewisser Aspekte des Kultwesens. Der deuteronomistische Gedanke zusammen mit der deuteronomistischen Terminologie wird auf eine kultisch-rechtliche Situation angewandt, die sich durch die chronistische Auffassung von Landnahme sowie durch eine weiter gespannte kultische Perspektive als in Dtn auszeichnet. 23,25–26

V 27 scheint eine Glosse zu sein, denn er stört syntaktisch wie inhaltlich die Abfolge von 25–26 und 28. Der Grund für die Interpolation ist offenkundig: noch einmal wird die Aussage von V 24 und von Num 1 hervorgehoben, wonach die Leviten von zwanzig Jahren an aufwärts gezählt wurden. Beabsichtigt ist offenbar eine Glättung des Widerspruchs zwischen V 3 23,27

(Davids »ersten Worten«) und V 24 (Davids »letzten Worten«): verbindlich ist die Information aus V 24.

23,28–32 Die klare und detaillierte Beschreibung, wie die Leviten den Nachkommen Aarons zur Hand gehen sollten, wird in V 28–32 eingerahmt durch Eröffnung und Abschluß, die jeweils die gleiche Grundformel enthalten: »zum Dienst des Hauses JHWHs« (V 28a.32). Die levitischen Funktionen erstrecken sich über drei Bereiche: Bewachung und Reinhaltung der Tempelanlage (V 28a); Unterstützung der Priester bei den eigentlichen Opferhandlungen; Bereitstellung der Schaubrote und der Speiseopfer; Überprüfung der Hohl- und Längenmaße (V 28b–29); musikalische Begleitung der regelmäßigen Gottesdienste (V 30–31). Dabei handelt es sich natürlich um die Obliegenheiten der drei levitischen Unterabteilungen: Torhüter, Leviten und Sänger. Im Vergleich zu den Überlieferungen und Anordnungen des Pentateuch sind all diese Aufgaben völlig neu. Keine davon hatte »in der Wüste« bestanden; sie alle rührten aus dem Umstand her, daß die Leviten das Heiligtum nun nicht mehr zu tragen brauchten (V 26).

Die Reihenfolge der levitischen Funktionen weicht insofern von der sonst
23,28 üblichen ab, als die Torhüter an erster Stelle genannt sind (V 28). Doch hat diese Reihenfolge ihren Sinn. Das Wachehalten an den Toren steht der Rolle der Leviten, wie sie in Num 3–4 geschildert wird, noch relativ nahe (in 1 Chr 9,20 wird dies sogar mit der Zeit der Wüstenwanderung und der durch Eleasars Sohn Pinhas ausgeübten Aufsicht in Verbindung gebracht). Daher werden die Torhüter im Zusammenhang mit dem Heiligtum und seinem Zubehör als erste genannt.

23,29 V 29 bezieht sich auf den zweiten Bereich, den Opferkult, wo die Leviten für sämtliche Speiseopfer innerhalb des regulären Betriebs zuständig sind (die Schaubrote, das Mehl zum Speiseopfer, die ungesäuerten Brote, Darbringung von Backwerk und das Gemisch aus Mehl und Öl), von denen einige auch 1 Chr 9,31–32 erwähnt sind. An diesem Punkt ist das Eindringen der Leviten in die priesterliche Sphäre ungleich deutlicher als anderswo, obwohl im Pentateuch nirgends ausdrücklich gesagt ist, wem die Bereitstellung der Speiseopfer oblag. Interessant ist auch, daß die Leviten für die »Hohl- und Längenmaße« verantwortlich waren, was mit ihrer Rolle als Schatzmeister zusammenhängen mag (1 Chr 26,20) und mit der Bezeichnung mancher Schreiber als »Leviten« (dazu *J. Liver*, Chapters 1987, 24). Hier scheint ein Hinweis auf den Bildungshintergrund der Leviten vorzuliegen.

23,30–31 Die dritte Aufgabe besteht in der Tempelmusik, was auch damit zusammenhängt, daß die Lade nicht mehr transportiert zu werden braucht, wie bereits 1 Chr 6,16–17 angesprochen. Was in 1 Chr 15–16 als ein konkretes historisches Ereignis geschildert wird, ist in 23,30–31 institutionelle Begründung, und – wie in Chr nicht anders zu erwarten – das Musikwesen ist ausführlich und in allen Einzelheiten beschrieben. Die Darstellung schreitet hier von pauschaler zu ganz detaillierter Präsentation vor, was zweifellos einem Zuwachs an Wichtigkeit gleichkommt. Der besondere Schwerpunkt dieses Abschnitts liegt nicht auf dem Gesang, den Musikinstrumenten, Form und Teilnehmerschaft der musikalischen Darbietungen – all dies wird entweder zuvor oder danach angesprochen – sondern auf dem Status der Musik als integralem Bestandteil des Tempeldienstes. Die Sänger danken und loben JHWH bei jedem Anlaß, zu dem Opfer dargebracht werden, und diese werden vollzählig aufgeführt: Morgen- und Abendopfer (die festen täglichen Opferzeiten), an Sabbaten, Neumonden und Feiertagen. Zusammengefaßt wird dies mit dem Terminus תמיד »regelmäßig«, was die regulär gebotenen Opfer bezeichnet. Die Wendung »an Zahl nach der Vorschrift« (במספר כמשפט) steht in Chr nur hier. Sie erinnert den Leser zweifellos an den Kontext, wo sie häufig vorkommt, bei den Vorschriften für den ständigen Opferdienst Num 28–29.

V 32 ist eine Zusammenfassung der levitischen Zuständigkeiten. Insgesamt wird ihre Funktion bezeichnet als »sie sollen die Wache wahren« (ושמרו את משמרת), wobei die Vokabel משמרת dreimal wiederkehrt, in Bezug auf die Stiftshütte (אהל מועד), das Heiligtum (הקדש) und die Söhne Aarons. All diese Termini stammen aus dem Dienst an der Stiftshütte und weisen Anklänge an Texte aus Num auf, besonders Num 3,5–8 und 18,2–7. Chr behält hier die altertümliche Bezeichnung »Stiftshütte« bei und identifiziert sie als »Haus JHWHs«. 23,32

Gegen die mehrfach vertretene Meinung, der Abschnitt 23,25–32 sei hier im Kontext sekundär und nachchronistischer Herkunft, spricht folgendes:

a) Zum folgenden Kapitel bestehen etliche Berührungspunkte, etwa zwischen 23,32 und 24,1, zwischen 23,32 und 24,31 und wiederum zwischen 24,31 und 24,6 (es sei denn, man betrachte all diese Verse als sekundär).

b) Der Abschnitt ist reich an typisch chronistischen Vorstellungen, z. B.: 1. die Unterteilung der am Tempel tätigen Leviten in die drei Gruppen der Leviten, Sänger und Torhüter; 2. die schrittweise Übernahme priesterlicher Funktionen durch Leviten; 3. die Darstellung des Gesangs als Begleitung des Opferdienstes (vgl. auch 2 Chr 8,14); 4. die positive Bewertung der Leviten als »Brüder« der Priester, die diesen zur Hand gehen sollen; und vor allem 5. der Grundgedanke, daß die Neuregelung der levitischen Funktionen dadurch bedingt ist, daß das Volk nun den Zustand der »Ruhe« erreicht habe, so daß die Lade nicht mehr transportiert zu werden braucht.

c) Sowohl priesterliche als auch deuteronomistische Ausdrucksmittel sind in den Dienst eines neuen Systems gestellt, indem gewisse Verse homiletisch ausgelegt werden.

Demgegenüber wirken die gegen die Ursprünglichkeit des Abschnitts angeführten Argumente eher künstlich und nicht recht überzeugend.

1 Chr 24,1–31: Einteilung der Priester

Literatur

L. Dequeker, 1 Chronicles 24 and the Royal Priesthood of the Hasmoneans, in: J. C. de Moor (Hg.), Crisis and Perspectives (OTS 24), Leiden 1986, 94–106. – *G. Moscati Steindler,* Le mismarot in una iscrizione de Beit Hadir (Yemen) – cf. 1 Cron 24:1–19: AION 34, 1974, 277–282. – dies., Le classi sacerdotali (1 Cronache 24:1–19): BibOr 17, 1975, 187–193.

Text

Übersetzung

24[1] Auch die Söhne Aarons hatten ihre Abteilungen. Die Söhne Aarons:
Nadab und Abihu, Eleasar und Itamar. [2] Und es starben Nadab und Abihu
vor dem Angesicht ihres Vaters, Söhne aber hatten sie nicht, und so wurden
Eleasar und Itamar Priester. [3] Und David teilte sie zusammen mit Zadok
von den Söhnen des Eleasar und mit Ahimelek von den Söhnen des Itamar
für die Ordnungen bei ihrem Dienst ein. [4] Da die Söhne des Eleasar zahlrei-
cher waren an männlichen Köpfen als die Söhne des Itamar, teilte er sie so:
von den Söhnen des Eleasar Häupter nach sechzehn Vaterhäusern und von
den Söhnen des Itamar nach ihren acht Vaterhäusern. [5] Und er teilte sie
durch das Los ein, diese wie jene, denn Beamte des Heiligtums und Beamte
Gottes waren aus den Söhnen des Eleasar und [aus] den Söhnen des Itamar.
[6] Und der Schreiber Schemaja, der Sohn des Netanel, ein Levit, schrieb sie
auf vor dem König und vor den Anführern und dem Priester Zadok und
Ahimelech, dem Sohn des Ebjatar, und den Häuptern der Vaterhäuser der
Priester und der Leviten: ein Vaterhaus wurde gezogen aus Eleasar und [ei-
nes] wurde gezogen gezogen aus Itamar.

[7] Da fiel das erste Los an Jojarib, an Jedaja das zweite, [8] an Harim das
dritte, an Seorim das vierte, [9] an Malkija das fünfte, an Mijamin das sechste,
[10] an Hakkoz das siebte, an Abija das achte, [11] an Jeschua das neunte, an
Schechanja das zehnte, [12] an Eljaschib elf, an Jakim zwölf, [13] an Huppa drei-
zehn, an Jeschebab vierzehn, [14] an Bilga fünfzehn, an Immer sechzehn, [15] an
Hesir siebzehn, an Hapizzez achtzehn, [16] an Petachja neunzehn, an Jeheskel
das zwanzigste, [17] an Jachin einundzwanzig, an Gamul zweiundzwanzig,
[18] an Delaja dreiundzwanzig, an Maasja vierundzwanzig. [19] Dies sind die
Ordnungen für ihren Dienst, hineinzugehen in das Haus JHWHs gemäß
ihrem Recht durch ihren Vater Aaron, wie ihm geboten hat JHWH, der Gott
Israels.

[20a] Und von den übrigen Söhnen des Levi:

[20b] Von den Söhnen des Amram: Schubaël. Von den Söhnen des Schubaël:
Jechdeja. [21] Von Rehabja: von den Söhnen des Rehabja: das Haupt Jischija,

22 Von den Jizhariten: Schelomot. Von den Söhnen des Schelomot: Ja-
hat. 23 [Und von den Söhnen des Hebron]: Jerija [das Haupt], Amarja der
zweite, Jehasiël der dritte, Jekamam der vierte. 24 Die Söhne des Usiël: Mi-
cha. Von den Söhnen des Micha: Schamir. 25 Der Bruder des Micha: Jischija.
Von den Söhnen des Jischija: Secharja. 26 Die Söhne des Merari: Machli und
Muschi (…), Jaasija, sein Sohn. 27 Die Söhne des Merari von Jaasija, seinem
Sohn: (…) Schoham und Sakkur und Ibri. 28 Von Machli: Eleasar und er
hatte keine Söhne. 29 Von Kisch: die Söhne des Kisch: Jerachmeel. 30 Und
die Söhne des Muschi: Machli und Eder und Jerimot. Dies sind die Söhne
der Leviten nach ihren Vaterhäusern.

31 Auch sie warfen Lose gegen ihre Brüder, die Söhne des Aaron, vor dem König David und Zadok und Ahimelek und den Häuptern der Vaterhäuser der Priester und der Leviten, die Vaterhäuser des Hauptes gegen die seines jüngsten Bruders.

Zu Text und Übersetzung

3 ויחלקם »er teilte sie«: ungewöhnliche Vokalisierung, vgl. auch 23,6.

5 ובבני »und unter den Söhnen«: vermutlich ומבני »und aus den Söhnen« mit MSS und einigen der antiken Versionen.

6 ואחז אחז »und wurde gezogen gezogen«: vermutlich zu lesen ואחד אחז »und eines wurde gezogen« mit MSS und Versionen.

23 ובני יריהו: verderbt, vermutlich zu lesen יריהו הראש »und Jerija das Haupt«, לחברוני »von den Hebroniten«: vgl. MT 23,19.

26 בני »Söhne«: schwierig, vermutlich zu tilgen.

27 ושהם »und Schoham«: ו »und« zu streichen im Anschluß an LXX.

31 אבות »Väter«: schwierig, elliptisch für בית אבות »Vaterhäuser«?

Analyse

Inhalt und Stellung im Textzusammenhang

Kapitel 24 schließt unmittelbar an Kap. 23 an, wobei 24,1 die Fortsetzung von 23,32 bildet. Der Hauptteil des Kapitels, V 1–19, ist eine Beschreibung der Priesterordnungen mit deren nach Los zugeteilten Pflichten. Der zweite Teil, V 20–31, ist eine Aufzählung von Leviten ähnlich wie die in 1 Chr 23,16–23, unter der Überschrift »und die übrigen Söhne des Levi«. Im gegenwärtigen Kontext ist diese Überschrift problematisch: Wenn sich der Ausdruck »die übrigen Söhne des Levi« auf diejenigen Angehörigen des Stammes Levi bezieht, die nicht Priester waren (wie in Jos 21,5.20.26 belegt), dann waren diese bereits 23,6 ff. aufgezählt worden; wenn es aber Leviten sein sollen, die zuvor noch nicht erwähnt waren (wie etwa Jos 21,34.40, auch Jos 17,2.6), so widerspricht dem der Inhalt der Liste, denn die meisten der dort erscheinenden Vaterhäuser waren in der vorangegangenen Liste in Kap. 23 bereits genannt. Außerdem unterbricht die Plazierung dieser Liste zwischen den Priestern (24,1–19) und den Sängern (25,1 ff.) die systematische Anlage der Kapitel 23 bis 27. Allerdings steht 24,31 in engem Zusammenhang sowohl mit 24,3–6 als auch mit der gesamten Thematik und üblichen Ausdrucksweise von Kap. 23–27. Demnach stellt der Hauptteil dieser Liste, V 20b–30, offenbar eine eigenständige Texteinheit mit eigenem Abschluß (24,30b) dar; sie wurde nach der Wendung »die übrigen Söhne des Levi« (24,20a) eingeschoben. Dadurch wurde die ursprüngliche Abfolge V 20a + V 31 gestört, die lautete »und die übrigen Söhne des Levi warfen ebenfalls Lose ...«, wo anscheinend von solchen Leviten die Rede ist, die nicht Priester waren, aber wie diese durch Los zum Dienst eingeteilt wurden. Die V 20b–30 bilden also eine eigenständige Liste von Leviten, deren Anfang fehlt; diese Aufzählung gibt offenbar spätere Verhältnisse wieder und sollte die in 23,6ff. vorangegangene verbessern und auf den neuesten Stand bringen.

Historischer Hintergrund

Im Brennpunkt dieses Kapitels steht die ausführliche Schilderung der Gliederung in Abteilungen, die König David zunächst für die Priesterschaft, dann auch für »die übrigen Söhne des Levi« eingerichtet haben soll. Allerdings scheint die Rückführung dieser Maßnahme auf David historisch nicht stichhaltig. Die Wurzeln des Systems dürften wohl eher auf die Verhältnisse zur Zeit des Zweiten Tempels zurückreichen. Die Einführung der Priesterwachen bot eine Lösung für ein Problem, das zu Beginn der Restaurationszeit akut war. Wie aus den frühesten Listen jener Zeit hervorgeht, bestand ein erhebliches Überangebot an Priestern, die an dem einen Tempel schlechterdings nicht alle zugleich beschäftigt werden konnten. So wetteiferten die verfügbaren Priester also um das Recht, am Tempel amtieren und die damit verbundenen Privilegien genießen zu dürfen. Insofern war die Einrichtung des Rotationssystems eine glückliche Lösung, denn es ermöglichte allen Priestergruppen, jeweils für einen gewissen Zeitraum im Lauf des Jahres den Tempeldienst zu versehen.

In den ersten Listen der Rückkehrer aus dem babylonischen Exil sind vier Priesterfamilien verzeichnet: Jedaja, Immer, Paschhur und Harim (Esra 2,36–39 u.ö.), und diese Gliederung ist in 1 Chr 9,10–13 noch zu beobachten, wohl aus Neh 11,10–14 übernommen. Andere Listen in Neh geben eine Einteilung in 22 Vaterhäuser wieder. So etwa Neh 10,2b–9; 12,1b–7.12–20, wo die Namen der Vaterhäuser vereinheitlicht werden. Der Übergang von den ursprünglichen vier zu den zweiundzwanzig ist in den uns erhaltenen Quellen nicht belegt, und die höhere Zahl wird bald in die Restaurationszeit zurückverlegt (vgl. Neh 12,1 mit Esra 2,36). Den Höhepunkt dieses Übergangs stellt das vorliegende Kapitel dar: die Gruppen werden als »Abteilungen« (מחלקות) präsentiert, 24 an der Zahl, und sämtliche Vaterhäuser führen ihre Abstammung auf Aarons Söhne Eleasar und Itamar zurück. Ihre Bezeichnungen (zehn von den 24 stimmen mit denen von Esra-Neh überein) sollten über die ganze jüdische Geschichte hin unverändert bleiben, sogar bis über die biblische Epoche hinaus. Somit war die Ordnung und die Terminologie des priesterlichen Systems fixiert.

Die historische Zwangslage, die zu dieser Regelung geführt hatte, betraf allerdings nur die Priester, nicht das übrige Tempelpersonal. In der Liste von Esra 2 erscheinen neben 4289 Priester nur 74 Leviten, 128 Sänger (148 in Neh 7,44) und 139 Torhüter (138 in Neh 7,45). In diesen Diensträngen bestand das Problem nicht in einem Überschuß, sondern in einem Mangel an Arbeitskräften (vgl. bes. Esra 8,15–20), daher wurden sie anders organisiert. Doch resultierte aus der inneren Dynamik der Organisation ein gewisser Zwang zu Systematisierung und Parallelisierung, was zur künstlichen Schaffung von Abteilungen führte, wo eigentlich keine erforderlich gewesen wären. Dies ging zusammen mit der gleichzeitigen Profilierung in Definition, Legitimierung und Aufgabenzuweisung für die übrigen Dienstränge, was sich darin niederschlägt, daß die Sänger und Torhüter durch eingehende genealogische Konstruktionen zu Leviten avanciert sind, wohingegen die »Untergebenen« (נתינים) und die Nachfahren von Salomos Dienern (Esra 2,43–58; Neh 7,6–60) verschwunden –

aufgesogen bzw. ausgestoßen – sind. Der Integrationsprozeß vollzog sich für die Sänger vermutlich rascher als für die Torhüter, aber schließlich hatten sämtliche Vaterhäuser beider Berufsgruppen levitische Stammbäume und waren irgendwie mit den Hauptfamilien der Leviten verknüpft (vgl. auch oben zu 1 Chr 6 und 9).

Das gesamte Belegmaterial zu den Priesterabteilungen ergibt eindeutig, daß die Liste von 1 Chr 24 eine echte soziale Entwicklung wiedergibt. Auf der anderen Seite ist die soziale Motiviertheit hinter der systematischen Darstellung des übrigen Tempelpersonals eher zweifelhaft. In den folgenden Kapiteln werden zwar Anstrengungen unternommen, eine parallele Anlage für sämtliche Dienstränge zu etablieren, indem alle mit vollständigem levitischem Stammbaum versehen werden, doch handelt es sich hier unverkennbar um eine künstliche Konstruktion, und die Geschichtlichkeit des Belegmaterials muß von Fall zu Fall überprüft werden.

Kap. 24 als Paradebeispiel für die chr Einstellung zur Priesterschaft

Kap. 24 ist ein Paradebeispiel für die typisch chronistische Einstellung zur Priesterschaft:

a) In der Gesamtdarstellung des Kultsystems (Kap. 23–26) steht die Aufzählung der Priester an zweiter Stelle nach den Leviten. Diese Reihenfolge ist in 23,13–14 vorbereitet und theologisch begründet; sie macht unmißverständlich deutlich, daß die Priester nur ein Zweig des Stammes Levi sind.

b) Von sämtlichen levitischen Gruppierungen wird den Priestern am wenigsten Aufmerksamkeit gewidmet. Die Information über sie beschränkt sich auf die Gliederung in Abteilungen sowie auf die Tatsache, daß die kultischen Funktionen unter ihnen ausgelost werden. Während die Obliegenheiten aller anderen levitischen Ordnungen mehr oder weniger eingehend geschildert sind (23,28–32; 25,1–6; 26,14–18 mit verschiedenen Details in 26,20–32), gibt es keine entsprechende Aufgabenbeschreibung für die Priester.

c) Dabei besteht kein Zweifel, daß die Priester den höchsten Rang des Kultpersonals darstellen, werden sie doch mit dem Ehrentitel »Beamte des Heiligtums und Beamte Gottes« (24,5) benannt.

Diese Beobachtungen lassen sowohl auf die historischen Umstände als auch auf die Haltung des Chronisten Schlüsse zu. Die Position der Priester an der obersten Spitze der Kulthierarchie war unumstritten; Ordnung und Funktion der Priesterabteilungen samt dem Verfahren, nach dem sie einander ablösten, waren so stabil und durchorganisiert, daß nach ihrem Muster die Gliederung des übrigen Kultpersonals vorgenommen werden konnte. Aufgaben, Rechte und Pflichten der Priester sind so klar definiert, daß sie nicht näher ausgeführt zu werden brauchen. Der Chronist weiß darum – doch seine Sympathie gehört den Leviten.

Aufbau

Kapitel 24 ist folgendermaßen aufgebaut:

a)	1–19	Die Priester	
		1–6	Das Einteilungsverfahren
		7–18	Die Namen der Abteilungen
		19	Abschluß
b)	20a.31	Einteilung der nicht-priesterlichen Leviten	
c)	20b–30	Eingeschobenes Verzeichnis von Leviten	
		20b–25	Kehatiten
		26–30a	Merariten
		30b	Abschluß

Quellen?

Der Stoff von 1 Chr 24 ist chronistisches Sondergut ohne biblische Parallelen. Man gewinnt jedoch den Eindruck, daß sowohl die Listen von Priestern (V 7–18) als auch die von Leviten (V 20b–30) authentische Daten enthalten und tatsächliche historische Verhältnisse im Zuge der Organisation des Kultpersonals am Zweiten Tempel widerspiegeln. Das Nebeneinander von 24,20b–30 und 23,6b–23 erlaubt Rückschlüsse auf den dynamischen Prozess, aus dem das System der Levitenordnungen hervorging (vgl. dazu die Auslegung). Dieses Quellenmaterial hat der Chronist mit passendem Rahmen versehen (V 1–6.19–20a.31) und in sein eigenes Werk eingebaut.

Auslegung

24,1–6 Die Texteinheit 24,1–6 enthält eine bemerkenswert präzise Darstellung von Herkunft und Organisation der Priesterschaft, aber sie ist nicht genealogisch angelegt. Der Text setzt ein mit den ältesten Vorfahren, Aarons Söhnen Eleasar und Itamar, und geht dann direkt über zu den »Häuptern der Vaterhäuser« zu Davids Zeiten ohne jeglichen Versuch, die Lücke genealogisch zu überbrücken. Nicht einmal die Zugehörigkeit der einzelnen Vaterhäuser zu Eleasars oder Itamars Linie ist gekennzeichnet (im Unterschied zu den Aufzählungen der Leviten). Ein vollständiger Stammbaum wird in Chr eigentlich nur für die hohepriesterliche Linie angegeben (1 Chr 5,27 ff.). 24,1–19: Die Priester

24,1–2 Die Überschrift V 1a wird weitergeführt mit V 3; V 1b–2 dagegen bilden eine Art Parenthese und erklären, weshalb Nadab und Abihu in der Fortsetzung nicht mehr erwähnt werden (vgl. ähnliche Bemerkungen in 1 Chr 5,1–2). Die Bezeichnung »die Söhne Aarons« kommt in diesem Vers zweimal vor, einmal als die Priester, Aarons Nachkommen im weiteren Sinne (ebenso 23,32; 24,31 u. ö.), das andere Mal im engeren Sinne als diejenigen Söhne Aarons, die aus der pentateuchischen Überlieferung bekannt sind (Ex 6,23; Num 3,2–4; 26,60–1). Die eingeschobene Bemerkung 1b–2 soll erklären, weshalb das aaronitische Priestertum unter Absehung von Aarons beiden ältesten Söhnen direkt auf die beiden jüngeren überging. Die Bemerkung ist von Num 3,2–4 abhängig, aber der Chronist hat den ganzen Vers Num 3,3 samt Nadabs und Abihus Sünde in Num 3,4 weggelassen. Außerdem schreibt der Chronist, sie seien »vor ihrem Vater« (also noch zu dessen Lebzeiten) gestorben, nicht »vor JHWH« wie in Num 3,4 (vgl. auch Lev 10,3). So wird in Chr aus dem Bericht eines Kultfrevels im Pentateuch eine neutrale Todesnachricht. Die Ableitung des israelitischen Priestertums von Aarons beiden Söhnen ist im Pentateuch begründet. Itamar wird Ex 38,21; Num 4,28.33 und 7,8 erwähnt; mit Ausnahme von Chr kommt er nur noch einmal Esra 8,2 in Gegenüberstellung mit Pinhas vor. Die Rückführung des Hohepriestertums auf Eleasar dagegen ist häufig belegt, nicht nur im Pentateuch (Num 3–4; 20,25–26.28; 26,1.3.63 u. ö.; Dtn 10,6), sondern auch in Jos und Ri (Jos 14,1; 19,51; 21,1; 22,13; 24,33 u. ö.; Ri 20,28). Wie immer die historische Wirklichkeit hinter diesen Traditionen ausgesehen haben V 1–6: Das Einteilungsverfahren mag, für den Chronisten handelte es sich hier um Tatsachen, die keines Beweises bedurften.

Zur Einteilung der Ordnungen in V 3–6 ist einiges zu bemerken: 24,3–6

a) Aus dem Abschnitt geht hervor, daß die Initiative, die Autorität und die Verantwortung für das ganze Unternehmen bei David lagen; allerdings war er nicht ganz allein. Seine Mitarbeiter waren zum einen die »Beamten« (שרים), welche die Einschreibung vornahmen, zum anderen die »Häupter der Vaterhäuser« aus Priestern und Leviten.

b) Die beiden dominanten Gestalten, die David dabei zur Hand gingen, waren zwei priesterliche »Beamte«, nämlich Zadok, Sohn des Eleasar, und Ahimelek/Ahimelech, Sohn des Itamar. Die Zuordnung von Zadok, dem herausragenden Priester unter David und Salomo, zur Linie von Eleasar findet sich in etlichen biblischen Quellen, die allesamt spät sind (Esra 7,1–5; 1 Chr 5,30–34; 6,35–38). Allerdings haben die Künstlichkeit des Stammbaums und andere Bedenken diese Abstammung zweifelhaft erscheinen lassen (vgl. *Rudolph* 52f.). Noch zweifelhafter ist die Verknüpfung von Ahimelech mit Itamar. Jener Ahimelech ist im Text nicht näher bestimmt, aber seine Erwähnung im Zusammenhang mit Zadok läßt auf 2 Sam 8,17 (1 Chr 18,16, MT: Abimelech) als Ausgangspunkt schließen, wo er als »Sohn des Abjatar« vorgestellt wird. In der Regel wird angenommen, daß der Text von 2 Sam 8,17 korrupt sei und eigentlich lauten müßte: »Abjatar, der Sohn des Ahimelech [der Sohn des Ahitub]«, doch scheint die Textverderbnis vorchronistisch zu sein, denn dem Chronisten gilt »Ahimelek« und nicht »Ebjatar« als Zadoks Partner unter David. Laut Auskunft von Sam war Abjatar jedenfalls ein direkter Nachkomme von Eli, dem Priester zu Silo (1 Sam 14,3; 22,20), der wiederum höchstwahrscheinlich von der in Israel dominierenden priesterlichen Linie abstammte, nämlich Eleasar. Allerdings ist das genealogische Bild, wie es sich schließlich herauskristallisierte, als Niederschlag nicht von biologischen, sondern von sozialen Vorgängen zu betrachten. Da die priesterliche Hauptlinie die von Zadok war, mußte er von Eleasar abstammen; aus Gründen der Symmetrie stammte dann wohl die andere priesterliche Linie, die von Ebjatar, von Itamar ab.

Der Vorrang der Eleasariten unter den Priestern wird im V 4 als das Er- 24,4
gebnis biologischer Fruchtbarkeit dargestellt; sie waren zahlreicher als die Nachkommen Itamars, und entsprechend wurden die Abteilungen festgesetzt. Daß kein Versuch gemacht wird, einen komplizierten Stammbaum zu entwerfen, um die Herkunft sämtlicher priesterlicher Vaterhäuser von Eleasar oder Itamar nachzuweisen, spricht dafür, daß diese Zuweisung theoretisch und abstrakt blieb. Das System der 24 Abteilungen war bereits in einem frühen Stadium fest etabliert und bedurfte keiner weiteren Legitimation.

In 24,5 wird betont, daß das Auslosen auf der Basis absoluter Gleichbe- 24,5
rechtigung der beiden priesterlichen Linien vor sich ging. Die Ehrentitel zu

diesem Anlaß werden beiden gleichermaßen beigelegt: »Beamte des Heiligtums«, was auch Jes 43,28 vorkommt, und »Beamte Gottes«, was sonst nicht mehr belegt ist. Diese ungewöhnlichen Titel rühren wohl von der Analogie her, die in Chr zwischen dem König und dem Hohenpriester besteht: Bei derselben feierlichen Gelegenheit, als Salomo »JHWH zum Fürsten« gesalbt wird, findet auch Zadoks Salbung zum »Priester« statt (1 Chr 29,22). Entsprechend dem königlichen Hofstaat hat auch der Hohepriester einen Stab von Beamten um sich, denen sämtliche »Dinge JHWHs« (2 Chr 19,11) anvertraut sind. Dies also sind jene »Beamten Gottes«, die für alle Belange des Heiligtums zuständig sind. Der Chronist kennzeichnet das Auslosen als das Verfahren, das zur Organisation der verschiedenen Abteilungen angewandt wurde, sowohl der Priester als auch der Leviten (24,31), der Sänger (25,8) und Torhüter (26,13). Es gibt keinen weiteren ausdrücklichen Beleg dafür, aber die Praxis des Auslosens ist bezeugt im Zusammenhang mit dem Tempel Neh 10,35 und in anderen Bereichen Neh 11,1 (vgl. auch Est 3,7; 9,24 u.a.m.). Demnach war dies zur Zeit des Chronisten eine übliche und einleuchtende Technik, wo es um Zuteilung ging.

24,6 Die Abteilungen sind im V 6 zunächst alternierend angeordnet: jeweils eine aus der Linie Eleasar und eine aus der Linie Itamar, bis zur sechzehnten. Die letzten acht waren dann alle aus dem Hause Eleasar und losten untereinander um die Reihenfolge. Die durch das Los bestimmte Abfolge der Abteilungen wurde sogleich aufgezeichnet durch den »Schreiber Schemaja …, ein Levit«. Diese Aufzeichnung war ein offizieller Akt im Beisein des Königs, seiner Fürsten/Beamten, der Spitzen der Priesterschaft und der Häupter der priesterlichen und levitischen Vaterhäuser. Für die Anwesenheit all dieser Honoratioren bestand keine technische Notwendigkeit; im Gegenteil, wo es um kultisch-sakrale Belange geht, scheint die Beamtenschaft geradezu fehl am Platze. Daß sie trotzdem zugegen sind, zeugt für die schon oben beobachtete Tendenz des Chronisten, die Beamten an sämtlichen Regierungsgeschäften beteiligt erscheinen zu lassen. Die Anwesenheit der Häupter der Leviten mag dadurch motiviert sein, daß nach den Priesterordnungen die Reihenfolge der levitischen Funktionen einschließlich der Sänger und Torhüter ausgelost wurde.

24,7–18 Die Aufzählung der 24 Abteilungen in V 7–18 folgt einem stereotypen Muster. Syntaktisch handelt es sich um einen einzigen Satz, eröffnet durch »da fiel das erste Los« in V 7; dort lautet die Fortsetzung »an Jojarib«, für die folgenden Abteilungen wird jeweils der Empfänger mit der Präposition ל eingeführt, danach die Ordnungszahl des Loses: »an Jedaja das zweite, an Harim das dritte« usf. Von der elften Abteilung an stehen Kardinal- statt der Ordnungszahlen (mit Ausnahme der zwanzigsten), wörtlich also: »an Eljaschib elf, an Jakim zwölf« usf. V 7–18: Die Namen der Abteilungen

Die hier etablierte Namensliste bestand über viele Generationen hin unverändert weiter. Sämtliche außerbiblischen Belege gehen auf dieselbe

Struktur zurück. Zehn der Namen finden sich auch in den parallelen Listen Neh 12; es handelt sich um die Abteilungen 1, 2, 3, 5, 6, 8, 10, 15, 16 und 24. Von den übrigen stehen manche nur hier (Nr. 4, 13, 14, 18, 22), manche fungieren auch sonst als Personen-, aber nur hier als Priesternamen (Nr. 17, 19, 23), andere kommen anderswo als Namen einzelner Priester vor (Nr. 7, 9, 12, 20, 21). Man kann sich theoretisch vorstellen, wie die Liste von 22 Namen aus Neh 12 sich zu den hier vorliegenden 24 Abteilungen entwickelt hat: Größere Vaterhäuser dürften sich gespalten haben, wobei der neue Teil unter eigenem Namen auftrat; kleinere Vaterhäuser fielen zusammen, wobei der eine oder andere Name außer Gebrauch kam; die Namen sekundärer Linien mögen die der ursprünglichen Hauptlinie verdrängt haben, u. ä. Solche Vorgänge finden ihre Bestätigung in dem sonstigen Listenmaterial von Chr, gehen auch gut mit der Funktion dieser genealogischen Konstruktionen zusammen. Doch in Ermangelung von eindeutigem Belegmaterial läßt sich keiner tatsächlich rekonstruieren.

Einige Namen verdienen besondere Aufmerksamkeit:

Die Plazierung von Jojarib als erste Abteilung (V 7) hat Anlaß zu weitrei- 24,7
chenden Spekulationen bezüglich Datierung der Liste gegeben, denn der Priester Mattatias, der Vater der Hasmonäer, gehörte dieser Ordnung an (1 Makk 2,1). Wer annimmt, daß die Reihenfolge der Namen auf der Liste gleichzeitig eine Rangordnung wiedergibt und daß die Ordnung Jojarib diese Erststellung erst nach dem hasmonäischen Umsturz erhielt, muß daraufhin die ganze Liste als nachhasmonäisch betrachten. Entsprechend bestimmt sich dann die zeitliche Stellung des Chronisten bzw. des späteren Redaktors, auf den diese Liste zurückgeht. Allerdings bieten die verfügbaren Quellen keinen Anhaltspunkt für die obengenannten Annahmen. Es gibt keinen Beweis oder auch nur Hinweis darauf, daß die Reihenfolge in der Liste eine Rangordnung widerspiegelt. Eher dürften die Festzeiten als die Gelegenheiten gegolten haben, zu denen der Tempeldienst besonders wichtig war, so daß Ausübung der priesterlichen Funktionen an den Festen wohl ehrenvoller war als sonst im Lauf des Jahres. Ebenso wenig läßt sich nachweisen, daß die Ordnung Jojarib ursprünglich niedrigeren Rang gehabt hätte und erst nach dem Aufstieg der Hasmonäer aufgerückt wäre; das Gegenteil scheint eher zuzutreffen – dazu unten. Selbst wenn die genannten Annahmen richtig sein sollten, ist doch die Verschiebung eines Namens innerhalb einer Liste ein so geringfügiger redaktioneller Eingriff, daß sich daraus allein keine weitreichenden Schlüsse ziehen lassen. Was den Namen selbst betrifft, so ist in Neh 11,10 ein Priester »Jedaja, der Sohn des Jojarib« erwähnt, und wenn meine Rekonstruktion stimmt (s. Auslegung zu 1 Chr 9,10), war seine Position die des »Vorsitzenden vom Hause Gottes«. Das würde heißen, daß »Jojarib« bereits in der frühen Restaurationszeit eine bedeutende Priesterfamilie war. Dadurch ist auch eine enge Beziehung zwischen »Jedaja« und »Jojarib« belegt, und da »Jedaja« zu den vier priesterlichen Hauptfamilien ge-

hört (Esra 2,36), dürfte Jojarib wohl ein Zweig gewesen sein, der sich von der Linie Jedaja abspaltete. Diese Beziehung läßt sich stützen durch die Nähe der beiden Namen in Neh 12,6.19.

Die »Söhne Jedajas« sind als die erste Priesterfamilie in der Liste der Rückkehrer aus dem Exil genannt (Esra 2,36//Neh 7,39), mit dem zusätzlichen Titel »vom Hause Jeschua«, was sich vermutlich auf Jeschua, den Sohn Jozadaks, den Hohenpriester, bezieht (Esra 3,2 u.ö.). Demnach handelt es sich um eine alte Priesterfamilie, deren Benennung seit der frühen Restaurationszeit unverändert erhalten blieb. Der Name taucht in allen einschlägigen Listen von Esra-Neh auf, mit Ausnahme derer, die den »Vertrag« (Neh 10,1) unterzeichneten. Ihr Fehlen dort könnte eine politische Aussage sein, keine bloße Auslassung.

24,8 Sowohl Harim als auch Immer (die 16. Ordnung) gehören zu den vier Priesterfamilien bei der Rückkehr aus dem Exil (Esra 2,39 bzw. 37). Sie können als die Begründer der Jerusalemer Priesterschaft gelten. Die beiden Namen kommen neben 24,8 in sämtlichen einschlägigen Listen in Neh vor (einschließlich bei den Unterzeichnern des Vertrags), Esra 10,20.21; Neh 10,4 (Amarja = Immer).6; 12,2.3 (Rehum = Harim).13.15. Wie Jeschua, der Hohepriester aus »Jedajas Söhnen«, führten auch diese beiden ihren Ursprung bis in die Königszeit zurück. Die vierte und größte Priesterfamilie unter den Rückkehrern aus dem Exil, Paschur (Esra 2,38//Neh 7,41; Esra 10,22; Neh 10,4), kommt weder in der Liste noch in Neh 12 vor. Diese große Familie, die bis in Esras Zeiten (Esra 10,22) belegt ist, dürfte kaum spurlos verschwunden sein. Wahrscheinlich hat sich die eine Familie in verschiedene Zweige gespalten, die dann in der Liste unter ihren neuen Namen erscheinen ohne Hinweis auf ihre ursprüngliche Zugehörigkeit.

24,10 In Esra 2,61ff. wird diese Familie (24,10) erwähnt als »die Söhne von Hakkoz«, die ihre Aufzeichnung in den Stammbäumen suchten, dort nicht gefunden und daher als unrein aus der Priesterschaft ausgeschlossen wurden. Unter den Erbauern der Stadtmauer von Jerusalem, die ein zweites Stück auf sich nahmen, wird ein gewisser »Meremot, Sohn des Urija, Sohn von Hakkoz« erwähnt (Neh 3,4.21), und der Priester, der das von Esra aus Babylon gebrachte Geld in Empfang nahm und abwog, heißt »Meremot ... Sohn des Urija« (Esra 8,33), vermutlich derselbe Mann. So hatte die Familie Hakkoz trotz ihrer ungewissen Anfänge allmählich eine angesehene Stellung erlangt.

24,11–12 Die in V 11–12 erwähnten Namen sind auch die Namen von zwei herausragenden Priestern jener Zeit: Jeschua, der Sohn des Jozadak, der zu Anfang der Restaurationszeit Hoherpriester war (Hag 1,1 u.ö.; Sach 3,1 u.ö.; Esra 2,2 u.ö.), und Eljaschib, der unter Nehemia als Hoherpriester amtierte (Neh 3,1 u.ö.). Ob ein Zusammenhang besteht zwischen diesen einzelnen Priestern und den Abteilungen desselben Namens oder ob es sich einfach um verbreitete Priesternamen handelt, muß mangels Information offen bleiben.

Der Name Jeschebab kommt biblisch nur in 24,13 vor. Manche LXX-Handschriften haben Ischbaal, und manche Forscher geben dieser Lesart den Vorzug (vgl. BH). Allerdings erscheint es doch unwahrscheinlich, daß sich das Element »Baal« in Eigennamen bis in die Zeit des Zweiten Tempels erhalten haben sollte, zumal es auch keinen epigraphischen Beleg dafür gibt. Demnach dürfte wohl eher die LXX-Lesart durch andere Texte beeinflußt sein, oder es handelt sich um eine innergriechische Textverderbnis. 24,13

Der Name Hesir kommt biblisch außer 24,15 nur noch ein weiteres Mal vor (Neh 10,21) und zwar als eines der »Häupter des Volkes«, aber er ist durch die Inschrift am »Grab der Söhne Hesirs« im Kidrontal belegt (vgl. Encyclopaedia of Archaeological Excavations II, Jerusalem 1976, 629f.). 24,15

V 19: Abschluß

Die Liste schließt im V 19 mit der üblichen Formel (»dies sind …«, auch 24,30; 26,19; 27,22 u.ö.). Der Schwerpunkt liegt in der zweiten Vershälfte: »gemäß ihrem Recht durch ihren Vater Aaron, wie ihm geboten JHWH, der Gott Israels«. So wird die Einrichtung des Priesterdienstes auf Aaron selbst in Erfüllung von Gottes Gebot zurückgeführt. Im Pentateuch ist die verbreitetere Vorstellung die, daß die priesterlichen Vorschriften an Aaron durch Mose übermittelt wurden, so etwa: »JHWH sprach zu Moses: gebiete Aaron und seinen Söhnen …« (Lev 6,1–2.17–18; 16,2;, 17,1 u.ö.). Gelegentlich empfangen Moses und Aaron gemeinsam den göttlichen Auftrag (Lev 11,1; 13,1 u.ö.), sehr selten Aaron allein (Ex 4,27; Lev 10,8; Num 18,1.8.20). Der vorliegende Vers enthält keinen Anhaltspunkt dafür, ob das göttliche Gebot an Aaron direkt erging oder durch Moses übermittelt wurde; in jedem Fall beschränkt sich seine Vollmacht auf die Belange des Priesteramtes. In allem, was Opfer betrifft, wird Moses Rechtsgewalt eigens erwähnt (vgl. 2 Chr 8,13; 23,18 u.ö.). 24,19

24,20a.31: Einteilung der nicht-priesterlichen Leviten

Nachdem die Reihenfolge der Priesterordnungen festgelegt ist, kommen die »übrigen Söhne des Levi« in 24,20a+31 (zur Rechtfertigung dieser Kombination s. oben Einleitung zu Kap. 24) an die Reihe, d.h. diejenigen, die nicht Priester sind. Diese Verse schließen den in 23,6ff. begonnenen thematischen Kreis. Die Organisation der Leviten wird als völlig analog zu der der Priester dargestellt: »auch sie warfen Lose gegen ihre Brüder, die Söhne des Aaron«. Allerdings werden die levitischen Ordnungen im Unterschied zu den priesterlichen nicht mit Ordnungszahl eingeführt; höchstwahrscheinlich bestand nie ein levitisches Parallelsystem innerhalb des Kultbetriebs. Im Tempelalltag war der Status der Leviten nicht so fest und regelmäßig etabliert wie der priesterliche; die in V 31 postulierte Analogie dürfte wohl nur ein theoretisches Konstrukt gewesen sein. 24,20a.31

24,20b–30: Eingeschobenes Verzeichnis von Leviten

Was uns in V 20b–30 vorliegt, ist eine fragmentarische und verderbte Aufzählung von Leviten »nach Vaterhäusern« (24,30). Wie schon von vielen beobachtet, hat diese Liste zahlreiche Berührungspunkte mit 1 Chr 23,7ff., was hilfreich ist für die Korrektur verderbter Lesarten sowie für das Verständnis der Funktion dieser Liste. Es fehlen die Überschrift und der 24,20b–30 erste Teil, der die Familien der Gerschoniten enthielt. Die Wahrscheinlichkeit ist gering, daß die Gerschoniten – der größte levitische Zweig in 23,7ff. – plötzlich verschwunden sein sollten (vgl. auch 26,21–22) oder daß eine angeblich umfassende Aufzählung der Leviten (laut V 30) sie übergehen würde. Außerdem fehlt wohl die Einführungsformel für die Kehatiten. Ursprünglich war diese Liste wohl dazu bestimmt, eine veraltete zu ersetzen. Die genealogische Struktur und die Terminologie für manche Vaterhäuser gibt die Verhältnisse eine Generation später wieder als 1 Chr 23,7ff.; so folgt etwa Jischija auf Rehabja, Jahat auf Schelomit, usw. Ein Vergleich der beiden Listen lehrt, was hier vorgefallen ist: einige Vaterhäuser bleiben im Bestand unverändert; ihre Namen und entsprechend ihre soziologische Grundstruktur sind dieselben geblieben. Zu dieser Gruppe gehören die Söhne von Hebron (24,23) und von Muschi, Sohn des Merari (23,30) – insgesamt sieben. Andere Familien treten unter neuem Namen auf, gelten aber als »Söhne« der ursprünglichen Linien, d.h. sie stellen eine spätere Generation dar. In solchen Fällen haben sich soziale Veränderungen und Machtverschiebungen vollzogen, doch die jeweiligen Familien hielten noch an ihrer ursprünglichen Herkunft fest, was ihnen wohl zugute kam. Zu dieser Gruppe gehören die beiden Zweige der Amramiten (24,20b–21), die Jizhariten (24,22), die Usiëliten und die Familie des Kisch, Sohn des Machli – ingesamt sechs. Die markanteste Veränderung besteht im Verschwinden eines ganzen Vaterhauses (Eleasar, Sohn des Machli, 24,28) und im Auftauchen von drei völlig neuen (Schoham, Sakkur und Ibri; 24,27; zu בנו s.u. zu 24,26), die ihre Abstammung über einen bis dahin unbekannten Sohn Jaasija auf Merari zurückführen. So beläuft sich die Zahl der Merariten nunmehr auf sieben (Schoham, Sakkur, Ibri, Kisch, Machli, Eder und Jerimot), d.h. die Liste umfaßt insgesamt 16 Vaterhäuser. Man kann vermuten, daß die fehlenden Gerschoniten acht ausmachten, wodurch die vorgegebene Gesamtzahl von 24 erreicht wird. Somit bildet die vorliegende Liste einen verbesserten Ersatz für die in 1 Chr 23,7–23.

24,20b–21 In der uns in V 20b–21 vorliegenden Form beginnt die Liste mit den Nachkommen Amrams; die beiden Vaterhäuser Schubaël und Rehabja stammen von Mose ab, aber weder er noch einer seiner beiden Söhne sind genannt. Auf Schubaël folgt Jechdeja, auf Rehabja Jischija; die komprimierte Darbietung der Information läßt darauf schließen, daß die Liste als eine Art »Anhang« zu ausführlicheren Aufzeichnungen konzipiert war. V 20b–25: Kehatiten

24,23 Aus dem Vergleich mit 1 Chr 23,19 wird deutlich, daß in 24,23 die Nachfahren Hebrons aufgezählt werden, woraufhin am Anfang zu ergänzen ist: »und von den Söhnen des Hebron Jerija das Haupt …« (so in den meisten Übersetzungen). Die Nachkommen Hebrons waren der größte und stabilste levitische Zweig; die Anzahl der Familien blieb unverändert (vier, vgl. die Nachkommen Schimis in 1 Chr 23,10f.), und sämtliche Namen wurden beibehalten.

Die Aufzeichnung der Nachkommen Usiëls in V 24–25 folgt einem anderen Schema als die vorangehenden Linien. Zuerst wird der älteste Sohn genannt, dann der nächste als dessen Bruder eingeführt. Ein ähnliches Verfahren findet sich vereinzelt in anderen Genealogien (z. B. 1 Chr 7,16), ist aber selten, und die soziologischen Implikationen sind nicht recht klar. Zwei Namen von Nachfahren Usiëls werden durch andere, deren »Söhne«, ersetzt: Schamir und Secharja. 24,24–25

V 26–30a: Merariten

Etwas Interessantes ist bei der Aufzählung der Nachkommen Meraris im V 26 zu beobachten. Im Unterschied zu allen übrigen levitischen Stammbäumen sowohl im Pentateuch als auch in Chr erscheint hier plötzlich ein dritter Sohn namens Jaasija. Die drei von ihm abstammenden Vaterhäuser werden unter den Merariten an erster Stelle genannt. Dies überrascht besonders im Vergleich zu 1 Chr 23,21, denn auf biologisch-genealogischer Basis ist dieses Phänomen schlechterdings nicht zu erklären. Wie sollte Merari plötzlich ein neuer »Sohn« geboren worden sein? Eine soziologische Deutung des Befunds führt zu dem Schluß, daß sich im Hause Merari während des Zeitraums zwischen 1 Chr 23,21–23 und 1 Chr 24,26–30 weitreichende Strukturveränderungen vollzogen haben müssen. Das Vaterhaus von Eleasar, Sohn des Machli, dessen Status bereits ungewiß gewesen war (1 Chr 23,22), ist völlig verschwunden; das Haus Muschi ist bestehen geblieben, und drei neue Familien sind aufgetaucht. Woher sie kommen, wird nicht deutlich, und ihre Anknüpfung an einen bis dahin unbekannten »Sohn« Meraris statt an einen der »Söhne« aus einer späteren Generation der Liste, läßt etwas von den im genealogischen System verbindlichen Normen erkennen. Allerdings ist das Anwachsen der Familien aus dem Hause Merari von fünf auf sieben als ein langwieriger und komplexer Vorgang zu betrachten, der sich sicherlich nicht innerhalb einer einzigen Generation vollzogen hat. Die Verse 26b und 27b bilden im überlieferten Text eine Dublette; wir haben Fälle von entweder Zusammenschreibung oder Dittographie vor uns, oder es könnte sich bei dieser oder jener Hälfte um eine Textverderbnis handeln. Von letzterer Möglichkeit geht *Rudolph* aus, der für V 26b vorschlägt »von seinen Söhnen (בבניו) Jaasija«, was sprachlich zwar möglich ist, aber sonst in keiner der Listen vorkommt. Jedenfalls ist בנו kein weiterer Eigenname, sondern die Vokabel בן mit Possessivsuffix: »sein Sohn«. 24,26–27

Die Verse 28–29 sind elliptisch angelegt, die exakte Abstammung von Kisch (24,29) ist nämlich nicht angegeben. Allerdings entspricht der Aufbau dem von 24,20b–21. Zunächst wird der Name des Vaters genannt (Amram), dann sein erster Sohn mit dessen Nachkommen (Schubaël – Jechdeja). Danach wird des Vaters zweiter Sohn aufgeführt (Rehabja), ohne Hinweis auf seine Beziehung zu den unmittelbar zuvor genannten. Im Falle von 20b–21 läßt sich die fehlende Angabe aus 23,13–17 ergänzen, wo Schubaël und Rehabja als die Nachkommen von Gerschom und Eliëser (den Söhnen des Mo- 24,28–29 se, Sohn des Amram) bezeichnet sind. Eine Zusammenstelllung von V 20b–21 und unseren Versen macht die ähnliche Struktur deutlich:

V 20b: … von Amrams Söhnen Schubaël, von Schubaëls Söhnen Jechdeja.
V 21: Von Rehabja: von Rehabjas Söhnen das Haupt Jischija.
V 28: Von Machli: Eleasar, der keine Söhne hatte.
V 29: Von Kisch, die Söhne des Kisch: Jerachmeel.

Die Parallele ist nicht ganz exakt, denn anstelle des Namens von Eleasars Sohn steht, daß dieser kinderlos war. So stammen also Schubaël und Rehabja von Amram ab, und Eleasar und Kisch sind Nachkommen von Machli (wie in 23,21). Die Art der Aufzeichnung unterstreicht den Charakter der vorliegenden Liste als gewissermaßen »ergänzende Anmerkungen« zu vorhandenen Unterlagen. Unter dieser Voraussetzung wird auch deutlich, daß die Lesart des MT richtig ist und nicht entsprechend LXX geändert zu werden braucht.

24,30b 24,30b ist die ursprüngliche Abschlußformel der Liste samt Angabe ihres Zweckes: »Dies sind die Söhne der Leviten nach ihren Vaterhäusern«. Der Titel »Söhne der Leviten« kommt selten vor, der einzige weitere Beleg ist 1 Chr 15,15. Dies genügt allerdings, um zu zeigen, daß im vorliegenden Kontext keine besondere Bedeutung intendiert ist. 24,30b: Abschluß

24,31 24,31 führt (nach dem »Einschub« der Liste V 20b–30) die Einteilungsnotiz 24,20a weiter und schließt das Kapitel insofern wirkungsvoll ab, als dieser Schlußsatz zugleich die Szenerien von 24,6–7 sprachlich wiederholt und leicht variiert (s. o.).

1 Chr 25,1–31: Einteilung und Dienst der Sänger

Literatur *J. Boehmer,* Sind einige Personennamen 1 Chr. 25,4 »künstlich geschaffen«?: BZ 2, 1934, 93–100. – *P. B. Dirksen,* Prophecy and Temple Music: 1 Chron. 25:1–7: Hen. 19, 1997, 259–265. – *P. Haupt,* Die Psalmverse I Chr. 25:4: ZAW 34, 1914, 142–145. – *P. F. von Hummelauer,* 1 Chr. 25: Ein Beitrag zum Gebrauch des Loses bei den Hebräern: BZ 2, 1904, 254–259. – *H. P. Mathys,* Philologia sacra: Das Beispiel der Chronikbücher: ThZ 53, 1997, 64–73. – *N. H. Torczyner,* A Psalm by the Sons of Heman: JBL 68, 1949, 247–249.

Text

Übersetzung *25[1] Und David sonderte zusammen mit den Anführern der Diensttruppe die Söhne des Asaf und des Heman und des Jedutun ab, die mit Leiern, mit Harfen und mit Cymbeln prophezeiten. Und es war die Zahl der Männer, die das Werk in ihrem Dienst machten:*

[2] Von den Söhnen des Asaf: Sakkur und Josef und Netanja und Asarel. [Dies] die Söhne des Asaf unter der Leitung des Asaf, die prophezeiten bei David.

[3] Von Jedutun: die Söhne des Jedutun: Gedalja und Zeri und Jeschaja [und Schimi] und Haschabja und Mattitja, sechs, unter Leitung ihres Vaters Jedutun, der mit der Leier prophezeite beim Danken und Loben für JHWH.

[4] Von Heman: Die Söhne des Heman: Bukkija, Mattanja, Usiël, Schebuël und Jerimot, Hananja, Hanani, Eliata, Giddalti und Romamti-Eser, Joschbekascha, Malloti, Hotir, Mahasiot.
[5] Alle diese sind Söhne des Heman, des Visionärs des Königs, gemäß der Worte Gottes, das Horn zu erheben. Und Gott gab dem Heman vierzehn Söhne und drei Töchter.
[6] All diese waren unter der Leitung ihres Vaters beim Gesang im Haus JHWHs, mit Cymbeln, Harfen und Leiern, zum Dienst des Hauses Gottes, unter der Leitung des Königs: Asaf und Jedutun und Heman.

[7] Und es war ihre Zahl, zusammen mit ihren Brüdern, die Schüler im Gesang für JHWH, alle Kundigen, 288.

[8] Und sie warfen die Lose Wache [gegen Wache], klein und groß, Kundiger wie Schüler.

[9] Da fiel das erste Los für Asaf auf Josef, Gedalja der zweite, er und seine Brüder und seine Söhne: 12,
[10] der dritte Sakkur, seine Söhne und seine Brüder: 12,
[11] das vierte auf Jizri, seine Söhne und seine Brüder: 12,
[12] der fünfte Netanja, seine Söhne und Brüder: 12,
[13] der sechste Bukkija, seine Söhne und Brüder: 12,
[14] der siebte Jesarela, seine Söhne und Brüder: 12,
[15] der achte Jeschaja, seine Söhne und Brüder: 12,
[16] der neunte Mattanja, seine Söhne

und Brüder: 12, [17] der zehnte Schimi, seine Söhne und Brüder: 12, [18] der elfte
Asarel, seine Söhne und Brüder: 12, [19] das zwölfte auf Haschabja, seine Söh-
ne und Brüder: 12, [20] beim dreizehnten: für Schubael, seine Söhne und Brü-
der: 12, [21] beim vierzehnten: für Mattitja, seine Söhne und Brüder: 12,
[22] beim fünfzehnten: für Jerimot, seine Söhne und Brüder: 12, [23] beim sech-
zehnten: für Hananja, seine Söhne und Brüder: 12, [24] beim siebzehnten: für
Joschbekascha, seine Söhne und Brüder: 12, [25] beim achtzehnten: für Hana-
ni, seine Söhne und Brüder: 12, [26] beim neunzehnten: für Malloti, seine Söh-
ne und Brüder: 12, [27] beim zwanzigsten: für Eliata, seine Söhne und Brüder:
12, [28] beim einundzwanzigsten: für Hotir, seine Söhne und Brüder: 12,
[29] beim zweiundzwanzigsten: für Giddalti, seine Söhne und Brüder: 12,
[30] beim dreiundzwanzigsten: für Mahasiot, seine Söhne und Brüder: 12,
[31] beim vierundzwanzigsten: für Romamti-Eser, seine Söhne und Brüder: 12.

Zu Text und Übersetzung

1 הנביאים »die Propheten«: zu lesen הנבאים »die prophezeien« (Partizip) mit dem *Qere.*

2 ואשראלה: vermutlich ואשראל, אלה, vgl. aber V 14.

3 וצרי »und Zeri«: Vorschlag ויצרי »und Jizri«, vgl. V 11; hinter »Jeschaja« hinzuzufügen »und Schimi«, mit Versionen und V 17; בכנור הנבא: umgekehrt (vgl. BHS).

6 אסף וידותון והימן »Asaf und Jedutun und Heman«: wohl Glosse.

8 לעמת: einzufügen משמרת »Wache« mit einigen MSS und Targum.

Analyse

Text-zusammenhang

Kapitel 25 verzeichnet die Herkunft der Sänger und ihre Gliederung in Abteilungen durch Auslosen. Der Kontext leuchtet unmittelbar ein: Die Sänger stehen nach den Leviten und Priestern, aber vor den Torhütern. Aufbau, Arrangement der Angaben und Anlage dieser Liste weisen große Ähnlichkeit mit 1 Chr 24,1–19 auf, wobei die deutlichste Parallele zwischen 24,2–18 und 25,9–31 besteht.

Inhalt

Das Kapitel besteht aus zwei gleichwertigen Teilen: V 1–7 bieten eine allgemeine Einführung der Sänger, ihre jeweilige Abstammung von den drei »Vätern«, eine kurze Schilderung ihrer Aufgaben und ihre Anzahl; V 8–31 bringen die Prozedur des Auslosens und ein schematisches Verzeichnis der 24 Abteilungen. Dadurch kommt eine gewisse Doppelung zustande, denn sämtliche Namen (mit durch die Überlieferung bedingten leichten Abweichungen) kommen zweimal vor: einmal nach ihrer Abstammung von den drei Hauptlinien (V 2–4), dann noch einmal in der Reihe der Abteilungen (V 9 ff.). So doppelt werden nur die Sänger präsentiert; Leviten und Torhüter sind nur nach ihrer Abstammung verzeichnet (Kap. 23 und 26), die Priester nur nach den Abteilungen (Kap. 24).

Besonderheiten von Kap. 25

Außerdem weist das Kapitel folgende Besonderheiten auf:

a) Bei der Erwähnung der Ahnherren der Sänger werden deren Vorzüge und Status besonders hervorgehoben: »prophezeien«, »Visionär des Königs«, »eingesetzt durch den König« – keine von den anderen Ordnungen weist so viele Ruhmestitel auf (»Beamte« in 26,29 ff., Priester in 23,13).

b) Die organisatorischen Einheiten der Sänger werden nicht als »Abteilungen« eingeführt; die Verbalwurzel »teilen« (חלק) kommt im ganzen Kapitel nicht einmal vor. Da dieser Terminus sonst durchweg verwendet ist (24,1; 26,1 u.ö.) und die Sänger faktisch in 24 Gruppen gegliedert sind, ist das Fehlen des Terminus überraschend und dürfte kein Zufall sein (s. u. Auslegung zu V 8).

c) Die Künstlichkeit dieser Sängerliste ist so unverkennbar, daß die meisten Forscher sie bemerkt haben. Von den Namen der Söhne Hemans sind die letzten neun künstliche Wortgebilde, und dieser ihr Charakter wird nicht einmal vertuscht, wodurch deutlich wird, daß diese Liste mehr literarisch-polemische Funktion hat als tatsächliche Beziehung zu bestehenden Verhältnissen.

d) Listen sind in der Regel nach einem vorgeformten Muster gestaltet, doch der Grad der Formalisierung schwankt von Liste zu Liste. Das vorliegende Kapitel zeichnet sich durch besondere Einheitlichkeit aus, besonders in den festen Formeln der Verse 9–31; dasselbe Gleichmaß ist auch in den typologischen Zahlenangaben zu beobachten: 24 Einheiten von je 12 Sängern.

Quellen?

Das vorliegende Kapitel und das sonstige Quellenmaterial zu den Sängern haben kaum Berührungspunkte. Mit Ausnahme der drei »Väter« und einiger ganz weniger Namen (Sakkur, Schimi, Bukkija und Mattanja, vgl. *J. Liver*, Chapters 1987, 61), ist keine der hier genannten Personen anderswo als Sänger nachgewiesen.

Historischer Hintergrund und theologische Intention

Aus dem oben Gesagten folgt mit Notwendigkeit, daß es sich bei Kap. 25 weitgehend um ein künstliches Gebilde handelt. Es beruht auf gewissen – historischen oder theoretischen – Voraussetzungen und ist von literarischen und sozialen Motiven geleitet. Es wäre vielleicht zu viel, ihm jeglichen historischen Kern absprechen zu wollen, aber das Kapitel trägt insgesamt literarischen Charakter (s. u. Auslegung zu V 4). Im Unterschied zu den levitischen und priesterlichen Listen – die vorhandene Vaterhäuser aus der Zeit des Zweiten Tempels wiedergeben, selbst wenn die genealogischen Verbindungen überarbeitet sein mögen – scheint das Verzeichnis der Sänger kein System wiederzugeben, das jemals funktioniert hat. In dieser Hinsicht ist der markanteste Kontrast in der formal ähnlichsten Liste zu finden: im Verzeichnis der Priester, das vermutlich als Vorbild für die Anlage dieses Abschnitts gedient hat. Die theologische Motivation war der Wunsch, eine bis ins kleinste reichende Analogie zwischen dem Opferdienst und dem musikalischen Gottesdienst zu bieten (vgl. auch zu 23,30–31), doch gibt es keinen Beweis dafür, daß eine so völlige Übereinstimmung in der Liturgie des Zweiten Tempels tatsächlich bestanden hat.

Aufbau

Im einzelnen ist das Kapitel folgendermaßen aufgebaut:

a) V 1–7 Allgemeine Einführung der Sänger
- V 1 Eröffnung
- V 2–6 Aufzählung der Sänger:
  - V 2 Die Nachkommen Asafs
  - V 3 Die Söhne Jedutuns
  - V 4–6 Die Nachkommen Hemans
- V 7 Abschluß

Der Aufbau ist klar und übersichtlich, wobei die Formulierung von Eröffnung und Abschluß übereinstimmt: »ihre Zahl war …« (ויהי מספרם). Ein gewisses Maß an Einheitlichkeit ist auch in der Anlage kleinerer Texteinheiten zu beobachten. So etwa die mehrfach wiederkehrenden Wendungen:

2: »Von den Söhnen des Asaf … (ihre Namen) … unter Leitung des Asaf …«

3: »Von Jedutun: die Söhne des Jedutun … (ihre Namen) … unter Leitung ihres Vaters Jedutun …«

4: »Von Heman: die Söhne des Heman ... (ihre Namen)«
6: »... unter der Leitung ihres Vaters ...«
Weitere wiederholte Ausdrücke sind »prophezeien« (V 1.2.3); »eingesetzt durch den König« (V 2.6); Nennung der Musikinstrumente (V 1.3.6).

Im Kontrast zu der weitgehenden Einheitlichkeit des Gesamtrahmens bestehen stilistische und inhaltliche Unterschiede zwischen den kleineren Texteinheiten, wobei ihre wachsende Länge der hervorstechendste ist. Was wir hier vor uns haben, ist eine typisch chronistische Synthese von Sinngehalt und literarischer Ausführung. Heman wird nicht nur mit dem im gegenwärtigen Kontext einzigartigen Titel »Visionär des Königs« präsentiert und als Kinderreichster unter den Familienvätern (14 Abteilungen leiten sich von ihm ab, von den beiden anderen zusammen nur 10), der Abschnitt beschreibt ihn und seine Nachkommenschaft überhaupt recht ausführlich. So kommt die Vorliebe des Verfassers nicht nur direkt, sondern auch durch den Kode der literarischen Darstellung zum Ausdruck.

b) V 8–31 Prozedur des Auslosens und Einteilung
V 8 Eröffnung
V 9–31 Aufzählung der Abteilungen.

Mit Ausnahme von V 9, der die syntaktische Grundlage für die folgende Texteinheit bildet, folgt der Aufbau durchweg einer festen Form; zu Einzelheiten s. u.

Auslegung

25,1–7: Allgemeine Einführung der Sänger

Eröffnung (25,1)

25,1 Manches an der Eröffnung 25,1 ist eigenartig. Zunächst die Vokabel ויבדל »sonderte ab« zur Bezeichnung von Davids Maßnahme. Dieses Verb wird u. a. verwendet für die »Absonderung« der Priester oder Leviten vom übrigen Volk und ihre Einsetzung zum Dienst am Heiligtum (Num 16,9; Dtn 10,8; Num 8,14). Das »Absondern« der Priester findet sich auch in 1 Chr 23,13. Durch diese spezielle Vokabel setzt der Chronist die Einführung der Sänger in ihr Amt analog zur »Absonderung« der Priester und Leviten. Hier ist also ein weiteres Mal die in Esra-Neh und Chr verbreitete Auffassung ausgedrückt, wonach die Einführung und Etablierung der Kultmusik auf David zurückgeht. Eine weitere ungewöhnliche Vokabel in diesem Kontext ist der Ausdruck »Anführer der Diensttruppe« (שרי הצבא). Hier dürfte es sich wohl kaum um militärische Befehlshaber handeln wie in 1 Chr 26,26 oder 2 Chr 33,11. Vielmehr haben die Exegeten darauf hingewiesen, daß der Terminus »Truppe« (צבא) im Pentateuch für den Dienst der Leviten verwendet wird (Num 4,3.23.30.35; 8,24.25); demnach wäre der Ausdruck »Anführer der Diensttruppe« die chronistische Bezeichnung für die dienstältesten Leviten, ähnlich wie »die Anführer der Leviten« (שרי הלוים, 1 Chr 15,16). Als Zuständige für den Dienst der Leviten assistieren sie David bei der »Absonderung« der Sänger.

Die Funktion der Sänger wird mit dem ungewöhnlichen Terminus »prophezeien« bezeichnet. Ebenso sind in der Chronik die drei obersten Sänger mit dem Titel »Propheten« versehen: Heman in V 5, Asaf in 2 Chr 29,30 und Jedutun (oder alle drei) in 2 Chr 35,15. Zu dieser schwierigen Angelegenheit ist zunächst zu bemerken: Der Titel חזה »Visionär«, der die Sänger als Propheten auszeichnet, kommt in Chr häufiger vor, in Bezug auf Gad, Jedo, Iddo, Jehu und Propheten überhaupt (1 Chr 21,9; 29,29; 2 Chr 9,29; 12,15; 19,2; 33,18). So drängt sich die Frage auf, inwiefern der Chronist die Tätigkeit der Sänger als »Prophetie« begreift. Die verfügbaren Belege sind zwar zu spärlich für eine eindeutige Antwort, vermögen aber doch gewisse Einsichten zu vermitteln:

In erster Linie heißen die Sänger deshalb Visionäre, weil sie als die Verfasser der liturgischen Dichtung gelten, die vermutlich schon damals auf göttliche Eingebung zurückgeführt wurde. So heißt es etwa in 2 Chr 29,30: »... JHWH zu loben mit den Worten Davids und Asafs des Visionärs ...«. Außerdem übermittelt nach chronistischer Vorstellung der Prophet dem Volk göttliche Verordnungen nicht nur *ad hoc*, sondern auch Gottes Willen in Gestalt von auf die Dauer gegebenen Vorschriften und Einrichtungen. Am klarsten ausgedrückt findet sich dieser Gedanke in 2 Chr 29,25: »Denn durch die Hand JHWHs [geschah] das Gebot, durch die Hand seiner Propheten«. Diese bedeutsame Aussage schließt an die Einsetzung der Sänger an: »Da stellte er die Leviten auf ... mit Cymbeln, Harfen und Leiern kraft Gebot Davids und Gads, des königlichen Visionärs, und Natans, des Propheten«. Dort sind unter den »Propheten« offenbar David, Gad und Natan zu verstehen, aber zum Vergleich heranzuziehen ist 2 Chr 35,15, wo es heißt: »und die Sänger ... auf ihrem Posten nach dem Gebot Davids, Asafs, Hemans und Jedutuns, des königlichen Visionärs«. Demnach erfolgte die Einsetzung der Sänger in ihr Amt kraft göttlichen Gebotes, das durch die Propheten, unter ihnen die Väter der Sänger, übermittelt wurde.

Außerdem geht aus den V 2 und V 3 hervor, daß das konkrete Tun der Sänger, d.h. ihr Gesang samt Instrumentalbegleitung als »Prophetie« bezeichnet wird. Dies hängt vermutlich mit älteren Vorstellungen zusammen, etwa der in 1 Sam 10,5 ausgedrückten: »Du wirst auf eine Gruppe von Propheten stoßen ... vor ihnen Harfe und Trommel, Flöte und Leier, wie sie prophezeien«. Manche Forscher wollen in diesem Aspekt des Gesangs eine Fortsetzung von angeblich am Ersten Tempel üblicher »Kultprophetie« sehen.

1 Chr 25,1 ist die einzige Stelle, wo (nach dem *Qere*) das Verb »prophezeien« (Partizip Plural) den »Söhnen des Asaf und des Heman und des Jedutun« beigelegt wird, und auf die Aussage dieses Verses hin wird die Tempelmusik insgesamt, über die Generationen hin, als Prophetie gedeutet. Wie das liturgische Musizieren als Akt von Prophetie aufgefaßt wurde, wird aus den Belegen in Chr nicht ganz deutlich. Anscheinend soll dieser Terminus die Tempelmusik als eine der erhabensten Kultfunktionen auszeichnen, worunter nicht unbedingt die Fortsetzung eines älteren Brauchs verstanden

wird. Möglicherweise kam so die Version des *Ketiv* »die Propheten« (הנביאים) zustande, was sich auf die drei obersten Sänger beziehen kann und nicht auf die Einrichtung der Tempelmusik überhaupt.

25,2 Die Stellung der Asafiten ganz oben auf der Liste (V 2) bezeichnet vermutlich ihren Vorrang unter den Sängern. In anderen Listen werden die Sänger insgesamt als »Söhne Asafs« eingeführt (Esra 2,41); auch in 2 Chr 29,30; 35,15 wird die Sonderstellung von Asaf hervorgehoben. Doch trotz ihres hohen Ansehens umfassen sie nur vier Vaterhäuser und bilden somit die kleinste Gruppe unter den Sängern. Dies bedeutet, daß die auf Asaf zurückgehenden Familien im tatsächlichen Tempelbetrieb nur eine Minderheit waren, während das Haus Heman an Bedeutung zunahm (vgl. auch 1 Chr 15,17 u.a.m.). Der erste unter den Asafiten, Sakkur, erscheint mit derselben Familienzugehörigkeit auch in anderen Listen von Sängern (Neh 12,35; 1 Chr 9,15 als Sichri); in 1 Chr 15,18.20 und 16,5 gehört Secharja (wohl mit Sakkur gleichzusetzen) zur »zweiten Ordnung« Asaf. Die übrigen Nachkommen Asafs – Josef, Netanja und Asarel – stehen nur in diesem Kontext. Andererseits sind in der vorliegenden Liste Mattanja und wohl auch Bukkija (wenn wir ihn mit Bakbukja gleichsetzen), die in Esra-Neh von Asaf abstammen (Neh 11,17.22; 12,35 und 12,8 ohne Hinweis auf Asaf) hier mit Heman in Verbindung gebracht. Dies mag auf eine Verzweigung ursprünglich asafitischer Familien hindeuten, die dann ein eigenes Vatershaus namens Heman bildeten, das allmählich Gleichstellung und schließlich den Vorrang erlangte.

V 2–6: Aufzählung der Sänger

25,3 Fünf Söhne Jedutuns sind im V 3 verzeichnet, aber ihre Gesamtzahl wird mit »sechs« angegeben; der fehlende Name »Schimi« (oder Schemaja), der in V 17 steht, ist hier (aufgrund eines MSs und einiger Versionen) zu ergänzen. Schimi (Schemaja, Schamua) ist unter den sechsen auch der am engsten mit Jedutun verbundene (Neh 11,17; 1 Chr 9,16). Jedutun ist von den übrigen Sängern unterschieden durch ausdrückliche Erwähnung seines Instruments und seines Spielens. In Bezug auf Jedutun fraglich sind zum einen die Bedeutung des Namens, zum anderen seine Beziehung zu Etan, der in 1 Chr 6,29 und 15,17.19 an seine Stelle tritt. Der Wechsel von »Jedutun« zu »Etan« ist m.E. nicht als Niederschlag eines historisch-soziologischen Vorgangs zu betrachten, in dem ein neuer Zweig von Sängern an die Stelle eines erschöpften getreten wäre; vielmehr handelt es sich um ein literarisches Phänomen homiletischer Natur, das auf den Chronisten selbst zurückgeht. Die Herkunft der Sänger-Abteilung »Jedutun« sowie die Bedeutung des Namens sind unklar. Jedutun erscheint bereits als eine levitische Familie, vermutlich von Sängern, in Neh 11,17, dann wieder in 1 Chr 9,16. In den früheren Listen aus Esra-Neh werden alle Sänger als »Söhne Asafs« bezeichnet (Esra 2,41; 3,10; Neh 7,44), aber in Neh 11,17 ist bereits eine Dreigliederung der Sänger belegt, hier benannt als »Mattanja … Sohn des Asaf«, »Bakbukja, der zweite unter seinen Brüdern« und »Abda … Sohn des Jedutun«. Die beiden erstgenannten sind offenbar Angehörige der Familie Asaf, der dritte, Jedutun, ist neu. Was den Namen betrifft, hat man aufgrund der Belege in Ps vermutet, daß es sich ursprünglich um einen musikalischen Terminus handelt, der in einem gewissen Stadium zur Bezeichnung einer Familie von Sängern geworden ist.

Neben der konkreten Zusammensetzung der Sängerschaft gab es wahrscheinlich noch eine unabhängige Überlieferung über die »Väter« der Sänger, die ihren deutlichsten Ausdruck in den Psalmenüberschriften gefunden hat. Zusätzlich zu Asaf stehen dort die Namen »Heman der Esrachit« (Ps 88,1) und »Etan der Esrachit« (Ps 89,1). So standen in einem gewissen Stadium zwei parallele Systeme einander gegenüber: die tatsächliche Sängerschaft, bestehend aus drei Zweigen, die sich von Asaf und Jedutun herleiteten, und eine literarische Überlieferung von den drei »Vätern« der Sänger aus Davids Zeit, nämlich Asaf (am stärksten repräsentiert), Heman und Etan. Diese Ahnherren stammten (zumindest laut Chr) von Levi ab; ihr Stammbaum verlief über Gerschom, Kehat und Merari. Im nächsten Stadium wurden die beiden parallelen Elemente dann geradezu zwangsläufig in eins gesetzt, wozu das gemeinsame Element »Asaf« beitrug (vgl. analog die Symmetrie zwischen Zadok als Nachfahre von Eleasar und Ebjatar als Nachkomme von Itamar in 1 Chr 24). Die drei Linien von Sängern wurden mit den drei »Vätern« verknüpft, zuerst durch Hinzufügung von Heman und dann durch »Hebraisierung« des unverständlichen Namens »Jedutun« zu »Etan«; dieser Wechsel war graphisch und phonetisch so naheliegend (איתן – ידתן), daß die beiden als ein und dasselbe betrachtet wurden.

Vierzehn Söhne Hemans sind im V 4 aufgezählt, aber nur die ersten sie- 25,4
ben entsprechen dem Gebrauch des biblischen Onomastikon, während die letzten sieben überaus ungewöhnlich sind (vier Verbformen, eine Anrufung אלי אתה [Eliata] »mein Gott bist du«, und zwei ganz unregelmäßige Formen), einige davon völlig unverständlich. Im Zuge der erheblichen Aufmerksamkeit, die dieser Vers auf sich gezogen hat, ist beobachtet worden, daß sich die Formen von »Hananja« an zu kurzen Versen zusammenschließen. Versuche sind gemacht worden, daraus die Eröffnung einer liturgischen Dichtung zu machen; der Anfang liest sich in der Tat als solche: חנני יה חנני, אלי אתה »begnade mich, JH, begnade mich, mein Gott bist du«, aber die Fortsetzung fügt sich nicht mehr so glatt zusammen. Unlängst ist vorgeschlagen worden, daraus keinen fortlaufenden Text zu machen, sondern die Wörter als Anfänge von Hymnen aufzufassen, die von den levitischen Sängern rezitiert wurden. Was wir hier vor uns haben, ist ein systematischer Aufriß; es geht darum, die Sängerschaft so darzustellen, daß sie bis ins einzelne der Priester- und Levitenschaft entspricht, wobei Davids Urheberschaft hinter dem ganzen Apparat wichtig ist. In Ermangelung konkreter genealogischer Angaben und einer ausgeprägten Tradition skizziert der Chronist dieses System nach einem vorgegebenen Muster und ergänzt die

fehlenden Elemente dadurch, daß er die Namen zweimal aufführt: zuerst nach Abstammung von den »Vätern«, dann nach Abteilungen mit Angabe der Ordnungszahl.

25,5 Der Vers 5 verdeutlicht, was bereits aus der Liste der Namen hervorging: Hemans ungewöhnlicher Kinderreichtum – stammen doch nicht weniger als 14 von insgesamt 24 Sängerabteilungen von ihm ab. Als natürlicher Rahmen für dieses Phänomen fungiert der Hinweis auf die 14 Söhne und 3 Töchter, die Gott dem Heman gegeben habe. Töchter bilden in der Regel keine Vaterhäuser, wären also für unseren Kontext irrelevant; ihre Erwähnung soll offenbar dem außerordentlichen Kinderreichtum eine gewisse Wahrscheinlichkeit verleihen. Allerdings sind die Zahlen unverkennbar typologisch; sie entsprechen denen von Ijobs Kindern, nachdem dessen Glück wiederhergestellt war.

Eine syntaktische Schwierigkeit bietet die Abfolge der Ausdrücke »gemäß der Worte Gottes, das Horn zu erheben« (להרים קרן). Asyndetisch wie die Satzglieder stehen, ist nicht klar, wessen »Horn zu erheben« ist, Gottes oder Hemans. In Analogie zu V 2b und V 3b wäre Gott als Objekt naheliegend; allerdings bezieht sich die idiomatische Verbindung להרים קרן, die für den Sprachgebrauch von Ps charakteristisch ist, in der Regel auf ein menschliches Objekt: den Gerechten, das Volk o.ä. (Ps 89,18; 148,14; 1 Sam 2,1 u.ö.; so auch im Midrasch, Yalqut Schimoni II, 81). Wenn der Ausdruck wirklich auf Heman gerichtet ist, so wird kein Versuch gemacht, den ihm verliehenen Segen midraschisch mit seinem Namen in Verbindung zu bringen (wie etwa im Fall von Rehabja). Auffällig ist auch, wie der Chronist in seiner Prosa sprachliches Material verwendet, das sonst dem poetischen Sprachgebrauch vorbehalten ist.

25,6 V 6 nimmt zunächst die Eröffnungsworte aus V 5 wieder auf: »all diese« (כל אלה); danach wird speziell Bezug genommen auf Hemans Söhne: Sie unterstehen ihrem Vater, ihre Aufgabe besteht in »Gesang«, sie spielen die und die Instrumente, sie sind durch den König eingesetzt. Dieser ausführliche Abschluß gehört eigentlich zur Sängerschaft insgesamt, aber der Einsatz mit »all diese« sowie die immer detailliertere Beschreibung deutet darauf hin, daß der Autor am Hause Heman, für ihn die wichtigste Gruppe innerhalb der Sängerschaft, ein besonderes Interesse hat.

25,7 Der erste Teil des Kapitels schließt in 25,7 mit einer Zahlenangabe; dadurch wird deutlich, daß die vorgenannten Namen zwar als Einzelpersonen »Sohn des So-und-So« eingeführt, aber als Gruppenbezeichnungen intendiert sind, obwohl der sonst übliche Terminus »Vaterhaus« im Zusammenhang mit den Sängern nicht vorkommt. So wie die vier »Söhne« von Asaf, die sechs von Jedutun und die vierzehn von Heman technisch als »Brüder« betrachtet werden, heißen die Mitglieder jeder einzelnen Gruppe hier »Brüder«, später dann »Brüder« und »Söhne« (V 9bff.). Die schematische Zahl 288 steht der folgenden Liste voran, wo 24 Abteilungen von je 12 Mitglie- V 7: Abschluß dern aufgeführt sind (V 9 ff.). Trotz ihres typologischen Charakters ist diese Zahl vergleichbar mit der Anzahl der Sänger unter den Heimkehrern aus dem babylonischen Exil: 128 (Esra 2,41) bzw. 148 (Neh 7,44) gegenüber mehr als viertausend Priestern. Die Zahl in Chr beträgt zwar mehr als das Doppelte, ist aber immer noch relativ niedrig.

25,8–31: Prozedur des Auslosens und Einteilung

Syntaktisch ist der Vers 8 zwar an den vorigen gebunden, aber faktisch 25,8
eröffnet er einen neuen Abschnitt, wo es um die Organisation der Sängergruppen durchs Los geht. Das System ähnelt dem der anderen Ordnungen, nur daß der Terminus »Abteilungen« hier fehlt; statt dessen steht משמרת (wörtlich: »Wache«); der Ausdruck scheint hier verderbt, anscheinend ist gemeint: »Wache gegen Wache«.

V 8: Eröffnung

Wie beobachtet, diente das Auslosen unter den Priestern zur Einteilung der Vaterhäuser/Abteilungen, und zwar wurden »diese wie jene« eingesetzt (24,5). Die Lose der Leviten fielen nämlich »gegen ihre Brüder« (לעמת אחיהם), die Priester, und die der Vaterhäuser gegeneinander (24,31). Im Unterschied dazu wurde das Los unter den Sängern »Wache gegen Wache« geworfen, wobei alle beteiligt waren, »klein und groß, Kundiger wie Schüler« (25,8). Das könnte bedeuten, daß die Funktion des Auslosens hier nicht dieselbe war: Hier geht es nicht um ein Rotationsprinzip unter den Abteilungen, sondern um die Arbeitsteilung innerhalb der jeweiligen Sängergruppe, von denen jede ihre »Wache« wahrzunehmen hat. Das wäre auch eine Erklärung für die relativ niedrige Zahl der Sänger: Während jede Priesterabteilung für zwei Wochen im Jahr Dienst tat, wobei die Abteilungen jede Woche wechselten, scheint unter den Sängern kein entsprechendes Rotationssystem bestanden zu haben. Ihre Gruppierung gilt durchgängig, gegliedert waren sie nur nach »Wachen«, und dafür war die angegebene Zahl ausreichend. Dies wäre ein weiteres Argument für die Künstlichkeit der folgenden Liste, wo gewaltsam eine Analogie zwischen Priestern und Sängern hergestellt ist. Allerdings ist wohl doch mit einer gewissen Flexibilität der Arbeitsteilung unter den Sängern zu rechnen. Laut Neh 12,28–29 wohnten die Sänger außerhalb Jerusalems und wurden aus Anlaß der Einweihung der Mauer in die Stadt bestellt. Möglicherweise wurden zu besonderen Anlässen, etwa Festen, zusätzliche Sänger zur Verstärkung des regulären Sängertrupps am Tempel herangezogen.

V 9–31: Aufzählung der Abteilung

Syntaktisch bildet der ganze Abschnitt 25,9–31 einen einzigen Satz, ab- 25,9–31
hängig von der Eröffnung: »da fiel das erste Los … auf …«. Die Namen in der Liste sind dieselben, die zuvor schon aufgeführt waren. Zu jeder einzelnen Sängergruppe werden ganz präzise Angaben gemacht, was an das Verzeichnis der Militäreinheiten in Kap. 27 erinnert: Ordnungszahl, Name der Gruppe (nach dem jeweiligen Anführer), Zusammensetzung der Gruppe und Zahl ihrer Mitglieder. Die hier verwendete literarische Technik ist interessant. Da die Liste einem festen Muster folgt, hätte sie sich zu einem geschlossenen Abschnitt zusammenziehen lassen, Aufzählung der Namen mit

Ordinalzahl und ein einziger Satz als Resümee, etwa: »Jede Gruppe bestand aus dem Anführer, seinen Brüdern und Söhnen, insgesamt 12«. (Diese Technik mit dem Kontext entsprechender Formulierung findet sich etwa in 24,31.) Doch statt dessen zählt der Verfasser die 24 bereits genannten Namen von neuem auf und wiederholt den Ausdruck »seine Söhne und seine Brüder« nicht weniger als 23mal; anscheinend sollen auch hier Wiederholung und quantitive Häufung den Eindruck verstärken.

25,9 Ausgerechnet der Eröffnungsvers 9 der einheitlichen Liste weicht in nahezu jeder möglichen Weise von dem danach strikt eingehaltenen Schema ab. Syntaktisch handelt es sich um einen vollständigen Satz: »Da fiel das erste Los für Asaf auf Josef«. Es wird auf den Ahnvater Asaf verwiesen, doch findet sich keinerlei Angabe zu Größe und Zusammensetzung der Gruppe (in LXX ist diese Information ergänzt). Die zweite Vershälfte entspricht eher dem Muster, aber doch nicht ganz: Die Ordinalzahl steht hinter dem Namen (wörtlich: »Gedalja der zweite«), nicht davor wie bei den folgenden Namen; der Vers enthält das Personalpronomen הוא »er«, und die Reihenfolge der »Söhne« und »Brüder« ist vertauscht. All diese Abweichungen scheinen mir eher bewußt eingesetzte Stilmittel als Textverderbnisse, die sich im Zuge der Überlieferung eingeschlichen haben. Sie sollen der Eröffnung der Liste ihre eigene Form verleihen, dem danach folgenden Muster angepaßt, aber doch eigenständig. In der vorliegenden Form ist diese Eröffnung an den vorangehenden Vers erzählerisch angebunden; daher handelt es sich bei לאסף »für Asaf« weder um Dittographie für ליוסף »für Josef« noch um einen sekundären Zusatz, sondern um einen ursprünglichen Bestandteil. Ebenso ist das Fehlen von »seine Brüder und Söhne, zwölf« hinter »Josef« als stilistische Variante zu betrachten. Die erste Zeile mit ihren Eigenheiten und Auslassungen entspricht in der Länge den folgenden, wodurch ein gewisses rhythmisches Gleichgewicht geschaffen wird.

25,10–31 Die Abfolge der Gruppen in V 10–31 ist von Interesse:

a) Das erste Los fällt zwar an die Nachkommen von Asaf, aber nicht an dessen ältesten Sohn Sakkur, sondern an den zweiten, Josef. Wir haben wohl keine Möglichkeit zu entscheiden, ob die Reihenfolge hier eine hierarchische Aussage macht oder nicht (vgl. auch zu Kap. 24).

b) Ein Vergleich der Reihenfolge der Namen in der zweiten mit der in der ersten Kapitelhälfte verschafft uns eine Vorstellung, wie die Auslosung vor sich ging. Daraus geht hervor, daß jeweils zwischen Angehörigen von zwei verschiedenen Gruppen gelost wurde, wobei ein Mitglied jeder Gruppe ausgesondert wurde. In den ersten vier Runden bildete die Linie Asaf eine der beiden Gruppen; ihr gegenüber standen in der ersten, zweiten und vierten Runde Jedutun, in der dritten Heman. Nachdem die vier Mitglieder von Asaf gewählt waren, gingen die Lose zwischen den Nachkommen Hemans (angefangen mit Mattanja) und den übrigen Nachkommen Jedutuns hin und her, bis zur 14. Runde. Von der 15. an losten die Nachfahren Hemans untereinander; die ersten beiden kamen entsprechend ihrer genealogischen Abfolge heraus (Jerimot, Hananja), aber die übrigen sind irgendwie vertauscht.

Asaf	*Jedutun*	*Heman*
1. Josef	2. Gedalja	
3. Sakkur	4. Jizri	
5. Netanja		6. Bukkija
7. Jesarela	8. Jeschaja	
	10. Schimi	9. Mattanja
	12. Haschabja	11. Asarel/Usiel
	14. Mattitja	13. Schubael

15. Jerimot	16. Hananja
17. Joschbekascha	18. Hanani
19. Malloti	20. Eliata
21. Hotir	22. Giddalti
23. Mahasiot	24. Romamti-Eser

Wenn wir davon ausgehen, daß beim Auslosen der Priesterabteilungen ebenso verfahren wurde, hätten die ersten 16 jeweils zwischen Eleasar und Itamar hin und her gewechselt; von der 17. an hätten die Nachkommen Eleasars dann untereinander um die Reihenfolge gelost.

c) Anders als sonst am Kapitelende hat die Liste der Sänger keinen formalen Abschluß.

Die Anzahl der Musikanten in jeder Gruppe, nämlich zwölf, ist auch in der Mischna dokumentiert: »Es waren nie weniger als zwölf Leviten, die auf der Estrade standen; nach oben war die Zahl unbeschränkt« (M Arachin II 6). Die feste Zwölfzahl setzte sich zusammen aus neun Leiern (ebd. II 5), zwei Harfen (ebd. II 3) und einer Cymbel (ebd. II 5). In 1 Chr 16,5–6 erscheint die gleiche Zahl, doch in anderer Besetzung: neun Harfen und Leiern, zwei Trompeten und eine Cymbel, letztere vom Anführer der Gruppe zu spielen (vgl. 1 Chr 15,19). Zu fragen bleibt, ob die Mischna den musikalischen Betrieb beschreibt, wie er tatsächlich zur Zeit des Zweiten Tempels stattgefunden hat, oder nur die vorgegebene Zwölfzahl in angemessener Weise füllt.

1 Chr 26,1–32: Einteilung und Dienst der Torhüter, sowie der Schatzmeister, Beamten und Richter

Literatur

P. B. Dirksen, The Composition of 1 Chronicles 26:20–32: JNWSL 24, 1998, 145–155. – *G. Toloni,* La funzione sintattica ed il significato di ΔΙΑΔΕΞΟΜΕΝΟΣ in 1 Cr 26,18b: BeO 40, 1998, 99–109. – *J. W. Wright,* Guarding the Gates: 1 Chronicles 26:1–19 and the Roles of Gatekeepers in Chronicles: JSOT 48, 1990, 69–81.

Text

Übersetzung

26[1] Die Abteilungen der Torhüter:

Von den Korachiten: Meschelemja, der Sohn des Kore, von den Söhnen des Asaf. [2] Und Meschelemja hatte Söhne: Secharja der Erstgeborene, Jediaël der zweite, Sebadja der dritte, Jatniël der vierte, [3] Elam der fünfte, Johanan der sechste, Eljoënai der siebte.

[4] Und Obed-Edom hatte Söhne: Schemaja der Erstgeborene, Josabad der zweite, Joach der dritte und Sachar der vierte und Netanel der fünfte, [5] Ammiël der sechste, Issachar der siebte, Pëulletai der achte; denn Gott hatte ihn gesegnet. [6] Und Schemaja seinem Sohn wurden Söhne geboren, Herrscher in [den Vaterhäusern], denn wackere Helden waren sie. [7] Die Söhne des Schemaja: Otni und Refaël und Obed [und] Elsabad [und] seine Brüder, wackere Männer, Elihu und Semachja. [8] Alle diese von den Söhnen des Obed-Edom, sie samt ihren Söhnen und Brüdern, wackere Männer, kräftig zum Dienst: zweiundsechzig für Obed-Edom.

[9] Und Meschelemja hatte Söhne und Brüder, wackere Männer: achtzehn.

[10] Und Hosa, von den Söhnen des Merari, hatte Söhne: Schimri das Haupt – obwohl er nicht der Erstgeborene war, setzte ihn sein Vater als Haupt ein –, [11] Hilkija der zweite, Tebalja der dritte, Secharja der vierte. Alle Söhne und Brüder von Hosa: dreizehn.

[12] Diese Abteilungen der Torhüter hatten nach den männlichen Köpfen Wachen entsprechend ihren Brüdern, um zu dienen im Hause JHWHs. [13] Und sie warfen Lose, klein wie groß, nach ihren Vaterhäusern für Tor und Tor. [14] Und das Los auf den Osten fiel an Schelemja. Und für Secharja, seinen Sohn, einen Ratgeber mit Verstand, warfen sie Lose und sein Los fiel auf den Norden, [15] für Obed-Edom auf den Süden und für seine Söhne auf den Vorraum [16] (...) und für Hosa auf den Westen mit dem Tor [der Vorratshalle] an der aufsteigenden Straße. Wache gegen Wache: [17] Im Osten [täglich] sechs, im Norden täglich vier, im Süden täglich vier und im Vorraum zwei (...) [18] (...) im Westen vier für die Bahn, zwei für den Parbar. [19] Dies

sind die Abteilungen der Torhüter von den Söhnen der Korachiten und von den Söhnen des Merari.

[20] Und die Leviten, [ihre Brüder,] die über die Schätze vom Hause Gottes und die Schätze aus den Weihgaben eingesetzt waren: [21] Die Söhne des Ladan, (…) die Häupter der Väter des Ladan, des Gerschoniten: [22] Die Söhne des Jehiël, Setam und Joël, sein Bruder, über die Schätze vom Haus JHWHs. [23] Von den Amramiten, von den Jizhariten, von den Hebroniten, von den Usiëliten. [24] Und Schebuel, der Sohn des Gerschom, des Sohnes des Mose, Oberaufseher über die Schätze. [25] Und sein Bruder, von Eliëser, Rehabja sein Sohn und Jeschaja sein Sohn und Joram sein Sohn und Sichri sein Sohn und Schelomit sein Sohn, [26] dieser Schelomot und seine Brüder über alle Schätze aus Weihgaben, die geweiht hatte der König David und die Häupter der Vaterhäuser [und] die Fürsten über die Tausendschaften und Hundertschaften und die Befehlshaber der Armee – [27] von der Beute der Kriege hatten sie geweiht, um das Haus JHWHs zu unterstützen –, [28] und alles, was geweiht hatte Samuel der Seher und Saul, der Sohn des Kisch, und Abner, der Sohn des Ner, und Joab, der Sohn des Zeruja, alles Geweihte war unter der Aufsicht von Schelomit und seinen Brüdern.

[29] Von den Jizhariten Kenanja und seine Söhne zur Außentätigkeit über Israel als Beamte und Richter. [30] Von den Hebroniten hatten Haschabja und seine Brüder, 1700 wackere Männer, die Aufsicht über Israel jenseits des Jordan nach Westen für alle Arbeit JHWHs und für den Dienst des Königs. [31] Von den Hebroniten hatten Jerija das Haupt – was die Hebroniten nach den Geschlechtern ihrer Vaterhäuser angeht: im 40. Jahre der Königsherrschaft Davids wurden gesucht und gefunden bei ihnen wackere Helden in Jaser in Gilead – [32] und seine Brüder, 2700 wackere Männer, Häupter von Vaterhäusern und sie setzte der König David ein zur Aufsicht über die Rubeniten und die Gaditen und den halben Stamm von Manassiten für alle Belange Gottes und die Belange des Königs.

Zu Text und Übersetzung

1 לשערים: vermutlich zu lesen השערים (vgl. V 12. 19 und Auslegung); אסף »Asaf«, LXX^{B} und 9,19 אביסף/אביאסף »Abi-Asaf/Ebjasaf«.

6 הממשלים: vermutlich zu lesen המשלים, (Dittographie) oder הם משלים; אביהם »ihres Vaters«, אבותם »Väter«.

7 אלזבד »Elsabad«: zu lesen ואלזבד »und Elsabad«; אחיו »seine Brüder«: vermutlich ואחיו »und seine Brüder«.

16 לשפים »für Schuppim«: zu tilgen, Dittographie von האספים V 15 Ende; שלכת: LXX liest לִשְׁכָּה »Halle, Vorratskammer«, vorgeschlagen שער הלשכה »Tor der Vorratshalle«.

17 למזרח הלוים: zu lesen למזרחה ליום, nach LXX, vgl. Auslegung.

17 Ende – 18 Anfang שנים לפרבר, Dittographie des Endes von V 18, zu tilgen.

20 אחיה »Ahija«, zu lesen אחיהם »ihre Brüder«, mit LXX.

21 korrupt, vgl. Auslegung.

22 בני יחיאלי »Söhne des Jehiël«, Glosse?

26 לשרי »für die Fürsten«, zu lesen ושרי »und die Fürsten«?

Analyse

Zwei Teile: 26,1–19 und 26,20–32

Kapitel 26 besteht aus zwei klar geschiedenen Hälften, in denen die Torhüter (V 1–19) bzw. eine weitere levitische Gruppe behandelt sind: die Schatzmeister, Beamten und Richter (V 20–32).

Aufbau des ersten Teils (26,1–19): Die Torhüter

Der erste Teil des Kapitels (V 1–19) ist eingerahmt durch die V 1a und 19, die durch Wiederholung eindeutig verknüpft sind. Die V 12–13 bilden eine Art Bindeglied zwischen der Aufzählung der Torhüter und deren Einteilung durchs Los. So kommt folgende Gliederung zustande:

V 1a Überschrift
V 1b–11 Aufzählung der Torhüter
V 12–13 Übergang, gleichzeitig Abschluß und Einführung
V 14–18 Einteilung durch das Los
V 19 Abschluß

Derselbe Aufbau findet sich in Kap. 25, wo die V 7–8 eine entsprechende Übergangsfunktion haben wie hier V 12–13; sie weisen sogar die gleiche syntaktische Struktur auf.

Die knappe Überschrift (1a), die nur zwei Wörter umfaßt, erinnert an die Überschrift der Liste der Leviten (23,6a) und der Priester (24,1).

Struktur und Einheitlichkeit von 26,1–11

Zweierlei Daten zu den Torhütern sind in der Aufzählung V 1–11 enthalten: die Namen der »Söhne« (bzw. Vaterhäuser) und die Anzahl der Mitglieder jeder einzelnen Gruppe; präsentiert werden sie folgendermaßen:

I. a) Stammbaum von Meschelemja (V 1b–3)
b) Stammbaum von Obed-Edom (V 4–7)
c) Anzahl der Torhüter von Obed-Edom (V 8)
d) Anzahl der Torhüter von Meschelemja (V 9)

II. e) Stammbaum der Merariten (V 10–11a)
f) Anzahl der Merariten (V 11b)

Die beiden Teile, I und II, folgen demselben Grundschema: zuerst die Genealogie, dann die Zahl. Da der erste Teil komplex ist, wird sein Zusammenhalt durch chiastische Verschränkung hergestellt (ad, bc). V 9 bildet also nicht die unmittelbare Fortsetzung von V 3 (was ungelenk wirken würde), vielmehr ist die vorliegende Abfolge die intendierte.

Es gibt noch weitere Anzeichen für die Ursprünglichkeit dieser literarischen Einheit. Jede der drei Aufzählungen setzt gleich ein: »und X hatte Söhne« (V 2 für Meschelemja, V 4 für Obed-Edom; V 10 für Hosa), und – überraschend einheitlich, ungleich den vorangehenden Kapiteln – die Söhne in jeder Familie werden mit Ordinalzahl eingeführt: der Erstgeborene, der zweite, der dritte usf. (V 2–5.10–11; zu den formal abweichenden V 6–7 s. u.). Die Einheitlichkeit der literarischen Darstellung bildet somit den Schlüssel zum Verständnis der Verwandschaftsverhältnisse der Torhüter: der Hauptzweig, »die Korachiten«, besteht aus zwei Unterabteilungen, Meschelemja und Obed-Edom; die Merariten dagegen sind nur durch Hosa vertreten.

Historischer Hintergrund

Wie schon oben (in der Einleitung zu Kap. 23) bemerkt, wird die genealogische Verknüpfung der kultischen Ordnungen mit den drei Söhnen Levis (Gerschom, Kehat und Merari) jeweils anders dargeboten. Diese Mannigfaltigkeit ist auch im Fall der Torhüter beibehalten. Den größten und bedeutendsten Zweig bildet laut dem vorliegenden Kontext die Familie Obed-Edom; deren Verbindung zu »Korach«, ihrem levitischen Ahnherrn, wird jedoch nicht deutlich gemacht. Obed-Edom ist vermutlich gleichzusetzen mit »Obed-Edom, dem Gittiten«, in dessen Haus die Lade nach der Krise mit Usa aufbewahrt war (2 Sam 6,6–12//1 Chr 13,9–14), es handelt sich also um eine aus Davids Geschichte bekannte Persönlichkeit. Diese Familie ist demnach historisch fester verankert (wie bei den Priestern Zadok und Ahimelech in Kap. 24) als die der Obersänger, deren Tätigkeit unter David in Sam nicht belegt ist. Allerdings wird die genaue Beziehung zwischen diesem Obed-Edom und Levi nirgends dargelegt – anders als bei Zadok (1 Chr 5,27 ff.) und den drei Obersängern (1 Chr 6,1 ff.).

Die Familie Meschelemja leitet sich von Asaf ab (V 1), der höchstwahrscheinlich mit »Abiasaf« (1 Chr 9,19 und 6,8.22) identisch ist. Da Abiasaf in 1 Chr 9,19 als »Sohn des Korach« erscheint, läßt sich der Stammbaum in diesem Fall vollständiger rekonstruieren, obwohl die Lücke zwischen Korach und Levi aufgrund anderer Quellen gefüllt werden muß. Laut Ex 6,16–24 verläuft die Linie von Levi über Kehat, Jizhar zu Korach (vgl. auch 1 Chr 6,22–23), aber in dieser Hinsicht könnte es auch andere genealogische Überlieferungen gegeben haben, vgl. hauptsächlich 2 Chr 20,19.

Die dritte Familie, Hosa, wird auf Levis Sohn Merari zurückgeführt; aber es ist nur ganz allgemein von »Söhnen Meraris« (26,10) die Rede, ohne weitere genealogische Angaben.

Die Bedeutung dieser Art von Aufzeichnung der Torhüter – was ihrer Legitimierung gleichkommt – ist im Lichte der vorhandenen Überlieferungen in Bezug auf sie zu verstehen. Die Familie mit der größten Beständigkeit wird an erster Stelle genannt: Meschelemja. In den Listen der Heimkehrer aus Babylonien Esra 2//Neh 7 kommen sechs Familien von Torhütern vor, die erste davon heißt Schallum (Esra 2,42//Neh 7,45). In 1 Chr 9,17 wird dieser Ahnherr als das »Haupt« bezeichnet und mit Stammbaum versehen: »Schallum, Sohn des Kore, des Sohnes des Abiasaf, des Sohnes des Korach« (1 Chr 9,19). Da die variierende Namensform Schallum/Schelemja mit dem Onomastikon jener Zeit voll und ganz zusammengeht (vgl. Sacharja/Sakkur, Schemaja/Schamua, Jedaja/Jaddua u. a. m.), ist Schallum mit Meschelemja gleichzusetzen; es handelt sich also um eine Familie, die ihre Wurzeln in der Frühzeit der Restauration hat. Rangmäßig an zweiter Stelle steht die Familie Obed-Edom; in Esra-Neh ist sie noch nicht erwähnt, in Chr aber etliche Male. Die am wenigsten bekannte oder fundierte Familie, im vorliegenden Kontext auch die kleinste, ist Hosa, die nur noch ein weiteres Mal genannt ist: 1 Chr 16,38.

Was für allgemeine Schlüsse sind aus diesen Beobachtungen zu Überlieferung und Genealogie zu ziehen? Wie allgemein angenommen, galten die Torhüter (nach Esra-Neh) nicht von vornherein als levitischer Abstammung. Ihre Eingliederung unter die Leviten war ein langsamerer und weniger dynamischer Vorgang als die der Sänger. Die in Chr vorherrschende Meinung ist die, daß die Torhüter wohl Leviten waren, aber man hatte sich nicht die Mühe gemacht, die Abstammung jeweils im einzelnen nachzuvollziehen. Die Hauptfamilie Schallum/Meschelemja wurde von Korach abgeleitet, und durch ihre Transposition aus der Restaurationszeit in Davids Epoche entstanden erhebliche Lücken im Stammbaum. Die Familie Obed-Edom, nur recht unbestimmt als korachitisch bezeichnet, besaß keinerlei genealogische Überlieferung; dafür fungierte der namengebende Ahnherr wenigstens als eine historische Gestalt zu Davids Zeit. Noch schwächer war die Überlieferung für die Familie Hosa, die nur ganz allgemein zu den »Söhnen Meraris« gerechnet wurde. Demnach war die Ordnung der Torhüter also eine feste Einrichtung, auch ihre Pflichten waren klar umrissen, aber in die Etablierung ihres levitischen Stammbaums waren keine sonderlichen Bemühungen investiert worden.

Die Ordnung der Torhüter besteht aus 24 Vaterhäusern: sieben von Schelemja, dreizehn von Obed-Edom und vier von Hosa. So erscheint das System der Torhüter in Analogie zu den Priester- und Levitenordnungen. Außerdem beträgt die Anzahl von Personen in jeder einzelnen Gruppe 22 oder 24. Hier stellt sich die Frage nach der Echtheit: Wie weit spiegeln die hier angegebenen Zahlen tatsächliche Verhältnisse zur Zeit des Zweiten Tempels wider? Aus Mangel an weiterem Belegmaterial läßt sich diese Frage nicht mit Sicherheit beantworten, aber allem Anschein nach ist zu unterscheiden zwischen den 22/24 Angehörigen jeder Gruppe (V 14–18) und der Gesamtzahl von 24 Vaterhäusern (V 1–11). Während letztere offenbar etliche künstliche Elemente enthält, besteht kaum Zweifel in Bezug auf die Authentizität der ersteren (dazu ausführlicher in der Auslegung).

System der 24 Vaterhäuser

Der zweite Teil des Kapitels (V 20–32) ist zusammengesetzt. Die Eröffnung »und die Leviten« läßt darauf schließen, daß es sich bei dieser Liste um eine Ergänzung zu 23,6–23 (und zu 24,20b–30) handelt. Ein paar Einzelheiten im vorliegenden Abschnitt sind tatsächlich ähnlich, doch es fehlen eben die Elemente, die allen vorangehenden Stellen gemeinsam waren, dagegen finden sich etliche orginelle Züge. Der Abschnitt enthält nur wenig genealogische Angaben, und selbst die beziehen sich eher auf Einzelpersonen als auf Familien, obwohl einige dieser Personen mit Stammbäumen versehen sind. Hier gibt es keinen Hinweis auf die Zahl 24 als Grundlage jeglicher Art von Organisation, auch von Auslosen ist nicht die Rede. Besonders aufschlußreich ist das Fehlen einer voranstehenden Definition der Gruppe als ganzer. Erst in V 29 kommt der Titel »Beamte und Richter« vor, was diesen Abschnitt mit 23,4 verbindet. Hier haben wir offenbar eine Kompilation vor uns, deren verschiedene Bestandteile nicht vollständig integriert sind.

Inhalt des zweiten Teils (26,20–32)

Der zweite Teil V 20–32 besteht aus zwei Abschnitten:

a) V 20–28 Verzeichnis der Schatzmeister samt deren Aufgaben
b) V 29–32 Auflistung der Beamten und Richter mit deren Obliegenheiten

Die beiden Abschnitte haben im Grunde nichts miteinander zu tun, aber eine gewisse Verbindung wird durch Zwischenschaltung von V 23 mit den vier Söhnen Kehats hergestellt, was auf eine verwandschaftliche Beziehung zwischen den Amramiten einerseits (V 23–28) und den Jizhariten und Hebroniten andererseits (V 29–32) schließen läßt. Da die Erwähnung der Amramiten in V 23 an einen Zweig der Gerschoniten in V 21–22 anschließt, ist eine äußerliche Kontinuität gewährleistet. Im Gesamtkontext der Kapitel 23 ff. repräsentiert der Abschnitt als ganzer die vierte levitische Ordnung, nämlich die der »Beamten und Richter«.

Aufbau des zweiten Teils (26,20–32): Die Schatzmeister, Beamten und Richter

Die Vorstellung einer solchen »Ordnung« im Gesamtverband der Leviten ist überhaupt eigenartig; deren Vorhandensein ist in den Beschreibungen der kultischen Verhältnisse Israels sonst nirgends erwähnt, auch in Chr nicht. Die Kombination von »Beamten und Richtern« (oder »Richtern und Beamten«) kommt biblisch zwar vor, aber stets im Zusammenhang mit der politischen Führung oder mit Verwaltung, nie als Teil des Kultpersonals insgesamt oder der Leviten insbesondere. Wenn wir das getrennte Vorkommen der beiden Bezeichnungen untersuchen, finden wir die Gleichsetzung von »Beamten« mit Leviten (bzw. umgekehrt) speziell in Chr, und zwar im vorliegenden Kontext (23,4; 26,29, vielleicht auch 27,1) und zwei weitere Male (2 Chr 19,11; 34,13). Die Gleichsetzung von »Richtern« mit Leviten beschränkt sich ebenfalls auf Chr und ist noch weniger belegt, nur hier und in 2 Chr 19,8.

Beamte und Richter als levitische Ordnung?

Die besondere Aussage von Chr sollte auch aus historischer Perspektive betrachtet werden. Im gegenwärtigen Kontext setzt David im vierzigsten Jahr seiner Regierung

Historische Perspektive

»Beamte und Richter« über Israel ein, und zwar auf beiden Seiten des Jordan, im Hinblick auf die bevorstehende Regierungsübergabe an Salomo. Diese Beamtenschaft, zuständig für »alle Arbeit JHWHs und für den Dienst des Königs« (V 30), bestand durchweg aus Leviten und zwar aus den Familien Jizhar und Hebron; mit ihrer Einsetzung war der Apparat von »Beamten und Richtern« errichtet. Und dieser Akt gehört zur Gesamtorganisation der levitischen Ordnungen. Im deuteronomistischen Geschichtswerk dagegen beschränken sich die wenigen Erwähnungen von »Beamten und Richtern« auf Jos (Jos 8,33; 23,2; 24,1); der Ausdruck dürfte deuteronomistischen Ursprungs sein (vgl. Dtn 16,18). »Richter« (im Singular oder Plural) kommt natürlich in Ri vor (passim) und einige Male in Sam-Kön (1 Sam 8,1; 2 Sam 15,4; 2 Kön 15,5).

Quellen

Der erste Teil des Abschnitts V 20–28 schöpft aus verschiedenen Quellen. Die hier genannten Namen hängen mit den levitischen Familien der vorangehenden Kapitel zusammen, und der Abschnitt scheint tatsächliche Verhältnisse zur Zeit des Zweiten Tempels wiederzugeben. Die Rolle der Leviten ist mit den zuvor erwähnten nicht organisch verknüpft, obwohl sie zum Verwaltungspersonal des Tempels gehören. Die Auffassung, daß den Leviten die Verwaltung der Tempelschätze und -besitztümer oblag, findet sich noch in 2 Chr 24,11; 31,12 u.ö.; sie steht in Einklang mit ihrer Zuständigkeit für »alle Hohl- und Längenmaße« (23,29). Allerdings bleibt zu fragen, ob es sich hier um Wiedergabe konkreter Umstände oder um einen Versuch handelt, den Priestern eines ihrer Vorrechte innerhalb der Tempeladministration streitig zu machen (vgl. Neh 13,13: »und über die Schätze setzte ich ... Schelemja den Priester, Zadok den Schreiber und Pedaja von den Leviten«). Eine sichere Antwort läßt sich nicht geben.

Fazit

Zusammenfassend: Die Beziehung von 26,20–32 zu 23,4 macht unzweifelhaft deutlich, daß dieser Abschnitt auf den Chronisten zurückgeht und die chronistische Vorstellung von levitischen »Beamten und Richtern« widergibt. Der Abschnitt besteht aus zwei Teilen, von denen der zweite auf antiken Quellen beruhen könnte, obwohl es sich bei der Verknüpfung dieser Beamten und Richter mit den Leviten überhaupt, speziell nach chronistischer Darstellung, um eine programmatische Konstruktion handelt. Der erste Teil mit Erwähnung der zuvor genannten levitischen Namen, der den Leviten die Rolle von Schatzmeistern zuweist, könnte Verhältnisse und Anschauungen zur Zeit des Chronisten wiedergeben, wobei Theorie und Praxis nicht mehr zu unterscheiden sind.

Auslegung

Der erste Teil: Die Torhüter (26,1–19)

26,1 enthält drei Elemente: eine kurze Überschrift für V 1–19 »die Abteilungen der Torhüter«, eine Überschrift zu der Liste V 1–9 »von den Korachiten«, und den Namen der ersten Familie »Meschelemja«. 26,1

V 1b–11: Aufzählung der Torhüter

Der erste Ahnherr der Torhüter, Meschelemja, wird in Esra-Neh meistens Schallum genannt (Esra 2,42 u.ö.), aber auch Meschullam (Neh 12,25); in Chr lautet der Name in aus Esra-Neh übernommenen Texten Schallum (1 Chr 9,17.19), sonst Schelemja/Meschelemja (1 Chr 9,21 und im vorliegenden Kapitel).

26,2–3 Meschelemjas sieben Söhne werden in 26,2–3 durchweg mit Ordinalzahlen eingeführt: der Erstgeborene, zweite, dritte usw. Nur Secharja, der Erstgeborene, ist auch von anderswo bekannt (als »Ratgeber mit Verstand« in V 14, außerdem in 9,21 erwähnt). Die übrigen Namen, mit Ausnahme des einzigartigen Jatniël, sind mehr oder weniger üblich, allerdings nicht zur Bezeichnung von Torhütern.

26,4–5 Obed-Edom hat zwar acht Söhne, denn »Gott hatte ihn gesegnet«, aber die vorherrschende Zahl in den Versen 26,4–5 ist die Sieben. Schemaja sein Erstgeborener wird nicht unter den Vaterhäusern aufgeführt, weil er sich weiter verzweigt. Daher sind sieben Vaterhäuser als Obed-Edoms »Söhne« erwähnt und sechs als seine »Enkel«; zusammen mit ihrem Vater Schemaja bilden diese wiederum eine Einheit von sieben. Die Worte »Gott hatte ihn gesegnet«, hier auf reiche Nachkommenschaft bezogen, erinnern an 1 Chr 13,14: »JHWH segnete das Haus des Obed-Edom«, wobei bei »Segen« in erster Linie an Kinderreichtum gedacht ist. Dasselbe Motiv kommt auch in den Namen von Obed-Edoms Söhnen zum Ausdruck, von denen mindestens drei das Element göttlichen Lohns enthalten: Sachar (שכר), Issachar (ישׂשכר) und Pëulletai (vermutlich פעלתי יה). Hier drängt sich der Anklang an Jer 31,16 auf, zitiert in 2 Chr 15,7: כי יש שכר לפעלתכם »denn es gibt Lohn für euer Tun«. Ähnliche Vorstellungen äußern sich auch in Namen wie Josabad (»JHWH schenkt«), Netanel (»Gott gibt«) und vermutlich auch Ammiël (»Gott ist mein Verwandter«). Das durchgängige Motiv von Dank für Gottes Segen in den Namen der Söhne spricht für den literarischen Ursprung dieser Liste.

26,6–7 Die dritte Generation nach Obed-Edom, die Söhne des Schemaja, sind in 26,6–7 anders eingeführt als die übrigen Gruppen. Statt der üblichen Formel »und X hatte Söhne« (V 2.4.10) lautet die Eröffnung »die Söhne des Schemaja« (V 7); auf die Namen folgen keine Ordinalzahlen, und die besondere Qualität dieser »wackeren Männer« und »Herrscher in den Vaterhäusern« (V 6) wird besonders herausgestellt. Ihre Anzahl, nämlich sechs, bringt die Gesamtsumme der Torhüter-Familien auf 24. Es hat den Anschein, daß eine bestehende, nach einem festen Muster angelegte Liste nachträglich erweitert worden ist, um auf die 24 zu kommen, die mit dem im gesamten Kontext vorherrschenden System zusammengeht.

הממשלים ist im vorliegenden Kontext schwierig, da es sich um den Plural eines abstrakten Substantivs mit der Bedeutung »Herrschaft« handelt (ממשל, Dan 11,3.5). LXX spricht von »Häuptern in ihrem Vaterhause«, was hebräisch ראשים לבית אביהם entspricht. Diese Bezeichnung findet sich auch sonst in genealogischen Aufzeichnungen, gelegentlich gefolgt von dem Ausdruck »wackere Männer«, der auch hier vorkommt (גבורי חיל, vgl. 1 Chr 5,24; 9,13; auch mit gewissen Abweichungen 7,2.7.9.11.40). Da LXX^B sowohl die Übersetzung als auch die Transliteration von ראשים enthält, liegt hier wohl eine abweichende Lesart vor. Die Aussage dieses Satzes ist jedenfalls klar: Es soll erklärt werden, wie ein einziges Vaterhaus, nämlich Schemaja, sich in sechs Familien verzweigte, dank der außerordentlichen Qualitäten seiner Söhne. Die Namen wiederum sind sonst nirgends für Torhüter belegt.

Innerhalb des Abschnitts 26,8–9 ist Vers 8 mit der Zusammenfassung der Familie Obed-Edom erheblich ausgestaltet, zumal im Vergleich zu den Zusammenfassungen der Familien Meschelemja und Hosa in der Fortsetzung (V 9.11b). Bei Überprüfung der jeweiligen Bestandteile ergibt sich folgendes Muster: 26,8–9

	Obed-Edom (V 8) (16 Wörter, 6 Elemente)	*Meschelemja* (V 9) (7 Wörter, 4 Elemente)	*Hosa* (V 11b) (6 Wörter, 3 Elemente)
a)	alle diese		
b)	von den Söhnen Obed-Edoms	Meschelemja	von Hosa
c)	sie samt ihren Söhnen und Brüdern	hatte Söhne und Brüder	alle Söhne und Brüder
d)	wackere Männer kräftig zum Dienst	wackere Mäner	
e)	zweiundsechzig	achtzehn	dreizehn
d)	für Obed-Edom		

Dies ist ein weiteres Beispiel für die literarische Methode, mit der der Chronist seine Prioritäten zum Ausdruck bringt, nicht nur durch Inhalt und Formulierung, sondern auch durch solche technische Mittel wie Länge, Ausführlichkeit und Wiederholung bzw. Knappheit. (Ein weiteres Beispiel findet sich etwa in 25,2–6, wo die jeweilige Bedeutung der Familien Asaf, Jedutun und Heman durch die zunehmende Länge ihrer Beschreibung ausgedrückt wird.) Diese bewußte literarische Ausgestaltung inmitten von scheinbar stereotypen Formeln ist ein markanter literarischer Zug.

Die Zahlen hier verdienen gesonderte Beachtung. Die Liste umfaßt 62 Männer von Obed-Edom, 18 von Meschelemja und 13 von Hosa, insgesamt also 93. Das ist eine sehr bescheidene Anzahl. Die Liste der Heimkehrer aus dem Exil (Esra 2,42) erwähnt 139 Torhüter (138 in Neh 7,45). In Chr 9,22 ist von 212 Torhütern die Rede, wobei die vergleichbare Zahl der Sänger 288 beträgt. Die Zahl 93 würde durchschnittlich weniger als 5 für jede Familie von Obed-Edom erlauben, für die beiden anderen noch weniger, so daß unter den Torhütern sicher kein Rotationssystem möglich war (vgl. auch unten zu V 14).

In den Versen 6, 8 und 9 sind die Torhüter als »wackere Helden« oder »wackere Männer« (בני חיל, גבורי חיל) gekennzeichnet; diese Ausdrücke werden in Chr auf verschiedene Einzelpersonen und Gruppen angewandt (Priester: 1 Chr 9,13//Neh 11,14; 1 Chr 12,29; 2 Chr 26,17; Beamte und Richter: 26,30.31; und natürlich Kriegsleute: 1 Chr 7,2; 8,40 u.ö.). Die ausführlichere Bezeichnung in V 8, איש חיל בכח לעבודה »wackere Männer, kräftig zum

Dienst«, scheint besonders gut zu den Torhütern zu passen, deren Aufgabe tatsächlich physische Kräfte verlangte.

26,10–11 Das erste Mitglied der Familie Hosa wird in 26,10–11 als »Schimri das Haupt« eingeführt, nicht als »der Erstgeborene« wie in V 2 und 4. Allerdings wird diese Abweichung durch die sogleich folgende Erklärung gerechtfertigt; in diesem speziellen Fall erforderte die Situation ein Abweichen von der Norm. Die Erläuterung zu Schimris Status ist bedeutsam, nicht nur für den familiären Zusammenhang, wo sie vorkommt, sondern auch für das System der Merariten überhaupt, auf das sie angewandt wird. Hier wird deutlich, daß die Gleichsetzung von »Erstgeborenem« (בכור) und »Haupt« (ראש) nicht automatisch gegeben ist; insofern bezeichnet ראש nicht einfach den chronologisch »ersten« (ראשון), sondern den höchsten Rang. Die Unterscheidung zwischen בכור und ראש läuft darauf hinaus, daß die Stellung des Erstgeborenen eine biologische Gegebenheit ist, bestimmt durch das Verhältnis eines Menschen zu seinem Vater oder seiner Mutter; »Haupt« dagegen weist ihn als führende Persönlichkeit innerhalb des Familienverbands aus. In den meisten Fällen pflegte sich beides wohl zu decken, aber anscheinend hatte der Familienvater das Recht, das »Haupt« unter seinen Söhnen nach Gutdünken festzusetzen (vgl. auch 2 Chr 11,22). Wie die meisten Namen aus den beiden bereits behandelten Familien kommen auch die hier genannten sonst nirgends für Torhüter vor (Tebalja ist überhaupt singulär).

26,12 26,12 ist zwar syntaktisch mit V 13 verknüpft, bezieht sich aber doch eher auf das Vorangegangene. Die Eröffnung spricht von zwei bereits erwähnten Themen, den Abteilungen und den Mitgliedern der einzelnen Gruppen. Die »Wachen entsprechend ihren Brüdern« (vgl. auch 24,31) – d. h. in Analogie zu den übrigen kultischen Ordnungen, den Priestern, Leviten und Sängern – legen vielleicht nahe, daß auch für den Dienst der Torhüter Rotation vorgesehen war. Allerdings gibt es wie bei den Leviten keine Reihenfolge von Torhüter-Abteilungen, und ihre geringe Gesamtzahl macht einen wöchentlichen Wechsel von Abteilungen nahezu unmöglich. Demnach liegt der Gedanke eines solchen Parallelsystems wohl dem Aufbau dieses Abschnitts zugrunde, aber es scheint zweifelhaft, ob ein solches System jemals tatsächlich funktioniert hat (s. auch unten).

V 12–13: Abschluß und Eröffnung zugleich

26,13–18 Die Zuordnung der Aufgaben an die Torhüter wird im Abschnitt 26,13–18 in zwei gesonderten Stadien beschrieben: zunächst die Verteilung der Posten auf die verschiedenen Familien (V 14–16), dann die Besetzung jedes Postens mit der notwendigen Anzahl von Wächtern (V 17–18). Aus der Einleitung in V 13 geht nicht hervor, ob beides durchs Los entschieden wurde oder nur das erste. Die Aufgaben der Torhüter sind eingehend geschildert, die Liste der Posten und die genaue Anzahl von Wächtern in jeder Wache vollständig aufgeführt. Eine weitere ausführliche Beschreibung ist in 1 Chr 9,22–26 gegeben. Es besteht wohl kein Zweifel, daß sich in diesen Angaben tatsächliche Verhältnisse aus der Zeit des Zweiten Tempels widerspiegeln.

Allerdings ist das Material dem chronistischen Bezugsrahmen angepaßt, d.h. die Torhüter sind levitischer Herkunft, nach Vaterhäusern eingeteilt, 24 Abteilungen wie in den übrigen Kult-Ordnungen und Zuweisung der Aufgaben durchs Los. Es ist schwer zu sagen, bei wievielen dieser Elemente es sich um konkrete Praxis unter den Torhütern handelt und wieviele das Resultat theoretischer Systematisierung sind.

Die Verteilung der Wachen auf die Tempeltore geschieht in 26,13 durchs 26,13
Los; dadurch werden zwei Dinge entschieden: die Zusammensetzung der einzelnen Wachen (»klein wie groß«) und die Verteilung der Posten unter die drei Hauptzweige von Torhüterfamilien (V 14–16). Die Vorstellung von 24 Abteilungen tritt dabei offenbar zurück.

V 14–18: Einteilung durch das Los

Da die drei Familien für die Bewachung der Tempeltore nach allen vier 26,14
Himmelsrichtungen zuständig waren, erhielt in 26,14 die Familie Meschelemja/Schelemja zwei Seiten zugeteilt, Schelemja den Osten und sein Sohn Secharja den Norden. Wie oben dargetan, war Schelemja der vornehmste Zweig der Torhüter, genealogisch gesprochen der »Erstgeborene«. Diese zugrundeliegende Analogie wird gewahrt durch die Anwendung des Erbrechts auf den Bereich sozialer Rechte und Pflichten: Laut Dtn 21,17 steht dem erstgeborenen Sohn ein doppeltes Erbteil im Vergleich zu jedem seiner Brüder zu. Es fällt schwer, diese beiden Aspekte der Arbeitszuteilung durch ein Zufallsverfahren wie das Losewerfen gelenkt zu denken. Das östliche Tor war besonders wichtig (vgl. Ez 40,6 ff.; 43,1 ff.; u.a.m. und die Hinweise auf das »Königstor an der Ostseite« – 1 Chr 9,18) und es lag »zufällig« auf der Seite, für die Schelemja, die angesehenste Familie unter den Torhütern zuständig war, jene Familie, die mit ihren zwei Zweigen fast die Hälfte des Wachaufgebots bestritt. Da scheint es doch wahrscheinlicher, diese Einrichtung als das Resultat von längerfristigen Entwicklungen unter den Torhütern zu betrachten, die durch soziale und politische Faktoren gesteuert waren. In markantem Kontrast zur Stellung und zu den Aufgaben der Familie Meschelemja ist ihre hier angegebene Gesamtzahl sehr niedrig. Sie stellen 18 Wächter (V 9), dabei würden laut V 17 zehn Mann für eine einzige Wache gebraucht. Die einfachste Lösung, wonach die in V 9 genannte Zahl verderbt ist, scheint die überzeugendste. Secharja wird durch den einzigartigen Titel יועץ בשכל »Ratgeber mit Verstand« ausgezeichnet. In 1 Chr 9,21 wird er beschrieben als der »Torhüter am Eingang zum Zelt der Begegnung«. Bedeutung und Implikationen dieser Titel sind dem vorhandenen Material nicht zu entnehmen.

Die beiden weiteren Posten in der Fortsetzung sind Süden und בית 26,15
האספים, beide werden in 26,15 Obed-Edom bzw. seinen Söhnen zugeteilt. Die unbestimmte Bezeichnung »seine Söhne« mag sich auf die Familie Schemaja (V 6 f.) beziehen, die im Unterschied zur Familie Schelemja nicht ausdrücklich erwähnt ist. Der Ausdruck בית האספים (in V 17 nur אספים) ist als Lehnwort aus dem Akkadischen erkannt worden, vermutlich durchs Ara-

mäische ins Hebräische eingedrungen. Die Bezeichnung אספי השערים für die Stellungen der Wächter an den Toren in Neh 12,25 spricht für die durch das Akkadische nahegelegte Bedeutung: »Vorraum.«

26,16 Der Vers 16, wo es um die Einsetzung von Hosa auf der Westseite geht, bietet etliche Schwierigkeiten: a) Der überraschende Name »Schuppim« war zuvor nicht erwähnt; vermutlich handelt es sich um eine Dittographie des voranstehenden אספים. b) Die Bezeichnung Schallechet (שלכת)-Tor ist eigenartig; der Name ist ungewöhnlich, und die übrigen Tore im vorliegenden Kontext sind namenlos. LXX hat anscheinend לשכת »Vorratshalle« gelesen, mit Vertauschung der ersten beiden Buchstaben; manche Forscher bezweifeln das bloße Vorhandensein von Toren an der Westseite. V 18 spricht ebenfalls von zwei Posten an der Westseite, nennt diese aber »Bahn« bzw. »Parbar« (ein persisches Lehnwort, vgl. HALAT 905–6, etwa: »Säulengang«). V 16b bezieht sich auf den ganzen Abschnitt zurück und berichtet von der Plazierung der Wächter auf ihre Posten, »Wache gegen Wache«.

26,17–18 Nach 26,17–18 beträgt die tägliche Gesamtzahl der Torhüter an ihren verschiedenen Posten 22: sechs im Osten, vier im Norden, vier im Süden und weitere zwei für den »Vorraum« sowie sechs im Westen: vier für die »Bahn« und zwei für den »Parbar«.

Die Lesung von V 17b und V 18a ist etwas schwierig. Die Zahl der Wächter für den »Vorraum« wird mit שנים שנים angegeben, wobei die Abweichung von der sonst üblichen Form unerklärt bleibt. Die wiederholte Erwähnung von »Parbar« zu Beginn von V 18 erscheint überflüssig. Diese Schwierigkeiten lassen sich beheben, wenn man לפרבר als Dittographie desselben Ausdrucks am Ende von V 18 betrachtet (vgl. *Rudolph* 172).

Ungeachtet der ausführlichen Schilderung bleibt das hier entstehende Bild von der Tätigkeit der Torhüter lückenhaft. Fragen nach der Anzahl von Wachen pro Tag, Dauer jeder Wache usw. bleiben unbeantwortet. Ein paar weitere Aspekte vom Dienst der Torhüter sind in 1 Chr 9,17ff. ausgeführt; darunter beobachten wir den wöchentlichen Wechsel der Wachen (1 Chr 9,25). (Vgl. Auslegung z. St.)

26,20–28 Die Einführung der Schatzmeister folgt in den Versen 26,20–28 einem genealogischen Muster, und zwar: Einleitung (V 20); die Gerschoniten (V 21–22); die Amramiten (V 23–28). Dieser literarische Aufbau geht mit der bestehenden Rangordnung unter den Schatzmeistern nicht ganz zusammen. Laut Auskunft unseres Abschnitts bestand der Tempelschatz aus zwei Komponenten: »die Schätze vom Hause Gottes« (bzw. »JHWHs«: V 20.22) und »die Schätze aus den Weihgaben« (V 20.26). Der Aufseher über beide war »Schebuel, Sohn des Gerschom, Sohn des Mose« (V 24), der den Titel נגיד »Fürst«, bzw. »Oberaufseher« trug. Ihm unterstanden die Gerschoniten, die für die »Schätze vom Hause JHWHs« zuständig waren (V 21–22), und eine weitere amramitische Familie, die des Schelomit aus dem Hause Eliëser, welche die »Schätze aus den Weihgaben« verwaltete (V 25–26). Der erste von beiden Schätzen hatte offenbar mit dem regulären Tempelbetrieb zu tun, während der zweite außergewöhnliche Gaben und Weihgeschenke enthielt. Dieser Abschnitt dokumentiert den Anspruch gewisser Leviten, zumeist mit den »Söhnen des Mose« verwandt, die Aufsicht über die Tempelschätze zu führen. Dieser Anspruch – wie der von den Sängern vorgebrachte – gründet sich auf Davids Vorkehrungen, aber die genaueren Umstände lassen sich nicht mehr ausmachen.

Der zweite Teil: Die Schatzmeister, Beamten und Richter (26,20–32)

26,20 Da 26,20 die Eröffnung des ganzen Abschnitts bildet – die tatsächliche Aufzählung der Schatzmeister beginnt in V 21 mit den Gerschoniten –, ist der Lesart »ihre Brüder« (אחיהם) der LXX wohl der Vorzug zu geben vor dem Eigennamen Achija (אחיה) in MT.

26,21–22 Der Text von 26,21–22, in dem die Überschrift in drei verschiedenen Formulierungen erscheint, ist wohl verderbt. Die Autoritätsträger werden in unmittelbarer Folge als »die Söhne des Ladan«, »die Söhne des Gerschoniten [gehörend] zu Ladan« und als »die Häupter der Väter [gehörend] zu Ladan dem Gerschoniten« bezeichnet. Die orthographisch glatteste Lösung wäre die, das mittlere der drei Elemente als Dittographie von בני לעדן zu betrachten, das dann erweitert wurde, um irgendwie sinnvoll zu wirken (vgl. anders BHS, wo das dritte Element als Variante behandelt wird). Die Fortsetzung des Textes nach der Überschrift scheint ebenfalls korrupt. Auf den Plural »Häupter der Väter« folgt der Name einer Einzelperson: Jehiëli. Mit einer neuen Überschrift – »die Söhne Jehiëls« – sind dann seine beiden Söhne eingeführt. Für die Annahme einer Textverderbnis spricht außerdem 1 Chr 23,8, wo Jehiël, Setam und Joël als Brüder erscheinen. Zwar ist damit zu rechnen, daß sich Rang-Positionen innerhalb von Familien verändern, doch in Anbetracht sämtlicher Schwierigkeiten scheint in diesem Fall doch die Annahme einer anderen Lesart geboten, etwa: »Jehiël, Setam und Joël seine Brüder«.

V 20–28: Verzeichnis der Schatzmeister samt deren Aufgaben

Die Gerschoniten-Familie Ladan kommt nur in Chr vor. 1 Chr 23,7 weiß von zwei Söhnen Gerschons mit Namen Ladan und Schimi, im Unterschied zu sämtlichen anderen Überlieferungen (die sich in Chr auch finden, z. B. 1 Chr 6,2, wo Gerschoms Erstgeborener Libni heißt; vgl. 1 Chr 23,8–9).

26,23 Auf die Gerschoniten folgen in 26,23 vier Familien aus der Linie Kehat, ohne daß deren Abstammung von Kehat ausdrücklich erwähnt wäre. Von diesen sind die Amramiten später unter den Schatzmeistern genannt, die Jizhariten und Hebroniten in dem Abschnitt, der von den Beamten und Richtern handelt (V 29–31), die Usiëliten gar nicht mehr. Für gewöhnlich würde eine solche Einführung als Zwischenüberschrift in einer längeren genealogischen Liste fungieren (vgl. etwa 23,12), aber das ist hier nicht der Fall. Nur ein Zweig von Gerschoniten und drei von den Amramiten sind tatsächlich aufgeführt, die Merariten dagegen fehlen völlig. Außerdem scheint die Verknüpfung von V 20–28 mit V 29–32 nachträglich hergestellt. Demnach ist der ganze Abschnitt wohl nicht als Bruchstück einer ausführlicheren Liste von Leviten zu betrachten, sondern als Kombination von zwei eigenständigen Einheiten, unter einen »genealogischen Hut« gebracht mit Hilfe von V 23, einem literarischen Zusatz, der den inneren Zusammenhalt des Abschnitts verstärken soll.

26,24 Ursprünglich an V 22 anschließend spricht 26,24 von dem auch in 23,16 und in 24,20 erwähnten Schebuel (oder Schubaël).

26,25 Das Verständnis der Stammbaumverhältnisse der Eliëseriten hängt in 26,25 davon ab, wie wir das fünfmal vorkommende »sein Sohn« interpretieren. Die Namen von Rehabja bis Schelomot können entweder als Namen von fünf Brüdern, Söhnen des Eliëser, aufgefaßt werden, oder aber als ein Stammbaum, der sich über fünf Generationen erstreckt. Im ersten Falle wäre Schelomot/Schelomit, der Schatzmeister der Weihgaben, Eliësers jüngster Sohn, würde also wie Schebuel zur dritten Generation von Moses und zur sechsten von Levi an gehören. Diese Deutung steht vermutlich hinter der Vokalisierung der Vokabel »Bruder« zu Beginn des Verses im Plural: »und seine Brüder« (אחיו). Die zweite Deutungsmöglichkeit kann sich auf LXX berufen, die lesen »sein Bruder« (אחיו) im Singular. Beide Möglichkeiten sind in den genealogischen Listen von Chr belegt; die zweite ist die üblichere und kann sich in diesem Fall auf 23,17 stützen, wo es heißt, Eliëser habe nur einen einzigen Sohn gehabt, nämlich Rehabja.

Der Stammbaum von Schelomot (vgl. 1 Chr 23) gibt sämtliche Glieder an, von Mose bis in Davids Zeit; so erscheint er also als zehnte Generation nach Levi (Levi – Kehat – Amram – Mose – Eliëser – Rehabja – Jeschaja – Joram – Sichri – Schelomit). Dies ist ein weiteres Beispiel für eine Ahnentafel, die zehn Generationen von den Söhnen Jakobs bis David rechnet, wie sie sich auch im Falle von Zadok (1 Chr 5,27 ff.), Josua (1 Chr 7,20 ff.), David (1 Chr 2,3 ff.) u.a. findet.

26,26–28 Anders als die »Schätze vom Haus JHWHs« werden die Weihgaben ausführlich behandelt. Dieser Abschnitt erinnert ganz allgemein an Davids Weihung von Beutestücken aus seinen kriegerischen Unternehmungen (vgl. auch 1 Chr 18,8.11); diese Weihgaben dienten zur Instandhaltung des Hauses JHWHs (V 27). Da es zu Davids Zeiten noch keinen Tempel gab, liegt hier zweifellos ein Anachronismus vor, der jedoch mit der Sicht des Chronisten zusammengeht, der Davids Taten völlig um das »Haus JHWHs« kreisen läßt. Allerdings ist der König auch hier nicht der einzige Akteur. Ihm gesellen sich zunächst auf synchroner Ebene »die Häupter der Vaterhäuser und die Fürsten über die Tausendschaften und Hundertschaften und die Befehlshaber der Armee« zu, d.h. die gesamte militärische Führung. Darin äußert sich ein weiteres Mal die durchgängige Tendenz des Chronisten, die Verantwortung nicht ausschließlich dem König aufzubürden, sondern auch den Amtsträgern eine gewisse Initiative zuzusprechen. Die Stelle mag auch einen literarischen Einfluß verraten, einen Anklang an die Anführer der Tausendschaften und die Anführer der Hundertschaften, die in Num

31,48.52.54 ihre Gaben darbringen. In diachroner Richtung weitet der Chronist das Thema der von Kriegszügen herrührenden Geschenke an den Tempel ebenfalls aus, indem er Beutestücke von historischen Führungsgestalten vor David mit anführt (V 28). So bietet er einen chronologischen Aufriß der israelitischen Geschichte vor David, der insofern bedeutsam ist, als diese Epoche sonst in Chr nicht eigens behandelt ist. In diesem Entwurf setzt die vor-davidische Zeit mit »Samuel dem Seher« ein, der für die Richterzeit steht (vgl. 2 Chr 35,18: »seit den Tagen Samuels des Propheten« mit 2 Kön 23,22: »seit den Tagen der Richter, die über Israel richteten«). Samuel gilt hier als eine militärische Führergestalt, was auf 1 Sam 7,7–14 beruhen mag. Auf ihn folgt »Saul, der Sohn des Kisch«, dessen Kriegszüge in 1 Sam 11 (Ammon), 13–14 (Philister), 15 (Amalek) und überblicksmäßig in 14,47 geschildert sind. Allerdings berichtet keine dieser Schlachtbeschreibungen davon, daß die Kriegsbeute Gott geweiht worden wäre. Insofern »verbessert« also der Chronist die unvollständige Darstellung seiner Quellen durch Ergänzung dieses fehlenden Details. Außerdem erwähnt der Chronist zwei Feldherren: Abner, der Sohn des Ner, und Joab, der Sohn des Zeruja. Da die Liste der militärischen Unternehmungen chronologisch angelegt ist, wäre hier also von der Zeit des geteilten Reiches die Rede (2 Sam 2–4). Offiziell war damals Sauls Sohn Ischbaal König über Israel, aber dessen Königtum wird vom Chronisten nirgends anerkannt. Seiner allgemeinen historischen Methode getreu gibt der Chronist seine Überzeugungen als historische Fakten wieder: diesmal im Bereich der Kriegsführung. Es konnte gar nicht anders sein, als daß die Kriegsbeute jeweils Gott geweiht worden war (die Wurzel קדשׁ kommt nicht weniger als fünfmal vor), und diese Weihgaben mußten von einem Leviten betreut worden sein. Mit der markanten Erwähnung von »Schelomot und seinen Brüdern« beginnt und endet diese Einheit (V 26.28).

V 29–32: Auflistung der Beamten und Richter samt deren Obliegenheiten

Der letzte Abschnitt 26,29–32 mit seiner ausdrücklichen Erwähnung von »Beamten und Richtern« verknüpft die vorliegende Texteinheit mit 23,4. Hier sind die Aufgaben der Leviten dieser Ordnungen auf dreierlei Weise beschrieben: 26,29–32

V 29 »zur Außentätigkeit über Israel als Beamte und Richter«
V 30 »für alle Arbeit JHWHs und für den Dienst des Königs«
V 32 »für alle Belange Gottes und die Belange des Königs«

Bei den beiden letztgenannten scheint es sich trotz der unterschiedlichen Formulierung um ein und dieselbe Aufsicht über das gesamte Land, auf beiden Seiten des Jordan, zu handeln, die den beiden Hebroniten-Familien Haschabja und Jerija übertragen war. Die Jizhariten dagegen stehen anscheinend allein in ihrer Funktion als »Beamte und Richter über Israel«. Auf den ersten Blick besteht kein Zusammenhang zwischen der Funktion der Jizhariten und der im unmittelbaren Anschluß genannten Hebroniten (V 30–32). Es gibt allerdings in Chr einen ähnlichen Fall mit derselben Terminologie, der die Verhältnisse hier vielleicht erhellen kann. Im Zuge seiner Rechtsreform setzt Joschafat »Richter« ein (2 Chr 19,5 ff.) und ordnet ihnen »Beamte« zu (2 Chron 19,11); beide zusammen sind zuständig für »alle Belange JHWHs« und für »alle Belange des Königs« (V 11). Die terminologische und sachliche Analogie ist überwältigend. Hier unter David wirkt die Scheidung von Jizhariten und Hebroniten künstlich; sie scheinen dieselben Aufgaben zu erfüllen, nur verschieden benannt. Da sich die Vollmacht der Hebroniten über das gesamte israelitische Territorium erstreckt, ist wohl eine systemimmanente Hierarchie anzunehmen, auch wenn sie nicht ausdrücklich erwähnt ist. So wie es hier geschildert wird, hatte das System nicht mit dem Tempelkult zu tun, sondern mit der königlichen Verwaltung. Im Bereich der »Belange des Königs« ging es vermutlich um Dinge wie Aushebung zu militärischen und zivilen Arbeiten, Steuereintreibung u.ä. Gleichzeitig war derselbe Apparat aber für die »Arbeit JHWHs« zuständig, d.h. sowohl die säkulare als auch die religiöse Verwaltung lag in den gleichen Händen. Von den beiden levitischen Familien sind die Hebroniten ausführlich beschrieben einschließlich ihrer Zahl (1700, 2700), wohingegen die Jizhariten nur kurz genannt sind ohne Zahlenangabe. In 23,4 wird die Anzahl der »Beamten und Richter« mit 6000 angegeben; dies ist der einzige Fall, in dem zumindest grundsätzlich eine gewisse Übereinstimmung zwischen der Einleitung in 23,4 und der eigentlichen Liste besteht.

26,29 Eine Jizhariten-Familie namens Kenanja ist sonst nicht bekannt (Ex 6,21; 1 Chr 23,18; 24,22), obwohl der Name als solcher etliche Male für einzelne Leviten vorkommt (1 Chr 15,22. 27; 2 Chr 31,12; 35,9). Der Ausdruck »Außenarbeiten« (המלאכה החיצונה) erscheint biblisch nur noch einmal als המלאכה החיצונה לבית האלהים »die Außenarbeit für das Haus JHWHs« in Neh 11,16; was genau damit gemeint war, wissen wir nicht. Die Jizhariten sind als »Kenanja und seine Söhne« eingeführt, die Hebroniten dann als »X und seine Brüder« (V 30.32); beide Weisen sowie die Kombination von beiden sind in den Listen üblich.

26,30–32 Die beiden Hebroniten-Familien werden in 26,30–32 parallel präsentiert:

V 30	von den Hebroniten Haschabja und seine Brüder
V 31–32	von den Hebroniten Jerija … und seine Brüder
V 30	1700 wackere Männer
V 31–32	2700 wackere Männer …
V 30	hatten die Aufsicht über Israel jenseits des Jordan nach Westen
V 31–32	… zur Aufsicht über die Rubeniten und die Gaditen und den halben Stamm von Manassiten
V 30	für alle Arbeit JHWHs und für den Dienst des Königs
V 31–32	für alle Belange Gottes und die Belange des Königs

Diese parallele Darstellung macht deutlich, daß zwar Haschabja für das Gelände westlich des Jordan und Jerija für das Ostufer zuständig war, der Chronist jedoch letzterem mehr Gewicht verleiht, wie er das überhaupt durch

Ausgestaltung eines bestehenden Musters tut. Der Schwerpunkt liegt auf dem Suchen und Finden der »wackeren Männer« (zum Motiv des Suchens und Findens in Chr, speziell in religiösem Zusammenhang, s. zu 2 Chr 1,2). Es ist bemerkenswert, daß es sich bei der plötzlich in Jaser »gefundenen« levitischen Familie um Hebroniten handelt. Die Beziehung zwischen der levitischen Familie des Hebron (Sohn des Kehat, Sohn des Levi) und der gleichnamigen judäischen Familie (1 Chr 2,42–43), die eindeutig mit der Stadt Hebron verknüpft ist (vgl. den Terminus technicus »der Vater von Hebron«), geht aus den uns verfügbaren Quellen nicht klar hervor. Allerdings gibt es in 1 Chr 2,21–22 deutliche Hinweise auf verwandschaftliche Beziehungen zwischen Hezron von Juda und Gilead. Derselbe Hezron gilt als Vater von Kaleb (1 Chr 2,9), der wiederum der Stammvater der Hebroniten in 1 Chr 2,42 war. Es scheint nicht zu viel gesagt, wenn wir davon ausgehen, daß in Gilead ansässige judäische Familien den Grundstock für Davids Verwaltung bildeten und dann als »Leviten« betrachtet wurden, ohne daß ihr levitischer Stammbaum voll dargelegt wurde. Da der vorliegende Text weder zu den Verhältnissen am Zweiten Tempel noch zu offenkundigen Interesssen des Chronisten direkten Bezug hat, dürfte er wohl im Kern authentisch sein. »Die Rubeniten und die Gaditen und der halbe Stamm von Manassiten« bilden für den Chronisten eine geschlossene Einheit; damit ist das Territorium sowie die israelitische Bevölkerung östlich des Jordan bezeichnet (vgl. 1 Chr 5,18; 12,38). Der Ursprung des Ausdrucks ist vermutlich deuteronomistisch (Dtn 29,7; Jos 1,12; 12,6; 22,1.9.10 u.ö.).

1 Chr 27,1–34: Organisation des Volkes und der königlichen Verwaltung

Literatur

H. Donner, Der »Freund des Königs«, in: ders., Aufsätze zum Alten Testament aus vier Jahrzehnten (BZAW 224), Berlin 1961, 25–33. – *H. P. Mathys*, Philologia sacra: Das Beispiel der Chronikbücher: ThZ 53, 1997, 64–73.

Text

Übersetzung

27[1] *Und die Söhne Israels nach ihrer Zahl, die Häupter der Vaterhäuser und die Befehlshaber über Tausendschaften und Hundertschaften und ihre Beamten, die dem König dienten in allen Belangen der Abteilungen, die ka-*

men und gingen Monat für Monat in allen Monaten des Jahres, jede Abtei-
lung: 24 000.
2 Über die erste Abteilung für den ersten Monat war gesetzt Jaschobam,
der Sohn des Sabdiël, und seine Abteilung: 24 000. 3 Er war von den Söhnen
des Perez, das Haupt aller Befehlshaber der Armee, für den ersten Monat.
4 Und über die Abteilung des zweiten Monats war gesetzt Dodai der Aho-
chit, und seine Abteilung befehligte Miklot der Fürst, und seine Abteilung:
24 000.
5 Der dritte Heerführer für den dritten Monat war Benaja, der Sohn des
Jojada, des Hauptpriesters, und seine Abteilung: 24 000. 6 Dieser Benaja war
ein Held unter den Dreißig und Anführer der Dreißig, und seine Abteilung
befehligte Ammisabad, sein Sohn.
7 Der vierte für den vierten Monat war Asaël, der Bruder des Joab, und
Sebadja, sein Sohn, nach ihm. Seine Abteilung bestand aus 24 000 Mann.
8 Der fünfte für den fünften Monat war der Fürst Schamhut [der Ser-
achit], und seine Abteilung: 24 000.
9 Der sechste für den sechsten Monat war Ira, der Sohn des Ikkesch, der
Tekoit, und seine Abteilung: 24 000.
10 Der siebte für den siebten Monat war Helez der Pelonit, von den Söh-
nen Efraims, und seine Abteilung: 24 000.
11 Der achte für den achten Monat war Sibbechai der Huschatit, von den
Serachiten, und seine Abteilung: 24 000.
12 Der neunte für den neunten Monat war Abiëser der Anatotit, von den
Benjaminiten, und seine Abteilung: 24 000.
13 Der zehnte für den zehnten Monat war Mahrai der Netofatit, von den
Serachiten, und seine Abteilung: 24 000.
14 Der elfte für den elften Monat war Benaja der Piratonit, von den Söh-
nen Efraims, und seine Abteilung: 24 000.
15 Der zwölfte für den zwölften Monat war Heldai der Netofatit, von Ot-
niël, und seine Abteilung: 24 000.
16 Und über die Stämme Israels waren gesetzt: für die Rubeniten der Fürst
Eliëser, der Sohn des Sichri; für die Simeoniten Sefatja, der Sohn des Maa-
cha; 17 für Levi Haschabja, der Sohn des Kemuël; für Aaron Zadok; 18 für
Juda Elihu, von Davids Brüdern; für Issachar Omri, der Sohn des Michael;
19 für Sebulon Jischmaja, der Sohn des Obadja; für Naftali Jerimot, der Sohn
des Asriël; 20 für die Söhne Efraims Hoschea, der Sohn des Asasja; für den
halben Stamm Manasse Joël, der Sohn des Pedaja; 21 für den halben Stamm
Manasse in Gilead Jiddo, der Sohn des Secharja; für Benjamin Jaasiël, der
Sohn des Abner; 22 für Dan Asarel, der Sohn des Jeroham. Dies sind die An-
führer der Stämme Israels.
23 Und David hatte die Zahl derer, die zwanzig Jahre und darunter waren,
nicht erheben lassen, weil JHWH verheißen hatte, Israel so zahlreich zu
machen wie die Sterne des Himmels. 24 Joab, der Sohn des Zeruja, hatte die

Zählung begonnen, aber nicht zu Ende geführt, weil deswegen ein Gotteszorn über Israel kam, und so gelangte die Zahl nicht in [das Buch] der Chronik des Königs David.

[25] *Und über die Schätze des Königs war eingesetzt Asmawet, der Sohn des Adiël, und über die Schätze auf den Feldern, in den Städten und Dörfern und Festungstürmen Jonatan, der Sohn des Usija.* [26] *Und über die Feldarbeiter, die das Ackerland bebauen, Esri, der Sohn des Kelub,* [27] *und über die Weinberge Schimi der Ramatit und über die Weinerträge der Weinberge Sabdi der Schifmit* [28] *und über die Ölbäume und die Maulbeerfeigenbäume, die in der Schefela waren, Baal-Hanan der Gederit und über die Ölerträge Joasch* [29] *und über die Rinder, die in der Scharonebene weideten, Schitrai der Scharonit und über die Rinder in den Tälern Schafat, der Sohn des Adlai,* [30] *und über die Kamele Obil, der Ismaelit, und über die Esel Jechdeja der Meronit* [31] *und über das Kleinvieh Jasis der Hagarit. Diese alle waren Verwalter des Besitzes des Königs David.*

[32] *Und Jonatan, Davids Onkel: Ratgeber, Sachverständiger und Schreiber. Und Jehiël, der Sohn des Hachmoni: bei den Söhnen des Königs.* [33] *Und Ahitofel: Ratgeber des Königs, und Huschai der Arkit: Freund des Königs.* [34] *Und nach Ahitofel: Jojada, der Sohn des Benaja, und Ebjatar und der Befehlshaber des königlichen Heeres Joab.*

Zu Text und Übersetzung

2 **ישבעם** »Jaschobam«: vorgeschlagen **ישבעל** »Ischbaal«: doch vgl. Auslegung.

4 **ומקלות** »und Miklot«: zu lesen **מקלות** »Miklot«: Dittographie des **ו** »und«.

5 **ראש** »ein Haupt«: d. h. »Sohn des Priesters Jojada, ein Haupt«, möglicherweise **הראש** »das Haupt«, d. h. der Haupt- bzw. Oberpriester (vgl. 2 Chr 31,10) (BHS).

6 **השלשים** »der Dreißig«: viele MSS haben **בשלשים** »unter den Dreißig«, scheint besser.

8 **היזרח** »von Jizrah«: vermutlich zu lesen **הזרחי** (vgl. V 11. 13) »der Serachit«.

24 **במספר** »in der Zahl« LXX: **בספר** »im Buch«, scheint besser.

Analyse

Inhalt

Nach der ausführlichen Darstellung des Kultpersonals vervollständigt der Chronist das Bild der israelitischen Verwaltung auf der weltlichen Seite: militärisch und wirtschaftlich. In vier Listen werden Davids Beamte, Verwalter und Ratgeber vorgestellt, gegliedert in zwei Kategorien: Funktionäre, die mit dem Volk zu tun haben, und Amtsträger der zentralen Verwaltung, die dem König nahestehen.

Ursprünglicher Bestandteil des chronistischen Werkes

Etliche Forscher betrachten Kap. 27 als sekundär und nachchronistisch, entweder wegen ihrer Bewertung der Kapitel 23–27 insgesamt (*M. Noth, Rudolph, Willi* u. a.) oder weil Kap. 27 von dem in 23,3 ff. angelegten Muster abweicht (*Williamson* 174). Die literarkritischen Erwägungen habe ich oben (in der Einleitung zu Kap. 23) ausführlich dargelegt; hier sind nur noch ein paar weitere Bemerkungen am Platze:

a) In 23,2 steht, David habe »alle Fürsten Israels, und die Priester und Leviten«

versammelt. Da letztere in den vorangehenden Kapiteln eingehend behandelt wurden, kommt der Text nun auf die erstgenannte Gruppe, die israelitische Führungsspitze, zurück.

b) 28,1 nimmt ausführlich auf die in Kap. 27 aufgezählten Fürsten Bezug; Kap. 28 schließt also an Kap. 27 an und baut auf der dort vermittelten Information auf. In anderer Weise sind diese Fürsten dann wieder in 29,6 erwähnt, ganz allgemein auch in 28,21 und in 29,24.

c) Daß die administrative Durchorganisation des Reiches auf David zurückgeht, steht im Einklang mit der allgemeinen Tendenz des Chronisten, David Maßnahmen zuzuschreiben, als deren Urheber sonst Salomo gilt (vgl. unten zu Kap. 28–29). Insofern ist es nur folgerichtig, daß der Chronist die Errichtung des Verwaltungsapparats durch Salomo 1 Kön 4 in seinen Bericht nicht aufnimmt.

d) »Beamte« waren ein wichtiges Element in der israelitischen Geschichte, jedenfalls nach chronistischer Auffassung. Ihre eingehende Darstellung ist als Ausdruck jener »demokratisierenden« Tendenz zu werten, die wir beim Chronisten wahrgenommen haben.

e) Verschiedene Beobachtungen zu Ausdrucksweise, Stil und literarischem Vorgehen sowie zu Konzeption und Blickwinkel beweisen zusammengenommen, daß das Kapitel sowohl in seinen unmittelbaren Kontext eingebunden ist als auch in das chronistische Werk insgesamt hineinpaßt.

Aufbau

Kap. 27 besteht aus fünf Teilen, vier davon Listen:

a) V 1–15 Die Organisation der Militär-Abteilungen
b) V 16–22 Die Anführer der Stämme
c) V 23–24 Historisch-theologische Stellungnahme
d) V 25–31 Davids Verwalter
e) V 32–34 Davids Ratgeber

Jede der vier Listen hat ihre eigene Form, Aufbau und Herkunft. Die fünfte Einheit innerhalb des Kapitels stellt eine historisch-theologische Stellungnahme dar (V 23–24), die thematisch aus dem Kontext des Kapitels herausfällt und zu anderen Teilen des Buches in Widerspruch steht. Vermutlich handelt es sich um eine spätere Interpolation (dazu unten).

Die erste Liste: Organisation der Militär-Abteilungen (27,1–15)

Von den Listen ist die erste, die der Militäreinheiten (V 1–15), die längste und ausführlichste. Sie ist ganz einfach aufgebaut: V 1 Überschrift; V 2–15 die Aufzählung. Wie schon erwähnt, weist diese Liste große Ähnlichkeit zum Verzeichnis der Sänger (25,8–31) auf, das ebenfalls keinen Abschluß hat. Die Namen selbst entsprechen der Liste von Davids Helden in ihren zwei Versionen (2 Sam 23//1 Chr 11) mit nur geringfügigen Abweichungen. Von den Namen in der Liste stimmen sechs an allen drei Stellen überein (Benaja, Asaël, Ira, Abiëser, Maharai, Benaja aus Piraton), zwei sind hier und in 1 Chr 11 gleich (Helez, Sibbechai), aber in 2 Sam etwas anders; die vier von beiden Quellen abweichenden Namen (Jaschobam, Dodai, Schamhut, Heldai?) sind in der Auslegung behandelt. Aufs Ganze gesehen steht die Form der Namen hier 1 Chr 11,10 ff. näher als 2 Sam 23,8 ff. Es gibt jedoch ein paar allgemeine Unterschiede:

a) Die Liste enthält drei Namen, die in den beiden anderen gar nicht vorkommen; diese sind offenbar eine Art Unterführer. Es handelt sich um »Miklot den Fürsten« (הנגיד, V 4), Ammisabad (V 6) und Sebadja (V 7).

b) Die meisten Heerführer sind mit Hinweis auf ihre Stammes- oder Familienzugehörigkeit versehen; dies findet sich in der Liste in 2 Sam nirgends, dort wird nur gelegentlich die Vaterstadt der »Helden« angegeben (Harod, Tekoa u. a. m.). Solche Angaben finden sich in unserer Liste für acht Heerführer: drei von den Serachiten/Israchiten (Nr. 5, 8 und 10), zwei von Efraim (Nr. 7 und 11) und je einen von Perez, Benjamin und Otniël (Nr. 1, 9 und 12). So ergibt sich ein recht geschlossenes Bild, insofern als die Heerführer allesamt aus dem Zentrum des israelitischen Territoriums stammen: aus Juda, Benjamin und Efraim. Dazu kommt noch Benaja, der Sohn des Jojada aus Kabzeel (vgl. Jos 15,21; 2 Sam 23,20), Joabs Bruder Asaël und Ira aus Tekoa – alle aus Judäa. Dodai der Ahochit hängt vielleicht über Ahoach mit Benjamin zusammen (vgl. 1 Chr 8,4).

Die zweite Liste: Die Stammesführer (27,16–20)

Die kurze Liste der Stammesführer (V 16–20) ist ganz schlicht aufgebaut:

V 16aα	Überschrift
V 16aβ–22a	Liste der Anführer nach Stämmen
V 22b	Abschluß

Zwei Stämme fehlen, Gad und Ascher. Manche Forscher betrachten dieses Fehlen als durch Textverderbnis oder Unachtsamkeit bedingt; andere sehen darin eine absichtliche Auslassung, vielleicht um die Gesamtzahl zwölf zu erreichen (vgl. *Rudolph* 182 f.). Mir scheint die Annahme einer Textverderbnis wahrscheinlicher, denn a) auch nach der Auslassung sind es nicht zwölf, sondern dreizehn; b) im zweiten Teil der Liste ist die Reihenfolge der Söhne Bilhas und Silpas gestört (dazu unten); c) der Chronist neigt überhaupt dazu, die Stämme Israels als ein geschlossenes Ganzes zu betrachten, und ist nicht auf die Zwölfzahl fixiert.

Die Reihenfolge der Stämme geht nach Num 1,5–15: zuerst die Söhne der Hauptfrauen (dort fehlt Levi wegen des besonderen Kontexts); unter den Rahel-Söhnen ist Josef durch seine Kinder vertreten, wobei Efraim vor Manasse genannt wird. Danach die Söhne der Mägde: zuerst Bilhas Sohn Dan; dann die beiden Silpa-Söhne Gad und Ascher; und schließlich Bilhas zweiter Sohn, Naftali. Die vorliegende Liste weicht nur insofern von der in Num ab, als Naftali nicht am Ende steht, sondern sozusagen an seinen geographischen Ort neben Sebulon gestellt ist. Diese Veränderung wurde vermutlich vollzogen, nachdem Gad und Ascher bereits weggefallen waren. (Die Liste in Gen 35,24–26 ist ähnlich, aber nicht gleich.) Im Unterschied zu der Liste in Num 1,5–15 kommt der Stamm Levi hier vor (V 17), und die zwei Stammeshälften Manasse erscheinen getrennt.

V 17 bildet den einen, aber schwerwiegenden Einwand gegen die Historizität der Liste. Schwierig ist nicht nur die Erwähnung des Stammes Levi überhaupt, sondern auch die getrennte Erwähnung der Priester darin. Die biblischen Belege für das tatsächliche Bestehen eines Stammes Levi sind schwach und z. T. problematisch. In den Listen von Stämmevertretern in Num erscheint Levi nicht (Num 1,5–15; 2,3 ff.; 7,12 ff.; 13,4–15; 26,4–51). Noch künstlicher ist die Unterteilung von Levi in zwei getrennte Hälften mit jeweils eigenem Anführer. Diese Vorstellung geht nur mit einem weiteren Kontext in Chr zusammen (1 Chr 12,27–29). Demnach dürfte zwar eine im Grunde alte Liste von Vertretern der Stämme zugrundeliegen, aber in der interpolierten Form, wie wir sie hier vor uns haben, weist die Liste die typisch chronistische Vorstellung vom Volk Israel auf: eine umfassende Einheit, zusammengesetzt aus kleineren sozialen Gruppierungen, die sich mit den Stämmen identifizieren lassen, die über die gesamte Königszeit hin bestanden haben. Die Stämme selbst werden im weitesten, in erster Linie geographischen Kontext präsentiert, wobei die beiden Stammeshälften Manasse als getrennte Größen betrachtet werden. Die Zwölfzahl spielt keine Rolle mehr, und der Stamm Levi erscheint zweigeteilt.

Die dritte Liste: Davids Verwalter (27,25–31)

Die Liste von Davids Verwaltern (V 25–31) setzt zwar unvermittelt ohne Überschrift ein, hat aber einen Abschluß: »diese alle [waren] Verwalter des Besitzes des

Königs David«. Die Anlage ist einheitlich und schlicht: Jede der zwölf Einheiten besteht aus einem zweigliedrigen Nominalsatz nach festem Muster: a) der Zuständigkeitsbereich, eingeführt durch die Präposition »über« mit *waw copulativum* (ועל), b) der Name des betreffenden Verwalters, ausgewiesen durch Patronym (Sohn des Adiël, des Usija usw.) oder durch seine Vaterstadt (der Ramatit, der Schifmit usw.); nur ein einziger, Joasch (V 28), steht ohne Herkunftsangabe.

Die vierte Liste: Davids Ratgeber (27,32–34)

Das Verzeichnis des engeren königlichen Stabes (V 32–34) ist am wenigsten strukturiert; es schließt ohne Überschrift oder Abschluß an die Liste der Verwalter an. Es gibt zwei Listen von Davids Ministerstab in 2 Sam (2 Sam 8,16–18; 20,23–26); die erste davon kehrt in 1 Chr 18,15–17 wieder. Sie enthält sechs Funktionäre und erwähnt Davids Söhne. Von jenen sechs ist Joab der einzige, der auch in der vorliegenden Liste vorkommt. Demnach handelt es sich hier um ein angehängtes oder ergänzendes Verzeichnis von Hofbeamten, keine Parallele und keinen Ersatz für 1 Chr 18,15–17. (Näheres s. u.).

Historisch-theologische Stellungnahme (27,23–24)

Die Verse 23–24 bilden eine Interpolation und sind nur lose mit dem Kontext verknüpft. Da sie gattungsmäßig wie thematisch nicht hineinpassen, stören sie die Folge der Listen und sprengen sowohl den Gesamtaufbau des Kapitels als auch die historische und theologische Auffassung des Chronisten. Wie diese Einheit in unseren Kontext geraten ist, bleibt unklar.

Auslegung

Der erste Teil: Organisation der Militär-Abteilungen (27,1–15)

27,1 Die Überschrift des ersten Abschnitts 27,1 stellt einige grundlegende Dinge fest: den Aufbau jeder Abteilung, bestehend aus den »Söhnen Israels« registriert nach Vaterhäusern (illustriert durch die genealogischen Listen von 1 Chr 2–9); die »Befehlshaber über Tausendschaften und Hundertschaften«; das Funktionieren des Systems im monatlichen Wechsel; und schließlich die Anzahl von Männern in jeder Abteilung. Wie die Aushebung vor sich ging, ist nicht berichtet, aber anscheinend umfaßte sie sämtliche Stämme und war nicht nach Vaterhäusern oder sozialen Gruppen bestimmt. Die Terminologie und die Identität der Befehlshaber sprechen für eine militärische Körperschaft. Gleichzeitig geht aus der gründlichen und umfassenden Organisation hervor, daß eine Dauereinrichtung intendiert war, die auch zu Friedenszeiten bestehen sollte. Das zugrundeliegende Prinzip ist vergleichbar dem, was in der Liste von Salomos Beamten (vgl. 1 Kön 4,7[f.]) belegt ist: Jeweils für einen Monat im Jahr waren sie für den Unterhalt des Königs und seines Hofstaats zuständig; allerdings schließen die beiden Systeme einander nicht aus. Das eine versorgt das Königshaus wirtschaftlich, das andere betreut das Königreich militärisch. Anscheinend sah der Chronist aber Berührungspunkte zwischen den beiden, denn er unterließ jegliche Erwähnung von Salomos System, nachdem er das davidische ausführlich geschildert hatte.

27,2–3 Im Abschnitt 27,2–3 führt V 2 den ersten Heerführer ein und ist deshalb etwas ausführlicher gehalten als das feste Schema; die in V 3 hinzugefügten Einzelheiten unterstreichen seine Herkunft und seinen Rang. Nach dem überlieferten Text heißt hier der erste Befehlshaber Jaschobam, Sohn des Sabdiël; in 1 Chr 11,11 heißt der erste Krieger »Isch-Baal, der Sohn des Hachmoniten«, und der aus dem verderbten Text von 2 Sam 23,8 zu rekonstruierende Name würde lauten »Ischbaal, Sohn des Hachmoni«. Anscheinend handelt es sich um mindestens zwei Personen: den Kriegshelden Isch-Baal Sohn des Hachmoniten, und den Befehlshaber der Abteilungen, Jaschobam Sohn des Sabdiël. Allerdings könnte die enge Verbindung zwischen beiden Listen in Einzelheiten und Reihenfolge dafür sprechen, daß doch nur ein Mann gemeint ist, wobei jede der beiden Benennungen einen Teil des Gesamtnamens widergeben würde: »Ischbaal Sohn des Sabdiël, der Hachmonit«. Demnach wäre der »Anführer der Dreißig« gleichzeitig »Anführer der Befehlshaber der Armee«, der in Davids militärischem System einen ganz besonderen Rang innehatte. Stilistisch ist dies betont durch das viermalige Vorkommen der Wurzel ראש »Haupt«, dreimal in Form der Ordnungszahl ראשון »erster«, einmal als das Substantiv ראש »Haupt«, d.i. Anführer.

Der Anführer der zweiten Abteilung in 27,4 ist »Dodai, der Ahochit«. In 27,4
1 Chr 11,12 lautet der Name des zweiten Kriegers »Eleasar, Sohn des Dodo, der Ahochit« (oder »Sohn des Ahochi« in 2 Sam 23,9). Handelt es sich hier um Vater und Sohn, oder ist der Text entstellt durch den Zusatz »Eleasar, Sohn des …«? Das Kommando über die zweite Abteilung wird faktisch von zwei Männern geführt: Dodai der Ahochit und Miklot der Fürst. Aus den ähnlichen Verhältnissen, wie sie in V 6 und V 7 geschildert werden, läßt sich in diesen Fällen auf einen Führungswechsel oder auf geteilte Verantwortung schließen; dies würde dafür sprechen, den Namen des Anführers als »Dodai« beizubehalten und ihn als Vater des Elasar zu betrachten – zumal es kein eindeutiges Anzeichen für eine Textverderbnis gibt. Der Name »Miklot« ist singulär, Bedeutung unklar; ein Vergleich mit V 6 stützt MT gegen LXX, wo der Name weggelassen ist. Eigentlich ist nur das ו vor dem Namen Miklot als Dittographie zu tilgen; darauf würde der Text so lauten, wie oben übersetzt ist.

Der Ausdruck »Heerführer« (hier: Nr. 3) steht in den Versen 27,5–6 an 27,5–6
der Spitze und ist für die übrigen zu ergänzen; diese werden dann nur noch mit der Ordnungszahl eingeführt (vgl. auch 25,9ff.). Der Befehlshaber hier ist »Benaja«, vorgestellt als »Sohn des Jojada, des Hauptpriesters« (הכהן ראש; zu diesem Ausdruck, wörtlich »der Priester, das Haupt«, als chronistisches Stilmerkmal vgl. 2 Chr 19,11; 24,6.11; 26,20; 31,10). Bei dieser Bezeichnung sind zwei Elemente zu unterscheiden. Zum einen der Name des Befehlshabers selbst, aus einer Quelle wie 2 Sam 23,20 (1 Chr 11,22) übernommen, wo er als »wackerer Mann, groß an Taten, aus Kabzeel« präsentiert wird. Zum anderen die Chr eigene Vorstellung, daß Bena-

jas Vater Jojada Priester war, was auch in 1 Chr 12,28 erwähnt ist: »und Jojada, der Fürst aus Aaron« (ויהוידע הנגיד לאהרן). Auf Jojadas priesterliche Abstammung hatte der Chronist vermutlich aus dem Titel בן איש חיל (wörtlich: »Sohn eines wackeren Mannes«, dort eigentümlich für Benaja) in 2 Sam geschlossen, was auf einen Priester gedeutet wurde (vgl. die Priesterbezeichnung נער גבור חיל in 1 Chr 12,29, und die 80 Priester בני חיל in 2 Chr 26,17); außerdem war Jojada ein ausgesprochener Priestername, zumal zur Zeit des Zweiten Tempels (vgl. Neh 12,10.11.22).

Interessanterweise sah der Chronist keine Schwierigkeit darin, daß der Sohn eines Priesters, sogar des »Oberpriesters«, als Heerführer, Mitglied und Anführer der »Dreißig« fungierte. Letztere Information ist der vorliegenden Liste eigentümlich. Daraus wäre vielleicht zu schließen, daß Benaja den Titel sozusagen ehrenhalber trug, während sein Sohn Ammisabad das eigentliche Kommando führte. Es fällt auf, daß drei von den Namen, die speziell in dieser Liste vorkommen, das Element »sabad« enthalten: Sabdiël (V 2), Ammisabad hier in V 6 und Sebadja in V 7.

27,7 Als Anführer der vierten Abteilung wird in 27,7 Asaël, der Bruder des Joab erwähnt. Hieraus ergibt sich eine unübersehbare Schwierigkeit. Laut der bekannten Erzählung in 2 Sam 2, an deren Glaubwürdigkeit niemand zweifelt, wurde Asaël in dem Kampf zwischen den Anhängern Ischbaals und Davids vor dessen Krönung zum König über ganz Israel (2 Sam 2,18–23) von Abner erschlagen. Daß Asaël in 2 Sam 23,24 unter Davids Kriegern genannt ist, läßt sich durch den chronologisch weitgespannten Rahmen der Liste dort erklären, sein Vorkommen in 1 Chr 11,26 durch die Tatsache, daß die dortige Liste aus 2 Sam übernommen war, offenbar ohne Anpassung an die aktuellen historischen Umstände (vgl. 1 Chr 11,10). Aber seine Erwähnung hier gegen Ende von Davids Herrschaft ist ein offenkundiger Anachronismus. Zweifellos soll der Zusatz »Sebadja, sein Sohn nach ihm« dies korrigieren, aber damit bleibt Asaël immer noch Befehlshaber einer Militärabteilung während einer gewissen Zeitspanne von Davids Regierung – eine Unstimmigkeit, die eines der gewichtigsten Argumente gegen die historische Zuverlässigkeit dieses Abschnitts bietet.

27,8 Mit Ausnahme des Ehrentitels »der Fürst« (השר) folgt die Vorstellung von Schamhut in 27,8 dem üblichen Schema. Der Name selbst mag aus zwei anderen Namensformen, Schama/Schammot zusammengeflossen sein, bzw. bilden diese beiden Kurzformen des Namens Schamhut. Dieser Krieger heißt entweder »der Harorit« in 1 Chr 11,27 oder »der Harodit« in 2 Sam 23,25 (letzteres vermutlich verderbt unter dem Einfluß des folgenden Namens »Elika der Harodit«). Der volle Name lautete vermutlich »Schamhut der Harorit des Serachiten« (s. auch oben: Zu Text und Übersetzung).

27,9–15 Die Namen der folgenden sieben Heerführer in den Versen 27,9–15 sind allesamt aus der Liste von Davids Helden übernommen. Es gibt einige Abweichungen in der Reihenfolge, aber ob diese zufällig oder durch ein zugrundeliegendes Prinzip (etwa Auslosen) bedingt sind, läßt sich nicht mit Sicherheit ausmachen. Zwei der Heerführer – der zehnte und der zwölfte – stammen aus der judäischen Stadt Netofa (Esra 2,22; Neh 12,28 u.ö.), aber der eine von beiden ist ein Serachit, der andere ist »von Otniël«. In 1 Chr 2,54 wird Netofa mit »Salma, dem Sohn des Hur« (V 50f.) in Verbindung gebracht. Dies alles deutet auf Mobilität und Vermischung von judäischen Familien untereinander hin. Unter den Stammbäumen von Juda in 1 Chr 2–4 ist die einzige Stelle, wo die Familie von Judas Sohn Serach auch nur erwähnt ist (1 Chr 2,6–8), eine künstliche Kompilation von biblischen Daten. Im Unterschied dazu werden drei von den Heerführern in der Liste als Serachiten ausgewiesen (V 8.11.13), was für die Vitalität dieses Zweigs unter den judäischen Familien zeugt (für die Restaurationszeit vgl. 1 Chr 9,6).

Der zweite Teil: Die Anführer der Stämme (27,16–22)

Das Verzeichnis der Stammesführer im Abschnitt 27,16–22 folgt einem strengen Muster: die Bezeichnung des Stammes, eingeleitet durch die Präposition »für« (ל), danach der Name in den meisten Fällen samt Patronym, mit zwei Ausnahmen: Elihu wird als »einer von Davids Brüdern« bezeichnet (V 18) und Zadok erscheint ohne Herkunftsangabe. Die Namen der Stämme folgen ebenfalls einem festen Muster, mit drei Ausnahmen: a) und b) die ersten zwei Gentilnamen, »für die Rubeniten«, »für die Simeoniten«: c) der Stamm Efraim heißt »die Söhne Efraims« wie sonst in Chr (1 Chr 27,10.14 u.ö.). Der erste Stammesführer wird etwas ausführlicher präsentiert als »Fürst« (נגיד V 16). Dieser Titel gilt wohl ebenso für alle übrigen (vgl. 24,7ff.; 27,5ff.). Die Namen selbst sind nicht stereotyp und folgen keiner bekannte Quelle; die meisten sind übliche biblische Namen (mit Ausnahme von Jiddo V 21, was singulär ist). 27,16–22

Anders als in 27,17 ist Zadok nur in 1 Chr 18,16 (//2 Sam 8,17) mit einem Patronym versehen, »Sohn des Ahitub«; sonst steht wie hier überall nur der Eigenname (1 Chr 12,29; 15,11; 16,39; 24,3.6.31; 29,22), obwohl seine Abstammung bekannt ist. Diese Kürze ist wohl als Zeichen großer Bekanntheit zu werten wie etwa bei David, Salomo u.a. 27,17

In Bezug auf 27,18 sind die meisten Exegeten der Meinung, »Elihu« sei ein biologischer Bruder von David; da aber kein Bruder dieses Namens in 1 Sam 16 oder 1 Chr 2,13–15 erwähnt ist, wird eine von folgenden zwei Lösungen angeboten: Entweder wird Elihu mit Davids ältestem Bruder Eliab gleichgesetzt (so schon LXX), oder aber Elihu gilt als der achte Bruder aus 1 Sam 16,10, der in 1 Chr 2 fehlt. Allerdings könnte der Ausdruck auch in seiner allgemeineren Bedeutung, nämlich als Verwandter, zu verstehen sein, ähnlich wie אחי שאול »Brüder Sauls« in 12,2; vgl. auch 12,30 u.a. 27,18

Der geographische Name »Gilead« bezeichnet in 27,21 zum einen das ganze Gebiet von Transjordanien (vgl. Num 32,1ff., bes. V 29–30, wo »das Land Gilead« dem »Land Kanaan« gegenübergestellt wird), zum anderen im engeren Sinn das Territorium von Manasse (Num 32,39–40). Diese Doppelbedeutung ist in Chr beibehalten. 27,21

Der dritte Teil: Historisch-theologische Stellungnahme (27,23–24)

27,23–24 In diesem Abschnitt geht es um einen Versuch, Davids Volkszählung, die in 1 Chr 21//2 Sam 24 geschildert ist, zu rechtfertigen, aber zu diesem Zweck wird mit Voraussetzungen und Unterscheidungen operiert, die in der ursprünglichen Erzählung nicht gemacht sind, etwa das Nichtzählen der Minderjährigen (unter 20). An zweiter Stelle steht die Aussage, Joab habe mit der Zählung begonnen, sie aber nicht zu Ende geführt. Vom Kontext abgesehen, würde das faktisch mit der Erzählung in 1 Chr 21 (nicht mit 2 Sam 24!) zusammengehen, wo Joab die Stämme Levi und Benjamin nicht zählt. Allerdings bleibt diese Harmonisierung der beiden Berichte oberflächlich, denn die Beurteilung der beiden Protagonisten durch den Erzähler ist jeweils umgekehrt. Laut 1 Chr 21 zählte Joab das Volk (ohne Altersbeschränkung) auf Davids Befehl, obwohl er persönlich dagegen war. Joabs unvollständige Durchführung von Davids zerstörerischem und schlecht beratenem Auftrag, seine Unterlassung der Zählung von Levi und Benjamin, sind Lichtpunkte in einer finsteren Episode, wodurch letzten Endes die Verschonung von Jerusalem möglich wird (s. o. zu Kap. 21). Auch der vorliegende Text weiß um eine Meinungsverschiedenheit zwischen David und Joab, aber hier sind die Rollen umgekehrt verteilt: Die Volkszählung, die Joab anscheinend gegen Davids Willen »begonnen, aber nicht zu Ende geführt« hatte, brachte Gotteszorn über Israel. Demnach handelt es sich bei dem vorliegenden Abschnitt V 23–24 um eine Art Midrasch zu 1 Chr 21, der eine theologische Korrektur vornimmt. Er soll den Bericht von der Volkszählung in neuem Licht erscheinen lassen und ein anderes Bild von David entwerfen.

Der vierte Teil: Davids Verwalter (27,25–31)

27,25–31 Die nächste Liste führt in den Versen 27,25–31 die Verwalter über den königlichen Besitz auf (vgl. auch 1 Chr 28,1). Es handelt sich um zwölf Amtsträger mit drei Aufgabenbereichen: Die ersten beiden sind für die königlichen Schätze in Jerusalem bzw. auf dem Lande zuständig, fünf haben die landwirtschaftlichen Erträge von Feldern, Weingärten und Obstpflanzungen zu betreuen und fünf weitere den Viehbestand. Die Zuständigkeit scheint sich in der Regel über das ganze israelitische Territorium erstreckt zu haben. Nur in einem Fall ist der Bereich geographisch eingeschränkt: »über die Rinder, die in der Scharonebene weideten … und über die Rinder in den Tälern …« (V 29). Innerhalb der Liste ist keine interne Rangordnung erkennbar; es ist nicht davon die Rede, daß die ersten beiden Verwalter besondere Vollmachten hatten, und man erfährt nicht, ob die Funktionäre Regierungsbeamten oder direkt dem König unterstanden. Erwerb und Herkunft dieser landwirtschaftlichen Bestände – Ackerland, Weinberge, Oliven- und Feigengärten, Großvieh, Kleinvieh, Kamele und Esel – sind nirgends dokumentiert. Gelegentliche geographische Angaben wie Schefela = Küstenebene, Scharon und »die Täler« deuten vielleicht darauf, daß der Besitz aus Davids Kriegszügen resultiert, indem er das öffentliche Eigentum von eroberten kanaanäischen Staaten und Städten in seinen Besitz brachte, aber dieser Schluß ist nicht zwingend. Die Vorstellung vom König als dem Besitzer weitläufiger Ländereien mit intensiver Beteiligung an deren wirtschaftlichem und agrarischem Ausbau ist in 2 Chr 26 für Usija belegt. Das dort gezeichnete Bild entspricht in etwa dem hier aus der Liste von Davids Verwaltern zu erschließenden, die landwirtschaftlichen Zweige sind in beiden Fällen dieselben: Vieh, Getreide und Weinbau. Allerdings ist Usijas Liste mehr auf Vollständigkeit angelegt und enthält zusätzliche geographische Angaben. Die Unterscheidung zwischen den »Schätzen des Königs« überhaupt und den über das Land verstreuten Schätzen in 27,25 deutet wohl darauf hin, daß die erstgenannten Schätze in Jerusalem befindlich waren. Eine andere Frage bezieht sich auf den Zuständigkeitsbereich der Schatzmeister: Handelte es sich nur um die Besitztümer und wirtschaftlichen Belange des Königs selbst oder auch um den Beitrag der Bevölkerung durch Steueraufkommen? Für letztere Möglichkeit spricht die Tatsache, daß über den königlichen Wein- und Ölbestand (V 27.28) eigene Aufseher gesetzt waren; demnach sollten »die Schätze« ganz allgemein auf einen weiter gespannten Rahmen bezogen sein.

Der fünfte Teil: Davids Ratgeber (27,32–34)

In dem abschließenden Verzeichnis des engeren königlichen Stabs werden 27,32–33
zunächst in V 32–33 vier David besonders nahe stehende Ratgeber in den Versen 27,32–33 genannt:

Jonatan, »Davids Onkel«, wird als »Ratgeber, Sachverständiger und Schreiber« präsentiert. Es ist ungewiß, ob er mit »dem Sohn des Schimea, Bruder Davids« gleichzusetzen ist, der »einen Mann von gewaltigen Ausmaßen« erschlug (1 Chr 20,7//2 Sam 21,21), oder mit einem anderen Jonatan aus Davids Familie, etwa dem Bruder des Jonadab, der ebenfalls als »ein sehr weiser Mann« geschildert wird (2 Sam 13,3).

»Jehiël, der Sohn des Hachmoni: bei den Söhnen des Königs«. Ein weiterer »Sohn des Hachmoni« ist Isch-Baal, einer von Davids hervorragenden Kriegsleuten (1 Chr 11,11). Da es an Davids Hof anscheinend öfter vorkam, daß Mitglieder derselben Familie Ämter innehatten (die drei Söhne von Zeruja, die Söhne der Priester Zadok und Abjatar 2 Sam 15,36; 18,19 ff.; der Prophet Natan und dessen Söhne 1 Kön 4,5 u.a.m.), ist damit zu rechnen, daß auch Jehiël und Isch-Baal Brüder oder zumindest Verwandte waren. Die dürftige Information über Jehiëls Beziehung zu den Söhnen des Königs läßt nicht deutlich werden, ob er bei ihnen die Funktion eines Erziehers oder Ratgebers hatte (für letzteres vgl. 1 Kön 12,6 ff.).

Ahitofel und Huschai werden zusammen genannt, der eine als Ratgeber, der andere als »Freund«. Letztere Bezeichnung ist eine Zeitlang als Titel interpretiert worden (vgl. auch 1 Kön 4,5, wo des Königs »Freund« gleichzeitig Priester ist; vom ägyptischen Hintergrund des Ausdrucks ist man allerdings wieder abgekommen). Die jeweilige Sonderstellung von Ahitofel und Huschai bildet ein grundlegendes Element für die Erzählung von Absaloms Aufstand (2 Sam 15,12.31; 16,23 usf., sowie 15,37; 16,17 usf.).

27,34 Die zwei weiteren nach Ahitofel in 27,34 genannten Ratgeber sind Jojada, der Sohn des Benaja, und Ebjatar; den Schluß der Liste bildet Joab, der königliche Heerführer. Diese Namen werfen etliche Fragen in Bezug auf Herkunft und Echtheit auf. Aus den vorhandenen Quellen ist ein »Benaja, der Sohn des Jojada« wohlbekannt. Die in diesem Vers angesprochene Person könnte Benaja selbst sein, wenn wir davon ausgehen, daß die Bestandteile seines Namens vertauscht sind. Wenn wir den Text so nehmen, wie er steht, könnte Jojada entweder ein Sohn des Benaja sein, der nach seinem Großvater benannt ist, oder sogar Benajas Vater. Letzterer wird tatsächlich an anderer Stelle in Chr als Priester betrachtet (1 Chr 12,27; 27,5), aber der Name seines Vaters ist nicht bekannt. Ebenso wenig ist von dem uns aus 2 Sam 8 usw. vertrauten Benaja berichtet, daß er einen Sohn namens Jojada hatte.

Der Name Ebjatar ist seinerseits problematisch. Als Davids Priester wird er in 2 Sam 20,25 zusammen mit Zadok erwähnt (vermutlich auch auf der Grundlage von 2 Sam 8,17). In Chr dagegen erscheint Ebjatars Sohn Ahimelech/Ahimelek als Zadoks Partner (1 Chr 18,16; 24,3.6), und Ebjatar selbst spielt überhaupt keine Rolle. Seine Nennung hier als Ahitofels Nachfolger soll vielleicht zum Ausgleich dienen dafür, daß ihm sonst an Davids Hof keinerlei Funktion zugeschrieben wird. Durch eine solche Erwägung verliert diese Angabe allerdings jeglichen historischen Wert.

Die Erwähnung von Joab als dem Befehlshaber der königlichen Truppen paßt auch nicht recht in eine Aufzählung von Davids persönlichen Ratgebern. Dabei ist jedoch zu bedenken, daß sowohl Ebjatar als auch Joab zu Davids frühesten und getreuesten Anhängern gehörten, die mit ihm durch dick und dünn gegangen waren. Sie waren an dem Versuch beteiligt, Adonija auf den Thron zu erheben, und beide wurden von Salomo verfolgt. Ihr gemeinsames Auftreten unter Davids engsten Vertrauten hier könnte ein Niederschlag jener ganz besonderen Beziehung zum König sein.

1 Chr 28,1–29,25: Beauftragung zum Tempelbau und Thronbesteigung Salomos

Literatur *W. J. Beecher,* Note on the Proper Paragraph Division in 1 Chron. 29:22: JBL 5, 1885, 73–75. – *P. B. Dirksen,* 1 Chronicles 28:11–18: Its Textual Development: VT 46, 1996, 429–438. – *D. J. Estes,* Metaphorical Sojourning in 1 Chronicles 29:15: CBQ 53, 1991, 45–49. – *J. G. McConville,* 1 Chronicles 28:9: Yahwe »Seeks out« Solomon: JThS 37, 1986, 105–109. – *S. L. McKenzie,* Why Didn't David Build the Temple? The History of a Biblical Tradition, in: R. R. Marrs/S. L. McKenzie/M. P. Graham (Hg.), Worship and the Hebrew Bible. FS J. T. Willis (JSOT.S 284), Sheffield 1999, 204–224. – *H. G. M. Williamson,* The Accession of Solomon in the Books of Chronicles: VT 26, 1976, 351–361.

Text

Übersetzung *28[1] Und David versammelte nach Jerusalem alle Fürsten Israels, die Anführer der Stämme und die Befehlshaber über die Abteilungen, die dem König dienten, und die Befehlshaber der Tausendschaften und Hundertschaften und die Verwalter des ganzen Besitzes und des Viehbestands des Königs und seiner Söhne zusammen mit den Eunuchen und den Machthabern und allen Kriegshelden.*

[2] Und der König David erhob sich auf seine Füße und sprach: »Höret mich, meine Brüder und mein Volk! Ich [hatte] im Sinn, ein Haus der Ruhe für die Lade des Bundes und für den Fußschemel unseres Gottes zu bauen und ich hatte die Vorbereitungen getroffen für das Bauen. [3] Da sprach Gott zu mir: ›Du sollst nicht das Haus bauen für meinen Namen, denn ein Mann der Kriege bist du und Blut hast du vergossen.‹ [4] JHWH, der Gott Israels, erwählte mich aus meinem ganzen Vaterhaus, König zu sein über Israel auf ewig, denn Juda hatte er zum Fürsten erwählt und im Haus Juda das Haus meines Vaters und unter den Söhnen meines Vaters hatte er Wohlgefallen an mir, mich zum König zu machen über ganz Israel. [5] Und von all meinen Söhnen, denn viele Söhne hat mir gegeben JHWH, erwählte er Salomo meinen Sohn, zu sitzen auf dem Thron des Königtums JHWHs über Israel. [6] Und er sprach zu mir: ›Salomo dein Sohn, er soll bauen mein Haus und meine Höfe, denn ihn habe ich mir zum Sohn erwählt und ich werde ihm zum Vater sein. [7] Ich werde beständig machen sein Königtum auf ewig, wenn er stark bleibt, meine Gebote und meine Rechtsvorschriften zu tun wie an diesem Tag.‹ [8] Und nun, vor den Augen ganz Israels, der Versammlung JHWHs, und vor den Ohren unseres Gottes: Haltet und erforscht alle Gebote JHWHs, eures Gottes, damit ihr im Besitz des guten Landes bleibt

und es weitervererbt euren Söhnen nach euch auf ewig. 9 Und du, Salomo mein Sohn, erkenne den Gott deines Vaters und diene ihm mit ganzem Herzen und verlangender Seele, denn alle Herzen erforscht JHWH und alles Gebilde der Gedanken erkennt er. Wenn du ihn erforschest, wird er sich von dir finden lassen, und wenn du ihn verläßt, wird er dich verstoßen auf ewig. 10 Siehe nun, daß JHWH dich erwählt hat, zu bauen ein Haus als Heiligtum: Sei stark und handle!«

11 Und David übergab Salomo seinem Sohn den Plan des Tempelhauses mit seinen Bauten und seinen Schatzkammern und seinen Obergemächern und seinen Innenräumen und den Raum für den Gnadenstuhl 12 und den Plan von allem, was ihm durch den Geist in den Sinn gekommen war, für die Höfe des Hauses JHWHs und für alle Gemächer ringsum, für die Schatzkammern des Hauses Gottes und für die Schatzkammern der Weihgaben, 13 und für die Abteilungen der Priester und der Leviten und für das ganze Werk des Dienstes am Hause JHWHs und für alle Geräte des Dienstes am Hause JHWHs, 14 für die goldenen Geräte mit dem Gewicht an Gold für jedes einzelne Dienstgerät, für alle silbernen Geräte mit dem Gewicht für jedes einzelne Dienstgerät, 15 und das Gewicht der goldenen Leuchter und ihrer goldenen Lampen für jeden einzelnen Leuchter und seine Lampen und für die silbernen Leuchter mit dem Gewicht des Leuchters und seiner Lampen nach dem Dienste jedes einzelnen Leuchters. 16 Und das Gold mit dem Gewicht für die Schaubrottische für jeden einzelnen Tisch und Silber für die silbernen Tische 17 und die Gabeln und die Becken und die Becher aus reinem Gold und für die goldenen Schüsseln mit dem Gewicht für jede einzelne Schüssel und für die silbernen Schüsseln mit dem Gewicht für jede einzelne Schüssel 18 und für den Räucheraltar aus Feingold mit dem Gewicht und für das Modell des Wagens der Kerubim aus Gold, die mit ihren ausgebreiteten [Flügeln] die Lade des Bundes JHWHs bedecken, 19 alles schriftlich von JHWH, wie er [ihn] verstehen ließ alle Arbeiten des Plans.

20 Und David sprach zu Salomo seinem Sohn: »Sei stark und fest und handle! Fürchte dich nicht und erschrick nicht, denn JHWH (...) mein Gott wird mit dir sein. Er wird sich dir nicht entziehen und er wird dich nicht verlassen, bis du vollendet hast die ganze Arbeit für den Dienst am Haus JHWHs. 21 Und siehe, da sind die Abteilungen der Priester und der Leviten für jeden Dienst am Haus Gottes und mit dir sind für jede Arbeit alle, die freigebig sind an Weisheit für jeden Dienst, und die Vorgesetzten und das ganze Volk für alle deine Belange.«

29 1 Und der König David sprach zu der ganzen Versammlung: »Salomo, der einzige Sohn von mir, den Gott erwählt hat, ist jung und schwach, das Werk aber ist groß, denn es geht nicht um eine Wohnburg für einen Menschen, sondern für JHWH Gott. 2 Und nach all meiner Kraft habe ich die Vorbereitungen getroffen für das Haus meines Gottes: Gold für das Goldene und Silber für das Silberne und Bronze für das Bronzene, Eisen für das Eiserne und Hölzer für das Hölzerne, Schohamsteine und Steine zum Einsetzen, glänzende und farbige Steine und alle kostbaren Steine und Marmor in Menge. 3 Und überdies, in meinem Wohlgefallen am Hause meines Gottes, gebe ich hiermit aus meinem Privatvermögen an Gold und Silber für das Haus meines Gottes über all das hinaus, was ich für das heilige Haus gegeben habe: 4 3000 Talente Gold vom Ofirgold und 7000 Talente 5 geläutertes Silber, um die Wände der Bauten zu verkleiden und um Gold für das Goldene und Silber für das Silberne und für jegliche Arbeit durch die Künstlerhand zu haben. Wer aber von euch ist nun bereit, seine Hand heute für JHWH zu füllen?«

6 Da waren freigebig die Fürsten der Vaterhäuser und die Fürsten der Stämme Israels und die Befehlshaber der Tausendschaften und der Hundertschaften und die Verwalter der königlichen Dienste 7 und sie gaben für die Arbeit am Hause Gottes an Gold 5000 Talente und 10 000 Golddareiken und an Silber 10 000 Talente und an Bronze 18 000 Talente und an Eisen 100 000 Talente. 8 Und der bei dem sich Steine fanden, der gab sie in den Schatz des Hauses JHWHs unter Aufsicht des Jehiël, des Gerschoniten. 9 Und das Volk freute sich über ihre Freigebigkeit, denn mit ganzem Herzen hatten sie freigebig für JHWH gespendet und auch der König David freute sich in großer Freude.

10 Und David lobte JHWH vor den Augen der ganzen Versammlung und David sprach: »Gelobt seist du, JHWH, Gott Israels unseres Vaters, von Ewigkeit zu Ewigkeit. 11 Dein, o JHWH, ist die Größe und die Kraft und die Herrlichkeit und der Glanz und die Majestät, denn alles im Himmel und auf Erden ist dein. [Dein], o JHWH, ist das Königtum und die Erhabenheit zuoberst von allem. 12 Und Vermögen und Reichtum kommen von dir und du bist Herrscher über alles und in deiner Hand ist Macht und Kraft und in deiner Hand ist es, alles groß und stark zu machen. 13 Und nun, unser Gott, danken wir dir und lobpreisen den Namen deiner Herrlichkeit. 14 Ja, wer bin ich und wer ist mein Volk, daß wir die Kraft hätten, auf solche Weise freigebig zu sein? Ja, von dir kommt alles, und aus deiner Hand ist, was wir dir gegeben haben. 15 Ja, Fremde sind wir vor dir und Beisassen wie alle unsere Väter. Wie der Schatten sind unsere Tage auf der Erde und es ist keine Hoffnung. 16 JHWH, unser Gott, alle diese Fülle, die wir bereitet haben, um dir ein Haus für deinen heiligen Namen zu bauen, aus deiner Hand kommt dies und dir gehört alles. 17 Da ich weiß, mein Gott, daß du das Herz prüfst und an Geradheit Wohlgefallen hast, so habe ich mit geradem Herzen all dies freiwillig gegeben, und nun auch dein Volk, das sich hier findet, habe ich dir mit Freude freiwillig geben gesehen. 18 JHWH, Gott Abrahams, Isaaks und Israels, unserer Väter, bewahre dies auf ewig als Gebilde der Gedanken des Herzens deines Volkes und mache ihr Herz fest auf dich hin. 19 Und auch Salomo, meinem Sohn, gib ein ganzes Herz, damit er deine Gebote und

deine Zeugnisse und deine Satzungen hält und alles tut und die Wohnburg
baut, die ich vorbereitet habe.«
20 *Und David sprach zur ganzen Versammlung: »Lobt nun JHWH, euren*
Gott!« Und die ganze Versammlung lobte JHWH, den Gott ihrer Väter, und
sie verneigten sich und warfen sich nieder vor JHWH und vor dem König.
21 *Und sie brachten JHWH Opfer dar und zwar brachten sie JHWH*
Brandopfer dar am folgenden Tag, 1000 Farren, 1000 Widder, 1000 Lämmer
und die dazugehörigen Trankopfer und Schlachtopfer in Menge für ganz
Israel. 22 *Und sie aßen und tranken vor JHWH an jenem Tage mit großer*
Freude und sie machten Salomo, den Sohn des David, zum zweiten Mal
zum König und sie salbten [ihn] JHWH zum Fürsten und Zadok zum Prie-
ster. 23 *Und Salomo setzte sich auf den Thron JHWHs als König an Stelle*
Davids seines Vaters. Und er war erfolgreich und ganz Israel hörte auf ihn.
24 *Und alle Fürsten und alle Helden und alle Söhne des Königs David unter-*
warfen sich dem König Salomo. 25 *Und JHWH machte Salomo überaus groß*
vor den Augen ganz Israels und er legte auf ihn königliche Majestät, wie sie
auf keinem König über Israel vor ihm war.

Zu Text und Übersetzung

28,2 אני עם לבבי »ich *habe* im Sinn«: wohl אני היה עם לבבי »ich *hatte* im Sinn«, vgl. 1 Chr 22,7.
28,8 ein paar Wörter verloren? vgl. BHS.
28,11 Zur Übersetzung von אולם »Halle« mit »Tempelhaus« vgl. Auslegung.
28,18 לפרשים »mit ausgebreiteten«: ergänze כנפים »Flügeln«?, so BHS.
28,19 עלי »mich«: wohl zu lesen עליו »ihn«.
28,20 אלהים »Gott«: Dittographie, vgl. Auslegung.
29,11 לך »dir«: ausgefallen durch Haplographie?
29,21 ויזבחו »und sie opferten«: LXX ויזבח דוד »und David opferte«.
29,22 שנית »zum zweiten Mal«: fehlt in einigen LXX MSS, Glosse; וימשחו »und sie salbten«: nach Versionen zu lesen als וימשחוהו »und sie salbten ihn«.

Analyse

Aufbau

Die Texteinheit 28,1–29,25 enthält den Bericht von Salomos Thronbesteigung, verdichtet zu einem geschlossenen Festakt wie bei Davids Thronbesteigung (1 Chr 11–12). Beide Male herrscht jeweils ein spezifisches literarisches Genre vor: bei David Listen von Teilnehmern, bei Salomo rhetorische Stücke, gerichtet an die verschiedenen Anwesenden. Der hier vorliegende Text zeichnet sich außerdem durch eingehende Schilderung der einzelnen Elemente aus: Salomos Erwähltheit, der Plan des Tempelbaus, die Gaben des Volkes u. a. m.

Die Texteinheit weist folgende Gliederung auf:

A	28,1	Einleitung: Volksversammlung in Jerusalem	
B	28,2–10	Davids Ansprache	
		I V 2–8	Ans Volk
		II V 9–10	An Salomo

C 28,11–21 David überträgt den Plan des Tempelbaus auf Salomo
I V 11–19 Einzelheiten des Plans
II V 20–21 Davids Ermahnung
D 29,1–9 Beteiligung des Volkes
I V 1–5 Davids Aufforderung
II V 6–9 Die freiwilligen Gaben
E 29,10–20 Lobpreis Gottes
I V 10–19 Davids Gebet
II V 20 Gottesdienst des Volkes
F 29,21–25 Abschluß: Festakt und Thronbesteigung

Somit bilden Einleitung und Abschluß den erzählerischen Rahmen, und die vier Abschnitte dazwischen behandeln jeweils ein gesondertes Thema.

Verhältnis zu 1 Kön 1–2

Inhaltlich entspricht diese Texteinheit 1 Kön 1–2, doch die beiden Berichte haben wenig gemeinsam; etwaige Berührungspunkte sind allenfalls polemischer Art. Dies ist einer der wenigen Fälle, wo der Chronist in Samuel/Könige berichtete Ereignisse erzählt, ohne auf das dort verfügbare Material zurückzugreifen. Nur ein einziger Vers, 1 Kön 2,11, der formelhafte Abschluß von Davids Regierung, ist übernommen und entsprechend abgewandelt (1 Chr 29,26–27). Außerdem sind in Davids Rede an Salomo Anklänge an die deuteronomistischen Teile von Davids Testament (1 Kön 2,2–4) zu vernehmen, formal und inhaltlich abgewandelt. Hier ist ein charakteristischer Zug der chronistischen Geschichtsschreibung zu beobachten: das Thema ist dem Chronisten bedeutsam und ausführlicher Behandlung wert, doch die Vorlage in 1 Kön 1–2 scheint ihm so unzulänglich, daß er einen völlig neuen Text verfaßt, wobei er das vorhandene Material entweder ignoriert oder dagegen polemisiert.

Akteure und Rollen

Die zentrale Rolle in dieser literarischen Einheit spielt David, daher erscheint er als handelndes Subjekt an der Spitze sämtlicher Hauptabschnitte: 28,1 versammelt er das Volk; 28,2 erhebt er sich; 28,11 übergibt er den Plan; 29,1 hält er seine Ansprache; 29,10 lobpreist er; 29,21 bringen sie (LXX: bringt David) Opfer dar. Auch einige Unterabschnitte setzen entsprechend ein (28,20; 29,20).

Eine ebenfalls wichtige Rolle spielt das Volk, in markantem Unterschied zu 1 Kön 1–2, wo die freudige Zustimmung des Volkes nur ganz am Ende kurz erwähnt wird (1 Kön 1,39b–40). In der Chronik dagegen ist die Beteiligung des Volkes ein wesentlicher Bestandteil:

a) Die Thronbesteigung findet in Anwesenheit des ganzen Volkes statt, und die Teilnehmer an der Volksversammlung werden im einzelnen aufgeführt.

b) Davids Rede richtet sich überwiegend an das Volk (28,2ff.; 29,1ff.; 29,20ff.), danach an Gott (29,10–19), und erst in dritter Linie an Salomo.

c) Das Volk spielt keine reine Statistenrolle: David begründet seine Handlungsweise ihm gegenüber und sucht es zu gewinnen. Zum Schluß erinnert er an seine jahrzehntelange Unterstützung und bittet, diese auch seinem Nachfolger zu gewähren (28,21).

d) Die Spenden des Volkes (29,6–9) bilden eine notwendige Ergänzung zu dem, was David selbst für den Tempelbau bereitgestellt hat.

e) Auch am Lobpreis Gottes (29,20) und an den kultischen Feierlichkeiten (29,21–22) ist das Volk beteiligt.

Im Unterschied zu der aktiven Teilnahme des Volkes verhält sich Salomo völlig passiv: er reagiert weder mit Worten noch mit Taten. Erst gegen Ende der Texteinheit ist kurz von Salomos Thronbesteigung und seinem glücklichen Regiment die Rede (29,23), doch sogleich treten wieder die Obersten des Volkes in den Vordergrund. Die Rechtfertigung von Salomos Thronfolge unter Berufung auf die göttliche Erwählung erscheint zwar als ein zentrales theologisches Anliegen dieser Texteinheit, aber zwischen Salomos theologischer Bedeutung und dem ihm zugestandenen erzählerischen Gewicht besteht eine gewisse Diskrepanz.

Davids Rede 28,2–10

Nach der Einleitung 28,1 gliedert sich Davids erste Rede in zwei Teile (V 2–8.9–10), die ähnlich strukturiert sind. Zu Beginn steht jeweils die Anrede in zweiter Person, wobei das Possessivpronomen die Beziehung der Hörer zu David unterstreicht: »höret, mich *meine* Brüder und *mein* Volk« (V 2), »und du, Salomo *mein* Sohn« (V 9). Die Anrede schließt jeweils mit einer Ermahnung im Imperativ (V 8.10).

Die Rede selbst gewinnt Einheitlichkeit durch wiederholte Wendungen: חזק ועשה »stark sein und tun« (V 7: אם יחזק לעשות; V 10: חזק ועשה), דרש »erforschen, suchen« (V 8: דרשו; V 9: דורש; V 9: תדרשנו), בתר »erwählen« (V 4–6: ויבחר … בחר … ויבחר … בחרתי; V 10: בחר בך), »Haus bauen« (V 2.3.6.10).

Davids Rede gilt seit langem als typisch chronistisch. Der Text ist zwar in Prosa gehalten, bemüht sich aber um gehobenen Stil. Außerdem kann man daran beobachten, wie der Chronist vorgefundene Wendungen in leicht abgewandelter Form zusammen mit konventionellen Aussagen zu einem neuen kohärenten literarischen Gebilde verarbeitet. Charakteristisch für diese seine Arbeitsweise sind speziell folgende Merkmale:

a) Sentenzhafte Äußerungen: V 9a.b.
b) Parallelismen bei unterschiedlicher Kolalänge, wodurch eine Art rhythmisches Gleichgewicht entsteht: V 2.3.6.8.9.
c) Die Verse 3, 6 und 7 übernehmen ganze Wendungen aus 2 Sam 7; vgl. dazu die Auslegung.
d) Der Text enthält Ausdrücke deuteronomistischer Herkunft, gelegentlich wörtlich, gelegentlich leicht verändert: V 8.
e) Die Struktur von Vers 8 folgt dem Muster der Zehn Gebote, wobei die formale Ähnlichkeit wohl durch die Verheißung am Ende ausgelöst ist, vgl. Ex 20,12.

Charakteristisch für den Aufbau der Rede ist auch das Festhalten an einer durchgängigen Thematik bei ständigem Wechsel des Sprechers; formal werden die Worte zwar von David geäußert, doch ist göttliche Rede immer wieder zitathaft eingestreut: V 2b.3.4.6–7.8.

Plan des Tempelbaus 28,11–21

Der letzte Abschnitt von Kap. 28 gliedert sich wiederum in zwei Teile von ungleicher Länge: V 11–19 die Übergabe des Bauplans an Salomo, V 20–21 Davids Anweisungen bezüglich des Baus. Syntaktisch handelt es sich bei den Versen 11–19 um eine lange Kette von Objekten zu dem Verb »geben« in V 11 (ähnliche Ketten von gleichrangigen Satzgliedern finden sich auch 1 Chr 24,7ff. und 1 Chr 25,9ff.).

Der »Bauplan« (תבנית), der eigentliche Gegenstand dieses Abschnitts, ist viermal ausdrücklich erwähnt: zweimal zu Anfang (V 11.12) und zweimal gegen Ende (V 18b.19), dort bildet er das letzte Wort des ganzen Abschnitts. Die ausführliche Aufzählung der Elemente, die David »in den Sinn gekommen« waren, bietet die architektonische Vorstellung des Chronisten vom Tempel.

Die kurze Ermahnung V 20–21, bes. V 20, weist dieselben stilistischen Merkmale auf, wie in V 2–10 beobachtet: Musivstil, Parallelismen usw. V 20 enthält deuteronomistische Formulierungen, wie sie sich in Dtn 31,1–8 konzentriert finden; vgl. ferner Jos 1,6; 8,1.

Spenden für den Tempelbau 29,1–9

Im Unterschied zu Davids anderen Reden wird im »Spendenaufruf« Davids vor dem Volk (29,1–5) das eigentliche Thema, die Spenden des Volkes, erst am Schluß seiner Rede in 29,5 angesprochen, und zwar in Form einer Frage: »Wer aber von euch ist nun bereit, seine Hand heute für JHWH zu füllen?« Die ganze Rede ist auf diese abschließende Aufforderung hin konzipiert.

Vergleich mit Ex 25ff.

Wie schon beobachtet, ist das Motiv der freiwilligen Spenden des Volkes vom Bau der Stiftshütte Ex 25ff. übernommen, wo das Gebäude ganz und gar aus Gaben des Volkes errichtet wird (Ex 25,1ff.; 35,21–29). Ein Vergleich zwischen Moses bzw. Davids Spendenaufruf ergibt markante soziologische und psychologische Unterschiede: Während Mose befiehlt, sucht David das Volk zu überreden: durch Ermahnungen, Erläuterungen *ad hominem*, Verweis auf eigenes Vorbild usw. Zu diesem Zweck setzt David verschiedene rhetorische Mittel ein: a) er betont die Größe des Unternehmens, das die Kapazität eines einzigen Menschen bei weitem übersteigt; b) er bezeichnet Salomo als unfähig, die Aufgabe allein zu meistern, obwohl er dazu auserwählt worden ist; c) Vorbildfunktion seines eigenen überreichen Spendens; d) ausführliche Aufzählung der erforderlichen Gegenstände, um die Bereitschaft der Spender zu dirigieren; e) emphatische Plazierung des eigentlichen Aufrufs an den Schluß seiner Rede, wobei die Frageform starken Appellcharakter ausstrahlt.

Stilistisch wird der Abschnitt von der Verbalwurzel נדב »freiwillige Gabe« dominiert, zunächst in der Aufforderung (V 5), dann in der Reaktion (V 6) und schließlich in V 9.

Davids Gebet 29,10–19

Davids großes Gebet (V 10–19) bildet den passenden Abschluß einer Folge von Ansprachen. Es ist als »Benediktion« (Beraka) charakterisiert; es beginnt nämlich in V 10 mit der formelhaften Wendung »Gelobt (Gepriesen) seist du, JHWH, Gott Israels unseres Vaters«, die sich (mit leichten Abweichungen) als feste Formel jeweils am Ende der Psalmbücher findet: Ps 41,14; 72,18; 89,53; 106,48. Dieser Teil der Feierlichkeit schließt in V 20 mit einem Lobpreis aus dem Munde des Volkes, dem des Königs sozusagen respondierend. Erwähnt werden solche Doxologien auch 2 Chr 20,26 und 31,8 – dort ohne Angabe ihres Inhalts.

Vergleich mit anderen biblischen Gebeten

Ein Vergleich dieses Textes mit anderen biblischen Gebeten läßt seine Eigenart deutlich hervortreten: Davids Gebet hier ist fest in seinen historischen Umständen und seinem erzählerischen Kontext verankert, dem Bau des Tempels und den freiwilligen Spenden. Gottes Größe und Macht wird eindrucksvoll verherrlicht, doch nicht als allgemeines Lob der göttlichen Taten in Natur und Menschenwelt, sondern im Hinblick auf eine spezifische historische Situation, was an Neh 9,5ff. erinnert. Allerdings enthält dieses Gebet, wie die einschlägigen Texte des Chronisten überhaupt, kein Geschichtssummarium: weder Gottes Taten noch die Sünden des Volkes werden aufgezählt. Vielmehr wird Gottes Macht ohne Bezugnahme auf spezifische Ereignisse der Vergangenheit angesprochen und daraufhin ihre Anwendung auf die aktuelle Situation erbeten.

Der gehobene Stil und die konventionelle Sprache des Gebets erinnern an die Dankpsalmen. Hier handelt es sich jedoch durchgängig um Prosa, ungeachtet vereinzelter Parallelismen. Es kommen zwar etliche Psalmen in Frage, die der Chronist ganz oder auszugsweise hätte übernehmen können (vgl. etwa 1 Chr 16,8ff.); aber dieses Gebet hat er mit eigenen Worten und Stilmitteln gestaltet. So differenziert er zwischen den Tempelpsalmen, die vom Kultpersonal rezitiert werden, und dem Gebet eines Laien (und sei es des Königs), das in Prosa gehalten ist.

Das Gebet besteht aus drei Teilen:

V 10b–13	Doxologie
V 14–17	Darbringung der Spenden an Gott
V 18–19	Bitte

Stilistisch illustriert dieses Gebet wiederum die typische Arbeitsweise des Chronisten, der vorgefundene Formulierungen übernimmt und in seinen eigenen Kontext einpaßt. Ein besonders markantes Beispiel ist V 15, ein nahezu wörtliches Zitat von Ps 39,13. Die folgende Wendung »Wie der Schatten sind unsere Tage auf der Erde « zitiert Ijob 8,9, und der Ausdruck »es ist keine Hoffnung« (אין מקוה) ist vermutlich eine verbreitete Redewendung (vgl. Esra 10,2). Eine feste Formel ist auch die Anrede »Gelobt seist du«. Zu Ausdrücken wie »daß du das Herz prüfst« (בחן לבבות) vgl. Ps 7,10; 17,3; Jer 11,20; 12,3; 20,12, zu »Gebilde der Gedanken« (יצר מחשבות) vgl. Gen 6,5; V 14 »wer bin ich und wer ist mein Volk« ist gestaltet nach dem Muster von 2 Sam 7,18 (1 Chr 17,16). Festzuhalten ist allerdings, daß es sich bei diesen Übernahmen nicht um erstarrte literarische Formeln handelt; sie sind jeweils voll in ihren neuen Kontext integriert. Ein weiteres Stilmerkmal der rhetorischen Gebilde des Chronisten ist das Vorherrschen von Parallelismen größeren oder geringeren Umfangs in Prosatexten, was sich in der Übersetzung nicht durchgängig wiedergeben läßt.

Gottes zentrale Stellung im ganzen Gebet ist stilistisch und syntaktisch zum Ausdruck gebracht: Der Text enthält nicht weniger als sieben direkte Anrufungen Gottes (V 10.11.13.16.17.18) mit verschiedenen Attributen: »JHWH«, »Gott Israels«, »unser/mein Gott«, »Gott Abrahams, Isaaks und Jakobs«, wobei die längste Anrede an letzter Stelle steht. Dabei wird Gott ständig mit Verbformen und Pronomina der zweiten Person angeredet.

Das Gebet hebt den Kontrast zwischen dem göttlichen und dem menschlichen Partner der Beziehung hervor. Gott gebühren »Ehre und Macht«, die Menschen dagegen »gehen dahin wie Schatten«. Doch wird die Existenz der Menschen stets auf Gott bezogen, durch Possessivpronomina in der zweiten und dritten Person (»dein Volk«, das »vor dir« lebt und »deine Gebote und Satzungen« hält, bzw. »seinem Gott« dient, der gleichzeitig der Gott »seines Königs« ist) und in erster Linie durch die feierliche Bezeichnung als »Gott Abrahams, Isaaks und Israels, unserer Väter « (V 10.18).

Auslegung

28,1: Einberufung der Volksversammlung

28,1 V 1 schildert ausführlich Davids Einberufung der Volksversammlung nach Jerusalem, wobei jeweils die Vollständigkeit der Teilnehmergruppen betont wird. Diese stilistisch dreigegliederte Liste ist die ausführlichste Aufzählung von Vertretern des Volkes Israel in der Chronik. Am hervorstechendsten ist die Bezeichnung שרים (»Fürsten«, »Beamte«, »Befehlshaber«, »Anführer«), die hier nicht weniger als sechsmal vorkommt. Dieser Vers knüpft insofern an das vorhergehende Kap. 27 an, als die dort namentlich Aufgeführten hier mit ihren Amtsbezeichnungen wieder erscheinen. Außerdem kommen drei weitere, nicht als שרים ausgewiesene Personengruppen vor: Eunuchen, Machthaber und Kriegshelden. Letztere Gruppe, emphatisch eingeführt durch »alle« (ולכל, vgl. *A. Kropat*, Die Syntax 1909, 4–7), steht für sich: David versammelte einerseits die verschiedenen Kategorien von Beamten, andererseits die Kriegshelden.

Bei dieser ausführlichen Aufzählung von Volksvertretern scheinen die Priester und Leviten zu fehlen. Doch die Anlage der Liste macht ihre gesonderte Erwähnung an dieser Stelle überflüssig: Wie alle übrigen Bevölkerungsgruppen sind auch die Priester und Leviten durch ihre Stammesfürsten, durch die aus ihren Reihen hervorgegangenen Beamten und durch ihre »Kriegshelden« vertreten (vgl. auch 2 Chr 1,2, wo die Priesterschaft ebenfalls nicht eigens genannt ist). Für den zu erbauenden Tempel (V 13) und seinen Kult (V 21) dagegen haben die Priester ihre eigene Funktion, weshalb sie in der Fortsetzung des Textes dann genannt sind.

28,2–8: Davids Ansprache an das Volk

Die Eröffnung von 28,2 klingt ungewohnt. Der Ausdruck »erhob sich auf 28,2
seine Füße« kommt in biblischen Texten sonst nur im Zusammenhang mit der Totenauferstehung vor (vgl. v.a. 2 Kön 13,21; Ez 37,10), wohingegen der Ausdruck »stand auf seinen Füßen« das Gegenstück zur Proskynese bezeichnet (Ez 2,1–2 im Gegensatz zu 1,28; 3,23–24 usw.; der gleiche Ausdruck in Sach 14,12 bezeichnet eine Person, an der göttliche Strafe vollzogen wird). LXX las hier anscheinend »er erhob sich in der Versammlung« (ויקם בקהל), wodurch die Schwierigkeit des Ausdrucks behoben ist.

Allerdings scheint selbst in diesem Detail, wie in vielen anderen, eine gewisse Polemik gegen 1 Kön 1–2 zu stecken, denn dort wird David als hilfloser Greis charakterisiert. Hier dagegen wirkt David jugendlicher; energisch tritt er vor die in Jerusalem versammelten Volksmassen hin. Möglicherweise hat der Chronist sich an der Figur des Mose orientiert, bei dem weder Sehvermögen noch physische Kraft im Alter nachließen (Dtn 34,7).

Die Rede selbst setzt ein mit der typisch chronistischen Formel »höret mich« (שמעוני), die sich außerhalb der Chronik nur noch in Gen 23,8 findet (vgl. 2 Chr 13,4; 15,2; 20,20; 28,11; 29,5). Die Ansprache trägt geradezu familiären Charakter: »Meine Brüder und mein Volk«.

Die Rede kreist um drei Brennpunkte: die Erbauung des Tempels, Salomos göttliche Erwähltheit und den Aufruf zum Halten der göttlichen Gebote. Anlaß zu dieser feierlichen Versammlung ist zwar Salomos Inthronisation, doch Salomos Thronfolge erscheint dem Hauptthema des Tempelbaus untergeordnet (V 4–5). Ebenfalls interessant zu beobachten ist die Zuschreibung der Initiative zum Bau des Tempels: Zwar ist Gott derjenige, der David als Tempel-Erbauer ablehnt und die Aufgabe auf Salomo überträgt, doch der ursprüngliche Plan zum Tempelbau geht nicht auf göttlichen Befehl zurück, sondern ganz auf Davids Initiative. Der Tempel wird nur hier als »Haus der Ruhe für die Lade des Bundes« bezeichnet. Dies ist eine idiosynkratische Weiterentwicklung der Vorstellung von der »Ruhe«, die im Pentateuch sowohl dem Volk Israel als auch der Bundeslade beigelegt wird. Das Deuteronomium und die deuteronomistische Literatur überhaupt wissen von der Ruhe, die Gott seinem Volk vor dessen Feinden verschaffen will (Dtn 12,9f.). Dieser Zustand der Ruhe soll nach Eroberung und Befriedung des

Landes eintreten. Dagegen ist das Ruhen der Lade von anderer Art; es tritt ein, wenn die Lade aus der Schlacht zurückkehrt, und ist weder zeitlich noch örtlich fixiert (Num 10,35–36). Eine Weiterbildung dieser alten Vorstellung ist das »Ruhen« der Lade gleichzeitig mit Gottes ständigem Aufenthalt im »Zelt« bzw. im Tempel, artikuliert etwa Ps 132,8.14. Polemisch abgewandelt findet sich dieser Gedanke auch Jes 66,1. 1 Chr 28,2 kann als eine modifizierte Weiterführung dieses Gedankens gelten, wie er besonders Ps 132,8 formuliert ist. Speziell hervorgehoben wird die Bundeslade durch die Bezeichnung »Fußschemel unseres Gottes«. Anderswo wird dieser Ausdruck für den Tempel selbst verwendet (*S. Japhet*, Ideology 1989, 76–78), z.B. Ps 132,7. Die wörtliche Übernahme hier markiert den Unterschied: Nicht Gott selbst, sondern nur dessen Lade soll im Tempel zur Ruhe kommen, weshalb dieser ausdrücklich als »Haus der Ruhe für die Lade des Bundes« bezeichnet ist (vgl. auch 1 Chr 6,16).

28,3 In 28,3 finden sich dieselben Elemente wie in 22,8 (s.d.), nur in anderer Reihenfolge: a) du sollst den Tempel nicht erbauen, denn b) du bist ein Mann des Krieges und c) du hast Blut vergossen. Die Einleitungsworte »Da sprach Gott zu mir« sind wohl nicht wörtlich zu nehmen, denn direkte göttliche Rede dieser Art findet sich sonst nicht in der Bibel. Ein »Wort JHWHs« gegen Davids Plan des Tempelbaus steht 2 Sam 7, doch wird die Ablehnung dort völlig anders begründet. Anscheinend bildet das Hauptargument von 2 Sam 7,6, Gott wohne nicht in einem festen Haus, sondern ziehe von Ort zu Ort in einem leicht transportablen Zelt, in den Augen des Chronisten keine ausreichende theologische Begründung weder für die Verwerfung Davids noch für die Erwählung Salomos als Erbauer des Tempels. Der Chronist sucht die Erklärung in Merkmalen, durch die sich David und Salomo unterscheiden, und da Davids Verwerfung von Gott ausgegangen war, muß auch die Begründung von dorther kommen (vgl. zu 1 Chr 22,8). Die Gegenüberstellung von »Mann des Krieges« und »Mann des Friedens« belegt sowohl die Bemühung des Chronisten um eine plausible Erklärung als auch seine freie Erfindung eines göttlichen Wortes als Träger seiner Überzeugungen.

28,4–5 Die Verse 28,4–5 enthalten einige der bedeutendsten Aussagen des ganzen Buches zum israelitischen Königtum überhaupt und speziell zum davidischen Königshaus; sie bieten eine Fülle typisch chronistischer Formulierungen und Gedanken. Der theologische Eckstein besteht in Davids Auserwähltheit, die zunächst gesetzt und dann stufenweise abgeleitet wird: vom Stamm Juda bis hin zu Davids Person (dazu ausführlich *S. Japhet*, Ideology 1989, 445–452). Die Erwählung wird hier personal eingegrenzt, dabei umfangmäßig ausgeweitet: Davids Herrschaft »über Israel« am Anfang des Verses wird zu Herrschaft »über ganz Israel«, und zeitlich gilt die Regierung der Dynastie »auf ewig«. Anders als im Buch Samuel ist die Erwählung hier nicht auf David beschränkt, vielmehr wird sie als ein längerer historischer Prozess von Erwählung und Aussonderung dargestellt: Stamm Juda – Haus

Isai – David. Diese Vorstellung ist nicht völlig neu, wiewohl sie sich bei Samuel noch nicht findet. Die Verleihung des Königtums an Juda ist anderswo belegt (Gen 49,8.10; Ps 78,67–69); das Haus Isai erhält Jes 11,1 besonderen Rang zugesprochen, wenn auch ohne das Verb »erwählen«. Der vorliegende Kontext vereinigt all diese Ansätze zu einer Darstellung der Erwählung als eines Vorgangs schrittweiser Aussonderung, dem Vorgang des Auslosens nicht unähnlich.

Ein ganz neues Element in der Chronik ist die Erwähltheit Salomos, die an vier Stellen erwähnt ist (1 Chr 28,5.6.10; 29,1). Hier ist der Erwählungsprozeß nicht mit David abgeschlossen, sondern erstreckt sich auch auf Salomo. Somit stehen David und Salomo gleichrangig nebeneinander, beide sind persönlich auserwählt, wohingegen sich die Erwähltheit aller weiteren Könige Judas von Gottes Verheißung an David ableitet. Durch die Einführung von Salomos Erwähltheit verleiht der Chronist den historischen Umständen von Salomos Thronfolge, in den Büchern Sam-Kön dargestellt als Endresultat einer längeren Folge von politischen und persönlichen Machenschaften, durch die sämtliche übrigen Kandidaten (Amnon, Abschalom, Adonija) allmählich ausgeschieden wurden, einen umfassenden theologischen Rahmen. Dort wird das Endstadium, Salomos Bestimmung zum Thronfolger, durch eine Hofintrige von Natan und Batseba erreicht – selbst wenn wir deren Rückgriff auf eine frühere Zusage Davids ernst nehmen wollen. In der Chronik stellt sich der Vorgang anders dar: Salomo war von vornherein zum König erwählt, noch vor seiner Geburt (22,9).

Ebenfalls hervorgehoben wird hier die chronistische Vorstellung vom »Königtum über Israel« (*S. Japhet*, Ideology 1989, 395–400). Der Gedanke kommt in Davids Rede nur an dieser Stelle vor, wird aber nicht weniger als dreimal angesprochen, wobei jede folgende Erwähnung die vorige ergänzt und modifiziert. Während sich die Idee von Gottes Königtum über Israel unterschiedlich formuliert fünfmal in der Chronik findet, steht der Ausdruck »Königtum JHWHs« nur hier. Demnach ist Gott der eigentliche König Israels, und der jeweilige Regent aus dem davidischen Königshaus sitzt auf »dem Thron des Königtums Gottes«. In dieser eigentümlichen chronistischen Vorstellung sind zwei ursprünglich kontrastrierende vereinigt: einerseits gehört das Königtum Gott, andererseits regiert das davidische Königshaus.

Stilistisch weist dieser Abschnitt die für die Chronik typische »Wiederholung mit Abwandlung« auf. Folgende Vokabeln und Wortwurzeln kommen dreimal oder häufiger vor: בחר »erwählen«, בית »Haus«, אב »Vater«, בן »Sohn«, יהוה »JHWH«, ישׂראל »Israel«, מלך »König«; »herrschen«, כל »alle«.

Sowohl syntaktisch als auch thematisch bilden die Verse 28,6–7 die Fortsetzung von V 5. Außerdem nehmen sie das Thema des Tempelbaus aus V 3 wieder auf: Nicht David soll den Tempel erbauen, sondern Salomo. V 6 setzt 28,6–7 die göttliche Rede fort, die durch Davids Interpretation unterbrochen war. Die Aussagen von V 6–7 stützen sich weitgehend auf Natans Prophezeiung in 2 Sam 7, deren Widerhall schon in 1 Chr 22,10 zu beobachten waren. Im Unterschied zu 2 Sam 7 erinnert jedoch die Reihenfolge der einzelnen Elemente innerhalb des Abschnitts eher an 1 Chr 22,10: »Er (d.i. Salomo) soll bauen ... er soll mir zum Sohn sein ... ich werde ihm zum Vater sein ... ich werde errichten.« In dreierlei Hinsicht weicht die Formulierung dieser Verse allerdings nicht nur von 2 Sam 7, sondern in geringerem Maße auch von 1 Chr 22,10ff. ab.

a) Die Erwähnung des Tempelbaus nennt ausdrücklich auch »meine Höfe«. Im allgemeinen wird im Zusammenhang mit dem Tempelbau die Gesamtbezeichnung »Haus« verwendet; die zusätzliche Nennung der Höfe mag geringfügig erscheinen, ist aber bedeutungsvoll. Hier zeichnet sich die in diesem Zeitraum entstehende religiöse Atmosphäre ab. In den Höfen, nicht innerhalb des Tempelgebäudes, feierte das Volk die kultischen Feste (Ps 84,3; Jes 62,9; vgl. auch 2 Chr 23,5 mit 2 Kön 11,5–6).

b) »Ich habe ihn mir zum Sohn erwählt« anstelle der Formel »er soll mein Sohn sein«. Wie schon verschiedentlich beobachtet, steht hinter Aussagen wie »Ich will sein Vater sein/er soll mein Sohn sein« eine alte Adoptionsformel, die bereits in 2 Sam 7 metaphorisch zu verstehen ist. Hier in der Chronik ist die Reihenfolge umgekehrt, und die Annahme an Sohnes statt wird als Erwählung formuliert; diese Formulierung entfernt sich einerseits von der ursprünglichen Adoptionsformel und hebt andererseits das Motiv der Erwähltheit hervor.

c) In der Chronik wird die Verheißung beständigen Königtums an Salomo ausdrücklich an eine Bedingung geknüpft. Wir hatten gesehen, wie 1 Chr 17 den Satz mit der absoluten Verheißung aus der Parallele 2 Sam 7 tilgt; in 1 Chr 22 findet die Auflage, Gottes Gebote zu halten, als Mahnung aus Davids Mund (22,13), nicht im unmittelbaren Anschluß an die göttliche Verheißung (22,10). Hier sind die beiden ganz eng miteinander verknüpft.

28,8 Die Eröffnung »und nun« markiert deutlich, daß die Rede ihrem Abschluß zugeht. In gewisser Weise fällt Davids Ermahnung in diesem letzten Abschnitt aus dem Gesamtverlauf der Rede heraus; dieser wird in V 9 wieder aufgenommen. Ungeachtet dessen rundet der Vers mit seiner Zusammenfassung der vom Volk zu spielenden Rolle Davids Rede an seine »Brüder und sein Volk« gut ab, bevor dieser zum Schluß (V 9–10) das Wort an Salomo richtet. Allem Anschein nach ist der erste Satz elliptisch. Israel und Gott werden als Augen- und Ohrenzeugen angerufen, doch eine Einleitung der nachfolgenden Imperative, etwa ein »ich verpflichte euch«, fehlt; ob eine solche weggefallen ist oder von vornherein nur mitzuverstehen war, läßt sich nicht entscheiden. Die parallele Anrufung sowohl des Volkes Israel als auch Gottes ist durch den Inhalt von Davids Aussage bedingt: Wenn das Volk Gottes Gebote hält, wird Gott ihm den Besitz des Landes garantieren.

Dies ist die einzige Stelle in der Chronik, wo das Volk als »Versammlung JHWHs« angesprochen wird. Die hebräische Wurzel קהל »Versammlung« überhaupt ist recht gebräuchlich in der Chronik (7mal verbal, über 30mal substantivisch), an Genitiv-Verbindungen finden sich »die Versammlung Israels« (überwiegend an Parallelstellen, 2 Chr 6,3.12.13, aber auch 1 Chr 13,2) und »die Versammlung Judas« (2 Chr 20,5; 30,25). Die Bezeichnung »Versammlung JHWHs«, worunter offenbar »ganz Israel« zu verstehen ist, unterstreicht die Feierlichkeit des Festaktes.

Ein weiterer wichtiger Zug ist die Verheißung des Landes (vgl. auch *S. Japhet*, Ideology 1989, 389), in der deuteronomistische Formulierungen zu beobachten sind. Hier ist die einzige Stelle außerhalb des Deuteronomiums, wo die Bezeichnung »das gute Land« vorkommt; auch die Verknüpfung von »besitzen« und »weitervererben« ist typisch deuteronomistisch (vgl. u.a. Dtn 15,4; 25,19 usw.). Wichtig an diesem Vers ist jedoch der veränderte Kontext: Im Deuteronomium beziehen sich all diese Ausdrücke auf die Landnahme, mit der das unstete Wanderleben in der Wüste sein Ende finden sollte; hier dagegen, im Übergang von Davids zu Salomos Königsherrschaft, sind keine Kriege mehr zu führen. Hier gilt das »Besitzen« und »Weitervererben«, das höchste Ideal des nationalen Lebens, als eine beständige Aufgabe jeder einzelnen Generation. Gerade die Verwendung von typischem Landnahme-Vokabular macht umso deutlicher, daß es in der Chronik nicht um die Eroberung des Landes Kanaan geht. Vielmehr setzt das Überleben des Volkes im Lande Israel das Halten der göttlichen Gebote voraus, was sowohl dem Volk als auch seinem König obliegt.

28,9–10: Davids Ansprache an Salomo

David wendet sich in 28,9–10 direkt an Salomo und wünscht ihm Glück 28,9–10
zu seinem künftigen Tun, wovon hier ausschließlich das Erbauen eines »Hauses als Heiligtum« angesprochen ist. Die Rede setzt energisch mit Imperativen ein, deren erster zweiteilig ist: »Erkenne … und diene«, d.h. Gotteserkenntnis als Vorbedingung für den rechten Gottesdienst. So pointiert kommt dieses Begriffspaar in der Chronik zwar nur hier vor, aber der Gedanke findet sich auch im Zusammenhang mit Umkehr und Buße von König Manasse: »Da erkannte Manasse, daß JHWH Gott war …« (2 Chr 33,13). Allerdings ist bei Manasse ein Sachverhalt Objekt des Erkennens, hier bei Salomo Gott selbst.

Der ungewöhnliche Titel »Gott deines Vaters« findet sich in der Chronik nur noch einmal in etwas anderer Form: »der Gott deines Vaters David« (2 Chr 21,12). In diesem Vers liest LXX sogar »der Gott deiner Väter«, was dem üblichen Sprachgebrauch der Chronik entspricht. Die Echtheit des ungewöhnlichen Titels wird durch den unmittelbaren literarischen Kontext gestützt. Die Herausstellung von Salomo als »Davids Sohn« ist ein charakteristisches Merkmal von 1 Chr 22, 28 und 29; dadurch wird betont, daß sich Salomos Macht und Autorität von David herleitet. Die Gottesbezeichnung »der Gott deines Vaters« charakterisiert die Beziehung zwischen David und

Gott als innig, geradezu familiär. Dieses enge Verhältnis sollte nach Davids Tod auf Salomo übergehen.

Die Wortverbindung »mit ganzem Herzen und verlangender Seele«, ein Spezifikum der Chronik, entspricht formal und bedeutungsmäßig dem bekannteren deuteronomistischen Ausdruck »mit ganzem Herzen und ganzer Seele« (Dtn 4,29; 6,5 u.a.m.). Der Ausdruck »ganzes Herz« ist noch in anderen, überwiegend deuteronomistischen Texten (1 Kön 8,61; 11,4; 15,3.14; 2 Kön 20,3) belegt, kommt im Wortschatz des Chronisten jedoch besonders häufig vor (1 Chr 12,39; 29,2.19; 2 Chr 15,17; 16,9; 19,9; 25,2).

Davids persönliche Anrede an Salomo wird unterbrochen durch zwei sentenzhafte Aussagen: »... denn alle Herzen erforscht JHWH« und »wenn du ihn erforschest, wird er sich von dir finden lassen«. Den Ausdruck »alles Gebilde der Gedanken« hat der Chronist aus Gen 6,5 entlehnt; er benützt ihn in Sentenzen, hier und 29,18, wo die Ähnlichkeit zu Gen noch erheblicher ist. Ebenso verwendet er eines seiner beliebten Verben, דרש »erforschen«. Hier ist Gott nicht das Objekt des Erforschens, sondern das Subjekt. Es handelt sich um eine übliche biblische Vorstellung, die sich, etwas anders formuliert, etwa in Spr findet: 16,2; 21,2; 24,12. Die einzigartige Formulierung des Chronisten »alle Herzen erforscht JHWH« ist bestimmt durch den Kontext der Verse 8–9, wo das Verb »erforschen« nicht weniger als dreimal vorkommt, besonders in der unmittelbaren Fortsetzung: »Wenn du ihn erforschest, wird er sich von dir finden lassen«. Die Verwendung derselben Verbalwurzel verleiht diesem Abschnitt seine Geschlossenheit.

Der dritte Teil dieses Verses ist ein antithetischer Parallelismus, bestehend aus zwei gegenläufigen Bedingungssätzen. Das Wortpaar »erforschen« (דרש)/»finden« steht etliche Male in der Bibel, häufiger ist allerdings das Wortpaar »suchen« (בקש)/»finden«. An einigen Stellen stehen sogar alle drei Verben mit einer Fülle von Nuancen (vgl. Jer 29,13–14; ferner Dtn 4,29, wo die beiden Wortkombinationen »mit ganzem Herzen« und »suchen«/»finden« zusammen vorkommen: »du wirst JHWH suchen ... und du wirst ihn finden, wenn du ihm nachforschst mit ganzem Herzen und mit ganzer Seele«). Diese Verwendungen sind auch charakteristisch für den Chronisten, vgl. bes. 2 Chr 15,2.4.

V 10 schließt Davids Anrede an Salomo mit einer kurzen Zusammenfassung der theologischen Aussage, in der klargestellt wird, daß die Erwähltheit kein Privileg ist, sondern eine Verpflichtung impliziert: JHWH zu suchen und seinen Tempel zu erbauen.

28,11–21 Zwei Züge sind charakteristisch für den 28,11–21 dargelegten Plan des Tempelbaus: **28,11–21: Plan des Tempelbaus**

a) In V 19 wird ausdrücklich darauf hingewiesen, daß der Bauplan göttlichen Ursprungs ist und Salomo schriftlich überreicht wird, was aus 1 Kön 6–7 durchaus nicht hervorgeht. Es gibt drei ausführliche Entwürfe von Heiligtümern in der Bibel: die Stiftshütte Ex 25 ff.; Salomos Tempel 1 Kön 6–7 und Ezechiels künftiger Tempel Ez 40ff. Sowohl von der Stiftshütte (Ex 25,9; ferner 25,40; 26,30; 27,8 u.ö.) als auch von Ezechiels visionärem Tempel (Ez 43,10–12) steht ausdrücklich geschrieben, daß ihnen ein göttlicher Plan zugrundeliegt. Dagegen enthält der Bericht 1 Kön 6–7, im Unterschied zur Parallelüberlieferung in der Chronik, keinen Hinweis darauf, daß der salomonische Tempel aufgrund eines göttlichen Plans oder einer Inspiration erbaut worden wäre. Von Hiram, dem Handwerksmeister, der die Metallgefäße anfertigte, heißt es nur ganz allgemein, daß er für diese Aufgabe besonders begabt war (1 Kön 7,14). Der Chronist hat die Beschreibung des eigentlichen Tempelbaus im wesentlichen unverändert übernommen (2 Chr 3–4) und nur ein entscheidendes Detail ergänzt, das in seinen Augen fehlte: Der Plan des Tempelbaus ist David von Gott offenbart und wird an Salomo weitergereicht. Durch die Offenbarung des Plans an David wird Gottes Verheißung, Davids Sohn werde den Tempel erbauen, konkretisiert und bekräftigt. Somit erscheint nicht nur der Bau als solcher, sondern sämtliche von David getroffenen Vorbereitungen als von Gott eingegeben. Für den Bauplan wird zwar die Vokabel תבנית »Modell« verwendet, doch ist nirgends davon die Rede, daß David dieses Modell zu sehen bekam (wie etwa in Ex 25 oder Ez 40,4). Sowohl V 12 als auch V 19 scheinen sich eher auf eine Inspiration zu beziehen. Allerdings besteht eine deutliche Bezugnahme auf die schriftliche Fixierung des Plans in Ezechiels Vision (vgl. Ez 43,11), was sich im Zusammenhang mit dem Bau der Stiftshütte so nicht findet. Demnach hat der Chronist den Terminus תבנית vom Bau der Stiftshütte mit Ezechiels Vorstellung von einer schriftlichen Übermittlung des Plans kombiniert und beide zusammen in die Errichtung des salomonischen Tempels eingeführt, wo ursprünglich kein Plan erwähnt war.

b) Der hier vorgelegte Plan des Tempelbaus geht sehr in die Einzelheiten. Von der literarischen Struktur her geht dies wiederum mit dem Bericht in Ex zusammen, wo der Bau der Stiftshütte in zwei Etappen dargestellt wird: einmal im Stadium der Anweisungen (Ex 25,1–31,11), das andere Mal im Stadium der Durchführung (Ex 35,4–40,33). Der Bericht in 1 Kön verzichtet auf diese zweifache Darstellung; die Einzelheiten erscheinen erst im Zuge der Bauarbeiten, da von einem Plan ja nicht die Rede ist. Der Chronist hat zwar einen Plan im Stile des Bauplans der Stiftshütte hinzugefügt, doch beschränkt er sich hier auf die Aufzählung der erforderlichen Materialien und verschiebt die ausführlichere Schilderung auf die tatsächliche Errichtung des Gebäudekomplexes (2 Chr 3–4).

28,11–19: Einzelheiten des Plans

Der erste Bestandteil des Plans in 28,11 ist der architektonische Aufriß des Tempelgebäudes. Am Anfang des Verses ergibt sich eine gewisse Schwierigkeit dadurch, daß die Possessivendung von »Bauten« sich auf die Vokabel אולם bezieht, was in der Regel mit »Halle« wiedergegeben wird; dies allerdings wäre seinerseits ein Teil des Gebäudes, das außerdem das »Schiff des Hauses« (היכל הבית, 1 Kön 6,3) und das innerste Heiligtum 28,11

(דביר) bzw. das Allerheiligste enthält (1 Kön 6,16). Die Übersetzungen suchen diese Schwierigkeit auf verschiedene Weise zu umgehen; ein anderer Lösungsversuch nimmt eine zu behebende Textverderbnis an (so *Rudolph*, vgl. BHS). Ich möchte dafür plädieren, den Text stehenzulassen, in der Annahme, daß אולם in der Chronik mehr bedeutet als eine bloße Halle; die Vokabel erscheint geradezu als Synonym zu »Haus« (vgl. 2 Chr 8,12; 15,8 und bes. 2 Chr 29,7.17). Dafür spricht auch die Wiedergabe dieser Vokabel durch LXX als ναοῦ, d.i. Heiligtum.

Dieser Vers enthält weitere interessante Termini. Das innerste Heiligtum der Stiftshütte, laut Ex 25ff. das »Allerheiligste« (vgl. auch Ex 26,33 u.a.), erscheint im salomonischen Tempel unter demselben Namen oder aber, häufiger, als דביר (1 Kön 6,19.20 u.ö.). Hier bezeichnet der Chronist eben diesen Raum in einzigartiger Weise als »Raum für den Gnadenstuhl« (wörtlich: »Ort für die Bedeckung der Lade«). Diese Bedeckung der Lade (כפרת) wird nur im Zusammenhang mit der Stiftshütte erwähnt (Ex 25,18ff.), nie mit dem salomonischen Tempel. Hier in unserem Kontext dient ihre Erwähnung einem doppelten Zweck: Zum einen wird der salomonische Tempel der Stiftshütte gleichgestellt, zum anderen wird er speziell als Ruhestätte für die Lade gekennzeichnet bei nachdrücklicher Erwähnung der Kerubim in V 18. Für »Schatzkammern« wird hier das persische Lehnwort גנזך verwendet; die »Innenräume« sind nur hier erwähnt, und die »Obergemächer« (עלית) kommen sonst nur noch in 2 Chr 3,9 vor. Anscheinend gibt dieses gehäufte Vorkommen von ungebräuchlichen Termini den späten Sprachgebrauch zur Zeit des Chronisten wieder.

28,12–13 Das zweite Stadium des Plans bringt in 28,12–13 Elemente außerhalb des Hauptgebäudes einschließlich der Vorkehrungen für den Tempeldienst. Unter den hier aufgeführten Details bilden die Höfe, die umgebenden Gemächer und die Schatzkammern wohl Bestandteile des Baus; die Abteilungen von Priestern und Leviten beziehen sich auf liturgische Verrichtungen, während die Geräte zur praktischen Durchführung des Tempeldienstes erforderlich sind.

28,14–18 Die ausführliche Aufzählung mit jeweiliger Hervorhebung des Gewichts ist ungewöhnlich, die Intention bleibt unklar; anscheinend sollte den Tempelgerätschaften eine gewisse Legitimation verliehen werden. Es handelt sich um folgende: 1. goldene Leuchter und die zugehörigen Lampen; 2. silberne Leuchter und die zugehörigen Lampen; 3. goldene Tische für die Schaubrote; 4. silberne Tische; 5. goldene Gabeln, Becken und Becher; 6. goldene Schüsseln; 7. silberne Schüsseln; 8. den goldenen Räucheraltar; 9. den goldenen Wagen der Kerubim.

Die Liste ist insofern eigenartig, als sie mit keinem anderen in der Bibel erwähnten »Plan« des Heiligtums übereinstimmt.

1) die Materialien: Sowohl in der Stiftshütte als auch im salomonischen Tempel (vgl. 1 Kön 7,15–50) waren die Gerätschaften entweder aus Gold

(der Tisch, der Räucheraltar usw.) oder aber aus Bronze (der Altar und die zugehörigen Gefäße, das »gegossene Meer« usw.), aber nicht aus Silber. Im Unterschied dazu enthält die Liste hier nicht nur silberne Geräte, sondern diese stehen in Parallele zu den goldenen, etwa bei den Leuchtern, Platten und Schüsseln.

2) die Zahlen: Mit Ausnahme des Altars und der Lade (wörtlich: »Wagen über der Lade«), sind sämtliche anderen Stücke im Plural genannt. Die Stiftshütte hatte einen goldenen Leuchter und einen goldenen Tisch für das »Brot der Gegenwart« (Ex 25,23–30.31–39), der salomonische Tempel besaß zehn goldene Leuchter (1 Kön 7,49), aber nur einen Tisch (7,48). Demnach sind etliche der hier erwähnten goldenen und silbernen Gegenstände wie Leuchter und Tische biblisch sonst nirgends belegt.

3) Schüsseln (כפורים) werden nur hier und in Esra 1,10 genannt. Der Ausdruck ist vermutlich spät, entweder Bezeichnung für einen neuen Gegenstand oder (wahrscheinlicher) eine neue Bezeichnung für einen vorhandenen Gegenstand.

4) Überhaupt nicht erwähnt sind hier die Bronze-Geräte, die entweder in Stiftshütte und Tempel (der Altar u. a. m.) oder nur am salomonischen Tempel (das »Meer«, die Pfeiler u. a. m.) gebräuchlich waren. Möglicherweise liegt dies daran, daß bronzene Geräte im Zweiten Tempel überhaupt nicht verwendet wurden, woraufhin der Chronist sie anachronistisch aus dem Entwurf zum salomonischen Tempel tilgte.

Die beiden Gegenstände, von denen es jeweils nur einen gab, der goldene 28,18
Räucheraltar und der Wagen (מרכבה) der Kerubim, erscheinen am Ende der Liste in 28,18, ausgezeichnet auch durch die Art ihrer Beschreibung: Der Altar ist aus »Feingold« (זהב מזקק) – ein Terminus, der sonst in der Chronik nicht mehr vorkommt – und der Wagen wird eingehend geschildert und erhält besondere Bedeutung durch die Wiederholung des Terminus »Modell« (תבנית).

Wie erschien die Lade und ihre Beziehung zu den Kerubim in den Augen des Chronisten? In den biblischen Quellen lassen sich zwei Hauptströme von Überlieferung unterscheiden: Im salomonischen Tempel befanden sich die beiden großen goldenen Kerubim im innersten Heiligtum (דביר) getrennt von der Lade (1 Kön 6,23–28, vgl. 1 Kön 8,6). In der Darstellung der Priesterschrift dagegen erscheinen die Kerubim als integrale Bestandteile des Lade-Deckels (כפרת, übersetzt als »Gnadenstuhl«, Ex 25,19–21). Die Formulierung dieses Verses in der Chronik, die Verwendung des Terminus »Wagen« und die vorangehende Bezeichnung des Allerheiligsten als »Raum für den Gnadenstuhls« (V 11, das einzige Vorkommen dieses Ausdrucks außerhalb von P), sprechen dafür, daß der Chronist die Kerubim als einen Bestandteil der Lade betrachtete, wie seinerzeit in der Stiftshütte. An diesem Punkt, wie an manchen anderen, geht seine Vorstellung mit derjenigen seiner Quelle aus Kön nicht zusammen – obwohl er dieser in 2 Chr 4,9–13 nahezu wörtlich folgt. Dieser Vers ist die einzige Bezeichnung der »Kerubim ... die mit ihren ausgebreiteten Flügeln die Lade ... bedecken« als »Wagen« (מרכבה), ein Begriff, der in der nachbiblischen Literatur überaus bedeutsam werden sollte.

Die Betrachtung der Lade und der Kerubim als Gottes Thronwagen läßt sich ableiten aus dem alten Titel »JHWH der Heerscharen, der über den Kerubim thront« (2 Sam 6,2 u.ö.), der sich vermutlich irgendwie auf die Lade bezieht. Eine gewisse Vorstellung von Gottes Gegenwart zwischen den beiden Kerubim wird auch in P angenommen, wo der Deckel der Lade als der Ort angegeben wird, wo Gott dem Mose erscheinen werde (Ex 25,22; Num 7,89). Wenn Gott jedoch wirklich erscheint, so geschieht dies in einer Wolke, welche die Lade verhüllt (Ex 40,34 ff. u.a.m.). Das Bild vom Wagen scheint in diesen raffinierteren Darstellungen zurückzutreten.

Ezechiels Visionen (Ez 1; 10) bieten uns eine anschauliche Schilderung eines wagenartigen Gefährts, getragen durch vier (nicht zwei) »Lebewesen« (חיות, auch »Kerubim« genannt, Ez 10,3 ff., vgl. V 20). Diese tragen den Thron empor, auf dem Gottes Gegenwart den Tempel verläßt (Ez 10,18–19; 11,22–23). Allerdings kommt der Terminus »Wagen« in dieser Vision nicht vor, auch die Lade ist nicht erwähnt.

In der nachbiblischen Literatur erscheint der Terminus »Wagen« sozusagen als Überschrift zu Ezechiels Vision (מעשה מרכבה) und erhält großes mystisches Gewicht. Doch in der Bibel ist dieser Vers der Chronik die erste und einzige Stelle, wo der Terminus »Wagen« ausdrücklich im Zusammenhang mit der Lade und ihren Kerubim vorkommt.

28,19 Die allgemeine Bedeutung von 28,19 scheint zwar einigermaßen klar, doch bietet die erste Vershälfte etliche Schwierigkeiten, und ihre genaue Aussage ist umstritten.

1) Zum einen das Personalsuffix der ersten Person an der Präposition על »auf«, »über«, was eine Rede in erster Person voraussetzt, auf die sich sonst keinerlei Hinweis findet.

2) Wo ist die Zäsur zu setzen, vor oder nach jener Präposition mit dem problematischen Personalsuffix?

3) Wer hat die »Schrift« verfaßt, Gott oder David?

4) Bedeutung, Subjekt und Objekt der Verbform השכיל sind unklar; transitiv hätte das Verb etwa die Bedeutung »lehren, verstehen machen«, intransitiv dagegen »einsehen, bedenken«.

Ungeachtet der verschiedenartigen von den Übersetzungen angebotenen Lösungen, möchte ich eine eigene vorschlagen: Erstens gehe ich davon aus, daß der Ausdruck מיד (ursprünglich: »aus der Hand von«) zu einer reinen Präposition erstarrt ist und »von, von her« bedeutet (vgl. 2 Chr 30,6; Ps 141,9; Ijob 5,20; Mal 1,9 u.a.m.). Zweitens findet sich die idiomatische Wendung »die Hand JHWHs auf X« (1 Kön 18,46; 2 Kön 3,15; Ez 1,3 u.ö.) nie mit der Präposition »von«, was auch gar nicht passen würde. Drittens möchte ich das Verb השכיל transitiv verstehen und die massoretische Punktation beibehalten. Demnach würde meine Lesart etwa folgendes ergeben: »alles schriftlich von JHWH, wie er mich/ihn verstehen ließ« als Fortsetzung des Satzes, der in V 11 mit den Worten beginnt: »Und David übergab Salomo seinem Sohn den Plan …«

28,20–21: Davids Ermahnung

David eröffnet in 28,20–21 seine Worte an Salomo zu diesem Anlaß mit traditionellen Ermahnungen: »sei stark« usw. Dieselben Wendungen erscheinen bei der Übertragung der Leitung des Volkes von Mose auf Josua (vgl. bes. Dtn 31,6.8; Jos 1,5); aus dieser Übereinstimmung und einigen anderen Faktoren hat *Williamson* geschlossen, der Chronist habe die davidische Amtsübergabe nach dem Muster der mosaischen gestaltet. Die bereits in den Quellen zu findende Ähnlichkeit zwischen den beiden Situationen wird vom Chronisten noch verstärkt durch die Art und Weise, wie er die beiden Figuren David und Salomo behandelt. Zusätzlich zur eigentlichen Übertragung des Führeramtes gibt es weitere gemeinsame Züge: Der Vorgänger durfte das, was in seinen Augen der Schluß- und Höhepunkt seiner Karriere war (Landnahme bzw. Tempelbau), nicht mehr erleben; auf göttliches Geheiß hatte er die Vollendung seinem Nachfolger zu überlassen. Doch obwohl ihm die Erfüllung versagt blieb, unternahm der Vorgänger etliche vorbereitende Schritte. In beiden Fällen leiten sich Macht und Autorität des Jüngeren von der des Älteren ab, und der Nachfolger wird ganz deutlich nach dem Muster seines Vorgängers beschrieben. 28,20–21

Allerdings bestehen auch grundlegende Unterschiede zwischen den beiden Berichten, die nicht übersehen werden dürfen: In Dtn 31 und Jos 1 ist es Josua allein, dem die Verantwortung für die Landnahme übertragen wird (Dtn 31,7). Das Volk wird zwar auch in gewisser Weise angeredet (Dtn 31,1–6), aber es ist doch eher passiv beteiligt. Im Unterschied dazu ist es bei der Amtsübergabe von David an Salomo nicht nur Gott, sondern auch das Volk, das Salomo beistehen wird; in V 21 wird das Volk nicht nur zur Zeugenschaft aufgerufen, sondern zur aktiven Mitwirkung (wie bereits in 22,17 und dann wieder in 29,5).

Die Wendung »JHWH, Gott, mein Gott« in 28,20 wirkt eigenartig, obwohl der Titel »JHWH, Gott« in der Chronik etliche Male vorkommt (*S. Japhet,* Ideology 1989, 37–41) und zweifellos einen eigenständigen Gottestitel darstellt. Möglicherweise liegt hier Dittographie vor, und ursprünglich stand nur »JHWH mein Gott« (so LXX). David betont seine ganz besondere Beziehung zu Gott durchweg: hier »JHWH mein Gott«, in V 9 in der Anrede an Salomo »erkenne den Gott deines Vaters«. 28,20

Das Volk ist in 28,21 auf dreierlei Weise beteiligt: durch die Abteilungen der Priester und Leviten beim Tempeldienst, durch die Handwerker in »jeden Dienst« und durch die »Vorgesetzten und das ganze Volk«, die seiner Befehle harren. So macht David deutlich, daß er nicht nur sämtliche Materialien zum Tempelbau bereitgestellt hat, sondern auch dafür gesorgt, daß 28,21 der fertiggestellte Tempel in Betrieb genommen werden kann. Der hier verwendete Terminus für Handwerker, נדיב בחכמה (wörtlich: »großzügig an Weisheit«), ist einzigartig, dagegen ist die Verbalwurzel נדב in der Bedeutung »freiwillige Spende« sowohl beim Bau des Tempels (bes. 29,5.6.9. 14.17) als auch im Zusammenhang mit der Stiftshütte sehr verbreitet. Wahrscheinlich handelt es sich um einen elliptischen Ausdruck.

29,1 Davids Aufruf an die Bevölkerung in 29,1–5, zum Bau des Tempels durch Spenden beizutragen, ist nach dem Muster der Erbauung der Stiftshütte gestaltet. Im Buch der Könige wird »das Haus, das König Salomo JHWH erbaute« (1 Kön 6,2) in erster Linie als Salomos Unternehmen dargestellt, an dem das Volk keinen Anteil hatte, selbst die Bauleute werden nur kurz erwähnt. Dort ist auch nicht davon die Rede, was für eine erhebliche wirtschaftliche Belastung der Bau für Salomo war; es wird selbstverständlich vorausgesetzt, daß der König die Kosten allein übernahm. Der Chronist dagegen betont immer wieder, daß Salomo ein solches Projekt nicht allein bewältigen könne, weshalb er auf Unterstützung durch David und das Volk angewiesen sei; dahinter tritt Salomos eigene Beteiligung weitgehend zurück. Insofern ist die Gewichtverteilung in der Chronik umgekehrt als in Kön. 29,1–5: Davids Aufruf an das Volk

29,2 Die Eröffnung 29,1 bildet die direkte Fortsetzung der vorangegangenen Rede; daher versteht sich das Thema, der Tempelbau, von selbst. Salomo wird einerseits als »jung und schwach« dargestellt, andererseits als »von Gott erwählt«, was ihn der Unterstützung gleichermaßen bedürftig und würdig erscheinen läßt. Das Unternehmen ist deshalb so gewaltig, weil Gottes Tempel vollkommener sein muß als jedes andere Gebäude; dieser Gedanke wird in 2 Chr 2,4–5 noch nachdrücklicher formuliert. Doch bevor der König den eigentlichen Spendenaufruf ergehen läßt, bietet er weitere Überredungskunst auf.

Salomo, wiederum als »Sohn von mir« eingeführt, kommt in diesem Abschnitt nur zweimal vor, jeweils in dritter Person: hier und am Ende, in V 19. Diese beiden Erwähnungen bilden den Rahmen, innerhalb dessen Salomo sozusagen gar nicht da ist; angeredet werden dort nur Gott und das Volk.

29,2 Aus dem Nebeneinander von 29,2 und 29,3–5a geht hervor, daß Davids Spenden aus zweierlei Quellen stammen: zum einen aus seinem königlichen Vermögen, zum anderen aus seinem privaten Besitz (סגלה). In letzterer Kategorie sind nur Gold und Silber erwähnt, jeweils mit Mengenangaben (V 3–5a). Die Aufzählung in V 2 ist etwas schwierig in Bezug auf Bedeutung und Reihenfolge der Gegenstände:

a) An erster Stelle sind die Metalle genannt, in absteigender Folge ihres Wertes (Gold, Silber, Bronze, Eisen), dann Holz. Darauf folgen jedoch statt der zu erwartenden »Bausteine« (vgl. 22,14.15) Edelsteine, die wohl nicht als Baumaterialien Verwendung fanden.

b) Stein wird offenbar am Ende des Verses erwähnt als »kostbare Steine und Marmor«. Der Ausdruck אבן יקרה bezieht sich zwar in der Regel auf einen Edelstein (z.B. 2 Sam 12,30; 1 Kön 10,2.10; Ez 27,22 u.ö.). Doch bezeichnet der Plural אבנים יקרות in 1 Kön 5,31; 7,9–11 die Quadern, die zum Bau gehauen wurden. 2 Chr 3,6 verwendet den Singular אבן יקרה für die Steinverkleidung des Gebäudes. Die Vokabel שיש, »Marmor«, ist hapax legomenon, wird für gewöhnlich gleichgesetzt mit שש, was in Est 1,6 und Hld 5,15 vorkommt.

c) Die Bedeutung der Ausdrücke אבני פוך ורקמה ist dunkel. Während רקמה ausschließlich in Bezug auf farbige Stoffe vorkommt, bezieht sich פוך in biblischen Texten auf Augen-make-up (2 Kön 9,30; Jer 4,30). In Jes 54,11 ist פוך metaphorisch verwendet. Es ist vorgeschlagen worden, die Vokabel als נופך zu lesen, woraufhin רקמה und שש sich auf Stoff beziehen würden und nicht auf Stein (vgl. *Curtis/Madsen* 303). Doch mir scheint eher, daß hier im Zuge der Idealisierung bildhafter Ausdruck (unter dem Einfluß von Jes 54,11) an die Stelle konkreter Bauterminologie getreten ist.

סגלה bezeichnet in 29,3–5a das Privatvermögen des Königs, aus dem Da- 29,3–5a
vid 3000 Talent Gold und 7000 Talent Silber spendet. Diese Mengen, relativ bescheiden im Vergleich zu 22,4, sind immer noch außergewöhnlich; die Zahlen als solche und ihre Summe (10) haben offenbar typologischen Charakter. Die ungeheuren Mengen an Gold und Silber dienen zweierlei Zweck: zur Verkleidung der Wände (V 4b) und als Material für die Arbeit der Handwerker (V 5a). Das Innere des salomonischen Tempels war tatsächlich mit Gold ausgelegt (1 Kön 6,20–22); anstelle des in Kön gebräuchlicheren Verbs צפה »auslegen, verkleiden« verwendet der Chronist dafür חפה. Hier (V 4) ist die einzige Stelle, wo das Verb טוח, das sonst nur in Lev (14,42.43.48) und bei Ez (13,10–15; 22,28) steht, in der Chronik vorkommt. Die Verwendung der Pluralform בתים »Häuser« ist ein sprachliches Spezifikum des Chronisten. Der Plural bezeichnet hier sämtliche Räume des Tempels (vgl. 28,11), so wie der Plural »Länder« für alle Teile des Landes steht (1 Chr 13,2; 2 Chr 11,23). »Ofirgold« ist im angenommenen historischen Kontext ein Anachronismus, denn laut 1 Kön 9,26–28; 10,11//2 Chr 8,18–19; 9,10 war Salomos Bündnis mit Hiram die Voraussetzung für die Einfuhr von Gold aus Ofir. Allerdings beruht der Anachronismus vielleicht nicht nur auf chronologischer Nachlässigkeit, sondern auf dem Bemühen des Chronisten, David und Salomo als gleichrangig darzustellen.

Der ganze Abschnitt läuft auf den Aufruf 29,5b hinaus, der sich durch 29,5b
idiomatischen und metaphorischen Sprachgebrauch auszeichnet. Der Ausdruck »jemandes Hand füllen« bedeutet eigentlich »sich für etwas bereit halten«, häufig: »sich dem Dienst Gottes weihen«, speziell in Bezug auf die Priesterschaft (Ex 28,41; 29,9.29.33; Lev 8,33; 16,32; Ri 17,5.12; 1 Kön 13,33 u.ö.; auch Ex 32,29 metaphorisch gebraucht, allerdings auf die Leviten bezogen). Nur in der Chronik wird dieser priesterliche Terminus auf das ganze Volk angewendet; hier sind es die Israeliten, nicht die Priester, die

»sich dem Dienst Gottes weihen« (vgl. auch 2 Chr 29,31). Diese Übertragung soll wohl nicht so sehr die Gleichsetzung des Tempels mit der Stiftshütte (wo die Priester zum Dienst geweiht waren) markieren, als vielmehr das Volk als ein »Königtum von Priestern« (Ex 19,6) kennzeichnen.

29,6–9: Die freiwilligen Gaben

29,10 Der Titel שרי האבות, wörtlich »die Fürsten der Väter[häuser]« in 29,6–9 steht in der Chronik nur an dieser Stelle, sonst nur noch Esra 8,29. Ein Vergleich mit 28,1 ergibt, daß es sich anscheinend um die »Fürsten der Abteilungen« handelt, die sonst hier fehlen würden. Jedenfalls leistet die Bevölkerung ihren Beitrag für den Tempel durch ihre Repräsentanten. Die Metalle in V 7 sind nach absteigendem Wert jeweils mit genauer Menge angegeben. Die Spende des Volkes beträgt insgesamt mehr als die des Königs. Die Erwähnung von »Dareiken« (persischen Goldmünzen, die gegen Ende des 6. Jh.s von Darius ausgegeben wurden) in V 7 ist anachronistisch.

Auf die Metalle folgen »Steine« (אבנים). Dies könnte sich entweder auf Bausteine oder auf Edelsteine beziehen, hier wohl eher auf letztere, denn die betreffenden Steine gingen an den »Schatz des Hauses JHWHs«. Allerdings wäre dies dann der einzige Fall, wo Edelsteine einfach אבנים genannt werden. Jehiel der Gerschonit wird auch in 1 Chr 26,21–22 erwähnt. An beiden Stellen spielt er offenbar die Rolle des Meisters über den »Schatz des Hauses JHWHs«, nicht zu verwechseln mit den »Schätzen aus den Weihegaben« (1 Chr 26,20). Diese Unterscheidung mag die Verhältnisse zur Zeit des Chronisten wiedergeben.

Eines der besonders charakteristischen Merkmale in der Auffassung des Chronisten von »Religiosität« ist seine Überzeugung, daß wahrer Gottesdienst – eigentlich jeder religiöse Akt – die volle Beteiligung von Leib und Seele verlangt; diese Ganzheit heißt in seiner Sprache »mit ganzem Herzen« und ihr Ausdruck ist die »Freude«. In 29,9 wird diese Harmonie durch eine ganze Reihe von Bezeichnungen für guten Willen, Bereitschaft und Freude wiedergegeben: dreimal die Wurzel für »Freude« (שמח), zweimal »freiwilliges Geben« (נדב) und an zentraler Stelle »mit ganzem Herzen«. In diesem Abschlußvers sind auch alle drei Teilnehmer an diesem freudigen Ereignis genannt: das Volk, David und Gott.

29,10–19: Davids großes Gebet

29,10 In 29,10 wird Davids großes Gebet ausdrücklich eingeführt: »David lobte JHWH«, d. h. er artikulierte einen Segensspruch mit der Anfangsformel »Gelobt (gepriesen) seist du, JHWH«. Dieser Auftritt vor der versammelten Menge unterstreicht wiederum Davids rüstige Erscheinung (im Sinne von 28,2). In zwei geringfügigen Einzelheiten weicht die Formulierung der Doxologie hier vom üblichen Schema ab: a) Der Spruch ist nicht in dritter Person gehalten (vgl. Ps 41,14; 72,18; 89,53 u. ö.), sondern in zweiter: »Gelobt seist *du*, JHWH« (sonst nur noch Ps 119,12); diese Abwandlung wirkt sich auf die Disposition des folgenden aus. b) Zu dem Titel »Gott Israels« tritt als Apposition »unseres Vaters«, womit »Israel« nicht allgemein die Benennung des Volkes wird, sondern der Name des gemeinsamen Ahnherrn Jakob/Israel.

Der Lobspruch 29,11 beginnt mit einer Schilderung von Gottes Größe und Herrlichkeit, bezeichnet durch ein (in der nachbiblischen Literatur vorherrschendes) Stilmittel, das man als »Häufung« bezeichnen könnte. Es handelt sich um eine Auflistung von mehr oder weniger synonymen Begriffen, jeweils durch kopulatives »und« verbunden. So wird die Größe geradezu quantitativ anschaulich gemacht, wobei das zehnmalige Vorkommen des Quantifikators כל (alle) auffällt. Daß die Zehnzahl nicht zufällig zustande gekommen ist, wird deutlich aus der scheinbar überflüssigen Zusammenfassung »alles zu tun« (ולעשות הכל) in V 19. 29,11

Der Text zeichnet sich aus durch eine ungewöhnliche Häufung von Substantiven (Größe, Macht, Herrlichkeit usw.), weder Adjektiven noch Verben. Dies verleiht der Schilderung jenen abstrakten Charakter, der für den Chronisten typisch ist. Die hebräische Vokabel נצח wird in der Lutherbibel mit »Sieg« wiedergegeben, doch dies ist die Bedeutung der Wurzel im biblischen Aramäisch, nicht im biblischen Hebräisch. Im Hinblick auf Stellen wie 1 Sam 15,29 und Jes 63,6 (vgl. das Wortspiel mit V 3) scheint die Bedeutung »Glanz« richtiger. Die Partizipform המתנשא (wörtlich: »der sich erhebt«) im letzten Versteil ist wohl eher als Abstraktum zu verstehen, was im biblischen Hebräisch gelegentlich vorkommt (Jes 1,21); hier wird offenbar deutlich, wie der Chronist mit der Beschränktheit seiner sprachlichen Mittel zu ringen hatte. Demnach wäre המתנשא als letztes Glied in der Reihe der göttlichen Attribute wiederzugeben: »... die Herrlichkeit und der Glanz und die Majestät ... das Königtum und die Erhabenheit zuoberst von allem«.

An dieser hervorgehobenen Stelle verkündet der Chronist »Dein o JHWH, ist das Königtum, ...«, was an anderer Stelle etwas anders formuliert wird (vgl. 2 Chr 13,8 »das Königtum JHWHs in der Hand der Söhne Davids«). Der Nachdruck, der hier bei der Übergabe von Davids Königtum an Salomo auf Gottes Königsherrschaft gelegt wird, ist bedeutsam: Dies ist der rechte Zeitpunkt, um klarzustellen, daß Gott der eigentliche Herrscher ist und der menschliche König sein erwählter Vertreter auf Erden.

Von der Aufzählung der göttlichen Attribute geht David in 29,12 über zu einer Beschreibung von Gottes Handeln unter den Menschen. Dies geschieht jedoch ziemlich allgemein, indem die ganze Menschheit als Gott untertan geschildert wird. Im Brennpunkt dieses Verses steht wiederum die Macht. Kraft und Vermögen, die beiden Faktoren, welche weltliche Macht ausmachen, sind dem Menschen von Gott verliehen. Gott regiert die Welt, und jede menschliche Machtposition ist davon abgeleitet. Die Vokabel כבוד ist hier besser mit »Reichtum« wiederzugeben und nicht mit »Ehre« (vgl. BDB 458). 29,12

Mit 29,13 schließt der Eröffnungsabschnitt des Lobpreises. Davids Gebet leitet nun allmählich über von allgemeinen Aussagen zu der gegenwärtigen Situation; der Übergang ist markiert durch Einbeziehung des anwesenden Volkes in das Gotteslob. Nach der Anredeformel »und nun, unser Gott« 29,13 weist der Vers eine parallele Gliederung auf nach dem Muster abc/a'c', wobei c' (לשם תפארתך) gegenüber c (לך) stark erweitert ist.

29,18–19 In den Brennpunkt der feierlichen Rede rückt nun in 29,14–17 der aktuelle Anlaß: nicht allgemeine Themen wie Salomos Thronbesteigung oder der Tempelbau, sondern ganz speziell die freiwillige Spende. Die hier verwendeten Begriffe und Vorstellungen greifen zurück auf V 9, V 17 ist geradezu ein Echo davon. Daher kommt die hebräische Wurzel נדב in diesem Abschnitt dreimal vor; ebenso wiederholt werden נתן (geben, V 14) und הכין (bereiten, V 16) im Anklang an V 2.3.7 und V 8. Bemerkenswert sind die in diesem Abschnitt hervorgehobenen Motive; zu allererst findet die menschliche Unzulänglichkeit mannigfachen Ausdruck:

a) Die metaphorische Bezeichnung als »Fremde und Beisassen« unterstreicht, daß die Menschen keine feste Statt im Lande der Lebendigen haben.
b) Das Leben selbst ist wie ein Schatten.
c) Der Mensch hat keinerlei Hoffnung (מקוה) oder Gewißheit, weil sein Dasein in dieser Welt nicht von Dauer ist.
d) Daraus folgt die rhetorische Frage: »Wer bin ich und wer ist mein Volk?«

Aus etwas anderer Perspektive wird des Menschen völlige Abhängigkeit von Gott in Bezug auf all sein Vermögen betont. Dies war in V 12 allgemein formuliert, hier (V 14.16) erscheint es direkter und persönlicher. Trotz alledem besteht David auf den ungeheuren Anstrengungen, die er und das Volk unternommen haben; im Bewußtsein ihrer eigenen Nichtigkeit, da sie nichts aus eigener Kraft vermögen, haben sie ein gewaltiges Werk in Angriff genommen: JHWH ein Haus zu erbauen (V 16f.).

29,18–19 Das Gebet endet in 29,18–19 mit einer Bitte im gleichen Sinne. David bittet weder um Macht, Sieg oder Reichtum noch um den dauerhaften Bestand von Salomos Königtum; ihm ist in erster Linie daran gelegen, daß der vom Volk erreichte Zustand geistiger Vollkommenheit »auf ewig« fortbestehen möge und daß Salomo mit jener Ganzheit des Herzens begabt werde, durch die er »alles tun« könne.

Die Auffassung, daß Gott »die Herzen lenkt« und daß der Mensch des göttlichen Beistands bedarf, um zum vollkommenen Gottesdienst zu gelangen, findet sich an etlichen Stellen in der Chronik (vgl. 1 Chr 22,12; 2 Chr 30,12, wohl auch 2 Chr 29,36); hier ist sie besonders herausgestellt. David geht davon aus, daß das Volk dieses Wunschziel, den Idealzustand von »Ganzheit des Herzens«, im derzeitigen Stadium seiner Geschichte erreicht hat; er sieht zu seiner Zeit einen Höhepunkt in der Geschichte Israels, nicht in materieller, sondern in geistiger Hinsicht, da die Gedanken und Herzen ganz Israels auf Gott gerichtet sind. Um dieses Ideal aufrechtzuerhalten braucht das Volk Hilfe von Gott, und darum bittet David. Hier äußert sich deutlich die tiefe religiöse Überzeugung des Chronisten, seine Auffassung der Beziehung des Menschen zu Gott und seiner Verantwortlichkeit für sein eigenes Leben und Tun.

29,20: Lobpreis des Volkes

Dieser Teil des Festakts endet in 29,20 mit dem Lobpreis des Volkes auf 29,21
Davids Zuspruch hin. Es könnte durchaus sein, daß diese Schilderung eines Zeremonialakts liturgische Formen wiedergibt, wie sie am Zweiten Tempel tatsächlich stattfanden, besonders das Respondieren und die Proskynese des Volkes im Anschluß an das Gebet der offiziellen Vertreter des Kultes, hier repräsentiert durch den König. Ein ähnliches Bild erscheint auch in 1 Chr 16,36; dort endet der von den Leviten vorgetragene Psalm mit der Doxologie »Gepriesen sei JHWH, der Gott Israels«, und es wird ausdrücklich erwähnt, wie das Volk mit »Amen« respondierte und Gott lobte. Zum Abschluß verneigte sich das Volk und warf sich ausdrücklich vor beiden nieder, vor Gott und vor dem König. Eine so enge Verknüpfung von Gott und König in einem kultischen Akt findet sich sonst nirgends in der Bibel, obwohl der himmlische und der irdische Herrscher öfter zusammen genannt sind (Spr 24,21; 1 Kön 21,10.13 u.ö.). Wenn hinter dieser Stelle wirklich ein im Zweiten Tempel geübter Brauch steht, nämlich das Auf-sich-Nehmen der Herrschaft des Königs zusätzlich zur Herrschaft Gottes, dann wäre etwa die Anweisung aus Esra 6,10, am Jerusalemer Tempel sollten dem Gott des Himmels Opfer dargebracht werden und gleichzeitig solle für das Leben des Königs und seiner Söhne gebetet werden, als feste kultische Einrichtung zu betrachten; für eine Absicherung dieser These reicht die textliche Grundlage allerdings nicht aus.

29,21–25: Salomos Thronbesteigung

Die Schilderung von Salomos Thronbesteigung in den Versen 29,21 ff. 29,21
weicht erheblich von derjenigen in 1 Kön 1–2 ab; die einzige Beziehung der beiden Texte untereinander ist eine polemische. Die erste Handlung des Volkes im Anschluß an den verbalen Teil des Festakts besteht im Darbringen von Opfern. Die Formulierung des Verses ist insofern schwierig, als zusätzlich zu den »Brandopfern« (עלות) zwei verschiedene Arten von »Schlachtopfern« (זבחים) genannt werden: »an JHWH« und »für ganz Israel«. Anscheinend handelt es sich um eine allgemeine Feststellung, die dann spezifiziert wird: »sie brachten JHWH Opfer dar«, und zwar »JHWH Brandopfer« und »Schlachtopfer … für ganz Israel.« Die Brandopfer werden einzeln aufgeführt: Farren, Widder und Lämmer – die übliche Zusammenstellung im priesterlichen Opfersystem (vgl. etwa Num 28–29). Auch der Ausdruck »ihre Trankopfer« (נסכיהם) gehört ins priesterliche Vokabular, in der Chronik kommt er hier das einzige Mal vor. Somit ist für die Schilderung des Ereignisses hier deutlich priesterliche Terminologie herangezogen. Die außergewöhnlich hohe Zahl der Opfertiere, insgesamt dreitausend Farren, Widder und Lämmer, entspricht der Größe des Anlasses. Zum Vergleich: Bei seinem Besuch des Heiligtums in Gibeon soll Salomo nur ein Drittel dieser Zahl an Opfertieren dargebracht haben (1 Kön 3,4//2 Chr 1,6). Etliche Schwierigkeiten bereitet die Zeitangabe »am folgenden Tag«.

Der Erzählstrom und die innere Logik der Handlung führen auf den Höhepunkt der Feier, die Thronbesteigung Salomos. In V 22 heißt es ausdrücklich, »sie aßen und tranken vor JHWH an jenem Tage«, womit zweifellos jener große Tag gemeint ist, an dem sich das Volk versammelt hatte, um Davids feierliche Ansprache und sein Gebet zu vernehmen. Die Verlagerung des Höhepunkts – der Opfer und Festlichkeiten – auf den »folgenden Tag« überrascht. Dieser Zusatz wirkt wie eine Glosse, nachträglich eingefügt von einem Redaktor, der offenbar daran Anstoß nahm, daß nach der ursprünglichen Darstellung die Darbringung der Opfer der Thronbesteigung voranging. Durch den Zusatz bleiben die Opfer zwar an ihrer Stelle im Text stehen, doch ihre Darbringung wird auf den folgenden Tag »verschoben«, wohingegen die Thronbesteigung »an jenem Tage«, d. h. am Tag der feierlichen Volksversammlung stattfand.

29,22 In 29,22 wird Salomos Salbung zum König geschildert, worauf im nächsten Vers die Thronbesteigung folgt. Reihenfolge und Darstellung der Vorgänge sind überraschend: Die Thronbesteigung wird erst nach dem Festmahl »vor JHWH« beschrieben; so erscheint Salomos Amtseinsetzung als eine Fortsetzung der Feierlichkeiten, nicht als deren Anlaß. Außerdem stehen in diesem Vers (wie auch im vorigen) sämtliche Verbformen in der dritten Person Plural, sind also entweder unpersönlich oder beziehen sich auf das Volk insgesamt (wie in V 20). Dies ist besonders erstaunlich für die erste und letzte Handlung in der Reihe: die Darbringung der Opfer und die Salbung.

Durch Salbung erhält nicht nur Salomo die Königswürde, sondern auch Zadok das Priestertum, was wiederum überrascht, denn mit Ausnahme der ursprünglichen Salbung von Aaron und seinen Söhnen durch Mose in der Wüste, wodurch diese »ein beständiges Priestertum auf Generationen hinaus« erhielten (Ex 40,15; vgl. Lev 8), gibt es keinen biblischen Beleg dafür, daß am Ersten oder am Zweiten Tempel Priester durch Salbung zu ihrem Amt geweiht worden wären. Außerdem führte Zadok das bereits früher erhaltene Priesteramt nur weiter, im Gegensatz zu Salomo, der das Königsamt nun erst antrat. Anscheinend soll die Erwähnung von Zadoks Weihe zum Priester besagen, daß an ein und demselben Tage die beiden erblichen Linien in der Führung des Volkes Israel unwiderruflich festgeschrieben wurden, Salomo als Vertreter des davidischen Königshauses, Zadok als Vertreter der Aaroniden. So erhält Zadok eine bedeutende Position, wird zu Salomos Gegenstück, was charakteristisch ist für den Zeitraum der Restauration, als die weltliche und die religiöse Führung gemeinsam die Leitung des Volkes übernahm (Serubbabel mit Josua, Nehemia mit Esra).

Das letzte Fragezeichen zu diesem Vers betrifft die Angabe שנית »zum zweiten Mal«. Die Betrachtung der Königskrönung hier als »Wiederholung« eines früheren Ereignisses, das entweder in 23,1 oder in 1 Kön 1–2 berichtet ist (*Williamson* 187), läuft der inneren Dynamik des Abschnitts völlig zuwider. Die Worte »und Salomo setzte sich auf den Thron JHWHs« (V 23), Höhe- und Zielpunkt des gesamten Vorgangs, werden geradezu bedeutungslos, wenn Salomo bereits zum König gesalbt worden war. Sinnvoller scheint die Annahme, daß es sich auch bei שנית um eine Glosse handelt, eingefügt von jenem Redaktor, der 23,1 als die eigentliche Erwähnung der Königskrönung auffaßte und den vorliegenden Abschnitt als Bericht über eine »zweite« Feier.

Die Verse 29,23–25 weisen die deutlichste Nähe zur Erzählung von Salomos Thronbesteigung in 1 Kön 1–2 auf, sowohl bestätigend als auch polemisch. V 23a ist eine abgewandelte Wiederholung von 1 Kön 2,12. Der markanteste Unterschied zwischen den beiden Stellen ist die Ersetzung des »Thrones Davids« durch den »Thron JHWHs«. Der »Thron Davids« spielt eine wichtige Rolle in der begrifflichen Terminologie von 1 Kön 1–2. David selbst spricht mehrere Male davon (»er soll auf meinem Thron sitzen«, 1 Kön 1,13; auch 1 Kön 1,17.24.30.35), ebenso andere Sprecher (»wer auf dem Thron des Herrn König sitzen soll«, 1 Kön 1,20, auch 1 Kön 1,27.37.47), wobei 1 Kön 2,12 den Höhepunkt bildet. Die Chronik dagegen spricht nirgends vom »Thron Davids«, sondern statt dessen vom »Thron JHWHs« wie hier oder vom »Thron des Königtums JHWHs über Israel« (1 Chr 28,5), oder vom »Thron Israels« (2 Chr 6,10.16//1 Kön 8,20.25) oder einfach vom »Königsthron in Israel« (1 Chr 22,10; 2 Chr 7,18//1 Kön 9,5). In 1 Chr 17,14 bezieht sich die Bezeichnung »sein Thron« auf Salomo. In diesem abweichenden Sprachgebrauch manifestiert sich also die Auffassung des Chronisten vom Wesen des israelitischen Königtums. 29,23–25

Die polemische Absicht von V 23b–24 wird in erster Linie durch ihre Plazierung an genau diese Stelle im Verlauf der Erzählung deutlich. Es gibt keine literarische oder politische Rechtfertigung für die Versicherung, die ganze Führerschaft des Volkes habe sich unter Salomos Herrschaft gebeugt. Die Existenzberechtigung dieser Bemerkung ist der polemische Bezug zu 1 Kön 1–2. Dort endet das Tauziehen zwischen den beiden Davidssöhnen und ihren Anhängern, Adonija und Salomo, mit dem Sieg des letzteren, doch Salomos Thronbesteigung erfreute sich gewiß nicht der einstimmigen Zustimmung der gesamten Führung. In 1 Kön 1 ist ausdrücklich davon die Rede, daß sich die »Söhne des Königs« nicht unter Salomos, sondern unter Adonijas Herrschaft beugten (1 Kön 1,9, ferner 1 Kön 1,19.25), während die »Helden« unter Anführung von Benaja, dem Sohn des Jojada, zu Salomo hielten (1 Kön 1,8.10). Der Chronist dagegen betont nicht nur die Zustimmung des gesamten Volkes, sondern dessen aktive Mitwirkung an Salomos Thronbesteigung, und er erwähnt eigens Angehörige beider Lager: die »Helden« und »alle Söhne des Königs David«. Außerdem reicht die Erzählung in Kön über Salomos Thronbesteigung hinaus, bis sich seine Position gefestigt hatte (1 Kön 2,5–9.13–45). Die dort berichteten Ereignisse werden vom Chronisten zu dem einen Satz zusammengedrängt: »er war erfolgreich, und ganz Israel hörte auf ihn« (V 23b). Sobald Salomo zum König gekrönt war, stand sein Königtum auf sicheren Füßen.

V 25 eröffnet den Ausblick auf Salomos Regierung, die von vornherein durch Größe und Majestät gekennzeichnet wird. Dies knüpft literarisch und theologisch wiederum an 1 Kön 1, 37 (vgl. auch V 47) an, wo Salomo Größe verheißen wird. Die unmittelbare Erfüllung aller Verheißungen an Salomo ist der unwiderlegliche Beweis für dessen göttliche Erwähltheit.

1 Chr 29, 26–30: Zusammenfassendes Urteil über Davids Königtum

Literatur

H. G. M. Williamson, The Accession of Solomon in the Books of Chronicles: VT 26, 1976, 351–361.

Text

Übersetzung

29[26] So regierte David, der Sohn des Isai, über ganz Israel [27] und die Tage, die er regierte über Israel waren 40 Jahre: in Hebron regierte er 7 Jahre und in Jerusalem regierte er 33 Jahre. [28] Und er starb in hohem Alter, satt an Tagen, Reichtum und Ehre und Salomo sein Sohn wurde König an seiner Stelle. [29] Und die Taten des Königs David, die früheren und die späteren, stehen geschrieben in der Chronik des Sehers Samuel und in der Chronik des Propheten Natan und in der Chronik des Visionärs Gad [30] mitsamt seiner ganzen Königsherrschaft und seiner Macht und den Ereignissen, die über ihn und über Israel und über alle Reiche der Länder hinweggegangen sind.

Analyse

Epitome

Der letzte Abschnitt ist einer Zusammenfassung und allgemeinen Wertung von Davids Regierung gewidmet. Solche Epitomen stammen aus der deuteronomistischen Geschichtsschreibung und haben ihre feste Form; in Kön gehören sie von Salomo an zum festen Bestand und werden in der Regel vom Chronisten in leicht abgewandelter Form übernommen. Die Zusammenfassung von König Davids Regierung in

1 Kön 2,10–12 ist insofern besonders, als sie einige, aber nicht alle Elemente des deuteronomistischen Schemas enthält und organischer mit dem Erzählstrom verknüpft ist, dem sie angehört. Der Chronist nähert seinen entsprechenden Abschnitt stärker der deuteronomistischen Formel an, indem er auf seine Quellen verweist: »Und die Taten des König David ... stehen geschrieben in der Chronik des Sehers Samuel ...« (V 29); ebenfalls der Formel entspricht die Ankündigung von Salomos Thronfolge: »und Salomo sein Sohn wurde König an seiner Stelle« (V 28b). Doch an anderen Punkten weicht der Chronist wiederum vom Schema ab.

Auslegung

29,26–27: Rückblick

29,26–27

Der Chronist eröffnet die Zusammenfassung in 29,26 mit einer programmatischen Erklärung: »So regierte David, der Sohn des Isai, über ganz Israel« (V 26). Damit verweist er den Leser auf die einzige andere Stelle, unmittelbar nach Sauls Tod, wo er David ebenfalls feierlich bei seinem vollen Namen nennt: 1 Chr 10,14. Außerdem ist die ausdrückliche Feststellung, David habe »über ganz Israel« regiert, überaus bedeutsam für die chronistische Auffassung von Davids Königtum überhaupt: David war (abweichend von der Darstellung in 2 Sam 5) in der Sicht des Chronisten König über Gesamtisrael auch schon in Hebron.

29,28: Tod Davids

29,28

Anstelle der üblichen Formulierung »und legte sich zu seinen Vätern« verwendet der Chronist für Davids Tod in 29,28 poetischere Sprache: »Und er starb in hohem Alter, satt an Tagen, Reichtum und Ehre ...« (V 28). Somit tritt David in die Fußstapfen von Abraham (Gen 25,8), Isaak (Gen 35,29), Gideon (Ri 8,32) und Ijob (Ijob 42,17). Außerdem sind Reichtum und Ehre genau das, womit Salomo gesegnet wird (1 Kön 3,13 f.). In der Chronik fungieren Zeitpunkt und Art des Todes eines Königs als Indikator, ob dieser als gut oder als böse zu betrachten ist. Die kunstvolle Gestaltung dieses Verses spricht sicherlich dafür, daß David weitaus besser war als jeder andere König. Hier ist die Grabstätte nicht angegeben, im Unterschied zu sonstigen Nachrufen dieser Art und im Unterschied zu 1 Kön 2,10b. Diese Angabe könnte ausgefallen sein, etwa durch Parablepsis: עשר וכבוד [ויקבר בעיר דויד] וימלך שלמה »Reichtum und Ehre« [und wurde begraben in der Davidsstadt] »und Salomo wurde König«.

29,29–30: Abschließende Würdigung

29,29–30

Der Text endet in 29,29–30 nicht nur mit dem Verweis auf weitere literarische Quellen zu Davids Regierung, sondern fügt noch eine Reihe von rühmenden Charakteristika seiner Regierung hinzu (V 30), wo David sozusagen im Zentrum konzentrischer Kreise steht: Seine Geschichte hat Auswirkungen zunächst auf ihn, dann auf Israel und schließlich auf »alle Reiche der Länder«. Dies ist der einzige Fall, wo der Chronist seine historische Perspektive derart erweitert. Zugleich setzt er damit seiner Darstellung der Geschichte Davids einen eindrucksvollen Schlußpunkt.

Der Chronist nennt drei Verfasser von Chroniken, die angeblich weiteres Material über Davids Regierungszeit aufgezeichnet haben: den Seher Samuel, den Propheten Natan und den Visionär Gad, alle drei Propheten, die zu Davids Lebzeiten gewirkt hatten. Erwähnt werden sie in der Reihenfolge ihres Auftretens im Erzählverlauf der Chronik: Samuel kommt bereits bei Davids Thronbesteigung vor (1 Chr 11,3), Natan mit seiner Verheißung der davidischen Dynastie (1 Chr 17) und Gad erst im Zusammenhang mit der Volkszählung (1 Chr 21,9). Jeder dieser drei hat seinen eigenen Titel: Samuel »der Seher« (ראה), Natan »der Prophet« und Gad »der Visionär« (חזה). Der Titel »Seher« für Samuel (vgl. auch 1 Chr 9,22; 26,28) beruht vermutlich auf 1 Sam 9, wo Samuel mehrfach als Seher bezeichnet wird, allerdings nie mit dem Titel »Samuel der Seher«. Die Verknüpfung dieses Titels mit dem Namen eines Propheten ist eine Spezialität der Chronik; dies geschieht nicht nur bei Samuel, sondern auch bei Hanani, dem Vater des Jehu (2 Chr 16,7.10). Der Gad beigelegte Titel »Visionär« (חזה) findet sich ebenfalls 2 Sam 24,11, gehört allerdings mehr in die Chronik (vgl. zu 1 Chr 21,9); wiederholt wird er 2 Chr 29,25. Der Chronist setzt diesen Titel auch zum Namen anderer Propheten hinzu, vgl. 2 Chr 9,29; 12,15; 19,2 u.a. Im Unterschied dazu ist »Prophet« eine recht übliche Benennung, nicht nur für Natan. Anscheinend hat der Chronist die übrigen Titel analog zu diesem verbreiteten konstruiert, um einen stilistischen Effekt zu erreichen.

Viel diskutiert wurde die Frage, wie weit hinter den hier genannten »Chroniken« authentische Quellen stehen. So wie sie hier aufgeführt werden, sind sie sicher nicht als tatsächlich vorhandene Dokumente zu betrachten; daher gehört ihre Nennung wohl eher zur historiographischen und theologischen Sicht des Chronisten. Durch die Zuschreibung seiner Quellen an Propheten und die Annahme ihrer Abfassung gleichzeitig mit den berichteten Ereignissen verleiht der Chronist nicht nur seinen Quellen unanfechtbare Geltung und theologische Relevanz, sondern implizit auch seinem eigenen Werk.

Bibelstellenregister

Gen

2,4 184
3,16 133
3,24 357
4,5 278
4,17 196
4,17–22 82
4,17–26 41
5 82–83, 85
5,1 184
5,32 215
6,5 441, 447
10,1 184
10,2–4 85
10,3 81
10,4 82
10,7–12 86
10,11 196
10,14 86
10,15–18a 87
10,22–29 87
10,23 82
10,24–30 88
10,32 184
10–11 82–83
11,10 184
11,10–26a 88
11,12 ff. 88
11,26 82
11,26–32 41
11,26b–32 82
11,29 191
11,31 f. 215
13,9 265
14,2 195
15,16 135
15,18 276
15,19 116, 135
15,19–20 87
17 82, 88
19,37–38 82
20,7 305
21,34 134
22,20 191
22,20–24 82
22,21–24 41
22,24 191, 327
23 355
23,8 442
24,49 265
25 82–83
25,1–2 89
25,2–4 89
25,8 373, 462
25,8–9 88
25,12 90
25,12–13a 89
25,12–18 89
25,13 184
25,13–18 89
25,13b–16a 89
25,15 159
25,19 90
25,19 ff. 89
26,22 378
28,14 274
28,17–19 134
34,5 ff. 149
34,7 278
35,19 110
35,22 154
35,23–26 84, 93
35,24–26 426
35,29 88–89, 373, 462
35–36 82–83
36 91
36,5.14.16.18 263
36,9–14 90
36,11 136
36,15–19 90
36,20–28 90
36,21.25 140
36,26 82
36,29–30 91
36,31–43 91
36,39 82
38 98, 102
38,1 139
38,2 199
38,3 ff. 140
38,28–30 103
45,5 278
46,8b–9 153
46,10 144
46,11 168
46,12 98–99, 102
46,16 151
46,17 196, 198
46,21 186, 203
46,23 205
46,23–24 184
46,24 188
48,5 154
48,6 154
49,3–4 154
49,5–7 143, 149
49,8.10 444
49,19 263
49,27 205
50,23 192

Ex

1,16 265
4,27 392
5,21 265
6,6–19 171
6,14 152–153
6,15 144
6,16–24 224
6,16–25 168
6,17 376
6,21 172

6,23 105, 387
6,24 125, 171
12,13 351
12,23 351
16,13 225
18,3–4 378
19,6 455
23,31 367
24,11 278
24,14 100
25 448
25 ff. 447
25,1 ff. 440
25,1–31,11 448
25,9 448
25,18 ff. 449
25,19–21 450
25,22 451
25,23–30.31–39 450
25,40 448
26,30 448
26,33 449
27,8 448
28,31 296
28,41 454
29,9.29.33 454
29,37 377
30,22–25.34–36 226
30,29 377
30,29–30 377
31,1 100
32,29 454
35,4–40,33 448
35,21–29 440
38,21 387
39,22 296
39,27 296
39,32 173
40,2.6.29 173
40,15 459
40,34 ff. 451

Lev

2,5 226
6 392
6,14 226
8 459
8,33 454
9,24 356
10,8 392
11,1 392
13,1 392
14,42.43.48 454
16,17 175
16,32 454
17,1 392
23,28 175
24,5–7 226

Num

1 380
1,2 ff. 379
1,3 374
1,5–15 426
1,7 99
1,20.22.24 184
1,21 ff. 379
1,49 374
2,3 99
3,2–4 387
3,5–8 382
3,9 175
3,15 374
3,17 ff. 168
3,17–20 171
3,30 291
3,32 224
3,39 374
3–4 380, 387
4 374
4,3.23.30.35 399
4,28.33 387
4,48 374
7,8 387
7,9 293
7,89 451
8,13.22 175
8,14 399
8,16–19 175
8,24 374
10,2.8.9.10 295
10,10 304
10,35–36 443
13,6 112
14,24 136
16,1 154
16,9 399
18,1.8.20 392
18,2–7 382
21,30 336
22,5 92
25,7 244
25,7 ff. 224
26 186, 190
26,5–6 153
26,5–17.28–33 151
26,9 154
26,12 144
26,12–14 142
26,19–21 99
26,29 108, 189
26,33 192
26,38 186, 203
26,44 198
26,44.45 196
26,57 ff. 168
26,59 138
26,60–1 387
27,1 132–133
27,1–11 192
27,3 379
27,4 378
31,6 295
32,1 ff. 430
32,12 135
32,22 367–368
32,28 155
32,29 368
32,39–40 430
32,39–42 108
34,5 276
35,3 ff. 158

Dtn

2,11.20–21 341
2,36 155
3,8–10 160
3,10 157
3,11–13 341
3,12 155
3,14 191
4,29 447
4,48–49 160
6,5 447
7,1 87
10,6 387
10,8 290, 377, 399
10,9 143
12,9 314
12,9 f. 442
12,10 363, 367, 380
12,11 380
12,23 255
15,4 446
18,5 290
21,5 377
21,17 154
25,19 446
31 452
31,1–8 439
31,6.8 452
33,7 143

33,12 350
33,20 263
34,7 442

Jos
1 365, 452
1,5 452
1,6 439
1,34–40 179
3,16 264
3–5 264
5,13 353
6,19 329
7,1 98–99, 103
7,1 ff. 41
7,2 197
7,25 f. 104
8,1 439
9,3–7 207
9,17 115
12,2 155
12,4–5 160
12,5 157
13,2 276
13,2–5 41
13,3–5 276
13,9 336
13,11 157
13,13 109
13,16 155
13,16.25 155
14,1 387
14,6.14 135
14,12–14 112
15,13–15 136
15,16 f. 136
15,16–19 114
15,17 135
15,21 426
15,23 132
15,24.55 137
15,34.35.48.50.58 138
15,35 138
15,44 140
15,48 138
15,50 138
15,52 260
15,58 147
15,60 207
15,63 207
16,2–3.7 197
16,3 198
17,1 192
17,2 f. 192
17,2.6 384
17,7 197
17,11 197
17,11–12 41, 234
17,11–13 143
18,1 367–368
18,22 197
18,25–26 207
18,27 193
18,28 250, 350
19,1–9 143, 145
19,2–8 41
19,24–31 34, 198
19,40–48 177
19,41 131
19,42 198, 205
19,51 387
21 143, 167
21,1 387
21,2 158
21,5–7 177
21,6.27 168
21,8 178
21,8–9 178
21,9–39 41
21,10–11.13 177
21,12 136
21,14 138
21,16 f. 177
21,20–26 179
21,24 198, 205
21,27–33 179
21,34.40 384
21,36–37 179
21,43–45 176
21,44 367
22,13 387
24,33 387

Ri
1,3 142
1,10 112
1,12 f. 136
1,12–15 114
1,13 135
1,16 116
1,21 207
1,26 196
1,27 234
1,27 f. 197
3,3 160
3,9 135
3,15 262
4,6.10 268
5,8 244
5,14.18 268
5,16 156
5,18a 268
6,11 193
6,11 ff. 192
6,34 266
8,32 462
9,28.38 320
10,4 108
11,1 193
11,2 110
13,2 131
17,5.12 454
18 143, 177
18,30 378
19 110
19,10 250
20 205
20,16 262
20,28 387

Rut
4,19–22 99
4,19b–22a 96

1 Sam
1,1 171, 173
2,1 403
3,1 173
8,2 171
8,17 170
9 463
9,1 208
12,11 193
13,14 247
14,49 209
14,50–51 208
15,27 170
15,29 456
16,7 265
16,10 430
16,10–11 99
17 256, 342
17,1 138, 254
17,12 101, 105
17,12 ff. 99
17,52–53 341
22,4 284
22,5 350
22,20 330
23,3–4 333
23,10–12 265
23,14 137, 264

23,19 ff.	265
24,22	284
25,1	48
25,10	265, 320
26,1	265
27,10	116
28	235
28,1–2	267
28,19	232
28–30	41
29,4	267
29,11	230
30	328
30,11.13	138
30,28	138, 156
30,29	116
30,30	146
31	41, 229, 231, 235
31,2	209
31,10	233

2 Sam

1–4	42
2,8	55
2,8 f.	245
2,8 ff.	209
2,18–23	429
3,2–5	96, 119–120
3,3	108, 191
4,2 f.	204, 206
4,4	55
5	42, 462
5,1–3	245–247
5,1–12,31	42
5,1–31	229
5,2	286
5,3	66
5,5	119, 249
5,5.14–16	96
5,6	250
5,6–8	249
5,6–10	241, 271
5,8	249
5,9–10	251
5,11–12	282
5,11–25	271, 281
5,13	119
5,13 ff.	249
5,13–16	122, 282
5,14–16	119
5,16	55
5,17	246
5,17–18	254
5,17–21	282
5,17–25	283
5,20	274, 285
5,21	233
5,22–25	282
6	42, 272, 282
6,2	276, 451
6,2–8.12–19	66
6,2–11	271–272
6,3–4a	277
6,4b	277
6,5	277
6,7	277
6,8	274
6,12	296
6,12–13	280
6,12–15	293
6,12b–16	289
6,13	296
6,14	296
6,15	297
6,17	275, 303
6,17–19	303
6,17–20a	301
6,19 f.	309
6,20–22	297
6,23	297
7	312, 322, 360, 363, 443, 445
7,1–3	312
7,5	314
7,5–16	318
7,5–29	64
7,6	314
7,11	315–316
7,12	316
7,13	316, 319
7,13–14	364
7,14	316
7,16	316–317, 322
7,18	441
7,18–29	319
7,19	321
7,23	321
7,29	322
8	324, 433
8,1	283, 325
8,2b	326
8,4	336–337
8,7	326
8,7–8	327
8,8	327
8,12	328
8,13	329
8,16–18	427
8,17	388, 430, 433
8,18	330
9	42
10	324, 334
10,1	325, 333
10,1–11,1	332
10,8	109
10,16	337
11,1	324, 338–339
11,2–12,25	42
11,3	122
12,2–25	42
12,16.29b–31	332
12,26	339
12,26–28	329
12,26.29b–31	324
12,29	336
12,29b–31	324
12,30	285, 454
12,30 ff.	339
12,31	338
13,1	119
13,3	432
13,38	108
15,12.31	432
15,36	176, 432
15,37	432
16,17	432
16,23	432
17,17–29	176
17,23	231
17,25	55, 99, 105
18,19 ff.	432
18,19–29	176
19,14	105
20,1	266
20,23	329
20,23–26	42, 427
20,25	330, 433
21,1–2	207
21,1–17	42
21,9–14	233
21,15 f.	341
21,15–17	324
21,15–22	340
21,18	258, 325
21,18–22	42, 340
21,18.19	341
21,19	341
21,19–22	324
21,21	432
22	64
22,1–23,7	42

23 242, 425
23,1–7 64
23,8 262
23,8–23 340
23,8–39 42, 252
23,9 428
23,10.12 326
23,13–17 254
23,18 263
23,18–19 255
23,20 426, 428
23,24 257, 429
23,25 257, 429
23,26 156, 258
23,27 135, 258
23,28 258
23,28.29 115
23,29 258
23,30 258
23,32 259
23,32–33 259
23,34 259
23,35 259
23,36 260
23,38 114
23,39 257
24 42, 184, 345–346, 353, 431
24,2 348
24,3 349
24,4–8 349
24,9 186, 349
24,10 350
24,11 350, 463
24,13 351
24,13–15 351
24,16 352–353
24,16–17 351
24,17 353
24,18–19 354
24,20 354
24,21 354
24,21–23 354
24,23 354
24,24 355
24,25 355

1 Kön

1,1 373
1,1–2,9 42
1,9.19.25 296
1,18 243
1–2 42, 367, 438, 458, 460
2,2 ff. 366
2,2–9 64
2,10–12 42, 462
2,10b 462
2,11 122
2,13–3,3 42
2,39 326
3,4 66, 458
3,4.15 208
3,13 f. 462
3,16–28 42
3,22 110
4 425
4,1–20 42
4,2 170
4,3–19 329
4,4 f. 330
4,5 432
4,7 427
4,12 234
4,13 109
5,2–14 42
5,4 363–364
5,11 98, 103
5,17–23 64
5,31 454
6,2 169, 453
6,3 448
6,16 449
6,19.20 449
6,20–22 454
6,23–28 450
6–7 447
7,9–11 454
7,14 448
7,15–50 449
7,48 450
7,49 450
8,1 250
8,1–9 368
8,1–66 66
8,4 368
8,8 148
8,12–53 64
8,13 285
8,16 247
8,18 318
8,20.25 460
8,54–61 42
8,61 447
8,65 276
9,2 208
9,5 460
9,16 341
9,26–28 454
10,2.10 454
10,11 454
10,15 52
10,16 244
11,1–40 42
11,4 447
11,5 339
11,14 ff. 92
11,14.23.25 348
11,15–16 329
11,41 45
12 333
12,4–17 64
12,6 ff. 432
12,19 148
13,33 454
14,19 26, 45
14,21 247, 362
14,22b–24 43
14,26 327
14,29 26, 45
15,3–6 43
15,3.14 447
15,12 f. 66
15,18–20 336
16,18 231
16,34 196
18,37 f. 356
18,46 451
19,16 306
21,2 273
21,10.13 458
22,6 320
22,34 231

2 Kön

2,10 265
3,15 451
9,24 231
9,30 454
11,5–6 445
11,14 295
12,10 224
12,14 295
13,21 442
15,19.29 162
15,24 155
15,29 161
15,32 158
17,6 161
17,7 ff. 161
17,23 148
18,8 147

18,11 161
19,2 353
19,21–34 64
19,35 353
19,37 316
20,3 447
21,7 247
21,11–15 64
22,15–20 64
23,4 224
23,13 339
23,21–23 66
23,31 123
23,34.36 123
24,6 125
24,17 124
24,27–18 123
25,18 224
25,23 115
25,25 111
25,27 125

1 Chr

1,36 136
1,38.41 140
2,1–2 151
2,3 139
2,6–8 430
2,9.25 140
2,54 430
2,55 135
2–4 177
3,5–9 283
3,10 ff. 169
3,17–24 168
4,5 109
4,10 194
4,21 296
5,1–2 387
5,2 371
5,17 184
5,26 148
5,30–34 388
5,30–41 120
5,40 220
5,40–41 170
6 378
6,2 376
6,12–13 224
6,16–32 289, 294
6,18–23 104
6,24 222
6,24–28 104
6,29 401
6,29–32 104
6,35–38 388
6,41 215
7,6 203
7,16 394
7,26 140
7,28 f. 308
8,1 186
8,4 426
8,13.16 196
8,29–38 213, 227
8,33 253
8,33–40 232
8,39 f. 193
8,40 159
9,5 139
9,6 430
9,10–13 385
9,15 401
9,16 115, 295
9,17 309
9,19 309
9,20 381
9,22 463
9,31–32 381
9,39–44 232
10 325
10,14 247, 462
11 271, 425
11,2 286
11,3 463
11,11 428, 432
11,12 428
11,22 428
11,26 429
11,27 429
11,29 135
11,30 115
11,36 132
11,40 114
11–12 121
12,24–28 180
12,27 433
12,28 429
12,29 429–430
12,37–38 158
12,39 447
13 241, 325
13,2 446
13,2–5 291
13,3 235, 292, 297
13,5 291
13,11 293
13,14 310
14,4–7 119
14,12 233
15 325, 380
15,1–16,43 173
15,2 377
15,11 430
15,15 395
15,16 399
15,17 222
15,17–18.19–21.24 303
15,17.19 401
15,18–19 272
15,18.20 401
15,19 406
15,20–21 307
15–16 176, 371
16,1 275
16,5 401
16,5–6 406
16,6 295
16,8 ff. 440
16,8–36 65
16,36 458
16,37 ff. 208
16,39 430
16,39–40 357
16,43 312
17 325, 363, 373, 445, 463
17,1 363
17,12–13 364
18,1 283
18,4 336–337
18,8 368
18,15–17 427
18,16 430, 433
19,18 336
20,7 432
21 325, 431
21,3 65
21,9 400, 463
22,3.14 327
22,9 313
22,10 445, 460
22,12 317, 457
23,2 424
23,6 168
23,7 140, 168
23,7 ff. 392
23,16–23 384
23,29 227
23,30–31 398
24,1 398
24,1–19 397

24,3.6 330, 433
24,3.6.31 430
24,7 ff. 439
24,20–21 378
25 175
25,1 290
25,2 350
25,7–8 295
25,9 ff. 439
26 226
26,1 398
26,1–2 225
26,4 294, 307, 309
26,4 ff. 279
26,5 187
26,10 309
26,20 381, 455
26,21 168
26,21–22 455
26,24–25 378
26,26 399
26,26–28 327
26,27 329
26,28 463
27 330
27,1–15 253
27,5 433
27,21 135
28,1 367, 370, 425, 431
28,2 368
28,5 102
28,7 317
28,21 425
28–29 361
29 366–367
29,2.19 447
29,6 425
29,10–19 65
29,19 365
29,22 269, 389, 430
29,24 425
29,28 373
29,29 122, 400

2 Chr
1,2 442
1,3 ff. 357
1,3–6 208
1,6 458
2,2–25 64
2,11.12 268
3,6 454
3–4 448
4,9–13 450
5,2 250
5,5 368
5,9 148
5,12 295–296
6,1–42 64
6,2 285
6,3.12.13 446
6,10.16 460
6,41 305
6,41 f. 65
7,1 356
7,6 295
7,18 460
8,12 449
8,14 382
9,29 350, 400, 463
10,4–17 64
10,19 148
11,12 244
11,18 ff. 120
11,23 274
12,5 64
12,6 72
12,13 362
12,15 350, 400, 463
13 317
13,1 43
13,3–20 67
13,4 442
13,4–12 65
13,7 362
13,8 456
13,12.14 295
14,7 244
14,8 159
14,8–14 152
14,10 65
14,13–14 147
15,2 365, 442
15,2–7 65
15,2.4 447
15,8 449
15,17 447
16,9 364, 447
16,11 45
17,10 286
18,5 320
18,31 159
19, 2 350
19,2 43, 400, 463
19,9 447
19,11 389, 428
20,1–30 67, 152
20,5 446
20,6–12 65
20,15–17 65
20,20 132, 442
20,21 65
20,26 440
20,26.28 303
20,29 286
20,34 46, 48, 215
20,37 64
21,2 120
21,11 160
21,12 446
21,16 160
23,5 445
24,6.11 428
24,15 373
24,20 64
25,2 447
25,4 46
25,5 244
26 432
26,8 286
26,17 429
26,18 65
26,20 428
27,7 45, 215
28,6–15 43
28,11 442
28,20 155
29 291
29,5 442
29,7.17 449
29,13 291
29,25 224, 290, 400, 463
29,26 295
29,30 46, 303, 400
29,31 455
29,36 457
30,6 451
30,6–9 161
30,12 457
30,21.27 303
30,25 446
30,27 309
31,2 225
31,8 440
31,10 428
31,17 374
32,21 353
32,32 46, 48
33,11 399
33,13 446

33,18 47, 215, 400
33,18–19 48
34,6 146
34,14 46
34,23–28 64
34,33 274
35 291, 380
35,3 293
35,4 46
35,5.12 53
35,15 400
35,21 65
35,23 231
35,25 46
35,27 215
36 170
36,8 215
36,8.9 125
36,14 160–161
36,15 65
36,20 ff. 215
36,22 f. 54

Esra
1,1–3a 43, 54
1,5 213
1,7.11 125
1,10 450
2 213
2,2 126
2,2 391
2,22 115
2,22 430
2,36 391
2,36–39 385
2,37 f. 220
2,37 391
2,38 391
2,39 220
2,39 391
2,41 293, 401, 404
2,42 222
2,43–58 385
2,63 52
3,2 126
3,8 374
3,10 295
3,10 401
3,10–13 66
7,1 220
7,1–5 169, 388
8,2 125, 127
8,2 387
8,2–14 213
8,15–20 385
8,29 455
8,33 391
8,36 52
10,2 441
10,8–44 213
10,20.21 391
10,22 391
10,23.31.32 187
10,45 222

Neh
2,5.7 273
3,1 391
3,4.21 391
3,34 251
7,5 ff. 213
7,6–60 385
7,35 263
7,39 391
7,40 f. 220
7,41 391
7,44 385, 401, 404
7,45 222, 385
7,65.69 52
8,1–12 66
9,1–10,40 66
10,2b–9 385
10,3–30 213
10,4 391
10,4.6 391
10,20 263
10,35 389
11 214, 217
11,1 389
11,3 ff. 216
11,3–19 43, 54, 214
11,5 139
11,7–9 219
11,9 222
11,10 219, 390
11,10–14 385
11,11 220
11,15–18 221
11,17.22 401
11,18 227
11,19 222
11,29 146
11,31 197
12,1 385
12,1b–7.12–20 385
12,2–7 220
12,2.3.13.15 391
12,6.19 391
12,8 401
12,10.11.22 429
12,23 26
12,25 218, 222
12,27–43 66
12,28 115, 222, 430
12,28–29 404
12,33–35a.41 295
12,35 401
12,35.41 295

Est
1,6 296, 454
1,19 273
2,23 26
3,7 389
3,9 273
3,12 52
3,14 52
4,8 52
6,1 26
8,9 52
8,13 52
8,15 296
9,3 52
9,24 389
10,2 26

1 Makk
2,1 390

Ijob
1,21 322
1–2 347
2,11 195
5,20 451
8,9 441
16,17 265
38,4 268
42,17 373, 462

Ps
7,10 441
17,3 441
39,13 441
41,14 440, 455
42,1 309
44,1 309
45,1 309
57 302
60 302
60,2 329
72,18 440, 455
78,61 305

78,67–69 444
83,7 156
84,3 445
88,1 104, 402
89,1 104, 402
89,18 403
89,53 440, 455
96 306
96,1–13 302
98,6 295
105 88, 305
105,1–15 302, 304
106,1 302
106,47 306
106,47–48 302
106,48 440
107,1 302
108 302
109,6 348
113,2 322
118 302
118,1–4 302
118,29 302
119,12 455
132,8 305
132,8.14 443
136 302
138,7 278
141,9 451
148,14 403
150,5 277

Spr
4,1 268
16,2 447
21,2 447
24,12 447
24,21 458

Hld
4,8 160
5,15 454

Jes
1,11 296
1,21 456
10,28 197
11,1 444
23,2 275
29,24 268
37,38 316
43,28 389
47,2–3 334
54,11 454
61,1 306
62,9 445
63,1 92
63,6 456
66,1 443

Jer
1,3 124
2,18 275
4,29 264
4,30 454
11,20 441
12,3 441
20,12 441
21,7 124
22,10–12 123
22,15 329
22,18 124
22,24 125
24,1 125
24,8 124
29,13–14 447
31,29–30 73
35,2 116
35,4 224
37,1 124
37,18 124
40,4 273
41,1 111
52,24 224
52,31 125

Ez
1,3 451
1,28 353
2,1–2 442
3,17–21 73
10,3 ff. 451
10,18–19 451
11,22–23 451
13,10–15 454
18,1–32 73
22,28 454
27,16 296
27,22 454
37,10 442
40,4 448
43,10–12 448
43,11 448
45,1.2 158
47,16 327
47,20 276
48,15 158

Am
1,1 132

Jona
4,1.9 278

Nah
3,5 334

Hab
3,5 351

Hag
1,1 126, 391
2,23 126

Sach
3,1 391
3,1 f. 347
4,6 126
14,12 442

Mal
1,9 451